西方政治思想史

（下册）

陈伟 —— 著

A History of Western Political Thought

中国社会科学出版社

目　录
（下册）

第九章　法国的革命与反革命 ……………………………… （573）
　　法国宫廷与绝对主义国家的成型 ……………………………… （573）
　　博絮埃与"源自圣经的政治学" ……………………………… （575）
　　启蒙运动：理性的胜利 ………………………………………… （579）
　　喜欢喝咖啡的伏尔泰 …………………………………………… （581）
　　孟德斯鸠：宪政理论大师 ……………………………………… （584）
　　以权力制约权力 ………………………………………………… （585）
　　专制政体的原则是恐惧，要在"无君民共守之法" ………… （586）
　　专制政体，从内部开始腐化 …………………………………… （587）
　　中华帝国的暴政及其限度 ……………………………………… （588）
　　为商业正名 ……………………………………………………… （590）
　　立法的学问 ……………………………………………………… （591）
　　孟德斯鸠与法国自由主义 ……………………………………… （593）
　　饱尝人间辛酸的卢梭 …………………………………………… （594）
　　步入文明社会是人的堕落 ……………………………………… （597）
　　民约产生合法政府 ……………………………………………… （599）
　　莫以自由换太平 ………………………………………………… （600）
　　何种契约可保立约前后于自由无损？ ………………………… （601）
　　公意与众意 ……………………………………………………… （602）
　　主权者可以做什么？ …………………………………………… （603）
　　伟大的立法家 …………………………………………………… （604）
　　真正的民主从未存在过 ………………………………………… （605）
　　立法，人民必须亲临 …………………………………………… （606）

爱弥儿的教育 ……………………………………………………（607）
卢梭的精神遗产 …………………………………………………（614）
法国革命的前夜 …………………………………………………（617）
三级会议变成了国民公会 ………………………………………（621）
攻占巴士底狱 ……………………………………………………（623）
贵族和教士放弃特权 ……………………………………………（624）
制宪会议、面包问题、把国王从凡尔赛带回巴黎 ……………（626）
国王逃跑未遂 ……………………………………………………（630）
吉伦特派执政 ……………………………………………………（632）
路易十六被处死 …………………………………………………（634）
雅各宾专政 ………………………………………………………（637）
罗伯斯庇尔上了断头台 …………………………………………（641）
雅各宾主义与现代革命的悖论 …………………………………（642）
督政府时期的跳舞场 ……………………………………………（646）
拿破仑登上历史舞台 ……………………………………………（648）
法国革命反思 ……………………………………………………（653）
梅斯特尔：我与欧洲一起死去 …………………………………（654）
宪法理论 …………………………………………………………（656）
对卢梭的批判 ……………………………………………………（657）
宗教信仰是第一位的 ……………………………………………（658）
民众太愚蠢，贵族统治最自然 …………………………………（661）
"反动派"波纳尔德 ………………………………………………（663）
反对允许离婚 ……………………………………………………（667）
贡斯当与法国自由主义 …………………………………………（668）
古代人的自由与现代人的自由 …………………………………（670）
拿破仑失败的寓意：商业民族的胜利 …………………………（671）
主权是一个有限、相对的存在 …………………………………（673）
自由政体能否以暴虐的方式建立？ ……………………………（674）
捍卫法律程序 ……………………………………………………（675）
巴贝夫与现代民主的经济意涵 …………………………………（677）
共产主义的第一个殉道者 ………………………………………（678）
巴贝夫主义 ………………………………………………………（680）

基佐与立宪君主制 …………………………………… (683)
代议制政府的历史起源 ………………………………… (685)
代议制政府的原则及形式 ……………………………… (686)
两院制的理据 …………………………………………… (687)
代议制与民主 …………………………………………… (689)
孔德与实证主义 ………………………………………… (690)
巴黎的边缘人 …………………………………………… (690)
实证时代的来临 ………………………………………… (693)
一切都是相对的 ………………………………………… (694)
秩序与进步 ……………………………………………… (695)
预言家托克维尔 ………………………………………… (697)
民主进程不可阻挡 ……………………………………… (699)
"民情"与民主 ………………………………………… (702)
"多数暴政" …………………………………………… (703)
个人主义及其克服 ……………………………………… (704)
乡镇：政治生活的学校 ………………………………… (706)
革命发生的机理 ………………………………………… (707)
"失败者"托克维尔 …………………………………… (709)
多面的托克维尔 ………………………………………… (711)
高比诺的种族不平等理论 ……………………………… (714)
多诺索·柯特斯：19世纪最伟大的"反动派" ……… (717)
独裁就是没有讨论 ……………………………………… (718)
革命不能通过经济改革来消弭 ………………………… (720)
文明衰退论 ……………………………………………… (721)
天主教文明正确，哲性文明错误 ……………………… (722)
多诺索与欧洲保守主义 ………………………………… (723)

第十章 德意志的心灵、社会与国家 …………………… (725)
由"分"走向"合" …………………………………… (726)
门德尔松与启蒙 ………………………………………… (731)
对霍布斯学说的批评 …………………………………… (732)
教育与共和国的道德基础 ……………………………… (733)

狼与羊同住	(734)
康德与德国自由主义	(735)
"头顶灿烂星空，道德律在心中"	(738)
法治国理念	(738)
走向"永久和平"	(740)
康德学说之清教背景及二元论特色	(741)
赫尔德：另一种历史哲学	(741)
问学康德与哈曼	(742)
人道哲学与历史科学	(745)
在历史自身内部发现历史的意义	(746)
每种文化都以自身的方式在发展	(746)
艺术的人民性	(748)
费希特：敢于承担"使命"的学者	(749)
捍卫思想自由	(752)
民主共和国的理想	(753)
锁闭的商业国	(754)
洪堡：在学术与政治之间	(757)
国家的权限	(758)
教育思想及实践	(760)
洪堡与自由主义	(761)
黑格尔：神谕哲学家	(763)
国家与市民社会	(764)
世界历史是"精神"自我运动的舞台	(766)
美化战争与暴力	(768)
浪漫派："世界必须浪漫化"	(769)
张扬个性，歌颂英雄	(770)
回归自然，追忆童年	(771)
浪漫主义者的乡愁	(774)
艺术家当国王	(776)
浪漫主义的根源：私人教士制	(778)
浪漫派发现了"天才"维柯	(780)
"新科学"之"新"	(781)

宗教是一切民政秩序的根源 (785)
德国历史主义之兴起 (786)
萨维尼与历史法学派 (789)
成长着的活的民法 (792)
蒂堡：统一民法 (794)
历史法学与非历史法学 (796)
蒂堡与萨维尼的交锋 (797)
萨维尼与法律改革 (798)

第十一章 从功利主义到进化论 (801)

边沁与功利主义 (801)
痛苦与快乐的算术 (805)
《人权宣言》：概念不清的胡说八道 (807)
宪政理论 (808)
用"圆形建筑"这个工具，我梦想着革新世界 (811)
马尔萨斯的人口理论 (814)
人口原理背后的政治哲学 (816)
詹姆斯·密尔：被低估的民主主义者 (820)
人性科学是政府科学的基础 (822)
"好政府"必是代议制政府 (824)
非历史、非政治的理性主义政府观 (825)
逆流而动的托马斯·卡莱尔 (826)
英雄与英雄崇拜 (829)
无神论与拜金主义批判 (831)
重新定义自由 (832)
国家哲学与反民主政治思想 (834)
自由主义之圣约翰·斯图亚特·密尔 (835)
小密尔夫妇共谱自由之歌 (836)
阐释"伤害原则" (837)
诚实的错误胜于被迫接受的"真理" (838)
个性、天才与社会进步 (839)
对功利主义的发展 (840)

成熟的代议制民主政府之设计 ……………………………………（841）
密尔与殖民地问题 ………………………………………………（842）
密尔日趋激进 ……………………………………………………（845）
格林：莱茵河水流入泰晤士河 …………………………………（846）
禁酒令背后的政治学 ……………………………………………（849）
政治义务论 ………………………………………………………（850）
自由理论 …………………………………………………………（852）
积极政府论 ………………………………………………………（852）
斯宾塞时代 ………………………………………………………（854）
赫伯特·斯宾塞：大师抑或"民科"？ …………………………（857）
社会进化与有机体论 ……………………………………………（858）
政府的职责 ………………………………………………………（860）
正在来临的奴役 …………………………………………………（861）
伦理、道德与和平主义 …………………………………………（865）
斯宾塞与现代社会理论 …………………………………………（866）

第十二章 社会主义者的希望 ……………………………………（870）

空想社会主义 ……………………………………………………（873）
欧文：创立新社会 ………………………………………………（873）
圣西门：实业制度的设计师 ……………………………………（874）
政治学是关于生产的科学 ………………………………………（876）
一元论社会与"高级自由" ……………………………………（876）
傅立叶与"和谐世界" …………………………………………（877）
革命导师马克思、恩格斯 ………………………………………（881）
劳动创造了人 ……………………………………………………（885）
人是"社会动物" ………………………………………………（885）
人的"异化"及其超越 …………………………………………（886）
寄希望于无产阶级 ………………………………………………（887）
暴力是新社会从旧社会中诞生的助产婆 ………………………（889）
没有分工的共产主义社会 ………………………………………（889）
多维视域中的马克思主义 ………………………………………（890）
共产主义，还是民族主义？ ……………………………………（893）

目 录

第十三章　代议制民主的危机 (899)

尼采与时代的转折 (900)

尼采：从思想家到疯子 (901)

"上帝死了" (904)

末等人与强人 (905)

关于超人的预言 (906)

永恒轮回 (909)

强力意志：重估一切价值的尝试 (912)

勒庞与群体心理 (914)

政治家需掌握群体心理 (915)

非理性、非逻辑与神秘主义 (916)

群众心理的两面 (917)

精英带来进步 (919)

大众民主造就独裁政府 (920)

批判国家主义 (920)

勒庞思想的保守性 (921)

索雷尔：神话与暴力 (923)

反议会主义 (924)

总罢工神话 (925)

以暴力摧毁权力 (925)

帕累托：历史是贵族的坟墓 (926)

剩余物与派生物 (928)

精英循环 (931)

莫斯卡：冷静的政治科学家 (933)

政治科学的伟大使命 (934)

统治阶级理论 (935)

统治阶级的素质问题 (936)

代议制民主的好处 (937)

自由制与独裁制 (938)

对激进主义的批判 (940)

莫斯卡的教诲 (943)

马克斯·韦伯：时刻准备着 (944)

韦伯夫妇的美国之行 ………………………………………… (946)
经济政策与民族国家间的生存斗争 ……………………… (947)
"以科学为业"的意涵 ……………………………………… (950)
诸神时代的"政治" ………………………………………… (952)
政治家：与魔鬼联姻 ………………………………………… (953)
理性化：现代资本主义的特征 …………………………… (955)
西方世界的兴起：韦伯的解释 …………………………… (956)
新教伦理与资本主义精神 ………………………………… (957)
韦伯的宗教社会学 ………………………………………… (961)
世界宗教的经济伦理 ……………………………………… (962)
支配社会学 ………………………………………………… (969)
韦伯之伟大 ………………………………………………… (975)
米歇尔斯与政党社会学 …………………………………… (981)
组织化意味着寡头制 ……………………………………… (982)
大众的无能与政党中的领袖崇拜 ………………………… (982)
领袖集团的稳定性 ………………………………………… (983)
民主：挖不着的财宝 ……………………………………… (984)
新贵的体制化 ……………………………………………… (985)
奥尔特加：思想界的斗牛士 ……………………………… (986)
大众现象反思 ……………………………………………… (987)
没有精英，就没有社会 …………………………………… (989)
要间接行动，而非直接行动 ……………………………… (990)
国家源于人们对美好未来的期许 ………………………… (991)
奥尔特加的思想特色与影响 ……………………………… (992)
熊彼特：什么是民主 ……………………………………… (994)
破古典民主论，立精英民主论 …………………………… (997)

第十四章 极权主义之思 …………………………………… (1000)
墨索里尼与意大利法西斯主义 …………………………… (1002)
德国：从魏玛共和国到第三帝国 ………………………… (1004)
庸人希特勒的"奋斗" ……………………………………… (1008)
独享政治剩余价值 ………………………………………… (1013)

《纽伦堡法》、集中营与犹太人问题的"最后解决" ………… (1015)
妇女回归家庭与教会对纳粹的抵制 ………………………… (1019)
为生存空间而战 …………………………………………………… (1020)
希特勒的男孩 ……………………………………………………… (1021)
大屠杀带来理解上的困难 ………………………………………… (1024)
极权主义：对人的全面支配 ……………………………………… (1026)
乔治·奥威尔的作家梦 …………………………………………… (1028)
极权社会中，自由思想是死罪 …………………………………… (1031)
在1948展望1984 …………………………………………………… (1032)
凯尔森的法与国家理论 …………………………………………… (1035)
法的科学方法 ……………………………………………………… (1038)
民主的价值与本质 ………………………………………………… (1041)
政党政治有害于民主吗？ ………………………………………… (1044)
议会制的理据 ……………………………………………………… (1045)
民主：政治相对主义 ……………………………………………… (1048)
纯粹法理论 ………………………………………………………… (1049)
基础规范与法律一元论 …………………………………………… (1052)
国际法与统一的世界秩序 ………………………………………… (1053)
以科学审判自然法理论 …………………………………………… (1054)
凯尔森的卓越贡献 ………………………………………………… (1057)
施米特：学者中的冒险家 ………………………………………… (1058)
浪漫主义是一种病 ………………………………………………… (1061)
议会制的"死亡鉴定" …………………………………………… (1063)
总统护宪 …………………………………………………………… (1064)
通往总体国家之路 ………………………………………………… (1065)
区分敌友 …………………………………………………………… (1066)
紧急状态与主权决断 ……………………………………………… (1068)
"合律"不等于"合法" ………………………………………… (1069)
让我们聆听天空的召唤 …………………………………………… (1070)
在非政治的时代捍卫政治 ………………………………………… (1072)
施米特与意志主义政治理论 ……………………………………… (1074)
从凯尔森到施米特 ………………………………………………… (1075)

施特劳斯：政治的哲学与哲学的政治学 …………………（1075）
　　什么是政治哲学 ……………………………………（1076）
　　古典政治哲学的特点 ………………………………（1077）
　　现代政治思想堕落的"三次浪潮" …………………（1078）
　　批评历史主义与相对主义 …………………………（1080）
　　自然权利的真谛 ……………………………………（1081）
　　"隐微书写"与"显白书写" ………………………（1082）
　　施特劳斯学派的书虫英雄主义 ……………………（1084）
汉娜·阿伦特：杰出的女性政治理论家 ………………（1086）
　　珀涅罗珀的织物 ……………………………………（1089）
　　极权主义的起源 ……………………………………（1090）
　　政治不是支配 ………………………………………（1092）
　　政治行动、公共空间与权力 ………………………（1093）
　　议事会制度 VS 官僚制 ……………………………（1096）
　　未竣工的精神共和国 ………………………………（1097）
　　阿伦特的最终目的，指向的是世界 ………………（1100）
　　独裁政体中的个人责任 ……………………………（1102）
　　危机时代谈共和 ……………………………………（1104）
沃格林与新政治科学 ……………………………………（1111）
　　代表存在与代表真理 ………………………………（1114）
　　权力、基督教与哲学三联秩序的重建 ……………（1116）
　　追寻实在 ……………………………………………（1121）
　　诺斯替主义的诱惑 …………………………………（1123）
　　现代性的本质 ………………………………………（1125）
　　在失序的世界寻求秩序 ……………………………（1126）
　　天下时代 ……………………………………………（1129）
　　新政治科学的"得"与"失" ……………………（1132）

第十五章　自由主义的复兴 ……………………………（1135）
　哈耶克：揭开自由主义复兴的序幕 …………………（1136）
　　构建理性主义与演进理性主义 ……………………（1138）
　　从乡间小路的形成看自发秩序 ……………………（1138）

通往奴役之路	(1139)
经济自由是其他一切自由的前提	(1139)
大社会之构成	(1141)
劣质民主对自由的侵害	(1143)
卡尔·波普尔：为开放社会陈辞	(1144)
批判的理性主义	(1145)
历史主义的贫困	(1147)
零星社会工程：对旧衣服进行缝缝补补	(1148)
封闭社会与开放社会	(1150)
雷蒙·阿隆：工业社会的政治分析师	(1152)
知识分子的"鸦片"	(1155)
政治的优先	(1158)
宪政—多元政体与一党垄断政体	(1160)
宪政—多元政体的腐化	(1162)
极权主义的五个要素	(1164)
国际政治中的慎虑	(1165)
以赛亚·伯林：狐狸，还是刺猬？	(1169)
政治哲学的严肃使命	(1170)
两种自由概念	(1171)
自由就是自由，失去了就是失去了	(1173)
世界不必太整洁	(1174)
自由的奥克肖特，保守的奥克肖特	(1176)
政治，让理性主义者走开	(1178)
做菜、宰牛与从政	(1179)
"政治"好比大海中的漂流	(1179)
"公民联合"与"事业型联合"	(1180)
人类行为的诗性特征	(1182)
保守是一种心态，一种脾性	(1183)
保守主义的政府观	(1184)
奥克肖特与唯心论	(1186)
罗尔斯与分配正义	(1189)
"制度之道在于正"	(1190)

政治自由主义：寻求"重叠共识" …………………………………（1191）
罗蒂：自由社会的乌托邦 ………………………………………（1192）
以希望代替知识 …………………………………………………（1193）
文化应该诗化 ……………………………………………………（1194）
民主优先于哲学 …………………………………………………（1195）
实用主义：一切皆工具 …………………………………………（1196）
自由主义的精神：避免残酷与侮辱 ……………………………（1198）
盖尔纳与我们 ……………………………………………………（1198）
来自布拉格的思想家 ……………………………………………（1199）
"市民社会"口号的诞生 …………………………………………（1201）
认识工业社会 ……………………………………………………（1203）
关于民族主义的正确理论 ………………………………………（1206）
伊斯兰与现代性 …………………………………………………（1209）

结束语 …………………………………………………………………（1213）

参考文献 ………………………………………………………………（1216）

后　记 …………………………………………………………………（1250）

第九章　法国的革命与反革命

　　人们常说法国人浪漫。法兰西民族充满了激情，巴黎被人想象成谈情说爱的圣地。这种激情和浪漫，也洋溢于法国人的政治活动中。法国为近代世界上演了最为壮观的大革命，它的影响极其深远。法国启蒙思想家卢梭在近代中国也极受欢迎。近代中国自戊戌变法失败后即有激进主义传统，这激进传统，部分即源于法国大革命。即如20世纪二三十年代"中国社会史大论战"之后流行的马克思主义，本身接续的也是卢梭式激进、革命的传统。

　　当然，法国也有自由主义的传统，从孟德斯鸠、贡斯当到基佐、托克维尔，法国自由主义理论同样具有世界性的影响。孟德斯鸠的政治思想，成为西方分权制衡政体设计的指导原则；贡斯当最早对古今不同社会中自由概念的不同做出了清晰的说明；托克维尔则提供了自由主义关于民主问题的出色思考。而法国的极端保守派，在西方政治思想史上亦独树一帜，其说不仅揭露了激进革命的问题，更启迪了现代社会理论的发展。自法国大革命之后，伴随着现实中政治的剧烈分化，出现了现代意识形态的分化，由此形成了自由主义、保守主义与激进主义三大派别。

法国宫廷与绝对主义国家的成型

　　20世纪德国学者桑巴特曾言："宫廷的历史就是国家的历史。"[①] 近代国家的形成，以宫廷的建立为标志；在桑巴特看来，宫廷更是新风尚、新的生活方式的引领者。宫廷的奢侈，财富的聚集，消费的集中，带来了城市的发展。桑巴特认为，工业只能带来小城镇的建立，但大都市则纯然是一个消费

---

① ［德］维尔纳·桑巴特：《奢侈与资本主义》，王燕平、侯小河译，上海人民出版社2005年版，第1页。

型城市。桑巴特甚至以情妇时尚的流行来判定宫廷社会是否建立。桑巴特的研究结论尚可商榷，但他肯定宫廷在西方早期近代化进程中的重大作用，无疑道出了一个重要的事实。桑巴特指出，最早的宫廷是教皇国的宫廷，但最具典型意义的，则是法国的宫廷。

法王路易十一时期，王室家臣改为文官，由此家父长制支配变形为官僚支配，王室有了国家的含义。至弗兰西斯一世时，宫廷正式建立。因为他让女人获得了权力。这位国王曾说："宫廷缺了女人就像一年中缺了春天或者春天缺了玫瑰。"① 到路易十四时期，法国宫廷生活已是极为奢侈气派了。当时的法国，也成了欧洲文化的中心。路易十四让乡下贵族到宫廷及宫廷附近生活，打球、赌博、宴饮、划船、跳舞、演戏剧，同享清福。凡尔赛宫金碧辉煌，里面的人着装时尚，人人争相以做国王的宠臣为荣。宫廷的社交圈成千上万。宫廷在近代早期法国具有多重意义：（1）引导时尚潮流，提倡人文主义新文化。法国国王与王后，皆可比今日之时尚先锋。王后若着一新款样式的衣服，很快就传至市民社会，并为外国宫廷效仿。（2）宫廷的奢侈促进了消费中心的形成。（3）国王权力绝对，由文官处理行政事务，促进了国家行政管理的理性化。（4）强大的宫廷足以与罗马教皇及神圣罗马帝国皇帝相抗衡，从而完成统一的近代国家的构建。（5）无论路易十四是否有意，宫廷在削弱贵族方面，皆有巧妙的作用，它使得贵族间的内战被国家间的外战所取代。在一国之内，风气由尚武转向崇文、求知、获利。

路易十四是法国波旁王朝时期的一位国王，他的所作所为堪称绝对主义国王的典范。"绝对主义"一语，在西方政治思想史上只有一个含义，它特指近代早期国家的王权理论或制度。王权的绝对性源自上帝权能的绝对性。不过，此种人间权威，正如上帝一样，并不缺乏对人民的爱。此为与东方专制主义君主之极大不同。绝对王权，也区别于自由派革命后通常建立起的有限王权。再者，正如孟德斯鸠所言，君主国的原则是荣誉，而专制国的原则则是恐惧。② 以路易十四这一极强势的国王而言，他也非以令朝臣与人民恐惧来维持其政权。法国贵族频繁出入宫廷，大多为了到国王那里邀宠。如果一个贵族成为宠臣，便感到十分荣耀。而君主本人，也特别重视荣誉。路易十四即言：我爱荣誉，甚于其他一切。东方君主出行，战战兢兢，是为了防

---

① [德] 维尔纳·桑巴特：《奢侈与资本主义》，王燕平、侯小河译，上海人民出版社2005年版，第5页。
② [法] 孟德斯鸠：《论法的精神》（上卷），张雁深译，商务印书馆1961年版，第26页。

止刺客，此为君主对人民的恐惧。人民亦担心遭君主侵害。

路易十四自称太阳王，史家把他当政的时代称为路易十四时代。路易十四做国王很称职，他虽未说"朕即国家"，但自小即信王权神授。王权神授这一理论在他那个时代的一位正直而博学的主教博絮埃那里有过系统的表述。路易十四重视威仪，他头戴假发，足蹬高跟鞋，以塑造自己的英武形象。事实上，他的外表与身材，在当时即令很多妇女倾心。他在位72年，为世界上在位时间最长的君主。他记忆力过人，见过面的人他基本都记得。他待人谦恭柔和，彬彬有礼。遇见女性，必脱帽致礼，即便对女仆，也不例外。尤其是他十分敬业，每天处理朝政，从不懈怠，事情每天安排得井井有条，计划到钟点。

路易十四既励精图治，又得到诸多有才能的廷臣的辅佐，法国成为欧洲霸主，取代西班牙的地位，而与英国竞争，也是自然而然。路易十四拥有欧洲最大的常备军，经过战争，法国国王统治的地盘也得到了扩大。法国人从内心忠于国王，虽则路易十四执政时执行了不少不得民心的政策，但总体上，当时法国人的生活水平比邻国人民要高不少。不过，法国绝对王权治下的繁荣背后，也存在严重的问题。王室与贵族、中产阶级只为自己的利益着想，下层人民处于各种压迫之下，生活虽还不错，却对痛苦十分敏感。政府在行政管理、税收财政方面存在严重的问题。

博絮埃与"源自圣经的政治学"

博絮埃（Jacques-Benigne Bossuet）属于路易十四时代的法国天主教政治思想家、神学家。他的政治学是要阐明，依据《圣经》，绝对王权是最好的制度。而绝对王权，在路易十四时代尚是一种新的政治制度，它与中世纪封建秩序相对立，与罗马教廷相抗衡。博絮埃表达的绝对主义正是17世纪欧洲流行的政治观念。

博絮埃1627年出生于法国第戎的一个议员家庭。那时第戎正遭受着旨在反对绝对王权的投石党（the Fronde，又译福隆德）运动的困扰。他接受了耶稣会的教育。在梅茨做了几年教士后，他作为牧师的名声日益增长。1662年，他在巴黎给国王路易十四布道；1675年，他直接服务于国王，成了国王的精神顾问。1669年，博絮埃被任命为法国孔东区的主教（Bishop of Condom），第二年，他做了王太子的导师，一直到1680年。这个时期，他写了《论普遍史》(Discourse on Universal History)。在书中，他沿袭奥古斯丁的教父学历史观指出，历史的普遍性体现为神意引导人走向真正的宗教。世俗史以及所有帝国的兴衰史，都是神意使然，是对人与教会的考验，是为最后的胜利所做的准备。① 大致同一时期，博絮埃的《源于〈圣经〉的政治学》(Politics Drawn from the Very Words of Holy Scripture)也开始写作。至1679年，他完成了该书的前六卷。之后，该书的写作就中止了。直到1700年，也就是22年后，他才继续写他的《源于〈圣经〉的政治学》。

1681年，博絮埃被任命为莫城（Meaux）主教。之后十余年，博絮埃参与了一系列论战，捍卫他的政治与宗教信条。他批驳的人物有路德、加尔文、费奈隆（Fenelon）、马勒伯朗士、莱布尼兹、霍布斯等。1688年，他出版了《不同新教教会的历史》(Histoire des Variations des Eglises Protestantes)一书。他认为，新教教派的纷争，根源在于个人知识能力的局限。人类精神一旦尝到创新的甜头，便会不断追求创新，由此新的开端层出不穷。他宣称，个人的知识力量不能取代集体所积累的智慧。② 1704年春，博絮埃于巴黎逝世。此时他的《源于〈圣经〉的政治学》还没有写好结尾。1709年，该书最终出版。

在博絮埃看来，理性无法建立或揭示最高级的事物。人的得救靠的是信仰，而非理性。博絮埃批评希腊哲学的理性主义，批评柏拉图和亚里士多德的哲学，认为柏拉图与亚里士多德都未能认识到，人法终归是有限的，无从规约人的内心，只有神法才可以深入人的内心。"根本的一条，是要避免圣·保罗谴责过的错误的哲学。"博絮埃这么讲，也针对费奈隆的"寂静主义"与"对上帝不偏不倚的爱"的教义所引发的17世纪90年代的宗教危机。

显然，在理性与启示的对决中，博絮埃明确地捍卫启示，强调启示对于理性毋庸置疑的优先地位。一方面，他要击败那些受笛卡尔影响的"理性主义者"，另一方面他要从路德和加尔文那里把《圣经》夺过来，防止《圣经》被随意解释。针对天主教长期以来对《圣经》的忽视，路德和加尔文提倡《圣经》宗教，由此推导出新教教义，博絮埃则试图表明，基于《圣经》，一方面固然要在政治上摆脱罗马教廷的控制，确立关于绝对王权的学说，但仍然要坚守法国天主教的立场。当博絮埃将他的政治学建立在《圣

---

① [美]埃里克·沃格林：《政治观念史稿》卷六，谢华育译，华东师范大学出版社2009年版，第36页。

② 同上书，第49页。

经》之上，阐发绝对王权学说时，路德教对他的影响就显示出来了。昆廷·斯金纳指出，博絮埃1679年开始为路易十四的继承人撰写著作时，全部论证都立基于一个典型的路德教义假定：一切政治原则必须来自《圣经》的篇章；在分析政治权威的职责与臣民消极服从义务时，博絮埃亦与路德相一致。①

博絮埃否定马勒伯朗士关于一般意志（general will/Providence）的观点，他的观点，被称为"神意的特殊主义"②（providentialist particularism）以及与之相联系的"政治特殊主义"。③博絮埃主张，上帝偶然而特殊的意志在创造世界中发挥了作用。他认为，自然和人间事务背后不是科学或理性可以发现的"一般意志"，而是上帝无法预期、高深莫测的偶然意志。马勒伯朗士不引用《圣经》即写了他的神学著作，马勒伯朗士认为，《圣经》为了让平民能理解，对上帝采用了拟人的描述，《圣经》中的上帝具有了人的情感、意志，然而实际则不是，特殊、个别的意志只会摧毁神意。马勒伯朗士所说的一般意志，类似于笛卡尔式的规律。上帝的存在，正是体现在这些规律之中。人们认识上帝，也正是通过对一般意志的认识。博絮埃则认为，上帝存在，正体现在他为所欲为，对具体的事情做出个别的、特殊的安排，例如，指定某个家族居于统治地位、某人为国王、某人为王后。基督教关于"恩典"的学说，更是加强了博絮埃学说的特殊主义特点。博絮埃斥责马勒伯朗士的神学为异端。他说，异端总是开始于新奇，继之以偏执，结束于"公开的叛乱"。④

博絮埃自称是传统主义者。他认为，《圣经》的权威来自教会的权威，必须有一个单一的、可见的教会，必须捍卫教会的权威。人们不应质疑传统，因为质疑传统必定会引出对基督教的全面质疑。⑤ 不过，博絮埃的学说与传统基督教并不相同。因为他把基督教讲的慈爱抛到一边了。他的政治学更多地是从《圣经·旧约》中而来的，而《圣经·旧约》更多地与律法、制度、战争和政治有关，《新约》则离政治甚远。

---

① ［英］昆廷·斯金纳：《近代政治思想的基础》（下），奚瑞森、亚方译，商务印书馆2002年版，第159页。
② Jacques-Benigne Bossuet, *Politics Drawn from Holy Scripture*, 中国政法大学出版社2003年版, p. xxxvi.
③ Ibid., p. xxv.
④ Ibid., p. xxvii.
⑤ ［美］埃里克·沃格林：《政治观念史稿》卷六，谢华育译，华东师范大学出版社2009年版，第51页。

他又激烈地批评霍布斯,尽管霍布斯和他的结论没有太大区别。霍布斯把绝对王权建立在了理性基础之上,在霍布斯的绝对王权体系中,宗教是第二位的,它要服从政治权威的统辖。《圣经》的权威性与正统地位需要政治权力来宣布。化用博絮埃的说法,霍布斯那里,存在的实为"源于政治的《圣经》"。①

博絮埃认为,正确的政治学必须"源于《圣经》中的词句"。博絮埃首先探讨了人类社会的原则。他基于《圣经》文本指出,人被上帝创造出来就是要生活在社会中。对上帝的爱迫使人们有义务相亲相爱。因为人类有共同的父亲,即上帝。所有的人都是兄弟关系,都是同一个上帝的孩子。在人类社会中,不存在"陌生人"这样的字眼。人类社会导致了市民社会(或曰国家、人民和民族)的诞生。上帝是人类社会的"纽带"(bond),然而,由神圣纽带建立起来的人类社会,却受到了人的激情的摧毁。人腐化了。人类社会也分为不同的人种。为了形成民族,联合成人民,就有必要成立政府。只有政府的权威能够给人的激情套上缰绳,这样,暴力,对人来说就是自然的。国王统治地上所有的人。正义必须用以维持权威,它要服从于权力。

博絮埃写到,人的放肆行径必须受到外在的约束。只是由于政府的唯一权威,人与人之间的联合才得以建立。在一个有规则的社会中,个体放弃了他通过武力占有他喜欢之物的权利。这样,通过政府,每个个体的安全就得到了保障,在一个合法权力统治之下,他自己也变得更为强大。他们把力量给了主权者,让主权者保卫所有人的和平。人们要服从他们的主权者。傲慢与采取暴力手段的人是权威的敌人,他们经常问"谁是我们的主人?"。而主权者是一切暴力的天然敌人。博絮埃得出结论说:"没有哪个政府比无政府更坏,无政府是指那种状态,其中每个人都想做他们想做的事情;每个人都不能为所欲为;那里没有主人,那里每个人就是主人;那里每个人都是一个主人,那里每个人就都是一个奴隶。"②

关于君主制,博絮埃从《圣经》中寻找依据,指出君主制是最普遍、最古老也是最自然的政府形式。他宣称:人生来就是国王的臣民,人们服从父权制国家天经地义。君主制政府是最好的政府形式。而且,君主应当世袭,世袭制君主制最好。君主制与上帝的意志相吻合,它是《圣经》里宣布的东

---

① Jacques-Benigne Bossuet, *Politics Drawn from Holy Scripture*, 中国政法大学出版社2003年版, p. xii.
② Ibid., p. 18.

西。博絮埃认为:"上帝是诸王之王:他教导他们,统治他们,视他们为自己的大臣。"这就意味着国王是对上帝负责,而不是对罗马教廷负责。

博絮埃的思想,自然可以为路易十四的绝对王权进行极好的辩护。捍卫君主的绝对权威,意味着国家要彻底脱离罗马教廷的控制,也意味着法国教会从属于王权。不过,他的学说,并不是专为路易十四的王权而提出的。因为他对王权也提出了很多要求。

博絮埃说,国王或主权者根据情景决定发生的事情显然不够。有必要建立一般性的行为规则,以便政府保持持续性和统一性,这种规则,便是法律。而一切法律,都要建立在自然法基础之上。自然法意味着正确的理性与自然的公正。而一切法律的首要原则,则是要确立神圣性。要求人们"敬畏上帝,听他的命令;这是人的全部职责","己所不欲,勿施于人"。[①] 利益和激情腐化着人们,而法律是自外于利益与激情之事物。法律是神圣的、不可侵犯的。所有的民族都赋予其法律以神圣的起源。即使没有,也佯装有一个。因为一个民族的人民由此而联合在一起。基本的法律不能改变,甚至一些不那么基本的法律,如无必要,加以改变也是极其危险的。

概括说来,君主权力的特征,博絮埃认为有四个:第一,它是神圣的。它的神圣,由教会牧师在国王登基时的涂油礼所证明。第二,它是父权制的,国王是原始的父亲。第三,它是绝对的。说国王权力绝对,是说国王决定以后,就没有其他的决定了,也不存在针对国王的反对力量。百姓若遇暴君,只有祈求上帝去使他改变想法。第四,它必须服从于理性。国王拥有比别人更多的理性。与常人不一样,国王是上帝在人间的缩影。博絮埃区分了国王与暴君。国王的真正特征是提供人民所需,而暴君只为自己考虑。如果国王在提供人民的幸福方面做得不好,他就要受到惩罚,就好像暴君要为他所做的恶而受到惩罚一样。好的国王要冒自己的生命危险以保护人民的安全。国王要努力得到人民的爱戴。如果一个国王因他的暴力行径遭到人们的憎恨,他的处境就十分危险了。此外,博絮埃还对国王提出了其他许多要求,包括要熟悉公务,知人善任,训导大臣,学会如何讲话,等等。

启蒙运动:理性的胜利

18世纪法国的启蒙运动,史上闻名。伏尔泰、孟德斯鸠、卢梭等人,皆

[①] Jacques-Benigne Bossuet, *Politics Drawn from Holy Scripture*, 中国政法大学出版社 2003 年版, p. 20.

为世界著名的思想家。

法国的启蒙运动追求知识与进步,推崇理性(reason),不承认任何权威。启蒙之意,即是让理性的光芒冲破黑暗,照亮世界。德国启蒙思想家席勒(Johann Christoph Friedrich von Schiller,1759—1805)说:"一个往日只是由强者无度的权力所解答的问题,如今看来已被提到纯理性的法庭。不管是谁,只要他能够置身于整体的中心并能把他的个体提高到类属的地步,他就可以自视为理性法庭的陪审官。"① 恩格斯在《反杜林论》中也曾提到法国启蒙思想家设立了一个"理性的法庭",要用"理性"审判一切。"宗教、自然观、社会、国家制度,一切都受到了最无情的批判;一切都必须在理性的法庭面前为自己的存在作辩护或者放弃存在的权利。思维着的悟性成了衡量一切的唯一尺度。"② 那时的哲思之士在思考问题时常问的问题便是:"这合乎理性吗?"恩格斯写道:"以往的一切社会形式和国家形式、一切传统的观念,都被当做不合理的东西扔到垃圾堆里去了;到现在为止,世界所遵循的只是一些成见;过去的一切只值得怜悯和鄙视。只是现在阳光才照射出来。从今以后,迷信、偏私、特权和压迫,必将为永恒的真理,为永恒的正义,为基于自然的平等和不可剥夺的人权所排挤。"③ 启蒙,在其字面意义上,即含有"将不公正的事情、不人道的行为、谎言、偏见和错误大白于天下"之意。④

伏尔泰在给爱尔维修的信中写道:"本世纪开始见证理性的胜利。"⑤ 启蒙运动时代是理性的时代,自不必说。但理性这一概念,在柏拉图、亚里士多德和中世纪经院哲学家那里,同样存在。启蒙运动"哲士"(Les philosophes)⑥ 之特点,在于他们主张把理性用于对社会诸制度的批判,用于对自然现象与人类生活经验的分析。"理性的时代"更准确地说,应是"正确运用理性的时代"。启蒙哲士认为,如中世纪经院哲学家把理性用在对宗教与

---

① [德]弗里德里希·席勒:《审美教育书简》,冯至、范大灿译,北京大学出版社1985年版,第13页。
② [德]恩格斯:《反杜林论》,《马克思恩格斯选集》第3卷,人民出版社1972年版,第56页。
③ 同上书,第57页。
④ [德]汉斯·约阿施、克劳斯·维甘特主编:《欧洲的文化价值》,陈洪捷译,社会科学文献出版社2017年版,第367页。
⑤ 伏尔泰:《伏尔泰全集》第41卷,转引自[英]O.林赛编《新编剑桥世界近代史》第7卷,中国社会科学出版社1999年版,第144页。
⑥ "哲士"的译法,见[英]维克托·基尔南《人类的主人》,陈正国译,商务印书馆2006年版,第22页。启蒙作家,在法国叫philosophes,在德国叫Aufklärer,在英国叫free-thinkers。

形而上议题的思考上，是"错误地运用理性"。① 或者说，启蒙运动思想家讲"理性"时，指的是实验科学，而非形而上学与神学。"所谓的'理性时代'诉诸于自然，而自然的意思就是经验的事实。它创立物理学以对抗形而上学，因为它相信每一个值得提问的问题都可以通过发现恰当的事实予以回答。宗教和形而上学时代已经一去不复返了；科学成了新的福音。"②

法国启蒙运动，本质上是法国走向现代的一场大规模精神解放运动。与英国启蒙运动相比，它表现出鲜明的激进特征。思想引领行动，塑造现实，在18世纪的法国，体现得极为明显。今人经历了暴力革命带来的痛苦及极权主义灾难，反思现代性，有时竟将之归结为启蒙运动，斥启蒙思想家为"理性暴政"的支持者。事实上，当代极权主义运动兴起前，启蒙思想家坚持的天赋人权、自由思想、理性自主、反对神圣权威与专横权力统治等原则，早已让位于非理性主义哲学、"一个领袖、一个口号、一个思想"、权威崇拜、强力意志等赤裸裸的反启蒙理念。法国启蒙运动，发生于"旧制度"之中。同时期的英国，政治制度上的近代化早已完成，科技突飞猛进，经济繁荣。法国的启蒙思想家，如伏尔泰、孟德斯鸠、卢梭，对英国的政体及社会皆十分熟悉。伏尔泰、孟德斯鸠主张学英国宪政。卢梭主张学英国共和派的人民主权思想。恰如当代政治思想家恩斯特·盖尔纳所言，法国面临着追赶英国的任务。法国的不少哲士意识到他们不自由、尚武的政体与观念已落后于商业化的英国。革命前沙龙中的哲士，是首批"西方化"（Westernizers）或曰"北方化"（Northernizers）的主张者。③

喜欢喝咖啡的伏尔泰

伏尔泰（1694—1778）是法国启蒙运动的领袖，18世纪欧洲思想界的泰斗，科学和艺术共和国的无冕皇帝。法国人把17世纪看成路易十四的世纪，把18世纪视为伏尔泰的世纪。他既是哲学家、历史学家、诗人、剧作家和小说家，又是法国历史上第一个敢于坚持正义、介入政治斗争的著名作

---

① *The Enlightenment*, edited by Harold Maltz and Miriam Maltz, Detroit and New York: Greenhaven Press, 2005, p. 13.
② [英] J. O. 林赛编：《新编剑桥世界近代史》第7卷，中国社会科学出版社1999年版，第112页。
③ Ernest Gellner, *Conditions of Liberty*, New York: The Penguin Press, 1994, p. 33.

家。他尤其擅长论战,具有无与伦比的讽刺才能。伏尔泰以罕见的胆略和不懈的斗争精神,为不幸的人们据理抗争,为愚昧的人们启蒙。两百多年来,他的名字一直为人们所传颂。

伏尔泰具有文学天赋,他3岁能背拉·封丹寓言,12岁能作诗。他的父亲希望他学习法律,当个律师或外交家,但他对这些事情不感兴趣,他最喜欢的还是写作。伏尔泰不到20岁时,因写诗讽刺摄政王,被关入巴士底狱。不过,他是被关在监狱的贵宾区的。在狱中,他仍可以看书、下棋、玩牌,接待来探访他的朋友,他在狱中呆了11个月。出狱后,他继续写作。他创作了悲剧《俄狄浦斯王》,该剧在巴黎上演,获得了极大的成功,连演45场,观众逾7万。摄政王也前去观看,并邀请剧团到宫廷去演出。伏尔泰的父亲也观看了,看后深为儿子的成功而自豪。不过,1725年,伏尔泰因与人争斗被诬告,再次被关入巴士底狱。在狱中,他申请出国。一个月后,他获准去英国。伏尔泰在英国生活了三年。在英国期间,他从事学术研究,深受英国社会风气的影响。回法国后,他积极介绍牛顿和洛克的学说,主张学习英国,特别是学习英国的科学精神。他写了《牛顿哲学原理》。牛顿哲学,正是伏尔泰社会政治思想的哲学基础。伏尔泰和他的情人夏特莱侯爵夫人,均拥有自己的私人实验室。侯爵夫人是一位数学家、物理学家,她是牛顿《自然哲学的数学原理》的译者,并且写有论幸福的著作。伏尔泰了解中国,对中国文化很是欣赏。他基于中国古代名剧《赵氏孤儿》,大胆增删,创作了《中国孤儿:五幕儒家道德剧》。伏尔泰以此剧表明:文明终将征服野蛮。伏尔泰成名后,得到上至王后、下至市民的热烈追捧。地位高的人为了见伏尔泰,装扮成酒馆的侍者,在他常去的酒馆等着他,驿站的总管用咒骂命令他的车夫:"快走,你难道在跟着伏尔泰先生吗?"因为在巴黎,伏尔泰的马车一出现,周围便挤满了卫星似的车辆,以致交通阻塞,女士甚至从伏尔泰的皮毛大衣上拔下一两根毛,当作圣物来保存。[①]

贯穿伏尔泰思想和经历的精神,是他对封建制度和天主教教会所做的不停息的斗争。伏尔泰的不少话成为启蒙时期的权威口号,例如他说:"请永远不要向我谈基督。""打倒狂热分子!""科学是狂热与迷信的解毒剂。"等等。伏尔泰认为,天主教教会是一切进步的障碍。他说,天主教教士就是"一些道貌岸然的宗教狂徒和骗子",天主教是"一些狡猾的人布置的

---

① [英]卡莱尔:《英雄和英雄崇拜》,张峰、吕霞译,上海三联书店1988年版,第23页。

一个最可耻的骗人罗网"。他认为经院哲学一文不值,荒谬可笑。他和夏特莱侯爵夫人曾一起研读《圣经》新旧约,致力于指出《圣经》中的各种逻辑矛盾及荒唐之处。例如,他们发现,处女受孕是年轻女子怀孕的误译。耶稣不过是一个流浪的先知。诺亚方舟450英尺长,却要装14只大象,14只骆驼,14只水牛等超过2000多种动物,"绝对不科学"。① 伏尔泰号召人们为科学和进步事业而奋斗,他呼吁国王与哲学家联手,一道为人类社会的发展扫清道路。不过伏尔泰并非无神论者,他实际上持有神论的观点,如牛顿一样,认为神是世界的第一因。在他看来,无神论的世界将出现大的灾难。

伏尔泰主张人的自由,认为自由是指除了法律之外不依赖任何别的东西,即不受任何束缚。他从人的自由出发,坚决捍卫言论自由和出版自由,认为这两种自由是其他一切自由的基础和保障。

伏尔泰在政治立场上尚属温和,他甘愿接受立宪君主制,或者国王开明一些,不要那么暴虐,也就可以了。他认为,开明君主制可以通过改良而不是革命过渡到立宪君主制。伏尔泰不相信人民。他虽然主张启蒙,但是否人人都能够通过启蒙变得有理性,他甚为怀疑。他曾说:"您永远要把会思想的君子与生下来就不是为了思想的群氓区分开。"②

伏尔泰的政治主张之要旨,是以改革的方式构造一个近代国家。为此,他声讨天主教教会的势力与封建贵族的特权,主张国家统一管理全国人民的户籍。他建议神职人员实行薪俸制,由国家统管,又提议取消各封建领地之间的关卡,建立统一的市场。法律方面,他主张以统一的法律代替无数的地方习惯法。

伏尔泰一生勤于写作,其著作卷帙浩繁,但有人称他是"假充有知识者之大师"。因为他涉猎虽广,却没有做过深入专门的研究。孟德斯鸠即讽刺伏尔泰说:"他读的书,全是他自己所写,读过之后,他就批评或赞扬自己的书。""伏尔泰从未写出一个好故事,他与修士一样,写作不是为了论述什么问题,而是为了替自己的修会争光,伏尔泰写书也是为了他自己的修道院。"③

---

① [英]安东尼·帕戈登:《启蒙运动》,王丽慧等译,上海交通大学出版社2017年版,第108—111页。
② [法]伏尔泰:《哲学辞典》,转引自[法]丹尼斯·于斯曼主编《法国哲学史》,冯俊、郑鸣译,商务印书馆2015年版,第217页。
③ 孟德斯鸠:《随想录》,第1446条,转引自[法]路易·戴格拉夫《孟德斯鸠传》,许明龙、赵克非译,浙江大学出版社2016年版,第406页。

伏尔泰不是一位敏锐的、具有创造性的思想家，但在当时影响甚大，为那个时代欧洲知识界的主要代表人物。伏尔泰很喜欢喝咖啡，经常泡咖啡店。他晚年重病缠身即将去世时还说"要喝 25 万杯咖啡才瞑目"。

18 世纪后期法国大革命的爆发，固然离不开经济、政治、社会的前提，但伏尔泰等启蒙思想家发起的思想解放运动，却是这场大革命的先导。革命越是接近高潮，人们越是怀念启蒙导师伏尔泰。1791 年，起义的法国人民将伏尔泰的遗骸隆重地由香槟省运回巴黎，葬入先贤祠。

孟德斯鸠：宪政理论大师

孟德斯鸠于 1689 年 1 月出生于法国波尔多附近的一个贵族家庭。1708 年，孟德斯鸠获得法律学士学位。1716 年，孟德斯鸠由于继承伯父的官职而成为波尔多高等法院的庭长。同年他被选为波尔多科学院院士，后又当选为法兰西院士。孟德斯鸠曾频繁出入国王路易十五的宫廷，也曾到欧洲广泛游历，因而见多识广。1755 年，孟德斯鸠在巴黎去世。其临终遗言为：启蒙尚未完成，同志仍需努力。

孟德斯鸠生活在法国 17 世纪末和 18 世纪前半期，值法国各方面相对平稳的时代。他的主要著作有《波斯人信札》《罗马盛衰原因论》《论法的精神》。《罗马盛衰原因论》深受马基雅维里《论李维》之影响。例如，孟德斯鸠重申，国家当由伟人建立，但其维持，则要靠平民的力量；只有取消封建依附关系，平民才有力量。共和国内部的争斗，恰恰成就了罗马共和国的繁荣。这些观点，皆可见于之前马基雅维里的著作。[1]

《论法的精神》包括了孟德斯鸠政治理论的全部学问，此书写作持续了 20 年，1748 年面世，孟德斯鸠自称"把整个生命都奉献给了它"。[2] 古罗马政体与英国宪政，是孟德斯鸠此书重点研究的对象。

孟德斯鸠是近代分权学说、地理环境论与历史方法的创立者，又是近代法理学和社会学的奠基人。孟德斯鸠的影响远超出欧陆。他的学说对杰斐逊、反联邦党人、麦迪逊皆有影响；苏格兰启蒙运动思想家休谟、弗格森、亚当·斯密，皆盛赞《论法的精神》。孟德斯鸠是法国启蒙运动的大师，也

---

[1] Hans Baron, *In Search of Florentine Civic Humanism*, Vol. I, Princeton: Princeton University Press, 1988, p. 103.

[2] Montesquieu, *The Spirit of the Laws*, 中国政法大学出版社 2003 年版, p. xi.

是苏格兰启蒙运动的精神领袖。①

以权力制约权力

孟德斯鸠的权力制衡理论颇为著名。他的权力制衡理论，与他对自由的捍卫密不可分。在孟德斯鸠看来，自由与权力是联系在一起的。何为自由？孟德斯鸠说："在一个国家里，也就是说，在一个有法律的社会里，自由仅仅是：一个人能做他应该做的事情，而不被强迫去做他不应该做的事情。"②他指出，自由不是想做什么就做什么。"自由是做法律所许可的一切事情的权利；如果一个公民能够做法律所禁止的事情，他就不再有自由了，因为其他的人也同样会有这个权利。"③孟德斯鸠还说："一个公民的政治自由是一种精神的安宁状态（the tranquility of spirit）"④，而这种精神的安宁，其基础是每个人都认为他本身是安全的，即一个公民不惧怕另一个公民。

这里，孟德斯鸠意在区分民主和自由的不同。他说，在民主政体中，人民仿佛愿意做什么就做什么，因此人们就认为民主政体中有自由，这是把"人民的主权"同"人民的自由"混为一谈。他说："我们应该记住什么是独立，什么是自由。"民主意味着独立，但与自由并不是一回事。⑤孟德斯鸠认为，民主制和贵族制在性质上都不是自由政体。

在孟德斯鸠看来，政治自由只有在政治宽和的国家、且国家权力不被滥用时才存在。对自由最大的侵害来自于统治者滥用权力，"有权力的人都容易滥用权力，这是万古不变的一条经验。有权力的人们使用权力一直到遇有界限的地方才休止"。⑥由此，他提出，为了防止权力的滥用，保障公民的政治自由，必须使权力彼此分立，相互制衡。每个国家有三种权力：立法权、行政权和司法权，三种权力应交由不同的人或机关行使。他写道：

---

① [英]亚历山大·布罗迪编：《剑桥指南：苏格兰启蒙运动》，贾宁译，浙江大学出版社2010年版，第161页。
② [法]孟德斯鸠：《论法的精神》（上卷），张雁深译，商务印书馆1961年版，第154页。
③ 同上。
④ 中译本译作"心境的平安状态"。参见[法]孟德斯鸠《论法的精神》（上卷），张雁深译，商务印书馆1961年版，第155页。
⑤ [法]孟德斯鸠：《论法的精神》（上卷），张雁深译，商务印书馆1961年版，第154页。
⑥ 同上。

当立法权和行政权集中在同一个人或同一个机关之手，自由便不复存在了，因为人们将要害怕这个国王和议会制定暴虐的法律，并暴虐地执行这些法律。

如果司法权不同立法权和行政权分立，自由也就不存在了。如果司法权和立法权合而为一，则将对公民的生命和自由施行专断的权力，因为法官就是立法者。如果司法权和行政权合而为一，法官便将握有压迫者的力量。

如果同一个人或是由重要人物、贵族或平民组成的同一个机关行使这三种权力，即制定法律权、执行公共决议权和裁判私人犯罪或争讼权，则一切便都完了。①

我们不难理解传统帝制中立法、行政、司法合一，何以造就了臣民如奴才一样在暴虐的君主统治下苟活的状况。法国大革命中的恐怖统治，希特勒领导下的第三帝国，其他形形色色的极权主义，皆通过取消权力的分立与独立，建立起惨无人道的恐怖帝国。因为三权一旦合一，自由的屏障便失去了。孟德斯鸠提出的警告，世界各地热爱自由的人都宜铭记。

孟德斯鸠的权力制衡理论与其说是理论创新，不如说是对欧洲过去实际传统的理论化总结。它大体基于对英国宪政经验的研究而得出。正如英国史学家A.科班指出的那样："孟德斯鸠的成就是在欧洲思想发展的紧要阶段总结了权力制约权力和权威限制权威的传统。这是一个深深地扎根于过去的传统，但是在开明的专制时代，这个传统需要予以重新阐明。"②

《论法的精神》出版后产生了巨大的影响。随着时间的推移，权力分立与制衡已成为现代政治的内在精神和西方宪政主义的基本原则。通过宪法规定分权以防止权力滥用，保障公民自由，已成为现代法治国家的基本标准。

专制政体的原则是恐惧，要在"无君民共守之法"

汉娜·阿伦特认为，孟德斯鸠是"最后一位严肃对待政体问题的政治思

---

① [法]孟德斯鸠：《论法的精神》（上卷），张雁深译，商务印书馆1961年版，第156页。
② [英]J. O. 林赛编：《新编剑桥世界近代史》第7卷，中国社会科学出版社1999年版，第130页。

想家"①。孟德斯鸠的政体理论，颇为著名。与亚里士多德的政体分类不同，孟德斯鸠把政体分为三类，即君主政体（monarchy）、共和政体（republicanism）与专制政体（despotism）。② 其中，依据掌权的是人民还是贵族，共和政体又分为民主共和政体与贵族共和政体两种。孟德斯鸠说，每种政体都有其特定的原则。所谓政体的原则，是指"使政体运动的人类的感情（passion）"。③ 具体说来，君主政体的原则是荣誉（gloire），共和政体的原则是美德（virtue），专制政体的原则是恐惧（fear）。④ 说专制政体的原则是恐惧，意思是说，在专政政体中，统治者时刻害怕人民起义、臣下谋反，被统治者也时刻害怕被剥夺财产乃至生命。正是基于此种相互的"恐惧"，专制政体才得以运转。孟德斯鸠主张建立"宽和"（moderate）政体，⑤ 反对专制。他认为，君主政体和共和政体，皆可列为宽和政体，专制政体则不然。他关于专制的论述，尤其击中要害，为西方政体学说史上的经典篇章。

孟德斯鸠说，专制政体建立在孤立的个人之上，臣民之间以及专制君主与臣民之间，皆处于相互隔离的状态，缺乏有效的公共联系，公共空间付之阙如。在专制政体中，臣民对统治者只有绝对的服从。臣民与发号施令者皆趋向于愚蠢，因为服从者只需表示自己的忠心，施令者只需表达自己的意愿，均无需怀疑、思考或推理。统治者的意志便是法律，其统治充满随意性、不可预期性。那里，并非没有法律，但法律只是统治臣民的工具，"没有君民共守之法"。

专制政体，从内部开始腐化

孟德斯鸠指出，专制政体与其他两种政体相比，其问题在于它一俟建立便从内部开始腐化了。他写道："专制政体的原则是不断在腐化的，因为这

---

① Hannah Arendt, *The Human Condition*, Chicago and London: The University of Chicago Press, 1998, p. 202.
② 布拉姆菲特（J. H. Brumfitt）认为，孟德斯鸠的政体分类主要沿袭了柏拉图的政体分类法。参见 J. H. Brumfitt, "Montesquieu: The Spirit of the Laws", in *The Enlightenment*, edited by Harold Maltz and Miriam Maltz, Detroit and New York: Greenhaven Press, 2005, p. 57.
③ ［法］孟德斯鸠：《论法的精神》（上卷），张雁深译，商务印书馆1961年版，第19页。
④ 中译本作"恐怖"译，甚不准确。参见［法］孟德斯鸠《论法的精神》（上卷），张雁深译，商务印书馆1961年版，第26页。
⑤ ［法］孟德斯鸠：《论法的精神》（上卷），张雁深译，商务印书馆1961年版，第27、50、85、118、154页。

个原则在性质上就是腐化的东西。别的政体之所以灭亡是因为某些特殊的偶然变故，破坏了他们的原则。专制政体的灭亡则是由于自己内在的缺点。某些偶然的原因是不能够防止它的原则腐化的。所以专制政体，只有气候、宗教、形势，或是人民的才智等等所形成的环境强迫它遵守一定程序、承认一定规则的时候，才能够维持。这些东西可能对专制政体的性质发生强有力的影响，但是不能够改变专制政体的性质，专制政体的凶残性格仍然存在；这种性质只能暂时地被制约。"①

孟德斯鸠论专制时，并非没有现实关怀。当时法国处在波旁王朝统治下，路易十四已在通往专制君主的道路上策马扬鞭，这对人民的自由构成了威胁，孟德斯鸠希望给其继任者路易十五设置障碍，以阻止他往同样的方向发展，从而实现理想的平衡。②

中华帝国的暴政及其限度

孟德斯鸠讨论专制政体时，专辟一节讨论了"中华帝国"的政体。针对传教士对中华帝国的美化，孟德斯鸠说，中华帝国是地道的专制政体，它的原则是恐惧。它靠棍棒进行统治，其中没有荣誉与美德可言。中国的皇帝统治得不好，就要丧失其帝国和性命。中国的政府与其说在为政，不如说是在管理全国这个大家庭的家务。尤需注意的是，孟德斯鸠虽然知道中国儒家有重视教化、主张德治的传统，但并不因此把中国想象成一个圣君贤相治理的和谐之邦。他诊断其为专制，因为他鉴别政体时着眼于权力分配状况及其运行方式。显然，传统中国帝制中权力集中于皇帝一个人，立法、行政、司法虽有分工，却皆受皇帝一人节制，不过是皇帝统御万民的工具。法律所保障的自由，更是无从谈起。不过，孟德斯鸠也说："中国虽然有暴政，但是由于气候的原因，中国的人口将永远繁殖下去，并战胜暴政。"③ 而中国属于需要人勤劳才可以居住的地方，这也使得中华帝国虽然会有各种令人恐惧之事，但统治者也不得不遵守帝国的法律，从而使政权变得宽和。④

---

① [法]孟德斯鸠：《论法的精神》（上卷），张雁深译，商务印书馆1961年版，第119页。
② J. H. Brumfitt, "Montesquieu: The Spirit of the Laws", in *The Enlightenment*, edited by Harold Maltz and Miriam Maltz, Detroit and New York: Greenhaven Press, 2005, p. 59.
③ [法]孟德斯鸠：《论法的精神》（上卷），张雁深译，商务印书馆1961年版，第128页。
④ 同上书，第283页。

第九章 法国的革命与反革命

孟德斯鸠未来过中国，但他对中国政体的描述，比那些来过中国的传教士们的把握，更为到位。须知孟德斯鸠有一位叫黄嘉略的中国朋友。黄嘉略是福建人，懂得法语、拉丁文，他后来成了路易十四的中文译官，专司皇家图书馆的中文书整理、翻译，直到客死法国。孟德斯鸠24岁便认识他了，二人经常交谈。孟德斯鸠对中国实际社会政治状况的准确把握，除依据了当时来华传教士的见闻，大抵要归功于这位在法国定居的中国人。

孟德斯鸠指出，中华帝国的立法者把宗教、法律、民情、习惯糅合在一起，从而形成了礼教。中华帝国政府的主要目标是维持帝国和平，礼教亦服务于此目的。礼教时刻要求人感到对他人负有无数义务，使每个公民在各个方面都依赖他人。孟德斯鸠指出，中华帝国的构成，以齐家思想为基础。它对孝的提倡，是要培养一种对尊上、官吏、皇帝的尊敬与服从。反过来，尊上、官吏、皇帝也要以爱回报治下的黎民百姓。礼教，构成了中国的"一般精神"。孟德斯鸠将中国的礼教与西方基督教相比，指出中国礼教与专制主义相辅相成。他写道：

> 基督教，由于建立慈善事业，由于公开的礼拜，由于大家参与共同的圣礼，似乎要求一切都联合起来；中国的礼教则似乎命令一切都要隔离。而正如人们已经看到的，此种隔离一般都是与专制主义的精神（the spirit of despotism）联系在一起的……①

孟德斯鸠一针见血地指出了帝制中国孝文化的专制主义性质。他写道："表面上似乎无关紧要的事，在中华帝国却与其统治相关。一个儿媳妇是否每天早晨为婆婆尽这个或那个义务，这事本身是无关紧要的。但是如果我们想到，这些日常的习惯不断唤起一种必须铭刻在人们心中的感情，而且正是因为人人都有这种感情才构成了这一帝国的统治精神，那么我们便将了解，这一个或那一个特殊的义务是有履行的必要的。"②

孟德斯鸠随即指出，礼教虽然维持着中华帝国的和平，却败坏了中国人的道德水平。他认为中国人的道德状况令西方人瞠目。他称中国人"是地球上最会骗人的民族"。中国人虽从事贸易，却从无诚信。"向他们买东西

---

① Montesquieu, *The Spirit of the Laws*, translated and edited by Anne M. Cohler, Basia Carolyn Miller and Harold Samuel Stone, Cambridge: Cambridge University Press, 1989, p. 319.
② [法]孟德斯鸠：《论法的精神》（上卷），张雁深译，商务印书馆1961年版，第316页。

的人要自己带秤。每个商人有三种秤，一种是买进用的秤，一种是卖出用的秤，一种是准确的秤，这是和那些对他有戒备的人们交易时用的。"① 他认为，中国人贪利之心膨胀，暴力抢劫被禁止，但"一切用术数或狡诈取得的东西皆被许可"。他说，在斯巴达，偷窃是准许的；在中国，"欺骗是准许的"。②

为商业正名

美国学者大卫·洛温塔尔写道："孟德斯鸠是第一个认为商业值得在其主要著作中给以广泛的经验处理的伟大的政治哲学家。"③ 日本学者川出良枝也说："最先关注商业的扩大，从根本上肯定这种扩大，并肯定（期待）其将来性的探讨，并且在某种意义上已经提出了所有论点的著作，是孟德斯鸠的《论法的精神》。"④ 孟德斯鸠观察、分析、描摹商业社会，开风气之先。他的分析不仅直接影响了苏格兰启蒙运动时期关于"商业社会"的大讨论，对现代社会理论的发展，也有极重要的铺垫作用。更为重要的是，孟德斯鸠充分肯定了商业，这是一种对商业的崭新态度。它与传统欧洲鄙视商人、轻视商业的态度不同，与古典共和主义关于商业会败坏美德，谋利不如追求卓越、德行、荣耀的观念，亦针锋相对。

商业（commerce），《论法的精神》中译本大多数地方译作"贸易"，此一译法，颇不能充分表达孟德斯鸠的原意，也影响了读者对孟德斯鸠"商业社会"概念的把握。《论法的精神》第四卷，为孟德斯鸠集中论商业的章节。自18世纪中后期开始，商业便被人们以国为单位去思考，由此，"国民经济"的观念开始形成。⑤ 但在孟德斯鸠这里，商业指的是一种世界范围内的贸易活动，这也是孟德斯鸠一代启蒙思想家世界主义特点之体现。孟德斯鸠认为，商业有如下结果。

第一，商业能"治疗破坏性的偏见"，让人变得温和。他写道：

---

① [法]孟德斯鸠：《论法的精神》（上卷），张雁深译，商务印书馆1961年版，第316页。
② 同上。
③ [美]列奥·施特劳斯、约瑟夫·克罗波西主编：《政治哲学史》下册，李天然等译，河北人民出版社1993年版，第629页。
④ [日]川出良枝：《近代法国公私观念的转变》，载[日]佐佐木毅、[韩]金泰昌主编《欧美的公与私》，林美茂、徐滔译，人民出版社2009年版，第52页。
⑤ 同上书，第59—60页。

第九章 法国的革命与反革命

> 哪里有温文尔雅的民情（general mores），哪里就有商业。哪里有商业，哪里就有温文尔雅的民情。这几乎是一条一般规律。因此人们不必惊讶，我们的民情不如从前那样暴戾。商业传播了关于每一处所有民族的知识，人们将它们相互比较，何为善事，也可由此发现。……柏拉图抱怨说，商业败坏了淳朴的民情，但我们每天看到的是，商业使野蛮的民情变得礼貌而温柔（polish and soften barbarous mores）。[1]

孟德斯鸠是说，商业促进了不同民族间知识的交流，从而开拓了人们的视野，人们见多识广而不再拘泥于本地的习俗、传统、迷信与偏见。由此也变得宽容、温和，这就意味着文明。并且，孟德斯鸠暗示，商业有利于哲学（基于不同民族的知识，发现什么是善），而哲学正是各种偏见的死敌。

第二，商业自然导向民族间的和平。商业使民族间互通有无，相互依赖，且变得富裕。这便有利于和平，利于民族间的联合。

第三，于个人而言，商业并不促使人们的联合，反而促进了人与人的竞争，以至使人的一切活动皆商业化，人人为利而生。由此，一种以"正义"（justice）为核心的新道德应运而生。它当然禁止抢劫（军事社会间的征战，在孟德斯鸠看来，不过以追求荣耀为名，行抢劫之实），另外，也不要求人去无私奉献。[2]

孟德斯鸠论商业社会，以英国为样板。他高度肯定了英国的商业精神。他写道："其他民族使商业利益为政治利益让路，英国人则总是使政治利益为商业利益让路。这是世界上最了解如何同时利用宗教、商业与自由各自好处的民族。"[3]

立法的学问

孟德斯鸠写《论法的精神》，立意高远，他既针对个人，"使每个人爱他的责任、爱他的君主、爱他的祖国、爱他的法律"，也针对立法者与政治家，

---

[1] Montesquieu, *The Spirit of the Laws*, translated and edited by Anne M. Cohler, Basia Carolyn Miller and Harold Samuel Stone, Cambridge: Cambridge University Press, 1989, p. 338.
[2] Ibid., p. 339.
[3] Ibid., p. 343.

即"那些发号施令的人",还可广及全人类,"使人类纠正他们的成见"。[1]特别是对立法者,孟德斯鸠的著作有直接的意义。他提醒立法者在立法时不仅要考虑抽象的法律规则,还要充分注意各国的气候、历史、宗教、传统与习惯等多种因素。19世纪的功利主义大师边沁曾如此评价孟德斯鸠,他说:"在孟德斯鸠以前,一个人如果要为一个遥远的国家制定法律,他可以把此事很快做完。……在孟德斯鸠以后,一个立法者所要求阅读的文献数量,就大大增加了。他会说:'让那个民族的人到我这里来,或者让我到他们那里去;把他们的生活与谈话的全部方式告诉我;请描述那个国家的地理状况,让我尽量仔细地了解一下他们的现行法律、风俗习惯与宗教。'"

孟德斯鸠指出,立法者要充分考虑一个民族的一般精神、民情(mores)与民众言行之方式(manners)。[2]要拥有最佳政体,人民必须有精神上的准备。此处所涉,即政治与法律制度的社会制约条件。如若一个地方要制定自由、民主之大法,则民众必须在精神上能接受自由、民主。孟德斯鸠写道:"对于那些从未习惯于享受自由的人,甚至连自由也好像是不可容忍的。同样,新鲜的空气有时候对那些居住在沼泽地带的人们,是不愉快的东西。"[3]孟德斯鸠认为,在气候、宗教、法律、施政的准则、先例、风俗、习惯的基础上,形成一个民族的一般精神。立法时应注意,除非与政体原则相冲突,不应变更此种"一般精神"。顺民族之天然秉性,才能把事情做好。

对于民情与言行之方式,孟德斯鸠认为可以予以变革。不过他说,横暴地以法律去改变,则不可取。彼得大帝强迫俄国人剪胡子、剪袍子,便是一种苛政。孟德斯鸠说,应当以法律去改变法律确立的东西,以习惯去改变习惯确立的东西。改变习惯的手段,就是"创立典范"[4],这便不是立法者的事了。因为法律主要规约公民的行动(the action of citizen),民情规约人的行动(the action of man)。民情与言行习惯的区别是,前者关系内在的行为,后者关系外在的行为。[5]

---

[1] [法]孟德斯鸠:《论法的精神》(上卷),张雁深译,商务印书馆1961年版,第38页。
[2] Montesquieu, *The Spirit of the Laws*, translated and edited by Anne M. Cohler, Basia Carolyn Miller and Harold Samuel Stone, Cambridge: Cambridge University Press, 1989, p. 308.
[3] [法]孟德斯鸠:《论法的精神》(上卷),张雁深译,商务印书馆1961年版,第303—304页。
[4] 同上书,第310页。
[5] Montesquieu, *The Spirit of the Laws*, translated and edited by Anne M. Cohler, Basia Carolyn Miller and Harold Samuel Stone, Cambridge: Cambridge University Press, 1989, p. 317.

第九章　法国的革命与反革命

孟德斯鸠与法国自由主义

孟德斯鸠的教诲，大多已成今日世界的老生常谈。读者如想从他的著作中发现新奇的理论与玄奥的哲思、严格的推理，定会大失所望。然而，理论形式的素朴并不能掩盖理论本身所闪耀的真理的光芒。《论法的精神》实为西方政治理论史上的一部杰作。

孟德斯鸠主张以权力制约权力，可谓把握住了政治权力的本性。古今中外，历来有将政治转化为道德教化问题的思想，如西方的柏拉图与亚里士多德、东方的孔子和孟子，皆将政治世界的问题归结为人们道德上的堕落。孟德斯鸠则指明，唯有权力才能制约权力，靠道德说教抵制暴政，追求所谓的"圣王之治"，必定是幻想。人们捍卫自由，试图遏止政治的腐化与权力的滥用，然而多不得其法。孟德斯鸠则指出了一条具有可操作性的道路。他以关于权力的科学代替了从前政治哲学家习惯的对权力滥用徒劳的道德谴责。

孟德斯鸠主张分权制衡而造成一个不易腐化的宪政架构。他指出，分权并未削弱权力，反而通过相互制约，使之处于某种紧张之中，保持权力的旺盛。此种理念，为西方多元主义政体学说之基础。而权力为一个中心所垄断、不受限制的一元体制，貌似强大，实则因其不可避免的腐化而走向自我崩溃。权力滥用对公民自由造成的伤害，更是不必多说。另外，孟德斯鸠关于"宽和"政府的论述，亦有重大现实意义。它意味着政治中务实、审慎的考虑，意味着对政治中"极端主义"的拒斥，对残酷、暴虐的谴责，无论它是以君主的名义，还是以人民的名义。此种宽和政府的思想，奠定了法国自由主义的基础，使得法国政治思想中除卢梭式的激进主义之外，尚有自由主义一支。革命之外，尚有改良的传统。自由主义的政治思想家如贡斯当、斯塔尔夫人（Mme de Staël，1766—1817）、基佐、托克维尔、哈列维（Élie Halévy）、尤佛内尔（Bertrand de Jouvenel），直至20世纪的雷蒙·阿隆，皆可视为孟德斯鸠所开启的关于宽和政治思想传统的继承者。[①] 孟德斯鸠实为西方自由主义发展史上十分重要的一位思想家。

---

① *French Liberalism from Montesquieu to the Present Day*, edited by Raf Geenens, Helena Rosenblatt, Cambridge: Cambridge University Press, 2012, p. 272.

饱尝人间辛酸的卢梭

图 41　卢梭

让·雅克·卢梭（Jean Jacques Rousseau，1712—1778）是 18 世纪欧洲启蒙运动时期的著名思想家，法国大革命的思想先驱者。卢梭 1712 年生于

第九章 法国的革命与反革命

日内瓦,父亲是一位钟表匠,母亲是一位部长的千金,这位母亲在生育卢梭时不幸难产而死,她去世后给卢梭留下了丰富的藏书。卢梭小时候,他的父亲常陪他一起阅读这些书,时常从深夜读到天亮。卢梭10岁时,父亲用剑刺伤了市政议员,于是"宁愿离开日内瓦到国外度过余生,也不愿由于妥协而失去自由和荣誉"。此后,卢梭一人面对生活,他去过农村,在城市里当过马夫、教师、文书、抄谱员、制花边工人、仆役、学徒,在流浪生活中,其足迹遍及瑞士、意大利、奥地利和法国的许多中小城市和广大乡村。卢梭饱尝人间辛酸,他自学成才,但生活经常潦倒不堪。他情感丰富,又近于畸形和疯狂。他与华伦夫人的爱情故事成为传记作家津津乐道的内容。

华伦夫人1699年生,她是个乐善好施、富有想象力、不无才华的贵夫人。卢梭初见她时,华伦夫人已与华伦先生离婚。卢梭15岁那年离家出走,经人介绍初次见到年轻漂亮的华伦夫人,即生好感。虽很快离去,却念念不忘。流浪一圈之后,他终于回到了华伦夫人那里。那时他可以住在华伦夫人家里。卢梭称华伦夫人为"妈妈","妈妈"则称他为孩子。虽则在当时法国萨瓦省,孩童对家庭主妇皆称妈妈,但在卢梭与华伦夫人这里,"妈妈"这一称呼则蕴含丰富而诚挚的情感。卢梭称华伦夫人为"我最慈爱的母亲"。[1]

卢梭尝如此坦言他对华伦夫人疯狂的爱恋:

> 只要一看到她,我就高兴得不得了。当她外出,不在家的时候,我不安的心情是非常痛苦的,想和她在一起的心情有时候使我激动得竟流出了眼泪。……
>
> 一想到她曾经在我这张床上睡过,我就无数次地亲吻它!一想到房间的窗帘和家具是她柔嫩的手摸过的,我就无数次亲吻它们!一想到我脚下的地板她也曾经在上面来回走过,我就无数次地趴在地板上亲吻!有时候,甚至当着她的面,我也情不自禁地做出一些只有疯狂的爱才能使我做出的荒唐举动。有一天,在吃饭的时候,当她正要把一块肉放进嘴里时,我大叫一声说肉上有一根头发,她立刻把那块肉扔在她的菜盘子里,而我一下子就把那块肉抓过来塞进嘴里吞下肚去。[2]

---

[1] [法]卢梭:《忏悔录》,《卢梭全集》第1卷,李平沤译,商务印书馆2012年版,第147页。
[2] 同上书,第148—150页。

卢梭日渐发育为青年，不免情窦初开，渐通人事。华伦夫人有所察觉，为防止另一个女人来"教育"他，竟主动约他一周后初试云雨情。华伦夫人并非生性淫荡，她对卢梭真是呵护备至的，而卢梭也时刻想念着她，纵有云雨之欢，但两情相悦，并不过分尴尬。

那时华伦夫人家的管家男仆阿勒，与华伦夫人相恋既久。卢梭自言他们三人结成感情真诚的三友之家，相处貌似融洽。不过不久那仆人竟暴病而亡，有传记作家分析，事情的真相是："让·雅克插足，阿勒第一次自杀未遂，再次自杀身亡。"① 然而卢梭终于不能忘记华伦夫人的妈妈身份，虽然时时与华伦夫人行人事，却想着要拥有一个情妇。而华伦夫人的情人，除他们二人之外，还有她的一个哲学教师与一个神父。

卢梭与华伦夫人同居甚久。不过多年之后，华伦夫人抛弃了他，卢梭反复哀求——"啊，亲爱的妈妈，你不愿意当我亲爱的妈妈了吗？"——也未能挽回，因为已有一位 20 岁的帅气青年让·萨缪尔·鲁多尔夫·温曾里德取代了卢梭在华伦夫人心中的位置。

卢梭后来还与一位旅店女佣泰蕾兹·瓦色相好，他们同居二十年，最后结了婚，其间生了 5 个孩子，卢梭都把他们送到了孤儿院。多年后，卢梭虑及这些孩子，据说亦曾流下伤心的泪。关于卢梭遗弃亲生孩子，不少人因此指责卢梭虚伪，卢梭的追随者则竭力为他辩护。斯塔尔夫人把弃婴的责任推给了女佣瓦色。雨果在《悲惨世界》中则借小说中人物之口说："他抛弃了自己的孩子，但他认养了全人类！"② 卢梭的品行不够好，他诬陷好朋友（例如休谟）借钱不还，缺乏正义感，等等。但卢梭的文字中充满着坦诚、激情和对自由的无比向往。1778 年，卢梭因中风去世。

卢梭在 1749 年撰写的《论科学与艺术》获得全国论文大赛一等奖，声誉随之鹊起，如日中天。1755 年，卢梭又以《论人类不平等的起源与基础》为题再次参加科学院的征文。论文追溯了人类如何从自由、平等的自然状态蜕变为多数人屈从于少数人的状态，剖析了私有制在人类不平等起源中的作用。1760 年，卢梭发表了小说《新爱洛绮斯》。1762 年出版的《社会契约论》是卢梭影响最大的政治哲学著作。此外，卢梭还写过论教育的重要著作《爱弥儿》。法国启蒙运动的主导思想是弘扬理性，卢梭虽以为然，但他把人

---

① ［比］雷蒙·特鲁松：《卢梭传》，李平沤、何三雅译，商务印书馆1998年版，第67页。
② ［美］卡罗尔·布拉姆：《卢梭与美德共和国》，启蒙编译所译，商务印书馆2015年版，第71页。

的情感看得更重。他主张不仅要研究自然,更要热爱自然、回归自然。他认为欣赏落日的余辉与做代数题同样是令人愉快的事情。① 《爱弥儿》的教育理念即主张让儿童返回自然,循天性发展,多接触自然,而不必读拉丁文或希腊文。受卢梭著作的影响,"'返回自然'成为那时的狂想,宫廷的贵妇们假装是过着一种'自然'的生活,到池边去钓鱼"②。

步入文明社会是人的堕落

卢梭虽处于进步主义的启蒙时代,却是一个"衰败论"者。他不认为那个时代的人们正在逐渐完善,在逐渐告别蒙昧,从黑暗走向光明。如果我们称 17 世纪以来为现代,卢梭显然是一位现代性的批评者。这种批评,不同于反动"贵族"的批评,它毋宁说是一种"内部批评"。卢梭批评现代,不是为了回到传统,而是为了将其引至另一个方向,在那个方向上,存在着一种激进的完美主义世界图景。它建立在对人、对人的本性的全新认识之上。它与卢梭所处的时代反差之大,以致构成对现世秩序毫不妥协的批判。

卢梭毕生与他所处的世界相冲突。他在巴黎街头找不到在家中的感觉。狄德罗、达朗贝尔、爱尔维修等巴黎哲人让他生厌。这个社会出问题了,穷的穷,富的富,上流社会虚伪、荒淫、堕落,人心败坏。卢梭想找回没有堕落的人性。他认为,这需要回到人类的初始阶段,回到未受文明洗礼、未遭社会败坏的时代。他在《论人类不平等的起源和基础》的卷首引用亚里士多德的话为题记:"不应在变了质的事物里而应在合乎自然法则的事物里来观察自然。"③

《论人类不平等的起源和基础》是卢梭在 1755 年应第戎科学院征文而作的一篇论文。征文题目是:"人类不平等的起源是什么?人类的不平等是否为自然法所认可?"在主旨上,卢梭的《论人类不平等的起源和基础》延续了关于科学与艺术的征文中所提出的"衰败论"。

卢梭从社会形成之前的人讲起。他认为,野蛮人即人类的先祖中间,并无不平等,更无贫富、压迫、奴役存在。那时人是一种孤独的、幸福的存

---

① [法]卢梭:《论人类不平等的起源和基础》,李常山译,商务印书馆 1962 年版,第 369 页。
② [美]卡尔顿·海斯:《近代欧洲政治社会史》,黄慎之译,中国政法大学出版社 2007 年版,第 370 页。
③ [法]卢梭:《论人类不平等的起源和基础》,李常山译,商务印书馆 1962 年版,第 48 页。

在，人易于满足，并无什么特别的欲望，人与人之间和平共处，鲜有冲突，偶尔因为争夺食物或性伴侣而发生争斗，也绝不会严重到发生战争。卢梭批评霍布斯，认为初民绝不会像霍布斯所想的那样具有攻击性。初民只关心自我保存，并且是在尽可能不伤害他人的方式下保存自己。他说，霍布斯"把满足无数欲望的需要，不适当地掺入野蛮人对自我保存的关心中，其实这些欲望乃是社会的产物"[①]。依据卢梭的观点，人在自然状态中，拥有的是对同伴天然的怜悯之心，这是未堕落的人所具有的情感。其时人的内心处于一种平静的状态，他们无知，也因此而天真烂漫。他们反感看到同类受苦，如同马不愿意践踏一个活物，动物从同类尸体中走过也会感到不安，人就其本性来说，是不会与人为敌的。卢梭说，即使是认为私德可成就公益的曼德维尔，也承认人对人的怜悯心（同情心）。卢梭引用诗句说："自然既把眼泪赋予人类，就表示出：它曾赐予人类一颗最仁慈的心。"[②]

卢梭诉诸"泪水"，诉诸怜悯心，以此来界定人性，界定自然的人的本性。这针对的是那些大谈理性的同时代的主流哲学家。卢梭写道：

> 哲学使人与世隔绝，正是由于哲学，人才会在一个受难者的面前暗暗地说："你要死就死吧，反正我很安全。"只有整个社会的危险，才能搅乱哲学家的清梦，把他从床上拖起。人们可以肆无忌惮地杀害他的同类，他只把双手掩住耳朵替自己稍微辩解一下，就可以阻止由于天性而在他内心激发起来的对被害者的同情。[③]

与此相反，野蛮人则保持着人类的原始情感。他们没有智慧与理性，但与生俱来的怜悯之心，足以使他们善待同伴。卢梭在原初的人、在不认字的乡民、在多愁善感的市井妇女那里，找到了人的天性。"当发生骚乱时，或当街头发生争吵时，贱民们则蜂拥而至，谨慎的人们则匆匆走避；把厮打着的人劝开、阻止上流人互相伤害的正是群氓，正是市井妇女。"[④] 卢梭认为，维持人类的，正是质朴的人类情感。"虽然苏格拉底和具有他那种素质的人能够通过理性获得美德，但如果人类的保存仅仅依赖于人们的推理，则人类

[①] ［法］卢梭：《论人类不平等的起源和基础》，李常山译，商务印书馆1962年版，第98页。
[②] 同上书，第101页。
[③] 同上书，第102页。
[④] 同上。

也许久已不复存在。"①

卢梭把自然状态中的人，从霍布斯、洛克理论中构造出的人，变成了可以在大自然中寻找其踪迹的人。卢梭嘲笑文明人，歌颂野蛮人。他说，野蛮人无论在情感上还是在体质上，皆优于文明人。文明社会中暴君统治，将所有人化为零，乃是人类堕落的顶峰。原先的自由、独立失去了，曾经的平等退化成了平等地做奴隶。社会中的人终日操劳，忙忙碌碌，他们以做奴隶为荣，生活在他人的意见中，其生存意义依赖于别人对他的评价与看法。而野蛮人则保持着独立与自我，他过自己的生活，闲散自在。卢梭反问："尽管我们有那么多的哲学、仁义、礼仪和崇高的格言，为什么我们总问别人自己是怎样一个人，而从不敢拿这一题目来问自己？"②

近代严复曾说卢梭的《论人类不平等的起源和基础》（严译为《人类等差原始》），"其说大似吾国老庄"，皆"明自然"，尚道德而恶刑礼。③ 诚然，卢梭与老庄在赞扬自然中人、批判文明礼俗这一方面，甚为一致。不过老庄对人的天性的理解，与卢梭对人的天性的理解，是截然不同的。老庄那里的自然人，虽然无拘无束，却是蒙昧状态之中的人，并无独立的个体意识，而卢梭的自然人，是自由、独立的个人。卢梭学说的革命精神，老庄里面没有。老子"绝圣弃智"的愚民政策，也不可能为卢梭所接受。

民约产生合法政府

卢梭于1753年底开始写《社会契约论》，1754年大体写成，《社会契约论》又名《政治权利的原理》，旧译《民约论》。该书共分4卷，第一卷探讨人类如何从自然状态过渡到政治状态以及公约的根本条件，涉及卢梭的社会契约论；第二卷讨论立法，涉及卢梭的主权理论；第三卷、第四卷都是讨论政治法，第三卷讨论政府的形式，涉及卢梭的民主理论；第四卷讨论巩固政府的方法，涉及卢梭的公民宗教等观点。

卢梭关心自由，否定专制；主张人民共和，否定君主制国家。他的《社会契约论》，描述新政治体如何产生，这便使该书成为革命的指南手册。实际上，法国大革命时期，革命家确实多奉行卢梭的学说，罗伯斯庇尔自称是

---

① ［法］卢梭：《论人类不平等的起源和基础》，李常山译，商务印书馆1962年版，第103页。
② 同上书，第108页。
③ 严复：《严复集》，王栻主编，中华书局1986年版。

卢梭的信徒，罗兰夫人称与卢梭的著作"相见恨晚"，认为读书只需读卢梭一人的书就可以。更有革命宣传家拿着卢梭的书到街头去演说。卢梭学说与大革命的联系，并非虚构。我们看看卢梭的社会契约论，到底在哪些方面，对旧制度起到了连根拔起、摧枯拉朽的作用，激起无数人的热情，让他们热血沸腾、欲罢不能，乃至不惜献出生命。

《社会契约论》第一卷第一章开篇的一段话，颇为著名。卢梭说："人是生而自由的，但却无往不在枷锁之中。自以为是其他一切的主人的人，反而比其他一切更是奴隶。这种变化是怎样形成的？我不清楚。是什么才使这种变化成为合法的？我自信能够解答这个问题。"[①] 卢梭的意思是：人生来是自由的，但到今天为止，他们都处在枷锁之中，受到了奴役，他们本来就有的自由没有了。从自由人到奴隶，这种变化如何形成，"我"不清楚。到底是什么让人们对此习以为常，"我自信能够解答这个问题"。这句话把现代绝大多数人，特别是法国波旁王朝统治下的人，都界定为奴隶了，卢梭说人应该是"自由的"，这就有明显的革命意味。卢梭接着就解释说，强力可以迫使人民服从，但却不能推导出人民必须服从的义务，人民打破身上的桎梏，是合法的，因为那是他们试图"重新获得自由"而做出的举动。卢梭认为，社会秩序源于约定。什么样的约定值得人们追求，这就是他的社会契约论要回答的问题。按卢梭的设想，社会契约不仅要保证自由人的身份不变，还要让自由人过得比处在自然状态下更好。

莫以自由换太平

在卢梭这里，自由与奴役相对。自由与服从理性、做自己的主人是同一个意思。它还与高贵的灵魂相匹配。卢梭曾写道："卑鄙的灵魂是绝不会信任伟大的人物的；下贱的奴隶们则带着讥讽的神情在嘲笑着自由这个名词。"[②] 卢梭反对天然奴隶、世袭国王、父权等陈腐观念，认为"任何人对于自己的同类都没有任何天然的权威"[③]，"一个人一旦达到有理智的年龄，可以自行判断维护自己生存的适当方法时，他就从这个时候成为自己的主人"[④] 了。

---

① ［法］卢梭：《社会契约论》，何兆武译，商务印书馆1980年版，第8页。
② 同上书，第118—119页。
③ 同上书，第14页。
④ 同上书，第9页。

做自己的主人，就是要告别奴隶状态。卢梭指出，做奴隶，是不会得到什么好处的。他写道：

> 有人说，专制主可以为他的臣民确保国内太平。就算是这样；但如果专制主的野心所引起的战争，如果专制主无餍的贪求，如果官吏的骚扰，这一切之为害人民更有甚于人民之间的纠纷的话，那末人民从这里面所得的是什么呢？如果这种太平的本身就是人民的一种灾难，那末人民从这里面又能得到什么呢？监狱里的生活也很太平，难道这就足以证明监狱里面也很不错吗？被囚禁在西克洛浦的洞穴中的希腊人，在那里面生活得也很太平，可是他们只是在等待着轮到自己被吞掉。①

卢梭反对用确保"太平"来为君主制辩护，这暗含了对霍布斯观点的拒斥。依据卢梭的观点，牺牲自由换取太平，必定得不偿失。卢梭进一步批评霍布斯关于"自然状态是人与人的战争状态"的观点。他认为，战争状态只存在于国与国之间，人与人在自然状态中不可能是仇敌。因为自然状态中并没有固定的财产权，而构成战争的，是物的关系，不是人的关系。个人与个人之间，只会以兵士的身份，才偶然成为仇敌。敌人的概念，存在于进入政治状态之后。"外国人，无论是国王、是个人或者是整个民族，不向君主宣战就进行掠夺、杀害或者抢劫臣民的，那就不是敌人，而只是强盗。"②

卢梭批驳了任何奴役人的制度的合法性，认为社会秩序，必须源于一个根本的全体约定。正是有了这个最初的约定，人对人的服从，才是合法的。包括民主程序中少数对多数的服从，也是基于之前对"少数服从多数"这一表决规则的同意，才变得有效。③

何种契约可保立约前后于自由无损？

卢梭认为，有一种契约，可让人们立约前后一样地自由。在这种契约之下，服从别人不过是在服从自己。这个契约就是："每个结合者及其自身的

---

① ［法］卢梭：《社会契约论》，何兆武译，商务印书馆1980年版，第15页。
② 同上书，第19页。
③ 同上书，第22页。

一切权利全部都转让给整个的集体。"①

卢梭认为,这个契约保证了人们的平等,而且由于每个人都"毫无保留地"向全体奉献出了自己,他就并没有向任何人奉献出自己;他既然可以从任何一个别人那里获得他让渡给别人的同样的权利,他就得到了他让渡出去的一切东西的等价物,而且还获得了更大的力量来保全自己的所有。通过这样一种"奉献",人们便共同置于"公意"的最高指导之下,每个人都成为全体不可分割的一部分。这种结合,就造就了一个"道德的与集体的共同体"。共同体"获得了它的统一性、它的公共的大我、它的生命和它的意志"②。这个全体就是人民,其公共人格,就是共和国或政治体(过去称城邦)。当它主动时,就称为主权者,当它被动时,就称为国家。就个别的人来说,作为主权的参与者,就叫作公民,作为国家法律的服从者,就叫作臣民。

公意与众意

在"论主权"的段落中,卢梭表明主权者必定永远正义,因为它"不可能"有与每个缔约者相反的利益,因而它也无需对臣民保证什么,"共同体不可能想要损害它的全体成员"。但是,臣民与主权者的关系,则另当别论。注意此处是"臣民"不是"公民"。臣民有个别的意志,与他作为"公民"所具有的公意可能相反或不同,臣民可能只想享受公民权利而不愿意尽臣民的义务,这就会对共同体的存在构成威胁。于是就必须有一个强制性的规定:"任何人拒不服从公意的,全体就要迫使他服从公意。这恰好就是说,人们要迫使他自由。"③ 如何理解这里的"迫使他自由"?卢梭在这里把自由与服从画上了等号,当然,服从是对公意的服从,对全体的服从。公意所依赖的共同体的存在,确保了个人的公民地位,这区别于奴隶制中的奴隶、封建关系中的附庸,个人凭根本契约成了有祖国的公民,如果现在个人不服从公意,就是自甘沦落、重新为奴了。因而,强迫他服从,乃是阻止他的堕落。

卢梭认为,主权是不可分割的。他比喻说:"据说日本的幻术家能当众把一个孩子肢解,把他的肢体一一抛上天空去,然后就能再掉下一个完整无

---

① [法]卢梭:《社会契约论》,何兆武译,商务印书馆1980年版,第23页。
② 同上书,第25页。
③ 同上书,第29页。

缺的活生生的孩子来。这倒有点像我们政论家们所玩的把戏了，他们用的不愧是一种江湖幻术，把社会共同体加以肢解，随后不知怎么回事又居然把各个片段重新凑合在一起。"①

公意可能出错吗？卢梭认为不会。他说，公意永远是公正的，永远以公共利益为依归。但是，他又指出，我们"并不能由此推论说，人民的考虑也永远有着同样的正确性。人们总是愿意自己幸福，但人们并不总是能看清楚幸福。人民是绝不会被腐蚀的，但人民却往往会受欺骗，而且唯有在这时候，人民才好像会愿意要不好的东西"②。理解这句话的关键，是要区别"意愿"和"考虑"的不同。卢梭是说，公意是"意志"，是人民的意愿，人民总是希望自己过得幸福，因而在这个方面，人民是绝不会"被腐蚀"的，绝不会自动放弃这种愿望；但"考虑"则是想法、判断、观点，这就有可能是错误的，人民可能受欺骗。

卢梭又区分众意与公意。众意着眼于私人利益，是个别意志的总和。而公意着眼于公共利益，则是个别意志相互抵消剩下的那部分意志。简单说来，众意是做加法，公意则是做减法。

如何发现"公意"？卢梭主张通过讨论，而这个过程中，必须排除党派活动。他视党派活动为不正常的勾结。在他看来，党派活动导致投票的数目与人数不再相等，只是与派系集团的数目相等。此时，所得的结果，便缺乏公共性。如果其中一个集团独大，则整个投票，实际上不过是只有一票，占优势的意见，也不过是一个派别的意见，此时，也不再有公意存在了。按卢梭的理论，政党政治是要取消的。卢梭总结说："为了很好地表达公意，最重要的是国家之内不能有派系存在，并且每个公民只能是表示自己的意见。"③ 而如果有派系存在，则必须让派系足够多，才可以使公意发扬光大。这一点曾得到美国立国时期联邦党人的赞同。联邦党人以类似的口吻写道，克服党争危害的方法，就是让不同的派别足够多，以致很难联合起来。

主权者可以做什么？

主权者是否可以为所欲为呢？非也。卢梭的下面这段话，常常被人们忽

---

① [法]卢梭：《社会契约论》，何兆武译，商务印书馆1980年版，第37页。
② 同上书，第39页。
③ 同上书，第40页。

略,他写道:"主权权力虽然是完全绝对的、完全神圣的、完全不可侵犯的,却不会超出、也不能超出公共约定的界限;并且人人都可以任意处置这种约定所留给自己的财富和自由。因而主权者永远不能有权对某一个臣民要求得比对另一个臣民更多;因为那样的话,事情就变成了个别的,他的权力就不再有效了。"① 这段话表明,卢梭并不主张共产主义的方案,不主张剥夺人们基本自由的方案。"留给自己的财富和自由",这里的"自由",不同于前面所提到的"服从理性""做自己的主人"意义上的"自由",而是一种免受干预意义上的自由。

由于共同体旨在保卫每一个人,每个人的安全都依赖于它,因此,主权者就有权要求每一个人为祖国效命,奔赴疆场,不惜捐躯。这是对个人的牺牲吗?卢梭说"不是",因为在订立契约之前,个人要时刻为保卫自己的生命而奋斗;现在进入了政治社会,起码人生的大多数时间都不再需要担心自己的生命安全了,因此,如果国家号召你去牺牲,自己也没有丢失什么。

伟大的立法家

卢梭说:"人民永远是愿望自己幸福的,但是人民自己却并不能永远都看得出什么是幸福。公意永远是正确的,但是那指导着公意的判断却并不永远都是明智的。"② 基于这种认识,卢梭提出,人民需要"指导",以认识自己所愿望的事物。由此,就引出了对伟大立法者的呼唤。卢梭在肯定人民主权后,毫不费力地宣称:"需要有一个立法者。"③ 这个立法者,将为人民量身定制一套很好的政治制度,这套制度将同时保证自由与平等。卢梭自己就充当过这样的立法者,他曾应邀为科西嘉人制宪。在这个方面,卢梭学说秉承孟德斯鸠的很多方面,例如,他主张立法要考虑各民族的风俗习惯、地理环境、自然条件,等等。但他的观点,并不否定人类秩序的通则。他说:"除了一切人所共同的准则而外,每个民族的自身都包含有某些原因,使它必须以特殊的方式来规划自己的秩序,并使它的立法只能适合于自己。"④ 共同的准则与"特殊"的考虑,在卢梭那里同时兼备。

---

① [法]卢梭:《社会契约论》,何兆武译,商务印书馆1980年版,第44页。
② 同上书,第52页。
③ 同上书,第53页。
④ 同上书,第71页。

真正的民主从未存在过

卢梭被称为"民主"理论家。然而，如何理解他的有关论述，却存在着极大的分歧。"二战"以后，卢梭的民主理论已被冠以"极权主义民主"之名，成了"自由主义民主"的对立面。卢梭式民主，成了令人恐惧的制度。对这种民主的批判，从雅各宾专政之后，便开始出现了。这里我们将结合卢梭在《社会契约论》中第三卷的有关论述，来看卢梭在民主问题上，到底是怎样一种主张。

理解卢梭的民主思想，首先要注意的是他对立法权与行政权的区分。他认为，主权者的一切行为，只能是法律行为。政府则是主权者的执行人。在人民主权的意义上，人民掌握立法权，毫无疑义；但人民要行使行政权，所谓亲自管理政府，则不是卢梭的思想，且为卢梭所反对。卢梭分析政体，涉及主权者、政府、臣民三方，他认为三者活动的界限应当明晰，不能混淆，政府是主权者与臣民之间的中间体。他说："如果主权者想要进行统治；或者，如果行政官想要制定法律，或者，如果臣民拒绝服从；那末，混乱就会代替规则，力量与意志就会不再协调一致，于是国家就会解体而陷入专制政体或陷入无政府状态。"①

基于这种认识，民主制便是不同政府形式中的一种。民主制与贵族制、君主制并列，主权者可以采用其中的任何一种。卢梭更是表明："就民主制这个名词的严格意义而言，真正的民主制从来就不曾有过，而且永远也不会有。多数人统治而少数人被统治，那是违反自然的秩序的。我们不能想象人民无休无止地开大会来讨论公共事务；并且我们也很容易看出，人民若是因此而建立起来各种机构，就不会不引起行政形式的改变。"②

卢梭指出，这种民主政府组建的条件，十分苛刻。例如，国家要小，使得人民容易集会，且相互认识；民风要淳朴，以免发生棘手的争论；地位与财产上要高度平等；要很少或根本就没有奢侈品，因为奢侈会同时腐蚀富人和穷人。③ 民主制要维持下去，每个公民必须告诫自己："我愿自由而有危险，但不愿安宁而受奴役。"卢梭说："如果有一种神明的人民，他们便可以

---

① [法] 卢梭：《社会契约论》，何兆武译，商务印书馆1980年版，第78页。
② 同上书，第83页。
③ 同上书，第89页。

用民主制来治理。但那样一种十全十美的政府是不适于人类的。"① 这等于否定了在人类中建立真正的民主制之可能性了。

不过，对照卢梭对君主制的论述，则可以看出，君主制的缺点，实在是更大。卢梭写道："有一种最根本的无可避免的缺点，使得国君制政府永远不如共和制政府"，那就是共和国中有才干的人会上升到首要职位，而在君主制中，则是卑劣的骗子和阴谋家能够胜出，而他们一旦爬上高位，也不过是向公众暴露他们的不称职。与马基雅维里一样，卢梭称："人民在这种选择方面要比君主会更少犯错误。"② 并且，君主制政府还有一个王位继承的问题，它往往意味着血雨腥风。由此，国家的政策也变化无常，缺乏连续性。卢梭提醒人们不要假设国王为理想中的圣君，他认为那种假设不过是自欺欺人罢了。遇到坏国王怎么办？霍布斯等人要求人民服从，卢梭讽刺说："一个医生许下了奇迹，而他的全部本领只不过是劝病人忍耐；我们将会说他什么呢？我们很明白，当我们有了一个坏政府的时候，我们必须忍受它；但问题应该是，怎样才能找到一个好政府。"③

立法，人民必须亲临

卢梭式民主，通常被称为直接民主，以与代议制民主相区别。然而，我们在用"直接民主"一词时，必须清楚它的意思。卢梭不是要一切事务皆由公民自己来做。这里面关键的是立法权与行政权的区分。在立法权方面，即人民落实主权方面，在表达公意方面，他们必须亲自出马，不能由他人代劳。在保卫祖国时，公民也需自己拿起武器，不能用雇佣兵。而在行政方面，则不仅允许，而且必定要求派代表来做。

卢梭反对代议制，反对以金钱来换取公共服务，主张欲享自由，议决公共事务公民必须亲临。他写道：

> 一旦公共服务不再成为公民的主要事情，并且公民宁愿掏自己的钱口袋而不愿本人亲身来服务的时候，国家就已经是濒临毁灭了。需要出征作战吗？他们可以出钱雇兵，而自己待在家里。需要去参加议会吗？

---

① [法]卢梭：《社会契约论》，何兆武译，商务印书馆1980年版，第90页。
② 同上书，第97页。
③ 同上书，第102页。

他们可以推举议员，而自己呆在家里。由于懒惰与金钱的缘故，他们便终于有了可以奴役自己祖国的军人和可以出卖自己祖国的代表。

正是由于商业与工艺的扰攘、由于唯利是图、由于柔弱而贪图享受，人生的服务才被转化为金钱。人们拿出来自己的一部分收益，为的是可以更安逸地增加自己的收益。出钱吧，不久你就会得到枷锁的。钱财这个字眼是奴隶的字眼；在城邦里是不知道有这个字眼的。在一个真正自由的国家里，一切都是公民亲手来做，没有任何事情是要用钱的。他们远不是花钱来免除自己的义务，反而是花钱来亲身履行自己的义务。我距离通常的观念委实是太远了；我相信劳役要比租税更不违反自由。①

卢梭说："凡是不曾为人民所亲自批准的法律，都是无效的；那根本就不是法律。英国人民自以为是自由的；他们是大错特错了。他们只有在选举国会议员的期间，才是自由的；议员一旦选出之后，他们就是奴隶，他们就等于零了。在他们那短促的自由时刻里，他们运用自由的那种办法，也确乎是值得他们丧失自由的。"② "不管怎么样，只要一个民族举出了自己的代表，他们就不再是自由的了；他们就不复存在了。"③

爱弥儿的教育

卢梭认为现有的社会虚伪、腐朽、堕落，他憧憬一个全新的、充满生机的、道德的理想社会，这种理想社会由何等样人构成呢？在1762年出版的《爱弥儿》中，卢梭探讨了一种新型的教育，它的目的是培养新人。如同柏拉图一样，卢梭同样把政治问题转化成了教育问题。卢梭认为，政治与教育是不可分的。他说："必须通过人去研究社会，通过社会去研究人；企图把政治和道德分开的人，结果是这两种东西一样也弄不明白。"④ 卢梭谈的教育，既包括人的生存能力的教育，也包括道德教育以及公民教育。它的根本目标，是要培养一个自由、独立、理性而有责任感与怜悯之心的人。

---

① ［法］卢梭：《社会契约论》，何兆武译，商务印书馆1980年版，第124页。
② 同上书，第125页。
③ 同上书，第128页。
④ ［法］卢梭：《爱弥儿》上卷，李平沤译，商务印书馆1978年版，第327页。

图 42 《爱弥儿》插图 1

第九章 法国的革命与反革命

卢梭设想了一个普通儿童爱弥儿从出生到成人所需要的恰当教育的整个过程。卢梭认为，既有的教育，培养的或者是奴隶，或者是暴君，他们是虚伪的人，是天性（nature）被严重扭曲乃至丧失的人，也是不幸福的人。他要亲自设计一套方案，并亲自实行，担当教师，其教育目的在于保存、发展人的天性。这种教育，是要让儿童从小融入大自然，向大自然学习，做大自然的学生，让其体魄与意志皆得到充分的锻炼。卢梭相信自然，他说，坏的教育，甚至还不如不教育。

他提议让孩子去乡村生活，因为那里有新鲜的空气，孩子们在那里接触已感染一身恶习之人的机会较少。城市，是孩子们要尽可能远离的地方。现代社会的特点是城市化，卢梭则十分不喜欢城市。他写道："城市是坑陷人类的深渊。经过几代人之后，人种就要消灭或退化；必须使人类得到更新，而能够更新人类的，往往是乡村。"①

卢梭认为，应当让孩子们自由自在地生活。当然，自由并非放任不管，而是"有节制的自由"。总体上，卢梭提倡凡事多让孩子们自己动手，多多实践，少由父母代劳。这样，他们就会只想做自己能力范围内的事情，而不会有其他过分的欲望。卢梭说："事事由他作主，反而比你作主要好一百倍。"② 现实中，暴政的存在，无非是有人喜欢命令人，有人喜欢对强者阿谀奉承。暴政总是意味着主奴关系的存在。卢梭希望从小培养孩子的自由人格。这就是说，小孩既不要让他学会服从于人，也不要让他学会使唤人。喜欢使唤他人或者顺从于他人，都不是自由人的特征。对孩子来说，他要服从的只是大自然的约束，是他自身能力的局限。让他在大自然面前感到自己的弱小就可以。卢梭说，在孩子的辞典中，不当有"服从"和"命令"、"责任"和"义务"这样的词，应当有的重要词汇，是"力量""需要""能力不足""遏制"。

例如，小孩总是喜欢哭着要这要那，家长如果一味听他的使唤，事事都顺着他，小孩就会觉得他是世界的主人，他想要有什么就会有什么。开始时他要你的手杖，转眼间要你的手表，最后要天上的月亮和星星，总有一天，你满足不了他的欲望，那时他自然会十分痛苦，而你的解释，在他看来只是你不听他号令的借口，是你反叛的体现。因为他的理智还没有成熟，并不能

---

① ［法］卢梭：《爱弥儿》上卷，李平沤译，商务印书馆1978年版，第43页。
② 同上书，第93页。

听懂你的解释。由此，他还会对你产生敌意，脾气也变得越发暴戾。卢梭说，如果小孩子会说话了，就要让他温和地表达他的要求，如果那要求确实是他所需，就要立刻满足他；如果不是，就要予以拒绝。孩子如果哭闹耍无赖，则果断拒绝他的一切要求。不能让孩子以为哭闹比温和索取更有效，不能让他觉得哭闹是他命令旁人的符咒。有些大户人家教小孩各种客气的请求，也不可取，因为那不过是叫他以另一种方式命令他人而已。而当小孩被培养成了一个暴君，他自然也不会再有快乐。相反，他"既是奴隶当中最卑贱的奴隶，同时也是人类当中最可怜的人"①。

卢梭主张按不同年龄段儿童的特点去教育他们。他认为，基本上在12岁前，儿童应着眼于体质和感官的培养，而非理智的开发。理智开发得过早，只会让孩子变傻。在这方面，他直接批评洛克理性教育思想的谬误。卢梭认为，教育的目标是培养有理性的人，但这是目标，不是手段。理性的成长、培育需要到一定的年龄之后，而之前感官和体质只有得到充分培养，才能为将来理智的苏醒作好充分的准备。在孩子的教育过程中，从感官到理智，这个自然顺序不能变。否则，就如同瓜果早熟，反而不美。他经常说，要把儿童当儿童来教育，儿童就要有儿童的样子，可是世人多急功近利，想把儿童培养成小博士。卢梭认为，以成人的标准来要求儿童，那是在摧残儿童。

由此，卢梭要求教育者必须有足够的耐心，必须在一定的年龄前让孩子多玩耍，而不是让他们被迫读书、做题、学各种功课。他认为，强迫读书对孩子来说是灾难。读书认字在有需求时顺便教给他们就可以，比如一起朗读一份发来的请柬，因为此时他急于知道内容是什么。卢梭嘲笑有人为了让孩子识字把家里贴得像印刷厂，嘲笑洛克发明的认字骰子方法，认为那对儿童来说就是折磨，卢梭说，试问谁会对折磨自己的工具产生热情呢？例如希腊文、拉丁文和其他语言的学习，卢梭认为毫无必要，因为他们学了根本不会运用，所谓会外语只不过是在模仿些表面的符号而已。比如地理，卢梭认为，孩子能指出北京、伦敦在地图上的位置，对于认路毫无帮助，他们听历史故事，也根本听不懂。寓言也不适合他们去阅读，阅读这些寓言，反而还会起到坏的作用，让他们学坏。卢梭认为，推行此类教育的人，都没有站在孩子的角度去考虑所教内容对他们来说是什么意思。

---

① [法]卢梭：《爱弥儿》上卷，李平沤译，商务印书馆1978年版，第86页。

第九章 法国的革命与反革命

图 43 《爱弥儿》插图 2

例如关于让儿童学习历史，卢梭举例说，有次他看到这样一个情况，一个孩子听家庭教师给他讲古代亚历山大大帝的事迹。教师点评亚历山大大帝很勇敢。在教师的设想中这种历史故事应该是很好理解的。晚饭时小孩自然会向父母复述一些新学到的故事的片段，并且表示很佩服亚历山大的勇敢。卢梭怀疑这个小孩未必真懂，就在饭后拉着他的小手出去散步，途中问他为何觉得亚历山大勇敢。孩子说，因为亚历山大生病后毫无难色地把那难吃的药一口就吞下去了。而他自己在十五天前刚吃了一次药，费了好大的劲，至今仍然觉得口中有苦味。卢梭指出，这个故事对那个小孩来说，不过是以后吃药的时候，要以亚历山大为榜样，勇敢些。那位教师通过讲历史故事预期达到的美德教育，可以说是毫无效果。

再如拉·封丹的寓言，通过动物故事讲道理，通常被视为儿童最佳读物，卢梭以为只适合成人读，孩子读了反而变坏。卢梭认为对孩子来说，如讲道理，不应拐弯抹角。而拉·封丹的寓言，儿童读后所理解的，和作者原本想要表达的，全然不同，甚至完全相反。他举《乌鸦和狐狸》的寓言，逐句分析，指出儿童根本读不懂，反而产生了坏的想法。《乌鸦和狐狸》的寓言大家都很熟悉，它是说，乌鸦先生叼着一块奶酪，在一棵树上歇息，狐狸先生为了得到那块奶酪，就夸乌鸦好看，且歌喉美丽，二者相配，堪称百鸟中的凤凰，乌鸦听了好话，得意忘形，开口想唱歌，奶酪掉了下来，被狐狸得到了。狐狸还对乌鸦说：所有阿谀奉承的人，都靠他所奉承的人生活。花一块奶酪学这个教训，是值得的。乌鸦又羞又气，发誓不再上这样的当。卢梭分析说，不仅儿童不懂"先生""凤凰""发誓"这样的词，就是原文最核心的意思，儿童的理解也是不同的。对他们来说，一块奶酪显然比教训宝贵。而且，他们会佩服狐狸，觉得应该像狐狸那样学会欺骗，从而成功得到奶酪。而乌鸦则是他们嘲笑的对象。因为孩子们出于自爱，都不愿意把自己想象成失败的一方。[①]

卢梭强调从生活而非书本，去给爱弥儿以教育。教育者要善于通过生动的事例，让儿童自己去领会抽象的道理。例如，关于树立儿童的财产观念，卢梭给出了他的方法。他让爱弥儿在园丁管理的土地上播下蚕豆种子，爱弥儿每天给它浇水，果然，蚕豆长出来了。爱弥儿满心欢喜，期待着收获。然而，某一天他发现园丁把他的蚕豆苗刨了，他愤怒地喊：我的劳动成果，我

---

① ［法］卢梭：《爱弥儿》上卷，李平沤译，商务印书馆1978年版，第133页。

心爱的蚕豆哪里去了？园丁对爱弥儿说，那是他耕种的土地，本来种了马耳他瓜，却被爱弥儿给毁掉了，大家都吃不成瓜了。爱弥儿自此就会明白，在别人土地上耕种，收成不属于自己，于是他提议爱弥儿跟园丁要一小块地，专门种蚕豆，收成分一半给园丁，园丁表示不要爱弥儿的收成，把那块地赠给他，并要爱弥儿记住：不能去动他的瓜地。爱弥儿就这样，学会了何为财产、财产的来源、产权等模糊的概念。卢梭的教育方法，不能不说是独具匠心。

卢梭批评对儿童进行空洞的道德说教。他认为我们只要教孩子们不要伤害别人就可以了。卢梭认为儿童的天性中没有邪恶。他说："我们把这一点作为不可争辩的原理，即：本性的最初的冲动始终是正确的，因为在人的心灵中根本没有什么生来就有的邪恶，任何邪恶我们都能说出它是怎样和从什么地方进入人心的。"[1] 他说，人类天生的唯一的欲念是自爱，俗称自私，自私本身对我们是有好处的，它完全受理性的支配。所谓自私是坏的，不过是自私没有得到恰当的支配，并非自私本身是坏的。

随着爱弥儿年龄的长大，教育的内容也不断丰富。卢梭认为，在爱弥儿12—15岁时，应着重培养其理性能力，使其理性能控制自身的激情。应学习科学知识，如地理、天文、农艺、手工业技术，等等。在爱弥儿15岁以后，人文教育将代替科学教育，成为重点。学习内容主要包括关于人类社会以及神的知识。卢梭说，这一时期，要着手培养爱弥儿的怜悯之心，以便教他学会与同类和平生活在一起。当然，这要求教育者本人必须是一个具有怜悯之心的人。他称洛克教育理论中提倡的慷慨，是一种高利贷式的慷慨：给人家一块奶油，是为了要人家的一头牛。[2] 他认为这种虚伪的慷慨，将败坏人的心灵。

卢梭说，这段时期，还要培养爱弥儿正确的爱情观，使他青春期对性的渴求升华为对家庭的责任。卢梭虚构了爱弥儿与苏菲浪漫而美好的爱情。但是，在爱弥儿与苏菲结婚前夕，卢梭让他们暂时分离，他要爱弥儿一个人去做一次旅行。叫他旅行的目的，是让他学习政治，让他实地了解不同的国家、不同的制度、不同的法律，由此对什么样的政体最公正、最宜居、最能保障人权有认识。而此时，爱弥儿出于对未来妻子、子女的关心，对政治会

---

[1] ［法］卢梭：《爱弥儿》上卷，李平沤译，商务印书馆1978年版，第95页。
[2] 同上书，第113页。

有特别的关心。卢梭给爱弥儿讲述了《社会契约论》中的政治学原理，以便让爱弥儿考察各国政体时心里有一个标尺。此外，他还推荐爱弥儿阅读孟德斯鸠的《论法的精神》，因为该书可以帮助他了解风俗与政体的关系。卢梭的政治哲学著作与他的教育学著作，至此也有机地联结成了一个整体。

长卷著作《爱弥儿》以爱弥儿与苏菲幸福的婚姻结束。明显，教育的目的，并非让人成为古风式公民，而是让人得以回归人的本性，过上幸福的生活，这种幸福生活，没有落在共和国的政治舞台上，而是落在了由两性构成的家庭亲密关系中。在追求幸福的过程中，《社会契约论》所构造的政体，只是一个必要的工具。卢梭学说根本上的"非政治"特点，至此也充分展现。这无疑是卢梭学说现代气息浓郁的原因。卢梭对自然状态、野蛮人、乡下农民、质朴妇女的赞美，是其学说"浪漫色彩"的体现，这并不使他把爱弥儿培养成野蛮人、乡下农民这样的人。爱弥儿远离城市，最终还是要回到城市，最初远离社会是为了将来给社会注入新鲜血液。如果每个人都像爱弥儿那样，被培养成一个天性得到充分发展的人，自然他们组成的社会就不至于像当时的巴黎社会那样那么虚伪、浅薄、堕落。这自然是通过教育改造社会的乌托邦主义。

不过，卢梭关于"不失天性"的人的呼唤，对完整的人的呼唤，对新兴市民社会中的理性经济人而言，无疑构成一种深刻的批判，它在一切现代社会皆有其意义。他以自然为师的教育理念，对于中世纪以来教会主导、控制的传统教育，构成了革命性的挑战。他的教育强调儿童感官能力、情感与体质的培养，这对于洛克的理性主义教育方案，也构成了尖锐的批评。

卢梭的精神遗产

卢梭思想是一个复杂、多面甚至不无矛盾的体系。后世诸多派别的思想家，皆视卢梭为先驱，从卢梭那里汲取灵感。自由主义者并不忌讳从卢梭那里寻求反对绝对王权、捍卫人民权利的理论武器，德国自由主义者康德曾从卢梭学说中引申出自由、平等的个人权利原则。卢梭在当时即被誉为"自由的导师"。激进主义者从卢梭那里发现了革命的伟大力量，马克思主义亦可从卢梭出发反思人间不平等的社会根源，并把平等写在自己的旗帜上。共和主义者从卢梭那里看到的是对古典公民理想的执着以及对美德共和国的坚守。19世纪的浪漫主义者视卢梭为先驱，因为卢梭主张回归自然，提倡人间温情。现代民族主义的支持者，更是尊卢梭著作为经典。卢梭学说内容丰富，可做多个方向上的解读。唯一没有争议的是，卢梭不是保守派。

卢梭学说为现代激进革命的指导思想。法国大革命的圣经，即为卢梭的《社会契约论》，重新订立人民的社会契约，建立伟大的人民共和国，推翻王权，激励着革命者前仆后继。著名的雅各宾主义，正是卢梭学说的现实运用。

然而，20 世纪以来，在第二次世界大战之后，不少西方学者在反思极权主义灾难时，将其理论上的根源，追溯到了卢梭那里。卢梭式民主被称作"极权主义民主"（塔尔蒙语）。卢梭式自由被称作典型的"积极自由"（伯林语）。这些学者指出，卢梭的美德共和国理想，给个体带来的是沉重的道德压力，个人不得不臣服于公意之下。卢梭的学说本是为了追求自由，结果却导向了一种前所未有的新的奴役。

卢梭的学说运用起来，确实存在极大的困难，且有被误用的巨大危险。然而，将 20 世纪极权主义灾难溯源至卢梭，实为天大的不公。试问 20 世纪的独裁者、极权运动诸领袖，有几人是信奉卢梭学说的？没有。他们信的多为马基雅维里、尼采之流。卢梭本人对理想共和国的实现，并不抱多大希望。然而法国革命时期，革命者追随卢梭，按卢梭的精神指导革命实践，也是事实。但这些激进革命者，与 20 世纪极权主义领袖，不是一类人。卢梭不可能赞同一个建立在人对人的全面控制、监视基础上，靠恐怖手段与集中营、劳改营维持的支配体系。奴性十足地美化领袖，向之行礼，呼口号，与卢梭对奴隶的抨击格格不入。至于谎言、血腥、残暴，更与卢梭所说的怜悯、质朴、仁慈等美德相抵触。我们回到 18 世纪，可以看到卢梭学说的真正特点。兹列出如下诸点，以供思考：

（1）民主与平等的阐扬。卢梭把合法性问题放到政治学的中心位置，并告诉人们，唯有自己服从自己，才算合法。一切政治权威，必须建立在民主的基础之上，为的是保证原本拥有的自由，不因进入社会状态而消失。而在法国及欧洲诸国，多为国王统治，公职由贵族把持，人民只是被动地服从。卢梭的思想中，没有世袭国王与贵族的位置。故而卢梭学说中虽然无"革命"二字，却处处在煽动颠覆"旧制度"。其间包含的平等看待人、不按出身门第看人、政治生活向平民开放等理念，迄今仍不过时。纵然现实中不能完全实现，作为理想，已足以激励一代又一代的人为之奋斗。

（2）民族构建的理论化。卢梭学说中的一个核心概念是人民。公意是人民的意志。社会契约将个人变成了人民中的一分子。卢梭政治思想的起点是个人,终点是人民。在卢梭那里,人民可以是一个现代民族的概念。[1] 人民是政治上的统一体。作为政治概念的人民,以区分"我们"与"他们"为前提。人民意味着人的同质性。这种同质性,并非基于血缘或种族,而是通过社会契约,将个人自利之心、低级欲望予以剔除,从而提升自己,达到一个理性的水平、一个道德的水平、一个高级的水平。在这一过程中,每个人克己奉公,好比去除铁矿中的杂质,以炼出纯正的钢。公意在某种意义上,可以看作"民族魂"的同义词。民族自决与人民主权,其间道理相同。此种关于民族(人民)的构想,在霍布斯的国家论、洛克的政府论中是付之阙如的。近代革命,为民族的革命,近代国家,为民族的国家。卢梭的政治理论,预示着民族政治时代的到来。

(3) 资产者社会的反思。卢梭虽为启蒙思想家,但他在理性主义的结论之外另辟蹊径,而能对人的情感有深切的同情。他对资产者社会,予以强烈谴责。在卢梭看来,资产者社会缺乏温情,其中人丧失了他原有的本性。恰如艾伦·布鲁姆(Allan Bloom)所言,卢梭为人们勾画了一个虚伪做作的资产者形象,他是反思现代性的一位极其重要的思想家。布鲁姆写道:"'资产者'一词是卢梭的伟大发明,从对资产者现象的考察出发,卢梭诊断出了现代性的病因。在卢梭的措辞中,资产者是金钱的化身,是只知算计、惟利是图的个人,而共和国应交由具有古典美德的爱国公民构成。"[2] 卢梭最早发现,现代社会存在着多重的道德危机。当然,我们需要注意的是,这只是基于卢梭的道德观察来说的。卢梭不能接受资产者的伦理规范也能算一种道德。

(4) 人性本善与近代全能主义革命的乐观主义人学基础。传统基督教认为,人有原罪,人是堕落的产物。卢梭则认为人在其天性未受损坏时是一个自足、完善的存在。人不仅生而自由,而且天生具有道德禀赋。社会契约论表明,人不必依靠上帝,即能运用理性,创造出一个至善的共和国。正是相信人性善良,人本该善良,才有可能充满希望地期盼一个美好的社会,并把这种期盼转化为革命行动。在雅各宾主义的美德共和国以及共产主义精神觉悟极大提高的自由人联合体中,都可以看到这种对人的无限完美的乐观主义预设或期盼。

---

[1] 卡尔·波普尔认为,卢梭的理论中明显包含有"民族主义的基因"。参见[英]卡尔·波普尔《开放社会及其敌人》第二卷,郑一明、李惠斌等译,中国社会科学出版社1999年版,第99页。
[2] [美]艾伦·布鲁姆:《巨人与侏儒》,秦露等译,华夏出版社2003年版,第205—206页。

第九章 法国的革命与反革命

法国革命的前夜

与英国革命有类似之处,革命始于国王召开会议讨论征税的事。这会议,在法国是三级会议。召集不同等级的代表来议事,原是中世纪的做法。法国因经年接受国王的绝对主义王权统治,已经有175年没有开过三级会议了。1789年,法国国王路易十六为摆脱财政危机,按照财政大臣雅克·内克尔①的建议,召开三级会议。这着实令国人兴奋了一阵。人们视这次会议为政治改良的起点,又附加了很多对未来美好世界的期许在里面,特别是希望通过开会为法国制定一部宪法,以克服当时行政管理中无处不在的混乱状态。这个三级会议的召开,拉开了法国革命的大幕。

革命前的法国,由波旁王朝统治,沿袭由太阳王路易十四创设的体制,这个体制被称为绝对王权。不过,欧洲的绝对王权,只是针对先前多中心的封建制而言显得权力"绝对",它与亚洲的王权,是不能比的。因为各自的基础很不一样。即使是在路易十四时期,法国人仍然觉得他们生活在某种宪政之中,绝对主义并非"东方专制主义"。法国的绝对王权体制在有强有力的国王时,尚能运转,但路易十四的继任者路易十五和随后的路易十六,很难说是称职的国王,旧体制的问题也日渐凸显,以致积重难返。法国革命前夕,国王实际的权力,已经十分孱弱。革命发生于权力衰败到极点的时候,而不是发生于权力专横的时候。史学家写道:"国王是一国的元首,但也只不过是个奴隶首领罢了。国王不过是朝廷里头的一个奴隶,是政府的奴隶;最可怜的,他也是风气及习惯的奴隶,他想要自由比老百姓还要厉害得多。倘若国王是一个喜欢改良的,他一下手改良,就觉得改良比什么都难。"②

18世纪70年代,法国的体制存在着一些根本性的问题,国家在理性化的程度上虽然不乏进步,但要走的路还是很长。行政区、财政区、高等法院辖区、教区各不相同。由于悠久的历史和错综复杂的传统,法国的行省数目,至1776年才大致确定下来。1776年,国王任命了39个行省总督;财政区则是36个,专门的财政督办官负责财政事宜;高等法院有13个,大多数

---

① 内克尔是瑞士人,新教平民出身,其夫人经常举行沙龙。他是斯塔尔夫人的父亲。路易十六不用贵族而用他,在当时很是轰动。

② [法]路易·马德林:《法国大革命史》,伍光建译,时代文艺出版社2014年版,第5页。

高等法院同时管辖几个行政区和财政区。教会则把法国划分为18个大主教区和136个主教区。①

法国的体制虽然号称绝对主义王权体制，但这种"绝对化"的权力，从未真正实现过。在法国，很多王国领地不服从中央政府的指令，不遵守它们本该采用的法律。大量的地区遵从本地由来已久的习惯。巴黎的高等法院不断掣肘国王，自视为专制的制约力量，法官们明目张胆地对国王说："陛下，法国并没有贵族制，但也没有专制主义，有的只是宪政。"② 各地的度量衡不统一，这对于商业贸易活动来说极为痛苦。税制也不统一，北部和中央地区要交的税比其他地区要重，同一个税种有的地方按人头收，有的地方按土地收。各城市、河流，税卡林立，有的税上交给中央，有的则交给私人。"从弗朗什孔泰出发，经由索恩河和罗纳河运往地中海的货物，途中要分别向36个税卡交钱。"③

法国当时有两个事情，对革命起了极大的促进作用。一是财政危机，一是贵族的特权。法国人民的生活水平，并非极端贫困，相反，那时法国在欧洲算是一个富裕的国家，法国农民比同时代欧洲其他国家农民的生活状况要好很多。但王室的财政危机，则是极其严重了。路易十五时期，法国对英国和普鲁士作战，历时七年，以失败告终。1778年，路易十六决定干预美国的独立战争，法国最后虽然在胜利者一边，却因此耗空了国库。

法国的贵族与英国不同，素来封闭。贵族又分两个阶层，上层贵族为"佩剑贵族"，其贵族头衔从中世纪沿袭而来，他们可以佩剑出行，可以炫耀代表家族的徽章；下层贵族是"穿袍贵族"，他们的祖先是因其作为地方官吏或法官而被授予了贵族头衔。孟德斯鸠、米拉波就属于穿袍贵族，他们中很多人有改革思想。佩剑贵族，则属于真正的统治阶层。④ 贵族因曾有功于朝廷，不仅拥有大量财产，还享有诸多特权。特权是说，有些活动仅贵族可以从事，其余人不能涉足。贵族的特权包括：卖酒、养鸽、打猎，等等。贵族犯了法，也要在特别法庭进行审判。路易十四时期，为了削减贵族的权力，国王把贵族召到富丽堂皇的凡尔赛宫来享乐，这使得贵族围着国王转，

---

① [英]威廉·多伊尔：《牛津法国大革命史》，张弛等译，北京师范大学出版社2015年版，第2—4页。
② 同上书，第103页。
③ 同上书，第5页。
④ [美]爱德华·麦克诺尔·伯恩斯、菲利普·李·拉尔夫：《世界文明史》第三卷，罗经国等译，商务印书馆1987年版，第13页。

日益脱离了百姓。原来百姓依附于贵族，受贵族多方面的庇护，对贵族是有感激之心的，现在贵族只顾自己，丢下百姓不管，所以贵族和百姓的联系失去了，贵族失去了昔日拥有的"群众基础"，将来有事，不仅百姓不帮忙，反而反过来与贵族为难。并且，这些贵族长期受到王权的压制，又受了当时思想潮流的侵蚀，原来能征好战，现在则变得斯文起来，与伏尔泰、卢梭等人做朋友。

法国的上层贵族虽然享有特权，但此时，他们已经不再提供公共服务，纯粹成了宫廷的装饰品。在社会结构中，中产阶级形成、壮大，贵族则处于衰败的过程中。路易十六时期的法国，真正的管理者不是贵族，而是一个财阀集团。大多数贵族生活水平一般，不少贵族是贫困的"破落贵族"。拿破仑即来自科西嘉一个贫穷的贵族家庭。巴黎的达官贵人乐意将女儿嫁给富裕的金融家，而不是那些寒酸的贵族。正如托克维尔所观察到的，法国人民痛恨贵族，正是发生在贵族日渐失去权力的时候。贵族拥有司法权力时，他们是受人尊敬的阶层；但贵族失去特权后，他们让人觉得是寄生虫。

托克维尔写道："当贵族不仅拥有特权，而且拥有权力时，当他们进行统治管理时，他们的个人权利更大，却不引人注意。在封建时代，人们看待贵族近似于我们今天看待政府：为了取得贵族给予的保障，就得接受贵族强加的负担。贵族享有令人痛苦的特权，拥有令人难以忍受的权利；但是贵族确保公共秩序，主持公正，执行法律，赈济贫弱，处理公务。当贵族不再负责这些事情，贵族特权的份量便显得沉重，甚至贵族本身的存在也成为疑问。"[①]

法国的等级制秩序中，教士是第一等级。教士里面，又分高级教士和中低级教士。他们的处境截然不同。令人憎恶的是大主教、主教等高级教士，他们道德败坏，把教产当私产，耽于敛财和享乐。1789年的时候，130位高级教士中，只有15个算得上有道德。[②] 低级教士则和平民差不多，处于贫困的状况，以致个个提倡维新。

社会阶层固化，平民上升途径被堵，被视为革命爆发的一个前兆。在法国革命发生前的若干年，同样存在着这种状况。虽然使用金钱可破除很多僵化的做法，但"不论哪条路，天生的富二代或者贵族二代总是占先，而有天

---

① [法]托克维尔：《旧制度与大革命》，冯棠译，商务印书馆1992年版，第72页。
② [法]路易·马德林：《法国大革命史》，伍光建译，时代文艺出版社2014年版，第17页。

分或能力的人只能排在他们后面,这种情况不仅在军队中出现。在很多人看来,显而易见,整个社会都是这么运作的"①。

而革命前50年,启蒙运动给法国塑造了革命的思想风气。波旁王朝试图控制报刊和舆论,却始终不能奏效。很多印刷厂秘密工作。最激进的报纸印刷多在境外,这超出王朝的管辖范围。虽然有出版审查制度,但现实中被禁的书少之又少。②启蒙思想家孟德斯鸠、伏尔泰、卢梭、狄德罗、达朗贝尔等,抨击教会,反对王权,提倡自由、平等,影响甚大。事实上,当时从宫廷到巴黎学界,大家读的都是这些书。路易十六就读过伏尔泰、卢梭的书。这些写作的人,被称作"哲士"(Les philosophes),中译托克维尔《旧制度与大革命》中的"文人",就是指这个群体,今人多误作"哲学家"(philosophers),其实他们中极少有人懂哲学,他们更像今天的社会学家、人类学家、知识分子、作家。《法国哲学大辞典》(Andre Lalande)是如此界定philosophes的:"它指这样的写作群体,这些人拥护理性、启蒙与宽容,对既存的宗教制度多少有敌意。"③ 这些人著书立说,出席思想文化沙龙,主导着当时的"舆论",最终把波旁王朝的基础给彻底挖掉了。后来投身革命,并在革命中丧生的罗兰夫人(Madame Roland,1754—1793)最喜欢读的就是卢梭的著作。她说:"可惜我读卢梭的书读得太迟了。但幸亏我读得太迟,若是读得太早的话,我就会变疯狂了,别人的著作我是不要读了。"④ 未来的革命家罗伯斯庇尔自称是《忏悔录》(卢梭作品)作者的精神之子。他在一份自传性材料中毫不掩饰对卢梭的崇敬。他写道:"圣人啊!你教会我认识自己,你教会我在年轻时就尊重自己的人格,对社会秩序的重大原则进行思考。""在你最后的日子里,我见到了你。这段回忆是我骄傲和欢乐的源泉;我凝视着你那庄重的面容,看到了人们不公正的行为给你带来的深切忧愁的痕迹。"⑤

这些哲士,从革命派一方来说,是启蒙了人民,为革命准备了充足的精神武器。而在批判革命的论者看来,他们提供的那些哲学则极具破坏性,旨

---

① [英]威廉·多伊尔:《牛津法国大革命史》,张弛等译,北京师范大学出版社2015年版,第38页。
② 同上书,第58页。
③ 转引自 *The Enlightenment*, edited by Harold Maltz and Miriam Maltz, Detroit and New York: Greenhaven Press, 2005, p. 9。
④ [法]路易·马德林:《法国大革命史》,伍光建译,时代文艺出版社2014年版,第12页。
⑤ 转引自[法]热拉尔·瓦尔特《罗伯斯庇尔》,姜靖藩等译,商务印书馆1983年版,第12页。

在号召人们反基督教、反权威。如亚当·弗格森所言，它们是一种"无神论与无政府"的时髦哲学。[1]他们的理论来源是古希腊和古罗马。他们用古代人的榜样号召人们起来推翻暴君的统治，哈尔摩迪奥斯、格拉古、布鲁图斯、加图的名字，被他们挂在嘴边。他们羡慕古希腊、古罗马的共和。革命爆发前几周，各种小册子大量出现，每天新出好几种，大多支持"自由"。当时人们对自由的理解是"废除特权，多数人的主权，《社会契约论》的落实，共和国"。[2]

另外，美国革命也给法国带来冲击。美国驻法大使富兰克林作为避雷针的发明者名扬天下，他的思想受到巴黎上流社会的欢迎。美国成功建共和国的例子让法国人看到，"一个全新的开始是有可能的。现存的政权可以被推翻，在此基础上，人们可以向着更理性、更自由的方向建立新社会。人类法律和社会组织的改善、再生都不再是乌托邦的想象。"[3]

再看这时的国王路易十六。他是路易十五的孙子，出生于1754年，20岁时继承王位。他的妻子是奥地利公主。路易十六受过良好的教育，能阅读好几国文字。他经常阅读休谟的《英国史》，对历史上国王被废黜乃至被人民处死的事情并不陌生。[4]他性情慷慨大方，"奉教虔笃，变得入迷，爱慕贞洁，到了不理自己妻室的程度"[5]。他身材矮胖，看起来不甚起眼。他喜好打猎，还有做锁匠的手艺。他关心穷人，乐善好施，自己却十分省俭。他的弱点是自己无主意，易受他人影响。他是个宽厚的人，"始终不肯令百姓流血，宁可从容就死，流他自己一个人的血"[6]。

三级会议变成了国民公会

1789年，在财政大臣内克尔的提议下，三级会议在凡尔赛召开。会场临

---

[1] Adam Ferguson, "Manuscripts", 转引自 Iain Mcdaniel, *Adam Ferguson in the Scottish Enlightenment: The Roman Past and Europe's Future*, Cambridge, Massachusetts and London: Harvard University Press, 2013, p. 208.

[2] [法] 伊波利特·泰纳：《现代法国的起源：大革命之大混乱》，黄艳红译，吉林出版集团有限责任公司2015年版，第31页。

[3] [英] 威廉·多伊尔：《牛津法国大革命史》，张弛等译，北京师范大学出版社2015年版，第81页。

[4] [法] 米涅：《法国革命史》，北京编译社译，商务印书馆1977年版，第170页。

[5] [法] 路易·马德林：《法国大革命史》，伍光建译，时代文艺出版社2014年版，第25页。

[6] 同上书，第29页。

时搭建在宫殿广场。在三个等级分开投票决议还是三个等级合在一起开会共同投票决议的问题上，代表之中产生了争议。常言道，堡垒从内部瓦解。第一、第二等级，竟然内部分裂，有些教士和贵族，上台发言，批评自己所在的等级，要求制宪，要求平等，要求取消自己的特权；不日竟有好几位代表投靠第三等级代表团。著名的西耶斯（E. J. Sieyès，1748—1836，他是修道院院长）和米拉波（H. G. Mirabeau，1749—1791），原本是教士代表，却当起了平民代表。当然，这符合内克尔的政策。内克尔准许跨等级当代表，实际利用这一政策的，不到十人。西耶斯虽然只是中学毕业，但却不无才思。他在1789年1月出版了小册子《第三等级是什么？》，其中提出第三等级从前什么都不是，现在就是一切，特权要被完全消灭。他还建议第三等级根本不需要理会另外两个等级。米拉波十分叛逆，他在1788年8月曾写道："向特权者和特权开战，这就是我的座右铭。"[1] 第三等级代表团势力日增，又得知第一、第二等级内部不和，胆子越来越大。平民代表读书甚少，见了西耶斯这样的人，十分欢迎，当他是先知。

国王路易十六察觉到问题的严重，要求会议只讨论财税问题，禁止讨论制宪和政治改革问题。不久，内克尔被免职，第三等级开会的场地也被关闭。第三等级代表很失望，在米拉波和西耶斯的领导下，他们在附近一处室内网球场发表誓言，表示不制定新宪，绝不散会。有代表发言说他们可以自行其是，无须征求国王的意见。有的说要和国王"白刃相见"。第三等级的会议自称为"国民公会"。随后，大多数教士和贵族，也陆续加入了第三等级代表团，路易十六无奈，只得同意三个等级合团开会。此时，权力即使不算完全从国王手中转移到国民会议手中，也不再被国王垄断，波旁王朝的政权自此出现了裂隙。

是年夏天，正值巴黎发生严重的粮食危机，很多人没有面包吃。又来了许多强盗，趁火打劫，与城市的流民会合。警察驱赶不了。1789年夏天的天气异常酷热，在那种情况下，众人的头脑都发了昏，演说家开始鼓动人民起来造反。法国的卫队态度和群众一致，称他们不是国王的军队，而是国家的军队，并向群众保证："一切都说好了！你们喜欢做什么只管做什么！"[2]

---

[1] ［英］威廉·多伊尔：《牛津法国大革命史》，张弛等译，北京师范大学出版社2015年版，第114页。

[2] ［法］路易·马德林：《法国大革命史》，伍光建译，时代文艺出版社2014年版，第60页。

攻占巴士底狱

7月14日,巴黎的暴动者劫掠了皇家兵工厂,抢了27尊大炮、3.2万支枪,组成了6万人左右的国民自卫军。听说巴士底狱有军火,他们便攻向巴士底狱。巴士底狱原为旧城堡,后改为监狱。在法国卫队叛兵的帮助下,他们杀了监狱长、卫兵和前来处理问题的巴黎市市长,攻占了象征奴役的巴士底狱,放出了狱中的犯人。狱中的犯人只有7人,其中有一个淫棍、一个精神病患者。人们推倒巴士底狱,很多市民前来搬旧城堡里的砖回去作纪念。暴动者被人们看作英雄。群众打着巴士底狱的旗帜,把砍下的人头插在枪尖上游行。巴黎的妇女和小孩看了不觉惊慌,反而大喊"杀的不多,最好杀他一千个"。

代表会议的议员知道了巴黎的惨剧,却把责任归为巴士底狱监狱长,认为是他首先枪杀民众,并说这是自由对专制的胜利。贵族拉罗什富科—利安库尔公爵想到报告国王路易十六。路易十六当天正在猎场打猎,听了报告,觉得诧异,说道:"这不是造反吗?"公爵回答说:"陛下!这不是造反,这是革命!"①

巴黎"革命"了!人人都带了红蓝二色相间的徽章。红色代表支持革命的奥尔良公爵,蓝色代表巴黎。国民自卫军请德·拉法耶特当统领,巴黎市市长也换了人。

路易十六和议员们到巴黎察看发生了什么事。巴黎的"新市长"巴伊(一名天文学家)前来欢迎。此时众人毫无与国王作对的意思。为表示对国王的恭敬,人们在红蓝两色间加了代表波旁王朝的白色,做成三色徽章,请路易十六戴上,三色即成"爱国色"。路易十六戴上后,群众大声欢呼:国王加入第三等级了!国王被宣布为"正直的人、法国人之父、自由人民的国王"②。市长安排演说家演说,都是教训国王的话。国王泰然自若,并无特别的反应。

巴黎叛乱,竟然得到承认,这便引起外省的效尤。很多地方陷入了混乱状态。混乱引起市场的萎缩,粮商把粮食囤积起来,粮价暴涨,饥荒蔓延,

---

① [法]路易·马德林:《法国大革命史》,伍光建译,时代文艺出版社2014年版,第68—69页。此段对话,或为杜撰。
② [法]夏多布里昂:《墓畔回忆录》,程依荣等译,东方出版社2005年版,第163页。

群情愈发激动。乡村里面有农民烧贵族的房子，烧地契，烧税册，烧森林，随便捕杀过去只有贵族才可以猎杀的野兽。武装的工人到地主家要粮，地主交不出粮来就要被杀死。酒窖被闯入，人们在里面狂饮，喝不完的葡萄酒洒了一地。大城市里面也不断发生着流血事件。大主教被拖到街上，被逼着签字让出自己的磨坊。混乱中引人注目的是妇女。她们关心生活问题，对面包问题最为敏感。她们用剪刀剪破粮店的粮袋，抬棺材到富人家门口告诉他准备等死。有的地方，妇女直接杀死市长，因为她们要定面包价格，规定最高价格不许超过多少。有的地方卫兵被撕成几块。监狱里放出的精神病患者、淫棍、杀死母亲的逆子、杀人犯，都开始到处乱窜。

巴黎街头的暴乱分子和制宪会议中的平民代表，并不是一类人。平民议员，称他们为盗匪，并不引为同类。制宪会议在这种情况下，反而害怕起来，宫廷和街头的群众，把他们夹在中间。群众说，过去一个君主时还有饭吃，如今一千七百个君主（议员）主事，反而没有饭吃了。没有饭吃的群众，要议会为当时的饥荒负责。

贵族和教士放弃特权

8月4日晚，国民会议快散会时，德·诺阿耶子爵——一位贵族站起来发言，称群众所为是被逼的，是为了扫除封建残余，博得代表一阵喝彩，立刻又有好几个贵族表示愿意放弃特权。主教提议放弃贵族打猎的特权，贵族听了内心不甘，针对主教慷他人之慨，提出要废止教会的十一税。这些贵族和主教就这样做出如此"大"的牺牲，他们自以为伟大高尚爱国，不知未来等待他们的是断头台。代表们洒着热泪，相互拥抱，为如此快速地进入自由国度而激动，并欢呼路易十六为"恢复法国人民自由之人"。在爱国主义洋溢的气氛中，会议开到了凌晨2点才结束。第二天国民会议就发布了数十条命令，废止特权，废除封建制，令全国遵循。

然而群众并不满意。他们要求效仿美国，发表民权宣言。国民会议中，便有那顺应群众呼吁的贵族提议，要发表宣言，并称宣言不能只适用于法国，必须适用于全世界。这动议得到诸多信奉世界主义、人道主义哲学的代表的响应，于是会议着手草拟宣言，多次修改后，宣言最终成型，投票通过。这宣言就是《人权与公民权宣言》。宣言内容如下：

第九章 法国的革命与反革命

代表认为，无视、遗忘或蔑视人权是公众不幸和政府腐败的唯一原因，所以决定把自然的、不可剥夺的、神圣的人权阐明于庄严的宣言之中，以便本宣言可以经常呈现在社会各个成员之前，使他们不断地想到他们的权利和义务；以便立法权的决议和行政权的决定能随时和整个政治机构的目标两相比较，从而能更加受到他们的尊重；以便公民们今后以简单而无可争辩的原则为根据的那些要求能确保宪法与全体幸福之维护。因此，国民议会在上帝面前并在他的庇护之下确认了十七条权利，它庄严宣布：

第一条　在权利方面，人生来是而且始终是自由平等的。只有在公共利用上面才显出社会上的差别。

第二条　任何政治结合的目的都在于保存人的自然的和不可动摇的权利。这些权利就是自由、财产、安全和反抗压迫。

第三条　整个主权的本原主要是寄托于国民。任何团体、任何个人都不得行使主权所未明白授予的权力。

第四条　自由就是指有权从事一切无害于他人的行为。因此，各人的自然权利的行使，只以保证社会上其他成员能享有同样权利为限制。此等限制仅得由法律规定之。

第五条　法律仅有权禁止有害于社会的行为。凡未经法律禁止的行为即不得受到妨碍，而且任何人都不得被迫从事法律所未规定的行为。

第六条　法律是公共意志的表现。全国公民都有权亲身或经由其代表去参与法律的制定。法律对于所有的人，无论是施行保护或处罚都是一样的。在法律面前，所有的公民都是平等的，故他们都能平等地按其能力担任一切官职、公共职位和职务，除德行和才能上的差别外不得有其他差别。

第七条　除非在法律所规定的情况下并按照法律所指示的手续，不得控告、逮捕或拘留任何人。凡动议、发布、执行或令人执行专断命令者应受处罚；但根据法律而被传唤或被扣押的公民应当立即服从；抗拒则构成犯罪。

第八条　法律只应规定确实需要和显然不可少的刑罚，而且除非根据在犯法前已经制定和公布的且系依法施行的法律以外，不得处罚任何人。

第九条　任何人在其未被宣告为犯罪以前应被推定为无罪，即使认为必须予以逮捕，但为扣留其人身所不需要的各种残酷行为都应受到法律的严厉制裁。

第十条　意见的发表只要不扰乱法律所规定的公共秩序，任何人都不得因其意见、甚至信教的意见而遭受干涉。

第十一条　自由传达思想和意见是人类最宝贵的权利之一；因此，各个公民都有言论、著述和出版的自由，但在法律所规定的情况下，应对滥用此项自由负担责任。

第十二条　人权的保障需要有武装的力量；因此，这种力量是为了全体的利益而不是为了此种力量的受任人的个人利益而设立的。

第十三条　为了武装力量的维持和行政管理的支出，公共赋税就成为必不可少的；赋税应在全体公民之间按其能力作平等的分摊。

第十四条　所有公民都有权亲身或由其代表来确定赋税的必要性，自由地加以认可注意其用途，决定税额、税率、客体、征收方式和时期。

第十五条　社会有权要求机关公务人员报告其工作。

第十六条　凡权利无保障和分权未确立的社会，就没有宪法。

第十七条　财产是神圣不可侵犯的权利，除非当合法认定的公共需要所显然必需时，且在公平而预先赔偿的条件下，任何人的财产不得受到剥夺。

制宪会议、面包问题、把国王从凡尔赛带回巴黎

之后，国民公会便着手制宪。内克尔公开赞成建英国式政府，持相同意见的还有穆尼埃伯爵等人，他们提议仿效英国宪法，设上下两院合国王，造成混合政体，总体上，他们的态度是要调和平民与宫廷。少数贵族与主教赞同这个建议，因为如果该建议被采纳，他们便可成为上议院的议员。但是，多数代表不同意这个方案。按照内克尔等人的想法，上议院议员由国王依据人民的推荐任命，而多数贵族则主张按等级选举产生上议院议员，因为依据内克尔等人的方案，贵族必败无疑。内克尔却不想回到等级制时代。大部分僧侣和平民代表则赞成单一议会制，他们认为，设上议院，上议院必成宫廷和贵族的工具。结果是，设上议院的建议，遭到了多数人的否决。[①] 如此，

---

① ［法］米涅：《法国革命史》，北京编译社译，商务印书馆1977年版，第61—62页。

穆尼埃等人便退出了制宪委员会。

制宪会议继续举行,其领导是西耶斯与米拉波。在讨论国王有无"否决权"时,发生了争议。激进派(布列塔尼俱乐部的成员)趁机发难,他们到街头演讲,向群众解释"否决权",把群众的愤怒引向国王,试图发动二次革命。演讲者对群众说:"我们现在是没面包吃,你们晓得是什么缘故吗?我来告诉你们吧!三天前国王用了他的延缓否决权,他把所有的粮食都运到外国去了!"群众听了十分愤怒,他们大声喊道:"议会里有叛徒!"①

此时的巴黎,民众享受着革命带来的自由。当时在法国,"热爱自由几乎就是追求权力。"②巴黎六十个区,均自行立法,他们自认为有最高权力,对市议会的决议,并不遵从。民众则大量集会讨论各种问题。"士兵在奥拉图瓦尔区,成衣匠在科洛纳德区,假发师在爱丽舍田园大街区,仆人在卢浮宫区,都分别进行了讨论。特别是在罗亚尔宫花园的讨论最为热烈。"③

面包问题,为革命党策划二次革命提供了有利条件。群众提出,要到凡尔赛把面包师(喻指国王路易十六)同他的儿女都弄到巴黎来,又纷纷诬陷原本已经站在革命一边的巴黎大主教,说他买通了巴黎的磨坊,故意不磨面。米拉波本来想入阁,遭到王后的拒绝,对王室遂生了怨恨,发誓要把国王和王后送上断头台。此时,他便积极活动起来,煽动群众造反。

凡尔赛担心陷入巴黎一样的混乱,调来军队维持治安,这一举措不想被人解读为国王要用军队解散议会,不久要发生反革命政变。10月1日,国王设宴款待远道而来的军士,偏偏军队里有几个醉汉,喝醉了酒在那里大喊"一心忠于王室",要让议会一边儿去。这事传到了革命党那里,革命党觉得是个大好的机会。考虑到妇女对面包问题尤其在意,而军队断不敢向妇女施暴,革命党便让上万名妇女组成游行队伍,向凡尔赛进发。游行队伍边走边敲鼓大喊:"要面包!要面包!"更有男子乔装打扮,涂脂抹粉,穿上裙子,冒充妇女,混在队伍里面,以壮大声势。他们选了一位街头的卖淫女为代表,以同路易十六对话。

10月5日,妇女们到达凡尔赛,包围了议会。二十个妇女代表进入了议会会场。渐渐地,人越来越多,开口总不离粮食问题。议员对她们发表演说,妇女回答说:"你们只管说得好听,也说不出面包来,你们还是同我们

---

① [法]路易·马德林:《法国大革命史》,伍光建译,时代文艺出版社2014年版,第86页。
② [法]米涅:《法国革命史》,北京编译社译,商务印书馆1977年版,第63页。
③ 同上。

说面包吧!"① 确实,恰如当时给国王的《陈情书》所言:"在一个因饥饿而奄奄一息的穷人心里,自由的声音是空洞的。"② 议会在妇女的喧闹声中,只得通过粮食供给的决议。议长拿了决议去见国王,提请国王批准。一位主教临时代理议长。等待的时间里,妇女们便开始大喊大叫。有些妇女竟然要求和主教接吻,主教无奈只好同她们接吻。

王宫那边,也被妇女们层层包围。她们放言要取王后的人头,或者说要吃她大腿的肉,吃她的五脏。国王和王后会同大臣商讨办法,多数大臣主张以武力轰退妇女,路易十六说:绝不能对妇女开火。妇女们要求见国王,路易十六同意见两批妇女代表,答应她们会尽快发令,发放粮食。闹了一夜,妇女们露宿街头睡去。不料第二天一早,就有暴徒闯进王宫,刺杀卫兵,宣称要取国王、王后的人头。国王只好答应群众启程去巴黎,住在卢浮宫。群众大获全胜,扛着刺刀和长矛,簇拥着王族进入巴黎。妓女和泼妇骑在炮车的炮筒上,做着下流的动作。群众中有人说:要把贵族和主教的人头插在灯杆上。他们对国王尚且尊敬,对王后就不客气了。有人对王后说污言秽语,有人宣称要"灯杆"伺候王后。当晚,国王的仪仗车队到达巴黎,随后住下,王族们其实是被关了起来,这回王权是彻底丢掉了。

议会这边,党派界限开始泾渭分明,左右两派分坐主席台的两边,还有中间派。政治语言中的左派、右派,即源于此。③ 国民会议开会时,很是热闹。卖菜大嫂在旁听席里,边织毛裤,边听人发言。听到贵族发言有不合己意的地方,她们就举着手中的毛裤,齐声大喊:"把他吊在灯杆上!"④ 若有教士代表出来发言,旁听席里就有人大喊:"戴僧侣帽子的都下去!"⑤ "热心"的观众用笔写下反对民众的议员的名字,把名单给大厅入口搬椅子的人,从那里传给过道里的民众,从此这些人就成了人民公敌,名单连夜在罗亚尔宫印刷,这些人的未来就十分不妙了。⑥ 在这种压力下,理性辩论几乎

---

① [法]路易·马德林:《法国大革命史》,伍光建译,时代文艺出版社2014年版,第92页。
② 转引自[德]桑巴特《为什么美国没有社会主义》,赖海榕译,社会科学文献出版社2003年版,第104—105页。
③ [英]威廉·多伊尔:《牛津法国大革命史》,张弛等译,北京师范大学出版社2015年版,第525页。
④ [法]夏多布里昂:《墓畔回忆录》,程依荣等译,东方出版社2005年版,第173页。
⑤ [英]威廉·多伊尔:《牛津法国大革命史》,张弛等译,北京师范大学出版社2015年版,第164页。
⑥ [法]伊波利特·泰纳:《现代法国的起源:大革命之大混乱》,黄艳红译,吉林出版集团有限责任公司2015年版,第34页。

无法进行。讨好民众的议员提醒那些为国王和旧制度辩护的人："我们是在我们的主人面前辩论。"①

马克西米利安·罗伯斯庇尔（Maximilien Robespierre）在左翼党团里面，他是一个律师——他家在阿图瓦做律师这一行已有5代人。在议会中，罗伯斯庇尔的演说常常遭人嘲笑，鲜有人认为他未来会是一个大人物，他被这样侮辱，便记恨在心，想着早晚要报复那些人。议会之外，有影响力正大的雅各宾俱乐部。罗伯斯庇尔、西耶斯原本是布列塔尼俱乐部的成员，议会搬到巴黎后，俱乐部也搬到巴黎，并入了巴黎宪友会，因宪友会最初在雅各宾修道院开会，故而得名雅各宾俱乐部。到1790年底，雅各宾俱乐部成了法国舆论的源头。人称雅各宾俱乐部为"真议会"。在雅各宾俱乐部中，罗伯斯庇尔声望日增。

1791年的宪法，过多地偏向议会自身，不给国王该有的事权，以为重点防范的是国王，毫无远见，导致确立的体制弊端丛生，政府运转不灵。议会通过立法禁止议员入阁，让一些能稳定局面的议员失去前途，遂投到革命党一边。议会为解决财政危机，想出没收教产为国产的办法，把支持革命的主教们推向了反革命一边。教会失去了财产，自然仰人鼻息，从此事事受制于政府，地位一落千丈。政府送来的报告，议员们甚为外行，无从下手，忙乱不堪而毫无头绪，竟致全国处于无政府状态。议会还通过议案，宣称抛弃武力侵略，要倡导永久和平。当然，这条议案很快就成了一纸空文。这时，日耳曼、瑞士、意大利等国被驱逐流放的人，自称人类的大使，跑来巴黎，要求法国把他们的国家纳入版图。②

削夺教皇干预法国宗教的权利，被从前受教皇打击的教派中人提起。议会宣布废除从前国王与教皇订的《博洛尼亚条约》，法国宗教事务，只需知会教皇即可。调整教区，以与行政区划相吻合，新设若干教区，教士由民众选出（主教由省议会选出，教区神父由区议会选出）。议会通过《教士公民组织法》，请路易十六批准，路易十六十分难受，但还是批准了。不久，又通过《教士宣誓法令》，法令规定，一切教士必须在法令公布后的第一个周日的弥撒之后宣誓"忠于国家、国王和法律，支持宪法赋予议会和国王的权力"。③

---

① ［法］伊波利特·泰纳：《现代法国的起源：大革命之大混乱》，黄艳红译，吉林出版集团有限责任公司2015年版，第35页。
② ［法］路易·马德林：《法国大革命史》，伍光建译，时代文艺出版社2014年版，140页。
③ ［英］威廉·多伊尔：《牛津法国大革命史》，张弛等译，北京师范大学出版社2015年版，第178页。

拒绝宣誓的教士皆要免职，另选新人。这个宣誓法令，强迫教士表态。制宪会议错误地以为只有一小部分教士会反对，实际情况是，全国近半数的教士不愿服从这个法令。教皇批评《教士公民组织法》，谴责宣誓法令，要求主教不要宣誓。很多已经宣誓的教士又收回了誓言。路易十六信教虔诚，这两个法令，不免带来宗教分裂，这让他良心不安，悔意日增，要与革命决裂，遂设法请求外援。而王后早有这样的想法。他们决定请王后的兄弟奥地利皇帝出兵干预。

本来，外国势力对法国的事情并不十分在意，不过看作一次寻常的民众反叛，又从本国利益的小算盘考虑，不做无利可图之事，何况法王从未发出求救信号。倒是法国在其他各国的流亡贵族，起了鼓动的作用。这些贵族流亡，很多是出于对现实的逃避，当时贵族流亡，被当作一种时髦。议会颁行的新法，原不足以摧毁贵族，奈何贵族皆望风而逃，自动丢盔弃甲。

国王逃跑未遂

此时制宪议会内部有两派，一派要停下来歇一歇，维持秩序，一派要继续革命。国王见形势不妙，渐有逃走之意。在巴黎，路易十六的自由、尊严、良心，皆受到打击。6月21日早上，内侍发现国王和家人不见了。原来国王等人乔装打扮，坐着一辆马车逃走了。在瓦伦，国王一家人被警觉的人认出，只得在群众簇拥和辱骂声中掉头回巴黎。有人叫喊说国王长得胖，够宰了吃了。有人朝车里国王的脸上吐唾沫。巴黎的群众听到国王逃走的消息，十分愤怒，他们闯进王宫泄愤。有个卖樱桃的女贩，把樱桃篮子扔到王后的床上。有人在王宫门口挂了牌子，上写"此房出租"。议会发出拘捕国王的号令。国王再回巴黎时，群众得了命令，不准脱帽行礼。国王还能勉强支持，王后已经垂头丧气，好像一下老了20岁。第二天早上，侍女给王后梳头，发现王后一夜之间头发全白了。[①]

国王的逃跑，让他在国人心目中的地位一落千丈，即使原来有意维持王权的人，也对国王有些不屑。市民中更有人称他为"肥猪"。革命小册子鼓吹王权与自由水火不容，要求"立即宣布法国不再是君主国，而是共和国"，

[①] [法] 路易·马德林：《法国大革命史》，伍光建译，时代文艺出版社2014年版，第168页。

图 44　法国革命中的保王派

"不要任何国王"。① 国民此时突然悟出一个道理：国可以无君，君却不能无国。

　　国王的君权是停止了，国王的玉玺在议会手里。但议会并无废君之意，不愿意把事情闹大，遂对外宣布国王是被军官布伊莱拐跑的。

---

① 《法国大革命著名政治活动家》，商务印书馆1988年版，第16页。

然而，雅各宾俱乐部里面，废君的意见日益高涨。丹东和孔多塞主张废君权，立共和。罗伯斯庇尔素来谨慎，他发言反对二次革命。西耶斯反对共和，主张立宪君主制，认为立宪君主制中有分权，可以保证自由。巴纳夫继承米拉波的保皇事业，坚决反对共和。7月15日和16日，议会通过决议，恢复国王的权利。为了安慰共和党人，议会提请孔多塞为太子的师傅。[①] 西耶斯和巴纳夫、拉法耶特等因极端反对共和，脱离了雅各宾俱乐部，另成立了斐扬俱乐部，他们也被称作"斐扬派"，他们是当时的君主立宪派。雅各宾派成了共和派。他们决议在7月17日纠集巴黎群众到祖国祭坛提交他们的议案，要求废君，最后遭到拉法耶特带领的国民自卫军的弹压。

此时议会各项工作已经陷入困境。9月12日，议会决议将教皇属地阿维尼翁纳入法国版图，这给欧洲各国干预提供了借口。国王的弟弟在布鲁塞尔召见流亡贵族，自称摄政，俨然要复辟的架势，国王陷入危险境地。

议会的失策是通过了一项决议，要求议员不得连任。他们自以为是大公无私，不知道这有损政策的连续性，又让一批空谈理想的新手上来议事。他们自己刚刚习得了一些政治经验，本可以在下一届采取更务实的措施。

吉伦特派执政

根据1791年宪法，制宪会议于9月30日解散。新选出的议会于10月1日开幕。这届议会中，斐扬派占多数，拥有两百多议席，雅各宾派拥有一百多议席。

新议会中，多为未出过风头、素无办事经验的人，其中有很多律师和文学家，他们的爱好是咬文嚼字，说动听的句子。革命风潮中取得选票的议员，其中少有地主、商人，几乎都是穷困潦倒者。一份报纸说，他们是一群狼。这里面，以文学家布里索（Jacques Pierre Brissot，1754—1793）为代表，形成后人所谓的吉伦特派（因为里面有几个活跃分子来自吉伦特郡）。他们与罗伯斯庇尔都是卢梭的门徒，政治上比罗伯斯庇尔还要激进，多为无神论者。他们崇拜古代的英雄，攻击路易十六是古罗马的暴君。孔多塞是吉伦特派中的重要成员。他们主导了整个议会。

1791年，贵族们考虑到自身安全，掀起第二批出逃热。1789年出逃的

[①] ［法］路易·马德林：《法国大革命史》，伍光建译，时代文艺出版社2014年版，第171页。

流亡贵族，威胁说要打回巴黎。这实在是令人不安。这届议会把流亡贵族看成叛党，主张流亡贵族限期必须回国，否则当私通外国的嫌犯论，处死刑，财产充公。维尼奥在演说中说："一定要合法律的证据吗？一定要合法律的证据吗？"① 处置教士问题，同样采取强硬态度，勒令教士宣誓，否则以反叛论处，此时，同样有议员提议不需要证据。这就做好了直接将人送断头台的准备，他们不知道，不出几个月，这些人也被"不需要证据"送上了断头台。

路易十六本来是按宪法办事，但议会提出的对待贵族和教士的方案，颇不符合人权宣言和宪法保护基本权利的精神。又有宫廷与地方的压力，都要求路易十六不予以批准，路易十六依宪法行使了君主具有的否决权。立宪派还想缓和局势，不料此时欧洲各国态度发生了变化，流亡贵族煽动他们以战争来对待法国，这给激进派提供了二次革命的借口。民意主战，议会中布里索等人也是极力主战。孔多塞满口和平，此时也极力主战。

罗伯斯庇尔十分反对主战，他在议会中发言称有人卖国，打起来法国必败，侥幸胜利了，结果不是复辟，就是军人独裁。他所谓军人独裁，指向的人是拉法耶特，罗伯斯庇尔十分反感此人，认为他有野心而无廉耻。罗伯斯庇尔在雅各宾俱乐部发表演说，反对战争，被布里索和同党轰了下来。罗伯斯庇尔自此有了打倒这班人的想法。

巴纳夫的斐扬党内阁不支持战争，于是布里索等人又发起倒阁运动，重新组阁。阁员名单由布里索一班人议定，凡与罗伯斯庇尔一派的，皆不在名单里，如丹东等人，他们是很想入阁的。罗兰（罗兰夫人的丈夫）当了内政大臣。罗兰入阁，毫无争议，他被人称作"加图"。他的夫人玛利侬为他增分不少。罗兰夫人当时影响颇大，能达到左右政局的地步。② 不过，同时代的贵族夏多布里昂说："罗兰夫人有个性，但没有天资。"③ 罗兰夫人最恨王后，后来最恨丹东与罗伯斯庇尔。她自以为是革命的弄潮儿，最后卷入其中，反受其害。罗兰入阁时，已经60岁，夫人是38岁。从一开始，罗兰夫人就是内阁的灵魂。内阁大臣和议员、巴黎市市长，经常在罗兰夫人的客厅

---

① ［法］路易·马德林：《法国大革命史》，伍光建译，时代文艺出版社2014年版，第197页。
② 罗兰夫人的事迹，世界闻名。清光绪年间，即有《法国女英雄弹词》（日本东京翔鸾社印）发行，民间艺人以评弹形式，向听众讲述罗兰夫人为革命献身的故事。参见谭正璧、谭寻编著《弹词叙录》，上海古籍出版社1981年版，第210页。
③ ［法］夏多布里昂：《墓畔回忆录》，程依荣等译，东方出版社2005年版，第291页。

里聚会。她提议要建立由议会支持的一党内阁。处理公事,她比丈夫还要在行。布里索不过是贯彻她的意思。她的情人蒲柏,是她的得力助手。

1792年4月20日,法国正式对奥宣战,不久溃败。内阁成员不和,路易十六免了罗兰等大臣的职。被免职的大臣在罗兰夫人家里密谋,准备报复。他们希望通过闹事,把驱逐的阁员复职。6月20日,八千群众带着枪械,到王宫花园聚集。不久,冲入议会会场,又冲向王宫,面见路易十六,要求召回爱国阁员!国王从容应对,群众最后散去。消息传出,人们很同情国王,憎恨滋事的雅各宾党人。雅各宾党反而处于被动的位置。国王仍不愿意召回阁臣。雅各宾派遂周密策划,阴谋起事,攻打杜伊勒王宫。8月10日,巴黎群众在雅各宾党的幕后策划下起义。路易十六在酣睡中被人叫醒。群众爬墙进了宫,劝国民自卫军叛乱。

守护王宫的瑞士卫队与攻打王宫的乱民交火,各有死伤。宫里御膳房的人、内侍、太子的家庭教师,都被杀了。一个主张民主的贵族正在宫中,也被乱民杀了。

国王和王族被囚禁在丹普尔堡的监狱。吉伦特派被打倒,丹东取得了胜利,罗兰等人复职,丹东大权独揽。实际上,从8月10日起,法国进入革命的独裁时期。丹东是个实干家,咄咄逼人,他信奉"敢作敢为,无事不成",被人们称为平民中的米拉波。他认为"革命就是一场赌博,必要的时候,胜者可以赢得败者的生命"[1]。丹东好酒色而懒惰,挥霍无度,负债累累,却很想把法国整合起来,抵抗外敌。后来,法国军队在边境把来犯的普鲁士劲敌打败了。

路易十六被处死

1792年9月5日开始,国民公会举行选举,雅各宾俱乐部的极端派大获全胜。罗伯斯庇尔、丹东、马拉都得了高票。9月20日,国民公会成立。大会宣布废君权,行共和。吉伦特党成了议会中的右派,他们本来是立宪君主派,赞同共和实属无奈。从英国流亡到法国的托马斯·潘恩也被选为代表,他自称属于吉伦特派。[2] 左派是山岳派,他们的政策是行专政,打倒一切反

---

[1] [法]米涅:《法国革命史》,北京编译社译,商务印书馆1977年版,第146—147页。
[2] [美]爱德华·麦克诺尔·伯恩斯、菲利普·李·拉尔夫:《世界文明史》第三卷,罗经国等译,商务印书馆1987年版,第33页。

对党，强逼全国服从公安委员会。罗伯斯庇尔的同党有丹东和年轻的圣鞠斯特。两派之间是平原派，平原派占了大多数，却是骑墙派，或左或右，没有主见，其中著名的是西耶斯。

在如何处理国王的问题上，吉伦特派与山岳派展开了交锋。然而，双方关心的与其说是国王的命运，不如说是其中一方要借机打倒另一方。前者试图救护国王，其中一部分人认为，依据宪法国王不受侵犯，对国王可以拘禁，可以驱逐出国，但不能审判，更不能处死；一部分人要求对国王进行审判；一部分则提出应将之付诸全民公决，总之是希望缓和局面，给营救国王争取时间。山岳派则决意要尽快取国王的人头。罗伯斯庇尔、圣鞠斯特认为应直接处死国王，不必审判。圣鞠斯特是来自埃纳河省的代表，他发言称8月10号国王已经被人民宣判为有罪，现在需要的只是执行惩罚。他说："路易玷污了美德；有什么人能将之视为无辜呢？……有些人会说大革命结束了，我们无需再恐惧暴君……但公民们，暴政就如同芦苇，风可以将其刮倒，也可以将其扶起来。你们怎样定义大革命？王权的倒塌，几次对抗恶行的抗击事件？道德秩序与自然界无异；恶行可以在消失一段时间之后卷土重来，就如同露水在清晨会干涸，但晚上又会出现。暴政结束时，大革命才刚刚开始。"① 罗伯斯庇尔上中学时曾作为唯一一位学生代表在国王路易十六加冕典礼后的巴黎入城仪式上向国王夫妇致祝贺词，此时则坚决要将国王置于死地。② 罗伯斯庇尔支持圣鞠斯特说："你们不是法官，是政治家，你们只是政治家，不能变做别的。"③ 他称路易早已被判死刑，否则共和国就是有罪的。他要求国民公会宣布路易十六为"法国的卖国贼，人民的罪人"，立刻以革命的名义判处国王死刑。④

在国王的要求下，议会准许国王请辩护律师。国王的首席辩护律师是德·马尔泽布（Malesherbes）先生。马尔泽布是托克维尔的外曾祖父。他是一个植物学家，是卢梭的笔友，路易十六的大臣及谏诤者。当国王指定的律师拒绝为他辩护时，马尔泽布先生主动请缨，这让路易十六十分感动。路易十六拥抱着他，含着眼泪说："你的牺牲精神特别可贵。因为你自己冒生命

---

① ［英］露丝·斯科尔：《罗伯斯庇尔与法国大革命》，张雅楠译，商务印书馆2015年版，第291页。
② ［法］热拉尔·瓦尔特：《罗伯斯庇尔》，姜靖藩等译，商务印书馆1983年版，第14页。
③ ［法］路易·马德林：《法国大革命史》，伍光建译，时代文艺出版社2014年版，第281页。
④ ［法］米涅：《法国革命史》，北京编译社译，商务印书馆1977年版，第170页。

危险，而又救不了我的命。"① 青年律师德赛兹是马尔泽布的助手，这个青年有很不错的表现，他说了很多国王的好话，援引宪法，称国王没有违法。青年律师最后总结说：

> 请大家先看看历史，历史将以古希腊评判女神的方式说话：路易于二十岁即王位，在位时，其品行堪称楷模，公正廉洁，没有任何缺失，没有贪污腐化；他一贯爱护百姓。百姓要取消一项重税，路易把它蠲免了；百姓要废除苦役，路易把它停止了；百姓要求改革，路易实行了改革；百姓希望修改法律，路易同意了；百姓要恢复千百万法国人的权利，路易把权利还给了他们；百姓要自由，路易给了他们自由。路易舍己为民的美名是不容争辩的。但是，现在却有人向大家提议把他……公民们，我不说了，我在历史面前没话可说了；你们不要忘记，历史将会对你们的判决作出判断，而历史的判断是历千百年而不敝的。②

国民公会的会场一如既往地热闹。涉及国王生死的辩论并不能让气氛变得肃穆庄严。"大堂的一段变成了歌剧院的包厢，迷人的女士吃着橙子和冰淇淋，喝着烈酒，听着来往的人群对她们大加褒奖……高处旁观席上的座位早在审讯之前就已经分派给了人民。那儿永远都是人满为患，堆满了来自不同阶级的陌生人。他们畅饮着红酒和白兰地，仿佛身处某个小旅馆。旁边那间咖啡馆里，已经有人为投票结果开了赌局。"③

国民公会投票表决，721票中主张死刑的387票，反对死刑或主张有条件死刑的334票。律师马尔泽布先生把结果告诉坐在阴暗角落里的国王。国王说："我已经考虑了两个多小时，考虑我在位时期，是否作过应当受到我的百姓最小的谴责的事。唉！马尔泽布先生，我本着良心向你发誓，我以一个就要去见上帝的人向你发誓，我一贯想的是人民的幸福，我从来没有起过与人民为敌的念头。"④ 国王被判死刑，缓期执行的请求被驳回。路易十六请求多给3天，他要做受刑的预备。1月20日，国王最后一次与家人见面，他

---

① [法] 米涅：《法国革命史》，北京编译社译，商务印书馆1977年版，第172页。
② 同上书，第172—173页。
③ [英] 露丝·斯科尔：《罗伯斯庇尔与法国大革命》，张雅楠译，商务印书馆2015年版，第294页。
④ [法] 米涅：《法国革命史》，北京编译社译，商务印书馆1977年版，第175页。

给两个孩子以祝福,王后玛丽·安托瓦内特希望全家人在一起度过最后一个夜晚,国王却叫他们离开,他说第二天早上会去看望他们,这当然是一个谎言。

1793年1月21日,路易十六平静地受刑。国王死前说:"人民!我死得无辜!诸位!我并无犯过他们控告我的罪,我希望我所流的血,能巩固法国全国人民的快乐!"①但法场上的鼓声太大了,国王的讲话只有身边的人可以听见。

雅各宾专政

国王被处死,意味着法国与欧洲的决裂。它极大地激化了矛盾,使不少对原来革命持怀疑的人倒向了反革命一边!在外省,很多乡村出现了叛乱。民众拒绝交税,举起象征波旁王朝的白旗,喊出"国王万岁,我们的好神父万岁。我们要国王,我们要教士,我们要旧制度"的口号。②

在罗伯斯庇尔、丹东的提议下,国民公会通过决议,设立了革命法庭,要以非常手段,拯救共和国。革命法庭所在地,被称作"自由堂"。随即,国民公会又设立公共安全委员会,委员会共有12个委员,拥有不受宪法约束的权力。革命恐怖的大幕拉开。以非常之手段,对付阴谋活动,他们声称目的是保卫自由。

恐怖在革命的名义下畅通无阻。当时主张恐怖的,自称为"爱国主义者""共和主义者",他们反对吉伦特派的"联邦主义",反对保王派的妥协方案。被革命推翻的政权及其支持者,竟未受到"报复",人民甚为愤怒。1793年9月5日,一名共和主义者演讲道:

> 已经是使平等的铁剑掠过个人的头上的时候了!已经是使阴谋分子恐怖的时候了!立法者们,把恐怖提到日程上!(掌声雷动)要以革命手段来行动,因为我们所有的敌人都在打算反革命。(掌声再起)让法律之剑痛砍一切罪犯罢!……
>
> 贵族一向是平等和全人类的死敌;为了使贵族绝对不能落到我们敌

---

① [法]路易·马德林:《法国大革命史》,伍光建译,时代文艺出版社2014年版,第285页。
② [英]威廉·多伊尔:《牛津法国大革命史》,张弛等译,北京师范大学出版社2015年版,第281页。

人的队伍,我们要求把他们一直监禁到和平到来的时候;这个浑身沾满别人鲜血的阶层,今后应当只看到他自己的血怎流。在叛乱中遭害的人要求……严厉的报复,而人民的呼声则要求你们公布这项法律。(对该演讲掌声不断)①

马拉医生有着对阴谋活动天生的敏感,这也反映出革命政权根基之不稳。马拉说:"非激烈暴动,不能建立自由;若要破坏君主专制,不能不暂时忍受自由的专制,这是绝不能少的事。"② 他曾说:"人民呀,你们必须砍掉27万个脑袋!"③ 马拉办了《人民之友报》,这个报纸不断鼓吹杀人。反革命作家称马拉为"魔鬼"。马拉因患有皮肤病需泡在装有药液的浴缸里办公。他后来被一名吉伦特派的女子用匕首刺死在浴缸里。马拉的墓碑上写着:"马拉,人民之友,平等之友,在逃脱牢狱之灾与贵族的愤怒后,用自己的聪明才智,以雷霆之势对自由公敌进行攻击。然而,一双胆敢弑杀长辈的手夺去这位曾遭受迫害的共和主义者的生命。心怀感激的国民,为了报答他坚定不移的美德,把他的名声传之后世。"④ 丹东说:"这些神父,这些贵族并没有罪,但他们必须死,因为他们挡路,阻碍事物运动,妨碍前程。"⑤

过渡时期,尚有少数几个吉伦特派在里面,很快这少数几个,便被清理出去了。初时丹东独揽大权,不久就被罗伯斯庇尔逐了出去。这个委员会,最后将吉伦特派的主要人物,都送上了断头台。国民公会成了一个摆设,任务就是通过公安委员会提出的议案。公安委员会在全国设立监视员,各处驻扎巡视,防止阴谋,这些监视员,在地方权力是最大的,皆为公安委员会委员的心腹。后来监视员不听使唤,委员会就派国事员(多由青年无赖充任)办理监视的事情。又整编各地俱乐部,使之成为雅各宾俱乐部的分部,以便维持政治上的优势。到俱乐部自大起来,便又在全国设立革命委员会,以监控和发现可疑分子。

不久,王后被革命法庭判死刑;随后,就是吉伦特派人受审。21位吉伦特派代表,不允许他们辩护,不经法律程序,即被判死刑。这21位代表,4

---

① [苏]莫洛克、奥尔洛夫主编:《世界近代史教学资料选辑》第一辑,何清新译,生活·读书·新知三联书店1963年版,第103—104页。
② [法]路易·马德林:《法国大革命史》,伍光建译,时代文艺出版社2014年版,第295页。
③ [法]夏多布里昂:《墓畔回忆录》,程依荣等译,东方出版社2005年版,第282页。
④ [法]夏多布里昂:《试论古今革命》,王伊林译,华夏出版社2015年版,第104页。
⑤ [法]夏多布里昂:《墓畔回忆录》,程依荣等译,东方出版社2005年版,第284页。

位 20 多岁，8 位 30 多岁，当初无一不当人类为自己的同胞，抱了革命的信念，持人道主义的理想，如今却要受戮。一位代表当场自杀，法庭却还是不能饶恕，要把他尸体上的头割下来。公共安全委员会宣布，罗兰夫妇都犯了罪。罗兰逃跑躲藏起来，罗兰夫人拒绝逃跑，静候被捕。罗兰夫人死时，不过才 39 岁。她冷静而微带笑容地走向刑场，在去刑场的途中，她还要求给她纸和笔，以便记录人生旅途最后一程的感悟。她慨叹："自由呀！自由呀！世人不知借你的美名，犯了多少罪恶！"① 罗兰从报纸得知夫人被戮，旋即自杀。罗兰夫人的情人蒲佐，那时躲在乡下的谷仓里，不久也自杀了。孔多塞伪装成木工，在国内到处流浪，终于有一天被人发现，被捕入狱，第二天即死在监狱里，死因迄今是一个谜（据传为自杀）。当年卖力地把路易十六推上断头台的奥尔良公爵，此时也上了断头台，前后不过一年。法庭杀人杀红了眼，人拖来就杀。杀人救国，成了全国的风气。那些流亡贵族的妻女姐妹，也被投入监狱，有的被处死，有的被强行嫁人。据说，革命军士来到他们面前说："女公民们，很遗憾地告诉你们，你们的命运是注定的，你们明天将被送上断头台。不过有个法子可以救你们一命——那就是，跟我们结婚。"②

罗伯斯庇尔自己十分注重道德修养，对爱情和女人没有兴趣，尤其憎恨女人。他身材瘦小，衣着十分讲究，爱好洁净，内衣一尘不染。他的办公室里十分整齐，墙上挂满他自己的画像，可见十分自恋。他的"灵魂纯洁"，"不可腐蚀"，是出了名的。他对自己苛刻，对他人也是如此。他说："一个高尚而纯洁的人的毅力是产生健康的政治思想的主要源泉。"③ 凡不同意他观点的人，他都认为是腐化的、不道德的、不爱国的人。有人讽刺地称他为真理的主人。为了捍卫道德和真理，他什么事情都做得出来。他自以为是自由的化身，共和的化身，革命的化身。他信奉卢梭的学说，决意建立一个道德的共和国，把不良分子都清理出去。马拉曾如此说罗伯斯庇尔："罗伯斯庇尔既没有政治家的眼光，也缺乏政治家的魄力。"④

一次，丹东与德穆兰在夕照映红的塞纳河畔散步。丹东对德穆兰说："看！那么多的血！塞纳河在流血！唉！流的血太多了！你还是重新拿起笔，

---

① ［法］路易·马德林：《法国大革命史》，伍光建译，时代文艺出版社 2014 年版，第 332 页。
② ［法］夏多布里昂：《试论古今革命》，王伊林译，华夏出版社 2015 年版，第 64 页。
③ ［法］热拉尔·瓦尔特：《罗伯斯庇尔》，姜靖藩等译，商务印书馆 1983 年版，第 157 页。
④ ［法］米涅：《法国革命史》，北京编译社译，商务印书馆 1977 年版，第 161 页。

写文章劝人宽大些吧。我支持你。"① 丹东、德穆兰、艾罗等人试图让革命缓和下来，暂停恐怖政策，丹东曾面斥罗伯斯庇尔为"暴君"，他们一干人被罗伯斯庇尔称为"宽容派"。而另一方面，埃贝尔则想把革命引向共产主义的方向，鼓吹无神论，提倡面包平等、工厂国有、消灭商人，进行所谓社会革命，还要废除基督教，建立理性宗教。当时群众信了这个学说，就去焚烧圣母像，把圣餐杯装水饮驴，强逼议员改巴黎圣母院为"理性庙"。

罗伯斯庇尔对这两种人都十分反对，他下定决心要打倒他们。罗伯斯庇尔的主张十分清晰：以道德维持共和国；维持上帝的权威；私有财产神圣不可侵犯。圣鞠斯特是罗伯斯庇尔的忠实追随者，虽然年轻却充满斗志，运用恐怖手段，毫不犹豫。他连自己的生命也不顾，所以牺牲百万他人的生命，他也是没有太多感觉的。罗伯斯庇尔经过一番犹豫，决定先下手为强，在丹东等人推翻自己之前，抢先逮捕丹东等人。革命法庭无须证据，即把埃贝尔、丹东、德穆兰等人送上了法场。丹东在监狱里说："去年就是这个时候，我要设立这个法庭的。我祈祷上帝及世人饶恕我。"② 丹东在法庭面前反驳："哪一样革命建设，没有我丹东一份呀！办理征兵、组织革命军，所有各种革命委员会、公安委员会、革命法庭等等，哪一样不是我丹东一手设立的呀！现在就要在我创立的法庭，置我于死，这是从哪里说起！我是个不为己的人！"③ 他朝审判官扔面包团，表现得毫不屈服。这让法庭犹豫不决，让国民公会陷入恐慌。为防止审判无法进行，公安委员会要求不允许被告人开口。丹东大喊："罗伯斯庇尔，你这个贼子！断头台也要有你一份！我死之后，就轮到你！"④

丹东死后不久，罗伯斯庇尔在国民公会宣读了《关于宗教道德观念与共和国准则之间关系的报告》，要推他的"尚德"计划。他的尚德计划，主要针对当时席卷法国的无神论运动。欧洲各国以为法国革命可以告终，政权可以稳定。军队忠于罗伯斯庇尔，有财产的人都相信罗伯斯庇尔。有个教士称他为"崇尚美德的人"。罗伯斯庇尔确实满口"美德"，并让巴黎的群众个个要有美德。他称共和国的目标是提升美德，提议设立美德学校。当然，他的美德政策，有恐怖作后盾。他有一个伟大的理论："有恐怖无美德是有害

---

① [法] 热拉尔·瓦尔特：《罗伯斯庇尔》，姜靖藩等译，商务印书馆1983年版，第387页。
② [法] 路易·马德林：《法国大革命史》，伍光建译，时代文艺出版社2014年版，第357页。
③ 同上。
④ 同上书，第358页。

的；有美德无恐怖是无力的。"①

1794年4月，法国每星期要杀七八百人。大化学家拉瓦锡，就是在这个时候被杀的。好色的男子和女子，以败坏群众美德而被杀。这其中，无辜者不在少数。

罗伯斯庇尔上了断头台

恐怖的升级使得人人自危，因为宪法和法律被撂在了一边，一切变得不可预期。指责罗伯斯庇尔为独裁者的声音开始出现。民众中有人试图刺杀罗伯斯庇尔，虽未成功，却也反映时人的心态。有位生活贫困、失业在家的旧制度遗老，带着枪去国民公会准备刺杀罗伯斯庇尔，但因会议枯燥无聊，他坐在后面竟睡着了，等到醒来，已经散会，不见了要刺杀的目标，于是随便朝一个议员开了一枪。就在同一天，一个20岁的女孩，带了刀，去罗伯斯庇尔家"理论"，不过她立刻被捕了。长期恐怖造成的压抑，已让人精神失常。②那时候，据说有60名议员晚上不敢睡在自己床上。③罗伯斯庇尔的政敌害怕哪天被处死，于是团结起来，利用公安委员会内部的不和，散布各种反罗伯斯庇尔的言论，准备打倒罗伯斯庇尔。罗伯斯庇尔知道公安委员会开始反对他，就到国民公会揭发公安委员会结党营私。双方展开殊死搏斗，各派心中都很明白：哪方失败，都是要上断头台的！反罗伯斯庇尔的力量暗中布局，相互联络，控制了国民公会，几次不允许罗伯斯庇尔发言，通过了拘捕罗伯斯庇尔兄弟、圣鞠斯特等人的法令。罗伯斯庇尔被警察拘捕。不过，监狱不敢收押他，把他送到了市政厅。市政厅那里还有罗伯斯庇尔的势力。市长和罗伯斯庇尔等几人，干脆成立临时政府，要和国民公会对抗，决议用武力迫使国民公会宣布其中14名议员为罪犯。不料国民公会同样用武力，前来抓捕罗伯斯庇尔等人，警察开枪打伤了罗伯斯庇尔的面颊，④罗伯斯庇尔自此就擒，再无反抗的机会，终于上了断头台。这次事件，发生在新历热月，史称"热月政变"。

---

① [法]路易·马德林：《法国大革命史》，伍光建译，时代文艺出版社2014年版，第364页。
② [法]热拉尔·瓦尔特：《罗伯斯庇尔》，姜靖藩等译，商务印书馆1983年版，第399—401页。
③ [英]威廉·多伊尔：《牛津法国大革命史》，张弛等译，北京师范大学出版社2015年版，第346页。
④ 一说为罗伯斯庇尔企图自杀，因而子弹击穿面颊。参见[英]威廉·多伊尔《牛津法国大革命史》，张弛等译，北京师范大学出版社2015年版，第349页。

罗伯斯庇尔等人死后，从前藏匿的数十万嫌疑犯，可以出来光明正大地活动了；1793—1794 年间被杀的人，2/3 是小贩和工匠，他们的亲戚和朋友，遂准备复仇，群起攻击雅各宾俱乐部。这时巴黎的剧院所演的剧，都是反对雅各宾派的。罗伯斯庇尔的扮演者一上台，观众就辱骂他。反革命成了潮流：从前栽种的自由树被砍倒；1793—1794 年间大量制作的人民之友"马拉"石膏像被粉碎；革命时期戴红色自由帽的装扮，很快消失，因为有一批青年军人，看见戴自由帽的，就要打下来。这些人还拿木棍打跑了集会的雅各宾派人。真是此一时彼一时，过去掌握法国命运的雅各宾俱乐部，如今被一帮青年人随便就打散了。国民公会通过议案，关闭雅各宾俱乐部。此时又拟定宪法。为了防止一院制独裁，新法采用两院制。

雅各宾主义与现代革命的悖论

罗伯斯庇尔及其同党所主导的雅各宾专政，虽然很快覆灭，为时不久，但在法国革命史上，乃至在世界革命史上，皆具重要意义。雅各宾专政，在法国当时实为内忧外患所促成的一种现象，其发生虽无必然性，却以其横空出世揭示了法国大革命某些实质性的诉求。后人读此段历史，需思考雅各宾派提供了哪些独特的东西，俾能使他们从同时代的革命者中胜出。专政的后果及其最终的失败，自然也揭示出某些可供后人吸取的教训。

雅各宾专政对革命者来说，原为不得已的决定。彼时革命虽已展开，但反革命势力来势汹汹。欧洲五十万精锐大兵集结，准备扑杀革命政权。而对法国革命政权来说，一无足够的军士，二无丰厚的财力。革命上层派系林立，四分五裂，有人靠投机革命发财，根本不以国是为重。社会上亦不见勃勃生气，不少城市民众面临着饥馑的威胁，"面包问题"不容回避。雅各宾派在此种情况下，提出激进的主张，号召爱国为公，号召团结对敌，号召保卫自由，保卫共和，保卫祖国，又以恐怖手段为后盾，终致监狱里人满为患，断头台下血流成河。自由的专政，其恐怖程度，绝不亚于历史上的任何暴君。

雅各宾主义，其响应者遍及世界。其时意大利、奥地利、德意志皆有雅各宾派的追随者，尽管其实际政治影响力各异。何为雅各宾主义的实质？匈牙利学者费伦茨·费赫尔（Ferenc Feher）指出，雅各宾派与 1789 年其他革命者的不同之处，在于他们坚持将革命过程看成是新的专制。雅各宾主义，

第九章 法国的革命与反革命

源于对启蒙运动的危机和民主理想实现的回应。雅各宾派是奉行卢梭人民主权教义的人,在反对王权复辟方面,他们无比坚定。另一方面,他们要捍卫启蒙运动的成果,抵制已腐化的自由主义。费赫尔尤其提到了当时英国政治腐化对雅各宾党人的触动。罗伯斯庇尔在演说中说:"看一下英格兰,那里君主的金钱和权力不断向一边倾斜加重,甚至反对派,似乎与它所反对的大多数是一致的,也时不时掩盖具体改革只是为了推迟进行;政府这个怪物,它的公德仅仅是可耻的作秀,在其中,自由的阴影掩盖了其本身,法律让位于专制,人民的权力被公开交易,贪污变得寡廉鲜耻。"① 对法兰西共和国腐化的担忧,结合邻国的实际教训,确实令雅各宾派虔诚的共和主义者不安。事实上,在美国革命前夕,我们同样可以看到类似的对英国人腐化的揭露。②

法国大革命时期的夏多布里昂说,雅各宾派在行动原则上追随的是斯巴达。只是莱库古的主张在斯巴达成就了美德共和国,雅各宾派因不顾环境而照搬,故而结出了罪恶的果实。夏多布里昂说,雅各宾派"展示了前所未有的力量,而与此同时,他们所犯下的罪行超过了历史上所有罪恶的总和"③。他们与莱库古不同,以为靠制度创设以塑造美德在当时根本没用。他们不能坐以待毙,必须采取激烈的措施。他们决定把建立共和国与保卫共和国合在一起进行。夏多布里昂写道:

> 法国乡村和城镇矗立起无数血淋淋的断头台。在机关枪似的报道与阵阵锣鼓声中,市民一觉醒来就突然收到派遣自己奔赴前线的命令。他惊愕万分,不知道自己醒着呢还是尚在梦中。他十分犹豫,环顾四周。映入眼帘的却是断头台上那些头颅惨白、身躯丑陋的可怜人;这些人或许仅仅是想与家人道个别,才拒绝在发出征召令的第一时间加入队伍。他能做什么?能让他免于征召的领导人又在哪里呢?每个人都发现自己被剥夺了自我防卫的权利。在一侧,他看到了死亡;在另一侧,他看到一帮志愿者准备逃离饥荒、迫害与内部的党同伐异,到军队去寻找面包与自由。他们兴高采烈,唱着歌儿,饱含青春的热情。眼前的机关枪虎视眈眈,除了加入,市民别无他法;他无比绝望地离开了家园。来到边

---

① [匈牙利] 费伦茨·费赫尔:《被冻结的革命——论雅各宾主义》,刘振怡,曹丽新译,黑龙江大学出版社2014年版,第69页。
② [美] 戈登·伍德:《美利坚共和国的缔造》,朱妍兰译,译林出版社2016年版,第29页。
③ [法] 夏多布里昂:《试论古今革命》,王伊林译,华夏出版社2015年版,第66页。

境不久，捍卫生命的需要、法国人与生俱来的勇气、极易影响性格的激情与反复无常、可观的酬劳、丰盛的食物、充满骚动与危险的军旅生活、女人、酒和乐天派的个性很快就让他忘记自己是被逼入伍的，他成了一个英雄。一手迫害一手奖赏的策略让军队魅力四射，因为一旦树立了遵从征兵的榜样，天生有模仿冲动的人，不管自己想法如何，都会跃跃欲试，前赴后继。……

在这个全新的世界，一切都必须是新的。是的，战争不再以避免伤亡为目标，不再遵守只有损失较小时才能开战的规则。所谓的战略战术不过是拼人数，拼速度，拼袭击时机罢了。就人数而论，就是两三支军队前赴后继，强行保持一股骇人的力量；至于速度，就是士兵和大炮如巡视岗位一般从尼斯（Nice）一路游行至里尔（Lisle）；至于袭击时机，从来都是全军统一，任何一点都不容许更改。或许占领一个地方，要以牺牲一万人的性命为代价；或许，二十个日日夜夜、多达二十次的攻击——直至占领此必要的阵地。当人类的鲜血被看得一文不值时，攻城略地就变得很容易。……

军队集结之际，法国富人们则锒铛入狱，监狱人满为患。在某处（南斯［Nantes］），数以千计的人被溺毙；而在另一处（里昂［Lyons］），拥挤的地牢门户大开，装满葡萄弹的大炮数炮齐发，受害者们顿时大火烧身，不久便化作齑粉。断头台没日没夜地运作。对性急的刽子手来说，这些毁灭手段的速度太慢了；因此，死亡艺术家们发明了一种新的、能一次砍掉数个脑袋的方法（阿拉斯［Arras］）。公共街道顿时血流成河，难以通行，更改行刑地点势在必行。巨大的深坑都不足以容纳尸首，它很快被填满，下一个深坑又要开挖了。满头华发的耄耋老者与正值妙龄的女子，父亲与母亲，兄弟与姐妹，夫与妻，父与子，和着彼此的鲜血，倒在一起死去。在建立共和国的大道上，雅各宾派很快实现了他们的四个指导思想：他们消除社会等级不平等，平均分配个人财产，没收罪人的个人财产以壮大政府财政，并把军队与自身利益结合起来，希望有朝一日能得到资产。

所见所闻皆是阴谋、侵略与叛国，民众甚至害怕自己的朋友，觉得脚下仿佛踩着一枚即将爆炸的地雷，他们陷入极度的恐惧之中。……这些不幸之人思维混乱，不知道自己是谁，也不知道自己身处何方，他们努力找寻已经消逝的古老习俗，但一切都是徒劳。在他们眼里，在大街

第九章　法国的革命与反革命

上游荡的是一群装束奇异的异邦人。如果他们询问有哪些节日或在哪些日子履行他们的义务，一些新名称就会不绝于耳。安稳的日子已消逝。他们至少还期盼一年的固定轮回能让事情恢复自然状态，给他们带来一丝安慰；这，简直就是痴心妄想！日子似乎被永久判给了这令人讨厌的新秩序，不知今夕何夕的事实仿佛告诉他们，革命会永久地持续下去；在这片神奇的土地上，他们不知道街道的名称，害怕在大街上迷路。

这些改变，让人们头脑一片混乱，陌生得不能再陌生的新概念让人们心神错乱。严守秘密，忠于友谊，舐犊之情，尊重宗教，这些人们尚在襁褓之时就认为是真善美的东西，如今被说成暴君用以束缚奴隶的手段。一个共和主义者不应该有爱，不应该忠诚，不应该尊敬他人，除了他的祖国。雅各宾派决意彻底改变国家的面貌，他们知道教育创造人的道理，因此，他们强迫市民把孩子送到军事学校。在学校里，他们向孩子们灌输对其他政体的厌恶与仇恨。为了征服世界，他们为孩子们准备了一些古拉西第蒙式的运动，他们还教育孩子们放弃天性的柔软，要如老虎般令人生畏，要铁石心肠，以此武装自己。

如此即是这不幸的国家，在强大党派的随意摆弄下，它朝夕之间便变成了另一个世界。①

雅各宾主义，实质是以恐怖立共和，以暴力血腥与大规模迫害建自由与平等的国度。在革命者所追求的目标与采用的手段之间，存在着根本的悖论。流数万人的血，浇灌出自由的花朵，试问这代价是否过大？更何况，这种许诺是否可靠，能否兑现？雅各宾专政时期的持续恐怖表明，自由作为孟德斯鸠式内心的宁静或洛克式权利的保障，不可能在恐怖统治中获取。

无须怀疑雅各宾派领袖在道德上的真诚。雅各宾主义有一个极高的道德理想。无论是在卢梭，还是在罗伯斯庇尔那里，政治与道德都紧密地结合在一起，政治道德化，道德政治化，他们希望以完美高尚的公民，组成光荣伟大的道德共和国。此种共和国，听起来甚为不错，落实到实践中，竟是十分恐怖。

雅各宾主义者以人民主权为旗号，建立的却是少数人乃至一个人的独裁。这自然不符合卢梭《社会契约论》的设想。雅各宾主义者在实践中显然

---

① ［法］夏多布里昂：《试论古今革命》，王伊林译，华夏出版社2015年版，第67—70页。

发现了卢梭理论的问题,他们与所有按头脑中意识形态搞革命的行动者一样,皆按实际需要对其尊奉的"真理"进行了改造。一方面,雅各宾派抱定了捍卫人民主权的信念,绝不同国王与贵族妥协;另一方面,他们失望地发现,只有他们自己及少数追随者在道德上不会腐化,在理想上不可动摇。他们代表"公意",而腐化的民众,不堪的群氓,则是"众意"的俘虏。人民主权与少数人的独裁(专政),在雅各宾主义这里,因着务实的考虑,完美地结合在一起。

雅各宾专政常被称为具有极权主义性质。菲利普·布罗姆(Philipp Blom)称之为"欧洲第一个、也是短命的极权主义政权"[1],塔尔蒙称之为"极权主义民主"。雅各宾专政对自由的践踏及其恐怖特点,确实令人惊骇。雅各宾人统治时期的大屠杀,精英和暴民的联盟,部分确实可以看成是"20世纪极权主义的前奏"。[2] 然而,在严格的意义上,雅各宾专政尚不能归入极权主义支配类型。雅各宾主义不是千禧年主义。它没有救赎性群众运动的特点,缺乏一个无所不包的指导性意识形态。雅各宾派对敌人的打击,尚止于政治斗争的考虑。20世纪极权主义运动的领袖,也不喜欢罗伯斯庇尔。雅各宾主义的本质,是一种政治上的激进主义方案。它本质上具有古典共和的性质。为捍卫共和而实行专政,此种经验可从古罗马人那里找到历史依据。雅各宾专政效仿的典范,是实行共和制的古代斯巴达,其理论指南,则是卢梭的美德共和国理论。雅各宾专政是近代革命进程中实践美德共和国的一次高峰。它的成功,得益于工业社会带来的平等意识以及政治组织与动员手段,其失败则源于古典方案之脱离工业社会的实际,以法国革命时期著名的自由派政治思想家邦雅曼·贡斯当的话言之,则是罔顾现代人的自由,欲在法国搞复古。然而,现代工业社会带来的新问题,又令雅各宾主义有其自身的诱惑力,至今仍可赢得它的追随者。

督政府时期的跳舞场

1795年11月开始,法国进入督政府时期,共有5位大督政官执政,其

---

[1] [德]菲利普·布罗姆:《理性巨人》,法兰克福,2005年,第412页。转引自[德]曼弗雷德·盖尔《启蒙:一个欧洲项目》,黄明嘉、高星璐译,广西师范大学出版社2016年版,第212页。
[2] [德]吕迪格尔·萨弗兰斯基:《荣耀与丑闻:反思德国浪漫主义》,卫苏平译,上海人民出版社2014年版,第40页。

中有西耶斯。西耶斯看到政局不稳,不久辞职,由常胜军将领卡诺代替。不过,当时群众仍为面包问题所困扰,国库里一分钱也没有,而国民公会的代表却只顾自己在革命中发财享乐。正是在这个时候,巴贝夫提出了他的主张。督政府与两院代表都没有救国的能力。"法国此时变作一片瓦砾场,什么都土崩瓦解了。什么党派,什么权利,什么国民代表,宗教、财政、家庭、良心、道理,无一不土崩瓦解。最惨的是在这一片瓦砾场中,连最可宝贵的国性,也完全破坏无余了。"① 这个时期的特点是全面的腐败和普遍的玩世不恭。"新政府的成员们,热衷于追求个人发财的机会,再也不去理会那些立志改造世界的光辉的哲学思想。贪污和受贿成为征税和支付公共基金时屡见不鲜的现象。甚至督政府的一些成员在给别人恩惠时,也不动声色地以接受贿赂作为条件。"② 此时,就等一个雄才大略的人出现。五大督政官,将拿破仑推到了政治的前台。

拿破仑是军人,在战场上屡建奇功,凭此获得了未来称帝所必须的声望。拿破仑在征服地区所获的巨额财富,不断输送到巴黎,极大地缓和了督政府的财政危机。督政府几人相形见绌,对拿破仑,已经难以节制。

此时,两院和督政府发生了严重的矛盾,当初宪法设计这个制度,原未考虑如果两院与政府发生矛盾做何处理的预案,此时就紧张起来。督政府所推的拿破仑,在两院看来是违宪的雅各宾党人,他们称他为"乱头发的小虾"。在意大利政策上,拿破仑有自己的主张,这引起议会的不满。议会和军队之间,发生了严重的矛盾。拿破仑得知议会的态度,决计表明军队的反对态度,各军发表宣言:如有保王党活动,阴谋搞复辟害国,以刺刀问罪,并向督政府表示愿意捍卫共和。议会准备组织国民自卫军,却动员不起来,因为督政府散布舆论,称议会是要搞复辟,要让获得了财产的人重新交出,要给路易十六平反。其实两院是要维持自由共和国,并无复辟的意思。

军队最终用武力拘捕了部分议员,督政府乐见其成,并不考虑这是违宪之举。对待议员,不经法庭审问,就要处理。自此,军队干政拉开了序幕。督政府自以为得计,有军队做后盾,可以肆意行事,未想到破坏宪法,后患无穷。督政府自由任免官吏,关闭报馆,压制舆论,践踏两院,好像是让国人做好习惯独裁的准备。两院完全听命于政府,只要是议案,全部通过。此

---

① [法] 路易·马德林:《法国大革命史》,伍光建译,时代文艺出版社 2014 年版,第 446 页。
② [美] 爱德华·麦克诺尔·伯恩斯、菲利普·李·拉尔夫:《世界文明史》第三卷,罗经国等译,商务印书馆 1987 年版,第 39 页。

时人民对政治丧失了兴趣，不再关心这些政治上的变动，只管疯狂寻乐，赶时髦，大吃大喝，追女人，几百个跳舞场，几十间剧院，十分热闹。这时的社会风气，是极其"开放"了，女子穿得极少，裁缝研究用最少的衣料做出衣服来，有的跳舞场里，千百个妇女穿着可以看得见肉的衣服，让人误以为是妓女集会。王权打倒后，父权制家庭也解体了。此时离婚手续十分简单。无论男女，性情不合，就可以离婚，一方不同意，分居半年，即可离婚。许多军人在外征战，为国出力，回来却发现妻子已经有了新丈夫。有的先后娶一家几个姐妹，有个国民呈请议会批准娶前夫人的母亲。离婚夫妇的子女，很多被遗弃。这种弃儿，全国有四五万人。当时的青年女子，最喜欢看淫书。[①] 保守派对家庭解体的控诉，正是因此而发。

拿破仑登上历史舞台

拿破仑在战场上和外交上掌握了主导权，就有意回国揽权，他很清楚此时国民需要什么，过去他用武力开路，现在反而是他提倡和平。国人已经奉他为神明。拿破仑回巴黎，人人都想看看这位英雄。但拿破仑觉得时机未到，只做颓废的样子，除十分必要的场合，多闭门不出，只在自家小花园散步，以叫他的敌人们放心。督政府不愿意他留在巴黎，要他继续去带兵打仗。

1797年，通过选举，新的议会产生，督政府中督政官也有调整。此时，雅各宾党又活动起来，俱乐部重新开张。西耶斯被再次选了出来，做了督政官。西耶斯是个空谈哲学的人，哲学家喜欢与军人结盟，不久就要应验。这届督政府，竟成了西耶斯的天下。

此时国家的财政危机，仍然十分严重。雅各宾党主导下，议会决议采取重税对待富人的政策，甚至直接搜刮富户，这就把巴黎的商人都吓跑了。做工的人账算得清，他们说："官吏免了我几块钱，却把我的老板吓跑了，我吃的亏大了！"富人和做工的人，都十分厌恶这个督政府。国会中的雅各宾党强逼两院通过人质条例，各处设自治会，登记贵族亲戚，有爱国者被杀，就要流放四个贵族，有盗窃案，也要贵族亲戚来赔偿。国人不想再回恐怖时

[①] [法]路易·马德林：《法国大革命史》，伍光建译，时代文艺出版社2014年版，第487—488页。

第九章 法国的革命与反革命

代,多省发生了叛乱。督政府竭力制止恐怖政策的实施,虽最终获胜,但费了好大的力气。西耶斯看到政体有问题,一心要修宪。西耶斯查封了倡导恐怖政策的雅各宾俱乐部。此时法国在意大利战场上打了败仗,国人都说,如果是拿破仑指挥,一定不会失败的。

混乱之中,人们常希望有一个强人出来收拾残局。此时,国人都盼望着一个独裁者来拯救他们,到处都在传言:"如果拿破仑在国内……"雅各宾党人以为拿破仑还是他们自己的人;无政府主义者欢迎他回来,保王派以为拿破仑是个蒙克将军(英国内战时期帮助王朝复辟的将军)。哲学家也赞扬拿破仑,当初拿破仑曾入过他们的学会。信奉天主教的人,不忘记他对大主教行过军礼。国人更是只在意拿破仑。① 督政府无法,只得召回拿破仑。

拿破仑虽然带兵在外,却时刻关注着国内局势。1799年,他突破敌人的封锁,回到了巴黎。拿破仑坐船在海上六个星期,终于登岸。消息传来,群情激奋。有一个国民公会成员竟然因兴奋过度,第二天中风去世。

西耶斯不喜欢拿破仑,拿破仑也很看不起这个哲学家。但他们还是要携手合作一阵。拿破仑故意恭维西耶斯,说是希望他这个天才给国家制定一个好宪法。② 国会的人则在策划一场政变,他们借口无政府主义者闹事,国家有难,需要强人。上议院派人去请拿破仑来救国。拿破仑表示同意。几十位将军也附和拿破仑,表示愿意追随。拿破仑到了上议院,人们高呼"救国者万岁"。拿破仑发表演说,但他不知说什么合适,之后甚感失意。政变发生时,督政官西耶斯正在外面练习骑马,因为他想和拿破仑并辔而行,出回风头。③ 其他几个督政官,也没有敢出来做一番搏斗的,知道出了大事,竟消失于无形之中。西耶斯签字辞职。政变成功,拿破仑掌握了实权。但是五百人下议院却是有反对意见的。拿破仑进入下议院时,遭到议员殴打,议员高呼"打倒独裁者"。不过,拿破仑和他的弟弟(其时为下议院主席),借用武力,驱散了下议院。这是1799年11月2日(按革命历为共和8年雾月18日)的事情,史称"雾月政变"。政变之后,上议院通过决议,拿破仑、西耶斯、杜戈为临时执政官。三个执政官宣誓就职,拿破仑为权力核心。法国人自此以为,革命的成果是最终保住了,政变挽救了革命。革命由贵族挑

---

① [法]路易·马德林:《法国大革命史》,伍光建译,时代文艺出版社2014年版,第525—526页。
② 同上书,第531页。
③ 同上书,第535页。

起,由民主派推向高潮,最后由独裁者来画句号。

拿破仑统治时期,法国革命的成果得到了巩固,教士融入国家,主教成了"紫衣省长",教区牧师成了"黑衣市长"。法国与罗马教皇签订了《教务条约》(1801),教皇认可了教产国有化的事实。拿破仑不满足于做执政官,1804年,他称皇帝,建立起独裁统治。拿破仑直接指定各省省长,征服的领地也都由他的亲戚来统治。新闻审查严格,合法的报纸由1000多种锐减为4家。拿破仑说:如果不管住报纸,我的王位将保不了3天。①

拿破仑帝国包括了130个地区。1810年前后,帝国陷入了严重的危机。1812—1813年的对俄战役中,拿破仑几乎全军覆没,损失50万人。1814年底,他被赶下了王位,被送到了意大利的厄尔巴岛。不过,困兽犹斗,而路易十八的统治正在激起人民的不满。1815年,拿破仑逃离厄尔巴岛,一路受到农民和士兵的热烈欢迎,追捕他的士兵也站到了他一边。路易十八逃往比利时。3月20日,拿破仑重返巴黎,许诺用新法,走开明道路。反法联军准备用武力摧毁拿破仑的统治。在滑铁卢战役中,拿破仑遭到了毁灭性的打击。他想逃亡美洲,但海岸已经被封锁,他躲在一艘英国人的船只上,最后落到英国政府手中。他被英国政府流放到南大西洋一个贫瘠的小岛,囚禁在监狱中。1821年,拿破仑死于狱中。

拿破仑1769年出生于科西嘉岛一个没落贵族家庭。科西嘉原为热那亚共和国的一个属地,拿破仑出生时,它刚刚割让给法国,国王派驻军占领。科西嘉人发起了旨在捍卫独立与自由的抵抗法军的运动,拿破仑的父母都参加了这场运动。拿破仑自幼即喜欢玩打仗的游戏。有一个《拿破仑游戏显自信》的故事说,他和他哥哥各自为领队,带领伙伴们玩迦太基人和罗马人大战的游戏。按历史,则拿破仑带领的迦太基士兵必须失败,然而,拿破仑坚决地称"拿破仑的军队不会打败仗",他要改写历史。最后,他的哥哥只有和他互换角色,让拿破仑当罗马士兵的领队,游戏才得以继续举行。拿破仑在10岁时凭其贵族出身,得到法国王室的资助,进入香槟的布里埃纳军校学习,一直到15岁。拿破仑读军校期间,并不和人多话,而常常一个人泡在图书馆,最爱读波利比乌斯、普鲁塔克等人的历史著作,对政治与军事甚感兴趣。之后,拿破仑入皇家军事学院深造,第二年毕业,即被任命为皇家

---

① [英]科林·琼斯:《剑桥插图法国史》,杨保筠、刘雪红译,世界知识出版社2004年版,第192页。

第九章 法国的革命与反革命

炮兵少尉。拿破仑读过卢梭于1786年出版的《社会契约论》。他欣赏卢梭,因为卢梭主张科西嘉自由与独立。大革命时期,拿破仑是一个标准的雅各宾分子。1791年,里昂学院发起征文,题目是"为了确保人类幸福,应教授何种真理与情操?",拿破仑写了应征文章,依卢梭学说精神立论,但未获奖。其中,拿破仑写道:

> 在国王拥有君权的地方,人们是无法生存的。唯有压迫者才是真正的奴才,他们比被压迫的奴隶更加卑鄙可耻。
> 被国王及其大臣,被高贵者及其偏见,被教士及其欺诈所愚弄过的法国人终于觉醒了,他们认识到了人的权利。[①]

拿破仑对人宽和,不记仇,对事不对人。对于谄媚的人,他是看不起的,对于有思想的人,他则乐于结交。拿破仑好安静,爱慕虚荣的人则好热闹。他论及法国人好虚荣,说"我们几时能够拿一点傲骨,换他们的虚荣。"[②] 拿破仑喜好洁静,他说"水和空气是我最好的药方"。他最喜欢的事情,是夜晚躺在地上,看着星空,任凉风拂面。他自信而有主见,自不必说。他深入俄国草原时,有人问他,此时敌人如果攻法国,谁去保卫?他回答说:"我的威名。"[③] 拿破仑爱权力,他说:"我之爱权力,如同一位音乐家之爱他的提琴。我爱权力,因为我能以权力发生声音、音调及谐和。"[④] 关于"皇帝",他说:"现实的皇帝的宝座,不过是几块木头,蒙上天鹅绒罢了。但是真实的宝座是一个人,这个人是我,随革命我的意志力、我的品格、我的威名。"[⑤] 拿破仑追求的是名垂青史。他说:"人生在世若不能留名,反不如不生在世间为妙。"[⑥] 拿破仑的使命感很强。他说:"我必要救许多民族,无论他们愿意不愿意,我是要救他们的。"[⑦] 拿破仑虽然称帝,建独裁政权,却不好专制,他到哪里,都是要打倒哪里的专制的,这也是一个悖

[①] [英]詹姆斯·马歇尔—康沃尔:《拿破仑》,赵汉生、彭光谦译,解放军出版社1989年版,第9页。
[②] [法]艾黎·福尔:《拿破仑》,伍光建译,时代文艺出版社2013年版,第29页。
[③] 同上书,第31页。
[④] 同上书,第184页。
[⑤] 同上书,第36页。
[⑥] 同上书,第37页。
[⑦] 同上书,第144页。

论。关于自由，他说："我并不厌恶自由，自由若是阻我进行，我就把它推开一边；但是我很明白自由，因为我是在自由思想中生长的。"① 梅特涅则称拿破仑为"穿着军靴的罗伯斯庇尔"。② 他也曾对梅特涅说："如我这样的人，以为一百万生灵的性命算不了什么。"③ 作为军事统帅，他深得将士拥戴。必须取胜的关键战役，他亲自上阵，任子弹从身旁飞过。在埃及沙漠，不等最后一个士兵喝到水，他绝不喝水。

对于自己的失败，拿破仑说："只有我自己是我失败的原因，而非他人，我是我自己最重要的仇敌，我是制造我的诸多不幸的工程师，我要包揽的事体太多。"④ 在拿破仑势力极盛时反对拿破仑的夏多布里昂如此评价拿破仑："当拿破仑在世的时候，他未能取得天下，及拿破仑死了，天下却是他的。"⑤ 美国政治家杰斐逊则如此评价拿破仑：

> 当代的阿提拉⑥退位了，这个嗜杀成性，无情地毁灭了一千万生灵的屠夫，这个全世界权利和自由的大压迫者，被关闭在地中海的一个小岛里，并且降低到靠最受他害的人们的补助金生活的一个卑微地位。他膨胀的一生的下场是多么悲惨，多么窝囊！他的一生将提供一个多么生动的大起大落的实例！……波拿巴只能是战场上的狮子。在市民生活中，他是一个冷血的、居心叵测的寡廉鲜耻的篡权者，没有道德，没有政治家风度，对于商业、政治经济或民政政府一无所知，只能用大胆妄为去补充他的无知。在他于雾月18日（8年）进入五百人院以前我曾经认为他是一个伟人。但是从那时起，我只是把他作为一个大恶棍而加以鄙视。⑦

拿破仑帝国分崩离析，波旁王朝复辟。路易十六（其子已死）的兄弟路易十八在位的时间是1815—1824年，之后是查理十世当国王（1824—

---

① [法]艾黎·福尔：《拿破仑》，伍光建译，时代文艺出版社2013年版，第128页。
② [法]丹尼斯·于斯曼主编：《法国哲学史》，冯俊、郑鸣译，商务印书馆2015年版，第321页。
③ [法]艾黎·福尔：《拿破仑》，伍光建译，时代文艺出版社2013年版，第158页。
④ 同上书，第156页。
⑤ 转引自[法]艾黎·福尔《拿破仑》，伍光建译，时代文艺出版社2013年版，第198页。
⑥ 阿提拉是曾入侵东罗马帝国的匈奴王。这里指拿破仑。
⑦ [美]杰斐逊：《杰斐逊集》（下），刘祚昌、邓红风译，生活·读书·新知三联书店1993年版，第1568—1569页。

1830)。1830 年 7 月，巴黎发生起义，查理十世退位。波旁王朝旁系后代、持有自由主义理想的路易·菲利普公爵当了国王。1848 年 2 月，巴黎发生革命。路易·菲利普宣布退位。共和政府建立，是为法兰西第二共和国。拿破仑的外甥路易·波拿巴高票当选为总统。1851 年 12 月 2 日，他发动政变，成为终身总统。一年后，他自命为皇帝，称拿破仑三世。法国进入第二帝国时期。帝国持续到 1870 年。1870 年，普法战争爆发，法军大败，拿破仑三世在色当投降。国内发生政变，第二帝国被推翻，第三共和国开始。

法国革命反思

大革命之后，凡尔赛宫荒草丛生，巴士底狱夷为平地。奴隶制被废除了，法国的 3.9 万犹太人得到了解放。革命的代价是巨大的。至 1802 年，大革命让 100 万法国人失去生命；拿破仑时代，还有 100 万人死去，外国的死难者更是不可计数。①

中世纪以来，西人笃信上帝，对彻底消除世间弊病并不抱多少期望，救世全靠耶稣。法国革命则展示了现代社会特有的一种世俗救赎方案，受启蒙精神的滋养与激励，革命者对世界的进步、人的完善均充满信心，大革命标志着人们救赎意识的根本转变，它向世界传递的信号是：各民族人民当自己主宰自己的命运，人们当运用自己的理性，构建良善制度，以消除人对人的压迫。

法国革命引发世界范围内的革命风潮，处境类似的民族追求自由，多以法国革命为榜样。它摧毁了王朝合法性，代之以民主合法性。人民主权学说借大革命传播到世界各地，绝对王权自此难有市场，即使到复辟时期，国王也不敢再宣称"朕即国家"，不敢宣称拥有不受限制的权力。

法国革命催生了民族沙文主义，树立了全体国民为民族而战的榜样，这与启蒙运动所提倡的世界主义与和平主义相背离。恐怖时期迫害无辜，以尚德之名杀人，则开了为追求所谓崇高的目标而漠视个体生命的先例。②

---

① ［英］威廉·多伊尔：《牛津法国大革命史》，张弛等译，北京师范大学出版社 2015 年版，第 528 页。
② ［美］爱德华·麦克诺尔·伯恩斯、菲利普·李·拉尔夫：《世界文明史》第三卷，罗经国等译，商务印书馆 1987 年版，第 43 页。

梅斯特尔：我与欧洲一起死去

约瑟夫·德·梅斯特尔（1753—1821）在思想史上是一个让人感到害怕的名字。这种害怕不是由于他的为人可怕，而是由于他的著作读来让人恐惧。他想用毫不妥协的教条主义去打倒他不认可的学说。[①] 梅斯特尔既非传统贵族家庭出身，也不是法国人，但是却被看作大革命后法国流亡贵族的出色代言人。与他同时代的那些思想家很少有人见过他，因为他活动的范围比较特别。

梅斯特尔来自意大利撒丁王国萨伏伊省的首府尚贝里（Chambéry），他的父亲是一名律师，后来当了尚贝里元老院的副议长，并从撒丁国王那里获得了伯爵的头衔。梅斯特尔小时候在耶稣会接受了教育。1774年，他在都灵大学完成了法学训练，始事法律工作。1787年，他如他父亲一般，成了尚贝里元老院的议员。法国革命爆发后，梅斯特尔密切关注。他听朋友说革命导致大批人丧生，不禁悲从中来，忧心忡忡，竟至夜不能眠。

1792年9月22日，革命军队的号角打破了萨伏伊的宁静。2万法国战士在巴罗城堡结集，撒丁王国军队不堪一击，旧秩序解体。几个星期以后，萨伏伊成了年轻的法兰西共和国第84个组成部分。革命让梅斯特尔觉得故国被毁。他没有像他大多数议员同事那样对发生在身边的革命持观望的态度，而是果断决定出奔，由此开始漫漫流亡路。做此决定，乃因梅斯特尔政治上的敏感。梅斯特尔并不喜欢旅行观光，本是个"宅男"，从来只知处理公务，阅读研究，而且已经年近40岁，他走上流亡之路，其内心挣扎，可以想见。他足迹遍及欧洲，一站又一站。他与家人长期分开，与在流亡之地结识的一批批朋友分离，都是对他情感的折磨。不过，流亡倒是使他摆脱了繁重俗务，可以专心著书。流亡成就了梅斯特尔，使他找到了动荡年代"适合"他的角色。

梅斯特尔1783—1797年生活在瑞士洛桑，此间他曾参与斯塔尔夫人的沙龙，作为反革命作家而声名卓著，并成为洛桑的重要人物。离开洛桑前，他发表了《论法国》。这是他的首部著作，也是最具原创性的反革命著作。梅斯特尔后来为撒丁王国效命，但他并未获得国王的欢心。1803年，国王将

[①] [英]以赛亚·伯林：《自由及其背叛》，赵国新译，译林出版社2005年版，第133页。

他支到遥远的俄罗斯圣·彼得堡任外交官，在那里他呆了十四年。他在圣·彼得堡公务甚少，以读书、写作和社交为主，应算是生活愉快。俄罗斯对拿破仑的战争爆发后，他回到了都灵，在那里担任行政长官，直到1821年去世。梅斯特尔临终前写道："我和欧洲一起死去。"（I die with Europe.）①

梅斯特尔原是一个温和的改革分子，但闻听法国大革命时期的恐怖之后，他的立场日趋反动，他一生的政治著述都与他对法国大革命的批判密切相关。梅斯特尔阅读过英国柏克的《法国革命论》②，他盛赞柏克，在给友人的信中称柏克的书"强化了他反民主、反教皇权限制主义（anti-Gallican）的理念"③。不久，梅斯特尔完成了同样题材的著作《论法国》，不过他不像柏克那样从世俗的角度批评法国革命，他是从宗教的角度去批评法国革命的。他的立场比柏克要远为"反动"。

梅斯特尔要捍卫的宗教，就是罗马天主教。他坚信没天主教，就没有基本的秩序，就没有普遍的自由；而没有教皇，就没有天主教；正是教皇坚持着普遍的自由，他使自由成为可能。必须确立教皇为首的天主教的权威地位，确立教皇至高无上的宗教领袖地位，这是救治时代罪恶的药方。他认为，必要时，教皇可以干预政治，让欧洲重新统一起来，这就是他的"教皇全权主义"。④

梅斯特尔持一种"天意论"。他认为，1789年革命是上天安排的一个历史事件，其目的是要使人们获得新生。上天无意中选中了法国，法国是宗教制度的支柱。不过，它没有忠于自己要担负的使命，它由于侵犯了属于国王的主权而犯下了最严重的罪行。法国革命是魔鬼力量的大爆发，是道德约束的失落，但它是上天旨在恢复宗教原则的一个举动。革命中的人民，不过是充当了上帝被动的工具。⑤ 不是人民在推动革命，而是革命在利用人民。热衷革命的人，成了革命的牺牲品。梅斯特尔认为每一种制度都是神圣的产物，国王的特别权力是上帝赋予的，因为人性本恶，人必须由君主（最好是

---

① *Joseph de Maistre's Life, Thought and Influence*, edited by Richard A. Lebrun, Montreal & Kingston: McGill-Queen's University Press, 2001, p. 31.
② ［英］柏克：《法国革命论》，何兆武、许振洲、彭刚译，商务印书馆1998年版。
③ "Maistre to Costa, 21 January 1791", in *Joseph de Maistre's Life, Thought and Influence*, edited by Richard A. Lebrun, Montreal & Kingston: McGill-Queen's University Press, 2001, p. 157.
④ 梅斯特尔：《论教皇》，参见［法］约瑟夫·德·迈斯特《信仰与传统》，冯克利、杨日鹏译，商务印书馆2010年版，第195页。
⑤ ［法］梅斯特尔：《论法国》，鲁仁译，上海人民出版社2005年版，第102页。

世袭君主）来统治。处死国王路易十六是疯狂的、非正义的胡作非为。他写道："路易十六的每一滴血都会让法兰西付出血流成河的代价。可能将会有400万法国人人头落地，以抵赎这桩最大的全国性重罪，亦即反宗教、反社会并以弑君告终的造反罪行。"① 他认为，法国流亡贵族应当进行暴力反击。他相信王权还有机会重新复兴。②

梅斯特尔自认为他的任务就是要摧毁18世纪启蒙运动以来的一切。他激烈批评抽象人权学说和社会契约论，批评大革命时期为"人"制定的诸种宪法。他说，《人权与公民权宣言》，讲公民权还可以理解，但是要讲人权，就大为荒谬了。他认为，把社会建立在人权的基础之上是荒谬的，因为抽象的人并不存在。他说："有生以来，我见过法国人、意大利人、俄罗斯人等等；多亏孟德斯鸠，我甚至知道'有人是波斯人'。至于'人'，我声明，我这辈子还没碰到过；如果有的话，我是不认识。"③ 在梅斯特尔看来，人，只有作为家庭和社会的一分子才能存在。

宪法理论

梅斯特尔认为，宪法并非人们制定出来的写在纸上的东西。成文的东西一文不值。他说："一个时代犯下的最严重的错误之一，便是相信宪法可以事先制定或创立。宪政之建立，虽然包含理性与经验，却是神的产品，一国法律中最根本、最要害的宪政成分，肯定是不成文的东西。"④ 宪法的效力源自神，而不是人民的意志。根本大法具有神圣的起源。英国宪政就是一个例子，英国的政治家从未在一起说："我们来创造一种制衡的政体！"英国宪政，是多种因素长期作用的产物。⑤ 宪法是悄无声息地生长而成的，它没有伟大的开端。人没有能力创立宪政，但能快速破坏宪政。"想烧掉一座城市，有个顽童或疯子足矣，重建它却需要建筑师、材料、工匠和钱财，尤其是时间。"⑥

---

① [法] 梅斯特尔：《论法国》，鲁仁译，上海人民出版社2005年版，第32页。
② [意] 萨尔沃·马斯泰罗内：《欧洲政治思想史：从十五世纪到二十世纪》，黄华光译，社科文献出版社1998年版，第218—219页。
③ [法] 梅斯特尔：《论法国》，鲁仁译，上海人民出版社2005年版，第74页。
④ [法] 约瑟夫·德·迈斯特：《信仰与传统》，冯克利、杨日鹏译，商务印书馆2010年版，第73页。
⑤ 同上书，第82页。
⑥ 同上书，第106页。

这里，梅斯特尔区分了宪法（不成文的根本原则）和宪法性法律（形之于文的宪法性法律条款）。他认为这里存在着四个原理："宪政的根本原则的存在是先于任何成文法的。宪法性法律是并且只能是对不成文、先已存在的权利的陈述或认可。宪政中最关键、最本质的因素，它的真正具有根本性的东西，绝不是成文的，也不可能是成文的，不然就会威胁到国家的生存。宪政的弱点和缺陷，实际上是与成文宪法条款的繁复性成正比的。"[①] 梅斯特尔说：制度越完美，写下的东西就越少。具有神性的制度，不以成文的东西为基础。"成文法仅仅是因为人类的无能或邪念而产生的一种必要的恶，假如它没有过去不成文的东西的认可，它什么都不是。"[②]

对卢梭的批判

梅斯特尔反革命，必定反卢梭。梅斯特尔称卢梭有着"令人难以想象的愚蠢"[③]，"软弱、胆怯、少言寡语"，是"他那个时代最危险的诡辩家之一，也是丧失了一切真正知识、智慧尤其是深刻性的人；他徒具深刻的外表，其实完全是在玩弄辞藻"[④]。卢梭的信徒就是一帮对着社会信口雌黄、张牙舞爪的罪犯，他们比吃人的老虎还可怕（老虎吃人是出于天性）。卢梭嘲笑玄学家，他自己就是玄学家。[⑤]

梅斯特尔对人民主权学说也有自己的看法，他认为"主权在人民"不过是一种简单的说法。说人民行使主权，那么人民对谁行使主权？当然还是对人民自己，这个时候，人民就成了臣民。人民还要通过代表，才能行使主权。梅斯特尔并非传统的绝对王权理论家。他赞同政府基于人们的同意而建立，主权要有人民基础，然而他说，社会本身就是上帝的造物，人间主权也是上帝所赐。这样，在具体政府的意义上，主权可以说是源于人民，但在更广阔的视野中，主权也可以说是源于上帝。梅斯特尔此处所持的，实际是一个独特的中间立场。他说："上帝起源说的虔诚信徒们不能否认，人类的意愿在政府的建立过程中扮演了一定的角色；而他们的反对者也不能否认，上

---

① ［法］约瑟夫·德·迈斯特：《信仰与传统》，冯克利、杨日鹏译，商务印书馆2010年版，第80页。
② 同上书，第91页。
③ 同上书，第100页。
④ 同上书，第213页。
⑤ 同上书，第134页。

帝是政府的卓越创造者。"①

　　梅斯特尔批驳社会契约论和自然状态学说。他认为，卢梭把野蛮人当成了自然人。而实际上，自然即指本性、上帝赋予他的属性。具有情感、知识和技艺的人，就是自然的人。野蛮人不过是因某种越轨行为被逐出文明世界的人的后代。他说："人类的自然状态就是他们今天的状态，就是他们一直所处的状态，即社会状态。"② 卢梭说人生而自由，梅斯特尔说，回顾一下人类历史，就知道这个学说的荒谬。③ 他引用亚里士多德的话：有些人生来就是奴隶。④ 在基督教兴起之前，以及在其他非基督教世界，人类皆处于奴隶制之中。再者，卢梭所说的社会契约从来没有存在过。卢梭学说中"立法者"的概念，同样混乱不堪。伟大的立法者都是君主，而不是人民。政府绝非同意的产物，亦不是公约的结果。这里，梅斯特尔为了加强对卢梭的批驳力量，连其他论文中曾提出的"在具体意义上政府基于同意建立和宣布"⑤ 这一观点，亦全然放弃了。

　　梅斯特尔除了直接批驳卢梭理论的荒谬外，还通过揭示卢梭理论中的自我悖谬来瓦解其理论。他有时引用卢梭来证明自己的观点，这种引用，实际是以子之矛攻子之盾。依据他的解读，卢梭最后是自己否定了自己的学说。卢梭的结论是，有关社会契约的所有理论都是幻想。⑥ 梅斯特尔诉诸孟德斯鸠，揭示各民族的制度受到气候、地理等多种因素的影响，自由政府不是每个民族都适合采用。⑦ 梅斯特尔说，孟德斯鸠讲的这个道理，卢梭自己也是赞同的。然而，卢梭却在那里构造一个唯一合法的自由政府，这样，卢梭便再次自己反驳了自己。

宗教信仰是第一位的

　　梅斯特尔不相信理性的力量，对启蒙运动的理性法庭不屑一顾。对理性

---

① ［法］约瑟夫·德·迈斯特：《信仰与传统》，冯克利、杨日鹏译，商务印书馆2010年版，第130页。
② 同上书，第135页。
③ 同上书，第192页。
④ 亚里士多德的相关观点，参见［古希腊］亚里士多德《政治学》，吴寿彭译，商务印书馆1965年版，第5页。
⑤ ［法］约瑟夫·德·迈斯特：《信仰与传统》，冯克利、杨日鹏译，商务印书馆2010年版，第130页。
⑥ 同上书，第171页。
⑦ 同上书，第138页。

持相当怀疑的态度，历来是保守主义政治哲学的一大特色。理性的权威地位被摧毁，反启蒙的任务就完成了一半。梅斯特尔写道："人类的理性越是信赖自身，依赖自身的资源，它就越是荒谬，越会暴露自身的无能。这就是为什么无论哪个时代，世间苦难的最大根源就是所谓的'哲学'，因为哲学无非就是人类理性的一意孤行，依赖自身的人类理性就像野兽一样，他的能力仅限于破坏。"① 不过，梅斯特尔并不否定哲学，他只是否定哲学越出其界限。他写道："当它停留在自己的领域，或当它作为盟友甚至臣民进入一个高于它的领域时，它就是有益的；当它作为竞争者或敌人进入这个领域时，它就是可恶的。"②

梅斯特尔无论在哪本著作中，都把信仰放在至高无上的地位，把教皇和教士放在高级的位置。他提到，哲学家遇到政治，表现糟糕；而教士则具有从事政治活动的天赋，他们是天生的政治家。最高贵、最强大的君主政体，由主教所造就。③ 他认为信仰高于科学，科学应服从于信仰，科学让人变得野蛮，教育必须掌握在教士手里。

梅斯特尔更从文明与秩序维系的角度来捍卫宗教。他宣称，宗教让各民族走向文明。梅斯特尔此言的另一个含义是说，宗教而非刀剑，才可让原始民族走向文明。④ 由此，他高度肯定了传教士的作用。他认为，基督教消灭了奴隶制，带来了道德。教皇的权威制约着君主的暴虐，对人民有保护作用。同时，宗教对政治权威又有支撑作用。他宣称，任何制度，若无信仰作基础，若不具有神性，都不能持久。政府单凭自己的力量，无法进行统治。政府需要借助精神力量，借助神，才能克服人类意志中粗野的品性，使他们不再相互伤害，使他们能够共同行动。梅斯特尔说，政治秩序好比建筑物，信仰则是它坚实的基础。"在政治秩序中，若想建成能够传之百世的宏伟建筑，必须依靠深厚宽广的意见或信仰；如果这种意见没有统摄大多数人的头脑，没有深厚的根基，它就只能提供一个狭小而短暂的基础。"⑤

梅斯特尔说，神以柔软的锁链将我们束缚于神的王座。神秘的力量主宰着世界。在人的国度、动植物的国度，皆是如此。人的能力十分可怜。"他

---

① ［法］约瑟夫·德·迈斯特：《信仰与传统》，冯克利、杨日鹏译，商务印书馆2010年版，第145页。
② 同上书，第153页。
③ 同上书，第321页。
④ 同上书，第100—101页。
⑤ 同上书，第151页。

甚至没有能力制造一只小虫或一根小草,却以为自己现在是道德和政治世界里最重要、最神圣、最根本的因素——主权的创造者。"① 他提出:"重大而切实的政体改革,从来不创设任何新的东西;它仅仅宣布和维护之前就已存在的权利。"② 人的语言,也是学会的,而不是发明出来的。在人类之上,有着更高级的存在,我们被一种更高级秩序(命令)的作用所包围。我们不理解火山喷发、龙卷风、大地震对人类的意义,正如刑场边上的一条狗不理解主权、道德、刑罚的意义一样。

战争背后同样是神圣的力量,战争法则固然可怕,却是支配世界的普遍法则中的一条。人是天真的杀手,可怕的手操纵着人类。梅斯特尔观察到:"最文雅的人也热爱战争,渴望征战,满怀激情地奔赴沙场。一听到召唤,这些可爱的年轻人立刻就变得杀气腾腾,手握武器从父亲的房子冲出来,还不清楚什么是敌人,便到战场上去寻找他所谓的敌人。昨天他还会因为不小心弄死妹妹的金丝雀而惴惴不安,可是明天您就能看到……他会'为了看得更远'而爬上一堆尸体。鲜血横流的场面只能刺激他把自己和别人的鲜血视如粪土。他的怒火越烧越旺,直到变成一种大屠杀的狂热。"③

梅斯特尔近乎冷血地揭示如下事实:流血、暴力、屠杀不仅无法避免,实为人间的正常现象。苍茫大地,血流不止,不过是个巨大祭坛。走向死亡的战场上从来没有人不服从。最恶的暴君也有忠诚的追随者随时准备为他献身。梅斯特尔认为,启蒙运动关于永久和平的迷梦该醒醒了!面对暴力,人们只有做好心理准备。他写道:

> 在这个巨大的生物场上,显而易见的规则就是暴力,一种不可避免的疯狂把万物武装起来相互厮杀。一旦离开无知觉的物质世界,你就会发现暴死的法令被刻在生命的界碑上。甚至在植物界也能觉察到这条法令:从巨大的梓树到最渺小的小草,有多少植物死亡了,又有多少被毁灭了!但是一旦你进入动物界,这条法律立刻就变得令人恐惧地明显。一种既隐蔽又明显的力量,不断用暴力手段来揭示生命的原则。它在动物界的每一个大类中都选定一些动物去消灭另一些动物;因而有被捕食

---

① [法] 约瑟夫·德·迈斯特:《信仰与传统》,冯克利、杨日鹏译,商务印书馆 2010 年版,第 112 页。
② 同上书,第 143 页。
③ 同上书,第 282 页。

的昆虫，被捕食的爬虫，被捕食的鸟类，被捕食的鱼以及被捕食的四足动物。某些生物无时无刻不被另一些生物所吞食。

人类处在所有这些动物之上，他那毁灭的手不放过任何生物；他为果腹而屠杀，他为御寒而屠杀，他为装点自己而屠杀，他为自卫而屠杀，他为学习而屠杀，他为自娱而屠杀，他为屠杀而屠杀。这个高傲可怖的万物之王，他要得到一切，天底下没有什么可以阻挡他。他知道能从鲨鱼或鲸鱼头上提取几桶油；在他的博物馆里，他用饰针把他从布兰山或钦博拉索山捕到的漂亮蝴蝶别在墙上；他把鳄鱼制成标本，用防腐剂处理蜂鸟；他让响尾蛇死在防腐液里，以便按原样供源源不断的看客观赏。载着主人猎虎的骏马，因为披上了虎皮而趾高气扬。同时，人还要用羊肠使自己的竖琴悦耳动听，用鲸骨加固女孩的胸衣，用豺狼的獠牙装点无聊的工艺品，用象牙给自己的孩子做玩具，用各种尸体摆满自己的餐桌。哲学家甚至能分辨出这无休止的残杀是如何在万物的秩序中被安排和规定的。但是，这条法则在人面前也不会失效。谁将消灭这个灭绝万物的人？只能是人类自己。承担杀人之责的，只能是人。①

梅斯特尔说，人是邪恶的，如果放任自流，必将作恶多端。人会犯罪，因此必须有现世的惩罚，有冷酷的刽子手，人间才有片刻安宁。刽子手职业配不上高尚、可敬，刽子手自外于人类社会关系之外，然而，人类社会却离不开他。"一切堂皇的伟业，一切社会秩序，一切服从，都要依靠刽子手；他既是人类社会的恐怖之源，又是维系社会的纽带。从世界上消除这种不可思议的人物，秩序立刻就会被混乱所取代，王权立刻就会倾覆，社会也将随之消失。"②

民众太愚蠢，贵族统治最自然

梅斯特尔鄙视民众，认为民众对政治事件不起任何作用，在一切起义与革命中，民众皆以正确开始，以错误告终。"听这些民主政体的辩护士发言，

---

① ［法］约瑟夫·德·迈斯特：《信仰与传统》，冯克利、杨日鹏译，商务印书馆2010年版，第283—284页。
② 同上书，第208页。

会认为人民就像一个智者委员会一样进行讨论协商。其实呢，法庭中的谋杀、有勇无谋的事业、鲁莽的选择，特别是愚蠢而灾难性的战争，才是这种政体的突出特点。"① 他说，贵族阶层是天然的统治者，这是永恒的自然法则。即使在自由国家，也通过出身和财产限制把统治者与民众区分开来。如果不进行这样的区分，政府就会垮台。他引用一位诗人的话："人类是为少数人创造的。"他指出，不管在什么地方，都是少数人统治着多数人。

梅斯特尔的思想中，包含一种历史意识。他认为，历史是第一位也是唯一一位政治学导师。历史是实验性的政治。对人类而言，最自然的政体是什么？历史将回答："是君主政体。"② 他说的君主政体，是一种集权制的贵族政体。而贵族政体，则是"王位空缺的君主政体"。民主政体不过是实行选举的贵族政体。纯粹的民主制、君主制，都是不存在的，它们是理论上假设出来的两个极端。何为民主？梅斯特尔说，纯粹的民主，意指"没有主权的人类联合体"③。有主权就有臣民，就有一个外在于臣民对其施加强制的人。纯粹的民主政体必然不能持久。

他说，历史上一切政体都是君主制（当然也可以说，一切政体都是贵族制）。在所有的君主制中，最严厉、最专制、最难以忍受的就是"人民"这位国王。共和政体不过是多位君主的统治。④ 梅斯特尔认为，世袭君主制优于选举的君主制；世袭贵族制优于选举的贵族制，这是历史经验所表明的事实。

看看梅斯特尔是如何为暴君开脱的！他说，掐死一只小鸟的儿童，表明人类生来就是暴君。如有残暴和欲望，那不是君主的问题，而是人类的问题。他说："不滥用权力的人是没有的，经验告诉我们，正是那些曾经痛斥专制的人，如果成功掌握了权柄，就会变成最可怕的暴君。"⑤ 然而，梅斯特尔并不为绝对王权辩护，在梅斯特尔的思想中，国王并不可以胡作非为。他所理解的君主制不过是遵循某种宪政传统的君主制，其中贵族发挥重要制约作用，教会、民俗习惯、法律传统也对君主的权力设置了种种限制。他说，权力越过其界限，就会毁灭，它必须自我克制。造物主已经

---

① ［法］约瑟夫·德·迈斯特：《信仰与传统》，冯克利、杨日鹏译，商务印书馆2010年版，第170页。
② 同上书，第156页。
③ 同上书，第164页。
④ 同上书，第173页。
⑤ 同上书，第161页。

为它设置了边界。在梅斯特尔激烈的陈述之中，实际包含有某种"中庸的智慧"①。

梅斯特尔认为文明起源于宗教，这一点并非臆测。世界上各种文明，在其源头上皆与宗教联系在一起。把宗教与世俗秩序联系在一起，认为前者是后者的基础，这是保守主义理论家的又一个基本信条。他们相信，失序的根源在于信仰的崩溃，在于个人主义、怀疑精神的蔓延，文明衰败的罪魁祸首是世俗化，是对宗教的亵渎，是无神论的流行。梅斯特尔为复辟王权呐喊，对时代的革命潮流和流行学说一一否定，是当时地地道道的"反动派"，称他为没落贵族的精神领袖，名副其实。不过他的学说，时常也表现出某种中庸的精神。他对人性本身悲观的看法，对理性本身的怀疑，对政治权威必要性的理解，对宗教信仰的捍卫，体现了一种典型的保守主义政治理论的基本言说。

"反动派"波纳尔德

波旁王朝复辟时期的"反动派"理论家，除梅斯特尔（新贵族代表）外，还有法国旧贵族路易斯·德·波纳尔德（Louis de Bonald，1754—1840）。他与梅斯特尔一样，站在天主教的立场上攻击大革命，为旧制度辩护。

波纳尔德1754年出生于法国阿韦龙省米洛小城的一个贵族家庭。他作为虔诚的天主教徒被抚养长大。大革命前，波纳尔德是米洛的市长。1790年，他被选入阿韦龙省议会，后来任省长。1791年，他拒绝执行《教士公民组织法》，辞职逃离法国，参加了流亡贵族组成的反革命军队。1794年，他出版了《权力论：政治的和宗教的》。他在拿破仑当政时期悄悄返回法国。1801年，他出版了《论离婚》。1802年，他又出版了《原始的立法》。1815年，他当选为众议员。1818年，他与另一位贵族学者夏多布里昂一起创办了《保守派》杂志，从而为政治意义上"保守主义者"术语的使用做出了贡献。②1822年，他被任命为国务大臣和枢密院成员。1823年，他成为贵族院议员。1830年"七月革命"后，波纳尔德拒不向新国王宣誓，被贵族院开

---

① [法]约瑟夫·德·迈斯特：《信仰与传统》，冯克利、杨日鹏译，商务印书馆2010年版，第161页。

② [美]杰里·马勒：《保守主义》，刘曙辉、张容南译，译林出版社2010年版，第138页。

除。1840年，波纳尔德逝世。

波纳尔德捍卫宗教的地位，他认为，宗教结构加政治权威结构组成了一个文明社会的基本结构。一旦二者遭到破坏，文明社会的存在便难以为继。他写道："没有宗教，就没有道德社会，没有道德，社会生活就只能是苦难。没有对上等人和下等人的道德约束，人类社会就会退化为孤独的和贪得无厌的个人之集合体。"他认为，欧洲共和化的计划与引入无神论的计划，是同一个计划。波纳尔德公开为天主教辩护，认为国家应当服从罗马天主教会，他坚持神创世界的正统说法。他认为，人的语言具有神圣起源，与之相关，人类社会、家庭、艺术、政治制度，都是神的造物，神给了人一切，人生活在神所赐给的世界之中。

针对卢梭的《社会契约论》，波纳尔德提出了激烈的批驳。以他之见，自然状态、社会契约、人民主权等学说危害无穷。卢梭的学说必将导致社会的解体，必将让人失去向导。针对卢梭的性善论，波纳尔德说："我们本性是恶的，通过社会成为善的。野蛮人不是人，甚至不是童年的人，他只是个堕落的人。"[①] 他又认为，人民不可能拥有主权，因为，如果人民有主权，就无法回答谁是臣民。人民也无法任命自己的代表。卢梭式的民主本质上是某种形式的"专制主义"。民主给法国与欧洲带来了巨大的混乱。就法国来说，长期继承下来的君主制是一种合乎自然的政体。[②]

波纳尔德反对民主制，反对个人权利的学说，强调权威秩序的神圣性。不过，作为贵族，他从不支持绝对主义王权，也反对官僚制国家，他支持的是分权的君主制，它根本上是一种封建秩序。

波纳尔德痛斥启蒙运动。他称"启蒙运动是我们世纪永久的耻辱"[③]。启蒙思想家的错误在于认为个人先于社会、社会服务于个人，而事实是社会大于个人，社会有其自身的目的。他批评启蒙思想家关于完善人类社会的设想。他说："孔多塞让人去完善社会，我的看法恰恰相反，只有社会才能使人的智力和体力变得完善。"[④] "人造就自身，造就社会；社会造就自身，造

[①] [法]波纳尔德：《波纳尔德文集》第3卷，转引自[美]刘易斯·A. 科瑟《社会学思想名家》，石人译，中国社会科学出版社1990年版，第26页。
[②] [意]萨尔沃·马斯泰罗内：《欧洲民主史：从孟德斯鸠到凯尔森》，黄华光译，社会科学文献出版社1998年版，第51页。
[③] 转引自郭华榕《法国政治思想史》，人民出版社2010年版，第112页。
[④] [法]波纳尔德：《权利论》，转引自[美]刘易斯·A. 科瑟《社会学思想名家》，石人译，中国社会科学出版社1990年版，第26页。

就人。"① "在社会中，不存在权利，只存在责任。"② "如有可能，有必要让一切社会化。"③ 波纳尔德表示："现代哲学各派，无论唯物论的还是折中论的，都制造出了关于个人的哲学，他们的著作中占主导地位的，正是此种哲学。我试图创造关于社会人的哲学，如果我可以这么称呼它。"④

波纳尔德写作是有宏大的抱负的，他想建立一门基督教的、传统主义的、反民主的社会科学，一门严肃的神圣科学，一门关于社会的科学（science of society）。他以托马斯主义的风格告诉人们，基督教真理没有过时，基督教真理中体现的理性，可以让人摆脱个人利益的干扰，着眼于公益去考虑问题。在与启蒙思潮进行论辩时，他同样诉诸理性，但这种理性，是中世纪式的理性，它与永恒的上帝相联系。波纳尔德试图以12世纪的理性主义取代17世纪的理性主义。他试图建立的关于社会的科学不过是证明了上帝真理的永恒与真实。不过，在波纳尔德这里，上帝是钟表匠式的上帝。理性与宗教在这里并无冲突。

在波纳尔德的理论大厦中，世俗秩序与神圣秩序是一一对应的关系，微观宇宙是对宏观宇宙的临摹。他认为，宇宙中无处不在的是一种原因、手段、结果的"三联逻辑"，这种逻辑，永远固定，在各个社会都是一样的。在自然界，它体现为动力、运动与有机体；在国家，它体现为权力、大臣与臣民；在家庭则体现为父亲、母亲和孩子；在宗教上，它又体现为上帝、祭司及信仰。

波纳尔德的这种三联结构，导出的是一种等级制的权威秩序。他说，权威秩序遍及一切领域，这是天经地义的事。上帝的权威、君主的权威、父亲的权威，具有相同的性质。一个神主宰一个世界，一个家长管理一个家庭，一个灵魂支配一个人。

关于自由，波纳尔德说，自由不是"独立"，而是服从。波纳尔德大胆宣称："社会，要自由，必须独立；人，要自由，必须依附。"⑤ 自由是说意

---

① Bonald, Théorie du Pouvoir, 转引自 *Joseph de Maistre's Life, Thought and Influence*, edited by Richard A. Lebrun, Montreal & Kingston: McGill-Queen's University Press, 2001, p. 205。

② Ibid., p. 203.

③ Ibid., p. 205.

④ Bonald, Demonstration Philosophique, 转引自 *Joseph de Maistre's Life, Thought and Influence*, edited by Richard A. Lebrun, Montreal & Kingston: McGill-Queen's University Press, 2001, p. 179。

⑤ Bonald, Théorie du Pouvoir, 转引自 *Joseph de Maistre's Life, Thought and Influence*, edited by Richard A. Lebrun, Montreal & Kingston: McGill-Queen's University Press, 2001, p. 206。

愿着上帝意愿的东西,意愿着必然性社会联系所意愿的东西。"自由,对有灵有肉的人来说,存在于服从源于存在本质的法律或必然性社会联系。"① 在政治中,它是说个人要考虑共同的善,意愿着公共意志。

波纳尔德"反革命",态度鲜明。在波纳尔德看来,历史悲剧与暴力血腥源于人们错误的努力,源于人们违反了神圣计划中的终极理性与自然法则。他写道:"法国革命已经让一个民族进入了原始社会的蒙昧与野蛮状态。"② 他称法国革命是最大的历史性错误。不过,他也不无乐观地认为,这种错误是暂时的。"不可避免的叛乱、战争、反革命运动,是神的权能在纠正人类社会政治上的愚蠢。"③ 波纳尔德宣称:"最为深刻的真理是,革命由人权宣言开始,只能以神权宣言结束。"④

波纳尔德之"反革命",还体现在他对地产的维护、对"商业"的谴责上。他甚至被论者称为"法国在反对商业方面的最佳理论家"⑤。针对自由派人士对战争精神与商业精神的区分,对商业的提倡,波纳尔德说,商业不过是相互欺骗,它只有破坏作用。他写道:

> 商业只有在分崩离析的社会或共和国里才能得到强烈的喜好,因为它将人对同胞的尊敬推向了野蛮人状态。……野蛮人状态的特征是什么?它是将人与他人置于持续的战争及财产争夺状态;而且,商业,正如欧洲各地几乎都有,是对他人财产的真正的侵犯;我要说,商业,甚至是最诚信的商业,都必然将人与他人放在一种持续的战争与欺诈状态中,其间他们只知互相窃取他人生意的秘密以提高自己的利润,只知在他人商业毁灭或衰败的基础上提升自己的商业。⑥

---

① Bonald, Théorie du Pouvoir, 转引自 *Joseph de Maistre's Life, Thought and Influence*, edited by Richard A. Lebrun, Montreal & Kingston: McGill-Queen's University Press, 2001, p. 206。
② Ibid., p. 196.
③ W. Jay Reedy, "Maistre's Twin? Louis de Bonald and the Counter-Enlightenment", in *Joseph de Maistre's Life, Thought and Influence*, edited by Richard A. Lebrun, Montreal & Kingston: McGill-Queen's University Press, 2001, p. 185.
④ Bonald, Législation primitive considérée dans les derniers temps par les seules lumières de la raison, 转引自 *Joseph de Maistre's Life, Thought and Influence*, edited by Richard A. Lebrun, Montreal & Kingston: McGill-Queen's University Press, 2001, p. 193。
⑤ [法] 米歇尔·维诺克:《自由之声》,吕一民等译,中国人民大学出版社2006年版,第65页。
⑥ Bonald, Théorie du Pouvoir, 转引自 *Joseph de Maistre's Life, Thought and Influence*, edited by Richard A. Lebrun, Montreal & Kingston: McGill-Queen's University Press, 2001, p. 197。

第九章　法国的革命与反革命

波纳尔德著作的行文是冷静的、论证性的。波纳尔德是以启蒙理性主义者推崇的说理方式批判启蒙哲学的贫乏。他捍卫宗教，捍卫社会，捍卫权威。他批判的靶子与其说是理性主义，不如说是世俗主义。波纳尔德并不讳言理性与科学，不过，他的科学观，本质是一种传统主义的科学论（traditionalsit scientism）。波纳尔德不无理性主义色彩的关于"社会"的科学，对于后来孔德的"人道宗教"论和涂尔干的结构功能主义的社会学，发挥了不小的影响。[①] 他与梅斯特尔，皆受到孔德的推崇，皆被孔德列为实证主义的"圣人"。[②]

反对允许离婚

波纳尔德反对允许离婚，反对将自由、平等、民主的精神引入家庭。他担心，允许离婚将破坏家庭，从而导致社会的解体。他的《论离婚》和《离婚问题的总结》，出版于1801年。波纳尔德讨论离婚问题，针对的是法国大革命中新婚姻观的出现。1791年宪法认为，婚姻只是一种公民契约。1792年新的婚姻法，允许基于双方同意或一方基于恰当理由而提出离婚。1794年，离婚条件进一步放宽。离婚自革命以来，呈一种新的风气。波纳尔德坚决反对之，他在众议院提议要废除关于离婚的立法。在他的大力推动下，1816年，波旁王朝复辟时期，法国通过新律，禁止离婚。

波纳尔德并没有从宗教的角度来反对离婚，他写作的时代，大革命已经发生好几年。法国的民法不承认任何宗教，由此从宗教的角度来论证婚姻不能中止，难免苍白无力。波纳尔德要说的是，婚姻关系是一种社会关系，它涉及家庭，涉及社会。离婚与社会原则相背，是对堕落的纵容，允许离婚将带来很多破坏性的后果。

波纳尔德认为，婚姻的目的不是配偶的幸福，而是生孩子，组成家庭，从而构建社会。他主要从两个方面来反对离婚：（1）着眼于家庭。孩子诞生后，父母和孩子组成了家庭，这个家庭就是实现了的社会。孩子未诞生时，

[①] W. Jay Reedy, "Maistre's Twin? Louis de Bonald and the Counter-Enlightenment", in *Joseph de Maistre's Life, Thought and Influence*, edited by Richard A. Lebrun, Montreal & Kingston: McGill-Queen's University Press, 2001, p. 179.

[②] Jean-Yves Pranchère, "The Social Bond According to the Cahtolic Counter-Revolution: Maistre and Bonald", in *Joseph de Maistre's Life, Thought and Influence*, edited by Richard A. Lebrun, Montreal & Kingston: McGill-Queen's University Press, 2001, p. 191.

这个社会就是潜在的。婚姻的理由是生孩子。孩子没出生之前，没有理由终止婚姻；孩子出生后，更没有理由终止婚姻。（2）着眼于公共社会。波纳尔德说："婚姻承诺实际上是在场或被代表的三个人之间形成的；因为先于家庭并使之续存的公共权力往往代表家庭中的缺席者，这个缺席者或者是出生前的孩子，或者是去世后的父亲。因此，两人不能以损害第三个人的方式终止三个人之间形成的承诺，因为即使第三个人不是第一重要的，至少也是很重要的。"[1] 由于婚姻涉及的不是两方，而是三方，因此，"离婚的父亲和母亲实际上是两个阴谋抢劫弱者的强者，认可离婚的国家是他们的抢劫的帮凶"[2]。

波纳尔德还区分了婚约与其他契约。他认为，离婚对女人来说是不公平的。他写道：

> 家庭社会不是一种商业交往，其中搭档以同等风险进入，以同等结果离开。它是一个社会，男人为它带来力量，带来女人和弱小者需要的保护；一个是权力，另一个是义务；男人以权威而入，女人以尊严而入；男人带着所有权威而出，而女人不能带着所有尊严而出；因为在终止的情况下，她只能从她带入社会的每件东西中收回他的钱。以年轻和生育能力进入家庭的女人可能以无生育能力和年老走出婚姻；她只属于家庭，在生命中自然不再给予她开始另一桩婚姻的能力的时候，她被置于她给予存在的家庭之外，这难道不是最不公平吗？
>
> 因此，婚姻不是一个日常契约；因为终止这个契约，双方不能回到他们进入契约前的同一状态。[3]

照波纳尔德之见，即使双方不和，也应从忍让、自我控制、调整脾气情绪等方面，努力维持婚姻关系，不能为了一时的愉悦而违反社会强加给他的义务。这种苦，吃一点也没关系，因为人生本来就不能事事如意。

贡斯当与法国自由主义

贡斯当（Benjamin Constant，1767—1830）出生于瑞士洛桑一个法裔贵

---

[1] ［法］波纳尔德：《论离婚》，载［美］杰里·马勒《保守主义》，刘曙辉、张容南译，译林出版社2010年版，第143页。
[2] 同上书，第142—143页。
[3] 同上书，第144—145页。

族清教徒家庭，出生后不几日，其母亲病故。他的父亲重视对他的教育，曾给他请过四个家庭教师。1782年，贡斯当就读于德国的埃朗根大学。1783—1785年，他又到苏格兰的爱丁堡大学读书。贡斯当深受亚当·斯密、亚当·弗格森等苏格兰启蒙思想家的影响。他在苏格兰所受的教育奠定了他自由主义思想的基础，也奠定了他对英国文化与政治制度终生不渝的推崇。另外，贡斯当对康德哲学十分精通。他差不多是当时法国唯一一位了解康德思想的人。贡斯当从康德那里继承了个人权利的理论，并对之加以捍卫，以对抗边沁的功利主义。① 贡斯当多才多艺，写过小说，译过剧本，其业余嗜好则是赌博。他的小说仅有三部：《阿道尔夫》②《瑟西尔》《红色笔记本》，篇幅都不是很大。广为传阅的中篇小说《阿道尔夫》，奠定了贡斯当在法国文学史上的地位。贡斯当的作品与夏多布里昂、斯塔尔夫人的作品，并称为法国浪漫主义的杰作。《阿道尔夫》讲述了一对恋人的爱情故事，小说中有名字的人物仅主人公阿道尔夫与他的情人爱蕾诺尔。在小说中，阿道尔夫不能克服心中的障碍而抛弃了热恋他的爱蕾诺尔。最后，爱蕾诺尔死去，唯有阿道尔夫在孤独地享受着"自由"。贡斯当较为丰富的爱情经历，特别是他与政治上志同道合的斯塔尔夫人的热恋，虽最终分手，但亦算佳话。1794年，贡斯当在洛桑与斯塔尔夫人结识，双双坠入爱河。二人一起生活，共有十四年之久。后人多以《阿道尔夫》带有自传的性质。1813年，他受十分反对拿破仑的友人雷卡米耶夫人（也是斯塔尔夫人的朋友）情绪的影响，不顾危险，在拿破仑卷土重来之际，出版了抨击拿破仑的小册子《论征服的精神》。不过，一夜之间，贡斯当就改变了主意，他于3月20日推翻了前一天所写的文章。

夏多布里昂写道：

> 他坐着马车跑了几圈，想离开巴黎，最后还是回到城里。他被任命为国事顾问，致力于编写《附加法案》，以此抹去了他从前那些高尚的篇页。从此他内心就带了暗伤。他对于后人如何评价再也没有自信。他忧伤而阴暗的生活促成了他的死亡。③

---

① ［法］丹尼斯·于斯曼主编：《法国哲学史》，冯俊、郑鸣译，商务印书馆2015年版，第323—324页。
② ［法］贡斯当：《阿道尔夫》，王聿蔚译，上海译文出版社1985年版。
③ ［法］夏多布里昂：《墓畔回忆录》（中卷），程依荣等译，东方出版社2005年版，第1212页。

贡斯当于 1830 年因病去世，其葬礼极为隆重。他的著作除上述提及的之外，还包括《政体原则》（1815）、《百日政变回忆录》（1820）、《论宗教》（5 卷本）、《论罗马多神教》（2 卷本）。贡斯当是法国自由主义史上最重要的学者之一，也是西方自由主义最杰出、最纯粹的代表之一。贡斯当曾言：

> 四十多年来我都在捍卫同一项原则，即在一切领域的自由：宗教、哲学、文学、产业、政治；我所理解的自由是个性的胜利，它既针对想要凭借专制实施统治的权力机关，也针对这样的群众，他们要求获得让少数人受多数人奴役的权力。①

古代人的自由与现代人的自由

贡斯当的自由主义思想是在对卢梭理论的评论与思考中显现出来的。贡斯当在分析卢梭人民主权理论以及雅各宾专政时，看到一个十分有趣的悖论：卢梭与大革命企图摧毁所有旧观念、旧制度，建立一套全新的制度、全新的法律、全新的道德。然而，他们整个理想的基础却是对古代制度的模仿，尤其是他们关于自由的讨论打上了古代社会的深深印记。卢梭对斯巴达的制度推崇备至，法国大革命时期许多革命者向往古希腊的制度。这一悖论促使贡斯当探讨卢梭以及大革命时期的理念与古代社会的关系，并提出了他的自由观。

贡斯当 1819 年在巴黎皇家学术协会上所做的《古代人的自由与现代人的自由之比较》的著名演讲是探讨自由理念的经典之作。在这篇演讲中，贡斯当对古代自由与现代自由做了区分。他指出，在古代，政治是人们生活的中心。古代人所理解的自由是一种公民资格，即参与公共辩论与决策的权利。与古代人有权利参与城邦事务并存的是，在古代人那里，没有一个明确界定的私人领域，没有个人权利的观念。现代人则过着一种与古代人截然不同的生活，追求截然不同的政治制度。由于商业的发展、疆域的扩大，政治在人们生活中的地位下降了。个人独立成了现代人的第一需要，人们越来越

---

① ［法］贡斯当：《文学与政治的混合》，转引自［法］丹尼斯·于斯曼主编《法国哲学史》，冯俊、郑鸣译，商务印书馆 2015 年版，第 324 页。

注重私人生活，越来越难以直接参与政治事务的讨论与决策，因而，人们愈来愈诉诸代议制作为既保障个人对政治的影响力、又维持个人生活其他方面的手段。

贡斯当指出，现代人的自由与古代人的自由不同：第一，现代人的自由首先表现为现代人享有一系列受法律保障的、不受政府干预的个人权利。对现代人而言，自由首先意味着"只受法律制约、而不因某一个人或若干个人的专断意志而受到某种方式的逮捕、拘禁、处死或虐待的权利。它是每个人表达意见、选择并从事某一职业、支配甚至滥用财产的权利，是不必经过许可、不必说明动机或事由而迁徙的权利。它是每个人与其他个人结社的权利，结社的目的或许是讨论他们的利益，或许是信奉他们偏爱的宗教，甚至或许仅仅是以一种最适合他们本性或幻想的方式消磨几天或几小时。最后，它是每个人通过选举全部或部分官员，或通过当权者或多或少不得不留意的代议制、申诉、要求等方式，对政府的行政行使某些影响的权利"①。第二，现代自由意味着公民权的淡化。"兼职公民"将成为现代公民权的重要体现。在现代人中，个人在其私人生活中是独立的，但即使在最自由的国家中，他也仅仅在表面上是主权者。他的主权是有限的，而且几乎常常被中止。

拿破仑失败的寓意：商业民族的胜利

1813 年，在已经经历重大失败的拿破仑从囚禁地重返巴黎打算卷土重来之际，贡斯当不失时机地推出了他的《论征服的精神》。贡斯当没有从个人性格、战略战术等层面去谈论拿破仑的失败，他基于古今社会政治的变迁、时代精神的转换，向世人揭示了一个重要的道理，那就是：在现代社会，商业民族将战胜军事民族。

贡斯当认为，统治者要理解"时代精神"。贡斯当论"时代精神"时，最能体现他如何受惠于苏格兰启蒙运动。"时代精神"一语，即为苏格兰启蒙思想家的发明。② 贡斯当说："任何权力的寿命都取决于它的精神是否符合

---

① ［法］邦雅曼·贡斯当：《古代人的自由与现代人的自由》，阎克文、刘满贵译，商务印书馆1999年版，第 26 页。
② 例如，约翰·米勒著作中即有此语。参见 John Millar, *An Historical View of the England Government*, Vol. 4, Indianapolis: Liberty Fund, 2006, p. 752。

它所属的时代。"① 我们时代的特点是什么，时代精神又是什么？贡斯当的回答是：商业社会，和平精神。古代人尚武，在古代，战争有其重要意义，这是形势使然，因为古代各民族间差异很大，一个民族就像一个牢固的大家庭，成为其他民族的"天然敌人"。例如古罗马便是如此。并且，古代战争的目的主要不是掠夺财富，而是追求荣耀。"斯堪的纳维亚的英雄们生前夺得的全部珍宝在他们葬礼的火堆上被统统烧掉，以迫使后代通过新的英勇行为夺取新的珍宝。"② 而现代社会，情况则完全不同。

贡斯当写道："我们终于进入了商业时代，一个必定以商业取代战争的时代，战争时代注定要成为往事。战争和商业不过是实现同一目标的两种不同手段，都是为了占有向往中的东西。商业……是一种努力，要通过双方协商来获取人们不再希望用暴力获取的东西。"③

贡斯当认为，商业与和平联系在一起，它是文明社会的标志。在这一点上，贡斯当明显受到了苏格兰启蒙哲学家的影响。他写道，在历史上，战争先于商业出现，前者体现原始的冲动，后者则是文明的谋算。在人类社会中，商业化倾向越占上风，发生战争的倾向越弱。现代民族的唯一目标就是安宁，安宁带来舒适，舒适源自产业的发展。战争对实现这一目标毫无作用。对现代人来说，即使是一场胜利的战争，也总是得不偿失。

从战争的结果来看，现代社会也区别于古代。贡斯当写道："商业改变了战争的性质。过去的商业民族总是败在其好战的敌人的手下，今天则能够成功地抵抗敌人，他们甚至可以在敌人中找到支持者。商业所产生的无数复杂的分支，已经使社会的利益超越了领土界限；时代的精神战胜了人们企图冠以爱国主义称号的狭隘的敌对精神。"④ 贡斯当举例说，在古代，好战的罗马人战胜了商业民族迦太基。但是，如果这场战争发生在现代，胜利的将是迦太基，因为全世界的风气、习俗和时代精神都是其同盟军。贡斯当此论的语境，是拿破仑帝国与英国的较量。拿破仑是尚武精神的象征，英国是商业民族。拿破仑曾经营大陆体系，试图联合诸国抵制英国的商品，以从经济上扼杀英国，但事实是，商业利润冲破了这种政治上的禁令，这个体系始终未

---

① ［法］邦雅曼·贡斯当：《古代人的自由与现代人的自由》，阎克文、刘满贵译，商务印书馆1999年版，第229页。
② 同上书，第239页。
③ 同上书，第234页。
④ 同上书，第235页。

起作用。

贡斯当直接批评拿破仑政权。他说:"一个声称把军事荣誉作为目的的政府,暴露出它对民族和时代精神的无知或蔑视。它把时间弄错了一千年。"① 世易时移,为政者当与时俱进,把握时代的大方向。"在尚武年代,人们崇拜军事天才甚于一切。在我们的和平时代,人们祈求的是中庸和正义。当一个政府大肆向我们炫耀英雄主义的壮观景象、炫耀数不胜数的创造和毁灭时,我们想要作出的回答却是:'也许最小的一粒米更合我意(语出拉·封丹寓言)。'"②

主权是一个有限、相对的存在

人民主权学说是卢梭学说的主要内容,是法国革命时期革命者遵奉的教条。革命家马拉即以"人民之友"自居,大革命时期的恐怖也以"人民"的名义进行。贡斯当认为,必须对人民主权有一个清楚的定义。抽象地谈人民主权,只会损害个人自由。

贡斯当认为,人民主权的本义,即是一种受到限制的权力。无限的权力,不论落入何人之手,必定构成一项罪恶。人们反对君主制,反对贵族制,把矛头对准了君主和贵族,而问题出在权力本身,而非拥有权力的手臂。不受限制的权力即使从君主或贵族手里转移到人民手里,同样会带来巨大的罪恶。因为人民并不能直接行使权力,于是只能由人民中的部分人来行使,最后沦为某个人来代行。这样,罪恶并不比从前更少。此时,不过是以人民主权的名义,行使一种全新的权力而已。而人民主权的概念,一方面确认主权的拥有者是人民,另一方面,也确认个人的自由。虽然主权存在,但人类生活的一部分内容,仍然是由个人完全主宰的,它处于任何社会权能控制的范围之外。因此,"主权只是一个有限的和相对的存在"③。

人民主权学说以卢梭为代表。然而,据贡斯当的理解,卢梭的学说犯了严重的错误。卢梭的社会契约中,立约前后,个人并不能从新的主权体系中获得之前失去的东西,卢梭说转让前后一样多,是不成立的,因为他们创造

---

① [法]邦雅曼·贡斯当:《古代人的自由与现代人的自由》,阎克文、刘满贵译,商务印书馆1999年版,第233—234页。
② 同上书,第260页。
③ 同上书,第57页。

出的权力，可以随时剥夺他们所拥有的一切。这样的权力极其恐怖，卢梭自己也认识到了这一点，所以他宣布这种主权不可转让、不可委托、不能被代表。由此实际上是宣布它不能被落实。

霍布斯虽然不是人民主权论者，但他的绝对主权学说同样存在极大的问题。霍布斯说，君主拥有绝对的惩罚权，拥有绝对的宣战权，拥有绝对的立法权。贡斯当说，谈论绝对，只会导致暴政，使自由、和平与幸福皆无从立足。君主拥有惩罚权，但只能针对犯罪行为；君主拥有宣战的权力，但只能用于社会受到攻击时；君主拥有立法权，但君主立的法必须合乎正义的要求。贡斯当写道："一旦主权不受限制，个人在政府面前将无处可逃，即使你声称要让政府服从普遍意志，那也是徒劳。总是他们在支配着这种意志的内容，而你的所有戒备全都无济于事。"①

贡斯当总结说，恰当的主权学说包括如下几点："人民主权并非不受限制，相反，它应被约束在正义和个人权利所限定的范围之内。即使全体人民的意志也不可能把非正义变成正义。国民本身无权去做的事情，国民的代表同样无权去做。没有一个君主拥有毫无限制的权力，无论他冠以什么称号，也无论他这称号是来自神权、征服权还是人民的同意。即使上帝来干预人类事务，他所认可的也只能是正义。征服权只是一种暴力，不是一项权利，因为它只属于抓住它的人，不管他是谁。人民的同意也不能变非法为合法，因为人民无法把自己从未亲自拥有的权力授予任何人。"②

如何在实际中限制主权，贡斯当提到了两种方法：一是靠舆论制约；二是建立权力的分立与制衡机制。

自由政体能否以暴虐的方式建立？

有一种马基雅维里式的信条认为，自由可以通过暴虐的方式建立。拿破仑·波拿巴本人即为马基雅维里著作的忠实读者。斯塔尔夫人曾说："波拿巴沉醉于马基雅维里主义的劣质葡萄酒中。"③ 大革命时期的法国公众，也不假思索地叫嚷着"建立自由，有必要先搞专制"。贡斯当说，如果为了自由，

---

① [法]邦雅曼·贡斯当：《古代人的自由与现代人的自由》，阎克文、刘满贵译，商务印书馆1999年版，第60页。
② 同上书，第63页。
③ 转引自郭华榕《法国政治思想史》，人民出版社2010年版，第183页。

必须求助于专制,那么,最终建立起来的是什么呢?必定是只有空洞的形式,而没有自由本身。他批评革命时期法国那些政治家以专制立自由的做法。他说,他们可以赢得表面的胜利,但这些胜利与他们想要建立的制度的精神相矛盾。"为了让人们为自由做好准备,他们用死刑的恐怖笼罩着人们……他们声称反对暴虐的统治,却建立起了最为暴虐的统治。"①

贡斯当指出,专横权力与个人自由是格格不入的。无论专横权力以个人还是以全体的名义去行使,都将给人类生活带来诸多恶果。这些恶果包括:(1) 毁灭道德。因为在专横权力统治之下,人们缺乏安全感,因而道德情感自然生发的条件便不存在。人们追求自保,不再关心弱者和朋友的诉求。(2) 破坏家庭。专横权力之下,人们对共同生活、自由生活失去了希望,各种家庭关系都将不复存在。(3) 窒息了天才,扼杀了知识的进步。专横权力给精神活动和思想表达设置了障碍,结果是这个民族一段时期内只能靠吃老本过活,最后,他们的创造力将完全丧失。有人为了生存,而学会了歌功颂德,然而用不了多久,"他们甚至连阿谀奉承的能力都会逐渐衰退,文字最终会丧身于字谜游戏和藏头诗之中。博学之士变成了纯粹的古董收藏家,而即使是这些古董,也会在被镣铐束缚着的手中退化和贬值"②。专横权力带来死气沉沉的平静,民族的活力失去了。贡斯当描述道:"在一个思想被禁锢的民族中,一切都无声无息,一切都在沉沦,一切都在退化和堕落。这样一个帝国早晚会出现埃及平原上的景象,在那里,人们会看到巨大的金字塔静立于贫瘠的地面,统治着寂静的沙漠。"③贡斯当断言:"所有形式的专横权力必定会走向衰亡。"④

捍卫法律程序

雅各宾恐怖统治的时期,宪法与法律完全被搁置。特设的革命法庭,拥有法外之权。在拯救共和国、打击敌人的名义下,一批又一批人被送上断头台。1793 年 9 月国民公会通过《嫌疑犯法》,规定有嫌疑通敌,即可拘捕判

---

① [法]邦雅曼·贡斯当:《古代人的自由与现代人的自由》,阎克文、刘满贵译,商务印书馆1999年版,第319页。
② 同上书,第335页。
③ 同上书,第338页。
④ 同上书,第339页。

刑。大批贵族、教士以及从前支持国王的人，皆受其害。丹东等人创革命法庭，建立革命的独裁，原是引罗马古法，仿效其在紧急状态下设独裁官，以保卫共和国。最后，丹东、罗伯斯庇尔相继上了断头台，其余无辜受害者，更是不计其数。贡斯当亲历革命，目睹巴黎发生的流血惨剧，深受震动。他以为法国革命进程中暴力泛滥，源于各方皆放弃了对形式法——亦即法定程序的尊重。贡斯当基于对雅各宾专政的批判，指明程序对于统治者与被统治者，无论在平时，抑或是危机时刻，皆十分重要。

以保卫国家安全的名义，在政权陷于国内外危机时宣布紧急状态，将宪法搁在一边，正是法国大革命时期雅各宾专政及革命法庭成立的依据。此一观点，在20世纪的德国法学家卡尔·施米特关于主权的论说中，仍可见其踪影。[1] 贡斯当认为，此种理论，甚难成立，且实践上危害无穷。当正常法定程序被摧毁，审判加速，对敌人的打击貌似快捷有效，殊不知它已为政权的覆灭、当政者的倒台做好铺垫。因为取消了必要的取证、论辩的程序，被指控者完全失去了自我保卫的武器，无辜者根本没有抗辩的机会。而革命法庭虽以公共安全的名义审判，实际已沦为派系斗争的工具。法律本为程序的来源，一旦变为一派打倒另一派的政治工具，便成为无序的根源。掌权的一方不过利用法律工具追求党派私利。藐视法律程序的专政不仅不能造就秩序，反而带来了无政府状态，它造成了持久的内战。因为执政者暴虐的手段、无证据的迫害，皆可被其他派别使用。当局既不守法，则将来无辜受害，亦不再有法律手段可供维权。同样的暴力武器，终会指向自身。

从法国大革命到20世纪人类历史上的极权主义运动，但凡一派以非法的手段打倒另一派，不久自身亦必定遭受相同的命运，被新崛起的一派打倒。贡斯当此论，正切中要害。贡斯当指明，尊重法律程序，才能防止暴力失控。掌权者同样要求法律程序来保障他的基本权利。在危机时刻，程序同样重要。无论在平常还是在非常时期，个人都要靠法律程序来保障其不被随意拘捕、监禁、审判的自由。

关于《嫌疑犯法》，贡斯当亦责其为恶法。因为罪责只有依犯罪事实而定，岂可以其意图确定。它必定导致对无辜者的迫害。所谓"阴谋罪"，亦只有在阴谋开始实施且明确导向实际后果时，才能成立。贡斯当认为法律只

---

[1] 施米特关于主权的论述，参见［德］卡尔·施米特《政治的概念》，刘宗坤译，上海人民出版社2003年版，第11页。

能惩罚已犯之罪，不能预防未来的犯罪。《嫌疑犯法》完全基于错误的预设。它将法国变成了一个巨大的监狱。① 贡斯当指出，抛开正当的法律程序救国，不仅救不了国，连自己也救不了。

贡斯当讲的程序，绝非中国语境中"走程序"意义上的"走过场"，它意味着对事实的可靠性进行鉴别确认，意味着判决要有证据，审判要有法律依据。而要做到尊重程序，在政体上，就要保证司法独立、法官常任。雅各宾专政时期，革命法庭完全是政客的工具。法官不做合乎政治家意图的判决，轻则免职，重则以叛国论，投入监狱，甚至送上断头台。在此体制下，要庭审法官良心判案，是绝不可能的。

巴贝夫与现代民主的经济意涵

法国大革命以自由、平等、博爱为口号，共和事业激励着"爱国者"行动起来，与国王及特权阶层做斗争。从1789年革命开始到1793年处死国王路易十六，罗伯斯庇尔大权独揽，推行革命的恐怖，再到1795年督政府成立，法国革命血雨腥风，风起云涌。

1795年，雅各宾派失败，罗伯斯庇尔上了断头台。不过，政治上雅各宾派的倒台并不意味着雅各宾精神的消亡。卢梭及罗伯斯庇尔激励的巴贝夫及其同党，接过了革命的大旗。巴贝夫称："我们是最后一批法国人，我们是最后一批坚强的共和主义者。"② 不过，具有悖论意味的是，巴贝夫是热月政变的支持者。他的理由是，罗伯斯庇尔背叛了革命，雅各宾派篡夺了人民主权。在巴贝夫密谋中，恢复1793年宪法，按1793年宪法建立政权，成为其主要政治纲领。巴贝夫主义之主旨，是将平等的理想发挥到极致，将社会经济革命提到首要的位置。他们以平等或民主来称他们的事业，巴贝夫多年前就自我界定为人民的保卫者，此处人民特指穷人，不包括富人与贵族。巴贝夫主义者在当时自称民主主义者，以区别于革命初期的"爱国者"。在西方民主观念史上，巴贝夫主义是重要的一页。自巴贝夫主义始，"民主"一词的含义得到了新的界定，它被理解为一种全面的平等，尤其是物质财富上的均等。美国学者塞缪尔·弗莱施哈克尔写道："第一个明确提出正义要求国

---

① Stephen Holmes, "Rethinking Liberalism and Terror", in *French Liberalism from Montesquieu to the Present Day*, edited by Raf Geenens, Helena Rosenblatt, Cambridge: Cambridge University Press, 2012, p. 103.

② ［法］热拉尔·瓦尔特：《巴贝夫》，刘汉玉译，商务印书馆1992年版，第1页。

家重新分配财富给穷人的，是1796年流亡政府的领袖格拉古·巴贝夫。"[1]

共产主义的第一个殉道者

　　巴贝夫（Gracchus Babeuf）1760年出生于毕卡迪圣康坦的一个贫寒家庭，父亲是一个盐税征收职员，母亲是没有文化的仆人。巴贝夫很早就离开家自己谋生，他没有受过很好的教育，知识多靠自学。他终其一生贫困潦倒，常常食不果腹，吃了上顿没下顿。他尝做富人或贵族的助手，也曾当过土地税档案管理员，因而对封建土地法很有些研究，他曾帮一个公爵做事，因被安排与其仆人共食，自尊颇受伤害。他还做过议员，自称必为穷人说话，终受排挤。在他的职业生涯中较为辉煌时，他做了省议会议员，却因在一次流亡贵族土地交易中犯了"伪造文书罪"而被免职，所幸逃过了诉讼。巴贝夫有家庭，夫妻相处融洽，育有好几个孩子，有一个儿子叫爱弥尔。巴贝夫推崇卢梭的教育理论，故而以卢梭提倡的教育方法去培养他，这个孩子的名字，大概也是取自卢梭的《爱弥儿》。不过，巴贝夫家的这个"爱弥儿"未能成才，时人称其爱慕虚荣，夸夸其谈。

　　巴贝夫在巴黎街头流浪时，只为面包发愁，他不断写信向公爵、富商或神父以求找到工作，有时为一顿晚饭竟加入军团当兵。巴贝夫后来发现了自己在写作办报与革命方面的天赋，他写作办报与革命虽然有一套社会政治主张，但起初无不是为了养家糊口，他的主张也不出落魄、贫困者的视野。他从事宣传、组织发动穷人造反，颇有一套，竟不意被人尊为领袖，并最终因此被判死刑而丧生。巴贝夫的造反活动包括：（1）达唯内古尔镇的群众斗公爵夫人，德·拉米尔要求公爵夫人贴补穷人，偿还过去的旧债，公爵夫人的丈夫已死，仅夫人与她的未成年子女活着，公爵的小女儿跪地哀求，穷人们无动于衷，却以刀架在公爵夫人的脖子上，逼其签字。此为达唯内古尔事件，暴行持续五小时。巴贝夫受邀成为这次暴行中造反农民的代言人。[2]（2）帮助鲁瓦酒馆老板开展拒交间接税的反政府活动。巴贝夫擅于鼓动，他希望把事情扩大，使之带有"革命"色彩，吸引更多的人参与。1790年，鲁瓦市长与酒馆老板代表谈判，谈判代表就是巴贝夫。

---

[1] ［美］塞缪尔·弗莱施哈克尔：《分配正义简史》，吴万伟译，译林出版社2010年版，第105—106页。

[2] ［法］热拉尔·瓦尔特：《巴贝夫》，刘汉玉译，商务印书馆1992年版，第43页。

第九章　法国的革命与反革命

巴贝夫既坚定了为穷人代言的信念,便一心革命,靠革命为生,成为职业革命家,故而几次被逮捕入狱,只是当时政府不免仁慈,往往关一阵(有时是数月)便将其释放。他的影响其实有限,所以政府不认为有必要对其处以极刑。然而巴贝夫则不那么认为。在狱中,巴贝夫结识了一批志同道合的造反派,其中不少是后来"为平等而密谋"起义中的骨干。《为平等而密谋》的作者邦纳罗蒂即为他在狱中认识的难兄难弟。邦纳罗蒂是意大利文艺复兴时期艺术家米开朗琪罗的直系后裔,虽然观点激进,但行事颇具绅士风度,他毕业于比萨大学,才华横溢,他是雅各宾派俱乐部成员,还曾与拿破仑有过交往,二人曾在拿破仑母亲乡下家里同榻过夜,拿破仑曾为他办的报纸写过稿。邦纳罗蒂是巴贝夫的忠实支持者。密谋败露,巴贝夫被捕时,邦纳罗蒂正在巴贝夫家中,因未判死刑,邦纳罗蒂得以善终,并在晚年满怀激情地写下《为平等而密谋》(于1828年出版),向世人介绍巴贝夫及巴贝夫主义。对革命者来说,进监狱不是什么大事。在一次从狱中被释放出来后,巴贝夫说:"政府释放我是愚蠢的。应该看到不够谨慎将导致什么样的恶果。"[①] 巴贝夫并非宁死不屈的英雄。事实上,巴贝夫首先考虑的是生活费,被捕后,他或是为自己无罪辩护,或是央求政要解救,甚至提出贿赂狱警以逃跑。即使在"巴贝夫密谋"之后受审,他仍然是为自己无罪辩护,希望活命。

"为平等而密谋"是巴贝夫反政府活动的顶峰,其背景是法国革命中贫困问题的凸显。革命口号当不了饭吃,巴贝夫说,《人权宣言》只是提供了精神食粮,必须有物质食粮。自幼以来长期的贫困,让巴贝夫对吃饭问题十分关心。这种关心最终转化为行动。1796年,巴贝夫刚出狱,一方面恢复他的《人民保卫者报》,另一方面与其他同时释放的"民主主义者"合作,形成革命领导核心,几次召集会议。这个团队中有"将军"(一名低级军官),有金银匠、裁缝。他们成立了军事委员会,又组成一个"秘密执政内阁",密谋武装起义,推翻督政府,包括杀掉五个督政府领导。他们散发传单,张贴号召反督政府的海报,到群众及军队中展开宣传。但因内部出了奸细,事有不密,参与密谋的名单被交给政府,巴贝夫作为首领被逮捕。巴贝夫被从家带走时,警察跟市民说逮住了一个小偷。围观群众纷纷谴责巴贝夫的偷盗行径。可怜这位《人民保卫者报》的主编,人民的保卫者,自称一心为人民

[①] [法] 热拉尔·瓦尔特:《巴贝夫》,刘汉玉译,商务印书馆1992年版,第85页。

谋幸福，竟遭不明真相的人民如此唾骂。这次入狱，巴贝夫再也没有出来。1797 年，巴贝夫被处死，终年 37 岁。

巴贝夫写过一些小册子及不少宣言书、报刊文章、辩护词，他不是一名政治哲人，然而他不断从事"革命"活动，办报纸、筹划起义，设计未来社会的蓝图，其政治主张自有特点，因此有所谓"巴贝夫主义"。巴贝夫致力于密谋武装起义，更受后来崇尚暴力的马克思主义者的推崇，他也被称为共产主义事业中"第一个殉道者"[1]。

巴贝夫主义

邦纳罗蒂在其《为平等而密谋》中将法国革命时期的争论概括为两种理论的争论，"一方面可以追溯到英国经济学家的理论，另一方面可以追溯到让·雅克·卢梭、马布利（Gabriel Bonnot de Mably，1709—1785）以及当代其他学者的理论"[2]。经济学家所鼓吹的制度，即利己主义制度或贵族制度，卢梭一方所赞美的制度，则是平等的制度。邦纳罗蒂称心术不正者追求前者，而"心地纯洁"的人则致力于追求平等制度的彻底胜利。两种制度的拥护者，在革命期间展开了激烈斗争。孔多塞等人是贵族制度（即利己主义制度）的拥护者，马拉、罗伯斯庇尔、圣鞠斯特则是平等制度的拥护者。然而 1793 年后建立的革命政体最后落到了丹东等利己主义者手里，他们试图维持贵族制度。巴贝夫等平等之友要求落实 1793 年宪法，因而被捕，投入监狱，巴黎的监狱成了"为平等而密谋"的策源地。巴贝夫等人出狱后，经常聚会，相互交流，达成共识，于是形成了巴贝夫主义。

巴贝夫主义的信条有：

（1）私有制是奴役的根源。私有制造成财产与条件的不平等，由此狡猾和最走运的人便能不断地盘剥人民群众，人民群众因此贫困愚昧，身心受到摧残，无法享受生活。在这种情况下，行使权力就是一种幻想。私有制绝非源于自然法，而是由世俗法杜撰出来的，它可以像世俗法那样被取消。实行公有制，由国家最高管理机关分配产品，对外贸易要在国家最高管理机构领导下进行。消灭不平等，并且要"一劳永逸"地消灭不平等。

---

[1] ［匈牙利］费伦茨·费赫尔：《被冻结的革命——论雅各宾主义》，刘振怡、曹丽新译，黑龙江大学出版社 2014 年版，第 151 页。
[2] ［法］菲·邦纳罗蒂：《为平等而密谋》（上），陈叔平译，商务印书馆 1989 年版，第 16 页。

(2) 义务、产品和收益实行平均分配。社会的最终目的是"劳动平等和享受平等"①，公平订立契约形成社会，就是要消除天然的不平等所起的作用。享受的不平等曾促进公益技术进步，然而现在新的进步对人的幸福已无济于事。由此，享受的不平等应被消除。追求劳动和享受的平等，是起义的"唯一合法的动机"。"不受限制的平等，人人可能享受最大限度的幸福，以及确保这种幸福永远不被剥夺，这便是秘密救国督政府许诺法国人民得到的好处。"②

(3) 要让法国人民变为爱国、守法的人民。

(4) 人人都有过上幸福生活的权利，人人都有劳动的平等义务。

(5) 公民的职业是保障生活所需的农业与手工业，如耕种、泥瓦工、冶金、木工、纺织等。对公民进行分类，由国家给他们规定专门的职业。娱乐必须保证人人都能享受，否则予以禁止。

(6) 发挥老年人在维护道德与习俗方面的作用。巴贝夫主义者中，有人甚至提议："如果父亲不具备高尚的道德，那就不该让他的孩子们取他的姓。"③

(7) 巴贝夫主义者相信，新的制度下，人口将快速增长，"在这种制度下，一切都有利于人口的增长。公有制消除了妨碍两性之间进行更为频繁的接触的种种原因；这种制度会给我们从未感受过的精神上的安宁，会使人们由于从事心情舒畅和丰富多彩的活动而身强力壮，会杜绝奢侈和闲逸现象从而增加对人人有用的产品。"④

(8) 按他们的设想，随着平等的实现，城乡差别将消失，"大城市"将衰落。不再有首都，不再有大城市。全国将不知不觉地布满了乡村。人们将住在简单朴素、清洁卫生的住宅中。人们的家具、衣着也体现着平等的精神，虽然样式不一，却看不出权势的高低。国家要实行一些政策，改变人心："通过教育、示范、说理、舆论以及兴趣的吸引来改变人心，使人的心里除了促进社会更为自由、幸福和长存的想法之外，永远不会有其他想法。……到那时候，人们会心情愉快地完成最繁重的任务，自觉地服从法律。"⑤

---

① [法]菲·邦纳罗蒂：《为平等而密谋》（上），陈叔平译，商务印书馆1989年版，第70页。
② 同上书，第16页。
③ 同上书，第171页。
④ 同上。
⑤ 同上书，第178页。

(9) 巴贝夫主义者仇视富人，主张均贫富。他们反对既有秩序，提出了一系列简洁的口号，例如："在一个真正的社会里，既不应该有富人，也不应该有穷人。""凡不愿将其多余物资献给贫民的富人，就是人民的敌人。""凡源自所谓的1795年宪法的政治机关，都是非法的和反动的。""任何侵犯1793年宪法的人，都犯有得罪人民主权的滔天大罪。"

为了进行起义动员，巴贝夫等人组成的秘密政府还编写歌谣，在群众中传播。这些歌谣旨在激发穷人对富人的仇恨，唤起民众对平等的追求。如："为了共同幸福，让下层每个好兄弟都参加密谋。"①"强盗的统治垮台了！我们终于自己当主人。"②"王子和随从、富家和穷奴、主子和仆役同样都只是人！"③"大自然啊，仁慈的母亲！你把我们造成平等的人，为何却把万恶的不平等，带到财富和劳动中？"④

对于法国实际政治的进程，巴贝夫等人的活动几无影响。不过，巴贝夫主义者追求平等的理想，却不乏继承者。另有学者视巴贝夫主义为某种救世主狂想的产物。巴贝夫在1793年因伪造文书罪受指控而变得穷困潦倒时曾说："我希望他们把我看作全世界将为之感谢的父亲，并且世世代代的各族人民把我看作人类的救星。"⑤ 巴贝夫主义意味着彻底的社会改造计划，他们希望彻底消除人间苦难的根源，一劳永逸地实现美好社会；巴贝夫则成了"救世主"，成了引领人民走出苦难的伟人。巴贝夫初为糊口而革命，后来内心产生强烈的使命感，亦未可知。

巴贝夫主义是卢梭学说在另一个方向上的延伸。巴贝夫认真研读过卢梭的《社会契约论》《忏悔录》《论人类不平等的起源与基础》，又受到马布利、摩莱里（Morelly）等人的影响。巴贝夫主义者自称民主主义者，他们的平等观成为马克思主义平等观的基石。

巴贝夫称卢梭为"我们的导师"，他曾自比卢梭。在1793年给荷兰人马克斯特罗的信中，他说："我在某种程度上是有哲学家的性格，我没有法国人通常的缺点和他们喜欢饶舌的毛病。相反，我象斯巴达人那样说话时崇尚简明，我经常进行思索、考虑，就像卢梭生前经常所做的那样。探求实

---

① [法]菲·邦纳罗蒂：《为平等而密谋》（下），陈叔平、端木美译，商务印书馆1989年版，第150页。
② 同上书，第151页。
③ 同上书，第153页。
④ 同上书，第152页。
⑤ [苏]维·姆·达林等：《论巴贝夫主义》，陈林、谷鸣译，商务印书馆1983年版，第168页。

现普通幸福的方式对我来说也像对他那样是经常性的工作"。① 巴贝夫追随卢梭不错,但他的观点,在卢梭那里是找不到的。"卢梭认为,消灭你我的差异是愚蠢的想法,巴贝夫假借卢梭的名义要求我们这么做,二者间差距非常大。"②

基佐与立宪君主制

基佐是19世纪上半叶法国思想界、政界颇重要的人物,他在法国自由主义史上占有一席之地。

弗朗索瓦·基佐(François Guizot,1787—1874)1787年出生于法国南部尼姆一个富有的清教家庭。他的父亲是个律师。大革命恐怖时期,他的父亲被送上了断头台。其时基佐不过2岁。基佐由母亲教育成长,随母亲流亡至瑞士生活。1805年,他回到巴黎,学习法律。基佐面容苍白,身材瘦削,个子不高,其气质庄严而素朴。他的思想颇受巴黎大学文学院的哲学史教授鲁瓦耶·科拉尔(Royer-Collard)的影响。后者支持代议制政府,坚持将理性主权(the sovereignty of reason)与人民主权(the sovereignty of the people)进行区分,反对人民主权,认为理性是人类立法的唯一合法依据。③ 基佐参加了科拉尔等人在巴黎的学术小圈子。他们皆拥护宪政,被称为"空论派"(Doctrinaires)。初时,基佐还乐于从事翻译工作。1812年,他成为索邦学院的教授,讲授近代史。同年,他与比他大12岁的作家保利娜·德·莫兰结婚。基佐夫人后来成为他学术研究的得力助手。1814年,复辟王朝时期,27岁的基佐因才华被任命为内政部秘书长,颇受信任。1815年3月20日,拿破仑重新回到巴黎,推翻波旁王朝,再度称帝。坚持百日,终被反法同盟推翻。此间,基佐冷静思考法国时局,他痛感廷臣因循守旧,庸碌无知,决心为在法国建立自由宪政做点实际的事情。他写道:

> 如果不建立一种合理的、符合时代需要的政府体系,如果人们继续

---

① [苏]维·姆·达林等:《论巴贝夫主义》,陈林、谷鸣译,商务印书馆1983年版,第32页。
② [美]塞缪尔·弗莱施哈克尔:《分配正义简史》,吴万伟译,译林出版社2010年版,第109页。
③ Jeremy Jennings, *Revolution and the Republic: A History of Political Thought in France since the Eighteenth Century*, Oxford: Oxford University Press, 2011, p. 172.

像在去年所做的那样盲目地、没有计划、没有远见、没有力量地行进,我将不会让自己与这样一种无能紧密联系在一起……①

基佐的政治信念与理想坚定执着,虽不乏政治经验,却不擅长权术。1820年,他因其自由化反动活动,被解除公职。1822年,他被禁止在大学教书。警方将其列入危险分子名单。基佐回到学术研究之中,"静静地锻造着对付他的反对派的武器"②。

1830年,"七月革命"爆发,复辟的波旁王朝被推翻,法国进入立宪君主制政体,革命的三色旗取代波旁王朝的白色旗帜,成为国旗。基佐支持新政府,并致力于使其稳定。他出任了内政大臣,曾先后主管教育和外交。其间他推行了若干开明政策,如推动制定新闻法,确保新闻自由;他还引入德国的教育体制,推动通过1833年法令,在法国建立起了完善的现代小学制度。复辟时期天主教会办学的状况,日渐被取代。③ 1847年9月19日起,基佐出任首相。不过,1848年2月,革命爆发,政府垮台。国王路易·菲利普化名为史密斯先生逃跑,基佐着女装骗过了革命者设立的岗哨,逃离了巴黎,先至比利时,后来到了英国。1848年,他回到法国,耽于著述,从此不再参与政治。1874年,基佐去世。

基佐的著作有《论代议制政府与法国的现状》《论政府的手段与现今法国的反对派》《欧洲代议制政府的历史起源》《一六四〇年英国革命史》《欧洲文明史》《法国文明史》《回忆录》《历史论文与讲座》等。他还曾将吉本的《罗马帝国衰亡史》译为法文。

基佐总体上支持法国大革命,但他主张把1789年大革命与后来的雅各宾专政相区分。他认为,对法国来说,自由最为重要,而日益兴起的民主将摧毁法国。他主张国王与新兴资产者联合,而不是与贵族站在一起。他认为,自由宪政并不必定要完全打倒贵族与天主教。他自言:"出身于资产者和新教徒家庭的我深深地忠诚于信仰自由、法律面前的平等以及我们在社会方面业已取得的一切重要成果。但是,我对这些成果的信任是充实与沉静的,而且我不认为要为它们的事业服务就得迫使自己把波旁王室、法国贵族

---

① [法]米歇尔·维诺克:《自由之声》,吕一民等译,中国人民大学出版社2006年版,第42页。
② 同上书,第105页。
③ [美]S. E. 佛罗斯特:《西方教育的历史和哲学基础》,吴元训等译,华夏出版社1987年版,第396页。

和天主教教士视为敌人。"①他以英国宪政为模板，主张在法国建立立宪君主制，以保存革命成果。作为一名自由派政治家，基佐始终不愿对民主作实质性让步。基佐内阁未能防范法国1848年"二月革命"的发生。

代议制政府的历史起源

基佐主张代议制政府，其立场秉持执中精神。他反对两种极端的倾向。一种倾向是完全抛弃、忽略旧制度的遗产，无视历史，试图全然凭人类理性构建全新的制度，自信地以为能够控制未来。另一种倾向，则是对过去顶礼膜拜，否定进步，试图让社会回到摇篮中，一动不动，止步不前。前者属于激进派的乌托邦主义，可在卢梭及其追随者中发现；后者则属于反动派的乌托邦主义，他们不能与时俱进，为基佐当时主要面对的反对派。

基佐认为，人们对正义（基佐将其等同于理性、真理和法权）的追求，永远不能被摧毁，它构成了使既有制度与社会结构得以改善的动力。即使在最为专制的时代，此一追求，仍然未曾被完全压制。代议制政府在欧洲的逐步建立、完善，正是人们不断追求正义、真理使然。基佐认为，代议制政府标志着"我们最终达致了一种秩序，它既不承认滥用政权的暴力压制，也不承认破坏政权的无政府主义的压制。"②

作为特别关注制度历史的史学家，基佐把现代欧洲历史分为四个时期：一是森林时期，或者说是野蛮人时代（4—11世纪），那时罗马帝国灭亡，野蛮人在帝国的废墟上建立起了多个王国。二是封建制时期（12—13世纪）。三是第一次尝试建立代议制政府的时期（13—16世纪）。这一时期，统治权日趋集中，统一的国家开始出现。四是17世纪以来。其标志是英国代议制的发展和欧洲大陆君主制的发展。基佐认为，就理解代议制政府来说，第一、第三、第四个阶段，皆值得关注。

基佐认为，历史的展开不是盲目的、无序的，它的实质是人的正义、理性事业之不断拓展。代议制政府的产生，堪称历史的必然。基佐写道："自从现代社会诞生之日起，情况就是这样，无法靠才智实现的代议制形式的政

---

① ［法］弗朗索瓦·基佐：《回忆录》，转引自［法］米歇尔·维诺克《自由之声》，吕一民等译，中国人民大学出版社2006年版，第38页。
② ［法］弗朗索瓦·基佐：《欧洲代议制政府的历史起源》，张清津、袁淑娟译，复旦大学出版社2008年版，第19页。

府就一直或鲜明或隐约地远远地浮现于现代社会的制度、期冀及其历史进程之中,就像一个它们最终要到达的港口,虽然途中充满了暴风雨和各种障碍在阻碍着它的进入。"①

代议制政府的原则及形式

在基佐看来,良好的社会秩序,一方面要防止暴政,另一方面要防止陷入无政府混乱状态。代议制政府,恰好满足了这些要求。它确保了自由与秩序的统一、多元与一元的统一。基佐说,多元即指各种派别、团体,一元即指真理、正义和理性。仅有多元,便只有混乱,统一的理性与法,无从体现;仅有一元,则自由缺乏而沦为专制主义。多元必须是真正的多元,它们具有异质性。持有相同利益、观念的人分成若干群体,不能算是多元。代议制政府便能基于多元而求得一元。

基佐认为,社会与政府是相互指代的。无政府的社会、无社会的政府,都是不可想象的。因为社会的存在,即表明具有强制性的规则或法的存在,这便意味着政府的存在。他批评卢梭的社会契约论。在卢梭那里,人们先以原初契约形成社会,然后再形成政府。基佐说,卢梭说的原初契约,是一个不可能的假定,它无从给政府权力提供可靠的来源。② 基佐认为,政府权力或法律的来源,实为个人内心对正义的追求。基佐肯定了良心在形成秩序方面的作用。

基佐还批评了孟德斯鸠的学说。基佐认为,孟德斯鸠的政府分类方法(将政府分为君主制、共和制与专制)流于形式。他提出,应当从本质方面对政府进行分类。他把政府分为两类:一类认为统治权属于人,无论是个人、一群人或社会全体;一类认为统治权不属于任何人,因为人是不完美的,任何个人都无法完全地、持续地运用正义与理性。代议制政府,正是属于第二类政府。代议制政府并不把统治权天然地授予任何人。在此制度中,权力必须不断地证明其合法性。③ 基佐说:"代议制政府迫使整个社会——行使权力的人和拥有权力的人——共同来寻找理性和正义;它促使大众向整体

---

① [法] 弗朗索瓦·基佐:《欧洲代议制政府的历史起源》,张清津、袁淑娟译,复旦大学出版社2008年版,第12页。
② 同上书,第53页。
③ 同上书,第56页。

化靠拢,并从多元中引发出一元。"①

基佐指出,公开辩论和新闻自由是代议制政府良好运行的条件。显然,基佐对代议制政府的肯定,与他认为人的理性有限相联系。理性辩论,从而寻求最佳方案,是为了克服个人理性之局限。他相信集思广益的好处。他说,通过辩论,代议制政府,将"收集和聚集散布在社会之中的一切理性元素"。②他写道:"理性、真理和正义是任何人都不可能拥有的;但某些人比其他人更有能力寻找和发现它们。"③代议制政府正是根据人们按照理性和正义行事的能力(而非财产、家庭出身等)来配置实际权力。

基佐认为,代议制政府在形式上,包括如下标准:(1)分权;(2)选举;(3)公开性。基佐十分重视公开性。他指出:"代议制政府的目的,是让社会中的主要矛盾和各种舆论具有公开性,它们为获得优势地位而争论不休,通过它们的争论,将使国家最适用的法律和措施得到认可和采用。"④因此,议会辩论、选举,都要公开进行,否则便难以取得公众的信任。他还说:"唯有公开才能修正一个蹩脚的政治机器所造成的恶果。"⑤

基佐特地区分了代议制政府与人民统治(人民主权或曰民主)。从权力来源来看,代议制政府认为权力来源于上帝,而人民统治则认为权力来源于人民。

两院制的理据

基佐在阐发代议制政府的理论时,一方面考察了英格兰议会制度的历史演变,另一方面分析了代议制政府制度的内在原则。基佐认为,在关于议会制的讨论中,哲学学派从个人抽象权利出发,忽视了权利的社会性以及制度的历史经验基础;历史学派则仅仅关注偶然事实,不能就原则做出说明。基佐再次走中间路线,他希望把两者结合起来,先就代议制政府进行制度史的考察,然后剔除影响制度演变的偶然性、特殊性因素,抽象出理性法则,由此对代议制政府的一般原则做出说明。

关于两院制(议会分两院,一为贵族院,一为平民院),基佐指出,从

---

① [法]弗朗索瓦·基佐:《欧洲代议制政府的历史起源》,张清津、袁淑娟译,复旦大学出版社 2008 年版,第 58 页。
② 同上书,第 364 页。
③ 同上书,第 66 页。
④ 同上书,第 366 页。
⑤ 同上书,第 60 页。

13—17世纪英格兰几百年的议会史，可以看出，英格兰议会最初为一院，且不具有全国代表性；贵族院与平民院的分离、形成，源于社会中阶层的分化与整合，先是大贵族联合在一起，对抗国王以维护自由，继而平民紧随其后，联合起来，争取权利与自由。大贵族聚集在一起开会，使他们摆脱了对个人利益的考虑，学会了与地位相当的人相处，学会了面对对立的意见，从而使他们的提议具有了更多的公共性。① 此点对于封建制度中分散的统治权，颇具破坏作用，它促进了自由与解放。

在理论层面，基佐将代议制政府作为防止专制主义的制度设计。他说，代议制政府就是要"破坏所有拥有永恒权利的统治权，也就是说，破坏地球上所有的专制权力"②。两院制的设立，正是出于对专制主义的预防，它体现了对无限权力的警惕。

基佐表明，出于对政治自由的维护，两院分割了立法权，它使得中央政府中没有一个权力是无限的，它让不同的权力彼此依赖、制约。基佐写道："没有也不可能有正当存在的任何无限权力，也就是说，任何权力都不能说'我认为是好的、公正的，就是好的、公正的'；政治学的每一个努力、每一项制度，都应当努力阻止此类权力在任何地方形成；还应当做好准备，让以各种名义在社会上实际存在的无限权力，在任何地方都受到足够的限制和阻碍，以防止它们转化为正当的无限权力。"③ 基佐说："政治的艺术及自由的秘密，在于让每一个权力都有它无法压倒的对手。这是一个在中央政府的组织中应该突出的原则，因为只有根据这些条件，才能阻止专制统治建立于国家的中央。"④ 基佐指出，必须防止任何一种一般性的决策权变成专制权力。在单一的立法权与行政权、司法权之间，必定存在争取最高决定权的斗争，失败的一方将形同虚设，这将对国家带来危害。而两院制是要"迫使对方来共同寻找指导它们的意志、主导它们的行为的理性、真理和正义"⑤。为此，议会的两院不能有同一个源头，不能以同样的方式建立。

---

① ［法］弗朗索瓦·基佐：《欧洲代议制政府的历史起源》，张清津、袁淑娟译，复旦大学出版社2008年版，第387页。
② 同上书，第389页。
③ 同上书，第390页。
④ 同上书，第391页。
⑤ 同上书，第392页。

第九章 法国的革命与反革命

代议制与民主

基佐提供了关于代议制政府起源及理念的叙述。他把自由以及人类对正义、理性与真理的追求放在了极其重要的位置。他对人的理性局限的认识，不同于反动的保守派对理性的嘲讽与弃绝，亦与某些持绝对理性主义观点的启蒙思想家保持距离。此一有限理性观与基督新教精神恰好吻合。他表明，代议制政府制度体现的是权力来源于上帝，而人民主权的思想则是把权力来源放在此世。在基佐这里，代议制体现的是自由主义的、理性的精神，它与民主（更不必说君主制、贵族制）截然不同。"代议制民主"一语对基佐而言本身就是个悖论。从基佐的思想中，我们可以看到自由主义的中道气质。基佐与贡斯当有交往，二人同为自由派，但基佐的立场显然更为温和。在基佐从事政治活动的初期，法国自由派的敌人是反动贵族与封建复辟势力；及至19世纪中期，自由主义需要回应民主问题。基佐学说的一贯主旨，是维护自由，反对专制主义，无论它是国王的专制主义、拿破仑·波拿巴的专制主义还是人民的专制主义。在理论上与实践上，基佐皆不愿意对民主作实质性让步。此点实与他对理性、正义、真理的坚守有关。在他看来，真理不能向无知者的意志让步。人数的众多，无助于确保真理的发现。基佐认为，法国最大的弱点，便是一些人痴迷于民主。他警告法国人，民主将破坏法国政府，破坏自由、幸福与尊严。民主为所有政党追求私利提供了遮羞布，为发动社会战争（social war）提供了依据。其结果将不可避免地导向革命的专制主义（revolutionary despotism）。在基佐看来，民主纵然不能被消灭、压制，也应当被宪政体制吸纳，受到控制。[1]

基佐在思想史上不无影响。托克维尔是基佐的优秀学生。马克思也是基佐的读者。基佐先于马克思，从阶级斗争（社会战争）的角度来描述大革命，并着眼于资产者、贵族、人民、国王的互动来解释近代欧洲社会政治结构的演变。日本杰出思想家福泽谕吉颇受基佐思想的影响，他在《文明论概略》中论述"西洋文明的来源"时，基本以基佐的文明史著述为蓝本。[2] 他

---

[1] Jeremy Jennings, *Revolution and the Republic: A History of Political Thought in France since the Eighteenth Century*, Oxford: Oxford University Press, 2011, pp. 179–180.

[2] ［日］福泽谕吉：《文明论概略》，北京编译社译，商务印书馆1959年版，第121页。

对君主制的看法,也援引基佐为依据。[1]

孔德与实证主义

奥古斯特·孔德(Auguste Comte,1798—1857)在西方学术史上大名鼎鼎。他的名字与实证主义联系在一起,与现代社会学这门学科联系在一起。现代社会学的创立,多追溯至孔德。我们所用的"社会学"(sociology)一词以及"实证主义"(positivism)一词就是孔德的原创。实证主义的不少思想不是始于孔德,但作为庞大而成熟的体系化哲学,实证主义的代表非孔德莫属。实证主义今天通常指某种基于社会事实的经验观察探讨社会规律的方法,这种方法的预设是,社会是自然界的一部分,人们研究社会如同科学家观察自然。然而,在孔德那里,实证主义不仅是一种方法,更是一套系统的社会政治哲学。孔德毕生构建他的学说体系,并努力宣传他的思想,最后达到布道、几近疯狂的状态。甚至有人称孔德后来已经是一个疯子。我们把孔德放到西方政治思想传统中去看,这样,孔德就不光是一个"社会学之父",其贡献不仅是开辟了一个新学科,发起了一种新方法,更是以自己的方式回应着时代的问题,探索着19世纪上半期欧洲人面临的困境。

巴黎的边缘人

孔德1798年出生于法国南部的海滨城市蒙贝利埃。他的父母皆是虔诚的天主教徒。父亲长期做县税务部门的小公务员,母亲则是流亡贵族小姐。孔德自幼体弱多病,然而性格倔强,具有强烈的反叛精神。中学时,孔德是个向往自由平等、赞同大革命的共和主义者。他那时已抛弃宗教信仰,宣称要将法国大革命的精神继续往前推进。1814年,孔德乘马车离乡来到巴黎,在巴黎综合技术学校学习。该校是1794年巴黎革命政府建立的一所致力于培养军工人才的理工科大学,具有革命传统。孔德入学时,正值王朝复辟时期。反动的学校当局严厉控制学生的思想言论自由。孔德与他的同学们甚为不满,他们故意违反校规校纪,终至受到惩罚。1816年4月,因严重违纪,孔德被学校开除。

---

[1] [日]福泽谕吉:《文明论概略》,北京编译社译,商务印书馆1959年版,第34页。

孔德离开学校后，回到故乡蒙贝利埃，在那里的医学院旁听了生物学课程。不久，他重返巴黎，做私人数学教师的工作，以谋取生活费用，过着清贫的生活，自此，他一直在巴黎生活。他几次努力在大学谋教职，最终都未成功，只是做了功课辅导老师，帮助教授检查作业，后来，他连这个工作也丢了。然而，孔德始终心存大志，他根本不把那些教授放在眼里。改变孔德命运的事件是1817年夏他认识了将近60岁的圣西门。圣西门很高兴地让他做助手。孔德做事一丝不苟，正好弥补了圣西门的邋遢散漫。与圣西门的长期接触，使孔德的思想发生了变化。在这段时期，他的实证哲学逐步形成。不过，孔德在观点上与他的老师圣西门渐行渐远。1824年，师徒二人决裂。第二年，圣西门便去世了。孔德对圣西门主义的批评是，圣西门等人忽略了文明条件与政治进步的关系，企图实现超越文明条件的进步。圣西门的"实业制度"思想，漠视精神权力，罔顾社会改造首先要进行精神改造。孔德认为，重组社会的方案中，理论或精神之物，应当先于实践或世俗之物，应优先树立新精神的权力。另外，圣西门要建新基督教，也为孔德所不容。[①]

1825年，孔德与卡罗琳·玛森（她原是一个妓女，后来开了一个小书店）结婚。这段时期内，孔德的思想体系已经成形，但缺少听众，他没有大学职位，因而他举行私人讲座，召集听众来听他的思想，听众中不乏当时法国一些有名的学者。此时孔德不过28岁。不过，讲座进行到第4次时，孔德病倒了。孔德的病是严重的精神病，医生诊断为"狂躁症"，他未治愈就离开医院，在家中极度抑郁，曾跳塞纳河自杀未遂。孔德患病，是因为他的生活极不如意。孔德1818年当家庭教师期间，曾与一位有夫之妇私通，生有一个孩子，这个孩子9岁时夭折了。孔德精神分裂，主要因为他的妻子玛森在婚后重操旧业，常出入烟花巷，彻夜不归，但孔德生活贫困，又不得不使用玛森带回的钱，这实在让孔德苦恼。于是，他效法他的老师圣西门（圣西门于1823年曾开枪自杀，只伤了一只眼睛，未能如愿）自杀，以求解脱。玛森对孔德很迁就，但孔德脾气实在不好。1842年，两人最终分开。

孔德自1827年逐步恢复了正常，1828年，他已经可以写书，并继续举行讲座。然而，他试图容纳一切学科的哲学遭到当时专家的嘲讽。孔德在凄惨的状态中，进行他的《实证哲学教程》的写作。

不过，孔德在英国得到了一些人的支持。比如，约翰·斯图亚特·密尔

[①] 欧力同：《孔德及其实证主义》，上海社会科学院出版社1987年版，第11—12页。

就是孔德的赞赏者。密尔称孔德是"欧洲第一流的思想家",自言从孔德的著作中获益良多。二人经常通信,但终生从未谋面。1843 年,得知孔德生活困难,密尔在英国发起了"救助实证主义者"募捐,帮助孔德渡过难关。孔德的粉丝纷纷解囊,孔德由此得到一大笔生活费,并且一直到去世皆依赖其生活。

1844 年,孔德认识了一位 29 岁的美丽少妇,她的名字叫克罗斯尔·德·瓦沃。孔德对她迷恋有加,二人情深意笃。不幸的是,瓦沃夫人于 1846 年因肺结核去世。交往一年多,他们留下了 181 封书信。瓦沃夫人临终前,直呼孔德的名字,最后头枕着孔德的手臂离去。孔德伤痛不已,他决定写作新著来悼念她。这段经历对孔德来说至为重要,它让孔德开始重视情感、宗教与非理性。他相信女性的温情中存在着医治人间苦难的力量。所以,在新著《实证政治体系》中,孔德对博爱、温情、宗教大唱赞歌。他还倡议要把他的恋人克罗斯尔·德·瓦沃的墓当作圣地让人们去朝拜。这与孔德之前追求科学分析社会现象间联系的著作,大异其趣。孔德变了吗?原先的理性主义信徒纷纷抛弃了他。孔德痛斥这些知识分子不可靠。好友密尔看到孔德赞成社会对个人的专制,也提出了批评意见。① 密尔说:"尽管孔德的著作除了对人道主义的信仰外,不承认任何宗教,可是它仍然使人难以抗拒地相信全社会一致承认的道德准则可以用一种难以想象的力量和潜力,来影响每个人的行为和生活。这本著作(《实证政治体系》)可以说是对社会学家与政治学家的一个重大的警告:如果人们一旦在思维中忽视自由与个性的价值,将发生何等可怕的情景!"②

孔德这个时候,是否真的疯了呢?孔德这时候继续写信,推销他的学问,落款皆用"宇宙教创始人,人类教大祭司"。1849 年,他在巴黎建立了第一个人类教教会。他把宣教对象特别地定位为工人与妇女。每周三,实证主义者围绕孔德举行例会,而平时每晚 7 点到 9 点,孔德就在家里接待来访的仰慕者,向他们布道。孔德的信徒水平参差不齐,包括技工、木匠、蹩脚诗人、图书管理员、钟表匠、鞋匠,也有数学家、医学博士、律师等。

1857 年 9 月 5 日,孔德因病去世。他的弟子为他举行了追悼会。他葬在巴黎东郊的贝尔·拉雪兹公墓。他的坟墓旁边,圣西门与瓦沃夫人早已在那

---

① [英]约翰·密尔:《论自由》,程崇华译,商务印书馆 1959 年版,第 14 页。密尔类似的表述,另见 [英] 约翰·穆勒《功利主义》,徐大建译,商务印书馆 2014 年版,第 40 页。
② [英]约翰·穆勒:《约翰·穆勒自传》,吴良健、吴衡康译,商务印书馆 1987 年版,第 126 页。

里长眠。

孔德对后世的影响颇为独特。他去世后，很多国家出现了实证主义教会。巴西共和国的国旗上，迄今仍然有"秩序与进步"字样，这是巴西的孔德主义者设计的。19世纪中叶，伦敦出现了人类教教堂。我国近代教育家蔡元培，曾在北京与天津主持创办孔德学校。[①] 五四时期的张溥泉曾引孔德名言"要想政治改良，非先把思想变了风俗变了不行"，为推进思想文化方面的革新辩护。[②] 孔德理论上的影响，对现代社会学创立的贡献，更是难以估计。约翰·斯图亚特·密尔、涂尔干、德国现象学哲学家胡塞尔及其老师，均受孔德极大的影响。

实证时代的来临

孔德相信，对于社会和人而言，规律也是存在的，掌握了规律，我们就能够预测未来。"科学产生预见，预见产生行动。"他说，社会行动不是任意的、偶然的。社会学正是教人们基于观察去把握人类发展的规律。人们要学会利用这些规律去实现自己的目的。"真正的实证精神主要在于为了预测而观察，根据自然规律不变的普遍信条，研究现状以便推断未来。"[③] 需要注意的是，孔德所说的规律，是指现象之间的相似性或因果关系，而非马克思主义所说的"本质的联系"。

孔德把人类心灵的发展分为三个阶段（这个学说包含了圣西门的努力，当看作他和圣西门共同提出的理论模型）：神学（或虚构）阶段、形而上学（或抽象）阶段、实证（或科学）阶段。在神学阶段，人类心灵喜欢探寻存在的本质，探寻事物的起源和目的，这是人类心灵的童年阶段、预备阶段；在形而上学阶段，人类心灵认为抽象的力量能产生一切；在最后阶段，即实证阶段，人类不再徒劳地寻求绝对本质或抽象力量，而是致力于探求现象发生的规律，即现象之间承续和相似的恒定关系，这一阶段才是完全正常的阶段。[④] 这三种心灵状态，也对应着不同的社会事实，神学阶段在历史上时间

[①] 欧力同：《孔德及其实证主义》，上海社会科学院出版社1987年版，第26页。
[②] 参见罗家伦《答张溥泉信》，《新潮》第2卷第2号（1919年12月）。[美] 微拉·施瓦支《中国的启蒙运动——知识分子与五四遗产》，李国英等译，山西人民出版社1989年版，第114页。
[③] [法] 托克维尔：《论美国的民主》（上卷），董果良译，商务印书馆1988年版，第14页。
[④] [法] 奥古斯特·孔德：《论实证精神》，黄建华译，商务印书馆1996年版，第2页。

最长，具体可再分为拜物教、多神教和一神教三个时期，基本对应于西方从古代到中世纪。在这个阶段，祭司占统治地位，军人治理国家，社会的基本单位是家庭；形而上学阶段，对应于历史上的文艺复兴与启蒙时期，统治者是牧师和法官，社会的突出单位是国家；实证阶段，则开始于孔德本人所处的那个时代，其中，统治者是工业管理者和科学家与道德导师，社会的单位则是全人类。此一阶段的社会，亦可称为"工业社会"。

孔德指出，上述三个阶段，并不意味着各个阶段只有一种心灵状况或知识形式，而是各个阶段，都同时存在着三种心灵状况，只是居于主导地位的心灵状况不同。孔德说，从前一个阶段过渡到下一阶段，不可能一帆风顺。人类历史是有组织的时代与危机时代相互交替的历史。他又指出，实证时代的到来，不可抗拒，人类进入工业社会是大势所趋。按此趋势，战争将从人类社会中消失，人类将迎来一个和平的时代。显然，对于人类未来，孔德是颇为乐观的。

一切都是相对的

孔德解释了"实证"（positive）的含义。他说，实证一词同时包括六层含义：第一，它意味着"现实的"，这与"空想的"相对立；第二，它意味着"有用的"，这与"无用的"相对立；第三，它意味着"确定的"，这与"不确定"相对立；第四，它意味着"精确的"，这与"模糊的"相对立；第五，它意味着"积极的"（肯定的），这与"消极的"（否定的）相对立；第六，它意味着"相对的"，这与"绝对的"相对立。孔德后来，又追加了第七个要素，即"同情的"，并且认为，同情是实证主义最根本的要素。[①]

上述几点中，第六点需要解释。何谓"实证的"意味着"相对的"？这句话意思是说，实证主义意味着相对主义，它否定一切绝对的标准。而过去的神学或形而上学，其教义都具有绝对的性质。实证主义与它们截然不同。孔德有句名言："一切都是相对的。"[②]

孔德不追求绝对的知识。他认为人们的认识都是相对的，不具有形而上学家所设想的那种绝对性。因为他认为人的理性能力是有限的。人们接触的

---

① 参见欧力同《孔德及其实证主义》，上海社会科学院出版社1987年版，第30—32页。
② 孔德：《实证政治体系》，第4卷，巴黎，1912年，第547页，转引自欧力同《孔德及其实证主义》，上海社会科学院出版社1987年版，第32页。

只是现象,人们分析研究的只是现象之间的关系。人类的心灵过于软弱,而宇宙过于复杂。人们根本无法去洞悉所谓本质、第一因、终极因。企图用单一的规律对一切做出普遍的说明,不过是妄想。

知识论上的不可知论、相对主义,与道德的、政治理论的相对主义必定相联系。相对主义意味着:各个时代有各个时代的标准,各个国家有各个国家的标准。没有普遍适用的标准;把适应一个时代的标准运用到另一个时代,必定会犯下严重的错误。孔德在给他的朋友瓦纳的信中的这段话,颇能体现实证主义的相对主义特色:

> 你还在相信错误的政治方针,这方针虽是我和你所同样相信的,但我舍弃它已有一年之久了。在我看来,你的政治学是以人权理论、《社会契约论》的思想、上个世纪的启蒙思想家的体系为基础的。我想对你说,你所误解了的这种理论、这种思想、这种体系,现今已成为虚伪的了。用一封信来说明我这重大的主张几乎是不可能的,我是想请你判断——我认为值得注意,即一切人的知识都是世世代代发展来的,一个国家的各时代的政治与政治思想,是和该时该国的国民的知识状态相适应的。如果你对照历史知识认真研究这种主张,你就能毫不犹豫地接受这一点,你就必然得出这样的结论:某一个世纪的政治学不可能是前一世纪的政治学。十八世纪的政治学是和十八世纪相适应的,因而已经不是和现代相适应的政治学了。总之,你所有的一般思想,特别是你所有的社会思想,被一个根本错误的思想,即绝对的思想所玷污了。在这个世界中,没有一个是绝对的东西,一切都是相对的……同一切科学一样,即使在政治学中,一切也都应以被观察到的事实为基础。①

秩序与进步

孔德的社会理论包括静力学和动力学两个部分。前者研究秩序,后者研究进步。其理论奠基于一种清晰的反个人主义的社会有机体论。他看重家庭和社会,认为个人不具有独立的意涵。社会好比生物机体,联结个体的是精

---

① 《孔德致瓦纳的书信集》,1818年5月15日,转引自欧力同《孔德及其实证主义》,上海社会科学院出版社1987年版,第55—56页。

神纽带。共同的语言和宗教,都是人类联结成社会的重要手段。共同的语言使人们走到一起,宗教倡导人克服私心,教人们相亲相爱,它提供了社会秩序的基础,给世俗政府秩序以合法性证明,为世俗政权提供精神力量。他又看重分工,认为分工促进了人们的彼此依赖,他的这一看法主要受到亚当·斯密和法国斯密主义者萨伊的影响。

如前所述,晚年的孔德,已经把自己当成新宗教的先知,这新宗教,便是人类教(或译为人道教)。按照人类教,人类是"真正的伟大存在",人们应当敬拜人类,个人将由于人类的永生而得到永生。为此,他勾画了一个全新的社会。他仿效天主教会,设立教规和宗教仪式,撰写祈祷文,提倡个人禁欲,把"为他人而生活"作为实证主义的箴言、人类教的最高教义、人类社会关系的主要准则;[①] 他制定了"实证主义历法",把一年分为十三个月,每月二十八天。第一个月叫早期神权政治月,第二月叫古代诗歌月,第三个月叫古代哲学月……第十三个月叫近代科学月。又提倡崇拜女子,因为他相信女性具有崇高的利他主义情操。

如孔德为自己辩护时所说的,他的《实证政治体系》其实是他早期思想的进一步发挥,而非他抛弃了原来的想法,细心的读者在他的早期著作中,也可以读到他对科学并非盲目推崇。可以说,在进步与秩序两点上,孔德前半生关注进步,后半生则把重点放在了秩序之上,故而情感、宗教等的作用,越来越被他推崇。

美国社会学家刘易斯·A.科瑟(Lewis A. Coser)指出,孔德的学说受到了当时多个传统的同时影响,它不是一个单一传统的产物。这些传统包括:进步主义的传统(由杜尔哥和孔多塞所代表);秩序的传统(由梅斯特尔、波纳尔德、夏多布里昂所代表);自由主义传统由亚当·斯密、萨伊[Jean-Baptiste Say(1767—1832)]、贡斯当所代表;圣西门的影响。[②] 孔德对其各有所取舍,采百家之长,自成一体,而创新说。

孔德与18世纪的个人主义信条进行了斗争,他的学说对自然权利学说进行了否定。实证时代,是对之前形而上学时代(自然权利话语流行的时代)的替代。然而,在这个新秩序中,孔德极力推崇的却是宗教的力量。他创造人类教,自称大祭司,正是服务于新的人类秩序。英国科学家赫胥黎

[①] 王养冲:《西方近代社会学思想的演进》,华东师范大学出版社1996年版,第44页。
[②] [美]刘易斯·A.科瑟:《社会学思想名家》,石人译,中国社会科学出版社1990年版,第23页。

(Thomas Henry Huxley)说,孔德的实证主义等于天主教减去基督性(Christianty)。① 孔德认为,人拥有的是义务,而不是权利。秩序、等级、道德社会、精神权利极其重要,群体优先于个人。这些都是法国极端保守派的基本信条。现代社会学在很多情况下都倾向于反个人主义,根源在于这门科学自诞生之日起便时刻盯着社会,不免将社会想象为一个绝对地高于个人的存在,将个人视为社会各因素作用的产出物。然而,孔德毕竟用人类教代替了旧宗教,他也从不站在复辟王朝和旧贵族一边。这便是他的学说独特之所在。

预言家托克维尔

托克维尔(Alexis de Tocqueville,1805—1859)1805年7月出生于巴黎塞纳河畔附近维尔内伊城堡的一个有着悠久历史的诺曼贵族之家,为家中三个儿子中最小的一个,他的外曾祖父是旧政权后期的名流,曾在法国革命时期为受审的国王路易十六担任辩护律师,也因此在雅各宾专政的恐怖时期被送上了断头台。托克维尔的父母在雅各宾专政时期被判死刑入狱,好在热月政变发生,才使他们免于一死。托克维尔的父亲是个正统派保王党人。托克维尔的家人信奉天主教,他从小接受良好的教育,家里为他请了专门的家庭教师———一位正统的天主教神父。1821年,16岁的托克维尔经历了一场思想危机,他通过阅读父亲在梅茨的图书馆的藏书,认识到其家庭所归属的贵族制度已经过时,"还失去了对宗教的信仰"。② 1823年,他去巴黎的王家学院学习法律。学习期间,他博览群书,受到自由主义思想的深刻影响。他阅读了贡斯当的著作,很欣赏他的自由宪政理论。他也听了自由派学者、政治家弗朗索瓦·基佐讲的法国文明史课程。

青年托克维尔陷入了情网,恋爱对象是一位英国姐姐,名叫玛丽·茉莉(Mary Mottley),来自一个极普通的中产阶级家庭,比托克维尔大约大六岁。在外人眼里他们极不般配,但他们彼此相爱,一往情深。托克维尔的母亲坚决反对这个门不当户不对的婚姻。托克维尔不敢违拗。1835年,其母亲去世,托克维尔才与玛丽·茉莉完婚。托克维尔娶英国太太,极具象征意义。

---

① Norman Davies, *Europe: A History*, New York: Harper Collins Publishers, 1998, p.790.
② [法]米歇尔·维诺克:《自由之声》,吕一民等译,中国人民大学出版社2006年版,第198页。

因为托克维尔在内心欣赏英国的政治制度。1833年、1835年、1857年,托克维尔曾三次赴英国访问,颇受英国学界欢迎。约翰·斯图亚特·密尔与托克维尔有长期友好的交流。事实上,密尔《论自由》中的主要见解,似不难发现托克维尔的影子。"英国不仅是托克维尔妻子的祖国,也是他政治信念上的家园。"①

托克维尔是个有政治抱负的人,他很希望通过从政为法国的自由事业做点贡献。他有几次从政的经历:1848年革命后,他是制宪会议的成员;1849年,他曾接受路易·波拿巴的任命,担任过几个月的外交部部长。不过,托克维尔的影响最终来自他的著作,而非政治上的作为。

1831年,托克维尔以法国官员身份,借赴美考察监狱制度之机,利用九个月的时间考察了美国的民主,同行的是其好友古斯塔夫·博蒙(Gustave de Beaumont)。回法国提交监狱制度考察报告《论美国的监狱制度及其在法国的应用》(主要由博蒙执笔)后,他开始写作《论美国的民主》,时年不过26岁。其好友博蒙则开始写一部美国题材的小说《玛丽或美国的奴隶制》。1835年,《论美国的民主》(后来的"上卷")问世,年轻的托克维尔一夜成名。时人誉其为"当代孟德斯鸠"②。他的好友博蒙的小说也获得了成功。是年夏天,托克维尔造访英国,期间考察了英国的议会改革实践。受约翰·斯图亚特·密尔等思想家的激励,他决定为《论美国的民主》再加一卷,专论民主社会的后果。1840年,在读者的期待中,《论美国的民主》下卷出版。下卷的出版,还让托克维尔在一年后进入了法兰西科学院。《论美国的民主》被译成多国文字,在托克维尔在世时便一版再版。1856年,托克维尔历时五年写成的《旧制度与大革命》问世,再次引起轰动。"现在,托克维尔被整个欧洲视为法国自由主义的代言人。"③ 不过,他的健康状况每况愈下。1859年,托克维尔因肺病去世。

托克维尔被称为政治思想家、社会学家、历史学家。英国学者拉斯基(Harold J. Laski)曾说:"谁不了解托克维尔,他就不能够理解自由主义。"④

---

① [法]雷蒙·阿隆:《社会学主要思潮》,葛智强等译,华夏出版社2000年版,第411页。
② 语出圣勃夫1835年4月7日在《时报》上对托克维尔著作的书评。参见[法]米歇尔·维诺克《自由之声》,吕一民等译,中国人民大学出版社2006年版,第203页。
③ [英]拉里·西登托普:《托克维尔传》,林猛译,商务印书馆2013年版,第21页。
④ Harold J. Laski, "Alexis De Tocqueville and Democracy", in *The Social & Political Ideas of Some Representative Thinkers of the Victorian Age*, *A Series of Lecture Delivered at King's College University of London During the Session 1931 - 32*, edited by F. J. C. Hearnshaw, London: George G. Harrap & Company Ltd., 1933, p.100.

德国政治理论家卡尔·施米特则说，托克维尔是他心目中"十九世纪最伟大的历史学家"[①]。托克维尔在1848年革命爆发之前，即预言了大革命的到来。而他在1835年出版的《论美国的民主》上卷，更是准确地明示，在未来世界美国与俄国将以不同的制度称雄世界。美国人以自由为主要行动手段，俄国人以奴役为主要的行动手段，前者以"劳动者之犁"与自然搏斗，后者以"士兵之剑"与人搏斗。"他们的起点不同，道路各异。然而，其中的每一个民族都好像受到天意的密令指派，终有一天要各主世界一半的命运。"[②] 此后百年的发展，果然印证了他的推测，足见其思想的深刻。而黑格尔是在1831年去世的，黑格尔自负地以为历史终结于德国，对美国与俄国毫无感觉。相较于年轻的托克维尔的观点，其间高下不难看出。

托克维尔在法国之外，特别是在盎格鲁—撒克逊国家中备受推崇，在法国，他虽然一度因其著作而大获成功，但这一声誉很快就消失了。在相当长的时间内，托克维尔被法国知识界忽略。直至"二战"以后雷蒙·阿隆对托克维尔的重新"发现"，[③] 此一状况才稍有改观。

民主进程不可阻挡

托克维尔论民主，其特色在于将民主置于时间序列中，凸显"历史的进程"以及某种不可抗拒的力量。他以民主化为不可逆的过程。所谓"世界潮流，浩浩荡荡，顺之则昌，逆之则亡"，其意与此相仿。在他看来，平等原则在人间的展现，民主的进程，是上帝的旨意，妨碍这一进程，即是逆天。

托克维尔认为，法国大革命是民主的起步，它还会进一步向前推进。"一场伟大的民主革命正在我们中间进行。"[④] 在民主进军的过程中，身份正在失去意义，统治权力不断向底层人民开放，平民上升，贵族下降，人与人之间区隔的屏障被推倒；财富占有方面亦日趋平等，穷人变富，富人变穷；教育普及，使得人们的智力状况日益均等。托克维尔称，事实上，七百年里

---

① ［德］卡尔·施米特：《论断与概念》，朱雁冰译，上海人民出版社2006年版，第337页。
② ［法］托克维尔：《论美国的民主》上卷，董果良译，商务印书馆1988年版，第481页。
③ 1979年，雷蒙·阿隆在《托克维尔评论》第一卷中发表了《重新发现托克维尔》一文。该文中译见阿隆《重新发现托克维尔》，载［法］阿隆、［美］丹尼尔·贝尔等《托克维尔与民主精神》，陆象淦、金烨等译，社会科学文献出版社2008年版。雷蒙·阿隆对托克维尔的介绍，参见［法］雷蒙·阿隆《社会学主要思潮》，葛智强等译，华夏出版社2000年版，第147页。
④ ［法］托克维尔：《论美国的民主》上卷，董果良译，商务印书馆1988年版，第4页。

无一事不在推进平等。平民统治的时代,必将来临。民主化,是一个源远流长的社会运动。他说:"以为一个源远流长的社会运动能被一代人的努力所阻止,岂非愚蠢!认为已经推翻封建制度和打倒国王的民主会在资产者和有钱人面前退却,岂非异想!在民主已经成长得如此强大,而其敌对者已经变得如此软弱的今天,民主岂能止步不前!"①

在托克维尔那里,民主制与贵族制相对,或者说,民主社会与贵族社会相对,其本质特征是社会条件的平等(equality of social condition)。以托克维尔之见,法国大革命标志着贵族社会的终结、民主社会的开始。托克维尔虽然出身于世袭封建贵族家庭,但他并不贪恋贵族社会,他在政治上是著名的自由派,原是十分赞同法国大革命的。然而,法国人在追求民主的过程中做得并不好,托克维尔在美国发现了民主实践的成功经验。美国人在落实民主、追求平等的同时,通过若干措施有效遏制了民主可能带来的弊病。

在法国自由主义思想传统中,贡斯当、基佐、托克维尔是最杰出的代表。与18世纪的社会契约论从自然状态出发寻找政治社会的依据不同,这三位思想家皆基于文明社会的历史变迁立论。② 在托克维尔那里,人类历史中的巨变,即告别贵族社会,走向民主社会。他视这一趋势为不可阻挡、势所必至、天意使然。托克维尔并不想取消此种变迁,代之以一个静态的至善社会,如马克思所做的那样。他只是试图让人们理解这一历史变迁的意涵,从而在新的历史条件下规划我们的生活。

托克维尔与贡斯当、基佐的政治思想之不同在于,贡斯当与基佐视代议制政府为现代社会最重要的政治制度。他们认为,现代人并不把参与统治视为必要,他们愿意由人代表他们去统治。现代人关心的是私人安全意义上的自由,民主则不重要,甚至还是需要防范的东西。贡斯当即言,人民拥有主权没错,但这种主权并非不受限制。托克维尔则认为,民主在现代社会是最重要的现象,代议制政府并非重点。③ 显然,托克维尔比贡斯当、基佐更愿意赞同民主。更为重要的是,托克维尔拓展并深化了民主的意涵。他依据卢梭而非贡斯当、基佐的理论,指明个人作为自己的主人,自己统治自己,不

---

① [法]托克维尔:《论美国的民主》上卷,董果良译,商务印书馆1988年版,第7页。
② Harvey C. Mansfield and Delba Winthrop, "Editors' Introduction", in Alexis De Tocqueville, *Democracy in America*, translated, edited and with an introduction by Harvey C. Mansfield and Delba Winthrop, Chicago and London: The University of Chicago Press, 2000, p. xxvi.
③ Ibid. .

第九章　法国的革命与反革命

服从非法的他治,由此推导出每个个体的平等,从而否定传统贵族制等级序列,将是现代社会的普遍趋势。这种人人各自为政的孤独自我自谋幸福的世界,必将是一个公共联系匮乏、公共领域萎缩的世界。托克维尔虽未像卢梭那样嘲笑代议制以一瞬间的"民主"糊弄人民,让人民自以为是国家的主人,但他认为代议制民主不能够应对新时代的危机。

托克维尔说:"在我们这一代,领导社会的人肩负的首要任务是:对民主加以引导;如有可能,重新唤起民主的宗教信仰;法治民主的风尚;规制民主的行动;逐步以治世的科学取代民情的经验,以对民主的真正利益的认识取代其盲目的本能;使民主的政策适合时间和地点,并根据环境和人事修正政策。"[1]

反对民主的人认为,一人做事比众人携手做事要更有连贯性,更细致。托克维尔说,短期看来,此点不假。但长期来看,民主制度的优势在于它能做很多事情,这些事情是由私人去完成的。我们在评价一个社会时不能只盯着政府做了些什么,更值得重视的是这个社会中的个人能做出什么成就。托克维尔写道:"民主并不给予人民以最精明能干的政府,但能提供最精明能干的政府往往不能创造出来的东西;使整个社会洋溢持久的积极性,具有充沛的活力,充满离开它就不能存在和不论环境如何不利都能创造出奇迹的精力。这就是民主的真正好处。"[2]

托克维尔对民主的看法是一分为二的。他认为,如果你追求精神上的富有、坚毅、高雅风尚、卓越艺术、诗歌音乐、尚武的政府、历史性功业,民主政府肯定会让你失望;但如果你认为人生的目的在于物质上的满足,在于追求生活中的"小确幸"[3],那么民主制度就是正确的选择。然而,在民主制实现后,人们已经没有了选择。由此,立法者要做的就是努力发扬民主政府善的本性而抑制其恶的倾向。[4] 对托克维尔来说,严重的问题在于教育人民,在于让民主变得有教养。[5]

在托克维尔那里,不论多数还是少数或一人,都不能拥有无限权能(omnipotence,中译本作权威,不准确)。人民主权的原则确认了一切权力之

---

[1] [法]托克维尔:《论美国的民主》上卷,董果良译,商务印书馆1988年版,第8页。
[2] 同上书,第280页。
[3] 汉语新词,非正式用语,"小小的确定的幸福"之简称。
[4] [法]托克维尔:《论美国的民主》上卷,董果良译,商务印书馆1988年版,第280—281页。
[5] 中译常作驯化民主。"驯化"一语甚为不妥。教育是关于人的事情,驯化是关于动物的事情。教育旨在启蒙人,驯化旨在让动物丧失本性,变得俯首贴耳。

根源在于多数的意志，托克维尔亦以为然。他认为混合政府从未存在过，每个政府最终只能有一个支配性的行动原则。但他又指出，人民主权并不是说多数可以为所欲为，拥有无上的权能。其原因在于，世间没有谁的智慧与公正足以使他可以有那种权能。崇高的智慧、公正与无限的权力，只有上帝拥有。托克维尔说：

> 无限权能是一个坏而危险的东西。在我看来，不管任何人，都无力行使无限权威。我只承认上帝可以拥有无限权威而不致造成危险，因为上帝的智慧和公正始终是与它的权力相等的。人世间没有一个权威因其本身值得尊重或因其拥有的权利不可侵犯，而使我愿意承认它可以任意行动而不受监督，和随便发号施令而无人抵制。当我看到任何一个权威被授以决定一切的权利和能力时，不管人们把这个权威称做人民还是国王，或者称做民主政府还是贵族政府，或者这个权威是在君主国行使还是在共和国行使，我都要说：这是给暴政播下了种子，而且我将设法离开那里，到别的法制下生活。①

"民情"与民主

"民情"（mores）是托克维尔思想中一个重要的概念，它涉及的是维持民主共和制度的宗教、心理、知识等必要条件。托克维尔说，他说的民情，即拉丁文 mores 的原意，"不仅指通常所说的心理习惯方面的东西，而且包括人们拥有的各种见解和社会上流行的不同观点，以及人们的生活习惯所遵循的全部思想"，它是一个民族的整个道德和精神面貌（道德和知识状态）。② 简言之，民情是一个民族的习惯、思想、习俗的总称。托克维尔在谈有助于美国人维护民主共和制的民情时，讲了宗教与教育两个方面的内容。托克维尔认为，在自然环境、法律与民情三者中，民情发挥的作用最大，

托克维尔说："民情的这种重要性，是研究和经验不断提醒我们注意的一项普遍真理。我觉得应当把它视为我们观察的焦点，我也把它看做我们全

---

① ［法］托克维尔：《论美国的民主》上卷，董果良译，商务印书馆1988年版，第289页。
② 同上书，第332页。Alexis De Tocqueville, *Democracy in America*, translated, edited and with an introduction by Harvey C. Mansfield and Delba Winthrop, Chicago and London: The University of Chicago Press, 2000, p. 275.

部想法的终点。"①

托克维尔的"民情论",常常被曲解为"国情论""素质论",为专制政权辩护。例如,晚清以来中国即有"民智未开,不可行宪政","国民素质不高,奴性十足,搞民主也搞不好"等论调。托克维尔的提醒,竟成了反民主思想的理论资源。实际上,托克维尔的"民情论",是服务于民主建设事业的。他关于"民情"的论述,应从以下诸点去理解:

(1) 一国人民的心理、思想与习惯并非一成不变。"民情"并非历史主义所讲的"民族性"一类的东西。

(2) 托克维尔将民情与自然环境、法律并列,并凸显民情的重要性,表明的是两个意思:其一,托克维尔在分析民主的条件时是个多因素论者;其二,托克维尔最注重的是人的精神状况,这等于是说人们不是被动地去顺应某种潮流,服从外在的条件。

(3) 托克维尔相信宗教与教育在塑造民情方面的作用,然而,他并不致力于在宗教、教育等因素与民主之间建立因果联系。此处显示出托克维尔思想中十分"古典"的一面,即他着眼于人的精神秩序去思考社会政治问题,并如柏拉图、卢梭一样,把政治问题转化成宗教与教育的问题。而这种想法,实际是一种乌托邦思想。我们不能说,等到人们都接受了某种教育,或都被教育成了某种理想的人,政治问题才能得到解决。

(4) 在托克维尔那里,民主实践与民情的改变并非简单的孰先孰后问题,并非先有特定的民情、先有"优秀的人民",才可以建立民主。托克维尔写道,在法国,"民主革命虽然在社会的实体内发生了,但在法律、思想、民情和道德方面没有发生为使这场革命变得有益而不可缺少的相应变化"②。托克维尔是说,民主革命已经完成,但相应的民情、道德没有跟上来。由此,托克维尔并非提倡因民情拒绝民主,他是说立法者、政治家要致力于心灵、习惯、道德方面的改进,以使民主恰当地发挥作用,扬其长而避其短。

"多数暴政"

托克维尔对无限权能的批判,具体到民主社会中,体现为对"多数暴

---

① [法] 托克维尔:《论美国的民主》上卷,董果良译,商务印书馆1988年版,第258页。
② 同上书,第9页。

政"（tyranny of the majority）的批判。托克维尔关于"多数暴政"的见解颇为著名。托克维尔提醒人们注意，民主制度的最大危险在于多数所拥有的无限权威可能扼杀个人的自由，即导致"多数暴政"。他认为，在民主制度下，多数对政府的统治是绝对的，谁也对抗不了多数。当一个人与多数的意志相对立时，他面临着个人的一己意志应当服从多数人意志的道德压力。

托克维尔揭示了这种新型暴政的残酷性和严重性。他指出，传统君主制暴政充其量只是一种政治的暴政，而不可能是社会的暴政。而民主所产生的多数暴政却不同，多数既拥有政治权力，又拥有社会的精神乃至道德的权力，它能摧毁人们的独立精神，摧毁个人的独立人格。"多数既拥有物质力量，又拥有精神力量，这两项力量合在一起，既能影响人民的行动，又能触及人民的灵魂，既能消弭动乱于已现，又能防止动乱于预谋。"① 他说："昔日的君主制只靠物质力量进行压制；而今天的民主共和国则靠精神力量进行压制，连人们的意志它也想征服。在独夫统治的专制政府下，专制以粗暴打击身体的办法压制灵魂，但灵魂却能逃脱专制打向它的拳头，使自己更加高尚。在民主共和国，暴政就不采取这种办法，它让身体任其自由，而直接压制灵魂。"②

不过，理论上民主制度下多数的暴政，并未在美国成为一个现实。这多数人的暴政，实际上发生在法国。托克维尔认为，美国民主的成功在于，美国人以诸多措施来抑制多数暴政，这些措施包括：独特的联邦制度；法学家精神（托克维尔说他们拥有贵族精神）；公民参与制度。

不过需要注意的是，托克维尔并非民主的敌人，虽然他无情地批评民主的问题。他的著作中既有对新生活的向往，又有对贵族时代的追忆，他为自由主义民主理论做出了贡献。托克维尔说："一个全新的社会，要有一门新的政治科学。"③ 这"新政治科学"，就是关于民主的科学。

个人主义及其克服

"个人主义"（individualism）一词在托克维尔这里，有特定的含义，它不同于我们在讨论霍布斯时所说的作为一种政治哲学根本原则的个人主义。

---

① [法] 托克维尔：《论美国的民主》上卷，董果良译，商务印书馆1988年版，第293页。
② 同上书，第294页。
③ 同上书，第8页。

第九章 法国的革命与反革命

托克维尔以个人主义来描述某种消极现象。他说:"个人主义是一种只顾自己而又心安理得的情感,它使每个公民同其同胞大众隔离,同亲属和朋友疏远。"① 托克维尔认为,个人主义会败坏公德,最终也将败坏其他美德。个人主义是民主的产物。个人主义意味着人与人之间社会联系的缺乏。在贵族社会中,个人与他的祖先,与他的同胞,皆有紧密的联系。而在民主社会中,人们则不仅忘记了祖先,也不顾后代,并且与同时代人疏远。他们是孤立的个人,遇事只想到自己。他们信奉命运全仗人自主,自己的幸福自己负责。他们从公共生活中撤离,隐退到一己私域之中。

依托克维尔之见,此种个人主义,与专制主义是相互配合的。专制主义,既包括国王的专制,也包括人民的专制,若论恶果,则后者更甚。托克维尔写道:"专制在本质上是害怕被治者的,所以它认为人与人之间的隔绝是使其长存的最可靠保障,并且总是倾其全力使人与人之间隔绝。在人心的所有恶之中,专制最欢迎利己主义。只要被治者不相互爱护,专制者也容易原谅被治者不爱他。专制者不会请被治者来帮助他治理国家,只要被治者不想染指国家的领导工作,他就心满意足了。他颠倒黑白,把齐心协力创造社会繁荣的人称为乱民歹徒,把只顾自己的人名为善良公民。"②

然而,美国人仍然有较好的办法,以克服民主社会中的个人主义。这办法,就是保障人们的政治自由。这种自由,即指基层政治中的自治。此外,美国人对"结社"的热衷,也制约了个人主义带来的弊病。托克维尔在书中对美国的新英格兰自治多有阐释。他指出,政治自由使人们之间发生关联,克服自顾自的孤立状态,使他们时刻感到自己生活在社会中。③

托克维尔发现,政治自由不仅是个权利问题,更有其不可或缺的社会整合功能。它促进了平等社会中的团结,使得公民奉献公益的习惯得以形成。他写道:

> 地方性自由可使大多数公民重视邻里和亲友的情谊,所以它会抵制那种使人们相互隔离的本能,而不断地导致人们恢复彼此协力的本性,并迫使他们互助。
>
> 在美国,最富裕的公民也十分注意不脱离群众,而且不断地同他们

---

① [法]托克维尔:《论美国的民主》下卷,董果良译,商务印书馆1988年版,第625页。
② 同上书,第630页。
③ 同上书,第633页。

接近，喜欢倾听他们的意见，经常与他们交谈。美国的最富裕公民知道，在民主制度下，富人经常需要穷人的协力，在民主时代，争取穷人之心的最有效手段并不是小恩小惠，而是对他们友好。施给的恩惠越大，越会显出贫富之间的差距，所以受惠者的心里会暗中反感。但是，和蔼待人，却具有难以抵抗的魅力，因为亲昵足以动人，而粗暴无不伤人。

……

我曾一再看到美国人为公共事业做出巨大的和真诚的牺牲，并且多次发现他们在必要的时候几乎都能忠实地互助。

美国居民享有的自由制度，以及它们可以充分行使的专制权利，使每个人时时刻刻和从各个方面都感到自己是生活在社会里的。这种制度和权利，也使他们的头脑里经常想到，为同胞效力不但是人的义务，而且对自己也有好处。同时，他们没有任何私人的理由憎恨同胞，因为他们既非他人的主人，又非他人的奴隶，他们的心容易同情他人。他们为公益最初是出于必要，后来转为出于本意。靠心计完成的行为后来变成习性，而为同胞的幸福践行的努力劳动，则最后成为他们对同胞服务的习惯和爱好。①

托克维尔盛赞美国人的公共精神。他写道：

在某些国家，居民们总是以一种厌恶的态度来对待法律授予他们的政治权利。他们认为，为公共利益而活动是浪费自己的时间。他们喜欢把自己关闭在狭小的自私圈子里，四周筑起高墙和挖上深壕，与外界完全隔离开来。

美国人与此相反。如果叫他们只忙于私事，他们的生存就将有一半失去乐趣；他们将会在日常生活中感到无限空虚，觉得有难以忍受的痛苦。②

乡镇：政治生活的学校

托克维尔十分推崇美国的乡镇自治。这种实践，是新英格兰人的经验。

---

① ［法］托克维尔：《论美国的民主》下卷，董果良译，商务印书馆1988年版，第632—634页。
② ［法］托克维尔：《论美国的民主》上卷，董果良译，商务印书馆1988年版，第278页。

它体现的不是民主,而是自由。在这里,自由即指参与政治生活、自己统治自己。托克维尔指出,乡镇,是"自由赖以实现的组织形式"①。乡镇,俨然是一个个小共和国。乡镇要承担全州性的义务,但在只与自身有关的事务上,它是完全独立的。在乡镇内部,人民享受着"真正的、积极的、完全民主和共和的政治生活"。乡镇自己任命行政官员,制定税则。涉及全乡镇人的事情,就召开公民大会讨论决定。新英格兰的乡镇,人数通常是两三千人。其人数不会太多,以便其共同利益易于实现;其人数也不会太少,以免不能找到合适的行政官员。托克维尔强调,在美国,"政治生活始于乡镇"②。

托克维尔还论及美国的"乡镇精神"。乡镇精神体现为,美国人爱他们的家乡,关心乡镇的事,这并非因为他们出生在那里,而是因为他们把乡镇当成由他们组成的一个自由的共同体。乡镇培养了热爱自由、具有公共精神与自豪感的"公民",而非凡事等、靠、要的顺民。它是公民的摇篮,是政治家的摇篮。人民通过乡镇自治实践完成了对自身的政治教育。乡镇还培养了公民的爱国心。他们的爱国,植根于对家乡的热爱。因为他们是家乡的主人,他们感到,家乡的每一件事都与他自己有联系。

革命发生的机理

常言道:哪里有压迫,哪里就有反抗,压迫愈深,反抗愈烈。托克维尔却基于对法国大革命的分析,为世人提供了一种与之相反的观点。革命,并非发生在压迫最深的地方,它发生在那些压迫较轻的地方。路易十六统治时期,采取了不少减轻人民负担、改善人民处境的措施,那个时期是一段繁荣的时期,然而,革命也正是在这个时候发生的。托克维尔指出,经验表明,对一个坏政府来说,最危险的时候通常就是它启动改革的时候。这里,坏政府实际上面临着一个悖论:不改革,旧政府慢慢地走向死亡;一旦启动改革,则旧政府死得更快。《旧制度与大革命》是论革命的经典之作,它为人们提供了关于革命发生机理的经典论述。需要注意的是,托克维尔的论断针对的是"坏政府"。并非一切政府改革都会陷入"悖论",会将政府置于险

---

① [法]托克维尔:《论美国的民主》上卷,董果良译,商务印书馆1988年版,第16页。
② 同上书,第72页。

境,只有"坏政府"才会面临如此困局。托克维尔实际是说,坏政府横竖都是没有前途的。

托克维尔写道:"革命的发生并非总因为人们的处境越来越坏。最经常的情况是,一向毫无怨言仿佛若无其事地忍受着最难以忍受的法律的人民,一旦法律的压力减轻,他们就将它猛力抛弃。被革命摧毁的政权几乎总是比它前面的那个政权更好,而且经验告诉我们,对于一个坏政府来说,最危险的时刻通常就是它开始改革的时刻。只有伟大天才才能拯救一位着手救济长期受压迫的臣民的君主。人们耐心忍受着苦难,以为这是不可避免的,但一旦有人出主意想消除苦难时,它就变得无法忍受了。当时被消除的所有流弊似乎更容易使人觉察到尚有其他流弊存在,于是人们的情绪便更激烈:痛苦的确已经减轻,但是感觉却更加敏锐。"①

托克维尔详细地描绘了大革命前法国的一些状况,他提到:尽管社会全面取得进步,但是18世纪法国农民的处境有时竟比13世纪还糟。从17世纪开始,贵族便开始抛弃乡村,到18世纪,逃离农村已成普遍现实。最终,农民完全与上层阶级失去了联系,他们像被人从国民中淘汰出来,扔在了一边。托克维尔说,尽管13、14世纪的农民所受到的压迫更深,贵族有时还对农民施暴,但贵族从未抛弃农民,"被抛弃"的痛苦远胜于被压迫的痛苦。托克维尔又提到大革命前文人(哲士)的状况。他通过与英国的比较,指出18世纪中叶法国文人成了国家首要的政治家,对社会政治问题说三道四,发表各种不负责任的言论,大谈自然权利等抽象的理论,无限激发民众的想象。② 人民在文人的鼓动下,沉湎于虚构的理想国,对现实状况毫无兴趣。他们在阅读那些人的书时,也迷上了那些作家的性情、好恶乃至癖性,他们希望用统一的方案对社会进行整体改造,再无修修补补的耐心。而政府和统治者,在大革命前夕竟然毫无察觉,他们始终生活在一种奇怪的安全感中。尤其可悲的是,政府也加入了对人民进行"革命教育"的行列。他写道:"政府自己早已努力往人民的头脑中灌输和树立后来较为革命的思想,这些思想敌视个人,与个人权利对立,并且爱好暴力。"③ 托克维尔说,政府修建笔直的道路,强占土地,强拆民房,到处践踏私人财产权,赔偿费却由政府随意规定,贵族往往分文不给。这一切都给人民树立了坏榜样。而另一方

---

① [法]托克维尔:《旧制度与大革命》,冯棠译,商务印书馆1992年版,第210页。
② 同上书,第174页。
③ 同上书,第221页。

面，政府又发出了许多煽动民众、激发民众欲望的言论，乱开空头支票，大谈什么改善民生疾苦，结果是令民众对现状更加无法忍受，"减轻人民负担反而激怒了人民"。他写道：

> 那些最应害怕人民发怒的人当着人民的面高声议论那些经常折磨人民的残酷的、不公正行为，他们相互揭发政府机构骇人听闻的种种罪恶，而政府机构是人民身上最沉重的负担；他们用动听的辞令描绘人民的苦难和报酬低劣的劳动：他们试图这样来解救人民，结果使他们怒气冲天。我说的不是作家，而是政府，是政府的主要官员，是特权者本身。①

在多种因素的作用下，最终人民不满意于既有的改革，他们要"自己动手"来完成改革，革命就这样发生了。

托克维尔在《旧制度与大革命》中，还论及了"民族性"对革命的影响。他指出，法国人爱平等甚于爱自由，他们宁可在奴役状态中享受平等也不想在不平等的情况下做一个自由人。所以大革命发生后，带来的不是自由，而是以人民的名义实施的暴政，人民从旧制度中习得了那种冷酷无情的习气。托克维尔说，只有真正懂自由、爱自由的民族，才配享自由。而法国的革命群众嘴上讲爱自由，其实不过是在表达对现状的不满、对主子的憎恨。

"失败者"托克维尔

托克维尔心目中的理想社会是："在这个社会里，人人都把法律视为自己的创造，他们爱护法律，并毫无怨言地服从法律；人们尊重政府的权威是因为必要，而不是因为它神圣；人们对国家元首的爱戴虽不够热烈，但出自有理有节的真实感情。由于人人都有权利，而且他们的权利都得到保障，所以人们之间建立起坚定的信赖关系和一种不卑不亢的相互尊重关系。"②

托克维尔自觉生活在一个充满危机的时代，一个面临着前所未有之大变

---

① ［法］托克维尔：《旧制度与大革命》，冯棠译，商务印书馆1992年版，第214页。
② ［法］托克维尔：《论美国的民主》上卷，董果良译，商务印书馆1988年版，第11页。

局的时代。他的著作中，四处流淌的是一种敏感而压抑的心灵所特有的焦虑与不安。他说："难道以前的所有世纪就是像我们这个世纪一样吗？难道人们一直看到的就是我们今天这样的世界吗？在我们今天这个世界上，一切关系都是不正常的，有德者无才，有才者无名，把爱好秩序与忠于暴君混为一谈，把笃爱自由与蔑视法律视为一事，良心投射在人们行为上的光只是暗淡的，一切事情，不管是荣辱还是真伪，好像都无所谓可与不可了。"①

托克维尔从来不是一个英姿勃发、激情澎湃的人，也不是一个冷眼看风月、恬然自得的隐士。他的文字是西方政治思想史中不免抑郁的一章。他身体虚弱，慢性肺疾使他的脸上毫无血色。1836 年，哲学家爱德华·甘斯（Edouard Gans）在一个贵夫人主办的沙龙上见到了托克维尔，他回忆说，托克维尔是"一个面容苍白、甚至有点病态的年轻人……这位年轻人的举止有着上一代人的优雅和礼貌，这在当代法国人中已越来越少见。他引起了我的注意。于是，我问我的同伴：'这个年轻人是谁？'"② 20 世纪德国政治理论家卡尔·施米特如此刻画托克维尔："他的目光柔和而明澈，而且总是带有一点儿忧伤。"③ 他以"失败者"来描述托克维尔。他写道：

> 托克维尔是个战败者，在他身上集中了各种各样的失败，这并非偶然，并非晦气使然，而是命运注定的和生存造成的。托克维尔作为贵族是内战的失败者，这意味着：带来最糟糕失败的最糟糕战争的失败者。他属于被 1789 年革命战胜的社会阶层。他作为自由派预见到不再自由的 1848 年革命，并因这场革命恐怖的爆发而受到致命打击。托克维尔作为法国人属于在经历了 20 年之久的联合战争之后被英国、俄国、奥地利和普鲁士打败的民族。因此托克维尔是外交世界大战的失败者。他作为欧洲人同样沦为失败者的角色，因为他预见到一个发展趋势，这将使美国和俄国这两个新兴强国越过欧洲人的头顶成为不可抗拒的集中化和民主化的代表和继承者。最后，托克维尔作为根据父辈的信仰条件通过洗礼和传统保持下来的基督徒，败在了他那个时代的科学上的不可知

---

① [法] 托克维尔：《论美国的民主》上卷，董果良译，商务印书馆 1988 年版，第 15 页。
② [法] 吕西安·若姆：《托克维尔：自由的贵族源泉》卷首语，马洁宁译，漓江出版社 2017 年版。
③ [德] 卡尔·施米特：《论断与概念》，朱雁冰译，上海人民出版社 2006 年版，第 337 页。

论之下。①

施米特于 1946 年写下上述文字时，自己也正作为一场战争的"失败者"被囚禁在监狱中。

在托克维尔的思想深处，法国、英国、美国三个国家是比较的对象。在英国，贵族发挥了维护自由的作用。但是从 1830 年"七月革命"后，托克维尔认识到法国贵族只会是反动的力量。他主张法国借鉴美国较成功的经验，在地位平等的前提下思考如何维护自由。时至今日，托克维尔的《论美国的民主》《旧制度与大革命》，皆成传世名作。当它们作为当时法国政治家镜鉴的作用在历史的尘埃中隐去后，它们作为政治哲学著作所包含的智慧之光便闪现出来。

多面的托克维尔

托克维尔在现代社会科学发展史上具有重要地位。他被雷蒙·阿隆称为现代社会学的先驱人物。阿隆尤其重视托克维尔与孟德斯鸠的联系。阿隆写道："在学说史上，托克维尔的思想与孟德斯鸠紧紧相连。"② 他称托克维尔是孟德斯鸠的门徒，《论美国的民主》之于《论法的精神》，《旧制度与大革命》之于《罗马盛衰原因论》，前者关于社会政治，后者关于历史，皆可见二人的神会之处。二人的社会政治分析及历史研究，不仅共享"理想类型"的方法，而且同样肯定人的选择与自由，拒绝社会环境决定论或历史决定论。这与圣西门、孔德、马克思学说的社会或历史"必然性"预设截然不同。托克维尔对圣西门、孔德的实证科学甚为不屑。他自言在写作《论美国的民主》下卷时心中每念及的思想家是"帕斯卡、孟德斯鸠、卢梭"。③ 不过，阿隆同时指出，托克维尔与孟德斯鸠的不同在于，托克维尔关注民主问题，基于政治去分析社会，孟德斯鸠则基于社会去分析政治。阿隆本人主张的"政治的优先"，在托克维尔这里即有体现。阿隆赞同托克维尔的基本立场，他指出，托克维尔"拒绝把政治从属于经济，拒绝以圣西门的方式预言

---

① ［德］卡尔·施米特：《论断与概念》，朱雁冰译，上海人民出版社 2006 年版，第 338—339 页。
② ［法］雷蒙·阿隆：《社会学主要思潮》，葛智强等译，华夏出版社 2000 年版，第 426 页。
③ ［德］赫尼斯：《托克维尔的视角》，转引自刘小枫、陈少明主编《回想托克维尔》，华夏出版社 2006 年版，第 120 页。

对事的管理将代替对人的管理,拒绝以马克思的方式把社会上的特权阶级和政治上的领导阶级混淆在一起"①。在后来的文章中,阿隆又把托克维尔作为一个分析"革命后社会"(亦即现代社会)的理论家。并且,阿隆认为,托克维尔和马克思都低估的东西是社会角色的不可避免的等级制、基因遗传的不等和现代社会的复杂性。②

晚近以来,研究者们越发重视托克维尔思想的古典特征。麦尔文·里希特(Melvin Richter)将托克维尔归入公民人文主义者行列。③ 美国学者保罗·海纳指出,托克维尔的自由不仅包括现代权利观念,也包括古代民主以及道德自由之意涵。他以托克维尔为理论资源,提出了在当代社会"复兴乡镇"的建议。④ 笔者亦曾在一篇文章中指出,托克维尔的自由观,既包括消极自由观念,也包括积极自由观念。⑤ 弗朗索瓦·费雷(François Furet)认为,托克维尔的美国之旅是用"孟德斯鸠的方法去解答卢梭的问题的一种尝试:如何理解一个自由和平等的个人组成的社会"⑥。赫尼斯(Wilhelm Hennis)更是指出,托克维尔的视角全然是卢梭式的,不是孟德斯鸠式的,将托克维尔与孟德斯鸠类比,从社会科学的角度去看待托克维尔,完全错误。他又称,通常所谓托克维尔著述的核心是处理民主(平等)与自由的关系,⑦ 亦犯了严重的错误,实是拿19世纪中后期的眼光去看待托克维尔在二三十年代所写的著作。他认为,个人主义与社会团结之间的张力,才是托克维尔《论美国的民主》的中心关怀。与卢梭一样,托克维尔关心的是个人主义之弊病。而且,托克维尔最早讨论了现代社会中的新式奴役。平等并列的孤立个人,与一种深入人内心的软专制主义,二者共同构成了一个平庸的大众社会。赫尼斯写道:托克维尔捍卫的自由,是"公民的自

---

① [法]雷蒙·阿隆:《论自由》,姜志辉译,上海世纪出版集团2007年版,第10页。
② [法]雷蒙·阿隆:《重新发现托克维尔》,载[法]雷蒙·阿隆等《托克维尔与民主精神》,陆家淦、金烨译,社会科学文献出版社2008年版,第2、11页。
③ Melvin Richter, "The Uses of Theory: Tocqueville's Adaption of Montesquieu", in *Essays in Theory and History*, edited by Melvin Richter, Cambridge, Massachusetts and London: Harvard University Press, 1970, pp. 74–102.
④ [美]保罗·海纳:《权利·自由·乡镇自治:重温托克维尔》,董礼胜译,载《自由与社群》,生活·读书·新知三联书店1998年版,第206页。
⑤ 陈伟:《托克维尔的自由概念》,《学术月刊》2016年第4期。
⑥ [法]弗雷:《托克维尔思想的知识渊源》,载[法]雷蒙·阿隆等《托克维尔与民主精神》,陆家淦、金烨译,社会科学文献出版社2008年版,第70页。
⑦ 雷蒙·阿隆即称:"在条件变得越来越平等的一个社会中,自由能得到保护吗?这就是托克维尔的基本问题。"参见[法]雷蒙·阿隆《论自由》,姜志辉译,上海世纪出版集团2007年版,第4页。

由，不是资产者的自由"①。再者，托克维尔重视的是伟大。托克维尔下面的这段话，颇能说明赫尼斯的观点：

> 今天罕有的是激情，维持和引导生活的真正和强烈的激情。我们可能不再渴望，不再热爱或仇恨。怀疑论和人道主义使我们完全瘫痪了；使我们不再有宏伟的风格，不论是做好事还是做坏事；迫使我们围绕一大堆小事笨拙地鼓翅，而其中没有一件事吸引我们、强烈地让我们反感或者强烈地让我们觉得有趣。②

如果我们沿着赫尼斯的指向去考察托克维尔，还可以加上托克维尔在法国殖民地问题上毫无遮掩的帝国主义立场。在殖民地阿尔及利亚问题上，托克维尔反对其独立，他希望法国成为一个伟大的帝国。法国军队对土著柏柏尔人的暴行，在托克维尔看来，只是建立和平所必须付出的代价。与约翰·斯图亚特·密尔不同，托克维尔并不从文明进步利好的角度去论证帝国主义，他依据的是"民族的光荣、自信的提升及团结"③。

更有诠释者挖掘托克维尔与旧制度的联系，解释托克维尔虽属于自由派，但其自由主义是贵族的自由主义，它是"反布尔乔亚的"。这也是托克维尔与基佐的自由主义分道扬镳之处。④ 吕西安·若姆写道："这个年轻的贵族为他的出身环境上了一课，向后者展示了全新的'民主'世界的大门，他却并没有因此将大门的钥匙交给中产阶级。"⑤ 若姆还揭示，对民主潮流的认知、对大众的不信任以及对民主造成专制的担忧，在托克维尔同时代的保守派作家、也是托克维尔的远方舅亲夏多布里昂那里已有充分的表述。夏多布里昂实为《论美国的民主》的先驱。从1830年起，在《论美国的民主》下卷出版前，夏多布里昂出版了多本论民主的著作。夏多布里昂指明，专制主义戴着民主的面具前进。他认为欧洲的未来便是民主，这自然意味

---

① [德]赫尼斯：《托克维尔的视角》，转引自刘小枫、陈少明主编《回想托克维尔》，华夏出版社2006年版，第126页。

② 托克维尔1841年8月10日的信，转引自刘小枫、陈少明主编《回想托克维尔》，华夏出版社2006年版，第138页。

③ Alan Ryan, *On Politics: A History of Political Thought*, New York: Liveright Publishing Corporation, 2012, p.763.

④ [法]吕西安·若姆：《托克维尔：自由的贵族源泉》，马洁宁译，漓江出版社2017年版，第38页。

⑤ 同上书，第40页。

着普遍的平等。它制造了蜂巢和蚁穴，其中个体成了蜜蜂、蚂蚁或机器上的一个齿轮。① 若姆称，托克维尔是"亦步亦趋地模仿着这位贵族自由的鼓吹者"，甚至托克维尔著名的关于民主"洪水"的比喻，也是直接挪自夏多布里昂。托克维尔考察美国民主时，采用的既不是孟德斯鸠的视角，也不是卢梭的视角，而是夏多布里昂的视角。

显然，以上对托克维尔的解读，指向极为不同的方向。强调托克维尔对个人自由的重视，对基佐的继承，便将托克维尔归入自由主义阵营。确实，托克维尔不仅自称是"自由主义者"，时人大多也这么认为。突出托克维尔对公民自治及公共联系的重视，视托克维尔的最终关心是政治自由、光荣与伟大，便不难将其看作一名共和主义者。抓住托克维尔的贵族出身以及其著作对保守派贵族作家如夏多布里昂（还包括梅斯特尔）的倚重，认为托克维尔持一种反资产者的贵族自由观，则不难在托克维尔与保守主义之间建立联系。

我们或许可以这样说，托克维尔思想确实包含多个侧面。而这些侧面之间，常常处于某种紧张之中。托克维尔并不想对这些问题作简单化的处理。对托克维尔来说，新时代需要的新政治科学之构建才刚刚开始。民主时代人物风情画的卷轴，尚未最终展开。以地位平等为根本特征的民主社会，在当时是一种史无前例的新生事物。托克维尔在《论美国的民主》的最后部分写道："过去已经不再能为未来提供借鉴，精神正在步入黑暗的深渊。"② 对于刚刚浮出水面的民主社会，人们只能有一个初步的认识。而如何应对这一潮流带来的后果，还要看各国政治家及其人民自己的选择。

高比诺的种族不平等理论

法国大革命是第三等级以人民的名义对旧制度发起的革命。大革命后，尽管贵族势力几度复辟，但到1848年革命的时候，时人几乎都已认识到，贵族的时代是一去不复返了。悲观的情绪在法国贵族高比诺的著作中明显地流露出来。贵族之所以成为贵族，源于其高贵的血统。真正的贵族是世系贵族。大革命后，贵族作为一个社会等级退出了历史舞台，婚姻不再讲究门当

---

① [法]吕西安·若姆：《托克维尔：自由的贵族源泉》，马洁宁译，漓江出版社2017年版，第345页。
② [法]托克维尔：《论美国的民主》下卷，董果良译，商务印书馆1988年版，第882页。

第九章 法国的革命与反革命

户对。在高比诺的笔下，这变成了种族混杂，具有高贵血统的人种消失了。他以种族的语言，表达了对贵族时代终结的惋惜，亦暗含对民主时代的拒斥。

约瑟夫·阿杜尔·德·高比诺（Joseph Arthur de Gobineau，1816—1882）是法国贵族，有伯爵的头衔。他做过外交官，历任驻伯尔尼、汉诺威、法兰克福、德黑兰、雅典、里约热内卢和斯德哥尔摩大使。高比诺自称是北欧神话中司掌智慧、艺术与战争的奥丁神的后裔。高比诺在思想史上留名，不在于他的贡献，而在于他的危害；不在于他的睿智，而在于他的荒谬。实际上，他是一名标准的制造意识形态（一套放之四海皆准、穷尽历史奥秘的系统化理论）的专家。1853年，他发表了四卷本著作《人类种族的不平等》，提出臭名昭著的种族理论。他的著作还有《波斯史》（1869）、《文艺复兴》（1877）。

高比诺在他的四卷本著作开篇即言："文明的衰落是一切历史现象中最触目惊心的，同时也是最暧昧难明的现象。"显然，他讨论种族问题是出于对人类文明前景的担忧。"文明的衰落"一词奠定了全书悲观主义的基调。他提出"文明的衰落"比尼采早三十年。而他生活的19世纪上半叶，本是一个人们普遍乐观的时期，高比诺在此乐观氛围中，谈文明的衰落，是十分独特的。

高比诺说，人类最初是同一种族"亚当人"，后来分成了白、黄、黑三种，往下这三个种族的混血产生了更多的种族。他的学说的关键词是"种族纯洁"与"种族混合"。他认为，种族越纯洁越好，种族混合则导致人种的衰退。种族纯洁的民族中，人们思想方式一致，社会政治制度稳定，而种族混杂则带来人们观点的分歧，性格上的易变，精神上的轻浮。[①] 根据他的描述，人种每混杂一次，总是低等人占强势地位，这样下去，人类终将灭亡。他说："人们也许可以假设人类对大地统治能延续12000年到14000年，这一统治时代分成两个时期：第一个时期过去了，它拥有青春……第二个时代开始了，它将会看到衰亡进程直至腐朽。"

高比诺视白种人为最优秀的种族。他说，白种人优越于其他一切种族，他写道："地球上最重要的地区就是目前住着最纯洁的、聪明的和强有力的

---

① [法]高比诺：《关于种族不平等的经验》，转引自[苏]凯切江、费季金主编《政治学说史》（中册），巩安等译，法律出版社1960年版，第130页。

白种人群的地方。如果它在不可克服的力量影响之下被迫迁移到两极的地方去，那么，精神生活的中心也就要转到这个地方来。"① 他断言斯拉夫各族人民属于"最衰老、最腐朽、最退化的种族"，而日耳曼人是最"高级的"白种人的优秀代表。② 高比诺理论的语境是，当时流行的关于法兰西民族起源说认为，法国贵族是日耳曼人的后裔，而法国的第三等级——资产阶级则是高卢—罗马奴隶的后裔。高比诺实际上是从种族纯洁来为贵族的高贵辩护。而民主时代的来临，则意味着种族的大混杂。从这样的种族大混杂中，高比诺看不到任何希望。

高比诺是托克维尔的秘书、朋友，他们之间有多次通信。托克维尔早就看出了这种理论的危险。他在信中毫不客气地批评说，高比诺的理论是一种宿命论，它使人的自由大为缩减；从高比诺的理论中可以推导出永久的不平等所能产生的一切罪恶（傲慢、暴力、同类之间的敌视、暴政和各种形式的屈辱）；高比诺对历史的阐释也没有依据。托克维尔说："我认为它们很可能是错误的，而且很确定地说，它们是有害的。"③ 高比诺的种族理论，在法国没有引起关注，但在德国则得到了威尔海姆·理查德·瓦格纳和 H. S. 张伯伦（瓦格纳的女婿）的推崇，成为德国种族主义思想的重要来源。④ 德意志第三帝国时期，纳粹主义者也不忘援引高比诺的观点。高比诺的种族不平等理论，不同于后来为种族灭绝辩护的种族主义，但它确实提供了一种意识形态。从一个角度解释全人类的整个历史，自高比诺开始出现。

高比诺不会赞同种族屠杀的计划，实际上，高比诺反对帝国主义，因为帝国主义会带来血统的混合。他不必为后来的种族主义负责。但从种族的角度解释历史，高比诺确实"功不可没"。汉娜·阿伦特评价说，高比诺是一个失败的贵族，也是一个浪漫的知识分子，只是"在偶然的情况下，发明了种族主义理论"⑤。

---

① ［法］高比诺：《关于种族不平等的经验》，转引自［苏］凯切江、费季金主编《政治学说史》（中册），巩安等译，法律出版社 1960 年版，第 130 页。
② 同上书，第 131 页。
③ ［法］托克维尔：《政治与友谊：托克维尔书信集》，黄艳红译，上海三联书店 2015 年版，第 227 页。
④ ［法］克洛得·达维德：《希特勒与纳粹主义》，徐岚译，商务印书馆 1997 年版，第 55 页。
⑤ ［美］汉娜·阿伦特：《极权主义的起源》，林骧华译，生活·读书·新知三联书店 2008 年版，第 243 页。

多诺索·柯特斯：19 世纪最伟大的"反动派"

1853 年 5 月 4 日，德国保守党机关报《新普鲁士报》上一则发自巴黎的简讯宣布了西班牙政治思想家、政治家、外交家多诺索·柯特斯（Juan Donoso Cortés）的去世。其中有几句这样写道：

> 昨晚九时许，西班牙驻拿破仑宫廷的公使在这里去世，西班牙甚至整个基督教世界都因此而感受到重大损失。瓦尔德加玛斯侯爵柯特斯生于 1809 年，如果我没有记错，他在弱冠之年就属于一些极富个性的天主教政治家之列，这些人与获得永生的柯特斯一样，因兼有深刻的天主教信仰和非凡的外交天赋而成为西班牙天主教国王的优秀代表，并获得远远超过其祖国边界的重要性。[①]

多诺索去世时，不过 44 岁。他的过早离去，无疑影响到了他在政治思想史上的地位，他本可以为人类贡献更多的政治思想作品。今天，政治思想史教科书鲜有提及多诺索。即使在西方，只是到了 20 世纪 20 年代，经德国政治理论家卡尔·施米特的挖掘，多诺索作为一名政治思想家才重新回到西方学人的视野中。不过，多诺索不受学界重视，迄今依然如此。施米特十分推崇多诺索，他称多诺索是"19 世纪最伟大的政治思想家之一""非同寻常、令人喜爱的人"[②]。在《政治的神学》中，施米特曾将他与梅斯特尔、波纳尔德放在一起，视其为反革命国家学说的杰出代表。[③] 施米特关于人性的阴郁观感，对例外状态与主权者决断的推崇，甚至包括他对天主教的某种情结，皆与多诺索一脉相承。多诺索在世时影响甚大，其精彩演说令人叫绝，同时代的谢林、兰克、普鲁士国王，都是多诺索的忠实读者。俾斯麦在其回忆录中论及教皇与新教普鲁士的关系时，曾提到多诺索·柯特斯，以说明天主教与新教对立的政治

[①] ［德］卡尔·施米特：《1849 年柯特斯在柏林》，载［德］卡尔·施米特《论断与概念》，朱雁冰译，上海人民出版社 2006 年版，第 70 页。
[②] ［德］卡尔·施米特：《无名的柯特斯》，载［德］卡尔·施米特《论断与概念》，朱雁冰译，上海人民出版社 2006 年版，第 115—116 页。
[③] ［德］卡尔·施米特：《政治的神学》，载于［德］卡尔·施米特《政治的概念》，刘宗坤等译，上海人民出版社 2003 年版，第 45 页。

意涵。①

多诺索·柯特斯 1809 年 5 月 6 日出生于西班牙中西部的埃斯特雷马杜拉（Extremadura）。他天资聪慧。11 岁时，多诺索已经完成了人文主义教育的课程；12 岁时，他入萨拉曼卡（Salamanca）大学学习法律；16 岁时，他从塞维利亚（Seville）大学获得学位毕业。18 岁时，他已经是卡塞雷斯（Caceres）学院的文学教授。多诺索初时受理性主义哲学影响，欣赏卢梭学说，并作为自由派政治家步入政坛。但至 19 世纪 30 年代，随着他成了女王的私人秘书，其保守主义政治观日渐成型。由于他英年早逝，他的反革命活动，不过是 1848 年到 1853 年这五年。多诺索是冷静、务实、敏锐、有远见的外交家。1849 年，他曾作为西班牙公使前往柏林。多诺索认为，德意志地区可能出现天主教德国与新教德国并列的局面。多诺索人生的最后几年，一直在巴黎拿破仑三世的宫廷担任西班牙公使。他推动了拿破仑三世的独裁活动，对那时法国政体的转变发挥了一定影响。1853 年 5 月 3 日，多诺索去世。

多诺索的著作有《天主教，自由主义与社会主义》，此外还有若干公开演说及私人书信。他的《关于专政的演说》《关于欧洲形势的演说》，慷慨激扬，振聋发聩，堪称那个时代反革命学说的最强音。

独裁就是没有讨论

在了解多诺索关于独裁的论述之前，我们首先需要明确独裁（dictatorship）的含义。独裁指一人做决定，而无需众人的讨论。独裁必须有一个独裁者。独裁的概念不同于专制主义。在多诺索那里，独裁是他建议的，专制主义则是他反对的。独裁是一种政治决断机制，专制主义指一种统治方式，其中没有自由，没有法治。独裁却可以保卫自由，保卫法治。

多诺索把独裁看成是应对西方社会危机和革命浪潮的唯一手段。多诺索关于独裁的主张，与他的例外论、决断论的政治观联系在一起。它首先针对凡事求助法律手段的法治迷信。他说："法律为社会而制定，而非社会为法律而存在。社会，一切通过社会，一切为了社会；只有社会！一切环境中，

---

① ［德］奥托·冯·俾斯麦：《思考与回忆》第二卷，杨德友、同鸿印等译，生活·读书·新知三联书店 2006 年版，第 144 页。

第九章　法国的革命与反革命

一切事件中，首先要考虑的，只有社会。"① 这并非说完全不要法治，而是说，在法律不能奏效时，必须寻求其他办法。"当法律条文足以拯救一个社会时，法律条文就是最好的。但当它不足以那样时，独裁就是最好的。"② 换言之，独裁在某些特殊的情况下，必须被采用。多诺索说，独裁是合法的、良善的、有益的政府形式。在理论上与实践中以及在神学上，此种政府形式，皆可得到辩护。

在理论上，多诺索说，独裁是理论上的真理。多诺索指出，独裁缘于社会陷入严重的危机、病态的时刻。多诺索认为，社会生命就像人的生命一样，社会机体就像人的机体一样，它由正反两种力量构成。一是行动（action），一是反动（reaction）。一是攻击性力量，一是限制性力量。攻击性力量让社会机体致病有两种形式：一种情况下，社会中的个体患病；另一种情况下，政治组织患病。在前一种情况下，政府、法庭充当限制性力量；在后一种情况下，限制性力量便落入一个人的手中，这就是独裁。③

在实践中，独裁则是一个社会中必然具有的制度。没有一个社会没有独裁。多诺索说，民主的雅典是无所不能的人民的独裁，贵族制的罗马是元老院的独裁。英国宪政中，独裁并非某种法律中的例外。英国议会在所有事情上时刻拥有独裁权。它仅仅受到人类"慎虑"的考虑。

多诺索说，在神学上，独裁也有其神学依据。独裁是一个神圣事实。上帝统治宇宙，独裁者统治社会。上帝按独裁的方式进行统治。

多诺索认为，就欧洲和西班牙来说，由于革命力量的兴起，只有独裁才能拯救社会。法兰西共和国虽然按照自由、平等、博爱的名义建立，但它本质上是一个独裁制，自由、平等、博爱不过是三个谎言而已。④ 多诺索说，欧洲根本不存在自由。他说如果要在自由与独裁之间选择，他当然选择自由。然而这并不是问题所在，人们不是在自由与独裁间选择，而是要在不同的独裁之间选择。一方是造反派的独裁，一方是合法政府的独裁；一方来自下层，一方来自上层；一方是砍刀的独裁，一方是军刀的独裁。多诺索说，他情愿选择后者，因为后者要干净、高贵一些。⑤

---

① Juan Donoso Cortés, *Selected Works of Juan Donoso Cortés*, translated, edited, and introduced by Jeffrey P. Johnson, London: Greenwood Press, 2000, p.46.
② Ibid..
③ Ibid., p.47.
④ Ibid., p.49.
⑤ Ibid., p.57.

革命不能通过经济改革来消弭

1848年是革命年。革命引起各国政府的恐慌。有些政治家提出要通过经济改革或政治民主化改革来消弭革命，多诺索认为此为大谬。他指出，弄清革命的原因和机理，才能找到应对革命的手段。革命并非由于人们受奴役或者饥饿、贫困而发生。在人类历史上，奴隶和穷人可以制造一些战争、骚乱，但不能发起一场革命。他在演说中说："革命的酵母，既非奴隶制，也不是痛苦。革命的酵母，植根于被剥夺的暴民膨胀的欲望。你该像富人一样生活——这是针对中产阶级的社会主义革命的理念；你该像贵族一样生活——这是针对贵族阶级的中产阶级革命的理念；你该像国王一样生活——这是针对国王的贵族阶级革命的理念。最终，先生们，你该像神一样生活——这是第一个人针对上帝的最早的反叛。从亚当，第一个反叛者，到蒲鲁东，最后一个逆天的人，这是所有革命的理念。"[1]

在多诺索心目中，法国的蒲鲁东是最危险的革命者，马克思当时在巴黎，尚不出名。在多诺索看来，革命源于对权威的羡慕、嫉妒、模仿、僭越。它与一个人所处的自由状况、经济状况没有直接关系。革命者无所畏惧，他们要挑战社会中既有的等级制，甚至要对上帝发起进攻。

多诺索还有一个有意思的观点。他说，不要把1848年欧洲革命的浪潮归结为政府的问题，应当从被统治者那里去寻找根源。"恶不在于政府，而在于被统治者。恶在于被统治者已经变得无法被统治。"[2] 由此，革命之恶，不能通过经济改革来救治。更换政府，修改宪法，也无济于事。

如果我们进一步追问，人民为何变得无法被统治？多诺索说，原因在于权威观念从人们心中消失了。[3] 欧洲社会、全世界，都面临着这个问题：神以及人的权威的坍塌。由此，人民变得难以统治。在难以统治的人民中，政府形式必然是共和制的。这就是为何共和制受到推崇的原因。在此，政治问题与宗教权威的危机紧密联系在了一起。天主教对应于君主制，泛神论则对应于共和制。多诺索认为，革命是文明衰退的标记。多诺索还推理说，未来

---

[1] Juan Donoso Cortés, *Selected Works of Juan Donoso Cortés*, translated, edited, and introduced by Jeffrey P. Johnson, London: Greenwood Press, 2000, pp. 49–50.

[2] Ibid., p. 80.

[3] Ibid..

的革命将发生在圣彼得堡,而不是发生在伦敦。

文明衰退论

多诺索认为,文明就是天主教秩序,它代表着真理。一切动摇这一秩序的冲动和尝试,无论是宗教上的,还是政治上的,都意味着衰退。

多诺索把文明分为两个阶段:一是确信的、进步的、天主教的阶段,它是人拥抱真理、信仰上帝的时期;第二个阶段,则是衰退的阶段,它是否定的、倒退的、革命的阶段,其间人们否定上帝,拥抱错误,并希望改变国家的形式。

在第一个阶段,人们在宗教上有三个确信:(1)一个无所不能的具有人格的上帝(personal God)是存在的;(2)具有人格的上帝无处不在,他统治着天上和尘世;(3)这个上帝绝对地掌管着神与人的事务。与此相对应的三个政治秩序是:(1)有一个国王;(2)国王统治臣民;(3)国王主宰着臣民的事务。这三个政治上的确信以两种不同的政治制度来象征:绝对君主制和立宪君主制。多诺索说,第一个阶段已经结束,我们正在进入第二个阶段。在这个阶段,上述宗教上的确信,一一被否定,政治秩序中的王权,也最终遭到了摒弃。[1]

多诺索同启蒙以来的进步主义教条进行了斗争。他说,文明和世界不是在进步,相反,它们正在倒退。人们不是在走向自由,而是在走向专制主义。他惊呼:"世界正在大踏步地趋于专制主义(despotism)的建立,这种专制主义将是人类记忆中最大的、最具破坏性的专制主义。文明和世界正在朝此方向前进。"[2]

多诺索从天主教的高度来审视此一可怕的局面。他把宗教看作制约政治压迫的法宝。在他看来,堕落的人必须受到管束,而管束不外两种,一是内在的,一是外在的。前者是宗教的手段,后者是政治的手段。二者之间,是此消彼长的关系。当宗教的约束手段不再奏效,政治上的管束——暴政,就会兴起。他称这是"人类的法则,全部历史的法则"。[3] 他指出,在基督教

---

[1] Juan Donoso Cortés, *Selected Works of Juan Donoso Cortés*, translated, edited, and introduced by Jeffrey P. Johnson, London: Greenwood Press, 2000, p. 81.
[2] Ibid., p. 52.
[3] Ibid., p. 53.

兴起前，存在的只有暴政与奴隶。当耶稣基督来临后，宗教管束产生了，政治上的管束便完全消失了。耶稣与其门人建立的社会中，并没有政府。多诺索说，当内在的管束是完全的，自由就是绝对的。① 封建时代，人的激情开始侵犯了信仰，实际的、有效的政府开始建立，但它是最弱的那种。封建时代的王权，是一切王权中最软弱的一种。16世纪，随着路德改教，伴随着知识与道德上的"解放"，封建王权变成了绝对王权。宗教管束越来越衰落，人受到的政治上的管束越来越强烈。常备军建立了起来。"战士就是穿制服的奴隶。"② "行政权的集中"，使得政府拥有千里眼、顺风耳。这样还不够，它还要时时刻刻到处显示其权力。按照多诺索此论，可以预测，随着宗教的进一步衰落，人类社会将进入一个被全面支配的时代——这就是人类在20世纪见识过的极权主义。

面对此种局面，多诺索说，欧洲人要么坐以待毙，要么从宗教上发起反动。当宗教权威加强，政治上的管束和压迫自然会衰落。③ 不过，多诺索对此感到悲观、绝望。他说想到未来他就战栗不已。因为所有的灵魂已经分裂，一切爱国主义皆已灭亡。人可以改宗，但一旦失去信仰，便再也回不去了。对于现代世界而言，覆盖一切的暴政即将来临，一切准备工作都已经做好。

天主教文明正确，哲性文明错误

多诺索是19世纪真正捍卫天主教及罗马教皇权威的思想家之一。他指出，教皇永远正确，其权威不容置疑。对教皇的谕旨，只有服从，不存在商量的余地。他视天主教为正确的文明。他认为，天主教就是真理。反天主教就是错误。

多诺索说："人类命运是一个深奥的谜。对于这个谜，存在着两种相反的解释，一是天主教的，一是哲性的（philosophical）。"④ 以各自的解释为中心，形成了两种完全不同的文明。在这两种文明之间，存在着不可逾越的鸿

---

① Juan Donoso Cortés, *Selected Works of Juan Donoso Cortés*, translated, edited, and introduced by Jeffrey P. Johnson, London: Greenwood Press, 2000, p. 53.
② Ibid., p. 54.
③ Ibid..
④ Ibid., p. 59.

沟。多诺索说，天主教文明是正确的、善的，哲性文明是错误的、恶的。天主教文明纯洁，没有任何邪恶，哲性文明不含有任何好的东西。在这两者之间，必须做出坚定的选择。

天主教文明告诉人：人在本质上是病态的、孱弱的；人的理性很可怜，它既不能发明真理，也不能发现真理；人的意志也是薄弱的，除非得到帮助，它就不想、也没有能力做好事。人必须受到管束。讨论的自由必然导向谬误，行动的自由必然导向邪恶。与之相对，哲性文明则宣称，人在本质上是聪明的、健康的。人可以发现并发明真理。人的理性自身能够认识所有真理。人健康的意志能够欲求善事，并做出好的事情来。由此它说，重大社会问题的解决有赖于打破所有束缚人的理性和自由意志的绳索（bonds）。没有绳索，就是最佳的状态。拒绝上帝，人将变得完美。拒绝政府，就抛开了政治上的绳索。拒绝财产（蒲鲁东的名言是：财产就是盗贼），就拒绝了社会的绳索。最后，家庭也要被抛弃。[①] 在多诺索看来，现代的哲学家们，不过是职业骗子，他们试图让人民昏昏欲睡，让人民永远处在婴儿状态。[②]

未来两种文明，孰将获胜？多诺索说：哲性文明。多诺索说，恶将战胜善，然而上帝会战胜恶。这就是全部的历史哲学。[③] 不过，尽管败局已定，天主教徒还是必须进行最后的搏斗。决战时刻已经到来，这是善对于恶的斗争。这是天主教徒的职责使然，另一方面，斗争可以推迟失败的到来。而对于人来说，远有比胜利更为重要的东西。多诺索的号召，不是胜利的号角，而是悲壮、凄凉的最后的呐喊！其间洋溢的是宗教上的虔诚和"知其不可而为之"的精神。

值得指出的是，多诺索否定的是哲性文明，而不是理性与哲学。他否定的是理性主义的、泛神论的、无神论的观点。他认为，天主教是哲学之母。上帝的启示是理性的来源。理性主义则来源于斯宾诺莎主义、伏尔泰主义、康德主义、黑格尔主义等。这些都是精神鸦片。

多诺索与欧洲保守主义

多诺索具有敏锐的天才的政治直觉。他关于革命发生在圣彼得堡而非老

---

① Juan Donoso Cortés, *Selected Works of Juan Donoso Cortés*, translated, edited, and introduced by Jeffrey P. Johnson, London: Greenwood Press, 2000, p. 60.
② Ibid., p. 69.
③ Ibid., p. 61.

牌资本主义国家伦敦的预言,即为明证。他发现时人竟然未认识到无政府主义、无神论的巨大危害。他重申天主教真理,认为这是唯一的、尽管不可能有胜算的抵制自由主义、社会主义的精神武器。多诺索提倡独裁,然而他个人并不是一个具有支配欲的人。他的独裁论,是出于他严肃的理论思考。他的精神深处,是对自由的执着、对宗教的虔诚。他认定宗教权威的崩坍将带来横扫一切的专制主义,政治上的压迫将空前加强。他对人性有冷峻、不带任何幻想的看法。在他那里,人是卑劣的、愚蠢的、傲慢的、狂妄的、可笑的,他必得上帝来拯救,人甚至不及蝼蚁。世界历史就像一只颠簸的船,船上是一群喝醉了的水手,他们咆哮、乱舞,直到有一天上帝让船沉入大海。[1]他称资产阶级为讨论阶级。他希望通过反革命的独裁来遏制破坏性力量在欧洲甚至世界的蔓延。他宣称:欧洲社会正在死去,大灾难即将来临!天主教徒必须准备精神上的战斗!

多诺索·柯特斯的思想属于欧洲保守主义的传统。其理论上承梅尔斯尔、波纳尔德,下启卡尔·施米特。他不是浪漫主义者,而是基于天主教立场清晰识别出欧洲文明敌人的一流的政治思想家。我们也不应在他的思想与法西斯主义之间建立联系。[2]他的预见一一被验证。施米特认为,多诺索错误之处是把蒲鲁东当成了敌人的代表,其实敌人的代表应是马克思。他的悲观主义也不符合与敌人进行斗争在策略上的需要。斗争应当鼓励士气,而不是先做悲观主义的预言。尽管如此,施米特指出,多诺索的理论贡献仍是多方面的。反革命的国家学说,至多诺索这里,被独裁理论所取代。他的名字,不应当被政治理论界忘记。[3]

---

[1] [德]卡尔·施米特:《无名的柯特斯》,载[德]卡尔·施米特《论断与概念》,朱雁冰译,上海人民出版社2006年版,第113页。

[2] Jeffrey P. Johnson, "Introduction", in Juan Donoso Cortés, *Selected Works of Juan Donoso Cortés*, translated, edited, and introduced by Jeffrey P. Johnson, London: Greenwood Press, 2000, p. 8.

[3] [德]卡尔·施米特:《无名的柯特斯》,载[德]卡尔·施米特《论断与概念》,朱雁冰译,上海人民出版社2006年版,第116页。

第十章　德意志的心灵、社会与国家

在 21 世纪的今天，德意志民族常被视为高素质民族，就工业产品来说，德国品质，全球著名，值得信赖。实际上，从中世纪晚期德国城市兴起时，德国的工匠便制定了严格的行业产品标准，由行会强制实施，防止次品的出现，以保证产品的口碑。粗制滥造被认为是一件可耻的事情。例如在不莱梅，制作出的劣质皮鞋，都要拿到市政广场上当众销毁。① 德意志人反对虚浮、矫饰的东西。法国巴黎所谓的优雅礼仪与时尚，德国人往往嗤之以鼻。他们有一句谚语："是而非看起来像"（Sein nicht Schein）。② 德国人的严谨，令人敬畏，历史悠久，而成传统。德意志自 14 世纪以来，即拥有大量世界著名大学。例如维也纳大学（1365 年）、海德堡大学（1386 年）、科隆大学（1388 年）、埃尔福特大学（1392 年）、莱比锡大学（1409 年）、弗莱堡大学（1457 年）等。然而历史上，德意志人似并没有得到多少上天的眷顾。德国在工业化过程中，起步甚晚。20 世纪的两次世界大战，德国皆为战败国。第三帝国对 600 万犹太人的屠杀，死亡集中营里的恐怖体验，更是让人对所谓德意志人的"民族性"（如果确实有"民族性"）产生怀疑。纳粹主义的根源究竟是西方现代性，还是德国人自己的普鲁士军国主义传统，迄今仍然引起人们的激烈争议。德国政治思想，虽然属于欧陆政治思想的类型，却因其产生的独特环境、面临的独特问题，而表现出自己的特色。

自启蒙运动以来，德意志也有自由主义传统，但这一传统，直至"二战"，都不是主流，而浪漫主义、历史主义、马克思主义、纳粹主义，形形色色的反自由主义学说，则此起彼伏。德国的自由主义自身，也因着眼于创造性自我、积极自由而带有危险的意味。一国国民能大规模融入整齐划一的

---

① ［英］托马斯·马丁·林赛：《宗教改革史》，孔祥民等译，商务印书馆 2016 年版，第 86 页。
② ［英］埃德加·普雷斯蒂奇编：《骑士制度》，林中泽等译，上海三联书店 2010 年版，第 99 页。

集体之中，聚集在希特勒的旗下，必是长期对自由没有同情，对人权"无感"，或是缺乏实践自由的经验。貌似深刻的反现代、反启蒙思潮，无助于德国政治世界的建设，反而营造了一种呼唤独裁者的舆论与知识氛围。马克斯·韦伯曾痛感他那个时代德国统治阶级的目光短浅、得过且过，中产阶级软弱无能，没有政治意识，无产阶级缺乏必要的政治素质。阿伦特曾批评过德国中产阶级不谈国事的"市侩气"。施米特则痛骂德国知识分子的"矫揉造作"。德国启蒙思想家康德，则如此勾画过德国人的性格，他认为，在人类学意义上，德国人具有某种奴性。他尖刻地说：

> 在所有文明的民族中，德国人最容易屈从于他恰好生活于其下的政府，并且屈从的时间也最长，他比任何其他人更不愿意变化，不愿意抛弃已经建立的秩序。他的特点，是拥有一种迟钝的理性。[1]

由"分"走向"合"

近代德国的首要任务，是统一的德意志国家的构建。德国一方面要走出中世纪，迈向近代，另一方面，又要在欧洲做大做强，应对邻邦法国、俄罗斯等国的挑战。德国的政治思想，虽然常以十分晦涩难懂的哲学或理论体系来表达，其中心主旨，却不脱对近代德国国家构建之道的探寻。近代德国政治思想展开的背景，大体有如下四个方面：

第一，旧帝国及林立的邦国。德国统一前，德意志是一个地理的概念。旧的德意志帝国，即第一帝国，起源于中世纪（9世纪）的"德意志民族神圣罗马帝国"。14世纪时，帝国演变为由众多独立邦国、自由市组成的邦联。旧帝国于1806年解体。旧帝国不是近代意义的民族国家。在旧帝国中，存在皇帝、帝国议会等机构，但皇帝没有真正的权力，皇帝做事必须得到所有邦国的许可。在德意志版图上，大小邦国林立，有314个大邦、1774个小邦，各邦有各自的军队，其中有众多新发展起来的近代意义上的绝对主义王权国家，例如勃兰登堡—普鲁士、奥地利、巴伐利亚。至17、18世纪，霍亨索伦王朝统治的勃兰登堡—普鲁士和哈布斯堡王朝统治的奥地利，国力日

---

[1] ［德］康德：《康德全集》第8卷，转引自［英］卡尔·波普尔《开放社会及其敌人》第二卷，郑一明、李惠斌等译，中国社会科学出版社1999年版，第100页。

盛,被称作德意志"二强"。"二强"争夺德意志领导权,加上诸多小邦的分离主义,对德国统一造成了重大影响。

第二,德国的社会经济状况。经济方面,在英国市场经济早已起步、飞速发展的情况下,德国仍然非常落后,经济尚是农业经济,工商业不发达,各邦国之间关税林立,多达 1400 个。社会层面,公务员阶层开始兴起。在各邦国,官僚制已有相当的发展,相当多的人做公务员,各邦国的君主借助公务员的力量,建立起有效的现代行政。这些公务员形成了一个有共识的阶层,他们认为自己代表国家,他们超越于各个党派之上。但在法国大革命之前,公务员阶层有着很大的依赖性,例如歌德,他曾经在魏玛当公务员,其生活的方方面面,都依赖于国王。

图 45 德意志关税同盟成立

第三,德国存在着深刻的宗教和文化裂痕。德国是宗教改革的故乡,宗教改革导致了宗教分裂,文化统一性大大削弱。加尔文教、路德教和天主教、无神论者并存,宗教冲突严重。宗教分裂又和政治行为主体——无数邦国交织在一起,不同的政治实体与不同的宗教解释,使分裂局面变得错综复杂。马丁·路德进行宗教改革后,引发了宗教战争,德国有 2/3 的人死于宗教战争。战争带来了严重的饥荒、疾病等问题。此种宗教分裂、冲突的情况一直持续到"二战"前。德国人的问题由来已久，结果是本土德国人越来越少，德国文化成了地方文化，无法与欧洲文化中心相比。

第四，直接对德国发生冲击的是法国大革命。法国大革命把旧的德意志帝国冲垮。拿破仑以武力横扫欧洲，把他的法典带到他所征服的地方，按照革命理念摧毁封建等级与僧侣特权，重新组织欧洲。"德意志民族神圣罗马帝国"被摧毁，德国原有的诸邦在拿破仑的改造下变成30个政治单元，且都按照法国的政治机构来组织。法国是官僚机构最早兴起的国家，且高度中央集权，德国的30个州都是按照这一形式去组织的。司法方面，统一使用民法典。但是，法国革命没有引发德国革命。在德国，发生的是自上而下的改革。普鲁士和奥地利皆进行了不同程度的改革。普鲁士改革的代表人物是施泰因男爵、哈登贝格侯爵、尼布尔、沙恩霍斯特和格奈泽瑙伯爵。他们都不是普鲁士本地人，因而在推行改革时，总是着眼于全体德国人的利益。奥地利的改革派代表人物是施塔迪昂。

德国的改革涉及多个方面：（1）废除农奴制，让大批农奴成为自由民。（2）废除中世纪的行会制度，取消职业限制。（3）在城市建立公共政治生活。在普鲁士，施泰因领导的改革，推行城市自治，希望人民通过参与政治培养公共精神，把个人的自由、幸福与国家紧密联系起来。不过，施泰因的后继者哈登贝格，废除了城市自治，改市民选举市长为国王任命市长，加强了行政方面的集权。（4）公务员制度的改革。在大学毕业生中录用公务员，公务员中建立了部长制度，相关法律也进行了修订；司法和行政分开。（5）教育改革。中世纪的教育制度、学科体系被废除，现代教育体系建立。德国改革了小学、中学、大学等一系列制度。在大学里面，神学不再是最高的学科，哲学、科学、历史学成为主导性的学科。1790—1800年教育改革的理论家包括康德、费希特、谢林、施莱尔马赫与洪堡。1810年，现代大学的代表——新的柏林大学建立，洪堡任校长。[1] 洪堡是著名的教育改革家，他坚持教育要"按自然本性发展个人的天赋和力量"，认为科研自由和教学自由是大学必不可少的前提。此外，1812年，政府颁布了解放犹太人的法令，犹太人成为享有充分权利的公民。不过，德国的改革没有涉及制定一部宪法

---

[1] Frederick C. Beiser, *The German Historicist Tradition*, Oxford: Oxford University Press, 2011, pp. 21 - 22.

第十章 德意志的心灵、社会与国家

以建立宪政。行政权力向国王负责,而非向国会负责。

1812年,拿破仑在与俄国人的战斗中失败后,被拿破仑征服的民族纷纷倒戈。拿破仑的最后一支军队在滑铁卢被普鲁士和英国人打败,拿破仑帝国崩溃。然而,德意志离统一的道路还很遥远。1848年欧洲革命爆发,普鲁士也发生了革命,人民走上街头,高喊着"民主"的口号,来到王宫面前。经过流血巷战,革命的结果是皇帝妥协,民主选举产生的国民议会在法兰克福召开,准备为德意志制定一部宪法。关于确立公民的基本权利,国民议会议员几无异议,但在新的政治结构方面,出现了大的争议。在帝国幅员问题上,议员分成了大德意志派和小德意志派,小德意志派主张德国在普鲁士的领导下建立一个较小的联邦,大德意志派主张建立包括奥地利在内的邦联。在政府形式上,多数温和派主张建立立宪君主制,少数激进派主张建立共和国。大德意志的方案遭到了奥地利哈布斯堡王朝的反对。奥地利成了德国统一道路上的绊脚石。1849年,国民议会以267票对263票的多数,通过了小德意志的解决方案。

然而,革命的浪潮很快过去,普鲁士反动势力取得了胜利。即将诞生的新德国付诸东流,法兰克福的国民会议没有足够的力量来实现其方案。直到俾斯麦任宰相时期,德国统一才重新出现转机。不过,俾斯麦被人们认为是保守派,自由派甚至十分痛恨他,认为他代表反动势力。俾斯麦自有他的政治手腕。他在预算委员会上的一段话最为著名,他说:"德国所注意的不是普鲁士的自由主义,而是权力……普鲁士必须积聚自己的力量以待有利时机,这样的时机我们已经错过好几次了……当代的重大问题不是通过演说与多数人的决议所能解决的——这正是1848年和1849年的错误——而是要用铁和血。"[1]

1866年,奥地利、普鲁士争夺德意志邦联的领导权,双方发生战争,奥地利失败后退出了邦联。俾斯麦主政时期,普鲁士与法国进行了战争,普鲁士胜利后,组建了一个近代意义的民族国家,德国统一的任务完成。俾斯麦赢得了德国人的尊敬。时人称宁要一个俾斯麦这样的实干家,不要一百个自由派。俾斯麦为了凸显长期以来德国人追求的民族统一的理念,要求新成立的国家不能叫联邦,而要叫帝国。1871年新帝国成立后,自由派也表示庆

---

[1] [德]迪特尔·拉甫:《德意志史:从古老帝国到第二共和国》,慕尼黑 Max Hueber 出版社1987年版,第136页。

图 46　俾斯麦

贺，声称俾斯麦通过战争带来了他们长期以来期许的自由与和平。"战神现在用另外的方式，但完全合乎我们的旨意地做出了决断……我们的信条就是统一。"① 此处我们也可以看到，德国自由派在人们心目中软弱无能的形象，从 1848 年欧洲革命就开始确立了。

法国大革命爆发时，德国思想家密切关注，十分欣赏，但是德国的资产

---

① ［德］迪特尔·拉甫：《德意志史：从古老帝国到第二共和国》，慕尼黑 Max Hueber 出版社 1987 年版，第 151 页。

阶级很软弱。法国在现实中发生了一场大革命，德国在哲学领域发生了一场大革命。德国知识界把法国大革命看作人类历史上最重要的、独一无二的事件，这一事件就其本质而言使人类更接近于"历史的终点"。德国知识界觉得，他们有某种使命，来挖掘、揭示法国大革命的真正含义。

不过，法国大革命的冲击具有两面性，一方面，大革命带来了自由、民主、平等、博爱、进步的观念；另一方面，它又激起了德国人的民族意识。拿破仑在占领区推行法语，这不免引起其他语言民族的排斥。德国人的努力体现了一个很受伤、很屈辱的民族步入近代的艰难。从德国开始，发生了一场反启蒙运动。启蒙运动让一些德国人感到这是法国人的东西。他们一方面要与中世纪、与旧制度决裂，另一方面又要把理性、自由、平等这些价值视为法国人的东西予以批评。他们提出的替代物是文化、历史、民族传统、特殊性。德国浪漫主义、历史主义、民族主义的发展，均需放在这一背景下才能得到理解。

门德尔松与启蒙

摩西·门德尔松（Moses Mendelssohn）1729年9月6日出生于德国南部小城德绍的一个犹太人家庭。14岁时，他来到柏林，继续其学习。在柏林，门德尔松结识了与他同岁的莱辛，彼此有很好的交流。1750年，他成为一位丝绸场场主孩子的家庭教师。门德尔松后来一直在该工场工作，担任会计、经理。事实上，门德尔松颇具经营能力。

门德尔松利用业余时间从事学术研究。1755年，他出版了《哲学讲谈》《论感觉》《蒲柏，一个形而上学家！》。1756年，他将卢梭的《论人类不平等的起源》译成了德文。1763年，门德尔松以《论形而上学的真实性》参加普鲁士王家科学院征文，获一等奖。门德尔松后来申请入普鲁士王家科学院，但因其犹太人身份而遭到国王的拒绝。1783年，门德尔松的《耶路撒冷：论宗教权利和犹太教》发表。1784年，他发表《回答问题：什么是启蒙》，影响甚大。[①] 1786年，门德尔松去世。

---

① "什么是启蒙？"这一问题在当时由策尔纳（Zöllner）提出，门德尔松试图做出回答。同年稍晚，康德发表了同题的文章。但康德写作他的文章时，尚未读过门德尔松的文章，康德最后在文末用注释提到了门德尔松的著作，并对门德尔松的基本观点表示赞同。参见［德］康德《历史理性批判文集》，何兆武译，商务印书馆1990年版，第31页。

门德尔松的思想事业，与他的犹太人出身密切相连。他作为犹太人，思考启蒙与犹太人的关系。门德尔松主张犹太人融入主流社会，宽容其他信仰，认为犹太人不应当封闭在"隔都"（getto）内。犹太社区自治，不利于犹太人处境的改善。据说莱辛的名剧《智者纳坦》，即以门德尔松为原型。该剧的公映被视为犹太人解放运动开始的标志。

对霍布斯学说的批评

门德尔松对启蒙理性主义的捍卫，体现在他对良心自由的倡导上。良心自由，是《耶路撒冷》一书的核心概念。在中世纪天主教秩序解体、民族国家体系形成后，门德尔松基于近代国家理论，阐发了自由思想的理念。《耶路撒冷》分两个部分，第一部分论良心自由，第二部分论犹太教。门德尔松写道："国家与教会，是社会生活的两大支柱。从两者的分歧中，产生出关于良心自由的思考。良心自由，成为第三种道德行为。"①

门德尔松肯定了霍布斯的基本理论。不过他批评霍布斯"对于公民自由，宁愿将之清除也不愿其被滥用，或者对之没有认识"。他认为，霍布斯要求外在的礼拜活动服从于政治权威，以消弭宗教战争，不过，霍布斯的设想，并不能实现。门德尔松认为，如果没有积极意愿的支持，单凭恐惧并不能构建和平。他写道："如果人类生来就没有任何义务，那么也包括不遵守契约的义务。如果在自然状态下不担负其他责任，只担负出于畏惧和软弱才出现的责任，那么契约的有效性也就只能持续到畏惧和软弱所能够支撑的程度。所以说，借助于契约，人类不能向着自己的安全境地真正地迈出一步，只能继续处在普遍冲突的蒙昧状态中。"②

门德尔松政治哲学的基础是天赋人权学说和社会契约论。不过，他的重点，是要把国家理论和宗教统一起来。他认为，人类联合的原因，必须包括精神得救方面的追求："人类的共同福利本身不仅包含着现世事务，而且也包含着来世事务，包含着教会事务，也包含着俗世事务。两种事务不可分割。幸福既包括地上的，也包括天上的。"③

---

① ［德］摩西·门德尔松：《耶路撒冷：论宗教权利与犹太教》，刘新利译，山东大学出版社2007年版，第4页。
② 同上。
③ 同上书，第7页。

教育与共和国的道德基础

门德尔松指出，必须将社会成员的行为规整到公共集体福利的道路上，同时必须促进观念引导这种行为。前者是政治的任务，后者是教育（宗教）的任务。"公共的、关系到人类教育的机构，凡涉及到人类与上帝关系的，我称其为教会；而涉及人们相互之间的关系的机构，我称其为国家。我对人类教育的理解是，教会与国家两者的努力都是使观念和行为在人类幸福方面达成一致，都是教育和管理人们。"①

门德尔松写道："国家万岁！国家成功地通过教育管理臣民；就是说，国家成功地将道德和观念灌输给臣民，使臣民们自主并自由地采取有利于共同幸福的行为，而不需要总是通过法律的鞭策。人们在社会中共同生活，就必须为了公共集体的幸福而放弃个人的某些权利；或者，就像人们所说的，常常是为了公共福利而牺牲个人利益。如果牺牲了个人的内心要求，而每一次牺牲他都发觉是出于纯粹的良善愿望的需要，是他自己愿意付出的，那就是很幸运的。"②

在此，门德尔松把教育与宗教等同。他认为，最好的政府形式，是尽可能地通过教育实行统治的政府。换言之，在这种政府形式下，公民能够心甘情愿地为国家去牺牲。"牺牲个人的利益还能够增加个人的幸福。"③ "他付出，因为他想付出。"④ 门德尔松的这一思想，与他政治上的共和主义立场相一致。⑤ 他理解的国家，是一个共和国。自愿为国牺牲，原是共和主义所说的公民美德之核心。

在门德尔松的思想体系中，宗教成了构建国家的工具，他论宗教，其出发点完全是世俗秩序的考虑。他认为，宗教辅助国家，教会应当成为公民幸福的支柱，因为宗教能够深入人的内心。"国家施行控制和强制，宗教进行训导和劝导；国家颁布戒律。国家具备有形的力量，并在必要的时候运用这

---

① ［德］摩西·门德尔松：《耶路撒冷：论宗教权利与犹太教》，刘新利译，山东大学出版社2007年版，第7页。
② 同上。
③ 同上书，第8页。
④ 同上。
⑤ 美国西蒙·拉维多维奇为《耶路撒冷》写的导言，参见［德］摩西·门德尔松《耶路撒冷：论宗教权利与犹太教》，刘新利译，山东大学出版社2007年版，第11页。

种力量,宗教的力量是爱,是善行。"① 公民社会有强制权;信仰社会没有强制权。前者是人与自然的关系;后者是造物主与造物的关系。宗教不要求义务,上帝不需要人的帮助,不要求我们效劳,不需要我们放弃自己的独立,不需要牺牲我们的权利。

他指出,教会没有支配财产和私有物的权利。"教会的全部权利就是告诫、训导、鼓励和安慰,信民对于教会的义务就是一种乐意倾听的耳朵和愿意服从的心灵。"②

不过,门德尔松关于教育的论述,并不意味着政教合一或极权主义。因为他坚持认为,无论是教会还是国家都无权实行思想方面的控制与压迫。他指出,国家无权强迫思想:"即使是国家,也没有权利通过契约对于人们的思想观念进行哪怕是稍稍的一点强迫。"③ 而在宗教事务中,不仅国家而且教会都不是一位拥有权利的法官,因为社会的机体不能通过什么契约给予他们这样的权利。④

门德尔松写道:"基本观念是自由的。思想观念的本质是不容强迫,不容贿赂。思想观念属于人类的知识财富,它必须根据真理的和非真理的标准量器来进行抉择。……不仅教会而且国家都没有权利对人类的基本观念和思想观念施加任何强迫。不仅教会而且国家都没有理由兼有基本观念、思想观念和对于个人和事物的优先地位、权利及要求,都没有理由通过外来因素的介入削弱真理力量对于知识能力的影响。"⑤ 他指出,国家没有权利为某种确定的学说和观点授予薪俸、荣誉职位和优先特权。教育机构的责任和义务就是聘任教师;教师应该有能力教授智慧和道德,传播有益的真理,这是人类社会福祉的直接根基。

狼与羊同住

门德尔松对犹太教的看法,与他的政治哲学相一致。他认为,革除教籍和驱逐的权利直接违背了宗教的精神实质。他没有否定犹太教传统,但他认

---

① [德]摩西·门德尔松:《耶路撒冷:论宗教权利与犹太教》,刘新利译,山东大学出版社2007年版,第10页。
② 同上书,第20页。
③ 同上书,第21页。
④ 同上书,第22页。
⑤ 同上书,第27页。

为犹太人固守在"隔都"里没有出路。

他认为,对于犹太教来说,理性与启示没有冲突。启蒙理性主义并不有害于犹太教。他写道:"犹太教感到自豪的原因不是获得永恒真理的特别启示,虽然永恒真理是人类幸福必不可少的,也不是神启宗教使之感到自豪,尽管这是人们习惯于用这个词语来表示对我们宗教的理解。犹太教是一个不同于神启宗教的宗教,是一个不同于神启宗教的神启立法。……这是普遍的人类宗教……没有它,人们将不能道德地生活,也不能获得幸福……它不是被启示出来的。"①

他反对信仰同一,主张真正的宗教宽容,以铲除宗教仇恨和宗教迫害的根源。他写道:"因为有无所不在的放牧,所以既不需要在一片草地上放牧全部的羊群,也不需要仅仅通过一道窄门出入主的屋宇。"② 多样性是神意天命的显明计划和最终目的。③ "狼与羊同住,豹子与山羊同吃草。"④ 门德尔松并不因其犹太教信仰而否定其他宗教,他写道:"虽然,我们相信我们的宗教是最好的。对于我们,对于我们的子孙,对于某个时代某种情况以及在某种前提条件之下,我们的宗教是最好的宗教。对于其他民族,什么样的外在仪式是最好的,上帝可能会通过先知使它们了解,也可能让它们依据理性自行决定。对此,我一无所知,并且也不能对此发表什么意见。但是,我确切地知道,没有一种外在的崇拜上帝的仪式能够普遍地存在。"⑤

康德与德国自由主义

康德(1724—1804)出生于德国东普鲁士的哥尼斯堡。1740年,康德入哥尼斯堡大学,后来也在这所大学任教。他的一生几乎没有离开过哥尼斯堡。康德身材矮小,体质虚弱,但颇注意保养,因此活到80岁高龄。康德宁静淡泊,作息颇有规律,起床、喝咖啡、写作、讲学、进餐、散步,这些活动各有固定的时间,"每当康德身着灰色大衣,拿着手杖出现在住宅门口、

---

① [德]摩西·门德尔松:《耶路撒冷:论宗教权利与犹太教》,刘新利译,山东大学出版社2007年版,第46—47页。
② 同上书,第74页。
③ 同上书,第76页。
④ 同上书,第74页。
⑤ 门德尔松1770年给一位无名氏的信,转引自[德]摩西·门德尔松《耶路撒冷:论宗教权利与犹太教》,刘新利译,山东大学出版社2007年版,第28—29页。

图47 康德

然后向现在仍称为'哲学家之路'的菩提树大道悠然走去的时候,邻居们就知道时针准是指向三点半。他如此来回踱步,一年四季,从不间断"。据说唯有一次例外,那是因为他沉溺于阅读卢梭的《爱弥儿》(一说是为了早一点读到卢梭的《社会契约论》[①])。康德很推崇卢梭,据说康德家里甚为简朴,唯一的装饰是一幅卢梭画像。1764年,康德在他自己的《论优美感与崇高感》的复制本的页边表达了对卢梭的感激,他称卢梭告诉了他一个道理,哲学如果不服务于人的权利,将一文不值。[②] 康德知识渊博,上知天文,下知地理,兼通文理,不仅在自然科学领域有重大贡献,在哲学领域更是一

---

① [法]丹尼斯·于斯曼主编:《法国哲学史》,冯俊、郑鸣译,商务印书馆2015年版,第212页。
② Frederick C. Beiser, *The German Historicist Tradition*, Oxford: Oxford University Press, 2011, p. 103.

位十分杰出的大师。他被认为是德国古典哲学的奠基人,他的《纯粹理性批判》《实践理性批判》《判断力批判》三大著作,系统阐明了他的批判理论,为任何研究西方哲学的学者必读之经典文本。

图 48　康德用餐

康德常被视为德国自由主义的首要代表。但在另一个意义上,康德也可以被看作一名共和主义者。他与孟德斯鸠、卢梭,同属启蒙时代的共和主义思想家。[①] 康德谦虚谨慎,品德高尚,磊落光明,常怀慈善之心,他的哲学将人的价值放在首位,高扬个人的权利。康德以哲学表达了新时代的革命。康德一生关心政治,但他直接关于政治的论述并不多,而且,他最为核心和重要的政治思想也是从他的许多哲学著作中体现出来的。康德的政治思想,与他的哲学体系、伦理学体系、法学理论、历史哲学紧密联系。康德乐观地展望了一个自由民主宪政政体。他称这个政体为共和国,它与专制政体相对立,其实质是一个

---

① Bill Brugger, *Republican Theory in Political Thought: Virtuous or Virtual?* Hampshire and London: Macmillan Press Ltd., 1999, p. 49.

法治体系。康德继承了霍布斯、洛克、卢梭等人的现代自然权利学说，但他的独创性并不在于他的主张，而在于他给予问题以新的哲学基础。

"头顶灿烂星空，道德律在心中"

康德认为有两件事是最美好的：一是我们头顶灿烂的星空，二是我们内心崇高的道德法则。这个道德法则就是"绝对命令"。绝对命令的内容是："依照一个可以同时被承认为普遍法则的准则行事。"这是说，你应如此去行为，你行为所依据的法则是普遍的，对其他人也有效。康德认为，这条绝对命令应当是一切立法的根本原则，由此得出其第二推论：任何人都不能仅仅作为手段，人本身就是目的。康德认为，人们应当无条件地根据"绝对命令"来行动，这是人的义务。法律和政治也应当服从于绝对命令，在政治和法律中，绝对命令体现为权利原则。在此意义上，康德的政治哲学实际是关于个人权利的哲学。

法治国理念

康德的哲学，属典型的唯心论。这种唯心论的好处在于，它不必依赖"上帝"观念，而能为人的意志自由提供形而上学基础。康德指出，意志自由，为人成为有道德的人提供了可能。人若受外在条件束缚，为外在诱惑左右，被功利动机支配，便不再可能是道德的人了。康德意谓，道德的前提是自由独立的主体，而所谓道德行为，必定要与良善的动机相伴随。

然而，道德与政治毕竟不是一回事。政治哲学处理的是人与人在一起和平共处的问题。康德认为，自然状态中个人是自由的，但个人的自由，总会与他人的自由相碰撞，于是人们凭理性，必定走向一个尊重相互权利的状态，这意味着成立一个国家。康德认为，从自然状态走进国家，并非难事。而且，它并不依赖于人的社会性，并不要求人成为天使，相反，康德说，纵然一个魔鬼构成的民族，也能够迅速地成立一个国家，① 因为在理论上讲，舍此便没有个人的安全与自由。康德指出，国家源于社会契约，绝不可视之

---

① ［德］康德：《永久和平论》，载［德］康德《历史理性批判文集》，何兆武译，商务印书馆1990年版，第125页。

第十章 德意志的心灵、社会与国家

为历史事实,它是人类理性推导出的结论。

康德以森林里的树木为喻,描述了人的本性如何轻易地便解决了人类和平共处的难题。而进入国家状态后,人的本性并没有改变,却产生了良好的效果。他说:"这就如同森林里的树,它们互相抢夺空气和阳光,强迫彼此为了寻找这些东西而向上生长,以致长得又高又直;相反,那些处于彼此远离的自由状态之中从而随意抽枝发芽的树,却长得矮小、弯曲与畸形。装扮人类的一切文化艺术和最为精巧的社会秩序,都是人类的非社会性造成的结果。"①

具体到政体上,康德主张理想的政体为共和政体。在普鲁士国王统治的时代,在法国大革命已爆发的背景下,康德的学说具有革命性。他接受了卢梭的理论,认为主权在人民而非国王那里。不过,康德未赋予人民为所欲为的权利。人民选举议员,组成立法机构。但它不能拥有行政权,也要有独立的法院系统来制约。这种体系当然是不完美的。要人们守法,要让正义得到维持,还必须有一个具有强制力的统治者,而这个统治者,又是由可能滥用权力、易于犯罪的人构成。这就是人类的难题,人类只能努力做得好一些,并不能奢求完美。中国古谚说:"山中有直树,世上无直人。"康德则说:"人就是由如同弯曲的树木那样的材料做成的,从中无法加工出笔直的东西。自然要求于我们的仅仅是接近这个理念。"②

康德的法治国,确保个人的权利,也确定了个人作为公民服从国家的义务。他否认公民有反抗权。如同霍布斯一样,他认为公民反抗政府的权利在逻辑上不能成立。纵然面对一个暴君,人们亦不能做出弑君或革命一类的行为。他的建议是让学者拿起笔来写文章抨击暴君,启蒙公众,让公民发言谴责不义,给政府以社会舆论的压力。这个建议被激进革命论者认为"软弱无力",但康德说,政府纵然加害于发表批评意见的人,自身也必将因冒犯人类公义而陷入被动。而革命并不能达到革命者预期的目标,因为人们的思想状态未变。他说:"一场革命或许能够结束独裁专制以及为维护权力的贪欲而进行的镇压活动,但它绝不可能产生思维方式的真正变革。相反,新的偏见将会跟被取代的旧偏见一样,成为驾驭不思考的群氓的缰绳。"③

---

① [英] H. S. 赖斯编:《康德政治著作选》,金威中译,中国政法大学出版社2013年版,第9页。
② 同上书,第10页。
③ 同上书,第23页。

故而，康德是十分重视言论自由的。言论自由，意味着公民可以到公共论坛上去发言，"公开地运用其理性"。公民享有言论自由，唯一不能做的是攻击宪法（而非政府），因为那会否认言论自由的前提。在沉闷的德意志君主制时代，出版与新闻审查较为严格。康德的主张，是具有一定挑战性的。

走向"永久和平"

康德写道，永久和平第一项正式条款，就是"每个国家的公民体制都应该是共和制"[①]。共和国是由所有生活在一个法律联合体中的具有公共利益的人们组成的共同体。共和制的意义首先在于它提供了一种可以确立国内永久和平秩序的具有合法性的制度架构，其次还在于它是世界永久和平得以建立的微观制度基础，共和制向人类展现了永久和平的前景。他给出了下列理由："如果（正如在这种体制下它不可能是别样的）为了决定是否应该进行战争而需要由国家公民表示同意，那么最自然的事就莫过于他们必须对自己本身做出有关战争的全部艰难困苦的决定。"[②]共和制国家的人们考虑到自己得作战，自己得支付战费，面对战争遗留下来的废墟，偿还战争赔款，因此对战争本身持审慎而否定的态度。而在其他的国家，领袖则可以像对待一项游宴那样轻易发动战争，把打仗的任务交给他的臣民，自己却逍遥自在。因此，当共和制在全世界普及时，永久和平就可以实现。

康德永久和平思想的核心就是要寻求一种使国与国之间摆脱战争状态的方案。康德把永久和平的第二项正式条款定为："国际权利应该以自由国家的联盟制度为基础。"[③]他写道，各个民族作为国家也正如个人一样，可以断定他们在自然状态之中（即不靠外部的法律）也是由于彼此共处而互相侵犯的。它们每一个都可以而且应该为了自身安全的缘故，要求别的民族和自己一道进入一种类似公民体制的体制，也就是各民族的联盟，以求在其中各自享有各自的权利。国与国之间相处的结果是进入一个法治状态，其中存在为大家所共同认可的权威，以对国家间的行为做出裁决，正如在一国之内一样。

[①] ［德］康德：《历史理性批判文集》，何兆武译，商务印书馆1990年版，第105页。
[②] 同上书，第106—107页。
[③] 同上书，第110页。

康德学说之清教背景及二元论特色

康德的政治思想需置于清教背景中，方能予以恰当的理解。康德谈人为自己立法，让自己的欲望服从理性，从而做一个自由的有道德的人时，这是在把人当作上帝看待。在康德的唯心论体系中，"作为自我创设的道德人，人类不需要作为立法者的上帝观念，他也不需要宇宙中任何已经确立好的秩序，他为自己建立了不可违犯的道德命令，并以之作为人类世界的中心。由此，自由的人也就是自由的上帝，事实上，人已经取代了上帝成为道德必然性的自动因与裁决人"[①]。这意味着人要承担起自己管理好自己的重负。在道德上，它意味着人的自律，在政治上则意味着民主共和国的建立。

康德学说之特色，在于其二元论。此种二元论，体现在多个层面。例如，康德对人做了二元的理解，认为人既有动物性的一面，因之有各种动物式的需求，同时又有理性的一面，因之有道德的潜能，是一个自由的人。对于知识，康德同样持二元论，认为人能拥有若干知识，但对于神，我们予以尊重即可，并不能得出确定的认知。此即所谓"知识要为信仰留有空间"。在历史与人类理性方面，康德同样持二元论。意志主义意义上的人为自己立法与历史发展中体现的外在于人的"理性"，二者同时并存。康德认为人类仍然要不断努力，世代凭理性构造出的完美社会，只有历史终末处的最后一代人才能看到。[②] 人类的努力，会加速这一天的到来。

赫尔德：另一种历史哲学

约翰·哥特弗雷德·赫尔德（Johann Gottfried Herder，1744—1804）是一位颇具原创性的思想家，他是西方历史主义最杰出的代表。事实上，他引领了历史主义的思想潮流，这种历史主义影响深远，迄今仍可见其踪迹。赫尔德的历史主义并不导向相对主义，也推导不出任何在政治上充满危险的结论。赫尔德对18世纪启蒙思想的主流观念大加鞭挞，然而他对人道的捍卫，对世界主义理想的执着，对各民族人民平等共存、相互理解的强调，无不闪

[①] [德] 克里斯·桑希尔：《德国政治哲学》，陈江进译，人民出版社2009年版，第178页。
[②] [英] H. S. 赖斯编：《康德政治著作选》，金威中译，中国政法大学出版社2013年版，第6页。

耀着启蒙的光芒。赫尔德破除了欧洲中心论的视角，主张同情地理解古代的、异域的民族与文明，反对以某个固定的标准（实际上只是所属民族或时代的标准）去衡量其他民族或人类所处的其他阶段。他捍卫民族与文化的多样性，但并未滑向相对主义。

问学康德与哈曼

赫尔德1744年8月25日子夜出生于普鲁士高地的小城摩隆根（Mohrungen）。他认为诞生于这个时刻对他来说具有象征意义，因为"阴暗可怕和庄严隆重正是他灵魂的基调"。他的父亲是教堂的低级职员，也做过女子学校的教员。赫尔德称他的家庭"不富裕，但也不贫困"。赫尔德的父母都是虔诚派[①]教徒，这种家庭氛围培养了赫尔德的宗教情感。5岁时，赫尔德得了眼疾（泪管阻塞），终生未愈。赫尔德后来进了摩隆根市立学校。学校年老的校长格林教学生学习拉丁文、希腊文、希伯来文，还教他们音乐。他对学生要求严格，他的课堂沉闷刻板严肃，却也因此给赫尔德打下了坚实的基础。赫尔德课余经常去林间、河畔散步。小树林天堂般的美景让赫尔德欣喜不已。事实上，他一生都喜欢在风景秀丽的地方散步。

赫尔德的父母又请颇有学问的摩隆根教区执事特雷舍收赫尔德为学生。1761年，赫尔德搬进了特雷舍家中。这样，赫尔德可以利用特雷舍丰富的藏书，在帮特雷舍做些文字工作的同时，其写作技能也得到了锻炼和提升。在特雷舍那里，他学习了法语。在此期间，他阅读莱辛、冯·克莱斯特、卢梭、约翰·格奥尔格·哈曼（Johann Georg Hamann，1730—1788）等人的作品，总是读书到深夜。1762年，特雷舍家中来了一名军队的外科医生。他欣赏赫尔德的才华，主动提出要带他去哥尼斯堡学习。赫尔德于是在1762年夏离开父母，去了哥尼斯堡。自此他再也没有见过他的父母。

赫尔德经考试进了哥尼斯堡大学神学院。他的生活费用或来自勤工俭学，或来自奖学金。他课外担任国民学校教师，也给私人上课，教古代语言、法语、历史、诗歌、哲学、数学以维持生计。赫尔德虽是神学院学生，却仍喜欢读卢梭的著作，早上7点到8点，晚上10点到11点，他都要阅读

[①] 虔诚派是新教在德国的一个派别，它反对路德教会的变质，认为重要的是对《圣经》条文的坚信、通晓。虔诚派注重个人修养，后来蜕变为极端的禁欲主义。

卢梭,可谓与卢梭的著作朝夕相伴。卢梭的著作让赫尔德认识到,旧的形而上学毫无用处,哲学要引导人们变得有美德,告知人们如何行动,给人们过美好生活以指引。赫尔德思想中一以贯之的"自然主义",也可从卢梭那里找到渊源。

赫尔德在哥尼斯堡最重要的经历是与大哲学家康德的相遇。赫尔德曾如此描写康德:

> 我有幸认识一个哲学家,他是我的老师。他在他最光辉灿烂的年代里,像一个年轻人一样快活、一样精神焕发。他的宽阔的用来思维的额头是不可摧毁的欢乐的居所;他的唇间流出最富有思想的言辞;他信手拈来,妙语连珠,他的讲课像是闲聊,使人得益匪浅。……他总是提到要不抱成见地拥抱大自然,他反复讲到人的道德价值。人的、民族的和自然的历史,自然科学、数学和经验是他借以推动自己的研究和与人交往的源泉;在他看来,没有一样知识是可以掉以轻心的;阴谋、宗派、偏见、名利都不能动摇他去发展和阐明真理。他推动和促使人们要乐意去自我思考。他不尚专横。这个人,这个我用感激不尽和无限崇敬的心情想到的人就是伊曼努尔·康德。他的形象浮现在我的面前,使我感到欢欣。①

赫尔德是康德著名的弟子之一。赫尔德在哥尼斯堡旁听了康德所有的课程,不少讲座反复听。不过多年后,赫尔德与康德有过几次论战,那时赫尔德基于康德早期的思想,形成了自己的理论,然而康德此时的思想,已与从前不同。

在哥尼斯堡遇见的第二个对赫尔德影响极大的人是哈曼。哈曼比赫尔德年长14岁,当时已是一个有名的作家,他对哲学、神学、文学均十分熟悉。赫尔德向哈曼学习英文。哈曼注重经验,注重感官和情感,反对理性的专断。哈曼激发了赫尔德的创造力,使赫尔德的思想有了自己的特点。

1764年,赫尔德大学毕业,在哈曼的推荐下,到港口城市里加(Riga,当时已属于俄国)教会学校工作,教授自然、数学、历史、法律、德语修辞

---

① [德]约翰·哥特弗雷德·赫尔德:《促进人道》,转引自[德]卡岑巴赫《赫尔德传》,任立译,商务印书馆1993年版,第12页。

学等课程。他的教学赢得了学生的赞誉。后来，他又担任了里加两个郊区教堂的牧师。这段时期，他读了莱布尼茨、沙夫茨伯里①、孟德斯鸠、休谟的著作及温克尔曼的《古代艺术史》。1766年至1767年间，他匿名发表了《关于近代德意志诗歌的断想》，其中他强调民歌的意义，批评当时教育中的拉丁精神。

1769年，赫尔德辞职离开里加，开始他的旅行。他去了巴黎，在那里认识了狄德罗等人。最后去了施特拉斯堡，原本是为了去治眼病。在那里他偶然遇到了比他小5岁的青年学生歌德。歌德与赫尔德的交流使赫尔德度过了治疗眼病乏味而焦躁的时光。赫尔德指点歌德，告诉他要注重民间诗歌，还有《圣经》、莎士比亚、荷马史诗等。这给歌德很大的激励。

眼病手术不仅无效，还加剧了他原来的痛苦。赫尔德只得放弃治疗，他去了小城布克堡。在布克堡期间，赫尔德继续写作。1774年，他出版了《另一种教育人类的历史哲学》（Auch eine Philosophie der Geschichte zur Bildung der Menschheit/Another Philosophy of History for the Education of Humanity）。其中，赫尔德认为，历史表达的只是一种轮回，历史不像启蒙主义所想象的那样不断向上发展，人未必越来越幸福。历史背后有注定的计划，只有神知道这个计划。他认为人们不应该用自己所处时代的标准，例如启蒙时代的标准，来衡量以前的历史阶段。历史发展的每个阶段只能从它自身出发去理解并加以评价。例如中世纪，固然有各种令人不快之处，如征战、"十字军"东征、朝圣等，但也有积极的因素，如哥特精神和骑士荣誉。赫尔德此书诉诸超越性的标准，基于神意去看历史，具有明显的清教色彩。

1776年，赫尔德到了魏玛，此时赫尔德已婚并有两个儿子。在魏玛，赫尔德一直居住到去世。赫尔德在那里达到了一生事业的高峰，他拥有宫廷牧师、首席宗教和教堂顾问、教区总监等十几个头衔。当时，歌德任魏玛卡尔·奥古斯特大公的顾问。赫尔德与歌德有一段时间相处不甚融洽，不过至1783年，他们又友好如初。后来，他们的关系还是破裂了。1783年至1791年间，赫尔德撰写了《人类历史哲学之理念》（Ideen zur Philosophie der Geschichte der Menschheit）。该书被斯塔尔夫人称为"可能是写得最优美动人的

---

① 这是指第三代沙夫茨伯里伯爵（3rd Earl of Shaftesbury, 1671—1713），英格兰思想家，著有《多样的反思》《道德主义者》《探询美德或价值》等。他自幼受到洛克的教导，洛克友人沙夫茨伯里伯爵是其祖父。

德语著作"①。《人类历史哲学之理念》分四部分,各部分单独陆续出版,赫尔德计划写的第五部分,终未完成。此书是赫尔德的代表作,其关怀极为宏大。前两部分是史论,后两部分处理的则是人类文明从古代至近代早期的历史。这本书遭到了康德的批判,这让赫尔德十分不快。此时他也研究斯宾诺莎。

赫尔德才华横溢,见多识广,谈吐高雅,精通多种语言,尤其擅长想象。他在文学、历史学、神学、政治思想方面,皆有所贡献。1804年,赫尔德去世。

人道哲学与历史科学

赫尔德认为,哲学是人的哲学,它关心的是人的发展,而非知识本身,它应服务于人类对美好生活的追求。史学家研究历史,同样要以此为目的。这一观点,继承的是文艺复兴时期人文主义者对历史的看法。同时,赫尔德又受科学主义潮流的影响,希望建立一门历史科学。他认为他在人文领域中要做的,正如伽利略、牛顿在物理学中要做的。这种想法,基于他的"自然主义"的世界观。这种自然主义,把人看作自然的一部分,自然的背后则是神意。他说:"自然的每一部分,甚至是一粒尘埃,都具有无限的价值;每一个人都既是目的,又是手段,上帝爱他的每一个孩子,就好像每个人都是独生子。"②

赫尔德认为,历史哲学的任务是确立历史的目的,历史的目的与上帝的目的(神意)是一回事。然而,人并不是某种被决定的存在,人有自由,具有自主性。人是一切价值的来源。人依据他生来的理性,主宰着自己的生活。这正是上帝所要求的。赫尔德认为,人的基本特征有二:一是理性,一是自由。它们是一切行动与信仰的必要条件,是一切文化中的人的共性。但理性与自由皆为形式的概念,其具体内容,因环境、气候而有所不同。③ 历史中的变化、文化的多样性,正是源于此种不同。它们只是表明人们以不同的方式,根据其理性与自由去行动。赫尔德以此种方式实现了"多"与

---

① [法] 德·斯塔尔夫人:《德国的文学与艺术》,丁世中译,人民文学出版社1981年版,第311页。
② Frederick C. Beiser, *The German Historicist Tradition*, Oxford: Oxford University Press, 2011, p. 150.
③ Ibid., p. 162.

"一"的统一,既承认文化的多样性,又指出在形式上,人具有相同的特征,从而一种文化可以理解另一种文化,不同文化之间完全可以通畅地进行交流。

在历史自身内部发现历史的意义

《人类历史哲学之理念》卷十五讨论了历史的意义或目的。有一种悲观主义充满幻灭感的观点认为,历史是无意义的。历史中的一切俱已消逝。历史的庙门口写着"空无与衰败"。过去强有力的文明皆已消失。埃及、雅典、罗马,如今仅剩废墟。而且,人们不能确定下一个文明会更好,更经常发生的是,它是一个更坏的文明。由此,人类注定在做无用功。痛苦、愚昧、冲动的时刻远多于快乐、明智、理性的时刻。人们在自然界中可以找到神意的证据,在历史中却找不到。依据此种观念,"历史不外是无意义激情、粗野力量与破坏性技艺的战场,它没有任何持久的良善目标"[1]。

赫尔德批驳了这种观点。他认为,人本身就是目的,历史的意义存在于历史自身。主导历史的自然法则是"人应该成为人!他在他的环境中依据他认为最好的方式,形成他自己"。人创造自己,以致他成了地球上的上帝。[2] 历史是有意义的,其意义在于它记录着人们在不同的环境下以不同的方式努力去实现人性。[3] 赫尔德此论不仅针对悲观主义的"历史无意义"论,也针对在启蒙思想家头脑中占据主导地位的乐观主义直线进步史观。

每种文化都以自身的方式在发展

18世纪启蒙运动时期的主流观点包括:某些文化具有优越性,文明必将战胜野蛮,人类在不断地向前进步,在不断地告别黑暗、走向光明。理性之光将照耀人间。赫尔德对这些观点一一予以驳斥。他否定民族"特选"的观念,认为不同的部族、不同的文化之间无法比较,文明与野蛮之别只是量的差别,而非质的差别,文明的各个阶段、各民族的文化,只能在自身范围内按其内部的标准来衡量。人类整体上是在进步,但不是伏尔泰、孔多塞等启

---

[1] Frederick C. Beiser, *The German Historicist Tradition*, Oxford: Oxford University Press, 2011, p. 163.
[2] Ibid..
[3] Ibid., p. 164.

第十章 德意志的心灵、社会与国家

蒙思想家所说的那种一切地方的人都在向同一个目标迈进的进步。他发展了意大利思想家维柯关于文明诞生、成长与死亡的循环观念，他认为进步比简单的线性前进复杂得多。[1] 他指出，宣称文艺复兴时期的西欧比中世纪更进步，毫无意义，因为二者根本无法比较。进步存在于各文化之内。每个社会、每种文化都以自身的方式在发展。真正的进步是人所属的群体自身之发展，是各文化中人性之发展。

赫尔德主张人们当设身处地地去理解不同时期、不同民族的人民。不过，他对各民族特殊性、多样性的强调，并不导向封闭排外的极端民族主义。因为他认为不同民族的人之间仍存在着共同的人性，一个民族的人能够理解另一个民族的人。各民族命运殊异，其生活五彩斑斓，然而背后仍统一于伟大的上帝。赫尔德的民族概念是文化概念，而非政治概念。他憎恨政治上的民族主义。赫尔德的民族观与后来德国以国家为中心的民族主义截然不同。赫尔德在《黑人田园诗》中说："上帝是人类的父亲，不光是白人的父亲。"[2]

他提出，同意不过是社会虚假的基础，真正的人类关系应建立在尊敬、友爱、平等之上，而非建立在恐惧、审慎或功利计算之上。他认为，国家是一种麻醉剂，它使人忘记了自我。它帮助人们逃避生活，逃避创造与选择。自然创造了民族而不是国家。国家的基础是征服，是血腥与暴力。国家给予人们的只是冲突和侵略。他反对形形色色的战争与侵略，既然四海之内人人皆兄弟，任何战争便都是兄弟相残的行为。一国与另一国火拼是人类词典中最野蛮的行径。一切个人对同类的统治都是违反自然的。他反问，成为国家机器上的一个齿轮，有什么幸福可言？帝国，尤其是多民族帝国，其维系全仗武力，它们必垮无疑。[3] 赫尔德认为，除了自我防卫，应该禁止使用武力。

赫尔德的民族主义，与那种主张牺牲个人以奉献给民族的学说不可同日而语。他的学说也不能为独裁者或暴政做特殊主义的辩护。赫尔德的民族主义，是一种洋溢着人道主义与自由精神的民族主义。他写道："自然把多样的倾向植在我们心中……自然唯一的目的，只是要迫使我回归自我，让我在自我的中心得到幸福。"[4] "自然的首要法则：让人成为人！让他们按自己认

---

[1] Norman Davies, *Europe: A History*, New York: HarperCollins Publishers, 1998, p. 686.
[2] ［德］卡岑巴赫：《赫尔德传》，任立译，商务印书馆1993年版，第93页。
[3] ［英］以赛亚·伯林：《启蒙的三个批评者》，马寅卯、郑燕译，译林出版社2014年版，第195页。
[4] ［德］约翰·哥特弗雷德·赫尔德：《反纯粹理性——论宗教、语言和历史文选》，张晓梅译，商务印书馆2010年版，第8—9页。

为最好的方式塑造自己的生活。"①

在政治上,赫尔德是民主共和国的拥护者。他一贯主张自由和民主,对全世界的不公正表示愤怒。比如对待法国革命,他与后来反对革命的歌德不同。他希望法国革命能够推动德国发生革命,希望法国能推动自由与平等在全世界的实现。他因德国分裂而感到痛苦,渴望有一个统一的德意志祖国。

年轻的诗人让·保罗在赫尔德生命的最后几年遇到了赫尔德。他这样写道:

> 有这样一位德国作家,据我所知,您是知道他的,在经院哲学之后,他就像天使一样,站在映照出所有民族的大海面前,在我们维护个人并错误地对待各民族的时候,他却已猜测到了个人和民族之间的关系,并维护这两者,他宣讲和实行的是人道和高尚,而不是那种本身就意味着不宽容的宽容。他就是每一个人、每一个民族、每一个世纪的神形人。这个作家的名字至少您是知道的,他就是 J. G. 赫尔德。②

艺术的人民性

赫尔德第一个使用"民歌"(folk song)这一概念。他编有民歌集《各族人民的声音》。他说,民歌是各族人民的档案馆。他认为,诗歌艺术是由人民那里产生出来的。"唱歌要求有群众,要求有许多人的和声,需要有听众的耳朵和多人齐声的合唱。"③ 最高和最有成就的智慧来自人民。关于民歌的主题,不只是在文学中重要,更关涉民族意识的形成与发展。

赫尔德指出,民主与自由有利于艺术的发展,政治上的专制主义只会扼杀艺术。他写道:"政治上的专制主义产生鉴赏力的专制主义。在君主的无限权力占统治的国家里,艺术生活长期停滞不前。在专制主义影响下产生出来的艺术的代表性特点,就是豪华富丽,追求巍峨壮观和睥睨一切的东西。……只有在民主制占统治的地方,才会产生出以正确的尺度为根据的人

---

① [德] 约翰·哥特弗雷德·赫尔德:《反纯粹理性——论宗教、语言和历史文选》,张晓梅译,商务印书馆2010年版,第26页。
② [德] 卡岑巴赫:《赫尔德传》,任立译,商务印书馆1993年版,第101页。
③ [苏] 阿·符·古留加:《赫尔德》,侯鸿勋译,上海人民出版社1985年版,第175页。

民的人道主义艺术。古代希腊和共和政体时期的罗马即是其例。"①

费希特：敢于承担"使命"的学者

费希特是自由主义理论家的一位重要代表，是德国唯心主义哲学的重镇，是一位民主主义者。他的思想展开的时候，法国大革命正进行得如火如荼。费希特拥护大革命，坚定而持久。他是康德的追随者，他的学说中洋溢的，是真正的康德精神。当然，无论是在哲学上，还是在政治学说上，费希特在继承康德的同时皆有创新。总体来说，他的思想要比康德激进。

约翰·哥特利伯·费希特（Johann Gottlieb Fichte，1762—1814）1762年出生于普鲁士萨克森州拉梅诺一个贫寒的手工业者家庭。9岁那年，他得到邻人的襄助而能够上学。1780年，费希特进入耶拿大学神学院，一年后转至莱比锡大学神学院。1784年，费希特完成大学学业，以做家庭教师为生。1790年，他开始研究康德著作，一下子被康德学说吸引。他在与友人的书信中坦言，自从读了康德的《实践理性批判》，他便"生活在一个崭新的世界里"。"康德哲学，特别是它的道德哲学部分给予人的整个思想体系的影响，尤其是它在我的整个思想方式中产生的革命，真是难以形容。"②1791年，费希特决定前往哥尼斯堡，亲自拜会自己的学术偶像。康德热情接待，言谈之间，对这位学术新人十分欣赏。1792年，费希特基于康德学说之脉络，作《试评一切天启》一文，交康德审阅。康德对之大加赞扬。费希特既穷，无力将之付印，康德慷慨解囊，资助该书出版。事有凑巧，印刷商印书时竟忘了印费希特的名字。当人们读到这本无名氏著作时，纷纷认定出自康德之手。康德不得不出面澄清，该书作者是费希特。③ 在康德的推荐下，1794年，费希特得到了耶拿大学的教席。他开设康德哲学课程，同时开始构建自己的理论体系。费希特关心时政，他在教学之余，还利用星期天向公众发表演讲。费希特嗓音未必动听，但他口才绝佳，充满激情，他的话语掷地有声，往往

---

① ［苏］阿·符·古留加：《赫尔德》，侯鸿勋译，上海人民出版社1985年版，第180页。
② ［德］费希特：《费希特全集》第1卷，转引自［德］费希特《论法国革命》，李理译，贵州人民出版社2001年版，译者序言第4页。
③ 卡尔·波普尔写道，康德之所以写公开信，是为了撇清与费希特的关系。费希特的《试评一切天启》，康德只看了几页。费希特故意不署名，是想借机扬名，故而费希特的哲学生涯，"一开始就建立在欺骗之上"。参见［英］卡尔·波普尔《开放社会及其敌人》第二卷，郑一明、李惠斌等译，中国社会科学出版社1999年版，第101页。

直击时弊之要害，绝无拖泥带水之弊，公众甚为欢迎。他演讲时，教室里里外外都挤满了人，多达数百。我们读到的不少作品，都是费希特的讲稿，例如《向欧洲各国君主索回他们迄今压制的思想自由》《学者的使命》，等等。

图49　费希特在演说

不过，当时德国封建贵族与教会的旧势力仍十分强大，费希特歌颂法国革命，倡导自由，宣扬人民主权，这引起了当局的注意，认为他是个危险的雅各宾党人。1798年，他被解除了耶拿大学的教职，之后，费希特去了柏林。

1805年，他在埃朗根大学教了一学期的课。1807年，拿破仑的军队占领柏林，费希特挺身而出，发表激情演说十四次，号召德国人民奋起反抗，这演说即《告德国人民》，它被称为"德国民族主义的第一份宣言"[1]。费希特参与创建了柏林大学。1814年，费希特感染传染病，不久，离开了人世。

费希特的著作，除上文提到的之外，还有《全部知识学的基础》《自然法权基础》《知识学原理下的道德学体系》《现时代的根本特点》《锁闭的商业国》（1800）等。

人们常把费希特视为民族主义者，这主要依据他在拿破仑军队入侵时对德国人民的演讲。不过更早的时候，费希特可是一位世界主义者。他向美因茨大学申请教职时，美因茨还处在法国人的统治之下。他在1804年嫌普鲁士政府给的待遇太差，准备去俄国圣彼得堡科学院做研究员，并要求薪水不得低于400卢布。还表示如果得聘，"到死都是他们的人"[2]。他反对拿破仑，并非因为拿破仑是外族人，而是因为拿破仑后来成了自由民主的破坏者。他反对拿破仑的军国主义，与对法国大革命的肯定是一致的，在他看来，拿破仑背叛了大革命的事业。他号召德国人赶走拿破仑，又宣称德意志人的优秀。他追随康德，主张国与国之间有国际法，应当在各国共和之基础上实现永久和平。不过，也有一种说法，认为费希特反对拿破仑，是因为他没有受到拿破仑的接见，内心很受打击。亚当·缪勒和洪堡受到拿破仑接见时，他十分妒忌。[3]

人们常常指责费希特学说多变。青年时期、耶拿时期、柏林时期，费希特学说确实有变化，但变的后面，是他对自由、民主、共和执着而热情的追求。

---

[1] ［法］克洛得·达维德：《希特勒与纳粹主义》，徐岚译，商务印书馆1997年版，第49页。

[2] 参见［美］本尼迪克特·安德森《想象的共同体：民族主义的起源与散布》，吴叡人译，上海人民出版社2011年版；另见［英］卡尔·波普尔《开放社会及其敌人》第二卷，郑一明、李惠斌等译，中国社会科学出版社1999年版，第101页。

[3] ［英］卡尔·波普尔：《开放社会及其敌人》第二卷，郑一明、李惠斌等译，中国社会科学出版社1999年版，第101页。

捍卫思想自由

普鲁士国王威廉二世时期,有"书报检查敕令"。法国大革命爆发后,政府担心革命的火苗蔓延至德国,遂加强对书报出版的审查。费希特的《试评一切天启》,起初也受阻于出版审查。在这种情况下,费希特发表了书面演说《向欧洲各国君主索回他们迄今压制的思想自由》。演说是匿名发表的,出版地点是并不存在的地方"太阳城",出版时间写着"黑暗时代的最后一年"。走向光明,告别黑暗,体现着费希特对启蒙运动的拥护。费希特指出,思想自由不仅指头脑中自由地想问题,作为一种权利,它指的是一个人可以公开发表其思想的自由。这里"公开发表"是关键。所以,思想自由与言论自由、出版自由是不可分割的。在这个演说中,费希特指明了时代的特点,界定了君主的权力范围,为人民思想自由的权利进行了有力辩护。

他说,现今人们正在告别野蛮时代,走进文明时代。君主以上帝的名义对人民进行统治,是野蛮时代的做法。如今,上帝即是我们自己的良心,听从自己良心的指导,便是听从上帝的指导,君主只是社会的代表,他的职责是保护人民的权利,推行正义。人们尊敬君主,不是出于对君主个人的尊敬,而是出于对社会、对人民的尊敬。君主只要做好它的分内之事即可,至于真理问题,则交给个人。他写道:

> 君主们,对于我们的思想自由,你们决没有权利,你们无权判决什么是真的,什么是假的;你们无权给我们的研究规定对象或设置界限,你们无权阻止我们公布研究的结果,不管这些结果是真的还是假的,不管我们想向谁公布或怎样公布。关于这些事情,你们也决没有义务;你们的义务仅仅在于世俗目的。[1]

费希特强调,在精神世界里,君主与民众地位平等。这样,"作为地位平等的人,你们不能向他们提出什么要求,他们也不能向你们提出什么要求"[2]。

---

[1] [德] 费希特:《论法国革命》,李理译,贵州人民出版社2001年版,第29页。
[2] 同上书,第30页。

在演说的最后，费希特提醒君主要分清谁是真正的敌人、谁是真正的朋友。他说，那些劝君主实行愚民政策、压制民众思想自由的人是君主真正的敌人，而劝告君主致力于"扩大光明"的人，才是君主真正的朋友，因为只有后一种君主，才能赢得人民真正的信任与尊敬。

民主共和国的理想

费希特赞扬法国大革命，即使在雅各宾专政时期，他的立场也丝毫未变，他的自然权利理论，继承自卢梭与康德，充分肯定了主权在人民，人民有权在必要时采取革命行动，制定新宪法。他从不讳言自己是一名雅各宾党人。他写道，按照权利学说，人民实为最高的权力，在它之上没有任何权力，人民是其他一切权力的源泉。当人民集会时，行政权力便失去了效力。费希特不赞同法国革命时期卢梭的后继者的做法，他认为人民应当将权力委托出去，成立政府。政府必须守法，必须对人民有所交代。这种政体，是狭义的民主政体，也称作共和政体。康德尝言，共和即指立法权力与行政权力的分离。① 费希特在此基础上又加了一个监督权。他提出了民选监察院的设计。这个监察院类似于古希腊斯巴达的元老院，由人民选出的德高望重之人组成。他们忠于人民但不隶属于人民，具有独立性，他们的职责是对行政权力实行监督。一旦发现政府违宪，他们要召集全体人民，对政府进行裁决。不过，到1812年，费希特承认这个权力无法落实，遂放弃了成立监察院的想法。费希特的设计，是一种宪政共和国方案，他认为主权当在人民，但人民无法亲自来执政掌权，这就需要有代表原则、分权原则。在费希特那里，人民主权与政府设立上的分权并无抵触之处。

不过，建立这样一个宪政并非费希特的最终目标。他的国家学说包含了一种更高的理想。他最终展望的，是道德法则支配每一个人的国度。费希特赞同国家实行强制教育，希望由此使人民变成有理性、有道德的公民。在这一点上，费希特极大地启发了马克思关于塑造"新人"的想法。国家至此成了费希特唯心主义哲学中那个占绝对统治地位的"绝对自我"，它对其国民的思想与行为实行绝对控制。

---

① ［德］康德：《永久和平论》，载［德］康德《历史理性批判文集》，何兆武译，商务印书馆1990年版，第108页。

锁闭的商业国

费希特很想把他的政治主张付诸实施。他的《锁闭的商业国》,题献给"尊敬的普鲁士王国枢密大臣、红鹰骑士团骑士冯·施特吕恩塞先生"。费希特说,他的建议是依据政治的科学而得出的,对世界各国都具普遍意义。他的建议就是建锁闭的商业国,如同法治国家本身是一个锁闭的群体一样。他坚信理性国家必定是如此。在锁闭的国家中,对外贸易取消,臣民被禁止与外国人交往。这种思想,与亚当·斯密主张的自由贸易论截然相反。

费希特认真设计了锁闭国家的步骤:推广和完成本国公民所必需的一切产品在国内的生产,建立能够自给自足的国内经济体;还要让国家获得它们的"天然边界"。费希特说,"天然边界"是大自然为一国人民设定的,旨在使其经济生活能够自足,例如林地、草原与盐场的搭配,足以保障一国完整而独立的生产体系,则一国天然边界,就要将其纳入进去。费希特说,迄今为止战争不可避免,就在于各国并非按天然边界而是按历史上的偶然因素确立国界。国家为扩展其天然边界而采取的行动"与其说是战争,倒不如说是占领"[①]。它将为从人间消除战争做准备。

国家锁闭后,一切对外贸易都被禁止,只有个别农作物方面,可以由国家与其他国家签订贸易协定,进行等价交换。世界货币取消,代之以本国货币。政府为了保证每个人生活的"舒适",必须进行各种计算和监督。常备军被取消,因为国家不再有侵略他国的打算,由此人民的赋税也大为减轻。每个能拿枪的公民都要参加军事训练,以防外敌入侵。根据费希特的设想,公民的职业也要服从国家安排,不允许有择业的自由。无疑,在此种新秩序中,国家将扮演十分积极的角色。费希特的理论,很大程度上可视为对雅各宾专政时期经济政策实践的理论总结,[②] 部分也受到当时流行的巴贝夫主义的影响。[③]

费希特视这种新秩序为"唯一真正的秩序",他也认识到"它可能使一

[①] [德] 费希特:《锁闭的商业国》,载梁志学主编《费希特著作选集》,商务印书馆2000年版,第112页。
[②] [匈牙利] 费伦茨·费赫尔:《被冻结的革命——论雅各宾主义》,刘振怡、曹丽新译,黑龙江大学出版社2014年版,第161页。
[③] [美] 塞缪尔·弗莱施哈克尔:《分配正义简史》,吴万伟译,译林出版社2010年版,第106页。

第十章　德意志的心灵、社会与国家

些人感到难受、压抑和拘泥"因而移居国外。但他说，这种移民对国家来说损失不了什么，因为移民前他们的田产禁止出售，他们只能带走手中数量有限的金银。[①] 费希特宣称，国家越早按他的设想锁国，获利越大。

费希特指出，理性国家的目的，是帮助每个人得到他作为人类成员应当得到的东西。国家应确保所有公民都能过大体舒适的生活，因为每个人都是平等的，在要求"过得舒适"方面，人人权利相同。在这样的理性国家里，如果个人过得不甚满意，那原因必定在他本身，而不在别人。在理性国家中，现有的物品通过某种方式实行均等的分配。"每个人获得的部分，按照法理说，是属于他的东西。他应当得到属于他的东西，即便它还没有被宣布归他所有。在理性国家中，他就会得到它。在理性未被唤醒，获得统治之前，通过偶然性和暴力做出的分配中，并非每个人都能得到它，因为别人把超过他们应得的部分据为己有了。"[②]

要注意的是，费希特所谓"均等的分配"并不是指"平均"，而是按比例均衡地分配。这个比例，依据每个人完成他特定的工作所需的力量和健康状况而定。例如，外出劳动的农民不需要讲究的衣服，简单的植物性食物也就可以充饥，而从事科研发明创造的人，则需要更丰富、更能提神的食物。但即使是农民，也应有权在休息日参与享受祖国大地提供的美好东西，穿上配做自由人的衣服。[③]

费希特说："这样一个锁闭国家的同胞们只是他们自己彼此生活在一起，而极少与外国人生活在一起；由于采取了这些措施，他们获得其特有的生活方式、设施和习俗，他们衷心热爱自己的祖国和祖国的一切；在这样一个锁闭的国家里，很快会产生一种高度的国民尊严感和一种非常确定的国民性格。它变成了另一种完全崭新的国家。"[④]

费希特认为，各个国家之间应是相互独立的，在经济、政治、语言上皆划清界限。国与国之间订立契约，所有的国家都要遵守国际法。成立国际组织和国际法庭，处理国际事务，对违反国际法的国家，要以战争的方式进行惩戒。

---

① ［德］费希特：《锁闭的商业国》，载梁志学主编《费希特著作选集》，商务印书馆2000年版，第115页。
② 同上书，第14页。
③ 同上书，第30页。
④ 同上书，第118—119页。

不过，在这样的政治秩序中，学者有特殊的地位，他们可以出国旅行，其他人则被禁止。"应当由锁闭的商业国去国外旅行的，只有学者和高级技艺人才。再也不应当让那种无所事事、喜欢猎奇和贪图享乐的人，去周游各国，消遣解闷了。学者和高级技艺人才到国外旅行，必须有利于人类和国家。政府决不应当阻止，而是必须鼓励这种旅行，并用公费把他们派去作国外旅行。"[1] 1794年他在耶拿所做的关于学者使命的演讲中说："学者阶层的真正使命是：高度注视人类一般的实际发展进程，并经常促进这种发展进程。"[2] 学者乃是"人类的教师"，他的工作的最终目标，是"提高整个人类的道德风尚"[3]。费希特认为，学者代表世界精神，科学无国界，科学把各国联系起来，任何锁闭的国家都不能阻止各国学者和技艺人才之间进行交流。

拿破仑时代，法国国内共和转为独裁，费希特对法国感到失望，他开始重新思考历史，并重视宗教在历史中的作用。法国人是背叛革命了，但还有德国人。他看到德意志民族朝气蓬勃，尤其是德国具有良好的大学制度。他认为德国完全可以完成法国的使命。德国与法国大的区别在于宗教，法国是天主教国家，德国是新教国家。新教是真正的宗教，是宗教的最高阶段。德意志民族将成为进步的载体。

在拿破仑军队占领柏林期间的演讲中，费希特主要讲了三点：第一，他把德国的民族性界定为绝对的道德，个人当作为有道德的成员融入德意志民族精神中。"民族精神"一词，最早由费希特使用。19—20世纪，德国的一个主要问题是"谁"能被称作德国人。费希特为该问题的解答提供了统一的知识与道德基础。第二，他强调国家教育的重要，国家教育使人成为有道德的人，也就是成为德国人。没有道德，就没有德国性。第三，他相信德意志共和国会在20世纪实现，届时德国将成为所有国家的模范。

费希特忠于启蒙，他相信科学，相信进步，相信教育在引导人类走向文明世界中的作用。他的学说，洋溢的是乐观主义的精神。但他的学说包含着日后构成极权主义的重要因素，一定意义上堪称"纳粹的先驱"。[4] 费希特学说的问题在于，他的民族主义最终窒息了自由主义。据说，希特勒曾专门

---

[1] ［德］费希特：《锁闭的商业国》，载梁志学主编《费希特著作选集》，商务印书馆2000年版，第116页。
[2] ［德］费希特：《论学者的使命》，梁志学、沈真译，商务印书馆1984年版，第40页。
[3] 同上书，第44页。
[4] ［美］汉斯·斯鲁格：《海德格尔的危机——纳粹德国的哲学与政治》，赵剑等译，北京出版社2015年版，第54页。

研究过费希特的著作。"天然边界"一说，似可为德国向他国提出领土要求、发动战争提供美丽的外衣。

不过，费希特在德国国家观念的构建中所作的贡献，仍是不可抹杀的。费希特明确了德国人的时代任务，他更多地寄希望于学者来推进这个任务。是时，德国资产阶级十分弱小，封建势力听不惯他的演讲，大批农民又听不懂他在讲什么。学者是他的主要听众，他寄希望于学者，也就不难理解了。

洪堡：在学术与政治之间

威廉·冯·洪堡（Wilhelm von Humboldt，1767—1835）享有世界性的声誉，其弟亚历山大·冯·洪堡同样是思想文化名人，二人被称作洪堡兄弟。瑞士历史学家布克哈特曾言，威廉·洪堡是那个时代最伟大的思想家之一。[1] 威廉·洪堡（以下简称洪堡）是著名的教育家、语言学家，也是当时颇有名气的外交家和普鲁士政府官员。他在教育方面的思想与实践，尤其令人赞叹。相比之下，他的政治思想，则不那么受人重视。实际上，洪堡对政治不乏真知灼见。洪堡是一位对实际政治事务颇为熟悉的人。他关于政治的论文，旨在影响政策，具有强烈的现实关怀。其背后包含的，则是他对人性的尊重、对自由的肯定、对个性的捍卫。稍晚，我们还可以见到他对德意志民族的某种情怀。在德意志自由主义传统中，洪堡有着十分重要的地位。

洪堡于1767年6月22日出生于普鲁士波茨坦的一个贵族家庭。不过，他的贵族出身，不具有悠久的历史。其家族获得普鲁士国王授予的贵族头衔，源自洪堡的祖父辈。洪堡的父亲是军官。洪堡家族有优良的知识传统，他的外祖母一系，海德堡大学校长出了3位。洪堡的母亲就是一位知识女性。洪堡兄弟小时在位于柏林西部的庄园中接受了良好的教育，家中延请的家庭教师，为当时信奉启蒙哲学的一流学者。洪堡在18岁时，即认识到许多人偏离了理性的道路，"他们不想理性地思考，只想盲从"。1787年，洪堡离开柏林，到法兰克福大学学习法律与经济；第二年，他转学到哥廷根大学。1789年，洪堡结束了大学学习。他来到革命之都巴黎。他初时支持法国革命，然而随着革命的激进化以及血腥暴行的泛滥，他转而对革命持批判的

---

[1] ［德］克莱门斯·门策为《论国家的作用》所写的"导言"，参见［德］威廉·冯·洪堡《论国家的作用》，林荣远、冯兴元译，中国社会科学出版社1998年版，第20页。

态度。他对法国革命的看法,受到德国保守派作家根茨的影响。根茨把柏克批判大革命的名作《法国革命论》译成了德文,他被称为"德国的柏克"。洪堡认为,理性本身有其局限。一国宪法需要有其历史基础。"国家宪法,不能像幼芽嫁接到树上一样,将自己强加于人。如果没有时间和自然的前提条件,就好像将花系在绳子上。第一天正午的阳光就会令其枯萎。"[①]

1789年底,洪堡回到柏林,最初从事了一段时间的法律事务。不久,他得以到外事部门工作。1791年,洪堡与卡洛琳娜结婚,此后几年,他主要从事私人研究活动。1794年,洪堡全家移居耶拿,在那里,他与席勒一起研究了艺术理论。这一时期,他认识了在魏玛的歌德。1797年,他们一家移居巴黎。在巴黎,他开始了对民族语言的研究。1802年,他被任命为普鲁士驻罗马教廷公使,遂移居罗马。1808年,洪堡和家人返回普鲁士。此时,帝国首相施泰因启动了普鲁士改革,他推荐洪堡出任普鲁士教育部门主管。洪堡对这一任命拒绝了。不久,内阁再次请他出仕。洪堡考虑到国家前途,答应了这次请求。1809年,洪堡被任命为普鲁士国务枢密顾问,负责文化教育事务。此后一年多时间,洪堡迅捷地推进了多项教育改革措施。1810年,由于不满意于所处的从属地位,他提出辞呈。不久,他被任命为驻维也纳公使,此后十年内,他多次作为代表参加普鲁士外交活动。1817年,他任普鲁士驻伦敦公使。他的外交活动的一个主要内容,是促成奥地利与普鲁士等国联合反对拿破仑。1819年,洪堡进入内阁,担任等级管理和日常事务大臣。然而不久,由于他反对新闻审查法案,被解除公职。1820年,他回到柏林,全心从事科学研究,特别是语言学研究。他为后人留下了极其重要的语言学著作。1835年4月8日,洪堡在柏林的泰格尔庄园逝世。

国家的权限

1792年夏,洪堡写了《论国家的权限》(中译本作《论国家的作用》)。当时,普鲁士正在拟制一部国家法。自法国大革命爆发以来,德国人对构建一个怎样的国家产生了若干分歧。德国人不可能对革命期间法国政府的所作所为无动于衷。洪堡的论文,正是在此背景下完成。洪堡注意到,现代国家

[①] 转引自〔德〕佛兰茨—米夏埃尔·康拉德《洪堡传》,赵劲、张富馨译,同济大学出版社2017年版,第24页。

有将人机器化的趋势，德国应当通过改革，厘定国家的权限，为人的自由发展提供条件。基于自由发展的个体，德国才能真正告别旧制度。《论国家的权限》的主要部分发表于席勒主持的杂志上，因引来批评和争论，虑及其影响，洪堡决定不出版此书。最终，该书到他去世 16 年后才得以出版。正如他在最后一章中所说明的，他的探讨，只是在理论层面，按照理性的要求去思考国家权力的范围。至于现实中如何操作，还需要灵活变通，并且要充分考虑时间因素，循序渐进，不能期望一蹴而就。

洪堡认为，探讨国家问题，首先要思考人的问题。我们需要问，人的目的是什么？毕竟，国家是人的作品，其成立要服务于人的目的。他认为，人的目的，并非肉体的享受或对物的占有。人的目的，是其个体的充分发展，这种发展，意指人的各种能力的和谐、均衡。这一发展过程，不是自然的过程，而是"教育"的过程。为了展开这种教育，充分的自由和多样的环境，是必要的两个条件。[①] 由此，国家的成立就是要为这种教育创造条件。国家不能侵犯个体的自由，不能压制环境的多样性。而国家干预行为的特点，正是生硬粗暴直接，以划一破坏多样。

洪堡表明，国家的目的只能是为公民提供消极福利——国内外的安全。为此，需要建立一个有效的法律与司法体系。我们不应期望国家提供积极的福利。国家不能干涉宗教信仰，不能干预公民的经济活动，不能直接经办教育机构，也不必致力于改良社会习俗。洪堡的见解，是典型的古典自由主义性质的国家观。国家提供安全保障，通过暴力手段惩治犯罪，提供必要的仲裁和执法。国家的出现，中止了个体之间的复仇循环。只有在公民对其他公民造成直接侵犯的地方，国家才可以插手。洪堡指出，国家包办过多，权力范围过大，弊端甚多。例如，它会导致公民无法自决，失去尊严、道德感和责任心，养成依赖、等待、冷漠的心理；它以必定有偏颇的决定去处理其他事务，总是会给部分人造成损害，反而会滋生出更多的问题。国家扩权，带来对各种督办、检查人员的要求，必定导致官僚队伍的壮大，由此势必增加国家财政上的负担。他认为，有很多事情实际上可以交给市民社会去做。国家干预，不仅侵害了公民自由，也扼杀了市民社会的活力，破坏了环境的多样性。

他认为，如下原则，应当是所有政策的基础：

[①] ［德］威廉·冯·洪堡：《论国家的作用》，林荣远、冯兴元译，中国社会科学出版社 1998 年版，第 30 页。

真正的理智并不希望人处于别的其他状况,它只希望给人带来这样的状况:不仅每一个单一的人享受着从他自身按照其固有特征发展自己的、最不受束缚的自由,而且在其中,身体的本质不会从人的手中接受其他的形态,每一个个人都根据他的需要和他的喜好,自己随心所欲地赋予它一种形态,这样做时仅仅受到他的力量和他的权利边界的限制。[①]

在当时革命与反革命对垒的环境中,国家权力无限扩展。革命的激进民主派与反革命的国家主义保守派都倾向于支持国家权力范围的扩大。洪堡对个人自由与权利的捍卫,在那个时代的政治理论中,实"属于个别现象"。[②]

教育思想及实践

洪堡如今在思想史上的卓越名声,主要来自于他的教育理念。洪堡的教育理念,在当时十分先进,今天看来依然有其重要意义。他作为主管普鲁士教育的官员,亲自领导了德意志教育体系的全方位改革与建设。他的改革,背后是他一以贯之的教育理念。洪堡长期沉迷于古希腊文化研究,对古典时代的人文主义十分钟情。洪堡生活的时期,也是德国浪漫主义兴起的时期。他的教育理念,可以看作新时代对人文主义的重新发挥,其重点是关注人性的成长,关注个人独特个性的保存,塑造有创造力的、敢于自己运用理性的、和谐均衡的、日臻完美的个体。对他来说,教育是个体成长永无止境的过程,教育旨在"唤醒其灵魂中的生命力量",教育涉及人的灵魂。教育是要培养个体的自决能力,培养自主、自立、自强的个体。他相信,在变动不居的大革命后的世界,在一个失去了方向的混乱时代,教育给予人以依靠。

洪堡亲自推行了多项改革。依据洪堡的设想,教育要面向所有的子弟,而不限于贵族。在德意志建立分年级的小学、中学教育体系。中学不再办预科。上中学要通过考试。引入国家举行的师资考试,向社会公开招聘教师,以克服过去教会学校的弊端。课程内容不再是与孩子们无关的需要死记硬背的东西。引进新的教学法,培养学生的能力,鼓励学生思考、领悟,让学生

[①] [德]威廉·冯·洪堡:《论国家的作用》,林荣远、冯兴元译,中国社会科学出版社1998年版,第35页。
[②] [德]佛兰茨—米夏埃尔·康拉德:《洪堡传》,赵劲、张富馨译,同济大学出版社2017年版,第27页。

主动学习。改革大学,使大学成为科研与教学相结合的地方。将技术职业教育与国民普通教育分开。洪堡认为,在基础性普通教育阶段,所有的国民都要学习一些人类必须具备的知识,培养其健全人格,有了良好的基础教育,职业教育就会十分简单。

洪堡在教育改革方面的另一个重要举措是创建柏林大学。为了纪念洪堡,这所大学今天已更名为洪堡大学。1807 年,普鲁士国王腓特烈·威廉三世考虑在柏林建大学,请费希特、施莱尔马赫等专家进行评估论证。洪堡认为,在普鲁士的政治中心建立一所新型大学,意义非凡。届时欧洲诸国的学生,皆可来此学习。当时柏林有科学院,没有大学。作为教育部门的负责人,洪堡直接负责学校的筹建。从学校选址、财政支持到教师招聘,洪堡全程领导。在教师方面,他从其他大学和科研机构聘请了不少一流学者。例如,神学方面有施莱尔马赫,古代文化研究有沃尔夫,法学院有历史法学派的创始人萨维尼,哲学院请到了费希特。1810 年,柏林大学正式成立。十年后,该校成为德国最大的大学。

洪堡关于大学有特别出色的论述。他认为,大学的目的不是培养实用性人才,而是要让学生在人生中有一段时间集中进行科学研究与探索。为此,教师只是"引导学生研究"。他说,在大学,听课是次要的,重要的是志同道合的同龄人在一起投身于科学事业。洪堡特别重视这种学术团体的作用。他还主张学术自由,认为大学教授的著作应免于官方审查。洪堡肯定了科学研究中多样意见的重要性,在他看来,任何一种意见,都不能声称自身是最终结论,是唯一真理。科学研究要摆脱神学的束缚,也要独立于功利的考量。在洪堡创办的柏林大学中,这些理念,有的实现了,有的由于外在局限并没有实现。

洪堡与自由主义

作为后康德时代的学者,洪堡拒绝普遍哲学的概念,他认为,每个哲学家表达的只是具有个性的学说。他也拒绝被称为哲学家。洪堡的著作,大多数生前从未发表。他的写作,毋宁说是他自我"教育"的一部分。

洪堡早期政治论文中关于国家权限的论述,不能简单地等同于自由主义关于消极自由及个人权利的论述。它必须结合洪堡的人类学与历史哲学去理解。洪堡关心的不是私人范围内免受干预的自由,他关心的是一种具有创造力的、充满力量的、具有个性的个体成长之可能。洪堡的教育思想，同样也要放在他更为广阔的学术视野中去思考。这体现了洪堡思想的独特方面。洪堡著作中有几篇关于历史哲学的论文残篇。其中，他以创生（Zeugung）、教育（Bildung）、惰性（Trägheit）三者的力量较量来理解世界历史展开的动力。创生意味着从空无中创造，它带来世界上的新事物，教育意味着对原生力量有计划地引导与提升，惰性则是指个人的动物性的一面，它是阻碍创生、阻碍提升的力量，常常表现为欲求与习惯。惰性是需要不断加以克服的东西。① 洪堡认为，历史即使有目的，包含某种理性，人也无法认识。创生和教育，确保了人在自由领域的作为，此处可见洪堡思想中"教育"的地位是极高的。在阐释教育所包含的"提升"时，洪堡并没有回到柏拉图的"灵魂转向"或"飞升"，尽管洪堡以某种神秘主义的视角认为教育涉及灵魂，但灵魂的飞升，不是对自身内部欲望的克服，它源自个体与世界的辩证互动。洪堡展望的世界是一个充满生机的多样的世界，它反对机械、死板、整齐划一。

洪堡曾用过亚里士多德的话来表明他对幸福的理解。亚里士多德说："每一个人按其本性所最固有的东西，对他来说就是最好的和最甜蜜的东西。因此，如果人性在最大程度上在于人的理智，那么，按照理智而生活就是最为幸福的。"② 教而成人，按个性发展，按理智生活，这些古典人文主义理念经洪堡的处理，具有了新的含义。洪堡的理论表明，自由主义并非只能如霍布斯所描述的那样，不关心人的提升。自由主义并不乏关于人的全面发展的理论资源。洪堡思想中的乐观主义和教育乌托邦倾向，亦不难看出。批评洪堡的学者认为，洪堡高估了理性的力量，高估了人的自觉性。

洪堡的著作对约翰·斯图亚特·密尔思想的形成，发挥了巨大影响。密尔的自由理论以及他对个性的捍卫，多受洪堡之启迪。在洪堡这里，自由主义并不满足于个体的生命保存与感官享受。洪堡捍卫的不是霍布斯式的动物式的个体，而是一种古典人文主义所推崇的个体。洪堡曾言，幸福不在于物质的占有，而在于为理想进行卓有成效的奋斗。物质的满足，不能带来幸福。这种理念，在韦伯、雅斯贝尔斯等人关于德国人精神的论述中，依然可

---

① ［德］缇尔曼·波尔舍：《洪堡哲学思想评述》，赵劲、陈嵘译，同济大学出版社 2017 年版，第 66—67 页。
② 亚里士多德：《尼各马可伦理学》。转引自［德］威廉·冯·洪堡《论国家的作用》，林荣远、冯兴元译，中国社会科学出版社 1998 年版，第 28 页。

以看到。现代社会确立了个体的重要地位，洪堡关注个体的充分发展，关心个性保存，捍卫多样的世界，无疑切中了现代世界的要害。20世纪中后期，在反思极权主义的氛围中，洪堡的著作也被人们重新阅读，以对极权主义消灭人的个性、摧毁市民社会、扼杀自由做出批判。

黑格尔：神谕哲学家

　　黑格尔于1770年出生于符腾堡公国斯图加特的一个公务员家庭。1788年，他进入图宾根神学院学习哲学和神学。学习期间，恰逢法国大革命爆发，他热烈拥护革命，赞美卢梭，歌颂自由，并在一天清晨和谢林去集市栽种了一棵"自由树"。黑格尔大学毕业后，曾经一度穷困潦倒，只能靠给贵族人家做家庭教师为生。他后来在耶拿大学做了讲师，也曾做过纽伦堡某中学的校长。黑格尔最初研究神学，是一位神学家。他后来的哲学著作多有神学家的布道风格，如念咒一般反复讲一个固定的道理。其哲学见解本身，也与他的基督教信仰相互呼应。特别是他的历史哲学，严格限定于基督教信仰之中。[①] 在某种意义上，黑格尔乃是以哲学的语言阐发了新教的上帝信仰。不过，黑格尔主要还是一位哲学家，而且是一位对理性充满信心的哲学家。随着多部著作问世，黑格尔的哲学影响也越来越大。他曾在海德堡大学、柏林大学任职，并曾担任过柏林大学的校长。不过，他衰老得很快，经常健忘，有一次，他只穿了一只鞋就走进教室，另一只鞋陷在泥地里他竟全然没有察觉。他患有严重的胃病。1831年，霍乱侵袭柏林，黑格尔不幸感染，旧病上添新病，黑格尔卧床一天后，悄然去世。

　　黑格尔的著作颇多，如《精神现象学》等，但许多是他的学生的听课笔记。他最主要的政治哲学著作是《法哲学原理》，此外《历史哲学》也是人们理解他的政治思想的重要文本。

　　当代自由主义大师以赛亚·伯林告诉我们，黑格尔写书并不那么讲究。他写他最后一本书时，他的出版人觉得写得太短，黑格尔说，那好，你要多长我就把它拉多长。伯林认为，黑格尔是"半个江湖术士"。[②] 卡尔·波普

---

　　① ［德］卡尔·洛维特：《世界历史与救赎历史》，李秋零、田薇译，生活·读书·新知三联书店2002年版，第69页。
　　② ［英］以赛亚·伯林、［波兰］贝阿塔·波兰诺夫斯卡—塞古尔斯卡：《未完的对话》，杨德友译，译林出版社2014年版，第148页。

尔则惊奇地发现，哲学界把黑格尔看作历史学家，历史学界把黑格尔看作哲学家，都不愿意把他看作自己的同行。波普尔称黑格尔为"神谕哲学家""江湖骗子"。①

黑格尔在政治立场上不是一个典型的自由主义者，而是一个趋于保守的人，他认为立宪君主制是最好的政体。但是，他的政治哲学所体现的依然是现代资产阶级的气质，他历来也是法国大革命的支持者。黑格尔有一句名言："合理的就是现实的，现实的就是合理的。"②这句话表面上为现实辩护，实际上是表达了一种革命的学说，它意味着不合理的东西都将退出历史舞台，不复成为现实。1827年，在《哲学全书》导言中，黑格尔进一步澄清了这句话的含义。他说，唯独上帝才是真正现实的，现在的事物不过是现实的一部分。在日常生活中，人们习惯于把一时的兴致、错误、邪恶等称作现实，但事实上，这种偶然存在并不配具有现实这个强有力的名称。③

国家与市民社会

黑格尔以辩证法和历史哲学为现代国家辩护。理解黑格尔的国家理念，十分关键的是要考察黑格尔时期德国政治的局势。实际上，近代德国思想家对国家问题的特别关注，恰恰是源于德国自由主义发展的不利及德国现代国家构建的艰难。如前文所述，18世纪末19世纪初，当英、法等国完成革命时，德意志依然四分五裂，大小邦国林立，关卡重重。拿破仑的进军，在摧毁德国旧势力的同时，也激起他们的民族意识。建立一个政治上强大的统一德意志国家，成为时代最强音。

黑格尔认为，在国家演进发展的过程中，家庭是正题阶段，它包含着彼此相爱的理性理念；但由于家庭太小，不足以满足人类众多的需要，于是逐渐出现了那种代表反题阶段的市民社会（bürgerliche gesellschaft）④。市民社会更能满足人的需要，但它因个人利益而分化，只能满足特殊的需求，于

---

① [英]卡尔·波普尔：《开放社会及其敌人》第二卷，郑一明、李惠斌等译，中国社会科学出版社1999年版，第99页。
② [德]黑格尔：《法哲学原理》，范扬、张企泰译，商务印书馆1961年版，序言。
③ [苏]阿尔森·古留加：《黑格尔小传》，刘半九、伯幼等译，商务印书馆1978年版，第110页。
④ 亦有翻译为公民社会。阿尔森·古留加认为，黑格尔用bürgerliche是一语双关，在德文中，它既可解作公民，也可解作资产者。参见[苏]阿尔森·古留加《黑格尔小传》，刘半九、伯幼等译，商务印书馆1978年版，第111页。

第十章 德意志的心灵、社会与国家

是，在最后的合题阶段，国家形成了。国家结合了家庭和市民社会的长处，它体现了普遍主义的精神，提供了普遍利益实现的形式，乃是人类组织发展的最高形式。

实际上，黑格尔视国家为神，国家至善至高而全能。黑格尔认为，国家是理性的最终展现，是道德全体与"自由"的"现实"，[①] 体现着个人意志与一般意志的统一，国家的目的就是它自身，国家是"地上的精神"。[②] 显然，黑格尔的国家是一种绝对的国家，不仅在政治上具有绝对的统治权，而且也是道德的创造者、体现者。"神自身在地上的行进，这就是国家。"[③] 国家的根据，就是作为意志而实现自己的理性的力量。黑格尔说，卢梭、费希特正确地指出了国家与意志的关系，揭示了国家是一个能动的整体。然而，他们理解的理性意志，只是共同体的意志，但问题在于共同体的意志，未必是合乎理性的意志。集体发疯的一帮人并非国家。黑格尔把理性主义与意志论相结合，形成关于自在自为的理性意志学说，用以界定国家。这样，国家就值得人们热爱了。它是对国家的一种"神正论"，同时，它也提供了一种客观的完美国家的理想形态。

黑格尔的国家理论在本质上否定了个人的价值，个人只是作为整体的部分、作为历史发展的环节而存在。与神一般的国家相比，个人显然是渺小的、有缺陷的、狭隘的。

奥克肖特曾说，黑格尔是西方政治思想史中"理性意志"传统的代表。[④] 我们研究黑格尔的国家观，可以理解奥克肖特的说法。回到黑格尔著述的时代——法国大革命之后，黑格尔的国家理论，在当时有两个好处。一方面，它肯定国家是一种至高的统一的意志，这便否定了封建秩序的存在价值，为德意志统一国家构建提出了要求；另一方面，它称国家本质上是"理性意志"，这便为反对大革命中的激进与狂热提供了依据，雅各宾专政体现的则是疯狂的意志、非理性的意志。以这样一种方式，黑格尔表示大革命不该为德国人效仿。人们发现，普鲁士开明君主制提供的正是一种黑格尔式的"理性意志"的对应物。

[①] [德] 黑格尔：《历史哲学》，王造时译，上海书店出版社2001年版，第49页。英译为"The Real is the Rational, and the Rational is the Real"。
[②] [德] 黑格尔：《法哲学原理》，范扬、张企泰译，商务印书馆1961年版，第258页。
[③] 同上书，第259页。
[④] [英] 奥克肖特：《〈利维坦〉导读》，应星译，载渠敬东编《现代政治与自然》，上海人民出版社2003年版，第176页。

世界历史是"精神"自我运动的舞台

黑格尔的哲学通常被称作客观唯心主义，他把世间一切都归结为精神自我发展和自我认识的辩证运动。在黑格尔那里，世界历史就如同一个人一样，它有一个不断成长、接受教育而实现自我的过程。他认为，世界历史是人的"精神"自我运动、不断展示、逐步实现的过程，是一种"精神现象"。历史中人虽然有能动性，有激情，但他们不过是"世界精神"（Weltgeitst）的工具，像恺撒、拿破仑这样的伟大人物也是如此。黑格尔有一个著名的说法——"理性的狡计"。理性的狡计，体现了在行动者的欲望、激情背后暗中发挥作用的普遍理性。它相当于基督教神学中的"上帝意旨"（天意）。也就是说，每个个体、每个民族以自己的方式追求自己的理想，客观上造成的历史后果，却不合行动者原来的意图。例如，一位充满野心的政治家仅仅出于追求权力而采取的措施，却在客观上造成了促进文明进步的后果，这便是"理性的狡计"。在黑格尔那里，"世界的历史是真正的神正论"[1]。历史的演进体现的正是上帝的伟大计划。

黑格尔自信和上帝坐在贵宾包厢里，目睹着世上发生的一幕又一幕，并能看到"剧终"。他俨然成了一名可以预测未来、洞悉先机的先知。他说："米纳发的猫头鹰只有在黄昏才起飞"。米纳发是智慧女神。此言是说，只有在历史终结处，在事件终结处，历史真理才展示出来。此言也可以倒过来理解，一旦哲人洞察出历史的真理，便意味着此一历史阶段的终结。这是一种黑格尔式的同义反复。所以，历史总是终结于不同时代的黑格尔主义者那里，如19世纪的马克思，20世纪的亚历山大·科耶夫（Alexandre Kojève）。[2] 在黑格尔那里，历史有目标，有终点。精神的本质是自由，它自身有一个中心点，不受他者的吸引或排斥。黑格尔说："自由本身便是它自己追求的目的和精神的唯一的目的，这个最后的目的便是世界历史。自古到今努力的目标，也就是茫茫大地上千秋万岁一切牺牲的祭坛，只有这一个目的不断在实现和完成它自己。在终古不断的各种事态的变化中，它是唯一不

---

① ［德］卡尔·洛维特：《世界历史与救赎历史》，李秋零、田薇译，生活·读书·新知三联书店2002年版，第70页。

② 关于此种"同义反复"的概括，参见 Carl Schmitt, *The Crisis of Parliamentary Democracy*, translated by Ellen Kennedy, Cambridge, Massachusetts and London: The MIT Press, 1985, p. 55。

第十章 德意志的心灵、社会与国家

变化的事态和渗透这些事态真实有效的原则。这个最后的目的，便是上帝对于世界的目的。"①

黑格尔宣布，世界历史始于东方，终于西方，正如太阳从东方升起，从西方落下。"欧洲绝对地是历史的终点。"② 世界历史是自由的实现。这种自由，绝非为所欲为，相反它意味着某种内在的控制。它是"使未经管束的天然的意志服从普遍的原则，并且达到主观的自由的训练"③。东方世界从古到今知道只有"一个人"是自由的；希腊和罗马世界知道有些人是自由的；日耳曼世界知道"全体"是自由的。德国人的精神就是新世界精神，它的目标就是绝对真理（absolute truth）的实现。与之相应的政体的形式，则是专制政体、民主政体与贵族政体、君主政体。它们又分别被黑格尔称为历史的幼年期（东方）、青年期（希腊）、壮年期（罗马）和老年期（日耳曼世界）。不过黑格尔说，自然界的老年时代是衰弱不振的，但精神的老年时代则意味着成熟和力量。在最后时期，精神和国家实现了统一，教会和国家分离对峙状态消失。自决、不受外在力量强迫意义上的那种自由，至此得到了完全的实现。

黑格尔的历史哲学，一方面继承了启蒙运动关于人不断完善、实现自我的理念，另一方面则吸收了比启蒙时期更早的神秘主义宇宙演化论（mystical cosmogony）。④ 当20世纪晚期美国的福山（Francis Fukuyama）发表他的"历史终结"论⑤时，人们以一种特殊的方式再次温习了黑格尔的历史哲学。福山的大思路来自黑格尔。黑格尔认为，国家起源于冲突，人类在求得"承认"的生死斗争中前进，"为承认所进行的斗争和对统治的服从是政治生活的起点，也是国家的开端"。人渴望获得承认，而不愿意承认对方。在争取承认的斗争中，投降者为了保全生命屈服于对方，由此形成主人和奴隶。历史发展就是主奴关系的调整，而黑格尔认为资产阶级的国家已经实现了主人和奴隶的统一，最终将由此达致历史的终点，实际上，这也意味着历史"目标"的实现。"目标"和"终点"，在英文中本是同一个词——end。

---

① [德] 黑格尔：《历史哲学》，王造时译，上海书店出版社2001年版，第19页。
② 同上书，第106页。
③ 同上。
④ Isaiah Berlin, "Historical Materialism", in *Interpretations of Marx*, edited by Tom Bottomore, New York: Basil Blackwell, 1988, p. 94.
⑤ [美] 弗朗西斯·福山：《历史的终结及最后之人》，黄胜强、许铭原译，中国社会科学出版社2003年版。

美化战争与暴力

黑格尔基于其历史哲学使战争与暴力合理化，他把斗争看成历史发展的动力，认为战争是人类走向历史终点的推进器，暴力能促成历史发展中的质变。他说战争可以防止内部分裂并巩固国家的权威，战争时期，国家真正地展现自己，在战争中，人的精神得到升华，爱国热情得到激发，战时国家的作用也恰好证明了国家对市民社会的至上性。人们在市民社会的生活中堕落，在战争中得到提升。他说战争是认真对待尘世财产和事物的虚无性的一种状态……战争有着崇高的意义，战争使民族精神振奋，好比流水不腐。黑格尔为战争披上了道德外衣。他称和平幸福的时期，是历史上的空白时期。黑格尔美化战争，他的政治哲学具有巨大的危险性。

不过，黑格尔美化战争，并不是因为战争本身有什么令人着迷的地方，而是因为它是历史的工具。在他看来，某场战争可能是为了推进人类自由民主事业的最后一战。黑格尔十分欣赏拿破仑。他认为马背上的"世界精神"就是拿破仑。1806 年 10 月 13 日，拿破仑打到耶拿，黑格尔远远观看，他在一封信中说：

> 我看见拿破仑皇帝——这个世界精神——在巡视全城。这位伟大人物……骑着马，驰骋全世界，主宰全世界……见他一面，实在令人心旷神怡。[1]

黑格尔学说影响甚大。马克思早年是个"青年黑格尔主义者"；英国唯心主义的主要理论来源，就是黑格尔的学说。黑格尔学说对现实世界，也发挥着难以估计的影响。他创造了国家神话，创造了历史决定论的基本理论图式，这二者都对个人权利与尊严构成根本的否定，为害甚烈。在"一战"德国战斗机的轰鸣中写作的英国政治思想家霍布豪斯（Leonard T. Hobhouse）在反思战前英国黑格尔学说备受追捧时如此写道：

---

[1] 《黑格尔书信集》第 1 卷，转引自［苏］阿尔森·古留加《黑格尔小传》，刘半九、伯幼等译，商务印书馆 1978 年版，第 47 页。

过去我们没有理会黑格尔对国家的颂扬，以为那只是一个形而上学的梦想家的狂言。这是个错误。他的整个想法是和欧洲历史上最不幸的发展紧密交织在一起的。现在时兴把德意志军国主义想象为俾斯麦时代以前盛行的一种美好感伤的理想主义引起的反作用的产物。这是非常错误的。这种政治上的反动，是从黑格尔开始的，他的学派自始至终都拼命反对发源于十八世纪法国、十六世纪荷兰和十七世纪英国的民主观念及人道主义思想。正是黑格尔的国家观企图证明自由和法律是一致的，藉以削弱民主的原则；想用纪律观念削弱平等原则；要使个人成为国家的一部分，以削弱个性原则；把国家推崇为人类社会最高和最后的组织形式，以削弱人性原则。[1]

浪漫派："世界必须浪漫化"

浪漫主义是一场遍及欧洲的大规模的运动。它是西方世界自启蒙运动之后的又一次重大思想事件。不过，浪漫派作家很少系统地阐述其政治见解，他们的政治思想大多散见于他们写作的许多片断、书信、笔记、名言警句之中。

"德国浪漫主义"是指一个组织松散、具有模糊自我意识的知识运动，它肇始于18世纪90年代的德国，最初体现在文学、审美领域，其先声则是由更早的歌德、哈曼、赫尔德所代表的"狂飙突进运动"。作为一场文学革命，"狂飙突进运动"反对文艺复兴对异教的模仿，主张从本民族的神话、传说中去发掘创作素材，从基督教那里去寻求创作灵感。在哲学上，浪漫主义发现了"自我"。自我与世界，主体与客体，其间关系成为浪漫派哲学的中心议题，这在费希特、谢林关于"自我"的哲学思考中，有清晰的体现。前浪漫主义的哲学，探讨事物及其属性，浪漫主义哲学则希望通过"自我"去看世界。[2] 这种"自我"意识，乍看是现代个人主义精神的体现。但很快，这种对"自我"的反思，导向了一种对民族、历史、宇宙整体精神的解释。因为"自我"意识，如要超越霍布斯、斯宾诺莎意义上的作为欲望、权力、动能的空洞个体，变得丰富、有意义，它就要寻找参照，寻找坐标，寻找其神圣的、超越性的来源。浪漫主义者未必是法西斯主义者，但浪漫主义

---

[1] ［英］L. T. 霍布豪斯：《形而上学的国家论》，汪淑钧译，商务印书馆1997年版，第17—18页。
[2] ［美］乔治·H. 米德：《十九世纪的思想运动》，陈虎平、刘芳念译，中国城市出版社2003年版，第128页。

稍加发挥，便是法西斯主义。

图 50　浪漫派沙龙

浪漫主义形成的关键时期是 1797—1802 年，中心在耶拿和柏林。当时，许多作家聚会于耶拿的 A. W. 施勒格尔家中以及柏林的赫尔茨等人的文学沙龙中，他们自由而坦诚地谈论哲学、诗歌、政治、宗教等。这一群体的重要代表有蒂克（1773—1853）、瓦肯罗德（1773—1801）、谢林（1775—1845）、A. W. 施勒格尔（1767—1845）、F. 施勒格尔（1772—1829）、施莱尔马赫（1767—1834）及诺瓦利斯[①]（1772—1801）。他们的聚会名噪一时，但随着 1801 年瓦肯罗德及诺瓦利斯的英年早逝以及翌年施勒格尔兄弟离开耶拿，浪漫派活动的小圈子便解散了。但是，德国浪漫主义并未因此而终结，而是继续发挥影响。

张扬个性，歌颂英雄

德国早期浪漫主义十分强调"个性"，即强调个人的唯一性、独特性。

---

① 即 Friedrich Von Hardenberg，诺瓦利斯（Novalis）是其笔名。

个性是费希特、F. 施勒格尔、施莱尔马赫等人思想的中心语汇。F. 施勒格尔写道:"个性是人内在的原初的永恒之事物;人格则没这么重要。追求这种个性的培养和发展作为最高的事业,将是一种神圣的自我中心主义（a divine egoism）。"① 施莱尔马赫直到晚年都坚持认为,世界就是人们通过行动实现个性、表达个性的可能场所,而所谓自由,在本质上正是个性的张扬。法国浪漫主义作家儒勒·米什莱（Jules Michelet）写道:"政治给我们带来秩序、和平、公共安全! 可为什么都是利益? 为了享受喜悦,为了使我们在一种自私自利的安静中麻木,为了使我们不再互爱,不再相互联系?……如果这就是政治的目的,我希望它灭亡。对我来说,我宁愿相信……这个秩序是为了有助于自由进步,是为了让每个人促进每个人的进步。"②

浪漫派关于"个性"的理念继承了启蒙运动的个人自由理念,同时将其进一步向前推进,把个人的价值放到了最高的位置。他们认为,启蒙时期的自由、平等理念固然不错,但启蒙思想家以抽象的"个人"代替了具体的、活生生的各不相同的个人,因此未能很好地彰显自我的价值。浪漫派强调自我的实现,主张妇女解放、性自由,呼唤英雄人物,呼唤个人神性,这与启蒙时期的个人主义大异其趣。纳德·赛蒂在比较浪漫主义的"个性"与启蒙时期的"个性"时,引用西美尔关于"质的个人主义"与"量的个人主义"的区分,说明浪漫主义的个人主义是一种"质的个人主义",它强调人与人之间的不可通约性、不可替代性、特殊性,而启蒙时期所说的个人,是指具有相同理性、人性的个人。③

回归自然,追忆童年

与声张个性、追求自由相连,浪漫主义崇尚天性或自然,认为自然具有某种无法言说的神性,而理性所支配的心灵则无法领会这种神秘、魔幻与美丽。浪漫主义认为,近代以来的工业化进程,在丰富人类物质生活的同时,严重破坏了自然,破坏了人与自然的和谐关系,而近代以来的人也丧失了自

---

① ［德］施勒格尔:《浪漫派风格》,李伯杰译,华夏出版社 2005 年版,第 113 页。
② ［法］儒勒·米什莱:《论人民》,袁浩译,吉林出版集团股份有限公司 2016 年版,第 209—210 页,译文有修正。
③ See Nader Saiedi, *The Birth of Social Theory: Social Thought in the Enlightenment and Romanticism*, Maryland: University Press of America, 1993, p. 111.

然的纯真,所谓的文明人,不过是唯利是图、恬不知耻、毫无情趣的市侩(philistine)[1],不过是金钱的奴仆。诗人诺瓦利斯甚至把自己与自然融为一体。"诺瓦利斯那里,到处都是奇迹,娇媚可爱的奇迹;他谛听花草树木的娓娓清谈,懂得含苞待放的玫瑰的心事隐衷,他终于和整个大自然合而为一,待到秋风萧瑟,落叶纷纷,他也就憔悴而死。"[2]

需要注意的是,浪漫主义的"自然"概念,与理性主义契约论中的"自然"概念有着根本的不同。正如卡尔·施米特所指出的:"'自然',完全是一个传统哲学中的理性主义概念,是抽象的理性的'本质'和理性自然法则的同义词,但它获得了一种感情内容。早先哲学中被当作故意的抽象或历史事实的'自然状态',变成了一首回荡在森林和原野上的真实的牧歌,一首'浪漫的幻想曲'。"[3]

浪漫派作家主张从那些未被现代文明污染的遥远偏僻的地方、原始野蛮的部落那里去重寻有资于人的发展的精神财富。如同浪漫主义的先驱人物卢梭对野蛮人的歌颂一样,[4] 他们以野蛮人的质朴来批判资产者社会的肮脏、虚伪、矫揉造作。浪漫派作家到各地游历,搜集民间童话、歌谣、原始艺术,他们到古城中寻求昔日的旧画,他们把目光投向古老的处在前工业社会的东方国度,比如"全国都是古董的中国"。

浪漫主义崇尚自然,崇尚原始、幼稚之事物,视之为未受文明污染的纯真事物。诺瓦利斯写道:"哪里有孩子,哪里就是一个黄金时代。"[5] 在浪漫派看来,儿童说出的话,就是最美的诗;儿童的涂鸦,就是天才的画作。诺瓦利斯在其小说《奥夫特尔丁根》中,以故事中人之口叙述了一个童话:仙女将学者的论文放到智慧测试神液中,当神液溅到婴儿及其保姆身上时,智慧之光四处闪现,而溅到学者身上时,大量的数字和几何图形纷纷坠落。[6]

---

[1] Novalis, "Pollen", in *The Early Political Writings of The German Romantics*,中国政法大学出版社2003年版,p. 24.

[2] [德]海涅:《论浪漫派》,载张玉书编选《海涅选集》,张玉书等译,人民文学出版社1983年版,第112页。

[3] [德]卡尔·施米特:《政治的浪漫派》,冯克利、刘锋译,上海人民出版社2004年版,第60页。

[4] 参见[法]卢梭《论人类不平等的起源和基础》,李常山译,东林校,商务印书馆1962年版,第133页。

[5] Novalis, "Pollen", in *The Early Political Writings of The German Romantics*,中国政法大学出版社2003年版,p. 28.

[6] 参见伍尔灵斯《诺瓦利斯的属灵诗歌》,载刘小枫编《夜颂中的革命和宗教》,林克等译,华夏出版社2007年版,第249页。

施勒格尔兄弟也说：我们的文艺已经老朽衰败，我们的缪斯是一个手握纺杆的老妪，我们的爱神不是金发的少年，而是一个萎缩干瘪、满头灰发的侏儒，我们的幻想已经枯竭：我们必须重新振奋，重新去探索那埋没已久的中世纪素朴单纯的文艺源泉，于是返老还童的仙浆便会向我们迸涌出来。弗·施莱格尔的小说《卢琴德》中，主人公面对婴儿如此呼喊道："人应当这样生活！这个儿童，赤裸裸的，无拘无束。她无牵无挂，不屈从于任何权威，不听从任何世俗的引导。最重要的是，她是一个闲散之人，没有非做不可的任务。闲散可以说是我们被逐出神圣的伊甸园之后仅存的天堂之光。当自然极其野蛮地把我们安进一架可怕的因果踏车，使我们陷入了无休止的单调之中，自由、在空中伸展腿脚、率性而为，就成了我们在这个可怕的世界拥有的最后特权。"① 法国浪漫主义作家米什莱真诚地写道，儿童，是人民的代言人，甚至就是人民自身。儿童天生漂亮、自由、高贵，他们保持着心灵的单纯，成人应该向儿童学习。儿童头脑简单，这正是他们的优势。他们没有资产者那种令人憎恶的精明，没有哲学家、科学家所具有的那种误入歧途的抽象思维习惯。他们看到的每件东西，都是一个有生命力的天然的整体。② 他说："教育，这个词完全没被理解透，不仅仅是父亲对儿子的培养，同样地，甚至更多地，是儿子对父亲成长的促进。"③ 海涅不无讽刺地说，浪漫派诗人"蒂克先生喝下了那么多民间唱本和中古诗歌，结果差不多变成一个孩子，满口咿呀儿语，天真烂漫"④。

20世纪的西班牙裔美国保守主义哲学家乔治·桑塔亚纳曾写过一个奥托逻各斯的故事（The Story of Autologos）。奥托逻各斯是一个儿童，他总在花园（芳菲世界）中玩耍，另有一老太婆对此芳菲世界不感兴趣，她白天躲在岩石里，晚上出来剪除花草。翌日，这花园便变成荒凉世界。但当那儿童出来玩耍时，芳菲世界又复活了，故这儿童非常高兴，他给花儿命名，称玫瑰为美人，称茉莉为快乐、玉搔头为蜜意、紫罗兰为苦心、蓟草为伤痛、桂花为胜利、橄榄枝为功德、葡萄为灵感。……他特爱美人（玫瑰），便伸手去摘它，不想被花刺刺了一下，于是他不再摘此花，并更其名为"爱情"，但

---

① ［英］以赛亚·伯林：《浪漫主义的根源》，吕梁等译，译林出版社2008年版，第114—115页。
② ［法］儒勒·米什莱：《论人民》，袁浩译，吉林出版集团股份有限公司2016年版，第111页。
③ 同上书，第210页。
④ ［德］海涅：《论浪漫派》，载张玉书编选《海涅选集》，张玉书等译，人民文学出版社1983年版，第32页。

此小孩也突然变大了十多岁。

小孩觉得奇怪，不免有了青春的烦恼。这时，忽然从林中走出一大人，着黑衣，戴博士帽，她是植物小姐（植物学家）。小孩很感兴趣，就跑上去告诉她此间多花。植物小姐是理性的人，她板起面孔说：没有这回事，你所谓灵魂、爱情，在科学中另有名字。小孩十分失望。植物小姐说出了许多植物的学名，小孩听了大哭。小姐说：姑且让你按你的想法去呼他们的名字吧，但总有一天你会发现我说的名称才是正确的。小孩说：尽管你这样说，我却不能不恨你，因这个世界一没有灵魂，我也没有灵魂了！二人分手，小孩仍醉于芳菲世界中。至夜，小孩入睡，老太婆出来，觉得需要来个根本解决，把小孩的头割掉了，从此一切树、一切花都枯萎了，不再复活。这时植物小姐又出来，一切恢复如初，只是不见小孩，不禁受到震动，自言"假如世界上没有有灵魂的小孩，我的植物知识向谁说呢？"这时一阵冷风吹来，小姐血肉消失，再一阵风吹来，小姐整个消失，只剩下博士帽和衣服随风飘荡。①

这是一个奇幻而意味深长的故事。在这个故事中，植物小姐喻指科学精神，老太婆代表的则是19世纪的颓废精神与虚无主义，天真的小孩则代表浪漫主义精神。植物小姐破坏了小孩心中有灵魂的芳菲世界形象，虽然允许他仍如从前一样，但启蒙之后与启蒙之前，情况大不一样。人们不能假装不知道科学，所以小孩说："我不得不恨你！"浪漫主义代表了一种与科学主义、理性主义相对立的看待人与世界的方法。这种方法是与个体孩童般的想象力联系在一起的。科学带来了世界的理性化，带来了物质文明的发展，却让想象中有灵感、有生机、有意义的世界变得无处藏身。

浪漫主义者的乡愁

浪漫主义一方面发现近代以来人与自然的远离，同时也发现人与共同体的远离，即人成了单子式的个人，失去了归属感。浪漫主义者表达了工业时代人的怀乡情结。他们批评基于个人联合形成的市民社会，重新发现了共同体的价值。他们指出，在自利伦理的基础上所建立的现代社会缺乏温情，真正的人类家园，应当建立在"爱"的伦理之上。"爱"是浪漫主义思想的又

---

① 参见方东美《生生之德：哲学论文集》，中华书局2013年版，第51—52页。

一中心概念。浪漫派认为,"爱"是比自利更强烈的动力,爱的主体会为了他所爱的人放弃他的一切,浪漫派希望以"爱"代替法律,使之成为社会的纽带。"爱"之于浪漫传统,正如"自利"之于自由传统。① 浪漫派在启蒙以来的思想史上,最早强调共同体的价值,F. 施勒格尔、诺瓦利斯和施莱尔马赫在18世纪90年代就提出了关于有机共同体的理念。

图51　浪漫主义意象

但是,需要说明的是,尽管共同体的观念一直贯穿于早期浪漫派与晚期浪漫派之中,但是这两个时期对共同体的理解并不一样。晚期浪漫主义基于可以说是反动的政治立场,强调有机的国家、有机的共同体,将其放在了个人之上,而不再强调个性;而早期浪漫主义则不过将共同体视作个人成长栖

---

① Frederick C. Beiser, *Introduction* to *The Early Political Writings of The German Romantics*, 中国政法大学出版社2003年版, p. xxviii.

居、个性培养发挥的家园,共同体的存在并不是为了控制个人。这与浪漫主义对个性的强调相一致。并且,早期浪漫派关于"有机共同体"的观念也不同于"有机国家",因为他们事实上有意识地同时与两种理念区别:一种是启蒙"机械社会"的观念,另一种是德国的绝对主义"家长制国家"的理念。[1] 德国早期浪漫主义所唤起的对共同体的诉求,充满的是一种工业化、城市化以后特有的乡愁。乡愁是说我们想回去而不可得,因为故乡已经被工业化、城市化所摧毁。浪漫派揭示的是现代人无枝可栖、无家可归的漂泊状态,它体现了在一个失去魔力的现代世界寻求人类美丽温馨家园的哲学诉求,其关于"有机"的论述,与他们关于自然天性的论述是一致的。

艺术家当国王

浪漫主义运动与一种独特的艺术家理想联系在一起。十分明显的是,浪漫派多为文艺青年,他们居住在阁楼、工作室、简陋的出租房里。浪漫派相信,艺术而且只有艺术,能激励人们依据共和国的道德理想行事。尽管德国浪漫派同意康德与费希特所说的理性有能力知道我们的道德准则,他们还是强调,人类的理性没有力量使我们按其行动,纵然人们知道什么是正确、什么是错误、什么是善、什么是恶,人们仍可能去犯错误、做恶事。因为人的行动的主要源泉是刺激、想象、激情。浪漫派认为只有艺术才能激发、引导它。他们提出,如果人们接受审美教育,情操得到陶冶,生存境界得到提升,自由、平等、博爱的共和国自然就会实现,因为审美教育的本质是给理性涂以令人神往的色彩。艺术由此将理性与感性统一起来,避免了理性律令的压迫性、空洞性,它通过对人的培养、激发人自觉向善的动力,去实现理性的原则;并且,艺术是人发挥自由创造力的活动,人在艺术活动中才是真正的自由主体。换言之,如果说理性在本质上是一种消极的力量,那么艺术则是一种积极的力量。理性只能批评,而艺术能够创造。

浪漫主义将艺术与诗歌放到最高的地位,实际上也是将政治放到了最高的地位。因为德国早期浪漫派所主张的政治是审美化的政治,所主张的审美是政治化的审美,在浪漫主义那里,审美和政治是一个硬币的两面。由此,

---

[1] Frederick C. Beiser, *Enlightenment, Revolution, and Romanticism: The Genesis of Modern German Political Thought*, 1790-1800, Cambridge, Massachusetts: Harvard University Press, 1992, p. 236.

第十章 德意志的心灵、社会与国家

浪漫派提出了著名的"诗性国家"理想。诺瓦利斯写道:

> 适度的政府形式是半国家和半自然状态;这是一种人造的、容易损坏的机器——因此所有的天才人物对其深恶痛绝——然而,它却是我们这个时代的宠儿。假如这种机器能变得自主而有活力,那就解决大问题了。要是人们能以精神融合自然专断与人为强制,二者便可互相通融。精神使二者变得流畅。任何时候精神都是诗性的。诗性的国家才是真实而完美的国家。
>
> 一个富有精神的国家大概原本是诗性的——精神越丰富,国内的精神交往越亲密,这个国家就越接近诗性的国家——每个国民就会因为爱这个美丽而伟大的个体,更乐意限制自己的要求,付出必要的牺牲,国家对此的需要也就会越来越少——国家的精神就会越来越趋近一个模范的个人的精神——他只宣布了一条唯一而永久的法律:你要尽可能善良并富有诗性。①

浪漫派认为,完美的国家要依据美的理念来创制,诗性国家的统治者是"诗人们的诗人",是公众的总导演,而公民则是演员。诺瓦利斯说:"真正的国王是艺术家中的艺术家:艺术家的首领。人人都该做艺术家。一切皆可变为美的艺术。艺术家是国王的材料;国王的意志是凿子:他教育、聘用并引导艺术家,因为只有他从整体、从适当的观点去综观图像,因为只有他能铭记那个应该通过综合的力量和思想来刻画并实施的伟大理念。"②

就政治哲学而论,我们可以说,浪漫主义关于"诗性国家"的理念回答了早在柏拉图那里便提出的关于理想国中艺术及艺术家的位置的问题。柏拉图认为,诗人、艺人必须服从哲学家的权威,其作品必须受到审查,柏拉图的理想国之中充满着对诗人、艺人的不信任。与之相反,浪漫派则认为诗人与艺术家应当是统治者,不是哲学家当国王,而是艺术家当国王,在此意义上,浪漫派的"诗性国家"乃是柏拉图理想国家的反题。而结合19世纪浪漫主义运动发生的社会背景,我们则可以看到,浪漫主义对艺术家的推崇,

---

① [德]诺瓦利斯:《补遗》,载刘小枫编《夜颂中的革命和宗教》,林克等译,华夏出版社2007年版,第106页。
② [德]诺瓦利斯:《信仰与爱》,载刘小枫编《夜颂中的革命和宗教》,林克等译,华夏出版社2007年版,第120页。

针对的不是"哲学王",而是资产者。法国学者安娜·马丁—菲吉耶写道:"艺术家生活与资产者的生活是对立的,这就是浪漫主义时期铸就的观念。"① 实际上,浪漫主义对庸俗、市侩的资产者的抵制乃至憎恨,可以追溯到法国大革命前的卢梭。何为资产者?卢梭早有勾画,浪漫派进一步将其丑化。在浪漫派那里,资产者就是唯利是图、贪生怕死、没有崇高理想、了无情趣的人。从外观来看,资产者是穿外翻白领衬衣的人,浪漫派艺术家则喜欢身着奇装异服,特别是具有异国风情特点或中世纪风格的服装。

浪漫主义的根源:私人教士制

浪漫主义本质上是一场反启蒙运动,这种反启蒙,不是对启蒙理想的全盘否定,而是一种继承和批判;② 没有启蒙运动,也就无所谓浪漫式的反动。启蒙运动以及法国革命展示出的普遍主义、理性主义的政治理想,现代资产阶级社会的市侩主义,遭到了浪漫派的彻底嘲弄。浪漫主义代表的是一种对现代性"情感的、审美的反动"③。如果说现代西方文明由启蒙理想支撑,浪漫主义反启蒙,必定对西方文明自身造成威胁。事实上,浪漫主义造就的"民族魂"、浪漫的"人民"、浪漫的"国家"、非世界的自我、神秘的共同体等观念,皆被20世纪的法西斯主义吸收。浪漫主义当然不是法西斯主义,但二者间的亲缘性,甚为明显。

从知识社会学的角度来看,德国早期浪漫主义体现着当时德国青年知识分子的基本思想状况和社会境遇。德国浪漫派代表的不是自由派,不是旧的容克地主和贵族,不是天主教教会势力,而是孤立的青年知识分子。这些德国知识分子的社会处境并不如意,他们往往生活贫困,在经历了与周围环境的对立以后,他们大多选择了为官做宰的生涯,事实上,德国浪漫派中的某些人物虽致力于政治活动,但却无所作为,在实际政治中不过是无足轻重的小人物。④ 这种缺乏根基的社会处境可以用"知识分子的依附性"来概括,

---

① [法]安娜·马丁—菲吉耶:《浪漫主义者的生活》,杭零译,山东画报出版社2005年版,第10页。
② 参见陈恕林《启蒙运动与德国浪漫派》,《外国文学评论》2001年第2期。
③ 参见[美]弗里德里希·沃特金斯《西方政治传统》,黄辉、杨健译,吉林人民出版社2001年版,第117页。
④ 施米特关于"施莱格尔在政治上无足轻重"以及"缪勒的政治生活"的描述,参见[德]卡尔·施米特《政治的浪漫派》,冯克利、刘锋译,上海人民出版社2004年版,第39—55页。

第十章 德意志的心灵、社会与国家

由此,他们的政治立场的摇摆不定,含糊其辞,首尾不一,便不难理解。卡尔·曼海姆如此描述了德国浪漫派知识分子的特点:"他们极端敏感,道德上不稳定,总是愿意接受冒险和蒙昧主义。……他们放浪形骸,无所顾忌。他们把自己的文笔出租给当时的政府,摇摆于普鲁士和奥地利之间,一部分最后归顺了当时的梅特涅,后者知道怎样使用他们。作为官吏,他们总是得不到恰当的使用……他们是天生的历史哲学家。"[①] "这些独立的知识分子都是典型的辩护家、意识形态专家,他们善于为他们所为之效力的政治提供基础和予以支持,而不管它们是什么。……敏感是这种思想风格与众不同的特征。其优点不是深邃,而是观察发生在精神和心灵领域的事件的'好眼力'。"[②] 作为孤立的知识分子,他们沉溺于自我的内心世界;作为无根基的社会阶层,他们随意选择浪漫化的对象,与立场相异甚至相反的政治力量结盟。

浪漫主义需置于19世纪西方特定的社会背景中去理解。20世纪的卡尔·施米特曾写过《政治的浪漫派》一书。施米特指出:

> 只有在因个人主义而解体的社会里,审美创造的主体才能把精神重心转移到自己身上;只有在资产阶级的世界里,个人才会在精神领域变得孤独无助,使个人成为自己的参照点,让自己承担全部负担,而在过去,负担是按等级分配给社会秩序中职能不同的人的。在这个社会里,个人必须成为自己的教士。不仅如此,由于宗教的核心意义和持久性,个人还得做自己的诗人,自己的哲学家,自己的君王,自己人格大教堂的首席建筑师。浪漫派和浪漫现象的终极根源,存在于私人教士制(imprivate Priestertum)之中。[③]

尽管如此,浪漫主义在思想史上并非一无是处,事实上,作为启蒙运动的反题,浪漫主义提出了不少颇有创意的见解。早期浪漫主义的许多观点,诸如个人独特性的张扬、共同体的维系、审美教育、人与自然的和谐、文化传统的珍视,等等,即使在当代世界,仍不乏启迪意义。

[①] [德] 卡尔·曼海姆:《保守主义》,李朝晖、牟建君译,译林出版社2002年版,第127页。
[②] 同上书,第129页。
[③] [德] 卡尔·施米特:《政治的浪漫派》,冯克利、刘锋译,上海人民出版社2004年版,第18页。

浪漫派发现了"天才"维柯

詹巴蒂斯塔·维柯（Giambattista Vico，1668—1744）是个天才，不过，这位天才要到他去世后数十年才逐渐被人们发现。维柯活着的时候默默无闻，死后相当长的一段时间内鲜为人知。浪漫主义运动兴起后，维柯一下步入欧洲思想界的视野。不少19世纪的思想家认定，维柯是一位伟大的先知式的原创性思想家。1824年，法国浪漫主义作家儒勒·米什莱在阅读维柯的著作后只觉相见恨晚，叹曰："吾师唯维柯！"[1] 直至今日，维柯仍引起学界强烈的兴趣。维柯提出了哪些骇人之见不为他同时代的人所欣赏，只有到几代人之后才遇到知音，他迟来的名声背后又包含何种思想史意涵？让我们走近维柯，走近这位孤独、贫困、生不逢时的天才。

维柯1668年出生于意大利的那不勒斯。他一生大部分时间都居住在这座城市里。维柯的父亲在城里开了一个小书店，维柯经常到书店帮着看店，也顺便在店里看书、学习。维柯小时候很聪明，连续跳级，成绩还名列第一。老师们对他大加称赞。他经常伏案看书，通宵达旦，任凭母亲催他上床睡觉，他仍深深地为阅读所陶醉。维柯后来跟耶稣会学校的老师学过哲学、法学，这样的学习虽然时间短暂，但维柯从中得到点拨，回去自学便有了方向。维柯后来成才，主要得益于他的自学。维柯钻研民法和教会法时，正值他父亲官司缠身，维柯当时十六岁，他毅然到最高法院为父亲辩护，结果胜诉。他的辩护词得到了法官的称赞，对方律师也向他表示祝贺。

19岁的一天，维柯在父亲的书店看店，大主教罗卡来书店买书，顺便和维柯聊起法学的学习方法，大主教罗卡本人就是一位卓越的法学家。维柯寥寥数语，令大主教眼前一亮，他表示要推荐维柯去给他哥哥的孩子当家庭教师。维柯欣然应允。大主教的哥哥有一个大庄园，那里环境甚佳，加上东道主待人和善，和维柯一样喜欢写诗，维柯在那里甚为惬意，一住就是九年。这九年中，他研究了民法和教会法，研究了天主教教义，研究了拉丁文。他阅读柏拉图、亚里士多德、西塞罗、伊壁鸠鲁、斯多葛学派等人的作品，但他喜欢柏拉图、亚里士多德、西塞罗，而不喜欢伊壁鸠鲁等人。他说，柏拉

---

[1] [美]马克·里拉：《维柯：反现代的创生》，张小勇译，新星出版社2008年版，第2页。

图等人的哲学著作"是为着研究人类在文明社会中的妥善安排而写出的",而伊壁鸠鲁与斯多葛学派"所倡导的都是孤独汉们的伦理哲学,伊壁鸠鲁派是些关在自家小花园里的懒汉,而斯多葛学派则是企图不动情志的默想者"[①]。他自认为是柏拉图形而上学的一个信徒。

九年的幽居生活快结束时,笛卡尔的学说风靡一时,他遂决定研究笛卡尔。他发现笛卡尔是个沽名钓誉、思路不清的人。他毫不客气地称笛卡尔的著作基本没什么价值。毕竟,维柯是一位有着丰富历史想象力的宗教人文主义者,当时的科学运动殊难引起他的兴趣。维柯结束幽居生活,回到了故乡那不勒斯,后来成为那不勒斯大学一名默默无闻的修辞学教授。

维柯热爱故乡,热爱祖国,热爱美学。他不擅长交际,以至那不勒斯大学法学教授空缺时,尽管维柯已研究过格劳秀斯的《战争与和平法》,并写过《普遍法》一书,还是未能获得教职。不过,维柯在职业晋升上的挫折并没有动摇他从事学术研究的决心。1708年,维柯开始着手《新科学》的写作。1709年,维柯在那不勒斯大学新学年开始的就职演讲中,公开热情捍卫人文主义教育,批评笛卡尔式法国理性主义、科学主义的贫乏。1725年,维柯出版了《新科学》第一版。维柯将它题献给那不勒斯大主教洛伦佐·考什尼。维柯的著作被誉为"天主教的光荣""意大利的光荣"。不过,维柯的这项研究直到他去世那年才最终完成。

维柯年老多病时,请求国王允许将他在大学的修辞学教席传给他的儿子,得到了国王的批准。暮年维柯依然生活清贫,他有时靠给权贵写婚丧颂词或铭文以补贴家用。维柯晚年才有些好运气。1735年,他被任命为皇家史官。1744年,维柯去世。这一年,《新科学》第三版出版。《新科学》最后一版,是维柯苦心研究36年的成果。

"新科学"之"新"

维柯将其大作命名为《新科学》,是受了培根的《新工具》与伽利略《关于两种新科学的对话》的影响。但从根本上而论,维柯的著作与其说是一种科学,不如说是一种历史哲学。论者尝将维柯与孟德斯鸠并列,称他们属于"历史学派",而区别于霍布斯、洛克、斯宾诺莎等人基于抽象原则论

[①] [意大利]维柯:《新科学》,朱光潜译,人民文学出版社1986年版,第622页。

政治的"分析学派"。① 譬如谈自然状态，维柯认为，我们就要真的考察历史上初民生活时的状态，而非靠抽象的、没有经验依据的逻辑推演。维柯把文明的进程分成进行创造的时代（又叫"诗性时代"）与进行思考的时代（又叫"人的时代"）。诗性时代又分为神的时代与英雄的时代。在文明时代之前，则是野蛮状态。

维柯考察了各个时代的文化，这其中自然包括政治方面的内容。在神的时代，人们生活在父权制中，平民造反使贵族共和在英雄时代得以浮现，但贵族共和仍不能持久，弱者仍要求权利，最终斗争的结果，是贵族特权的消失，人的时代来临；人的时代，人们生活在大众共和制之中，人与人之间平等，区别只在于权力与财富。结果是人们分成不同的党派而相互斗争，当党争发展到危及共同体的存在时，强大的君主就会出来收拾残局，确立秩序，于是重新回到父权制。如果君主的这种努力失败了，共和国要么被异族征服，要么从内部崩解而重新回到野蛮状态。只有神意才能开启新一轮文明的进程。这种循环在数字上是从一到少、到多、到全，再到一的顺序。维柯写道："各种政府都从'一'开始，即氏族的君主独裁制，过渡到'少数'，即英雄时代的贵族体制，再进展到'多数'和'全体'，即民众体制，其中'全体'或'大多数'组成了政体，最后又回到'一'，即民政方面的君主独裁制。"维柯总结这一进程，是以罗马历史演变为基础的。这种历史循环论，并不是维柯的首创，也不是他思想的重点。柏拉图、波利比乌斯、马基雅维里都有过类似的看法。维柯的重点是，各个不同时期的人的思想、行为、情感是可以理解、沟通的。并且，维柯讲历史循环，也意味着对启蒙运动关于人类从不完美向完美进步这一信条的拒斥。在维柯看来，"古今之争"毫无意义，只有不同时期不同的文化，各民族有自己的独特经验，并以自己的方式表达它们，不存在哪个比哪个更进步。只有可以理解的变化，没有从不完美向完美的过渡。

维柯对人的看法是基督教对人的看法。他认为，人是堕落的，只有借神恩人类才能走出自爱造成的无序。他说，在文明的进程中，"人们首先感到必需，其次寻求效用，接着注意舒适，再迟一点就寻欢作乐，接着在奢华中就放荡起来，最后就变成疯狂，把财物浪费掉"②。

---

① 孟云桥编著：《西洋政治思想史》，河南人民出版社2016年版，第149页。
② [意大利] 维柯：《新科学》，朱光潜译，人民文学出版社1986年版，第109页。

第十章 德意志的心灵、社会与国家

当代美国学者马克·里拉（Mark Lilla）称维柯为"反现代"的思想家。① 实际上，维柯是在西方现代社会起步阶段即全面而深刻地反思现代，他那时已意识到现代社会的危机。他是反现代的第一人。维柯之反现代体现在许多方面。他的新科学是一种关于人的意识的科学，是一种追求同情理解的学问，这与按自然科学的方式看待人类社会事务的潮流相悖；他说人的能力是有限的，社会秩序不能被完全认识，这对流行的自然法思想及社会契约论构成直接挑战。他反对进步的观念，反对人通过理性自我救赎的观念。

理解维柯的新科学，就要弄清维柯所批的旧科学是什么。维柯所批的旧科学，亦即今天人们常说的现代科学，是始于17世纪、盛于18、19世纪的一套思想与观念。20世纪政治哲学家埃里克·沃格林说，维柯1725年的《新科学》早已从知识和精神的角度戳破了它，但这种旧科学的影响犹存，进步主义、纳粹主义、战争皆与它有关。② 沃格林十分推崇维柯的《新科学》，他的成名作即取名为《新政治科学》。

维柯在思想史上首次明确区分了自然科学与人文科学。他认为，在自然与人造物之间存在着不可逾越的鸿沟，人类历史与文化可以被人理解，其中包含的普遍而永恒的原则可以被揭示，故而人文科学是真正的科学，数学就是如此。与毕达哥拉斯、柏拉图等人由来已久的观点不同，维柯认为，数学不是实在规律或现实结构的反映，不是人类"发现"的东西，而是人类"发明"的东西。数学完全是人为的游戏，其中的符号与规则都是人制定的。数学讲的不是实在规律，而是一套规则体系。数学的神奇，就在于它是人类自己创造的作品。维柯认为，我们对自己的了解，要多于对外部自然界的了解。对于过去，我们可以通过对语言、神话和礼制的研究，凭想象力去理解。尽管这要经过艰苦的努力，但都是可以做得到的。而自然科学，则不可能成为真正的科学，因为自然世界并非人造，有限的人永远不能穷尽自然界的奥秘。维柯说："民政（civility，即文明）社会的世界确实是由人类创造出来的，所以它的原则从我们自己的人类心灵的各种变化中就可找到。任何人只要就这一点进行思索，就不能不感到惊讶，过去哲学家们竟倾全力去研究自然世界，这个自然界既然是由上帝创造的，那就只有上帝才知道；过去

---

① ［美］马克·里拉：《维柯：反现代的创生》，张小勇译，新星出版社2008年版，第4页。
② ［美］埃里克·沃格林：《政治观念史稿》卷六，谢华育译，华东师范大学出版社2009年版，第170页。

哲学家们竟忽视对各民族世界或民政世界的研究，而这个民政世界既然是由人类创造的，人类就应该希望能认识它。"①

在维柯看来，不同的民族之间有差异，也有共性，它们可以相互理解，他说，一条公理是："起源于互不相识的各民族之间的一致的观念必有一个共同的真理基础。"②他观察到一切民族都有三个习俗：（1）他们都有宗教；（2）都举行隆重的结婚仪式；（3）都埋葬死者。互不往来的不同地方的先民便是基于这三项去创造文明，以防重回野蛮状态。维柯称这三项是"新科学"三个头等重要的原则。③

维柯的新科学中一个十分关键的词是"天神意旨"（神意）。维柯说，新科学要证实的是神意在历史中的展现，具体说来，它要描绘每个民族出生、成长、成熟、衰微和死亡的历史。这种历史既是人所创造，便可以由人加以理解，并以确定的方式加以叙述。人类文明的历史不是伊壁鸠鲁学派所讲的无数偶然因素的盲目记录，也不是斯多葛学派所讲的因果关系的体现，它是人作为行动者参与其中、又作为旁观者能超乎其外的历史，是"展现出一些永恒规律的理想性的历史"。新科学像几何学那样科学，甚至比几何学更真实。几何学是在创造与思考点、线、面的世界，而新科学创造与思考的是人类事务的各种制度。④它具有普遍性，名副其实。维柯强调的历史背后的神意，丝毫不具有历史决定论的意味。相反，维柯所谓历史由人创造，肯定了上帝按自己的形象创造的人的自由与行动能力。这便意味着属人的世俗政治的自主性。德国学者海尔穆特·谢尔斯基（Helmut Schelsky）指出，维柯与马基雅维里、霍布斯以及更晚的尼采、乔治·索雷尔（Georges Sorel），皆反对所有受宗教左右的国家理论，从而成为伟大的政治思想家。⑤

在西方史学史上，维柯亦占有一席之地。维柯以民族为研究单位，关注民族史，认为历史研究要考察一个社会的整体经验，这相对于过去以个人为对象的历史研究，具有革命性的意义。

---

① ［意大利］维柯：《新科学》，朱光潜译，人民文学出版社1986年版，第134—135页。
② 同上书，第88页。
③ 同上书，第148页。
④ 同上书，第145页。
⑤ 转引自［德］卡尔·施米特《霍布斯国家学说中的利维坦》，应星、朱雁冰译，华东师范大学出版社2008年版，第50页。

第十章 德意志的心灵、社会与国家

宗教是一切民政秩序的根源

维柯是天主教徒，他称基督教是"世界上最好的宗教"①，异教世界的哲学家都可以为它服务，基督教把来自上帝启示的智慧与理性智慧结合在了一起。他认为，基督教与其他宗教有本质的区别。只有基督教是真实的，其他宗教都是虚假的。政体演变的历史背后仍是神意。这是柏拉图、西塞罗这一派的哲学家的观点。维柯的《新科学》最后结束于柏拉图。维柯说，柏拉图构思出的善良而智慧的人做主宰的自然贵族制，正是神意在历史中的安排。每种政体背后都是这种自然贵族制。自然秩序的两道光辉是，不能统治自己者由能统治他们的人去统治，世界总是由天生最适宜的人来统治的。

维柯认为，宗教是一切民政秩序的根源。他说："本科学已充分证明：凭神意，世界上最初各种政府都以宗教为它们的整个形式，只有依据宗教，氏族政权才有基础；由氏族政权转到各种英雄式或贵族式的民政政府，宗教也必定是它们首要的坚实基础。上升到民众政府体制，宗教依然向各族人民提供实现各种民众政府的手段。最后，政权安顿在各种君主独裁的体制上，也还是宗教成了独裁君主们的护身盾。因此，如果各族人民中没有宗教，就没有什么能使他们在社会里生活了；他们将没有防卫的盾牌，没有共商国是的手段，没有支撑的基础，甚至没有使他们得以在世界上存在的任何形式。"②

维柯反现代，反启蒙，这令他在19世纪浪漫主义运动中得到尊奉，尽管维柯本人并不是浪漫主义者。维柯对欧洲保守主义的发展颇有影响。法国保守派思想家梅斯特尔熟悉维柯著作，他在捍卫宗教与权威、攻击启蒙运动时，不过是在重复维柯的观点。③ 西班牙保守主义政治思想家多诺索·柯特斯曾论及维柯的历史哲学，他称维柯距离真理仅一步之遥，不过他途中折返，重新回到了黑暗之中。④

---

① ［意大利］维柯：《新科学》，朱光潜译，人民文学出版社1986年版，第562页。
② 同上书，第574—575页。译文有改动。
③ ［美］马克·里拉：《维柯：反现代的创生》，张小勇译，新星出版社2008年版，第16页。
④ Juan Donoso Cortés, *Selected Works of Juan Donoso Cortés*, translated, edited, and introduced by Jeffrey P. Johnson, London: Greenwood Press, 2000, p. 61.

德国历史主义之兴起

历史主义并非德国独有，但它在德国的发展最为充分。历史主义作为一种思想潮流，包含了特定的社会政治哲学。它发源于18世纪苏格兰启蒙运动时期，至19世纪广为流布，成为欧洲思潮中强劲的一支，并最终摧毁了启蒙运动的理性主义哲学，甚至可以说破除了斯多葛—基督教的自然法学说两千多年来的统治，对后来德国乃至欧洲政治思想的发展，造成了巨大影响，对20世纪国家社会主义的兴起，做出了重大"贡献"。历史主义，迄今仍被称作一种在政治上具有极大危害性的学说。历史主义与文学艺术中的浪漫主义一样，皆为德国人以扭曲的心理阐发出的反理性主义思潮。

历史主义的代表人物主要包括：克拉顿尼乌斯（J. A. Chladenius, 1710—1759），尤斯图斯·默瑟尔（Justus Möser, 1720—1794）[①]，赫尔德，威廉·冯·洪堡（Wilhelm von Humboldt, 1767—1835），萨维尼（Friedrich Karl von Savigny, 1770—1861），兰克（Leopold von Ranke, 1795—1866），拉扎卢斯（Moritz Lazarus, 1824—1903），德罗伊森（Johann Gustav Droysen, 1838—1908），海因里希·冯·特莱希克（Heinrich von Treitschke, 1834—1896），文德尔班（Wilhelm Windelband, 1848—1915），李凯尔特（Heinrich Rickert, 1863—1936），拉斯克（Emil Lask, 1875—1915），狄尔泰（Wilhelm Dilthey, 1833—1911），齐美尔（Georg Simmel, 1867—1918）以及马克斯·韦伯。至狄尔泰、韦伯，实际上已可见"历史主义的危机"（恩斯特·特勒尔奇语）[②]。

依据弗里德里克·拜瑟尔（Frederick C. Beiser）的观点，历史主义首先体现为一种方法论，它致力于建立一门新的历史科学。区别于历史哲学，此种历史科学反对将历史纳入某个形而上学体系，故而黑格尔、马克思并不属于此处所谓的历史主义传统（黑格尔、马克思属于卡尔·波普尔定义的历史主义或曰历史决定论传统，[③] 波普尔所讲的历史主义与此处所讲的历史主义，

[①] 尤斯图斯·默瑟尔，德国法学家、社会理论家、史学家，著有《奥斯纳布吕克史》（*History of Osnabrück*），其思想倾向为保守主义。有时被称为德国的柏克。

[②] Ernst Troeltsch, "Die Krise des Historismus", *Die neue Rundschau*, Vol. 33, 1922, pp. 572-590, 转引自 Frederick C. Beiser, *The German Historicist Tradition*, Oxford: Oxford University Press, 2011, p. 23.

[③] [英]卡尔·波普尔：《历史主义贫困论》，何林、赵平译，中国社会科学出版社1998年版，第2—3页；[英]卡尔·波普尔：《开放社会及其敌人》第二卷，郑一明、李惠斌等译，中国社会科学出版社1999年版，第140页。

不是一回事)。历史主义的兴起与近代德国大学里历史学成为一门独立学科同步。拜瑟尔甚至认为，19世纪史学地位的上升，史学在大学里面的独立，构成了德国历史主义兴起的语境。他指出，史学在中世纪只是修辞学的一部分，处于神学之下，从文艺复兴至启蒙运动，史学地位上升，但它只是哲学的附庸，是哲学的一部分。至19世纪，特别是1850—1880年，历史学从哲学中独立出来，德国过半的大学单独设立了历史教席，这也是历史主义的黄金时期。萨维尼、兰克、德罗伊森、狄尔泰正是在此时，极力捍卫历史的地位。①

拜瑟尔在史学学科发展的语境中看历史主义，虽然不无意义，但其视野不免狭窄。历史主义与法国大革命以来特别是1848年革命失败之后德国反动势力的统治有着直接的关联。它与德国民族主义的兴起与演变，交相辉映。早期历史主义者，如赫尔德、洪堡，在政治上尚是自由主义者，持人道主义、世界主义、和平主义的立场，至萨维尼、兰克等人时期，历史主义则成为德意志霍亨索伦王朝统治的意识形态工具。到"一战""二战"时期，德国历史主义更是德意志帝国主义的重要理论要素，其实践中的危害也充分显现。

历史主义之要义，包括如下三个方面：

(1) 有机体论。关注于生命、意志的历史主义者看待国家、民族、文化、制度时，常视之为活的有机体，认为它们有自身的演化、成长史。历史主义以"成长"代替了存在，认为一切都处于"过程"之中。这与18世纪契约论的机械主义社会观、国家观，甚为不同。这种有机体论导致历史主义倾向于把民族、国家、文化放在个人之上，视它们本身即为目的，而非服务于个人的工具，例如在萨维尼、兰克那里，国家总是高于个人的，不受法律的约束。相反，法律因国家、民族、历史、文化、传统而异，受它们制约。

(2) 个性原则。历史主义主张，历史研究应遵循个性原则。此处的个性(individuality)，与浪漫主义主张的"个性"，并无不同。这种个性，即特殊性。历史主义主张史学家要关注个体、事件、文化、制度的独特性，认为这是发现历史事件背后理性法则的基础。有的历史主义者甚至直接否定在历史中探寻规律的可能，视此种努力为虚妄之举。个体的概念在洪堡那里有很好地阐发。洪堡视具有特性的个体为其本性的实现，为其内在理念的实现。而

---

① Frederick C. Beiser, *The German Historicist Tradition*, Oxford: Oxford University Press, 2011, p. 22.

且,这种内在理念排除了实用与功利的内容。洪堡指出,历史研究不是要去寻找普遍、抽象的人类,而是要立足现时代,为个体构建意义,因为人们是从个体中认识整体的。① 这种对个人独特性的理解,极易推论到文化、国家上。由此,历史主义强调一国、一民族的"特殊性",遂成德意志民族主义之先声。

(3) 价值相对论。历史主义最具鲜明特色的教义,在于其价值相对论。历史主义强调一切价值皆是历史性的,是特定时代、特定文化的产物。不存在普世价值。不存在关于良善生活的共同定义。早期历史主义者,如赫尔德、洪堡,尚持关于共同人性的理念,至后来,历史主义连共同的人性也否定了。启蒙时期的人道主义被当作法国侵略者的虚伪口号而抛弃。"国家理性"概念粉墨登场,取代人的自然理性概念,成为世俗政府滥用权力的幌子。价值相对论主张只能以各个时代、各个文化内部的标准去衡量里面发生的一切。这是"历史地看问题"的要害。它否定了普世价值,否定了区分正义与不义、善与恶的可能,势必引发道德上的危机。

历史主义并不必定与特定的政治立场结合在一起,在19世纪的重要政治事件中,历史主义者存在于不同的阵营之中。例如,洪堡、德罗伊森是自由主义者,兰克则是反自由主义者。不过,历史主义越向前发展,离自由民主就越远。海因里希·冯·特莱希克初时仰慕英国传统,崇尚自由主义,1871年德国统一后,便转向了反自由主义,鼓吹强权政治,成为俾斯麦时期民族主义的宣传家。② 充分发展了的历史主义证明与保守的国家主义思潮更契合。

历史主义反对18世纪的启蒙价值。它摧毁了启蒙运动的基本信条。道德的、政治的、宗教的理性,普遍的原则,至此被取消了。拜瑟尔写道:"历史主义之星升起,启蒙之星陨落。"③ 历史主义与浪漫主义皆反对"形而上学的自由主义",二者分别从历史与审美的角度,对现代启蒙精神发起激烈的进攻。前者主要由史学家代表,后者则以文学家、诗人为代表。浪漫主义因其对世界的逃避,在政治上无足轻重,虽不能在现实中有建树,却没有

---

① [德] 缇尔曼·波尔舍:《洪堡哲学思想评述》,赵劲、陈嵘译,同济大学出版社2017年版,第65页。
② [美] 哈特穆特·莱曼、京特·罗特编:《韦伯的新教伦理:由来、根据和背景》,阎克文译,辽宁教育出版社2001年版,第71页。
③ Frederick C. Beiser, *The German Historicist Tradition*, Oxford: Oxford University Press, 2011, p. 11.

多大害处，历史主义则具有强烈的现实关怀，并对德国政治发生了巨大的影响。历史主义者相信历史研究应服务于德国政治需要，历史主义与浪漫主义一道，在现代化进程中联手在德国塑造了一种反自由民主宪政的氛围。他们反对法国大革命时期的抽象人权观念。他们认为，康德式非历史的权利观无甚意义，在实际上根本行不通，反而会带来动荡。

浪漫主义与历史主义之明显区别还在于前者亲罗马天主教，多为天主教徒，后者则是新教徒。"大多数历史主义者都把德国历史看成是对新教的进一步具体表达；他们把民族自由看成是新教的世俗同盟；他们认为，在自然法或启蒙时期的法律之下历史自由的萎缩最初是由罗马天主教的法律形而上学所引起的。实际上，有许多历史主义者倾向于把启蒙与自由主义者看成是罗马天主教的法律主义与神权政治经过重新建构之后而产生的变种。"[1]

萨维尼与历史法学派

历史主义的兴起，体现了西方自然法学说以及启蒙理性主义的危机。历史主义在德意志法学界生根开花，其成果即为历史法学派的兴起。此派学说，既否定自然法学说，也否定实证主义法学，在19世纪法学思想中，独树一帜，而且对法律实践，产生巨大影响。萨维尼之前，已有古斯塔夫·胡果（Gustav Hugo, 1764—1844）等人做铺垫。而至萨维尼一出，历史法学的基本思想，被充分阐发出来，加之萨维尼一生从教多年，培养学生无数，由此历史法学派，遂成气候。

弗里德里希·卡尔·冯·萨维尼（Friedrich Carl von Savigny）1779年2月21日出生于法兰克福一个渊源于洛林的世系贵族家庭，该家族在宗教上具有清教背景。幼时萨维尼的母亲教他法语，并带他参加法兰克福之外博根海姆进行的法国式宗教仪式。在萨维尼十二三时，他的双亲先后去世，他成了孤儿，但继承了大笔财产。他被接到其叔叔、帝国法院法官赫尔·冯·诺伊拉特（Herr von Neurath）那里抚养。诺伊拉特十分博学，尤其精通德意志帝国法。在诺伊拉特那里，萨维尼接受了法律方面的教育。

1795年，萨维尼前往马堡大学学习，师从民法学家菲利普·弗里德里

---

[1] ［德］克里斯·桑希尔：《德国政治哲学：法的形而上学》，陈江进译，人民出版社2009年版，第237页。

希·魏斯（Philipp Friedrich Weis）。1796年，他到哥廷根大学学习。那里有胡果在开民法课。不过，萨维尼"只在胡果的教室里听了一小时的课"，当萨维尼成名后，胡果"经常对其听众指出萨维尼曾坐过的地方，将之奉为荣誉的圣地"①。萨维尼高度评价胡果的工作，胡果虽没有建设性的成就，但他揭露了18世纪法学思想的最大问题——遗忘了法的渊源，他认为，法律不能用自然法或某种不变的理性标准去衡量，它只能从"事实"中以历史的方式去研习。胡果曾将吉本的《罗马帝国衰亡史》第44章译成德文于1789年在哥廷根发表。吉本在著作中关于罗马法的论述，对历史法学派在研究方法上具有范例作用。②胡果法学的特点是"在历史主义与实证主义"之间徘徊不定。其历史主义的一面，被萨维尼往前推进，而臻成熟，是为一新派。实际上，萨维尼对哥廷根大学的课程评价不高，令他印象深刻的，仅有一门世界史课程，而非法学课。萨维尼稍晚到耶拿大学，听了谢林与费尔巴哈的部分课程。

1800年，萨维尼在马堡大学以刑法学方面的论文获得博士学位。第二年，他开始作为编外讲师在马堡大学授课，由此开始其学术生涯。萨维尼讲课流利，对学生又友善和蔼，故而颇受学生欢迎。以创作童话著名的文学家格林兄弟二人，都听过萨维尼的法学课。他们其实还是法学家，特别是哥哥雅各布·格林（Jacob Grimm），他曾被聘为柏林科学院法学教授。"铁血宰相"俾斯麦，也是萨维尼的学生。③萨维尼在课程中提出，法学不外是法律史。

1803年，萨维尼以《论占有》一书一举成名。该书是基于萨维尼在多个图书馆收集的第一手法律资料而进行的研究，其"历史方法"，引人注目。其时萨维尼不过24岁，却已然跻身于法学大家行列。他因此得到格里夫斯瓦尔德大学和海德堡大学的邀请，不过，考虑到继续进行其研究，萨维尼没有接受。

1804年，他前往巴黎，身边有雅各布·格林追随，以为研究助手。1805年，他返回马堡。其时拿破仑征服了德意志。1808年，萨维尼接受了

---

① ［德］威廉·格恩里：《弗里德里希·卡尔·冯·萨维尼传略》，载《法律冲突与法律规则的地域和时间范围》，李双元等译，武汉大学出版社2016年版，附录第215页。
② ［德］萨维尼、雅各布·格林：《萨维尼法学方法论讲义与格林笔记》，杨代雄译，法律出版社2008年版，第20页。
③ ［德］赫尔曼·康特罗维茨：《萨维尼与历史法学派》，载许章润主编《萨维尼与历史法学派》，广西师范大学出版社2004年版，第340页。

兰德胡特（Landshut）大学的聘请，成为罗马法教授。一年半后，他离开那里，去了萨尔斯堡。萨维尼离别时，他的学生和同事举行晚会，为他送行。出发时，不少学生骑马跟随，依依不舍。一个具有浪漫主义情结的学生提前走得更远，以便在途中再次遇到萨维尼一行。他站在野地里，在初春的风中猛烈挥舞手帕，当萨维尼和家人的马车通过时，他满脸是泪水。还有若干学生干脆一直陪萨维尼到达萨尔斯堡。萨维尼之受学生欢迎，于此可见一斑。①

1810年，萨维尼接受教育部官员洪堡的邀请，参与创建柏林大学。在法律教学方面，他坚持任命另一位罗马法学家。1810年10月，他在柏林大学开始授课。不久，他被选为柏林大学校长。萨维尼主张建立研究性大学，并鼓励学术自由。他说："为了实现研究性大学学习的目的，必须在大学学习结束的时候，使学生形成属于自己的独立的学术观点。唯有如此，他将来才能自由地进行学术研究。"②"大学教育的真正目标应该是引导我们进行科学研习，使我们对科学的任何领域都不再陌生，或者至少使我们具有这样的能力，即能够以最容易而又最深刻透彻的方式去掌握我们所欠缺的知识。"③1814年，萨维尼开始担任皇室王子的法学教师。这一年，他发表了《论立法和法理学的当代使命》，反驳海德堡大学教授蒂堡关于统一民法的观点。不久，他出版了《中世纪罗马法史》第一卷。其后若干年，该书陆续出完。

为了扩大历史法学的影响，萨维尼与友人创办了《历史法学杂志》。1815年秋，杂志第一卷推出。1822年秋，萨维尼因患头痛病，多次前往瑞士和意大利进行长期疗养。1835年，他着手写作鸿篇巨制《当代罗马法体系》，1840年，该书第一卷出版。其后十余年，萨维尼一直忙着写作此书，各卷陆续出版，最终出了十卷。

萨维尼在教学之外，亦有丰富的从政经历。1817年，他任职于普鲁士国家事务委员会；1819年，他担任莱茵省上诉与复审法院法官。1826年，他参与修订普鲁士法典。萨维尼认为，适当参与公共事务，有益于科研，但绝不能占去过多时间。他曾说过："对于积极参与社会事务的要求如何作决定，

---

① ［德］威廉·格恩里：《弗里德里希·卡尔·冯·萨维尼传略》，载《法律冲突与法律规则的地域和时间范围》，李双元等译，武汉大学出版社2016年版，附录第219页。
② ［德］萨维尼、雅各布·格林：《萨维尼法学方法论讲义与格林笔记》，杨代雄译，法律出版社2008年版，第173页。
③ 同上书，第175页。

要明白教师的职责是非常真诚与荣耀的,应全身心投入来完成它;诚实而认真对待此事的人应辞去次职而不是马马虎虎地履行它而降低标准。"[1]

1842年,他离开大学,国王任命他为法务大臣。此间,他推动、主持了《票据法》《普鲁士刑法典》的制定。这为后来德国民法典的制定奠定了基础。《德国民法典》总则很大程度上是以萨维尼的学说为基础的。[2] 1847年,萨维尼成了国务部主席,负责枢密院及行政厅,其职位相当于总理。1848年3月,大革命爆发,他和同僚一起辞职。萨维尼的从政经历,颇受诟病,洪堡说他"阿谀奉承",甘做傀儡。去职后,萨维尼继续他的罗马法研究。萨维尼功勋卓著,国王曾授予他黑鹰勋章。

1861年10月16日,萨维尼平静地去世,享年82岁。

了解萨维尼的历史法学的基本思想,需阅读的基本文本包括:《论当代立法和法学的使命》(1814)、《历史法学杂志》第一卷导言(1815)、《当代罗马法体系》第一卷(1840)。

成长着的活的民法

萨维尼指出,一个民族有共同的信念、共同的情感,民族之间表现出其差异。民族具有独特性。民族是一个有生命的机体,有其童年、青年、壮年、老年。由此,民法也表现出民族的特点,就如同民族的语言、风俗一样。[3] 他认为,民法是一个民族的人民不断运用的、活的东西。法永远处于运动和演进中。它伴随民众一起成长。当其丧失自身个性,便告消亡。法以前存在于民众的共同意识中,现在则存在于专业法学家的意识中。萨维尼说:"立法者处于民族的中心位置,这样,立法者汇聚了民族的精神、价值观念以及需求,因此我们将立法者视为民族精神的真正代表。"[4] 专门法学家的思考,代表的是民族的整体思考。萨维尼发现,即使在大革命的洗礼之后,不少小的德意志邦国中,人们仍然愿意采用旧的日耳曼典章。事实上,

---

[1] [德]威廉·格恩里:《弗里德里希·卡尔·冯·萨维尼传略》,载《法律冲突与法律规则的地域和时间范围》,李双元等译,武汉大学出版社2016年版,附录第231页。
[2] [德]米夏埃尔·马丁内克:《德意志法学之光:巨匠与杰作》,田士永译,法律出版社2016年版,第25页。
[3] [德]艾里克·沃尔夫编:《历史法学派的基本思想》,郑永流译,法律出版社2009年版,第7页。
[4] [德]萨维尼:《当代罗马法体系》卷1,朱虎译,中国法制出版社2010年版,第37页。

第十章 德意志的心灵、社会与国家

萨维尼希望尊重各民族、各地区的习惯法。萨维尼说：一切法都是习惯法（在不严格的意义上）。法律"首先是通过习俗和民众信仰，然后通过法学被形成，也即到处是假手内在的、静默作用的力量，而非借助立法者的意志，这一状态直至今天只是历史地形成的"①。

萨维尼研究罗马法，并提出以历史的观点看待民法，此点常被攻击为无视当下，过分好古。萨维尼说，这其实是对历史法学派的误解。历史法学派并非认为过去的法最重要，也没有给予罗马法对当下过度的支配。法学的历史观点的本质在于"对所有时代的价值和独立性予以相同的承认，它最为重视的是，应当认识到连接当前和过往的生机勃勃的相互联系，没有这个认识，对于当前的法状态，我们就只会注意到其外在现象"②。研究罗马法，"首先要在我们的全部法状态中发现和确认哪些事实上是罗马法起源，由此我们并非无意识地被罗马法所支配；但此外，法学的历史观点力求在我们法意识的罗马法元素中，分离出那些事实上已经不再重要的、仅仅是因为我们的误解而仍然继续着具有妨碍作用的虚假存在的那些元素，以便那些依然生机勃勃的罗马法元素获得发展和产生有益影响的更为自由一些的空间"③。

在萨维尼看来，民族是自然统一体，是实在法的产生者、承担者。萨维尼写道："法的维持通过传统而实现，而传统的条件和根据在于代际之间并非突如其来的而完全渐进的更迭。"④ 有人（理性主义者）把它们归结为共同的人类精神，而非民族精神。在萨维尼看来，人类精神与民族精神"并不是矛盾的"，"在具体民族中起作用的事物只是在此民族中以特别方式表现出来的普遍人类精神"⑤。

关于民族与国家，萨维尼做了如下描述。他认为，民族是一种不可见的自然整体，是精神性的，其界限并不确定。民族统一体表现为可见的、有机的现象时，就是国家。国家是民族的实在形态。通过国家，统一体具有了明确的界限。⑥ 国家是法的高级形态，民族与法律先于国家而存在。民族在国

---

① ［德］艾里克·沃尔夫编：《历史法学派的基本思想》，郑永流译，法律出版社2009年版，第8—9页。
② ［德］萨维尼：《当代罗马法体系》卷1，朱虎译，中国法制出版社2010年版，第4页。
③ 同上。
④ ［德］艾里克·沃尔夫编：《历史法学派的基本思想》，郑永流译，法律出版社2009年版，第21页。
⑤ 同上。
⑥ ［德］萨维尼：《当代罗马法体系》卷1，朱虎译，中国法制出版社2010年版，第23页。

家之中获得了人格，从而获得了行为能力。民族享有永恒的存在。在理想状态下，国家与民族疆界应当吻合。国家与民族疆界不一，外来民族被同化，"只是反常事件"①。萨维尼强调，法的产生是一个事实，是一个共同体的事实。② 个人反对总体意志，就属于违法。违法要得到处理，这只有在国家中才能实现。国家让不法意志从属于总体意志。③ "国家的首要的、最为不容推卸的使命在于使得法理念在可见世界中居于支配地位。"④ 国家也是以历史的方式逐渐形成的。国家建立在民族共同体的生活之中。国家对共同体负责，而非对形式化的宪法负责。由此，国家具有历史内容。萨维尼批评契约论。他认为，契约产生国家，这一观点会产生"有害而错误"的结果。⑤ 他认为，在契约理论中，民族的自然统一性、内在必然性都没有被包括。然而人们如此构想社会契约论时，国家早已经存在了。国家不是个人自由、任意选择的产物。国家的形成包含了历史要素和特别要素。

蒂堡：统一民法

1814年，蒂堡（Anton Friedrich Justus Thibaut，1772—1840）⑥发表《论统一民法对于德意志的必要性》，呼吁创建一部各邦共同遵守的民法典。蒂堡的观点可从政治与法律两个方面分别来看：在政治上，蒂堡认为，诸多小邦国的联合更利于德意志。大国违反自然，容易衰竭。人民生活没有活力。"在小邦国的联合中，个人特性有自由发展的空间，多元化能够得到无限的发展，臣民和统治者之间的关系更为亲密和生气勃勃。"⑦ 此外，小邦国的人民也更具有战斗力，而大国的优势不过是士兵的数量。他说，如果德意志成为一个政治统一体，一切就会变得平庸和愚钝。

在法律上，蒂堡认为，旧的日耳曼法不符合时代的要求（指现代资本主义的发展）。各邦国法互相矛盾、彼此否定，造成德意志人之间的隔阂，法

---

① ［德］萨维尼：《当代罗马法体系》卷1，朱虎译，中国法制出版社2010年版，第30页。
② 同上书，第21页。
③ 同上书，第25页。
④ 同上。
⑤ 同上书，第28页。
⑥ 蒂堡1772年出生于德意志汉诺威，1840年卒。1806年，他任海德堡大学民法教授。1834年，他担任德意志邦联仲裁法院法官。他持自然法学说，或谓"哲学法学派"领袖。
⑦ 《论统一民法对于德意志的必要性：蒂堡与萨维尼论战文选》，朱虎译，中国法制出版社2009年版，第8页。

第十章　德意志的心灵、社会与国家

官和律师缺乏明确的指南。在大多数问题上，法官依据教会法和罗马法做出判定。蒂堡认为，罗马法是在罗马衰落阶段完成的。罗马法汇编得草率、混乱，不利于法律实务的开展。德意志人很难理解罗马人的观念。罗马法不符合德意志的具体情况。例如，罗马法里的家长专制，歧视女性，不考虑来自政府的监护，等等。颇值得注意的是，恰恰是蒂堡，而不是提倡"历史"方法的萨维尼，重视民族习俗文化的差异。蒂堡写道，在精神上德意志人的意识总是趋向紧密稳定、节制及简单明了；趋向合理的、合乎道德的、家庭的关系；趋向性别平等；趋向以友好和尊敬的方式对待女性，特别是母亲和寡妇；趋向政府在人们需要之时对于所有关系发挥明智有力的影响；趋向义务种类的简单明了，但在另一方面，要求通过具有良好组织的明确的国家机构来保护所有权和担保。罗马人的精神则完全不同。全部早期法律可归因于军事共和政体的男性中心、高傲和利己主义以及一种军事上的生硬和死板。[1] 萨维尼提倡对罗马法进行历史的研究，以期使它在新时代重放光芒。蒂堡则认为，罗马法的研究仅对于法学训练、语义及历史研究有意义，对于市民没有意义。

蒂堡说，民法需要彻底的、迅速的转变。他希望各个邦国团结一致，派出各自最优秀的法学家组成一个委员会，用两三年的时间，制定一部适用于全德意志的民法典。

蒂堡的观点可以用"政治分裂，民法统一"来概括。他希望通过共同的民法，塑造共同的道德和习俗，从而使得德意志人保持兄弟般的感情，以免受外族欺侮。他指出，统一的民法有助于各邦交往，外邦人也将免于被律师敲诈和欺骗，同时也可以遏制公务员阶层的腐化。[2]

针对基于维护多样性、地方性而提出的反对统一立法的意见，蒂堡说，无聊的、不良的习惯和丑陋的行径，不应当纵容。民法植根于人类的心灵、知性和理解之中，它很少根据环境而变化。民法的主要内容，正如数学一样，并不受民族、国家之限制。[3] 民法统一，利大于弊。目前德意志各邦国法律的混乱，不是源于风俗习惯的多样与各地人民的差异，而是源于人们在理性运用方面的懒惰，源于各邦的法律制定者没有与邻邦进行商讨，自行立

---

[1] 《论统一民法对于德意志的必要性：蒂堡与萨维尼论战文选》，朱虎译，中国法制出版社2009年版，第19页。
[2] 同上书，第35页。
[3] 同上书，第54页。

法。它是"不明智的孤立隔绝以及未经考虑的恣意的结果"①。传统主义的反对意见认为,各地旧法,历史既久,已成传统。蒂堡再驳:提倡传统,不过是要给欺骗和愚昧提供藏身之所,拒绝理性之光的照耀。大量的惯例,不过是法律的惯性所致。针对萨维尼驳斥蒂堡的论文《论立法与法学的当代使命》中的观点,蒂堡说:"历史法学的单纯的清晰阐明并不会使得民众更为幸福,而只是更为清晰地向民众描绘了他们的不幸。"② 他明确表示:"我不相信历史的复兴和拯救。"③ 历史不应因为其无可替代而受到过高的评价。

历史法学与非历史法学

萨维尼认为,德意志当时的法学理论虽多,但不外历史法学派与非历史法学派两种。此两种法学,根源于两种不同的哲学。其根本差别,在于对生成与存在是何关系的解释。非历史的观点认为,每一个时代自由、任意地自我创造出它的存在、它的世界,这取决于理性和能力的水平。他们并非不考虑历史,不研究历史,只是他们认为,历史不过是道德和政治事例的汇编,天才能够放弃它,开创新的历史。

与此截然相对立,历史的观点则认为,不存在个别的、孤立的人。个体是崇高整体的一个部分。个人是家庭、民族、国家的一部分;一个时代,是过往时代的继续和发展。任何时代都不能独立、任意地创造出它的世界。民族是一个不断成长、发展着的整体。历史是通往我们自身情势的真正知识的唯一途径。④ 萨维尼用"唯一"一词表明,除此之外,我们不能有其他可靠的法律知识来源。萨维尼认为,启蒙以来的流行观点,犯的错误是把当前从过去中分离出来,把个人从国家中分离出来。这就是"非历史的"观点。

上述两种哲学观点,演绎出两种截然不同的法理学。历史法学派认为:"法的素材通过民族的全部过往而被给定,而非通过任意所给定以至于它只是偶然地是这样和那样,它产生于民族本身及其历史最深层的本质。每个时代的审慎活动都必须指向以下这一点,即认清和激活具有内在必然性的既定

---

① 《论统一民法对于德意志的必要性:蒂堡与萨维尼论战文选》,朱虎译,中国法制出版社2009年版,第55页。
② 同上书,第85页。
③ 同上书,第88页。
④ 同上书,第106页。

素材，并使得它生机勃勃。——与此相反，非历史学派认为，在任何时刻，法都是任意地产生于立法者，它完全不依赖于既往时代的法，而只是依据最佳的信念，例如当前时刻所带来的信念。"[1]

萨维尼不承认历史法学派无视当下。事实上，萨维尼有意与美化过去的浪漫主义划清界限。萨维尼的《中世纪罗马法史》，也不能看作浪漫主义的作品。我们可以说，浪漫主义没有法学，也没有法律史。萨维尼自己曾说："对过去的过高评价，比当前的黑暗更危险。"[2] 萨维尼及其同人，并不是要把过去当作权威。过去的法律文本，是他们运用理性进行科学研究的对象。只是他们始终把法律看成一个在历史中成长之活物。在历史法学派看来，当前我们接触到的一部法律、一个民族、一种语言，皆非一代人凭借理性而造出。

蒂堡与萨维尼的交锋

蒂堡对萨维尼在《历史法学杂志》序言中的观点，复做出他的评论。他不承认对其法学观点"非历史"的挖苦。他认为，真正的差别在于"纯粹历史学派"与"非纯粹历史法学派"（兼顾历史与理性）的不同。萨维尼的学说自相矛盾：实在法不是各个民族固有的，它们是民族在某个时刻制定出来的，是人的作品。

诚然，大众多习惯于旧法，不愿变动，但真正的爱国者不允许如此。个人可以克制自己，放弃自己的习惯，一个民族也可以从自己糟糕的习俗中解脱出来，做到此点，民族比个人更加容易。[3] 蒂堡称萨维尼的理论"粗陋不堪，空洞无物"，它导向的是一种无活力的法学。

蒂堡捍卫启蒙运动确立的理性主义标准。他说："理性一直是并且必须是最后的和唯一的评判标准，所有反对变革的警告都要由它来评判。"[4] 蒂堡指出，在民法领域，习惯的力量根本构不成立法的障碍。

蒂堡关心个人自由，在他看来，自由社会需要新法。"八百年来，民众

---

[1] 《论统一民法对于德意志的必要性：蒂堡与萨维尼论战文选》，朱虎译，中国法制出版社2009年版，第108页。
[2] 同上书，第111页。
[3] 同上书，第123页。
[4] 同上书，第124页。

处处被政府单方统治；许多法律制造者一有机会就迫使民众接受他们的私利，并且罗马法甚至于对于罗马人而言都是非常专制的，它完全不适合我们，但我们由于学术的愚昧而被迫接受它，尽管强健的德国人对此极力反对。"① 历史法学派称德意志混乱一片的法"产生于民族的最深层的本质"，岂不可笑？蒂堡说，民众想要一部清晰的、容易理解的、无歧义的法，这"只有通过立法的途径才能获得"②。

萨维尼认为，法学家必须具备两方面的素养：历史素养与哲学素养，当时德国缺乏这样的法学家；德语在法律表述方面，也有待进一步发展。③ 换言之，德国尚不具备制定统一民法典的条件。他认为，当时如果制定统一法典，后果将十分危险。萨维尼说，他与蒂堡的分歧，在于手段的差别，他们的目标是一致的。只不过他遵循统一和谐、循序渐进的法理。④

萨维尼的思想，不能说是没有远见的迂阔之论。萨维尼和蒂堡都支持德意志的统一，不过，对如何统一以及在何种意义上统一，二人理解甚为不同。蒂堡的观点是，政治上各邦分立而成松散邦联，民法统一，以利于贸易。萨维尼的观点则暗含，没有政治上的统一，民法统一可能缺乏基础。历史文化的统一性，可为政治统一做准备。诉诸民族共同的过去，共同的意识与精神，可以消除各邦心理上的隔阂。在旧贵族与新兴资产者之间，宜寻求共识，而不是搞对立。萨维尼认为，蒂堡提倡在当时统一民法，会导致不成熟的东西固定下来，妨碍改革的推行；在政治上还会带来奥地利与普鲁士的永远分立。

萨维尼与法律改革

1806 年普鲁士开始的自上而下的政治与土地改革，引发了若干争论。萨维尼认为，应当捍卫德意志国家渐进形成的成文法，法律分析的功能不在于制定统一的法典，而在于从历史资源特别是罗马法资源中澄清法律的具体问题。

---

① 《论统一民法对于德意志的必要性：蒂堡与萨维尼论战文选》，朱虎译，中国法制出版社 2009 年版，第 125 页。
② 同上书，第 126 页。
③ ［德］萨维尼：《论立法与法学的当代使命》，许章润译，中国法制出版社 2001 年版，第 37 页。
④ 同上书，第 121 页。

第十章　德意志的心灵、社会与国家

萨维尼并非"反动"学说的代表。他对现代资本主义持支持的态度，只是他认为法律不能猝然现代化。法律改革应当有一个过程。萨维尼之支持现代资本主义，而不是维护旧地产制，可从他关于"占有"的论述中看出。他的观点，亦可用"私人占有制"来概括。

萨维尼的成名作《论占有》，其实是力图为资本主义经济中的所有权关系提供一种新的理论基础。萨维尼利用罗马法原则指出，人的意志是法律秩序之源，有效的所有权是由意志对对象发生作用而构成的。人要求财产的主观意志，足以为所有权辩护。占有是实证的法律事实。占有的意志必须不断表达，否则所有权就是空洞的。人类作为一种具有占有性意志的行动者而存在。①

当代英国学者克里斯·桑希尔指出，萨维尼关于占有的论述之实践意义有二：第一，农奴制废除，封建秩序解体，社会关系发生了变化，但这不意味着从前贵族拥有的财产就不属于他。罗马法提供了合适的解释手段。在萨维尼看来，新的经济社会关系，并不与旧的政治、法律结构完全冲突。对贵族来说，"只要拥有事物的意志为具体的人得以保持与行使，那么这种占有就是合法的"②。第二，通过封建关系取得的所有权，必须不断表达，财产必须进入市场交易。一方面，萨维尼反对剥夺贵族的财产；另一方面，他希望贵族尽快转化为资产者，贵族应当对其财产积极加以利用。桑希尔写道："萨维尼是德国经济缓慢资本主义化的一个代言人，坚决避免马上废除贵族，同时又赞成进行小心翼翼的、渐进式的社会与经济改革。"③

在萨维尼看来，社会转型要兼顾多个阶层的利益。他希望转型不致带来无序与不幸。而贸然立一全新的法典，将粗暴地对待所有不同的文化和民族，也没有留下足够空间来处理历史遗留问题。"当资本主义的法律前提能够整合进法律文化的历史发展时，它才会带来解放性的、逐步发展的且无危险的后果。……现代社会的法律必须从现存的法律主体中来形成自身，事实上，法律之下的自由依赖于老法与新法的缓慢调和。"④

德国学者艾里克·沃尔夫（Eric Wolf）说："萨维尼的影响当时超过了

---

① 参见［德］萨维尼《论占有》，朱虎、刘智慧译，法律出版社2007年版。
② ［英］克里斯·桑希尔：《德国政治哲学：法的形而上学》，陈江进译，人民出版社2009年版，第226页。
③ 同上书，第227页。
④ 同上。

19世纪任何一位德国法学家,逾越了他的祖国,他对法学发展有着不可估量的影响。他把法学从18世纪的理性主义中解脱出来,引向了担负着19世纪精神运动的历史主义。他动摇了把制定法视为唯一法律渊源的主张,并把目光从作为唯一的法律创制者的国家转移到文化力量和民族精神上。"[1] 萨维尼之后,历史法学派的弟子发生了分裂。有的主张民族精神立法,有的主张法学家立法。在萨维尼那里统一的二者开始分化。萨维尼以历史法反对自然法,以有机体论反对社会契约论的机械主义国家观,其学说虽不"革命",却也不"反动"。萨维尼的学说自提出以来,亦不乏批评者。黑格尔、吉尔克皆曾批评过萨维尼。批评者认为,萨维尼重视的"民族精神"故作神秘,无法实在地予以把握,历史法学派过多地关注法源,亦导致对现行法研究的忽视。[2] 纯粹法学派的创立者汉斯·凯尔森认为,表面上看来,与自然法学派相比,历史法学派是既有政权为实在法辩护的新式理论武器。但它们都不是真正的法律科学。历史法学说批判自然法学说,但二者具有相同的精神结构,这就是持一种错误的法律二元论,把实在法的依据归结为法律规范以外的东西。[3]

---

[1] [德]弗里德里希·卡尔·冯·萨维尼:《历史法学派的基本思想》,后记,载[德]艾里克·沃尔夫编,郑永流译,法律出版社2009年版,第42页。
[2] [德]米夏埃尔·马丁内克:《德意志法学之光:巨匠与杰作》,田士永译,法律出版社2016年版,第11—12页。
[3] [奥]汉斯·凯尔森:《法与国家的一般理论》,沈宗灵译,中国大百科全书出版社1996年版,第456页。

第十一章　从功利主义到进化论

19世纪中后期，英国工业革命已经完成，经济突飞猛进，大英帝国处于繁荣的状态。学界通常把这一时期称为维多利亚时期（维多利亚女王在位时间为1837年至1901年，因此得名）。这个时期，英国的政治思想家，在和平繁荣的环境中展开思考。他们关心工人的痛苦，关心议会的民主化改革，反思物质丰裕时代信仰的衰落、精神上的空虚等现象。他们要为工业社会提供理论辩护，又须直面民主化时代的压力。

18世纪休谟的哲学摧毁了社会契约论与自然法理论，进入19世纪，边沁以激进的功利主义为自由主义提供了新的哲学与伦理学基础。然而，边沁学说只影响了一代人。"哲学激进派"之后，格林（Thomas Hill Green）借德国唯心论充实、发展了自由主义，而赫伯特·斯宾塞则以社会进化、适者生存为西方自由社会提供了新的基础。斯宾塞表示，自由社会之所以在全球胜出，实为"天演"之结果。

边沁与功利主义

休谟的怀疑论哲学摧毁了古典自由主义的基础——自然权利论，自由主义需要拥有一种新的哲学基础，这种需要，源于自由主义本身作为一套社会政治理论素来以自由、平等、博爱为口号，它内在地具有普遍主义抱负。而休谟的特殊主义的习俗论，殊难胜任。[①] 这种新的具有普遍主义性质的哲学，便是功利主义。功利主义的一些原则在休谟、亚当·斯密、约翰·米勒等苏格兰启蒙思想家以及法国的爱尔维修等人那里已有先声，但真正创立一套全面而又系统的功利主义学说的思想家，则是杰里米·边沁（Jeremy Bentham,

---

① 李强：《自由主义》，中国社会科学出版社1998年版，第92页。

1748—1832）。边沁是功利主义的大师，功利主义自成一派，在西方政治、法律、道德学说史上皆占有十分醒目的位置。

边沁1748年出生于英国伦敦一个律师家庭。幼时边沁是一个神童。他三岁多就开始学习拉丁文，七八岁时已阅读了不少小说、诗歌。12岁时，边沁上了大学，入牛津大学女王学院。边沁很不满意学校的教师和学风。他说他的那些老师大多是"上午做一些无聊的日常事务，到了晚上就打牌"，对学生的成才漠不关心。而他的同学也是稀奇古怪、调皮放浪。边沁年龄既小，个子也低，有个同学常常抓住边沁的脚把他拎起来，让他头朝地。[①]

边沁在牛津大学听了布莱克斯通开的英国法律课，听后甚为失望，他说他当时就发现了布莱克斯通自然权利论的几个荒谬之处。边沁后来匿名发表的《政府片论》，正是为批驳布莱克斯通而作。1766年，18岁的边沁取得硕士学位，离开了牛津大学。

边沁的父亲希望他成为一名法官，但边沁只对研究法律感兴趣。他的父亲有些失望，但仍为边沁提供了足够的生活费用，使边沁可以按自己的兴趣进行学术研究而无后顾之忧。边沁在28岁时小试牛刀，匿名发表了《政府片论》，颇受好评，公众猜测一定出自柏克这样的大人物之手。这本书还让边沁结识了颇有学问的政治家谢尔本勋爵，通过勋爵，边沁扩大了他的交际范围。他的学说也渐渐赢得了不少追随者。

1785—1787年，边沁到欧洲大陆做了一次大周游，期间在俄国住了近两年，他的弟弟塞缪尔在那里开工厂。塞缪尔是建筑师、工程师，边沁后来提出圆形监狱的建筑设计，与他的这段俄国经历密切相关。圆形监狱的构想出自塞缪尔，边沁在结构与管理上对之做了改进。1789年，边沁发表了《道德和立法原理》，这本书他构思了15年，是他集中阐发功利主义原理的著作。

边沁的追随者既多，他的影响也越来越大。沙皇亚历山大一世曾邀请他去帮助改革俄国法典。边沁也有意积极推动各国法律改革。1808年，边沁认识了詹姆斯·密尔，此人是约翰·斯图亚特·密尔的父亲。他们交情甚好，尽管其中不无波折。詹姆斯·密尔是边沁的学生。

在政治派别上，边沁属于托利党。晚年边沁极力推动英国的法律与行政改革，但作为一名学者，他的实际影响力相当有限。1811年，他还曾写信给

[①] ［英］边沁：《政府片论》，沈叔平等译，商务印书馆1995年版，编者导言第6页。

图52 密尔父子与边沁

美国总统杰斐逊，表示乐意为美国编制一部法典。1823年，边沁和他的门人创立了《威斯敏斯特评论》，密尔父子常常为其写稿。边沁与其弟子形成了所谓的"哲学激进派"，他们代表英国当时的进步主义潮流，与柯勒律治代表的保守主义相对立。边沁终生未婚。

晚年边沁曾入股空想社会主义者罗伯特·欧文的公司，进行缓和劳资对立的新实验。边沁对欧文具有重要影响。晚年边沁，更有社会主义的倾向。马克思、恩格斯计划编辑出版（未能落实）的"外国杰出社会主义者文丛"，就包括了边沁的著作。马克思称边沁是爱尔维修与欧文之间的桥梁。[1]

1832年，边沁平静地去世，享年84岁。当他知道自己大限将至时，仍不忘贯彻落实其功利主义哲学，他对跟前守候的友人说：

> 我感到我快要死了，我们要注意的是必须减少痛苦到最小限度。不要让任何仆人到房间里来，要让所有的青年人都走开。他们看到这种情

---

[1] [英]霍布斯鲍姆：《马克思和恩格斯与马克思主义以前的社会主义》，载《马克思主义来源研究论丛》第七辑，高崧等编，商务印书馆1986年版，第239页。

景是很难受的;他们在这里也无济于事。我当然不能单独留在这里,你得留下来看着我,而且只要你一个人看着我。这样就可以使我们的痛苦尽可能减少到最小限度。①

边沁在他去世前即安排好后事。他希望自己死后仍然能为增加人间的功利做些贡献。他要求将其遗体做成木乃伊,以勉励后世有志于哲思并造福社会的人。他的遗体,现今仍保存在伦敦大学,供后人瞻仰。

边沁哲学讲究功利计算,主张趋利避害,这在一些道学家看来未免肤浅,不够高尚。其实,边沁从道德上讲实在是个充满仁慈之心与公共关怀的大好人。传记作家写道:"边沁易动恻隐之心,乐于扶危济困。任何事务只要边沁认为有利于造福人类,他就非常关注;从事改革事业,既未给他带来金钱,也未给他带来高位,反而使他屡受讥讽甚至辱骂,但他仍然为改革事业长期辛苦劳累;由此可见他对人类存心之仁厚。"②边沁不仅关心人的苦乐,还关心动物的感受,他反对虐待动物,大概要算最早提倡保护小动物的理论家了。他特别喜欢养猫。边沁写作时,膝上常常趴着一只可爱的小猫。有一次,边沁讽刺英国的政治家像猫,随即他就向猫表示道歉,因为他觉得他那样说是贬低了猫。③他是个国际主义者,热心推动国家和平事业,英文中的"国际"(international)一词便是边沁创造的。边沁还是卓越的平民教育家,他创建了伦敦大学,以区别于牛津大学、剑桥大学等贵族风格的大学。

边沁注重保养,常进行户外活动,到去世前不久,他始终步履轻盈,精神良好,一生皆未体验过病痛。他珍惜时光,在半个世纪中,基本上每天都写作8—10小时,过着离群索居的生活,堪称"隐士"。"早晨刚一起床,他就把笔拿在手里。"边沁孜孜不倦,为后人留下了大量作品。不过,他的不少作品之最终成型,有赖于他的门人进行文字上的组织整理。边沁写作注重概念的清晰与逻辑的严密,反对"模糊的概括",倡导对事情的细节做具体的分析,把一般性问题化为更小的问题分门别类去讨论。对一个问题往往深思熟虑后才动笔。边沁对他认为错误的观点会严厉批评,对看不上的学者也

---

① [英]边沁:《政府片论》,沈叔平等译,商务印书馆1995年版,编者导言第16页。
② 同上书,编者导言第17—18页。
③ [英]韦恩·莫里森:《法理学:从古希腊到后现代》,李桂林等译,武汉大学出版社2003年版,第196页。

毫不客气地予以否定。事实上，他几乎不从其他人的思想中获得指引。例如，他称柏克是疯子、煽动家、满口脏话的势利小人。柏克与边沁都批评过法国大革命与《人权宣言》。与边沁的激烈批评相比，柏克所为实在是"小巫见大巫"。

约翰·斯图亚特·密尔视边沁为人类的思想大师，他认为边沁的最大贡献在于他改革了哲学。他写道："如果要求我们以最可能少的词语，来描述边沁在人类伟大智慧贡献者中的地位，他是什么以及他不是什么，他为真理做出了什么以及没有做出什么，那么我们可以说，他不是一位伟大的哲学家，但他是哲学的一位伟大改革家。他给哲学带来了某种极端需要的东西，正是因为缺乏这些东西，哲学曾处于僵化状态。不过，实现这一成就的并非他的学说，而是他得出这些学说的方式。他给伦理学与政治学引入了对科学观念而言颇为必要的思考习惯和调查研究方式；如果没有这样的习惯与方式，那些探索性学科——例如培根之前的物理学——还将限于毫无结果的冗长讨论。"[1]

痛苦与快乐的算术

功利主义（utilitarianism），又译为功用主义。边沁创立的功利主义，包含一整套有体系的原理，其着眼点是人的痛苦与快乐。在《道德与立法原理导论》的开篇，边沁写道：

> 自然把人类置于两位主人——快乐与痛苦——的主宰之下。只有他们才指示我们应该干什么，决定我们将要干什么。是非标准，因果联系，俱由其定夺。凡是我们所行、所言、所思，无不由其支配：我们所能做的力图挣脱他们支配地位的每项努力，都只会昭示和肯定这一点。一个人在口头上可以声称决不再受其主宰，但实际上他将照旧每时每刻对其俯首称臣。功利原理承认这一被支配地位，把它当作旨在依靠理性和法律之手建造福乐大厦的基础。凡试图怀疑这个原理的制度，都是重虚轻实，任性昧理，从暗弃明。[2]

---

[1] ［英］约翰·斯图亚特·密尔：《论边沁》，载［英］边沁《论一般法律》，毛国权译，上海三联书店2008年版，第9页。译文略有改动。

[2] ［英］边沁：《道德与立法原理导论》，时殷弘译，商务印书馆2000年版，第57页。

何为"功利"？边沁对其有明确的界定。他说："功利是指任何客体的这么一种性质：由此，他倾向于给利益有关者带来实惠、好处、快乐、利益或幸福（所有这些在此含义相同），或者倾向于防止利益有关者遭受损害、痛苦、祸患或不幸（这些也含义相同）。"① 边沁说，如果利益有关者是个人，功利便是指个人的快乐；如果利益有关者是团体，功利便是指团体的快乐。

边沁的功利主义，概括说来有三个大的原则。第一是快乐原则，强调凡事着眼于增加快乐、减轻或避免痛苦。边沁说，一个人只要快乐就可以，至于他是战士、僧侣还是机器，我毫不在意。② 在边沁那里，苦与乐是可以从量上精确计算的，不同类型的快乐之间没有质的差别。在"如何估算快乐和痛苦的值"一章中，边沁指出，衡量一个人的苦乐本身的值，要考虑这项快乐的：（1）其强度；（2）其持续时间；（3）其确定性；（4）远近（指离本人的远或近）；（5）繁殖性（能否带来更多的苦或乐）；（6）纯正性（快乐之后痛苦来到的可能性），而对一个群体来说，除上述标准外，还包括（7）广度（快乐或痛苦波及的人数）。边沁认为，道德就是测量、计算苦与乐。他说："如果针戏（一种粗俗的游戏）能够给人带来与诗歌同等强度与持久的快乐，它就是与诗歌同样善的东西。"立法者制定法律也要进行苦与乐的计算。边沁认为他的功利原则是具有普遍适用性的。例如，他反对各种企图剥夺私产的所有制，理由是个人失去财产是极痛苦的一件事。他反对酷刑，提出"刑罚"要有节制，因为刑罚多少会带来痛苦，所有刑罚都是恶，这样，"如果它应当被允许，那只是因为它有可能排除某种更大的恶"③。并且，对于哪些行为当用惩罚的方式来处理，也需依据功利原则。边沁认为，用法律方式去调整两性间的不道德行为将得不偿失。

功利主义的第二个原则是最大多数的最大快乐（即幸福）原则。比如，上文提及的惩罚犯人，只有在确信这一做法能有效地确保最大多数人的最大快乐时，才是正当的。

功利主义的第三个原则是后果原则，即凡事看后果，而不问动机、原则。西谚云："结果好，一切都好"，正是此意。由于坚持后果原则，功利主义在评价一项政策、一条法律时便具有很强的操作性、实用性。政府好心做

---

① [英]边沁：《道德与立法原理导论》，时殷弘译，商务印书馆2000年版，第58页。
② Alan Ryan, *On Politics: A History of Political Thought*, New York and London: Liveright Publishing Corporation, 2012, p. 696.
③ [英]边沁：《道德与立法原理导论》，时殷弘译，商务印书馆2000年版，第216页。

了坏事，在功利主义面前便是坏政府。有些事情违背了平等、正义等抽象原则，但运用功利原理，便可得到有效辩护。

边沁的功利原理看似平淡无奇，不过是在讲苦乐的加减计算，实则具有相当的激进性、批判性。它是边沁推动英国各项改革事业的理论武器。边沁设立了一个功利法庭，旧有的一切政策、法律、习俗、规范都要接受这个法庭的审判。边沁的理论工作，体现了变革时代重估价值、重建标准的一种尝试。

《人权宣言》：概念不清的胡说八道

法国大革命时期的《人权宣言》颇为著名。《人权宣言》的全称是《人权和公民权的权利宣言》。它由西耶斯等人起草，于1789年8月26日由制宪会议通过，共十七条。《人权宣言》是法国大革命时期的纲领性文件。宣言背后的政治哲学，是"天赋人权"的权利学说。边沁对法国革命最初充满同情，他曾通过他的门人将其著作推荐给法国革命的领袖，希望他们能践行他改革政府的建议。不幸的是，法国革命的形势日趋激进，人们已失去了改革的耐心，边沁深感失望，开始反思大革命的问题。这些反思，集中见于他对《人权宣言》的批判。实际上，早在美国《独立宣言》发表，宣称人拥有自然的、不可剥夺的权利时，边沁即对之加以嘲笑。他宣称："自然权利，胡说八道；自然不可剥夺的权利，修辞上的胡说八道，加理论上的胡说八道，登峰造极的胡说八道。"[①] 边沁批判《人权宣言》，实是以功利主义否定权利学说。1795年，边沁开始着手写作《无政府的谬误：对法国革命中通过的〈人权宣言〉的一项考察》。1796年，该书最终完成。边沁原本希望在一个反雅各宾派的出版社出版，但终于未能如愿。事实上，此书直到边沁去世后若干年才在英国出版。

边沁看到《人权宣言》时，十分惊讶：一个民族居然可以按照这样一种概念不清、逻辑混乱、没有根据的纲领去组织政府！边沁认为，《人权宣言》存在的首要问题是概念不清。什么是权利，什么是自然权利，不知其所云。所谓自然权利，只是一种胡说八道。我们所知道的政府，除少数特例，大多

---

① Bentham, "Handbook of Political Fallacies", see Alan Ryan, *On Politics: A History of Political Thought*, New York and London: Liveright Publishing Corporation, 2012, p. 695.

靠武力形塑,并通过习惯逐步建立。① 边沁写道:"当一个人以他自己说话的方式认为他拥有某事物却又说不出理由时,他就会说,我有拥有它们的权利! 当一个人希望号召大多数人加入到他的行列中来,却不以增进他们的幸福为理由时,他只好声称拥有权利。"边沁称所谓不言自明、不知来源的权利,恰如"没有父亲的孩子"。"自然权利"这个词本身就是一个谬误,根本不存在这样的东西。他说:"当我听到自然权利的要求时……我在这种要求的背后看到了刺向国民大会的匕首和长矛。"

《人权宣言》的第二个问题,在边沁看来,是其逻辑上的荒谬。宣言要根据权利原则来组建政府,但是,边沁说,没有政府,哪来法律? 没有法律,又哪来权利? 权利是法律的孩子。宣言完全颠倒了政府与权利的关系。宣言相信无政府状态下人有权利,甚为荒谬。边沁认为,从来都是契约来源于政府,而非政府来源于契约。

《人权宣言》说人"生而自由平等",边沁认为太荒谬了。边沁说,无论是过去、现在还是未来,人都不会"生而自由""生而平等"。恰恰相反,所有的人生来都不自由,都不平等。人是生而服从的。他说:小孩生下来必须服从父母、依赖父母,哪有什么自由?② 再如平等,出生于富人与穷人家庭的孩子,怎么可能"生而平等"? 人与人之间,也不是平等的关系,师傅与徒弟之间、丈夫与妻子之间、好人与疯子之间、医生与病人之间,均无平等可言。要保持所有人的自由、平等,是绝无可能之事。

边沁认为,《人权宣言》及其背后的自然权利学说在道德上甚为有害,在政治上则"播下了普遍无政府的种子",它为已发生的叛乱提供合法性依据的同时,也为推翻既有政权以及未来一切政权提供了依据,它培养和鼓动的是自私的、反社会的、无节制的狂热,危害的则是公共和平。这也是他的著作以"无政府的谬误"为题的意涵。

宪政理论

功利主义者并不必定是自由主义者,但在边沁那里,二者是统一在一起

---

① Jeremy Bentham, "Anarchical Fallacies: Being and Examination of the Declaration of Rights Issued During The French Revolution", in *Nonsense unpon Stilts: Bentham, Burke and Marx on the Rights of Man*, edited by Jeremy Waldron, London and New York: Methuen, 1987, p. 55.

② Ibid., p. 49.

的。边沁关于宪政、法律与议会改革的思考，无不体现他是一名自由主义者。这与当时英国保守派的观点，形成鲜明对照。边沁在安全的意义上界定自由，他认为自由就是强制的不存在。这与霍布斯所讲的自由是限制的不存在，不尽相同，但仍是典型的自由主义自由观。

为了捍卫人们的自由，边沁提出了他的宪政理论。这很大程度上是受了法国大革命的激发。法国大革命向边沁提出了几个重要的问题：(1) 宪政政体该如何设计，方可保障人们的自由（安全），使人们免于恐惧；(2) 法国大革命过程中按新宪法设计的分权政府常陷于瘫痪，而不得不走向专政或独裁，问题何在？(3) 广大人民前所未有的对政治参与的需求，该如何对待？君主的、贵族的统治有无前途？(4) 主权在宪政体系中如何处置？凡此种种，皆促使边沁深入地探讨了一般宪政的理论。边沁主张的是一种建立在代议制民主基础上的具有民主精神的责任政府，此一主张，既针对英国宪法改革，也针对法国、希腊等其他国家的宪政建设。

边沁批评了孟德斯鸠、布莱克斯通、德洛默法官（Lord Delolme）的分权理论，这种理论认为，宪政就是分权，是立法、行政、司法三权分立。边沁从三个方面反对政体中的分权。第一，他认为，统治者如果准备向人民负责（有所交代），分权并不能给人民带来额外的安全。历史上分权之所以有用，是因为冲突中不同的党派在他们的斗争中诉诸人民以获得帮助。人民由此获得自由。但分权本身并不能确立宪政自由（constitutional liberty）。一旦责任政府建立，实行此种分权就没有必要了。第二，由于权力的分立，少数统治会代替多数统治。因为分权给予少数人以立法中的否决权，以这种权力，少数能保证他们想要的东西，置人民中多数人的愿望于不顾。第三，当拥有分立权力的人们之间存在冲突时，整个政府体系将彻底瘫痪。边沁认为，关键是对人民负责而非权力分立。他基于法国大革命的经验指出，在严格的权力分立体系中，没有一个政府可以成功运转。[①]

依边沁的宪政理论，政府机构之间应相互依赖，它们建立在人民主权的基础之上。由选举产生的、可以撤换的人组成的最高立法机构，体现主权。德洛默法官提出，分权可以约束武断的权力（arbitrary power）。边沁说，"武断"是何意？拉丁文中"武断"（arbitrium）是指决定、意志。实际上，一

---

① F. Rosen, *Bentham, Byron and Greece: Constitutionalsim, Nationalism, and Early Liberal Political Thought*, Oxford: Clarendon Press, 1992, pp. 52–54.

切权力,其运用都体现为决定与意志的运用,它与权力是否分开无关。

边沁批评保守派对君主制、贵族制的留恋。他称君主制、贵族制在实践中的结果必定是暴政。麦考莱(T. B. Macaulay)为君主与贵族辩护时曾说,君主、贵族的欲求很容易得到满足,而且,他们会服从于公众的好恶,他们在意身后的名声,因此会去做有益于共同体的事情。君主与他的人民,有着共同的利益。人民也甘愿为君主征战、赴死。边沁批驳说,麦考莱的观点十分幼稚。君主与贵族追求的是自身的"邪恶利益"(sinister interests,即有损公益的不正当利益),提升公共利益只是幌子。君主与臣民之间的利益,不是公共利益,而是主人与他驯良的动物之间的利益。人民为君主牺牲,容忍统治者权力的滥用,是因为人民受了统治者出于自身利益塑造出的偏见的蛊惑,人民是此种偏见的牺牲品。[①] 边沁的这些考虑,不脱离"最大多数的最大幸福原则"。君主制、贵族制,总是着眼于少数人的幸福。它们与公共利益相背离。让君主或贵族考虑关于人民的事,基本是幻想。边沁自己提交给保守派政府的改革方案长期不被采纳,这加强了边沁对民主的支持。

边沁认为,宪政政府包括两种权力:操作性权力与宪法性权力。操作性权力包括立法权、行政权、司法权。宪法性权力则决定操作性权力的运用是否得当,它还包括是否给予财政支持的权力。宪法性权力来自操作性权力,它由操作性权力来促进,而操作性权力的拥有者,很容易摧毁宪法性权力,从而破坏宪政。边沁指出,两种权力在规则的基础上互动,从而保证了主权的延续性。宪政,正是两种权力的动态运行。[②]

宪法性权力是普遍利益的担当者。边沁以否定的方式界定普遍利益,显然,君主、贵族或其他统治精英的"邪恶利益"都不是普遍利益。边沁认为,对于一个宪政体系来说,宪法性权力的拥有者越多越好,由此,他支持近乎普遍的投票权,主张代议制民主,并就选区划分、选民资格、秘密投票等问题提出了许多旨在扩大民主的改革建议。他认为,大量公民参与政治,将提升人民的道德与知识水平。

反对普选的论点通常有:(1)人民知识不够,没有辨别普遍利益的能力;(2)普选会造成多数对少数的压迫。边沁认为,人民无法辨别普遍利

---

① F. Rosen, *Bentham, Byron and Greece: Constitutionalsim, Nationalism, and Early Liberal Political Thought*, Oxford: Clarendon Press, 1992, p. 61.
② 参见[苏]格拉齐安斯基等《世界著名思想家评传》,颜品忠等译,商务印书馆1993年版,第274页。

益，真正的障碍是统治者塑造的偏见。一旦这些偏见破除，宪政体系建立，民众的道德水平与认知水平就会有良好表现，他们在道德与认知水平上，其实是优于统治者的。大多数民众都能够正确地行动。人们亦可通过书报获得关于如何判定统治者的知识。所谓多数压迫少数，则混淆了意见与利益的差异。意见的分歧是关于实现利益途径的分歧，而非利益本身的分歧。例如，对所有宪法性权力持有者来说，对安全的需求是一样的，但对如何实现此一需求，则可能存在分歧，遵从多数人的意见，自然忽略了少数人的意见，但并未因此牺牲少数人的利益，少数人的利益与多数人的利益原是一回事。边沁指出，利益对立多来自操作性权力。由此，立法家的主要职能，是最大限度地让操作性权力依赖于宪法性权力。[①]

用"圆形建筑"这个工具，我梦想着革新世界

边沁对其圆形建筑的设计十分认真、执着，他写了大量长篇论文来阐发这种建筑的理念，论证其好处，并致力于将之付诸实践。"圆形建筑"，有的书上译为"圆形监狱"，其实，边沁设计的这种建筑，并不仅仅用来收押罪犯，还可用于工厂车间、学校、办公室等需要由中央控制的地方，又称"辐射式建筑"。边沁的设计最初很受欢迎。1792 年，英国议会专门讨论过这个方案。1794 年，按边沁的设计建一座监狱的项目得到了议会的通过，就等破土动工。然而事情终于搁浅，边沁为此花去大量钱财，据说英王特别反对这个项目。最后，财政部为了补偿边沁在设计工程方面付出的辛苦，给他发了一大笔赔偿金。但边沁要的不是钱，圆形建筑项目的流产，让边沁甚为失望。

圆形建筑是这样设计的：所有的建筑环绕一个中心，成辐射状分布，中间有天井，天井中心有一个较高的瞭望塔，各房间朝里的一面没有墙，只有栅栏，一个人从瞭望塔看过去，各房间里的活动便尽收眼底。包括监狱、学校、车间在内，凡是需要控制、约束的地方，用此建筑将节省大量人力成本，又能有效实现控制。说白了，这种建筑乃是一种控制技术。在某种意义上，它即为功利主义国家的象征。圆形建筑的设计暗示在边沁看来，为了实

[①] F. Rosen, *Bentham, Byron and Greece: Constitutionalsim, Nationalism, and Early Liberal Political Thought*, Oxford: Clarendon Press, 1992, p. 70.

现幸福的最大化，国家有必要对诸多领域进行强有力的控制。

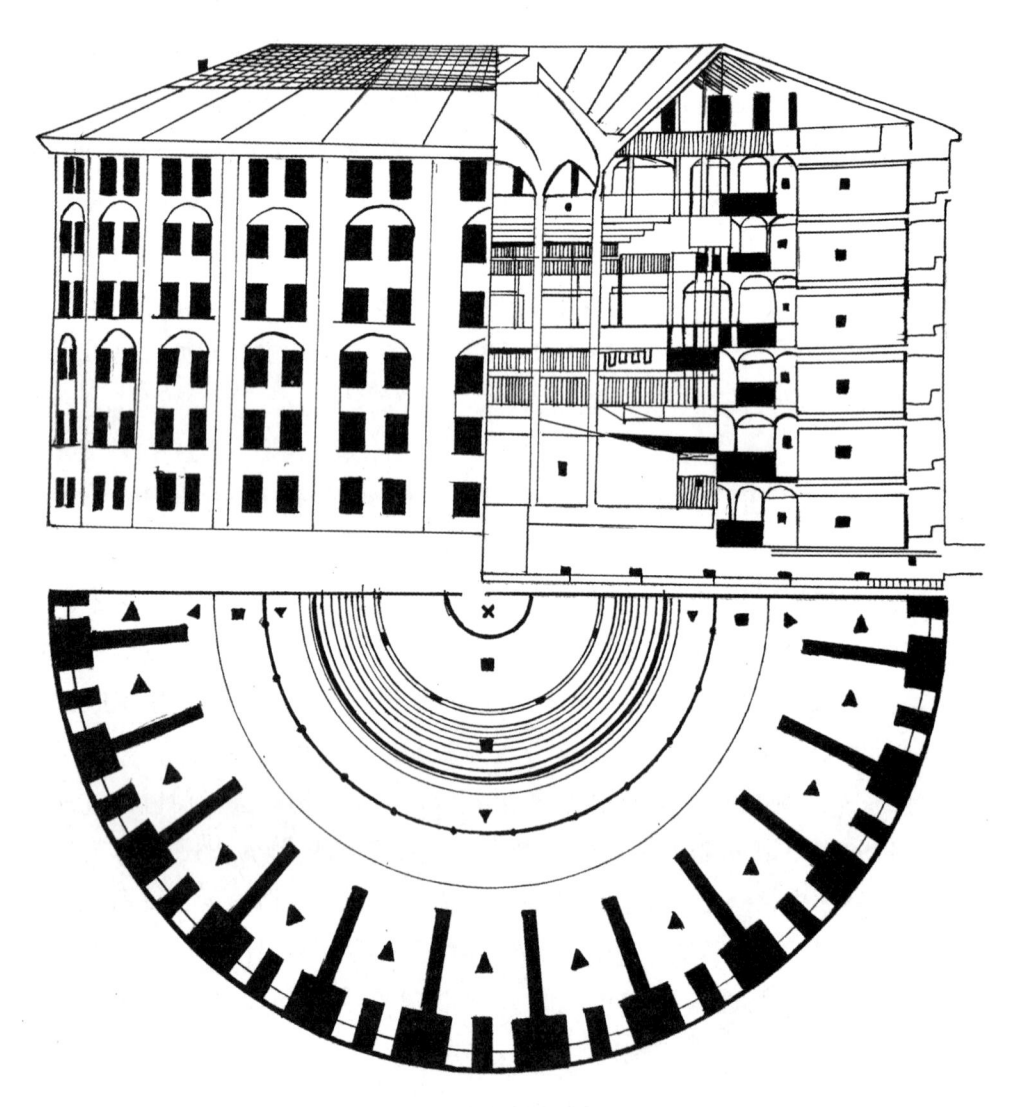

图53 "圆形建筑"设计图

边沁说："道德得到革新，健康得到维持，工业增添活力，教育得到传播，公共负担被减轻，经济的基础坚固，济贫法的戈尔迪难题不是被切开而是被解开——所有这一切都是通过这种简单的建筑理念。"①

这种建筑会不会有害于人的自由？边沁给出了他的立场，那就是为了

---

① [英]边沁:《边沁选集》，转引自[英]韦恩·莫里森《法理学：从古希腊到后现代》，李桂林等译，武汉大学出版社2003年版，第206页。

第十一章 从功利主义到进化论

"功利",纪律、约束是必需的。边沁实际上将圆形建筑视为推进改革事业的工具。晚年边沁曾说,圆形建筑,是"一个精妙的工具,用这种工具,我梦想着革新世界"[①]。

边沁的圆形建筑的设计,在当时未曾落实。但如果我们把圆形建筑视为一种象征,那么现代社会中的人们,将随处可见这种圆形建筑,它不是监狱,却胜似监狱,所谓权力的眼睛无处不在。摄像头监控的车间、银行、学校、小区,何尝不是一种"圆形建筑"?这种设想,似有令人恐怖的一面,看似有损人的尊严,是故有人以此为据,认为边沁的功利主义极易导向极权主义。事实上,边沁在介绍他的方案时说,他的圆形建筑设计并非原创,土耳其的后宫便是如此,目的是用最少数的宦官照看大量的妃嫔。[②]但边沁其实尊重个人的自由与权利,他并不想把每个人都监控起来,他的圆形建筑只用于公共机构,用于需要有严格纪律的地方。例如圆形监狱如此建造,一方面节约成本,另一方面,他还提出要对公众开放,让公众可以参观,由此对犯罪起到震慑的作用。边沁对人的内心世界一直不感兴趣,这和极权主义试图控制人的思想是根本不同的。何况极权主义不在乎人的痛苦与快乐,根本不曾进行功利计算,只是按意识形态做许多有损最大多数人最大幸福的事。

功利主义,作为一种伦理学,因其缺乏超越,回避人生意义的问题,确实不够"高尚"。汉娜·阿伦特在论及功利主义时尝言,功利主义不能回答:功利的功用何在?(What is the use of use?)[③] 约翰·斯图亚特·密尔一方面继承了边沁功利主义的基本精神,另一方面又对之提出了批评,他认为,边沁只关注后果,方向虽正确,但由于对人的差异性缺乏把握,不曾考虑后果对不同的人意义不一,因而对人的尊重明显不够。并且边沁对人类丰富的生存经验不敏感,对人类行为的道德审美与情感之维皆无考虑,对诗也缺乏同情。这些都使得边沁学说显得冰冷、机械。[④]

尽管招致种种批评,作为一种面向世俗的社会政治哲学,功利主义仍有其重要意义。功利主义是在近代英国经验论政治思想传统基础上结出的硕

---

① [英]边沁:《边沁选集》,转引自[英]韦恩·莫里森《法理学:从古希腊到后现代》,李桂林等译,武汉大学出版社2003年版,第206页。
② [英]蒂姆·莫尔根:《理解功利主义》,谭志福译,山东人民出版社2012年版,第22页。
③ Hannah Arendt, *Between Past and Future*: *Eight Exercises in Political Thought*, New York: The Viking Press, 1968, p. 80.
④ [英]约翰·斯图亚特·密尔:《论边沁》,载[英]边沁《论一般法律》,毛国权译,上海三联书店2008年版,第44—46页。

果。从霍布斯、休谟、斯密至边沁，之后还有密尔父子，对苦乐、利害的后果主义分析，一脉相承，尽管边沁在构建其功利主义体系时也从法国的爱尔维修等人那里有所借鉴。功利主义的理论意义体现在：

第一，它揭示了近代自由主义的一个主要关怀：世间痛苦的减少与快乐的增加。功利主义提醒人们，任何理论讲得天花乱坠，听起来玄妙精深，高尚伟大有远见，如若带给人间的主要是痛苦，便不可取，不能予以支持。

第二，功利主义具有鲜明的民主意味。功利主义虽有"最大多数人的最大幸福"一说，但始终坚持公共快乐是个人快乐的累加，认为不存在脱离了个人感受而独立存在的公共幸福。功利主义的个人主义哲学基础，不能动摇，否则便不能叫功利主义。这便意味着每个公民的苦乐都值得同等对待。与此相联系，边沁主张一人一票意义上的民主，他希望以此确保统治者利益与被统治者利益相一致。他经常说，既不能多，也不能少，一人只能算一份。对平等原则的坚持，使得功利主义与民主联系在一起。他还把选择领袖与购买鞋子进行类比，以说明功利主义为何需要民主。他写道："并不是每个人都会制作鞋子；但当鞋子被制作出来之后，每个人都能轻易地分辨它是否合脚。"[1]

第三，功利主义具有普遍主义（universalism）的特点。功利主义是一种具有普遍主义精神的伦理、道德和政治教义。功利主义的利刃剖开了形形色色的团体身份、阶级地位、文化认同、意识形态偏执与宗教狂热，把伦理道德标准建立在一个不必依赖历史文化与宗教背景的简单原则之上，它适用于任何一个个体。换言之，功利主义预设了共同的人性，它对个体平等对待。这种普遍主义精神，在现代世界，是十分可贵的。

马尔萨斯的人口理论

马尔萨斯大名鼎鼎，他的人口理论颇为著名。马尔萨斯不是最早探讨人口与经济二者之间关系的学者，在他之前，休谟、斯密都曾讨论过同一问题，然而，使这个问题引起世人广泛注意的，非马尔萨斯莫属。他的理论所受到的评价褒贬不一。英国浪漫派诗人柯勒律治写道："看看这个强大的民

---

[1] 边沁手稿，转引自［英］蒂姆·莫尔根《理解功利主义》，谭志福译，山东人民出版社2012年版，第24页。

图54 马尔萨斯

族吧。他的统治者们,他的贤明之士,都在——倾听马尔萨斯的话!让人忧伤,让人忧伤啊!"① 自由主义的集大成者约翰·斯图亚特·密尔则称马尔萨斯的人口论堪称"公理"。马尔萨斯的好友大卫·李嘉图虽然常与马尔萨斯有观点上的交锋,却同样肯定他的人口论著作。20世纪的凯恩斯亦捍卫马尔萨斯作为自由主义理论家在思想史上的重要地位,盛赞他的贡献。今天,马尔萨斯主义、新马尔萨斯主义的存在,表明马尔萨斯的影响力不减当年。

托马斯·罗伯特·马尔萨斯(Thomas Robert Malthus)1766年出生于英国萨立州的一个贵族家庭。他出生后三个星期,休谟与卢梭——他父亲的朋

---

① 转引自 [美] 托德·G. 巴克霍尔兹《已故西方经济学家思想的新解读:现代经济思想导论》,杜丽群等译,中国社会科学出版社2004年版,第42页。

友曾在他家中亲吻过他。他的父亲按卢梭《爱弥儿》中提倡的教育理念培养他。上大学之前，马尔萨斯一直在家中接受教育。1784 年，他去了剑桥大学基督学院念书。1797 年，他做了圣公会的乡村牧师，故而今天人们还多以"马尔萨斯牧师"来称呼他。1804 年，马尔萨斯结婚，之后三年里，马尔萨斯夫妇生了三个小孩。马尔萨斯担心人口过快增长，而他家里人口如此快速增长，自然成为人们拿他开玩笑时的笑料。1805 年，他任东印度公司设立的黑利伯瑞学院政治经济学教授，成为世界上第一位职业经济学家。1821 年，他与詹姆斯·密尔、大卫·李嘉图创立了一个经济学会。1834 年，马尔萨斯去世。

马尔萨斯最著名的著作是《人口论》，该书于 1798 年匿名出版，旋即引起轰动，人们很快侦知这是马尔萨斯的著作。马尔萨斯为回应批评，完善自己的论证，又到瑞典、挪威、芬兰、俄国游历考察，收集资料。1803 年，《人口论》第二版问世，再次引发争议。马尔萨斯的《人口论》充满忧虑甚至悲观、绝望，然而现实中的他则是个高大英俊、喜欢逗乐、不无时尚的人。他被称为亚当·斯密的杰出弟子、人口论教父、世界末日和人口大爆炸的预言家。他的人口论对当时英国首相皮特产生了影响。原本热衷于推行《济贫法》、进行社会改革的皮特，在读了马尔萨斯的书后，约见马尔萨斯，并在几年后取消了旧的济贫法，代之以新的济贫法。

人口原理背后的政治哲学

马尔萨斯所著《人口论》，绝非今日诸多学院派经济学家毫无人文关怀、只知玩弄数据图表的高度科学主义化的乏味之作。它有着深刻的时代背景，包含丰富的政治哲学意涵。与他的老师斯密一样，马尔萨斯的视野极为开阔，尽管他着眼的是"人口问题"。《人口论》开篇写道：

> 近年来，自然哲学上发生了伟大的意外的发现，印刷术发达加大了一般知识的普及，学问界与非学问界盛行着热心而自由的研究精神，对那些迷惑悟性惊骇悟性的政治问题投下了新而异常的光明，尤其是政治界那一个凄凉现象，"法国大革命"，像一颗炎炎的彗星，注定了要以新的生命与活力，感动世间的畏缩的人民，不然，就是把他们烧尽灭绝。这等等，一起发生，引导许多能干的人们，怀抱这样一种意见：我们已

经触到了一个时期，这时期，富有最重要的变化，这变化，将会在某程度上，决定人类将来的命运。人类将从此以加速的速度，进向无限的为从来所不曾想到的改良呢，抑判定了须永远在幸福与贫困之间，一进一退，而在各种努力之后，依然离所望的目标，有不可测知的距离呢？据说，这大问题，现在是时候提出了。①

马尔萨斯说，法国大革命引发人们对未来的态度的分化，双方相互攻击，或盲目乐观，或对一切进步皆加以非难。由此，他希望提出可靠的理由，就"人类及社会完成可能性"（即人类与社会是否能够在不断进步中趋向完美）做出说明。《人口论》初版题目全称为《论影响社会未来进步人口原理，对威廉·葛德文、M.孔多塞和其他作家思想的评论》，其主要论战对象是葛德文与孔多塞。威廉·葛德文（William Godwin，1756—1836）来自英国，曾发表《政治正义论》（全称为《政治正义及其对道德与幸福的影响》）。孔多塞来自法国，为法国大革命时期吉伦特派成员，雅各宾专政时期他被通缉而逃亡，藏匿于乡间，期间写下了《人类进步史表纲要》。葛德文与孔多塞的著作自有不同之处，但却共享了对"可完善的人及社会"的乐观主义预期，他们对理性力量皆持有十足的信心，马尔萨斯要戳破的，正是这种典型的启蒙与革命的迷梦。

马尔萨斯虽为牧师，但他并非从宗教与道德角度来批评乐观主义的社会政治学说，而是从科学角度，分析理想的人与社会何以不能达到。他主张言之有据，不能做类似于"人类有一日会变成会飞的鸵鸟"这样的无稽之谈。

他说，整个问题要从两个基本的原则谈起。这两个原则，第一是食物为人类生存所必需。第二，两性间的情欲是必然的，且几乎会保持现状（葛德文就预测未来两性之间情欲会灭绝）。然而，人口增殖力，总比土地生产食物的能力，要大得多。人口在无阻碍时，以几何级数增加（1、2、4、8、16、32、64、128……）。生活资料，只能以算术级数增加（1、2、3、4、5、6、7、8……）。这样，人口与土地所能提供的粮食之间便会产生巨大的不平衡，危机就出现了。然而自然的法则（似于亚当·斯密所说的"看不见的手"）会使二者保持平衡。这其中，便免不了贫困、饥荒、犯罪、战争、疾病等手段。因此，马尔萨斯说，要让社会上人人安逸、幸福、悠闲是无论

---

① ［英］马尔萨斯：《人口论》，郭大力译，北京大学出版社2008年版，第3页。

如何也做不到的；人类及社会整体的完美，必定是镜花水月。

这个原理，应用于济贫法案，便是极力反对政府以金钱或实物直接救济穷人。他说，济贫法案虽于个人似带来生活的改善，但会把贫困扩散到更多的人口中，推行起来必然失败。马尔萨斯分析说，富人给穷人济贫，以为可以让穷人每餐添一片肉，但全国肉就那么多，现在买者甚众，竞相购买，市场上卖肉的就会提高价格，最后能够分享肉的人的数量并未增加。再者，政府补贴穷人养家，抚养子女不再成为一项负担，穷人就会生下更多的孩子。市场上劳动力充足时，劳动力价格就会下降，贫困问题仍然没有得到改善。马尔萨斯说，富人怎样牺牲自己的财富，也消灭不了下层民众的贫困。贫民可变富，富人可变穷，但不过是贫困落到不同的人头上罢了。并且，济贫法消灭了英国人的自立精神。城市贫民本不注意节俭（区别于商人和农民），往往有钱就去酒馆喝酒，高工资反而使他们堕落。教区的济贫帮助、政府设立的养育院，都助长了贫民的享乐与浪费。他写道："一个男人，想到自己病了，死了，他的妻室儿女可到教区求助，遂禁不住要到酒家去，但若他知道，遇到此等意外的时候，他的家族必饥饿而死，不然，就只有乞食街头，他这样滥费其所得时，或不免感到踌躇。"① 他以不无边沁式的功利主义风格计算说，没有济贫法，或许极端贫困的事件要多发生几次，但民众的幸福总量，定会比现在大得多。皮特的济贫法案，虽以博爱为旨趣，却在造就更多的贫民。他又建议，养育院可以建，但里面饮食应当粗劣，还要强迫劳动，不能把养育院变成安乐的避难所。② 实际上，马尔萨斯悲观地认为，消灭贫困，是人力所做不到的事情。

马尔萨斯以生活资料与人口增长的矛盾，指责乐观主义是毫无依据的妄言。孔多塞实际上已预测过人口爆炸，但他认为那是在遥远的未来。而马尔萨斯说，人口数超过生活资料的现象，很早就出现了。孔多塞展望未来卫生与技术的进步将使人寿命无限增加乃至不死，马尔萨斯说，绝无可能。对于葛德文的观点，马尔萨斯亦一一予以驳斥。葛德文认为贫困与罪恶源于社会及其制度，因此，消除这些问题就必须对社会政治制度加以改造，葛德文相信未来美好社会中，仁爱之心将取代自利之心，成为社会的主要动力与动机，仇恨与竞争将从人间消失；两性间的情欲也将逐渐消亡，人将近乎不

---

① ［英］马尔萨斯：《人口论》，郭大力译，北京大学出版社 2008 年版，第 37 页。
② 同上书，第 40 页。

死；睡眠都会消亡；他认为人的理性终将取代情欲，人们会变成纯粹的理性存在物。

马尔萨斯批评说，人是理性与非理性的混合存在。人的自私心绝不会最终为仁慈之心所取代。贫困与罪恶也不是源于社会政治制度。对植物与人类历史的观察，皆看不出人无限完善的苗头。他认为，人类本来就是懒惰、迟钝的，贫困、罪恶正是对人类的刺激，它们促使人类奋斗。不过他也说，过大或过小的刺激，皆不利于人精神的发展，由此他推崇中产阶级壮大的社会。一方面，中产阶级有上升的希望，另一方面又有沦为贫困的压力，故而中产阶级必定最为勤奋，能力亦最易发达。①

马尔萨斯从经济学层面注意到了现代社会中的"多余人"现象。这一多余人现象，是时代大问题之一，其社会政治意涵要到纳粹对犹太人的屠杀时才显现出来。"多余人"何以在地球上声张自己的生存权利？要么消灭多余人本身，要么把其他人消灭。这两种方案，都是在制造恐怖。马尔萨斯并没有这么残忍。他从中看到的是无奈。在《人口论》第二版中，马尔萨斯说：

> 在一个已被占有的世界中出生的人，如果不能从他具有正当要求的双亲那里取得生活资料，以及如果社会并不需要他的劳动，那么他就没有取得最小食物的权利，事实上他在地球上是多余的人，大自然盛大的宴会并没有为他设下空的席位，大自然将命令他离开，并且如果他不能取得大自然的某客人的怜悯的话，她会迅速地执行自己命令的。如果这些客人起来让位给他，那么其他闯入者会立刻出现，要求同样的恩赐……客人们违反了对所有闯入者制定的严格命令。她希望全体客人都能享受丰盛，并且知道她不能供给无限的数目，所以当宴会已经满席时，仁慈地拒绝接纳新的来客。②

马尔萨斯的建议听来不免缺乏对穷人的关爱，以致有学者视之为"对残酷无情的认可"③。其实，马尔萨斯是提醒政策制定者不可盲目乐观，更不可好心做坏事。他也不是叫人们坐等饿死，而是叫人们一方面努力增加

---

① [英]马尔萨斯：《人口论》，郭大力译，北京大学出版社2008年版，第149页。
② 转引自李宗正《马尔萨斯主义》，商务印书馆1962年版，第24页。
③ [英]安东尼·阿巴拉斯特：《西方自由主义的兴衰》，曹海军译，吉林人民出版社2004年版，第322页。

食品的供应，另一方面要节制生育（但不是由国家强制推行计划生育），以避免饥荒的发生。更为重要的是，马尔萨斯的学说体现了对进步主义、乐观主义的启蒙理想的反思。他的学说确实在诸多方面追随了亚当·斯密。例如，他对市场机制的尊重，对神圣意志与自然法则的理解，对人心自利一面的清晰认识，对理性的怀疑，皆与斯密一致。当然，斯密关注国富，他关心的是民富（底层民众的贫困问题）。他认为斯密将国富与民富混为一谈了。

置于时代背景中，才能看出马尔萨斯理论带来的震撼。有学者写道："1798年，就在人们怀着乌托邦式的信仰展望19世纪的时候，马尔萨斯把他们浪漫的梦幻击了个粉碎。他预言，过度的人口将造成一个社会分裂和腐败的未来，而不是一个歌舞升平、欢天喜地的未来。"[1]

詹姆斯·密尔：被低估的民主主义者

英国思想史上有密尔父子两人。詹姆斯·密尔（James Mill，1773—1836年）是老密尔，他的儿子约翰·斯图亚特·密尔是小密尔。就名气而论，小密尔胜于老密尔。詹姆斯·密尔常常只是作为小密尔的父亲被人提起，且詹姆斯·密尔是功利主义大师边沁门人中最重要的一位，于是，詹姆斯·密尔又常常作为"边沁的信徒"被论及。如此，他本人的学术贡献，竟长期不被重视。不过，这种局面可能会被稍稍扭转。晚近以来，西方世界一些学者开始认真研究詹姆斯·密尔，他作为教育家、经济学家、政治思想家的真面目逐渐展现在世人面前。

詹姆斯·密尔1773年出生于苏格兰一个鞋匠家庭，与休谟是同乡。他的母亲十分重视对他的教育，据说他童年很少玩耍，绝大部分时间都用在了学习上，而他也确实表现出了不错的天资。中小学时期，詹姆斯·密尔与休谟是同学。1790年，詹姆斯·密尔进入爱丁堡大学学习神学。在爱丁堡，他接触到了苏格兰启蒙哲学。他对杜格尔·斯图沃特的课程尤感兴趣。他在给朋友的信中写道："在我待在爱丁堡的那些年里，我经常尽可能地溜进斯图沃特的课堂去听课，那总是一种享受。我听过皮特和福克斯最著名的演讲，

---

[1] ［美］托德·G. 巴克霍尔兹：《已故西方经济学家思想的新解读：现代经济思想导论》，杜丽群等译，中国社会科学出版社2004年版，第42页。

但我从未听过像斯图沃特教授那样动人的讲座。那些研究的品位形成了我最爱的追求,并持续一生,我得感谢他。"①

詹姆斯·密尔是个涉猎甚广的人。他的著作涉及心理学、教育、政治经济学、法律、政治、历史、哲学等多个方面。一方面是出于兴趣,另一方面也是迫于生计,他写了上千篇文章。在当时英国知识界,他的知名度甚至超过了边沁。实际上,边沁的学说是经由詹姆斯·密尔的大力弘扬而流传开来的。

作为一名历史学家,詹姆斯·密尔自1806年起至1818年,十二年磨一剑,写成了三卷本巨著《英属印度史》(History of the British India)。他在书中对"文明"与"进步"的问题进行了探讨,其历史意识,是边沁的体系中所没有的。在经济学方面,詹姆斯·密尔对政治经济学的理解要超过亚当·斯密与大卫·李嘉图。李嘉图是詹姆斯·密尔的朋友,李嘉图著书立说,全赖詹姆斯·密尔的幕后鼓动。边沁曾说:"我是詹姆斯·密尔的精神之父,而他则是李嘉图的精神之父。因此,李嘉图是我的精神之孙。"可见詹姆斯·密尔对李嘉图的影响。② 詹姆斯·密尔对教育也很有研究,他不仅写论教育的文章,还亲自实践其教育理念。他相信人是教而成才,并协助边沁创办面向平民的伦敦大学。他认为教育可以提高选民素质,将利于代议制度的良性运转,减少其决策失误。他的教育实践无疑是成功的,他为世界培养了一个学术贡献比他还大的学者,就是他的长子约翰·斯图亚特·密尔。小密尔没去学校上过学,他的知识完全来自父亲的教育。从希腊文、拉丁文、法文,到哲学、数学、几何,詹姆斯·密尔每天都要花大量的时间给小密尔上课。他还试验"班长教学法",让小密尔教他的弟弟妹妹,效果良好。直到小密尔14岁,詹姆斯·密尔才从这种教育活动中脱身。

詹姆斯·密尔一生中最重要的一件事是1808年与边沁的结识。边沁当时已经60岁了。詹姆斯·密尔有时就住在边沁家里,有十几年的时间,詹姆斯·密尔一家和边沁做邻居,住在一起。詹姆斯·密尔一度收入微薄,边沁常常给予他生计上的接济。詹姆斯·密尔帮边沁整理文稿,协助写作,成为边沁晚年学术研究的得力助手。边沁学说在当时广为传播,詹姆斯·密尔

---

① [丹]努德·哈孔森:《自然法与道德哲学:从格劳秀斯到苏格兰启蒙运动》,马庆、刘科译,浙江大学出版社2010年版,第299页。

② [法]埃利·哈列维:《哲学激进主义的兴起——从苏格兰启蒙运动到功利主义》,曹海军等译,吉林人民出版社2006年版,第287页。

功不可没。小密尔在《自传》中曾如此描写了父亲与边沁的交游：

> 父亲可算是英国知名人士中最早彻底了解和大体上采用边沁的伦理、政治和法律观点的人，而此种了解是他们意气相投的自然基础，它使他们在边沁生活中那段不大接见来客时期（后来就不是这样）成为亲密的友侣。①

詹姆斯·密尔作为边沁门人，并非毫无建树，事实上，他的不少学术兴趣，如对希腊哲学，对苏格拉底与柏拉图的兴趣，对历史的兴趣，都是边沁没有的。他从边沁那里继承了功利主义学说，并第一次尝试将之与代议制政府的理论结合起来。他思想中的一些方面，反过来也对边沁发生了影响。特伦斯·玻尔（Terence Ball）指出："一方面，密尔让边沁重视经济因素在解释、改造社会生活与政治制度中的重要性；另一方面，他让边沁由原先支持贵族式'自上而下'的改革，转入一个更为大众化的'民主'的方向。"②

詹姆斯·密尔政治理论方面的代表作是论文《论政府》（Essay on Government）。它是詹姆斯·密尔1820年给《大不列颠百科全书》写的一条补编条目，后来也单独发表，意在给英国议会改革提出建议。

人性科学是政府科学的基础

詹姆斯·密尔认为，关于政府的科学，必须有无法质疑的、坚实的人性科学之基础。詹姆斯·密尔此论沿袭霍布斯、休谟等思想家之说法，也与边沁的主张相一致。他写道："人的行动由其意志主导，意志由其欲求（desire）主导：他们的欲求以追求愉悦、摆脱痛苦为目标。财富与权力是实现这些目标的主要手段：对这些手段的欲求，没有边界。从不受约束的欲求中产生行动，实为坏政府之要素。"③

詹姆斯·密尔论人的本性，有两点尤为重要：一是人趋利避害，追求快乐，避免痛苦，一切行动、决定都着眼于此。二是人欲求之无限。人不是一个消极的、知足的存在。人不断地追求权力，总是想以权力控制、压迫弱

---

① ［英］约翰·穆勒：《约翰·穆勒自传》，吴良健、吴衡康译，商务印书馆1987年版，第40页。
② James Mill, *Political Writings*, 中国政法大学出版社2003年版, Introduction, p. xv.
③ Ibid., p. 17.

者。政府与被治者的关系,绝不能视为仁慈的牧羊人与温顺的绵羊之间的关系。政府源于人们的契约。他认为,自然状态因其资源稀缺,不免产生争夺,人们为保护彼此,决定联合起来,将权力授予一小部分人,以让他们保护每个成员。政府的目的,詹姆斯·密尔说,洛克称之为提供公共物品(public good),边沁称之为"最大多数的最大幸福",实际上都要着眼于对个人利益的保护以及构成社会的个人幸福之提升。由此,政府科学讨论的不外是(1)少数人被授予的权力;(2)如何使用权力,这主要涉及如何防止其滥用权力。第二个问题尤为重要。

詹姆斯·密尔分析了单纯的民主制、贵族制、君主制三种形式的政府。他指出,三种政府皆不能防止权力的滥用。他批评了霍布斯的绝对君主制观点。他认为,任何统治者都希望共同体中的每个人与他的意志相一致。国王、贵族、人民,当权力没有约束时,都不会满足于现状,他们不断地向被治者发出指令。而被治者也会永远努力反抗统治者的意志,他们不会像霍布斯设想的那样认识到服从主权者的义务,选择对绝对王权的服从。密尔说,霍布斯对人性法则的概括是偏颇的、不完整的。[①]詹姆斯·密尔暗示,即使在进入国家状态后,强者仍然在追求对弱者的压迫,谋求自身的邪恶利益。因此,没有适当的机制,共同体的利益便不可能得到保证。

三种政府皆不能实现当初成立政府时所预设的目标,是否混合政体就可以避免各种单一政体的问题呢?混合政体理论认为,当国王、上议院、下议院按适当的比例分享权力时,政体便是最佳政体。据说英国宪政即是三者联合而成。詹姆斯·密尔说,此种思想史上流传甚广的学说,只是一种假设,根本经不起理论上的推敲与实践中的验证。他分析说,混合政体中的三种力量,如何保证其中的两方不联合起来反抗第三方,或者一方强大,竟使其他两方失去作用?而如果双方力量对等,则国家将陷入内战的危险。如前所述,人性的法则表明,争夺统治权的斗争永不停息。这样,三种权力的平衡,从来不能存在,也从未存在过。不过,詹姆斯·密尔并不由此往"总要有一个最后的决断者"这样的主权论上引,因为那样等于否定了好政府的可能,以为人类必定在一个坏政府中苟且偷生,除非将来自己翻身,去压迫他人。詹姆斯·密尔的政治思想是十分具有自由主义特点的。他心目中的"好政府",必须确实致力于保护共同体的每一个人,尽可能减少其痛苦。一个

[①] James Mill, *Political Writings*, 中国政法大学出版社 2003 年版, p. 13.

人的痛苦或与他人无关，或与他人有关。好政府至少要尽可能地消除与他人相关的痛苦。

基于此种"好政府"的目标以及对人性的看法，詹姆斯·密尔指出，唯有代议制政府，可以实现人们的目标。好政府必定是代议制政府。[①]"必定"意味着唯一性，意指除此之外，别无其他可能。他称代议制是现时代的伟大制度。何以言之，代议制又当如何设计，其运行有哪些要求，詹姆斯·密尔皆有论述。

"好政府"必是代议制政府

詹姆斯·密尔论证说，政府的权力，必须受到制衡。除共同体自身之外，皆不可能不出现追求不正当利益的现象。这等于是说，政府权力必须由共同体来监督。然而，共同体并不能行使这种权力，必须将权力授予个人或个人组成的团体。共同体对这些个人或团体进行制约。这便是代议员的产生，由此形成代议制度。詹姆斯·密尔说，发挥这种制衡政府权力、防止政府滥用权力的团体，必须具备两个条件，才能真正算作代议制，才能产生好政府。第一，制衡团体必须有足够的权力，以能够实现制衡。在英国，这一团体就是下议院。显然，依詹姆斯·密尔之理论，没有实权的制衡机构，等于不存在。而没有制衡，权力必定会被滥用、误用。第二，它必须与共同体有着相同的利益。即，当它在主观上追求自己的利益时，客观上也在促进共同体的利益。这就是说，制度设计时，必须使选出的议员利益恰好等于共同体的利益。

詹姆斯·密尔分析说，每个议员都有两种状况：一是他做议员时对其他人拥有权力，一是他作为共同体成员时其他人对他拥有权力。换言之，他在某个时期是统治者，在这一时期之外则是被统治者。如何使议员不去追求"邪恶利益"（sinister interests）？他建议，首先要缩短议员任期。假定议员终生在任，他追求自身特权，便不可避免，但如果他的任期很短，则他必定考虑他大部分时间受他人统治时的情形，便会只着眼于共同体的利益去做决定。当然，考虑到政府事务的处理、政策效果的显现皆需要时间，频繁选举亦有诸多不便，因此任期也不能过短。尽可能缩短任期，以不致带来不便

[①] James Mill, *Political Writings*, 中国政法大学出版社 2003 年版, p. 21.

为限。

而良好的代议制，对选民的数量、素质也提出了要求。密尔对选民团体的条件、范围，有仔细的探讨。他认为，给妇女、儿童选举权，甚无必要，因为妇女的利益，包括在她父亲或丈夫的利益中，儿童的利益，包括在他父亲的利益中（注意：詹姆斯·密尔未说因为妇女、儿童理性不成熟或缺乏判断能力）。关于选民的素质要求，他认为必须有一定标准。然而智力状况不易把握，唯有从一些外在的指标去衡量一个人智力的大体状况。这些外在指标，包括三点：（1）年龄。他以四十岁以上，为选民的年龄条件。（2）财产。不过，他的改革主张，是要降低对选民在财产方面的要求。（3）职业或生活模式（mode of life）。他不主张在职业方面为选民设限制。他并不考虑"民主"扩大或缩小，他只关心选民团体是否达到构建一个良好的代议制的要求，他认为，选民不能致力于追求邪恶利益。

选民（詹姆斯·密尔所说的"人民"）会不会犯错，竟不知道何为自己的利益？此点是否构成对代议制的否定？密尔说，选民是会犯错，但随着教育的发展，选民知识水平提高，他们犯错的可能就会越来越小。他又指明，中等阶级（the middle rank）最明智、最有美德，他们引领社会潮流，大多数人民皆以之为楷模，他们将成为最合适的选民团体。[①] 鉴于大多数无产者的利益业已包括在中等阶级的利益中，詹姆斯·密尔认为，从制度设计节约成本的角度考虑，亦不必给无产者以投票权。

非历史、非政治的理性主义政府观

詹姆斯·密尔的《论政府》，对英国议会改革提出了政策建议。此一建议，旨在推动"英国政府与行政管理的现代化"[②]。这一方面要考虑理性化的要求，另一方面要顾及民主化的潮流。对詹姆斯·密尔而言，前者最为关键。

在理论上，詹姆斯·密尔阐发了一种系统的代议制政府理论。据此可以看出，功利主义必然支持代议制民主，好政府必定是代议制政府。在詹姆斯·密尔那里，政府及代议机关都是实现共同体利益的工具，是一种理性化

[①] James Mill, *Political Writings*, 中国政法大学出版社2003年版, p. 41.
[②] Alan Ryan, *On Politics: A History of Political Thought*, New York: Liveright Publishing Corporation, 2012, p. 697.

的技术手段。需要指出的是，詹姆斯·密尔文中频频出现的共同体利益，并不是自外于个人利益之外的利益，它与每个个体的利益相一致，靠每个个人的合法利益之实现而得到体现。共同体的利益区别于个人、党派的邪恶利益。好政府中，共同体利益得到保证，个人利益亦然。好政府是人民选出的议员控制的政府，坏政府则拥有不受人民限制的权力，它必定是个人或党派实现"邪恶利益"的工具。

詹姆斯·密尔一再强调的是，代议制政府的关键，是要确保议员的利益等同于共同体利益。要做到此点，不是希望议员成为圣贤、成为道德模范，而是要基于人无法改变的本性——追求快乐，避免痛苦——这一认识，去考虑制度设计。此种制度设计，必须经得起现实的考验。

《论政府》发表后，引起了青年学者麦考莱（T. B. Macaulay）的激烈批评。麦考莱认为，詹姆斯·密尔基于一个未必成立的原理，按演绎而非归纳的方法去推导代议制政府理论，完全忽略了历史，忽略了政治。它在方法论上是错误的。同时，詹姆斯·密尔所谓的"共同体利益"，语焉不详，麦考莱反问，这样的共同体以及共同体利益，是否真的存在？他又担心，少数人的利益，未曾受到重视。不给妇女投票权，一半人的利益将被忽略。我们不难看出，在妇女投票问题上，詹姆斯·密尔与麦考莱的分歧在于，妇女是否有单独的利益不包括在其父亲或丈夫的利益中。詹姆斯·密尔并未从性别上论证妇女不适合投票，他说的是，从技术角度看，既然天下父亲、丈夫都会考虑妻子、女儿的利益，则重复的投票，并不必要。

詹姆斯·密尔的政府科学，表达了一种理性主义、工具主义、民主主义的政府观。他关心共同体的利益，而不从真理的发现、意见的交流、公民参与的自由与乐趣等层面去设计议会改革方案，具有鲜明的功利主义特色。

詹姆斯·密尔在政治上属于辉格党。他的改革建议事实上推进了英国的民主化进程。不过，詹姆斯·密尔关心的是好政府，而不是民主理想本身。他担心的是权力的滥用，是政府制度中对"邪恶利益"的追求。边沁说得好，詹姆斯·密尔对民主的尊奉，出于对少数人的恨甚于对多数人的爱。

逆流而动的托马斯·卡莱尔

托马斯·卡莱尔（Thomas Carlyle，1795—1881）是 19 世纪英国著名的思想家。他一度声名卓著，追随者甚众，甚至被时人誉为时代的英雄。小密尔也曾是卡莱尔的追随者之一。然而，他去世后不久，即湮没在历史的尘埃中，很少被人提起。今天，卡莱尔的名字对大多数读者来说同样是陌生的。卡莱尔被人们淡忘，原因固多，其中重要的一点或许是他的著作在整个方向上逆流而动，虽然不乏对社会问题的深刻针砭、对时代危机的深切体认，但他倡导宗教的虔诚，终究不符合现代社会总体上世俗化的趋势；他那明显的精英主义倾向，也与时代的平等潮流相悖；他的英雄论，到20世纪法西斯主义兴起后，更被认为是一种具有危险性的学说。就是在卡莱尔生活的时代，他后期对君主制和英雄崇拜的极力推崇，已经让他失去了很多读者。

19世纪的英国处于一个蒸蒸日上的时代，工业革命高歌猛进，科技发明层出不穷，民主运动方兴未艾，"日不落"帝国正是在这个时候逐渐建成的。卡莱尔在人生的后半部分生活在辉煌的维多利亚时代（1837—1901）。他的思想之特色，不在于阐明这个时代的精神，而在于揭露这个时代的阴暗面。他的著作告诉我们，进步的浪潮下面是退步、衰败的暗流，一个时代在财富上收获甚多，却在道德和宗教层面丢失了很多可贵的东西。这种"丢失"不能说是好还是坏，然而，失去的毕竟失去了。功利主义哲学的苦乐算计，已经与人生的境界、生命的意义无涉。卡莱尔对时代危机的敏感，使他的著作迄今仍然具有启迪意义。

卡莱尔1795年12月4日出生于苏格兰顿弗里郡阿南道尔区埃克雷弗坎（Ecclefechan）小镇的一个清教家庭。他的父亲是农民兼石匠，母亲也来自农民家庭。卡莱尔终生没有过上富裕的生活，有时候，还要为吃饭问题担忧。他的身体健康状况欠佳，患有阵发性抑郁症和慢性胃炎，经常失眠，对噪音特别敏感，这些都成为终生折磨他的问题。然而，他最终活到86岁。不过，他这漫长的人生，多半是在忧伤和痛苦中度过的。卡莱尔的文字中弥漫着焦灼、愤懑和感伤，或许与此生活状态有关。

卡莱尔的父母是虔诚的加尔文教徒，这对他影响极大。1809年，他步行上百里，至爱丁堡上大学。入学后他的宗教信仰受到了挑战。爱丁堡大学是苏格兰启蒙运动的重镇，上一代思想家休谟等人活动于此。到卡莱尔上大学时，虽然苏格兰启蒙运动的高潮已过，但启蒙精神依然存在。他本来想做一个牧师，但最终还是放弃了这个想法。1814年，他离开学校后，做了一段时间的中学数学教师。1817年，他阅读了吉本的《罗马帝国衰亡史》，对历史与人文发生了兴趣。1819年，他开始了其文学生涯。他学习拉丁文、希腊文，学习西班牙语、德语、意大利语、丹麦语。德语以及德国文化，让卡莱尔如获至宝。他阅读康德、费希特、谢林的著作,阅读歌德、席勒、诺瓦利斯、蒂克的著作,并做了若干译介工作,他翻译了歌德的《威廉·迈斯特》,还写了《席勒的人生》一文。他的英雄崇拜的观点,最早就是来自德国的费希特。[①] 费希特认为,学者的使命是教育群众。这样的学者,正属于卡莱尔所说的英雄之一种类型。

1826年,卡莱尔与容貌美丽、才华横溢的珍妮·威尔士(Jane Baillie Welsh)结婚。他们没有小孩。1830—1839年,卡莱尔结识了不少伦敦的朋友,其中包括约翰·斯图亚特·密尔。他与密尔经常通信,在思想上相互影响。卡莱尔的幽默、诗性与密尔的哲思相互补充。但至1842年,他们的通信中断了。这部分是因为泰勒夫人(密尔的情侣)的影响,部分是因为他们的观点分歧日深。[②] 卡莱尔曾几次试图在大学谋求教职,终未成功。卡莱尔靠给杂志写评论赚取生活费,生活不免艰难,以致最后只能回乡下居住。1833年,年轻的美国人爱默生曾专门到乡下拜访卡莱尔。此时,正值卡莱尔声誉日隆。爱默生在美国不遗余力地介绍卡莱尔的思想。稍晚,英国的马修·阿诺德,也是卡莱尔精神上的追随者。他的《文化与无政府状态》处理了类似的时代经验。他把信仰衰落时代原子化社会的弊病概括为"无政府状态"。卡莱尔后来俨然成为时代的伟人与先知,他经常做些预言,只是他的那些预言都没有得到应验。1865年,卡莱尔被选为爱丁堡大学的荣誉校长。1866年,珍妮去世,卡莱尔自觉生活中失去了光明,日益抑郁。之后卡莱尔仅写了一本《回忆录》。1881年,卡莱尔去世。

卡莱尔的著作有《时代的象征》、《论人性》、《论历史》、小说《旧衣新裁》(*Sartor Resartus*, 1833)、《法国革命》、《宪章运动》(*Chartism*, 1839)、《英雄与英雄崇拜》(1840)、《过去与现在》(中译《文明的忧思》,1843)、《奥利弗·克伦威尔》、《普鲁士腓特烈大帝传》等。其中有小说,有评论集、演说集,还有多本历史著作。《普鲁士腓特烈大帝传》是他晚年花十余年时间完成的作品。《英雄和英雄崇拜》是1840年5月卡莱尔花16天完成的六个讲演的合集,虽非卡莱尔的大作,却将他的英雄理论做了清楚的描述。

---

① [英]A. L. 勒·凯内:《卡莱尔》,段忠桥译,中国社会科学出版社1987年版,第44页。
② Robert S. Dower, "Thomas Carlyle", in *The Social & Political Ideas of Some Representative Thinkers of The Victorian Age*, a series of lecture delivered at King's College University of London During the Session 1931–32, Edited by F. J. C. Hearnshaw, London: George G. Harrap & Company Ltd., 1933, p. 37.

英雄与英雄崇拜

卡莱尔的历史观,是英雄史观。他宣称:"世界的历史,人类在这个世界上已完成的历史,归根结底是世界上耕耘过的伟人们的历史。伟人是人类的领袖,是传奇式的人物,是芸芸众生踵武先贤、竭力仿效的典范和楷模。甚至不妨说,他们是创世主。我们在世界上耳闻目睹的这一切实现了的东西,不过是上天派给这个世界的伟人们的思想的外部物质结果、现实的表现和体现。"①"世界的历史就是伟人们的传记。"②

他对伟人的论述,让人想起韦伯所说的"卡理斯玛式领袖"。这些领袖,能够在关键时刻带领人民渡过难关。③卡莱尔说,伟人,是我们有益的伙伴。"伟人是自身有生命力的光源,我们能挨近他,便是幸福和快乐。这光源灿烂夺目,照亮了黑暗的世界。他不是一支被点燃的蜡烛,而是上天恩赐我们的天然阳光。……沐浴在这光辉中,所有的灵魂都会感到畅快。总之,如果你有这样的邻居,你甚至一刻也不愿离开他。"④

18世纪启蒙的精神是打倒权威,冲破崇拜、盲从、迷信,是每个人都意识到自己的力量,在公共论坛上独立地运用自己的理性。这意味着个体的解放。卡莱尔则提出,崇拜英雄,追随伟人,才是正道。他说,崇拜就是不加限制地尊敬,即充分运用他们的官能,以心灵的所有诚意来尊敬。而崇拜英雄,就是无限热爱、无限信仰、无限崇拜、无限忠于伟大人物。崇拜意味着等级制,社会正是建立在英雄崇拜之上。他说:"社会的权贵们,像钞票一样,代表着金子。不幸的是,他们中间总有几个是伪造的钞票。我们可以容忍一些伪造的假钞,甚至容忍许多,但不能容忍绝大部分都是伪钞!不能容忍,于是就出现了革命,出现了民主、自由和平等的呼声。钞票全是假的,它们不能兑现任何金子,绝望中的人民就起来呐喊:没有任何黄金,从不曾有黄金!"⑤卡莱尔不断地向世人呼吁:"崇拜英雄吧!"

---

① [英]托马斯·卡莱尔:《英雄和英雄崇拜》,张峰、吕霞译,上海三联书店1988年版,第1—2页。
② 同上书,第21页。
③ 韦伯论克里斯玛型领袖,参见[德]马克斯·韦伯《支配社会学》,康乐、简惠美译,广西师范大学出版社2004年版,第262页。
④ [英]托马斯·卡莱尔:《英雄和英雄崇拜》,张峰、吕霞译,上海三联书店1988年版,第2页。
⑤ 同上书,第19页。

卡莱尔在《英雄与英雄崇拜》中讨论了六种类型的英雄，并各举其例予以说明，即神灵英雄（异教的沃丁[①]）、先知英雄（穆罕穆德）、诗人英雄（但丁、莎士比亚）、教士英雄（路德、约翰·诺克斯[②]）、文人英雄（塞缪尔·约翰逊[③]、卢梭、罗伯特·彭斯[④]）和君王英雄（克伦威尔、拿破仑）。

卡莱尔的英雄理论，是对时代潮流的批判。他说，这是一个否定伟人的时代，否定对伟人渴望的时代。他批驳"时代造就英雄"的观点。在他看来，英雄是来拯救世界的。没有英雄，世界就会毁灭。英雄如同火苗，燃起了干柴。干柴正是长期没有英雄的时代。我们不能把干柴当成烈火。只要有人在，英雄崇拜就会永远存在。

在论及政治英雄时，他说，君王对人们有神圣的权力。承认他的神圣权力，可以治疗时代的疾病。君王还是某种大祭司，他给人们的精神提供指引。在人类活动的每个地方，君王都是必不可少的。例如在战争中，如果一方没有自己的首领，而敌人却有自己的首领，那么后果可想而知。卡莱尔以英国革命为例，说明英雄的重要性。他说，苏格兰缺乏一个英雄，他们没有自己的克伦威尔，英格兰这边，保王党尚且还有一个英雄蒙特罗斯侯爵。一个英雄抵到万千民众，战场上的胜负便是明证。英国革命的历史经验证明，没有臣民的君主，尚能做些事情；没有君主的臣民，则一事无成。

卡莱尔的英雄崇拜，最后服务于对上帝的信仰，对神意的敬畏。英雄，是上帝派到人间的使者。这样，英雄崇拜，便不只是世俗秩序重建的手段，它关涉精神秩序的重建。卡莱尔说，无信仰的时代，是一个革命时代。在我们的世界上，仍然存在着上帝和上帝的法令，这是秩序的依据和根源。卡莱尔说："人们之间的行动没有比统治与服从的行为更道德。在不应服从时断然服从，在应该服从时拒绝服从，都是可悲的！我说，不管羊皮纸上的法律如何，上帝的法律就在这里。"[⑤]

卡莱尔的英雄崇拜，并不是教人们去做奴隶。相反，他批判奴隶充斥的世界。他说，崇拜英雄，是自己的内心中生发出当一个英雄的感受，如此，世界将是一个充满英雄的世界。这意味着个人努力让自己变得高

[①] 斯堪的纳维亚异教神话中的人物，他被其民族当作神来崇拜。
[②] 约翰·诺克斯（约1505或1513—1572），苏格兰宗教改革家，苏格兰长老会的创始人。
[③] 塞缪尔·约翰逊（1709—1784），英国作家。
[④] 罗伯特·彭斯（1759—1796），苏格兰诗人。
[⑤] [英]托马斯·卡莱尔：《英雄和英雄崇拜》，张峰、吕霞译，上海三联书店1988年版，第322—323页。

贵、真诚！①而一个没有英雄的时代，必定到处是奴才与恶棍。

无神论与拜金主义批判

卡莱尔批判边沁式功利主义。他写道："边沁的功利，靠的是利益和损失；把这个上帝世界降低成死气沉沉的粗俗的蒸汽机，把人的无限神圣的灵魂变成了一种称量干草和蓟草、快乐和痛苦的天平。"②他认为，功利主义是一种"猪的哲学"，丝毫不考虑人的尊严。"堕落的人"不配得到幸福。再者，人们没有幸福也能生活，高尚的人之所以高尚，正在于他们能够克制欲望，放弃对幸福的追求。③针对议会辩论工人贫困问题，讨论如何获得更便宜更多的新奥尔良烤肉，卡莱尔说："我们的确不能缺少烤肉，但我怀疑，若你们的目的只在于获取烤肉，你们将永远得不到它。你们是人，而不是食肉动物！——无论我这样说是否得当。你们的最快乐原则，在我看来，将很快变成不快乐的原则。不要再为'幸福'胡说八道了，让我们把幸福放回它本来的位置吧！"④他指出，功利主义的道德哲学里面没有上帝的位置，是一种无神论的学说。"我们不再相信上帝！一条追求'最大快乐的原则'替代了上帝的律法，天堂仅仅是作为'天文学上的计时员'，才成为我们的中心；苍天只不过是科学家们借助赫歇尔射电天文望远镜进行科研的一个目标，或者是文人墨客们寄托情思哀愁的地方。"⑤

卡莱尔把工人的悲惨状况归结为无神论的泛滥。他认为，无神论衍生出诸多主义和谬误学说，最终产生了虚无主义。社会问题，根源在于人们"将上帝遗忘"了。信仰的丧失是罪恶的渊薮，是社会疾病的根源。没有信仰，社会中必定是道德沦丧、风气败坏。他写道："在这由无神论主宰的世界上，从最高的天国与威斯敏斯特大教堂，穿过充满谄媚与虚伪的社区，直到最底层的角落，到处都是血淋淋的肮脏。"⑥而诛杀暴君、改革、革命、起义，都

---

① ［英］托马斯·卡莱尔：《文明的忧思》，郭凤彩译，金城出版社 2011 年版，第 102—103 页。
② ［英］托马斯·卡莱尔：《英雄和英雄崇拜》，张峰、吕霞译，上海三联书店 1988 年版，第 122 页。
③ 约翰·斯图亚特·密尔在《功利主义》中对卡莱尔的批评有过直接回应。参见［英］蒂姆·莫尔根《理解功利主义》，谭志福译，山东人民出版社 2012 年版，第 15 页。
④ ［英］托马斯·卡莱尔：《文明的忧思》，郭凤彩译，金城出版社 2011 年版，第 15 页。
⑤ 同上书，第 2 页。
⑥ 同上书，第 11 页。

不是救治的良方。

卡莱尔看不惯金钱关系主导的世界，他痛批拜金主义。他慨叹那个时代"存在于我们生活中的不是相互敬畏与帮助，而是在战争法、在所谓的公平竞争及类似法则之下的相互敌对。"① 人与人之间只有现金交易的关系。一切向钱看，信奉上帝变成了信奉财神。大多数人因为金钱而丧尽天良，保护财产就是保护金钱。卡莱尔称，钱是身外之物，金钱崇拜是一种恶。

不过，卡莱尔对无神论的批判、对信仰的呼唤，并不导致对传统基督教信仰的捍卫。西谚云：凡与污秽之人交手者，必定会弄脏了自己。卡莱尔回到宗教诉求时，已接受了机械的、非人格化的、科学的宇宙观。他主张剔除基督教中所有与科学化世界相冲突的因素。例如"特选""上帝的位格""奇迹"等，他视之为古代"希伯来人的把戏"。只需保留基督教活的灵魂。以此种浪漫的方式，实际上卡莱尔已经抛弃了以前的信仰。这是一种查尔斯·泰勒所谓的既反对基督教、又支持基督教的态度。②

重新定义自由

关于自由，卡莱尔说："我听说，自由是个非常好的东西。可当它是'饿死的自由'时，就没人说它是好东西了。"③ 卡莱尔的自由观，其含义不是个人选择，而是服从权威、接受约束。因为他认为很多人不过是疯子。对疯子加以约束，恰恰是在保障他的自由。这种自由，属于反自由主义的自由观。

他坦率地写道：

> 自由是什么？也许你会说，真正的自由在于一个人能够找到正确的道路而不是被迫就此走下去，知道究竟什么工作是他有能力做的，而不是被强制做工作，这是他真正的尊严、荣誉、自由，也是他最大的幸福，倘若不是如此，自由又怎么会让人喜爱呢？你不会允许一个疯子跳过悬崖，你会束缚他，让他远离危险，尽管你侵犯了他的自由，但你这么做是明智的！每一个愚蠢、怯懦的人都只是看起来不太明显的疯子。

---

① [英]托马斯·卡莱尔：《文明的忧思》，郭凤彩译，金城出版社2011年版，第10页。
② [加]查尔斯·泰勒：《世俗时代》，张容南等译，上海三联书店2016年版，第433页。
③ [英]托马斯·卡莱尔：《文明的忧思》，郭凤彩译，金城出版社2011年版，第53页。

他真正的自由在于，当他走错方向时，任何一个聪明人都可以用"铜项圈"或者以其他更严厉的手段控制他，命令或强迫他改邪归正。哦，假如你是我真正的上级、君主、长老、牧师或神父，假如你确实比我聪明、有智慧，假如你比我更明白什么是好的和正确的，那我恳求你以上帝的名义，"征服"我，命令我吧！假如不使用铜项圈、鞭子和手铐，就无法让我安全地跨越悬崖抵达朝圣的目的地，那么被所有的报纸称赞为"自由的人"，对我来说，也无一益处。噢，不管报纸称我为奴隶、懦夫、蠢货还是其他什么词，我毕竟获得的不是死亡，而是生命——自由需要重新定义！①

法国大革命时期的自由派认为，自由本是指消除人对人的压迫，把人从受他人奴役的情况下解放出来。然而，卡莱尔却说：

"不被他人压迫的自由"，虽然是必不可少的，却也只是人类生活中的一小部分。……你总是摆脱了他人的束缚，获得了解放，可是你逃脱得了自己邪恶思想的束缚吗？不管智者还是蠢货，任何人都不能支配你的去向，可你自己无益的行为、困惑的思想、对金钱等物欲的渴望也不能支配你吗？没有人能够压迫你，你是自由的，可是酒罐呢？没有人命令你往何处去，但这个荒谬的酒罐却可以！你不是赛德里克这个撒克逊人的奴隶，而是你自己贪婪欲望和酒罐的奴隶。你胡言乱语地谈什么"自由"？你这个十足的笨蛋！②

自由是摆脱欲望的束缚，是摆脱自己邪念的束缚，这就是典型的伯林所说的"积极自由"概念。③ 这种自由概念，总是与压迫和强制联系在一起。因为根据这种自由概念，个人往往自己无法做到自由，这就需要外界的力量。就这样，卡莱尔把接受压迫、强制与获得自由画上了等号。卡莱尔谈起密尔的《论自由》时说，全书每一词他都不赞同。美国内战时，卡莱尔竟捍卫奴隶制。

---

① ［英］托马斯·卡莱尔：《文明的忧思》，郭凤彩译，金城出版社2011年版，第53页。
② 同上书，第56页。
③ 参见［英］以赛亚·伯林《自由论》，胡传胜译，译林出版社2003年版，第201页。

国家哲学与反民主政治思想

卡莱尔反对18世纪空洞的形式主义及贫乏的唯物主义。他拒绝了当时占主导地位的自由放任主义的政治哲学。他关注人与世界的精神本质、价值的重要性及个性的重要性。他提醒公众关注人民的生活状况，自称是一个激进主义者，要求国家采取积极措施，进行工厂改革、土地制度改革，促进公共健康。卡莱尔去世时，小政府信条衰落。

卡莱尔反对民主，他认为，政府应是民享，而非民治。民主是一桩自我毁灭的事情，"大多数人是蠢货，不适合于统治自己"[1]。正义不可能通过数人头获得，英雄统治才是王道。自由要有意义，必定指愚笨的人接受聪明人的统治。贤能高贵者统治愚夫顽妇，可以不征求他们的同意，他们的统治天经地义，永远正确。民众必须服从英雄、贤能或强人的统治。他的名言至今犹可在反民主的论著中找到："重要的不是谁做决定，而是做出了什么决定。"[2]

卡莱尔的思想，属于欧洲浪漫主义思想运动的一个部分。这种浪漫主义，在某种意义上可以看作特定类型的保守主义。特别是在卡莱尔这里，诸多保守的因素清晰地展现出来。在《狗的狂吠与战马的沉默》一文中，卡莱尔把喜欢辩论、擅长表达、说理的人称为狗，反而赞美粗鄙、沉闷甚至几近愚昧无知的人，认为他们是实在之人，处在世界的中心。他甚至否定言论自由的意义。他说："有学问的狗总在自由地狂吠，而战马总是沉默，与自由相距甚远。能够自由地言说并非永远是好事，毋宁说他是最坏、最懦弱、最微不足道的！事实的确如此，言论迅速流传，但力量弱小，转瞬即逝。"[3] 他称罗马和英国民族的特点是沉默，甚至俄罗斯人也是安静的民族，而法国人则在那里喋喋不休，他称他们是"类人猿一族"。他宣称："一切伟大民族都是保守的，他们缓慢地相信新鲜事物，对于现实当中的错误极具耐心，深深地并永远确信，一度建立起来并长期被认为是公正和终极之物的法则与习俗是伟大的。"[4] 不过，卡莱尔对当时的英国浪漫派诗人华兹华斯、柯勒律治

---

[1] Robert S. Dower, "Thomas Carlyle", in *The Social & Political Ideas of Some Representative Thinkers of The Victorian Age*, a series of lecture delivered at King's college university of London During the Session 1931–32, Edited by F. J. C. Hearnshaw, London: George G. Harrap & Company Ltd., 1933, p. 47.
[2] Ibid..
[3] [英]托马斯·卡莱尔：《文明的忧思》，郭凤彩译，金城出版社2011年版，第18页。
[4] 同上书，第21页。

等人颇不友好,似不愿意与他们为伍。他的浪漫主义精神资源,明显来自德国。他对德国唯心主义作家的译介,为英国唯心主义的兴起做了重要的铺垫。可以说,卡莱尔是英国唯心论的先锋之一。[①] 他对伟人的赞美,对奴隶心态的鞭挞,对民主的抨击,对无意义世界的不满,亦不难令人想起尼采。他的很多见解,堪称尼采学说的先声。

自由主义之圣约翰·斯图亚特·密尔

约翰·斯图亚特·密尔[②](John Stuart Mill,1806—1873)上承古典自由主义,下启新自由主义,在自由主义史上有着十分重要的地位。他享有"自由主义之圣"的美誉,他的小册子《论自由》被称为自由主义的"圣经"。

我们在上文已提及,约翰·斯图亚特·密尔是詹姆斯·密尔之子,是詹姆斯·密尔一手培养起来的人才。小密尔从他父亲那里,获得了所有的教育。在其父安排下,小密尔没有假期,没有童年玩伴,只是一直不断地读书学习。他3岁学希腊文,7岁已经读完大多数柏拉图对话,8岁开始习拉丁文,那时已读了《伊索寓言》、色诺芬的《长征记》、希罗多德的《历史》以及卢西安、第欧根尼·拉尔修、伊索克拉底等人的著作。8—12岁,他完成了对维吉尔、贺拉斯、李维、萨鲁斯特、奥维德、特伦斯、卢克莱修、亚里士多德、索福克勒斯、阿里斯托芬等人著作的阅读。此间他也阅读中世纪经院哲学以及希腊史、罗马史、英国史、欧洲史及阿拉伯史,并在父亲的指导下学习逻辑学。11岁时,他就能帮他父亲校对《英属印度史》书稿。12岁时,他阅读了霍布斯的著作。13岁时,密尔开始接触政治经济学,他研究了李嘉图的著作。15岁时,他已可以阅读边沁的法文著作。到17岁,密尔开始独立发表论文。他常在边沁主办的《威斯敏斯特评论》上发表文章,成为"哲学激进主义"营垒的一员小将。密尔自读过边沁著作后,便接受了功利主义的基本原则,这种思想倾向一直保持终生,尽管密尔后来对边沁的功利主义有所修正。他原想,他的一生便是做一名世界的改造者,为世界功利的增加而努力。在20岁那年的某一天,密尔突然问自己:如果改造世界的

---

① Robert S. Dower, "Thomas Carlyle", in *The Social & Political Ideas of Some Representative Thinkers of The Victorian Age*, a series of Lecture delivered at King's College University of London During the Session 1931 - 32, edited by F. J. C. Hearnshaw, London, George G. Harrap & Company Ltd., 1933, p. 42.

② 一译穆勒。

目标如愿实现，我就会感到幸福吗？回答是"不"。此时，他步入了一段"精神危机"时期，人生意义的问题萦绕在他的心头，他黯然神伤，甚至于泣下。他开始对缺乏温情、只讲功利计算的功利主义哲学产生怀疑，也有些质疑他父亲的教育方式，认为自己如同被操纵的傀儡。不过，他没有把这些想法告诉他父亲，他不想让老父亲伤心。他阅读歌德、浪漫派诗人柯勒律治①、华兹华斯的文学作品，从中寻找慰藉，经由柯勒律治等人，他开始到欧陆哲学中寻找精神食粮，并开始阅读圣西门的书；这一时期，法国社会学家孔德的实证主义也引起了密尔的浓厚兴趣，他与孔德成为时常通信的朋友。密尔后来曾发表《孔德与实证主义》一文。

23岁时，密尔走出精神低谷。他随父亲进入东印度公司，有三十五年时间，他都在东印度公司供职。

小密尔夫妇共谱自由之歌

密尔度过"精神危机"后，一位颇有才思的女性——哈瑞特·泰勒（Harriet Taylor）夫人，其丈夫泰勒先生也是密尔的朋友——出现了，她的出现，给密尔的生命带来了阳光和快乐，给密尔著书立说提供了丰富的灵感来源。他们相互写信，互诉衷肠，一起旅行，甚至同居，相恋20年，至泰勒先生去世，二人才结婚。《约翰·穆勒自传》中有这样一段话，处处可见密尔情真意笃的真性情：

> 就在我达到心智发展的这一时期，我得到一位女士的友谊，她是我一生的荣誉和主要幸福，也是我为人类进步所奋斗的或希望今后实现的大部分事业的力量源泉。我第一次认识这位女士是在1830年，当时我25岁，她23岁，经历二十年交友，她同意做我的妻子……②

密尔与这位"美丽且聪明、具有一种高贵的气质"的朋友之妻一见如

---

① 柯勒律治（Samuel Taylor Coleridge, 1772—1834）反对功利主义。他是英国浪漫主义运动的领袖人物之一，对于把德国哲学引入英国做出了重大贡献。密尔称边沁与柯勒律治为他们那个时代最具原创性的伟大思想家。参见［英］蒂姆·莫尔根《理解功利主义》，谭志福译，山东人民出版社2012年版，第36页。

② ［英］约翰·穆勒：《约翰·穆勒自传》，吴良健等译，商务印书馆1998年版，第111页。

故，在心智与识见诸方面均引为知己。尽管二人柏拉图式的恋情发乎于情止乎于礼，仍然受到了当时上流社会的种种非议。流言蜚语直至泰勒夫人的丈夫去世后两年再嫁密尔之后才告终止。这段经历，包括泰勒夫人的聪慧启迪，对密尔的诸多政治著作影响甚大，例如"惟一一部在西方政治传统中公认的伟大的男性理论家写的女权主义的重要著作"《论妇女的从属地位》以及《政治经济学原理》（1848），皆受到泰勒夫人的直接影响，而最为著名者，当属《论自由》。

1854 年，密尔开始写一篇短文，次年他决定将其扩写成书，以《论自由》为名出版。密尔说，他没有一本书像这本书那样"如此仔细构思"且"一再修改"。除了像以往那样写了两遍之外，他和哈瑞特读了一遍又一遍，"字斟句酌，修改每一句中的文字"。遗憾的是，在这本书出版之前，泰勒夫人便于 1858 年在她和密尔的旅途中因患肺疾而去世。密尔痛失爱侣，他在离妻子墓地最近的地方买了一间小屋，在那里住了近一年，以求缓解心中的痛苦。密尔曾说："对她的怀念在我心中是一种宗教，她的认可对我是用来衡量一切有价值东西的标准，我努力以此来指导我的生活。"[①]

《论自由》这本书的献辞堪称英语散文的经典，密尔几乎是用如泣如诉的语言感怀这一"无法弥补的损失"，他说该书与其他以他的名字出版的作品相比，更可以说是二人（密尔与哈瑞特·泰勒）在文字上更加直接合作的产物，[②] 在思想内容与方式上，已无法区分哪部分属于密尔、哪部分属于他妻子。密尔期待着《论自由》"比其他的书传世更长"，他要把这本书"献给哈瑞特，作为对她的纪念"。

阐释"伤害原则"

《论自由》开篇写道：

> 本文的目的是要力主一条极其简单的原则，使凡属社会以强制和控制方法对付个人之事，不论所用手段是法律惩罚方式下的物质力量或者是公众意见下的道德压力，都要绝对以它为准绳。这条原则就是：人类

[①] [英] 约翰·穆勒：《约翰·穆勒自传》，吴良健等译，商务印书馆 1998 年版，第 146 页。
[②] 同上书，第 147 页。

之所以有理有权可以个别地或者集体地对其中任何分子的行动自由进行干涉，惟一的目的只是自我防卫。这就是说，对于文明社会中的任一成员，所以能够使用一种权力以反其意志而不失为正当，惟一的目的只是要防止对他人的危害。若说为了那人自己的好处，不论是物质上的或者是精神上的好处，那不成为充足的理由……任何人的行为，只有涉及他人的那部分才须对社会负责。在仅只涉及本人的那部分，他的独立性在权利上则是绝对的。对于本人自己，对于他自己的身和心，个人乃是最高主权者。①

密尔所说的"极其简单的原则"依据的是有没有对他人造成伤害。需要注意的是，密尔特别强调，他所说的对他人的"伤害"或"影响"不能随意引申。他指出，"影响"必须是"直接"（directly）、"最初"（in the first instance）的影响，不能推论。"损害"不是让人不喜欢，而是显而易见的伤害（perceptible damage），例如身体毁伤、强行劫掠、金钱损失、名誉损害、毁约等。

密尔批评了以良善意图作为干预他人借口的"父爱主义"。他写道：

不论是一个人也好，或者是任何多数人也好，都无权对另一个成年人说，为了他自己的益处他不可用其一生去做某件他所选定要用其一生去做的事。对于一个人的福祉，本人是关切最深的人；除在一些私人联系很强的情事上外，任何他人对于他的福祉所怀有的关切，和他自己所怀有的关切比较起来，都是微薄而肤浅的。社会对于作为个人的他所怀有的关切（除开对于他对他人的行为而外）总是部分的，并且完全是间接的；而本人关于自己的情感和情况，则虽最普通的男人或妇女也自有其认识方法，比任何他人所能有的不知胜过多少倍。②

诚实的错误胜于被迫接受的"真理"

密尔对思想自由和讨论自由的捍卫颇值得重视。《论自由》常与弥尔顿

---

① ［英］约翰·密尔：《论自由》，程崇华译，商务印书馆1959年版，第9—10页。
② 同上书，第83页。

的《论出版自由》、洛克的《论宗教宽容》并列,被称为倡导思想自由的三大经典之作。为什么要有讨论?为什么不同的意见都应有表达的机会?密尔说,如果对方是对的,而我是错的,那么在自由讨论中,我就有了学习真理的机会;如果对方是错的,我是对的,那么,在与对方的讨论中,真理会通过与错误的辨析变得更加明晰。并且,所谓的正确意见未必就涵盖了全部真理,错误意见也常常含有部分真理。不允许争议、讨论,公认正确的意见也会沦为一种偏见,因为它背后的理性依据不再为人所知。密尔认为,错误只能用理性讨论的方式来纠正,其他强制的方法不过是通过杀死病人来治病。诚实的错误本身也具有一种积极的价值,它比那种被迫接受的"真理"要好,因为它是心灵自发活动的产物,它是对经验的一种解释,尽管是一种错误的、片面的解释。盲目接受真理,只会使智力变得迟钝。

个性、天才与社会进步

在《论自由》中,密尔还特别强调了个性(individuality)对于个人与社会具有的重要意义。密尔认为,自由意味着个性自由发挥的可能。他指出:"生活应当有多种不同的试验;对于各式各样的性格只要对他人没有损害,就应当给以自由发展的余地;不同生活方式的价值应当予以实践的证明,只要有人认为宜于一试。"① "人类要成为思考中高贵而美丽的对象,不能靠着把自身中一切个人性的东西都磨成一律,而要靠在他人权利和利益所许的限度之内把它培养起来和发扬出来。"② 密尔把发扬个性与天才的产生联系起来,他说:"天才只能在自由的空气里自由地呼吸。……没有一件事不是由某一个人第一个做出来的;现有的一切美好事物都是首创性所结的果实。"③ 密尔所说的"个性"并不是指汉语中常说的"标新立异""风格特别",性格上的古怪乖张,它指的是一种自主性(autonomy)和本真性(authenticity)。④ 保持个性意味着人大胆地追求自己内心认定的幸福,不必按他人的眼光委曲求全,大有"走自己的路,让别人去说"之意。它意味着人类生活方式的丰富多彩。显然,密尔的学说能够支持各种非主流生活方式。密尔表

---

① [英]约翰·密尔:《论自由》,程崇华译,商务印书馆1959年版,第60页。
② 同上书,第67页。
③ 同上书,第69—70页。
④ 参见[英]蒂姆·莫尔根《理解功利主义》,谭志福译,山东人民出版社2012年版,第37页。

示,他之重视个性,很大程度上得益于对德国自由派思想家威廉·冯·洪堡著作的阅读。

密尔将个性与社会的进步相联系。此时,他的功利主义哲学再次展示出来。他饶有兴趣地指出,传统中国社会由于采取种种手段压制个性,使社会变得整齐划一,结果导致了长期的停滞。而自由社会,由于每个人都可以充分发挥创造力,存在无数个进步的中心,必定是一个充满活力、快速进步的社会。这里,密尔虽然寥寥数语,却道破了西方近代文明崛起的一个奥秘。

严复在译《论自由》时,初译作《自由论》,后译为《群己权界论》,以凸显该书精义。自由主义之核心,便在于在个人、社会与国家之间划清界限,在于"群己权界"。

对功利主义的发展

除上文提到的著作外,密尔的主要著作,还包括《功利主义》(1861)与《代议制政府》(1861)等。

在《功利主义》这本小册子中,密尔在继承边沁学说的同时,对其进行了改造或曰发展。他提出,我们不仅要重视快乐的"量",还应重视快乐的"质",必须承认快乐有高级与低级之分,有物质、粗俗之功利,也有精神、高尚之功利。功利主义的"最大幸福原理"必须表征为:人生的终极目的,就是尽可能多地免除痛苦,并且在数量和质量两个方面尽可能多地享有快乐,其他一切值得欲求之事,皆与这个终极目的有关,并且服从于这一终极目的。[①] 他说:"做一个不满足的人胜于做一只满足的猪;做不满足的苏格拉底胜于做一个满足的傻瓜。如果那个傻瓜或猪有不同的看法,那是因为他们只知道自己那个方面的问题,而相比较的另一方即苏格拉底之类的人则对双方的问题都很了解。"[②] 在密尔那里,快乐的高级与低级,对应于人感官的高级部分与低级部分。密尔对两种快乐何者为高级给出了界定。他写道:"就两种快乐来说,如果所有或几乎所有对这两种快乐都有过经验的人,都不顾自己在道德感情上的偏好,而断然偏好其中的一种快乐,那么这种快乐就是更加值得欲求的快乐。"[③] 显然,密尔的论证是基于他一以贯之的哲学上的经

[①] [英]约翰·穆勒:《功利主义》,徐大建译,商务印书馆2014年版,第14页。
[②] 同上书,第12页。
[③] 同上书,第10页。

验主义立场而进行的。苦乐是人的经验。密尔的意思是说,一个人既体验过像追求真知豁然开朗得到的快乐,又体验过像大吃一顿得到的快乐,一定会认为前者更值得追求。至少对大多数人是这样。

针对功利主义所遭到的误解、批评,密尔一一做了辨析、回应。特别是针对从正义理论批评功利主义的观点,密尔认为,正义问题本质上也是功利问题,不同之处在于"正义附有一种特殊的情感"而已。密尔说,正义是某些具有绝对重要性、强制性的社会功利的代名词,正义观念不妨碍人们接受功利主义伦理学。①

成熟的代议制民主政府之设计

密尔重视公共利益,这使他晚年的许多思想接近社会主义。事实上,密尔曾专门讨论过社会主义。密尔的政府理论,也与他的功利主义伦理学、自由理论内在地联系在一起。

密尔指出,政府好坏的衡量标准,不是"秩序""进步"或"持久性",而是看它能否促进被统治者的福利与品质的全面提升。密尔认为,成熟的代议制民主,要排除"阶级统治",即要防止让部分人(无论是一小部分人,还是一大部分人)做决策。它不是要代表多数,而是要代表一切人。要让数量上居于少数的有才智者的利益与意见仍然被听到,并且有机会获得仅靠人数得不到的影响。这才是真正的民主政体,因为它实现了人人统治、人人被统治,统治与被统治同一。

一方面,密尔认为要有广泛的政治参与,男女公民应同享投票权。密尔在当时主张议会改革,是一位坚定的民主主义者。密尔尤其重视女性投票权,他指出"性的差别和身高或头发颜色的差别一样同政治权利是毫不相干的"。不给女性投票权,如同说不给红发男子以投票权一样,都是毫无道理的。而妇女参政,因其天性爱和平,还会有助于推进人类和平事业。英国1867年议会改革方案讨论时,密尔当时是议员,他提了关于给予女性以投票权的议案。虽然最终无果,但体现了他为女性权利奋斗的实际行动。至"一战"之后,英国政府才颁布法令,给予30岁以上已婚妇女以投票权。②

---

① [英]约翰·穆勒:《功利主义》,徐大建译,商务印书馆2014年版,第80页。
② Alan Ryan, *On Politics: A History of Political Thought*, New York and London: Liveright Publishing Corporation, 2012, p. 722.

另一方面，密尔同时意识到民主社会如无良好的政府制度设计，将导致政治上的平庸。他说："现代文明的代议制政府，其自然趋势是朝向集体的平庸，这种趋势由于选举权的不断下降和扩大而增强，其结果就是将主要权力置于越来越低于最高社会教养水平的阶级手中。"①

为此，他颇具创意地提出"复数投票权"的想法，试图给智力优越的选民以两票或两票以上的权利，以平衡底层民众总是占选举上的绝对优势造成的不足。如何识别一个人智力上的优越，密尔认为不可以金钱、财产为标准，而应以职业、受教育程度为标准，而且，一个人从事一个职业，需达到一定年限（例如3年），以防止为了投票而假装从事某个职业。密尔说，显然，工长比工人更有能力，技术工人比非技术工人更有能力，银行家比菜贩更有能力。通过严格职业考试的人，具高学历的人，立即就可以给予他复数投票权。②他同时指出，实行复数投票制度，虽然是将选民区别对待，但这种区别，并非出于维持特权阶层，更不是出于对民众的歧视，相反，它对社会中最穷苦的人也是开放的，因为它只着眼于知识和能力水平。

一人多票多到什么程度？密尔说，在制度设计上，只是要保证受过高等教育者不受低知识民众阶级立法的压迫，即为合适，如超过一定限度，造成高知识者的阶级立法，同样不可。密尔认为，复数投票制度实际实施的机会尚未到来，但它是代议制民主发展的方向。唯其如此，才能有政治上的进步。

在看待密尔的复数投票权设计时，一定要注意密尔讲的前提条件，那就是接受教育的机会必须公正、开放，考试制度要值得信赖，任何人只要通过考试，证明了自己的知识与能力水平，就可以获得复数投票权。③

民主总意味着平等，现代民主的车轮一经发动，一人一票就成了一种不可更改的信条，密尔的设计用心良苦，却终难抵挡现实世界中人们追求平等的潮流。

密尔与殖民地问题

晚近以来，密尔研究中一个颇具争议的话题是他在英属殖民地印度问题上的看法。不少学者试图把密尔丑化成一个恶劣的帝国主义分子、一个自大

---

① ［英］J. S. 密尔：《代议政府制》，汪瑄译，商务印书馆1982年版，第112页。
② 同上书，第135页。
③ 同上书，第136页。

第十一章　从功利主义到进化论

的文化优越论者。他们批评密尔对印度的无知与偏见，指责密尔在十分简单的文明与野蛮二分中讨论印度问题。甚至同情密尔思想的自由派学者亦承认密尔在帝国主义问题上态度暧昧不清，对密尔的相关指责很可能确实暴露了自由主义的另一面。在今日世界的思想氛围中，赞同民族国家独立自主、各民族文化平等已然成为一种政治正确，支持帝国或帝国主义无论出于何种理由，激起的都是公众的义愤。反自由主义者，将托克维尔、密尔这样的自由主义杰出代表打入帝国主义者行列，[①] 以达到抹黑自由主义的目的，并不困难，然而这种貌似正确的谴责，除了体现谴责者的政治立场外，丝毫无助于我们对思想家的认识。在这个极易引发不同意识形态厮杀的话题上，严肃的学术研究常常得不偿失，不过，笔者在此仍要冒着被指责的风险对相关问题做出学理性的说明。为此，我们需要分两步走，完成两件事：第一步，我们要弄清楚密尔在相关问题上的真实主张是什么？第二步，我们要回答"我们当如何理解密尔的主张"。详细的文本研究在此略去，我们只做些概括性的描述。

在第一个问题上，如果把帝国主义界定为以"为扩张而扩张"为本质特征的19世纪特有的区别于暂时征服的扩张与侵略，[②] 密尔显然不是一个帝国主义者。密尔反对侵略，与当时持有帝国主义思想的政治家不是一个圈子的人。密尔一生常致力于为妇女平等权益呼吁，为改善底层劳工的悲惨生活状况呼吁，战争与狂热，从来不是他人生字典中的词条。即使在较为模糊的意义上，将帝国主义等同于罗马式的光荣帝国理想，密尔也与之绝缘。密尔对"庞大"与"辉煌"等字眼不感兴趣，那是他的论辩对手托马斯·卡莱尔的英雄梦展开的场景。卡莱尔具有种族思想，他在1849年匿名发表的《浅议黑人问题》一文中，嘲笑黑人是"黑鬼"，称他们是天生的奴隶。卡莱尔为英国人的高贵血统受到污染而担忧。针对此一论调，密尔专门撰文予以反驳，他认为卡莱尔的想法"极为可恶"，卡莱尔说黑人在天性上低劣，毫无科学依据。[③] 密尔欣赏的是雅典的民主。密尔的民主主义立场十分坚定。托克维尔身上尚有残存的贵族气质，密尔则不然。密尔是一个成熟的具有高度社会责任

[①] [美]珍妮弗·皮茨：《转向帝国：英法帝国自由主义的兴起》，金毅、许鸿艳译，江苏人民出版社2012年版。

[②] Hannah Arendt, *The Origins of Totalitarianism*, San Diego, New York, London: Harcourt Brace Jovanovich, Publishers, 1975, p. 125.

[③] [美]珍妮弗·皮茨：《转向帝国：英法帝国自由主义的兴起》，金毅、许鸿艳译，江苏人民出版社2012年版，第228页。

感的中产阶级上流社会人士的典范。密尔长期供职于英国东印度公司，往来印度与英国，参与相关政策的讨论与决定，加上他从小便可替其父校对《英属印度史》书稿，若说他对印度事务无知、不了解，是毫无依据的指责。

问题在于今日的人常以被民族主义洗礼过的头脑去解读19世纪之事，又以今日之世界去推测当日的英国与印度，由此对密尔的思想，很难做出可靠的解释。19世纪50年代中后期，当英国议会考虑撤销东印度公司在印度的统治时，密尔几次提出议案表示反对。他的意见终未被采纳。尽管英国政府要他留任，他还是决定提前退休，离开他曾服务了数十年的地方。论者还提到密尔对文明与野蛮的区分。密尔确实说过，野蛮人没有能力自治。印度人让他们自我统治，不如英国人来统治他们效果好。而通过东印度公司统治，又比英国议会直接派官僚前往统治要好。接下来的问题是，我们如何理解密尔的观点，密尔说错了吗？密尔为何这么讲？密尔没有种族偏见，没有民族主义情绪，这些都是20世纪盛行的危险的思潮。密尔连基督教信仰也没有，输出文明的传教士式的热情，不见于密尔身上。边沁是个公开的无神论者，密尔是个没有明确宣布自己信仰状况的无神论者。密尔阐发人生哲学或政治哲学原理，并不诉诸某种信仰。他主张宗教宽容与信仰自由。但密尔持有一个根本性的信条，那就是功利主义。如前所述，此种功利主义，已经他修正，融入了柯勒律治等浪漫主义者的"个性"思想，在逻辑上能够做到自洽，且符合多数人的日常经验。基于上述诸点，我们对密尔在印度问题上的立场做如下解释：东印度公司自1600年起在印度开展贸易，至那时已有两百余年，是一个经验丰富的殖民机构，密尔本人的道德操守即足以表明该机构并非由一帮恶棍主持。印度此前虽有文明，但此文明并非密尔所说的文明。密尔所说的文明是启蒙思想家所界定的特定的与商业社会、法治秩序相匹配的现代生活方式。在此意义上，印度尚处于野蛮社会阶段。印度处于一种异常落后的种姓制、村社制、封建制的状况。迷信、习俗的力量统治着人们的头脑，暴力时有发生。以商业活动而言，当时印度人竟然在买卖完成后经常反悔，对合同缺乏尊重，处事缺乏理性，如同儿童一样。密尔父亲所著的《英属印度史》以及同时代梅因爵士的《村落社会》，皆可作为明证。密尔还曾专门评论过梅因的《村落社会》一书。[①] 东印度公司在税制与法律及

---

① [美]珍妮弗·皮茨：《转向帝国：英法帝国自由主义的兴起》，金毅、许鸿艳译，江苏人民出版社2012年版，第195、221页。

地方行政上的整合规划，无疑是以先进取代落后，此点谁也无法否认。

反感此一事实的人无法回答：为何东印度公司几百人能持久地统治如此众多的印度人？当然，大英帝国统治范围还不止印度一块。东印度公司撤销，并不意味着让印度独立，只是更换统治方式而已。密尔对具有专制主义意味的总督及官僚统治十分反对。这是他为东印度公司辩护的重要原因。他认为在印度问题上，一切都要着眼于法治的维护。暴行必须受到谴责。至20世纪，以归属感、非理性为诉求的民族主义取代了理性主义。人们宁要本民族主子的奴役，不要异族人带来的自由；宁要自己的落后文化，不要外国的先进文化。这是20世纪的观点，密尔时代的印度人并不这么想。而密尔亦明确宣称，一旦印度人学会了自治，外来的统治就没有必要了。在密尔看来，着眼于多数人的幸福，政治家应相机行事。密尔在印度问题上的主张，与他的功利主义哲学政治学完全一致。它本身也提醒现代自由民主政体之实行需要一定的社会条件与国民素质要求。即使边沁讲一人一票时，也不把文盲列入选民范围。选票上有名字，报纸上有各种政策辩论意见，一个选民连字都不认识，如何做选择？一个动辄拳脚相加的群体，何以能骤然实行代议制民主？但功利主义者那里并不存在对文盲群众的偏见，他们皆重视国民教育及文化普及事业。

密尔日趋激进

密尔著述颇丰，学术成就极高。但他未做过一天教授，连一天校园生活也没有体验过，他长期做东印度公司的职员，有一段时间则做了英国国会议员。他属于维多利亚时代英国的知识圈，其著作既以功利主义为基调，他的写作行为本身，也具有功利特征——密尔直面当时英国的问题，试图分析其中原委，由此就社会改革、立法与政府政策给出忠告或建议。一个公司职员，亦可自由地、负责地为国事及世间秩序谋划，并且完成了学界认可、迄今已成为世界著名经典的著作若干。密尔的例子表明，一个人工作之余做科研，亦有可能取得高水平的专业成就。

密尔写作不寻求获得"同行"认可，以换取高级职称，或者是为了挣稿费谋生。他的心灵，只向真理开放。密尔的例子本身即证明了他所说的自由社会容忍有个性的生活方式、存在无数个创新中心这一箴言。

如前文所述，密尔从小受到一种独特的教育。其父詹姆斯·密尔即哲学家、教育家。边沁亦给予密尔以直接的指导。加上他天资聪慧，密尔的学术起步甚早。不过，他的思想在其一生中表现出一种转变。通常情况下，人随着年龄的增长，其政治态度会越来越趋向于保守，密尔却与之相反。从他早些时期的《时代的精神》，经《论自由》等著作，到他最后的著述《论妇女的从属地位》，无论在政治主张上，还是在经济思想上，密尔皆变得趋于激进，他的思想的批判力度亦日益增强。有学者认为，此种转变，主要是受了泰勒夫人的影响。泰勒夫人本人是一个激进的女权主义者。[1] 密尔为妇女权利辩护的文字，体现着对男女平等的追求。这一追求在当时十分超前。它与密尔对代议制民主的信心联系在一起。在政治经济学方面，密尔初时维护市场自由秩序，后来则赞同政府更多地直接干预经济与财富分配，以改善劳工生活状况，几乎持一种社会主义的立场，不过，密尔的社会主义从未包含关于财产公有、"兴无灭资"的激进教义。他的社会主义，倡导社会合作，重视工会组织的作用，不过是体现了自由主义在社会经济方面政策的调整。这与他的自由主义的政治哲学毫不冲突，密尔终其一生未放弃对个人自由以及个性的捍卫。他的社会主义主张，是为"人的提升"创造物质生活方面的条件。密尔反对过多的中央集权，主张地方分权，发展基层民主，以让民众有机会参与政治生活，由此培养公民的自立精神，并以之作为现代社会自由遭到破坏这一趋势的补救措施——因为现代民主社会的人们倾向于把一切事务都推给中央政府。[2] 他反对政党政治，认为政党政治败坏了代议制民主，背离了代议制民主的初衷。在此，密尔指出了文明社会中民主的教育功能。"不下水，怎能学会游泳？"健康民主社会需要的公民素质，只有通过公民在实际政治生活中的实践、体验才能逐渐养成。

格林：莱茵河水流入泰晤士河

英国政治思想家霍布豪斯在1904年的一本著作中写道，19世纪最后三十年，英国政治思想界一个最重要的现象，便是"莱茵河水流入了泰晤士河"。霍布豪斯这个比喻形容的是当时德国唯心论对英国学界的巨大影响。

---

[1] William Thomas, "Mill", in *Political Thinkers: From Socrates to the Present*, edited by David Boucher and Paul Kelly, Oxford: Oxford University Press, 2003, p. 321.

[2] Alan Ryan, *On Politics: A History of Political Thought*, New York and London: Liveright Publishing Corporation, 2012, p. 725.

引莱茵河水入泰晤士河，援德国唯心论入英国思想界，其主要代表人物是史称"英国唯心主义（又译为观念论）者"的作家。实际上，这个时期，推崇德国哲学的唯心主义运动不仅限于英国，在美国、加拿大、澳大利亚、南非皆有发生。不过，英国的唯心主义成就最高，影响最大。

1883年出版的《哲学批评文集》，堪称英国唯心主义运动的宣言，该书是献给一年前去世的T. H. 格林的。T. H. 格林（T. H. Green, 1836—1882）是这场运动的发起者、奠基人。当时英国的唯心主义学者，大多是格林的学生或他学生的学生。英国唯心主义运动有时也被称作"牛津唯心主义运动"，但其实这场运动的中心有好几个：第一个中心是牛津大学，格林长期在那里教书，培养了若干重要弟子，他们大多成了这场运动的主将。如鲍桑葵（Bernard Bosanquet）、内特尔希普（R. L. Nettleship）、华莱士（William Wallace）、阿诺尔德·汤因比（Arnold Toynbee）[①]，都是格林的学生。F. H. 布拉德莱（F. H. Bradley）去听过格林的讲座。他的弟弟A. C. 布拉德莱（A. C. Bradley）也是格林的学生。第二个中心是格拉斯哥大学，那里有约翰·凯尔德（John Caird），爱德华·凯尔德（Edward Caird），华森（John Watson），琼斯（Henry Jones），麦考恩（John Maccunn），缪尔黑德（J. H. Muirhead）等。第三个中心是爱丁堡大学，那里有里特（D. G. Ritchie）[②]，梭莱（W. R. Sorley），霍尔丹（R. B. Haldane）；剑桥大学在这场运动中的位置相对次要，但也有个别代表人物，如麦克塔格（J. M. E. McTaggart）。这些学者之间，互通声息，多有交流。[③]

英国唯心主义运动开始的时间，常以1865年斯特林（James Hutchison Stirling）的《黑格尔的秘密》一书的出版为标志。该书是英国第一部认真研究黑格尔的著作。它讨论了康德和黑格尔的关系，提出要通过康德去理解黑格尔，宣称康德的秘密就是黑格尔的秘密。他认为黑格尔终结了现代世界，正如亚里士多德终结了古代世界一样。同时，斯特林此书希望通过康德和黑格尔重建英国人对上帝的信仰，以对抗达尔文1859年出版的《物种起源》给人们的思想带来的冲击。斯特林的著作为英国唯心论的兴起做了充分准

[①] 此阿诺尔德·汤因比出生于1852年，1883年英年早逝，是经济史家。为当代历史学家、《历史研究》的作者阿诺尔德·约瑟夫·汤因比的叔叔。他研究18、19世纪英国的工业革命史，"工业革命"一词因他的著作而变得流行。在社会政治方面，他主张改善劳工阶级的生活状况。
[②] 里特著有《达尔文主义与政治》《国家干预的原则》《达尔文与黑格尔》《自然权利》。
[③] W. J. Mander, *British Idealism: A History*, Oxford: Oxford University Press, 2011, pp. 7–8.

备。[①] 另外，文学界的铺垫也是不可忽略的。18世纪90年代，浪漫主义作家柯勒律治（Samuel Taylor Coleridge）向英国人引介了康德、费希特、谢林；托马斯·卡莱尔也做了类似的工作，英国唯心论的好几位干将都十分推崇卡莱尔。[②] 与卡莱尔不同的是，英国唯心主义者都是民主论者，他们坚持卢梭、康德关于人人平等的思想，不像卡莱尔那样蔑视民众。

英国唯心主义运动的实质，是对德国唯心主义的吸收转化。格林等人如此做法，一方面是为了回应维多利亚时代英国社会政治及宗教方面的危机。其时，达尔文主义、科学主义对宗教信仰带来了巨大挑战，英国唯心主义者认为，民主与基督教是无法分开的。功利主义使宗教的重要性最小化，在根本上是一种非宗教的学说。[③] 作为哲学家，格林同时是宗教的自觉捍卫者。他以某种黑格尔的方式调和启示与理性，调和宗教与科学。他以为无理性的信仰是迷信，无信仰的理性是没有希望的怀疑论。他的哲学工作，"在相当程度上适时地提供了中上阶层人士的心灵滋养，帮助他们把日益迫切的社会服务视为实践基督教美德的一种方式"[④]。"在格林的思想里宗教的动机是很强烈的，他的哲学首先是意在当作一种拯救灵魂的方法。"[⑤] 另一方面，英国唯心主义又是对自由主义在19世纪中后期所面临的危机之回应。格林等人的学说，既是对英国社会问题的回应，也是对自由主义所面临的理论问题的回应。他们的做法之实质，是援引德国思想资源，弥补个人主义、功利主义的不足，为自由主义注入新鲜血液，提供新的哲学基础。他们重新界定自由、国家、义务、权利、公民等概念，他们的自由主义被称为"新自由主义"（New Liberalism）。这新自由主义，明显区别于西方自亚当·斯密《国富论》、边沁《政府片论》发表后占主导地位的个人主义的、自由放任的自由主义。新自由主义最明显的标志是，赞同国家对社会经济生活进行积极干预，主张强化国家的职能。这种国家理念，英国政治思想传统中素来缺乏，但德国唯心论者如黑格尔等，则早已将之讲透。格林等人开闸放水，自然水

---

① W. J. Mander, *British Idealism: A History*, Oxford: Oxford University Press, 2011, p. 18.
② Ibid., pp. 24-25.
③ A. D. Lindsay, "T. H. Green and the Idealists", in *The Social & Political Ideas of Some Representative Tthinkers of The Victorian Age*, a series of lecture delivered at King's College University of London During the Session 1931-32, edited by F. J. C. Hearnshaw, London, George G. Harrap& Company Ltd., 1933, p. 153.
④ 曾国祥：《英国观念论：一个消逝的思想传统?》，载李强主编《民主与现代社会》，北京大学出版社2014年版，第171页。
⑤ 贺麟：《现代西方哲学讲演集》，上海人民出版社1984年版，第151页。

到渠成。

格林 1836 年 4 月 7 日生于英国约克郡西区的伯尔金（Birkin），其父是地方教长。少年格林在鲁比中学时，即表现出性格独立、善于思考的特点，但他并不擅长常规的课程考试。据说他考试写得很慢，常不能按时交作业，每天上午还会迟到。不过他那时学习是认真的，对文学的兴趣尤浓。1855 年，他进入牛津大学巴利爱尔学院（Balliol College），师从《柏拉图全集》的译注者本加明·乔威特。1860 年，他受聘教授，讲授历史。自此直到 1882 年去世，他一直在牛津大学教书，并且是牛津大学校董会成员。他在政治上是一名自由主义者，他对保守党推行的帝国主义侵略政策，持反对态度。他关心议会改革、教育改革，曾公开发言支持 1867 年改革法案。1872 年，他投入禁酒运动。1876 年，他被选为牛津市议会议员。格林以自己的行动诠释着什么是一名积极的公民。他的实际活动，总是着眼于大众的幸福，着眼于底层人民生活的改善。他曾说过，他"宁愿看到英国的国旗在地上被践踏，也不愿意给苛刻对待穷人的税吏六个便士"[①]。格林有遗传性的心脏病，1882 年 3 月 26 日，他因此病英年早逝。格林辞世过早，留下的著作也就不太多，主要有《伦理学导论》、《政治义务的原则》（此书为格林在 1879—1880 年所做的系列讲演）。

禁酒令背后的政治学

1872 年，格林与威廉·哈考特爵士有一场关于禁酒问题的辩论。格林自己偶尔也喝点酒，但他哥哥酗酒让他念念不忘。而在当时，底层人民酗酒是与酒醉犯罪这一社会问题联系在一起的。种种原因使他支持禁酒运动。实际上，格林主张的不是完全的禁酒，而是对饮用烈性酒、买卖烈性酒加以限制。按说喝酒是个人私事，国家有权对此采取干预措施吗？

格林说："我们基于的是下列理由，就是承认如果放任会带来社会弊病，社会便有权阻止人们做他们想做的事。如果买卖某一商品的自由权的一般结果是削弱了更高意义上的自由，削弱了人们的能力，人们便没有买卖某一商品的自由权。……一个人饮酒过度意味着对他的健康、钱财和无数能力的损

---

① 浦莱士：《现代传记研究集》，转引自贺麟《现代西方哲学讲演集》，上海人民出版社 1984 年版，第 147 页。

害。一般来讲，家长酗酒意味着全家人的贫穷和道德降格；而街头巷尾的酒店的诱惑意味着在那条街上一些家长们酗酒。"① 一句话，酗酒阻碍了人们的自由生活，国家必须通过立法对之加以限制。

持放任主义的人说，要充分相信酒客，给酒客觉悟的时间，一旦他们认识到酗酒的危害，他们会自动戒酒。格林回答说，我们不能等待。因为酗酒时间越长，危险越大，国家的干预也愈加困难。"一方面，通过灌醉酒鬼养肥自己的利益集团（指从事酿酒、卖酒的托利党人）会变得更具影响，根基越来越深，越来越难对付；另一方面，酗酒多少是有传染性的，除了酒鬼的朋友会变成酒鬼的牺牲品外，科学家还指出，酗酒者的后代也会遗传酗酒的习性。"②

禁酒、限酒的问题，涉及国家权力的边界如何确定，迄今仍与打击黄、赌、毒等问题一道，引起学界的激烈辩论。国家能否出于公民健康或社会和谐的考虑，对个人自愿的酗酒、赌博、吸毒等问题通过立法等强制手段进行干预？类似的问题还有，禁烟，禁止酒后驾车，强制系好安全带，对生产部门的安全设施进行监管，等等。按照密尔所提出的"不干涉"原则，个人只有在他的行为直接对他人构成伤害时才须对社会负责。但是，密尔提出的原则并不具有多少可操作性。并且，密尔的重点是为个人的自由与个性保存辩护，这与格林所处时代的需求是相背离的。格林的理论，是要为国家权力范围的扩张提供依据，或者说，格林是希望国家充当积极的角色，有效地处理英国面临的一系列问题。格林的主张既是对时代命题的回应，也是他的唯心主义哲学与道德哲学展开的结果。

政治义务论

格林政治哲学的重要概念之一是"政治义务"。格林认为，政治义务是我们必须做的事，无论我们是否喜欢它们。理解这一问题，需要回想一下当初我们组建国家的目的。

格林说，当初组建国家，目的无非是让我们变"好"。国家的目的是"善"（good），而非快乐、安全、繁荣。政治结构是用来服务于我们的道德发展的。国家是让人"道德化"的工具。格林讲到"共同的善"（common

---

① ［英］格林：《T. H. 格林著作集》第 3 卷，转引自金岳霖《道、自然与人》，生活·读书·新知三联书店 2005 年版，第 326—327 页。
② 同上书，第 327 页。

good)。他如此界定国家：国家是"为了提升一种共同的善而存的制度"①。但他指出，"共同的善"只存在于我们每个人个体善实现时。格林不赞同国家强迫每个人变得有美德，也不认为某个团体可以有资格声称最了解别人该做什么，知道什么是"共同的善"（格林认为关于"共同的善"的知识超出人的能力范围）。格林是说，国家是帮助人们过有道德的生活的工具。做有道德的人，国家帮助我们，但不能强迫我们。"国家行动要限于道德发展条件的创造与维系，国家只是鼓励、帮助人的发展，移除我们提升途中的障碍物。"② 在格林这里，虽然国家有了道德目的，但他的学说，并非否定个人的集体主义学说，格林坚持康德的教义，认为每个人自身皆是目的，不能仅作为工具。③ 他也不认为存在独立于个体善的公共善，并且，他的学说中，国家仍是工具，不是人们崇拜的对象，这就避开了国家崇拜，故而格林的学说，仍属自由主义。

然而，格林这种学说与自然权利论的自由主义或功利论的自由主义，是明显的不同了。坚持个人拥有自然权利，则国家对个人生活的干预就没有理据。功利主义论说，部分得到格林的赞同，格林承认它在实践上有其应用价值，但认为其道德理论，仍然很成问题，不仅不能对政治义务给出解释，也忽略了"少数人的利益"，不幸的少数被迫服从多数，成了牺牲品。④ 边沁提倡"最大多数的最大幸福"，格林提倡"共同的善"，其间差别，不难看出。

格林批评斯宾诺莎、霍布斯、洛克、卢梭等人的自然权利论与社会契约论，认为契约论混淆了仅具压迫性的权力与具有道德基础的责任或义务。他说，基于互利不能推导出政治义务。基于个人权利，也只能导出国家的权力，这权力仍然是具有压迫性的力量。⑤ 关于权利，格林认为它随时间、地点而变动，没有那种与生俱来的自然权利。权利来自于人与人组成的社会，基于社会中人与人之间的相互承认而存在。荒岛上的个人，无所谓有权利。我们是拥有权利，但我们没有反对社会的权利，也没有反对国家的权利。这

---

① T. H. Green, "Lectures on the Principles of Political Obligation", 转引自 W. J. Mander, *British Idealism: A History*, Oxford: Oxford University Press, 2011, p. 233。
② W. J. Mander, *British Idealism: A History*, Oxford: Oxford University Press, 2011, p. 230.
③ ［英］格林：《伦理学导论》，转引自贺麟《现代西方哲学讲演集》，上海人民出版社1984年版，第154页。
④ W. J. Mander, *British Idealism: A History*, Oxford: Oxford University Press, 2011, p. 232.
⑤ Ibid., p. 231.

里就是政治义务所在了。不过，格林接着说，我们有反对国家权力误用、滥用的权利。例如一个人不经审判而被国家逮捕，这时他便不必服从，反抗是他的权利。[①] 因为此时国家已经背离初衷，不再致力于提升共同的善，国家意志不再是公共意志了。格林沿用卢梭的"公共意志"概念，认为国家必须表达公共意志，否则是自毁基础。在格林那里，国家能否干预个人，个人能否反抗国家，要看是否于实现共同的善有益。

自由理论

格林的自由理论也是他学说的特色，是"他对政治思想最重要的贡献之一"[②]。格林认为，个人自由与国家干预不矛盾，因为自由并非不受限制。相反，国家干预可能是在帮助个人获得真正的自由。

在他 1879 年《论三种不同意义的自由》的讲座中，格林区分了三种自由：意志自由（free will）、法律下的自由（juristic freedom）与真正的自由（real freedom）。在格林看来，第三种自由——真正的自由意味着个人有能力过道德的生活。第三种自由是"积极自由"，意指一种实际的能力，而且是做"值得做的事情"的能力，它与霍布斯式的消极自由观形成鲜明对照。

不过，如曼德尔（W. J. Mander）所言，格林着力诠释真正的自由，并不否定前两种自由。在格林那里，三种不同意义的自由都是需要的。没有自由意志，就没有法律下的自由；没有法律下的自由，就没有真正的自由。格林的主旨是说，仅有前两种意义的自由是不够的，我们还需要更高级、更广泛的积极意义上的自由。由于第三种自由更高级，它便有权限制或战胜前两者。[③] 这就意味着国家可以干预市场、对传统意义上的消极自由进行限制。

积极政府论

从理论上说明了国家干预的可能性，格林便可对实际社会政策提出建议，禁酒令是一个例子，劳工生活状况的改善又是一个例子。格林生活的 19 世纪中后期，英国社会贫富分化严重，劳工阶级生活在贫民窟中，有工

[①] W. J. Mander, *British Idealism: A History*, Oxford: Oxford University Press, 2011, p. 235.
[②] Ibid., p. 239.
[③] Ibid., pp. 240 - 241.

人捣毁机器的抗议，也曾爆发有组织的要求普选的宪章运动。社会充满不稳定、不和谐的因素。格林提出，国家不能坐视不管。有人指出，人民自己能管好自己的事，格林反驳说，要实事求是地看待人民。有些人能自己管好自己的事，有些人则不能。国家干预对于能自力更生的人来说不是负担，但显然对弱者有帮助。① 格林无意于成为劳工阶级的同盟者，他的建议是出于对整个国家的考虑。他呼吁说："让其放任自流或交给偶尔的慈善发挥作用，人的素质的下降就会成为永久性的，并会不断加剧。去读读任何一个在皇家或议会要员会上关于劳动者、特别是妇女和孩子们状况的威胁性的报告吧！"②

格林的政策主张在很多方面与边沁一致，但他为这些主张提供了完全不同的哲学基础。格林的思想不能叫国家主义，恰如英国政治思想史家恩斯特·巴克所言："他（格林）掌握了希腊和德国的哲学，并以一个英国人足够的审慎态度以及充分注意到所有英国人特有的那种对'臣民的自由'的深切感和对'国家理性'的深刻不信任感，对希腊和德国的哲学为英国人作出了阐述。……个人始终是他全部思想的基础。格林不曾为任何理想化了的国家统治权所禁锢，在他的身上，亚里士多德主义多于柏拉图主义，康德主义多于黑格尔主义。"③ 格林在西方自由主义发展史上具有重要的位置，从他那里开始，始有所谓的"新自由主义"。自由放任的古典信条，遭到修正。

格林是英国唯心主义思想运动的旗手。他去世之后的二三十年，唯心主义思想运动更见高涨。英国唯心主义运动如火如荼，至第一次世界大战爆发，始见衰相。唯心主义学者多为哲学家，20世纪分析哲学的兴起，让唯心主义形而上学难以立足；在政治上，第一次世界大战中德国的军国主义，让德国哲学在英国也跟着声名扫地。在全民反德国的情绪中，德国唯心主义备受质疑。④ 不过，英国唯心主义余绪绵绵不绝，至今犹存。20世纪受此影响的学者中，比较有名的是史学家柯林伍德（R. G. Collingwood）和保守主义

---

① 金岳霖：《T. H. 格林的政治学说》，载金岳霖《道、自然与人》，生活·读书·新知三联书店2005年版，第312页。
② ［英］格林：《T. H. 格林著作集》第3卷，转引自金岳霖《道、自然与人》，生活·读书·新知三联书店2005年版，第314页。
③ ［英］欧内斯特·巴克：《英国政治思想》，黄维新、胡待岗等译，商务印书馆1987年版，第38页。
④ W. J. Mander, *British Idealism: A History*, Oxford: Oxford University Press, 2011, p. 544, p. 552.

政治思想家奥克肖特。柯林伍德的父亲是鲍桑葵的学生。奥克肖特早期的著作《经验及其模式》，对经验予以了完全唯心主义的理解。① 当代社群主义理论家麦金泰尔、查尔斯·泰勒、迈克尔·瓦尔泽、迈克尔·桑德尔，其理论皆受惠于英国唯心主义。

斯宾塞时代

一种学说越流行，其时代特征就越鲜明。它的当红既然是特定的时代与情境造就，那么，一旦世易时移，它被人们抛弃在一边，便不足为怪。英国思想家赫伯特·斯宾塞（Herbert Spencer）的著作在19世纪维多利亚中后期盛极一时，但随着维多利亚时代结束，"一战"爆发，斯宾塞在英国便明显"过时"了。不过，美国20世纪上半叶的社会学仍受其影响。他的著作在美国某些大学被列为教科书，至60年代，斯宾塞的著作在美国销售近四十万册。② 晚清中国知识分子严复译介的西方经典，其中即有斯宾塞的《群学肄言》，在他翻译的赫胥黎的《天演论》中，严复还"在译文中硬是插入了斯宾塞的一些话，将赫胥黎讲自然进化解释为讲人类社会进化等等"，以便向时人指出："物竞天择，适者生存"，中国再不奋进，亡国灭种为时不远。严复对斯宾塞、赫胥黎的翻译，并不遵循他所说的"信"（达、雅且不论）。严复不满意于斯宾塞、赫胥黎"任天为治"的消极主张，将之改换为"以人持天，与天争胜"。③ 严复所为，实是让进化论服务于民族主义。由此，斯宾塞、赫胥黎的自由主义精神，在严译著作中，几乎丧失殆尽。这种利用外国权威服务于自己的政治目的，以译介西学为名挟带"私货"，篡改古书，附会当今，为传统中国文人的通病，皆因缺乏纯粹求真的精神，而过多地着眼于经世致用。

斯宾塞的学说，常常被冠以"社会达尔文主义"之名。莱昂·布拉达特（Leon P. Baradat）界定"社会达尔文主义"时写道："社会达尔文主义，赫伯特·斯宾塞提出的理论。斯宾塞宣称富人比其他人优越，因此比其他人对社会更有益。创造了'适者生存'一语，斯宾塞争论说，富人应当活着，穷

---

① W. J. Mander, *British Idealism: A History*, Oxford: Oxford University Press, 2011, p. 538, p. 541.
② ［美］刘易斯·A. 科瑟：《社会学思想名家》，石人译，中国社会科学出版社1990年版，第135页。
③ 韩承文、徐云霞主编：《世界近代政治思想史》，河南大学出版社1991年版，第535页。

人应当死光光，因为这将强壮人类这个种族。"① 斯宾塞得此恶名，始作俑者为美国的史学家理查得·霍夫斯塔特（Richard Hofstadter）。② 今天，"社会达尔文主义"仍然是一个让人反感的词，它被看作为帝国主义战争辩护的工具。所谓"落后就要挨打"。实际上，斯宾塞根本不持这种观点，他在生命的最后若干年不断驳斥此种对他的误解，澄清自己反帝国主义的立场。然而人们大多以讹传讹，并不读其著作，只以"社会达尔文主义"描述他的思想。学者思想往往需要被简化乃至歪曲为几个口号或教条，且符合公众的实际需求，才能流行。当公众已一致认定斯宾塞为"社会达尔文主义者"时，斯宾塞本人出来辩解，也无济于事。除被称为"社会达尔文主义者"之外，他还常被称为孔德主义者。对于这两个说法，斯宾塞都是极为反感的。而达尔文、孔德，也不视斯宾塞为自己学术上的知音。斯宾塞真正接近的，是英国的自由主义传统。他提供的是一种标准的古典自由主义（自由至上主义）政治哲学。他的自由主义，基于他的社会理论而阐发，实具鲜明的苏格兰启蒙思想家色彩。

美国社会学家特纳（Jonathan H. Turner）说，应当说达尔文是生物学中的斯宾塞主义者，而不是斯宾塞是社会学中的达尔文主义者。③ 此一说法道出了历史事实。因为斯宾塞在达尔文的《物种起源》发表前七年，在论文《发展的预设》（"Development Hypothesis"）中就已基于前人研究成果，阐发了他的社会进化论。他的进化论是拉马克主义的，不是达尔文主义的。④ 让·巴蒂斯特·拉马克（1744—1829）是法国生物学家。1782年，他任职于巴黎皇家植物园。不久，他的研究兴趣由植物转向动物。1809年，他出版了《动物哲学》一书，其中他批驳了物种由上帝创造、永恒不变的说法，指明生物处于进化之中，会发生变异。拉马克认为，外部环境变化会带来新物种。外部环境会改变动物的形状与体质。举例说来，动物由于内外部条件不得不常用某个器官，这个器官就会变得异常发达。而这种变异，还能通过遗

---

① Leon P. Baradat, *Political Ideologies: Their Origins and Impact*, New Jersey: Prentice-Hall, Inc., 2000, p. 317.

② Michael W. Taylor, Nineteenth-century Politics and Twentieth-century Individualism, in *Herbert Spencer: Legacies*, edited by Mark Francis and Michael W. Taylor, London and New York: Routledge, 2015, p. 47.

③ Jonathan H. Turner, *Herbert Spencer: A Renewed Appreciation*, Beverly Hills, CA: Sage Publications, 1985, p. 11.

④ ［英］欧内斯特·巴克：《英国政治思想》，黄维新、胡待岗等译，商务印书馆1987年版，第62页。

传传给后代。长颈鹿原本脖子没那么长,当草原退化后,它们被迫伸颈吃高处树叶,故而脖子越来越长。达尔文的"自然选择"学说则与之不同,达尔文认为是自然淘汰了短脖子鹿这个品种,留存下了长颈鹿,靠偶然的变异,某些适应环境的生物,才能生存下来。拉马克的学说,强调了物种与环境的互动,尤其突出意识对物质世界的作用。而达尔文那里,物种则被动地接受"天择"。两种学说中,前者才是斯宾塞的观点。[1] 无论生物进化还是社会进化,斯宾塞都主张人与外部环境的互动。斯宾塞与达尔文有通信往来。达尔文的《物种起源》出版后,斯宾塞对之表示赞赏,认为达尔文的研究佐证了其理论。达尔文在《物种起源》第二版,加入了斯宾塞的"适者生存"的说法,在第6版加入了"进化"一语。[2] 然而达尔文清楚他与斯宾塞的观点是极不相同的。提到斯宾塞,他还说:

> 赫伯特·斯宾塞的谈话对我来说似十分有趣。但我特别不喜欢他,也从不感到我能轻易地与他变得亲密。我认为他极端自以为是。读过他的书后,我总体上对他的卓越天资感到由衷的敬佩,常想是否在不远的将来他会与笛卡尔、莱布尼茨或其他我不太了解的人齐名。尽管如此,我从未意识到我自己的工作曾从斯宾塞著作中获益。他对待每一个主题的那种演绎的方法完全与我的思想框架相反。其结论从不让我信服,读完他的每一个讨论,一次又一次地,我对自己说,这里需要五六年的研究工作。他基本的概括(有些人认为其重要性堪比牛顿定律)——我敢说在哲学中十分有价值,但它们对我而言没有任何严格的科学用途。它们处理的与其说是自然法则,不如说是各种"定义"构成的法则。它们无助于在任何一个个案中预测什么将会发生。不管怎么说,它们对我来说没有什么用。[3]

至于孔德,斯宾塞则坚决否认他与孔德实证主义的联系。他说:"孔德

---

[1] 不过,M. 泰勒(M. W. Taylor)认为,斯宾塞的进化论,既不是拉马克式的,也不是达尔文式的,它从属于斯宾塞更基本的目的论的和谐宇宙秩序观。参见 M. W. Taylor, *Men Versus the State: Herbert Spencer and Late Victorian Individualism*, Oxford: Oxford University Press, 1992, p. 76。

[2] Charles R. McCann, Jr., *Individualism and the Social Order: The Social Element in Liberal Thought*, London and New York: Routledge, 2004, p. 95.

[3] Charles Darwin, *The Autobiography of Charles Darwin*, 1809–1882, edited by Nora Barlow, New York: Norton, 1969, pp. 108–109. 转引自 Charles R. McCann, Jr., *Individualism and the Social Order: The Social Element in Liberal Thought*, London and New York: Routledge, 2004, p. 128.

所倡导的目的是什么？是对人的概念的进步做出完整的回答。我的目的是什么？是对外部世界的进步做出全面的回答；孔德认为各种思想具有必然和实在的继承关系，我却认为各种事物具有必然和实在的继承关系；孔德希望弄清自然知识的起源，我的目的是要弄清……自然界各种现象的构成。他研究主观，我研究客观。"① 斯宾塞在 19 世纪 50 年代接触过孔德的作品。他自己也表示从孔德那里借用了社会学、利他主义等术语，但他更坚持自己学说的原创性。他有一次见过晚年的孔德。二人并无相见恨晚、志趣相投的感觉。斯宾塞长年患精神疾病，孔德听后劝他结婚，称妻子的关爱可以治疗他的精神疾病。②

赫伯特·斯宾塞：大师抑或"民科"？

密尔由其哲学家父亲教育长大，斯宾塞亦然，不过斯宾塞的父亲是中学教师，还做过当地哲学学会的荣誉秘书。密尔后来有一段时间出现"精神危机"，斯宾塞有几十年受困于今日所谓的神经官能症，为了防止外界声音的干扰，他总是带着一副特制的耳塞。密尔很晚与泰勒夫人有过一段婚姻，膝下无儿无女，孤独终老。斯宾塞则终身未娶。不过斯宾塞有一段时间，差一点就结婚了。他与女作家玛丽·安·埃文斯（Mary Ann Evans）小姐（即乔治·艾略特，George Eliot），自 50 年代认识，即有了深厚的友谊。二人终未成婚，据说是源于斯宾塞嫌其貌丑。斯宾塞与密尔都写了自传，并且皆提到阅读英国浪漫主义作家柯勒律治的著作带来的心灵上的震撼。斯宾塞和密尔都可归为广义的功利主义，亦持有某些较一致的自由主义观点。但是，密尔学说精致严谨，有良好的基本功，斯宾塞学说粗糙庞杂，很像一个"民间科学家"。

赫伯特·斯宾塞 1820 年 4 月 27 日出生于英国德比（Derby），为家中唯一存活的孩子（其母生九子，仅存此一人，真是"适者生存"）。斯宾塞父亲是地方中学教师，为清教徒。斯宾塞自幼体弱，故而在家中接受其父亲的教育。他的父亲特别重视对斯宾塞科学素质的培养，且鼓励斯宾塞要敢于挑战权威。13 岁时，斯宾塞被送到兴顿（Hinton）他更有学问的叔叔托马斯·

---

① 斯宾塞：《斯宾塞自传》，转引自 [美] 刘易斯·A. 科瑟《社会学思想名家》，石人译，中国社会科学出版社 1990 年版，第 101—102 页。

② [美] 刘易斯·A. 科瑟：《社会学思想名家》，石人译，中国社会科学出版社 1990 年版，第 122 页。

斯宾塞那里继续接受教育。托马斯·斯宾塞是剑桥大学的研究员，后任本地教会的终身教长。他关心时政，一心做公益慈善，还撰写了很多讨论时政的小册子，斯宾塞深受其影响，他在著作《人对国家》（*The Man Versus The State*，中译本书名作《个人自由与国家权力》）中还曾提到过这位了不起的叔叔。1853 年，斯宾塞叔叔去世后，留下一笔丰厚的遗产，由此斯宾塞才能专心著作，不愁生计。

斯宾塞在叔叔那里学习了三年后，开始找工作谋生。他父亲初时让他在中学教书，无奈斯宾塞不擅长此职业，很快放弃。他父亲的学生给他介绍了一份铁路建设管理方面的工作。1837 年，斯宾塞去了伦敦，在那里一个办公室里工作。斯宾塞从这份工作中获得了很多经验。1841 年，伦敦—伯明翰铁路修成，建设指挥部撤销，他的工作也终止了。1848 年，在其叔叔的推荐下，他得以去伦敦的《经济学》杂志任编辑，由此不必再四处奔波。他一边工作，一边从事著述。此时，他得以结识伦敦一些科学家与名人，加入他们的俱乐部。科学家赫胥黎即是他的好友，通过赫胥黎，斯宾塞又认识了很多人。斯宾塞颇善于通过与他们交谈获得知识上的提升。

斯宾塞的著作包括《政府的恰当领域》（*The Proper Sphere of Government*）《社会静力学》《社会学研究》《智育、德育与体育》等。自 19 世纪 60 年代开始，他着手写作《综合哲学》，逐卷出版，包括《第一原理》《生物学原理》《心理学原理》《社会学原理》《伦理学原理》等，至去世尚未完成。1884 年，他还出版了论文集《人对国家》。1903 年，斯宾塞去世。

社会进化与有机体论

斯宾塞试图把所有学问都纳入一个融贯的体系，这个体系不仅包括伦理、哲学，也包括自然科学、生物学。他的学说之特点，是将社会现象与生物现象进行类比，并将二者统一于一种进化理论之中。

斯宾塞认为，生物为了适应环境、谋求生存而呈不断进化的趋势，由单细胞生命，经过漫长的过程，进化为复杂的多细胞生物，其机体的功能，也发生分化。其构成，则由同质进化为异质。人类社会，遵循着类似的过程。原始状态人类社会组织极简，为了防御其他群体侵犯，形成了一个军事社会。其首领初时并不固定，在不断的对敌作战中，出现了政治领袖功能的分化。有人专门作战，有人专门指挥，有人专门供应粮草。斯宾塞说，军事社会，就是一个驻扎着的军营，而军营就是一个移动的社会。①

需要注意的是，古代没有政治与社会的区分，此处所谓"社会"，实为一宽泛的概念，在原文中，斯宾塞常用的是 régime 一词，它指的是政体或政治社会。军事社会、工业社会，实为军事政体、工业政体。我们仍沿用军事社会、工业社会的译法，但需记住，社会在这里是"政体"的同义语。斯宾塞认为，与军事社会相比，工业社会是更高级的社会。斯宾塞实际上把社会分为两个基本的类型：军事社会与工业社会。这二者之间，存在着一个过渡时期，这个过渡，以今天的术语言之，可以称为"工业化"或"现代化"。两种社会类型，对应于传统社会与现代社会的二分。军事社会靠习俗维持，它是一个等级制社会，其中统治者与人民之间是命令—服从关系，军事社会既为战争而组织起来，自身亦具有好战的特性。军事社会中，个人没有权利，他作为集体的一分子而存在，因为他的生存，依赖于整个社会在战争中的胜利。与军事社会相比，工业社会是一个开放、自由、进步的社会，其中个人拥有权利，政府作为保障个人权利的工具而存在，人们有广泛的结社自由。军事社会是一个身份社会（the régime of status），工业社会是一个契约社会（the régime of contract）。②

斯宾塞确实持一种社会有机体论（Social Organism）。他批评唯名论关于社会是个体的集合这样的霍布斯式的观点，认为社会作为一个机体有生命，它的存在是真实的。公民是它的细胞。社会各种组织的功能与生物相仿。产业组织相当于生物的营养系统，商业、运输组织构成的分配系统相当于生物的循环系统，政府、军事组织构成的调节系统则相当于生物的神经系统。

不过，他也指出社会有机体与生物有机体有一些根本性的区别：生物有机体的组织紧密结合在一起，社会有机体的组织则以松散的方式联系在一起；生物有机体是具象的（concrete），社会有机体则不是具象的，它看不见、摸不着；生物有机体的各部分都为一个共同的目标服务，其角色与功能固定，而社会机体中，各人并无固定的角色，个体有自己独立的意识；生物有机体有繁殖机制，社会有机体则无。

通常，社会有机体论会导致一种整体主义的学说，视个人、部分为整体而存在，要求牺牲个体以保全整体，不过此种保守的、反动的有机体论，并

---

① ［英］赫伯特·斯宾塞：《个人自由与国家权力》，谭小勤等译，华夏出版社 2000 年版，第 49 页。

② Herbert Spencer, *Political Writings*, edited by John Offer, 中国政法大学出版社 2003 年版, p. 156.

不是斯宾塞的学说。斯宾塞的学说，是个人主义的学说，在斯宾塞的思想体系中，个体的权利始终是第一位的。只是这种个体，不是原子式的个体，而是社会化了的个体，故而他们构成社会，社会得以运转，而个体的价值与地位并不因此而有所改变。① 斯宾塞明确指出："社会为成员利益而存在，不是成员为社会利益而存在。"②

政府的职责

斯宾塞讨论政府问题时，英国正处于维多利亚中后期。功利主义的社会改革与立法，甚至具有社会主义性质的政策，甚为流行。消除贫困、改善劳工生活条件等方案，大行其道。例如济贫法案，保障工人住宿条件的举措，免费教育的政策，保护农民的法案，强制性的公共卫生法案，一个接一个。格莱斯顿内阁的成立，标志着英国政治的转向。③ 托利党、辉格党，都在推动着政府权力范围的急速扩展。政府干预似成时代新潮，却给不出可靠的依据，不过以为了公共利益、关心民间疾苦等高尚动机为由。斯宾塞逆流而动，挺身捍卫一种十分古典的政府理念。这种理念常被不恰当地概括为"放任自由"（Laissez-faire）。斯宾塞反对政府扩权，捍卫个人自由，但他的政府观，不能说是主张"放任自由"。他所做的，是要清晰地界定政府的职责、确定政府行动的范围，这自然包括对议会立法权做出限制。他的政府观，从早期的《政府的恰当范围》与1884年的《人对国家》中，皆可以看出。

关于政府的目的，他说："人们需要政府是想干什么？不是管制商业，不是教育人民；不是教导宗教；不是做慈善；不是修公路铁路；只是保卫人的自然权利——保护人与财产，防止倚强凌弱——一句话，执行正义。这是一个政府自然的、原初的职责。它不能做得更少，也不能做得更多。"④

例如关于教育，斯宾塞反对国家垄断教育。即使是基础教育，他也不主张由政府提供。在此点上，他的观点与亚当·斯密颇为不同。斯宾塞的观点，比斯密更显"市场化"特点。斯宾塞举出了六条反对政府办教育的理

---

① Charles R. McCann, Jr., *Individualism and the Social Order: The Social Element in Liberal Thought*, London and New York: Routledge, 2004, p. 125.
② Ibid..
③ Michael W. Taylor, "Nineteenth-century Politics and Twentieth-century Individualism", in *Herbert Spencer: Legacies*, edited by Mark Francis and Michael W. Taylor, London and New York: Routledge, 2015, p. 42.
④ Herbert Spencer, *Political Writings*, edited by John Offer, 中国政法大学出版社2003年版, pp. 6-7.

由：(1) 这种统一的教育，将抹杀个性与差异，从而阻碍进步。(2) 它必将导致教师水平的下降，因为教师水平的提升，只有在自然安排下才有可能。(3) 国家垄断教育事业后，必定想向下一代传授最有价值的知识，然而何为最有价值的知识，根本无从确定。(4) 正如国教一样，国家统一办的教育，必将自行腐化。(5) 国民义务教育假定每个人都愿意接受它，但其实这只是一个假设而已。它的实施，必然导致强迫。(6) 最后，斯宾塞颇具预见性地指出，国家提供的教育，将被统治者用作愚民的手段——压制所有改良革新的冲动——使人民处于一种唯唯诺诺、服帖乖巧的状态。[1]

斯宾塞关于教育政策的见解，既有对个性、自由、进步的考虑，也包含了对公平、效率、成本的考虑。在另一个地方，他说道："国民教育将倾向于摧毁对社会进步而言至关重要的思想的多样与原创性；它通过消除健康的竞争阻碍了提高，在改革的道路上放置了诸多制度变迁的绊脚石以及源自既有教育模式的自然偏见之障碍；我们不能确保它未来的效率，有充分的理由相信它会像国教那样腐化。"[2] 斯宾塞还提醒人们，政府包办教育，必将靠增加税收来支持，这不仅增加了公众负担，更是在制造不公平。

正在来临的奴役

《人对国家》包括四篇论文：《新托利主义》《正在来临的奴隶制》《立法者们的罪行》《天大的政治迷信》。四篇论文一以贯之的精神是，抨击国家权力的无限扩展，抨击人们对立法的错误期待。斯宾塞认为，奴隶制正在来临，个人自由正在受到蚕食鲸吞，工业社会正在退化为低级的军事社会。一种强迫人服从的政体复活了。在某种错误政治哲学的激励下，在不正当利益的驱动下，政府每天在制造着新的不公，议会立法者们罪行累累，他们破坏了工业社会正常的竞争规则，妨碍了社会的进步。公民的个人自由愈来愈少，身上的税赋负担则越来越重。他认为当时英国的自由党已不再坚持自由主义，而是蜕变成了"新托利党"。他们推出的改革法案，强化着一种托利党支持的强制体系，背弃了自由精神。斯宾塞指出，过去自由主义为限制王权而战，今天，自由主义应当为限制议会权力而战。父爱主义政府，自称出

---

[1] Herbert Spencer, *Political Writings*, edited by John Offer, 中国政法大学出版社 2003 年版, p. 43.
[2] Ibid., p. 56.

于关爱人民的良善动机，制造了很多限制，损害了人们的自由。显然，在斯宾塞那里，自由在于受到的限制之多少，而不在于限制的目的。

斯宾塞反对政府干预，从多个层面展开，从今日行政科学的角度视之，亦很有说服力。而在当时，他基于现实而发，针对性很强。例如，他提到，政治家常常只虑及一项政策的直接后果，而没有或者说也不能虑及很多间接、长远的后果。皮特首相出于战争需要鼓励生育提供炮灰，并未虑及将来用于贫民救济的税负将翻番。按劳计酬的教师工资体系牺牲了教师的健康，鼓励了填鸭式教育，伤害了后进生的自尊。中小学校强制新增语法课程时，并未虑及对学生身体造成的影响。制定商船吃水线的政府官员没有想到，船主由于获利压力会使商船的吃水线往上划，并且不断突破。主张铁路国有，要求铁路提供廉价服务，没有虑及它会使旅行更贵、更慢，车次更少。① 无效、失败的政策，还会呼唤更多的政策，以解决新出现的问题。《济贫法》培养了浪费的习惯，于是希望以新的举措来消除浪费。政策的拓展更带来观念的变化，以致人们形成一种观念："无论何事出错，政府都应加以干涉。"② 由此形成恶性循环，政府的干涉越多，把一切问题皆归结为政府未做到位（所谓"政府缺位"）的思维习惯越巩固，要求政府出手干涉的呼声也就越高、越持久。并且，每一次政府权力扩展，都要求新增官僚机构，多派工作人员。这便导致官僚机构的膨胀。而官僚权力越大，遏制官僚队伍与机构膨胀的难度也就越大。上流社会希望由此增加安排子女到政府部门工作的机会，底层人民指望由此成为有身份的体面人士，改变出身。小店主与鞋匠，也以做公务员为目标，竟都心照不宣地支持着这一可怕的趋势。他们未曾想到各种福利计划与庞大的官僚机构要靠不断增加的巨额税收来支撑。

斯宾塞写道："大多数人民被误导以为通过公共机构获得的好处是免费的好处，他们持续兴奋地希望着更多的好处。不断普及的教育进一步传播令人愉悦的谬误而不是冷酷无情的真理，结果使这些希望更强烈、更普遍。"③ 更糟的是，在民主制度下，候选人靠向民众许诺福利以获得支持，政党以此取悦民众。对于民意较敏感的新闻媒体，也加入了呼吁政府加大干预力度的行列。

---

① Herbert Spencer, *Political Writings*, edited by John Offer, 中国政法大学出版社2003年版, p. 28.
② Ibid., p. 30.
③ Ibid., p. 95.

第十一章 从功利主义到进化论

斯宾塞预言，议会通过的大量法案导致的社会主义性质的变革，将汇成国家—社会主义（State-Socialism）的洪流，最终摧毁议会民主体制，造就一种社会主义政体，就好比法国革命吞噬了自己的孩子一样。[①] 斯宾塞说："一切社会主义都包含着奴隶制。"[②] 何出此言？因为奴隶在强迫下为了满足他人的欲求而劳动，其劳动成果，不归自己支配。社会主义计划与此实有相同的本质。在社会主义社会，个人必须为"社会"劳动，他是社会的奴隶。

斯宾塞称，渴望通过立法获得福利的人，就好像婚礼前对未来充满美好想象的新人，"沉浸于允诺的快乐的遐想中而未顾及与之相伴的还有痛苦"[③]。当他们的物质福利得到满足时，其自由也必将被放弃。这种德国俾斯麦式的国家—社会主义，将造成一种暴政，因为国家这一联合，本身具有强制性，人们不能随意退出。国家要奴役个人，个人殊难反抗。社会主义[④]就这样被不经意引入了工业化国家。每个人为国家服务，国家提供报酬。此种奴役虽是温和的，却一定是此种制度的后果。最终结果，将是专制主义的复活。"[⑤]

在论"立法者的罪"中，斯宾塞着力指出，不是说议员为自己或本阶级考虑，不顾公益，而是说他们想推进公益时缺乏必要的知识，于是只有在盲目的状态中，制定各种干预措施。斯宾塞提出的此种批评，并不导向呼吁更优秀、更高贵的立法者，他是要指出，政府本来就不该管那些事，也没有能力做好那些事，政府只需保障正义即可。

斯宾塞批评了霍布斯以及尊奉霍布斯主权学说的约翰·奥斯丁（John Austin，1790—1859）[⑥]。斯宾塞认为，霍布斯所谓拥有无限权力的主权者，从未在人民面前充分地证明其凭什么享有如此大的权力。这种主权，在过去是君权，在斯宾塞时代，则是议会主权。斯宾塞说，霍布斯有两点是对的：一是他向人们表明，国家是个人实现某种目标的工具；二是他认为，国家要执行正义，处理人与人之间的冲突，确保人们不能相互为害。斯宾塞在别的地方还说过，军事社会主要是防外部攻击，工业社会则主要是防止内部公民

[①] Herbert Spencer, *Political Writings*, edited by John Offer, 中国政法大学出版社2003年版, p. 95.
[②] Ibid..
[③] Ibid., p. 41.
[④] Ibid., p. 103. 中译本《个人自由与国家权力》中，"社会主义"（socialism）皆译为"权威主义"，大谬。中译见［英］赫伯特·斯宾塞《个人自由与国家权力》，谭小勤等译，华夏出版社2000年版，第41、43、45页。"共产主义者"（communist）译为"威权主义者"，亦错，见中译本第44页。
[⑤] Herbert Spencer, *Political Writings*, edited by John Offer, 中国政法大学出版社2003年版, p. 103.
[⑥] 约翰·奥斯丁，英国法学家，法律实证主义创始人之一，著有《法理学的范围》等。

之间的侵害,当然其保卫国家安全的职能,一时并没有消失。但霍布斯学说,预设是错误的,斯宾塞说,没有政府时,具有道德情感的人大有人在,至少他的朋友中,大多数人不会因为没有政府,就想着去杀人劫货。霍布斯基于一种夸张的人学,导出了极端的结论。霍布斯认为法律、正义皆从主权者意志而来,此点被约翰·奥斯丁发挥。斯宾塞说,奥斯丁出身军队,便以军营生活去理解人类社会生活,以军事首领喻国家权威,实为谬误。[1] 功利主义者边沁否定人的自然权利,认为一切法律皆源自主权,犯了类似的错误。边沁主义者热衷于推动立法改革,试图以立法增进人间的快乐,减轻或消除人间的痛苦,却从未论证过谁赋予政府如此巨大的权力,可以让它对人们生活的细节加以规定。除之前列举的种种反对政府干预的理由外,斯宾塞最根本的一个理由是,干预妨碍了进化,妨碍了人类文明的进步。功利主义者及社会主义者的措施,皆在维持着"不适者生存"。

斯宾塞关于"适者生存"的说法,常被攻击为缺乏同情心,正如马尔萨斯学说受到的道德指控一样。斯宾塞反济贫法的观点,不少承继了马尔萨斯的思想,然而斯宾塞讲的是在物种进化过程中,必然存在生存竞争,在人与周围环境的互动中,适者生存。自由竞争机制带来了发明创造。斯宾塞的学说,不过是对苏格兰启蒙运动时期某些信条的重申。他说:"在人类追求欲望满足的总结果中,那些激发他们私人活动和自发合作的结果,对社会发展的贡献,比起政府机构工作对社会发展的贡献,要大得多。"[2] 斯宾塞指出,公民或团体的自发活动,带来了各种发明创造,它让荒漠变成了良田,使航海成为可能。法律所使用的语言,也绝不是立法者的发明,它是在人们追求私人满足的交往过程中无意地发展起来的。与苏格兰启蒙运动思想家不同的是,斯宾塞不从经济、财富的角度论证自发活动与组织之意义。他把对个人自由权利的捍卫,建立在了社会进化学说的基础上。他关于人的自然权利的观点,则主要来自德国自然法学派的思想家。[3] 斯宾塞关于"适者生存"的叙述是自外于他的道德学说的。实际上,斯宾塞从未把"适者生存"界定为善。他只是试图指出生物与社会进化的机理,这个机理,与人们认为它是善还是恶无关。

---

[1] [英]赫伯特·斯宾塞:《个人自由与国家权力》,谭小勤等译,华夏出版社2000年版,第84页。
[2] Herbert Spencer, *Political Writings*, edited by John Offer, 中国政法大学出版社2003年版, p. 125.
[3] Ibid., p. 152.

伦理、道德与和平主义

进化论因为支持"淘汰"机制，不免令人感到"残酷"。并非每个个体都有信心参与"适者生存"的竞争。失败者不愿意承认自己懒惰与游手好闲。福利国家养懒汉，公有制吃大锅饭导致人们只吃不干，大食堂吃起来无比浪费，《济贫法》让游手好闲者衣食无忧。斯宾塞这样捍卫正义、法律前提下的公平竞争，常被斥为不道德。进化论者后来竟成了帝国主义者的又一别称。然而，事实上，与人们想象中相反，斯宾塞是一个主张道德、反对帝国主义侵略的人。他视战争为大恶，认为英帝国主义政策在道义与利益上皆说不过去。[①] 他认为，各民族之间应当提倡兄弟之爱，化剑为犁，化刀为锄。他还指出，那些自我标榜为道德家、和平主义者的人，虚伪至极。

关于道德、伦理，斯宾塞有专著论述。他认为，人的很多活动不涉及道德，因为其目标单一，不涉及选择。只有在探讨哪一种方式好、哪一种方式坏时，才遇到道德问题。此时，人们要虑及其效果。不道德、反社会的行为，总是会危及社会机体的存活，而道德行为，则维持或促进着社会整体的运行。[②] 良心、平等待人、办事公正，都是极重要的道德准则。道德行为带来了文明的进步，在这种进步中，个体得到充分发展，个性得以张扬，社会因此变得越来越异质。但由于各人之间广泛的合作分工，社会联系反而日益复杂、紧密。这区别于前工业社会中"各人自扫门前雪"的状况。

斯宾塞持一种乐观的均衡理论，他认为，正如生物进化一样，人的行为的进化同样是朝向一种均衡的运动。人的道德水平，会在进化中日益提高。进化到极限，便是个体得到充分发展，愿意与他人充分合作。斯宾塞思想中有一个关于充分进化的完善社会（complete society）的理想。[③] 正是在此点上，他的学说激发了克鲁泡特金的无政府主义。英国费边社的社会主义，也从中受惠甚多。

斯宾塞提出了一个关于"相等自由"的法则（law of equal freedom），以之作为工业社会构成之政治、法律与伦理的原则。这个原则的具体表述是：

---

① Herbert Spencer, *Political Writings*, edited by John Offer, 中国政法大学出版社 2003 年版, p. 22.
② Charles R. McCann, Jr., *Individualism and the Social Order: The Social Element in Liberal Thought*, London and New York: Routledge, 2004, p. 96.
③ Ibid., p. 97.

"每个人可以自由地做他想做的事,但不能侵犯任何其他人所持有的同等的自由。"[1] 由此,每个个体有天赋权利,其自由与任何其他个体相等。道德的正确,即由此而来。这一原则不仅适用于工业社会之内,也适用于各个社会之间。他说,布尔人有完全的自由推翻强加在他们头上的统治。任何民族,皆提不出正当理由去侵略其他民族。任何个体,也绝不容其他人无端侵害。他自己即拥有天然的权利,以捍卫自己的人格及财产。军事社会视征服获得的胜利为荣,工业社会则以和平、自由为荣。他激烈抨击英国的帝国主义政策:"在我们自己中间,殖民地事务的行政部门就非常残酷,当土著居民试图向一个曾伤害过他的英国人报复时,惩罚并不按野蛮人一命偿一命的原则,而是按所谓高级、文明的民族对土著实行全体屠杀的原则。"[2] 他宣称,对其他民族的暴行必将对本国国内的统治造成影响。因为没有谁可以把在国内大谈平等的福音与在国外从事不平等的勾当统一起来。[3]

斯宾塞与现代社会理论

现代社会理论的发展,随工业化的进程而往前推进。从孟德斯鸠,至苏格兰启蒙运动的思想家,再到托克维尔、孔德、马克思,社会问题引人注目;工业社会与农业社会,城市与农村,东方与西方,其间差别,十分明显。此时,社会主义已开始流行。利用现代通信与交通手段,将全国组成一个大型生产单位的想法,吸引了很多自由竞争中的失败者、好逸恶劳者,也吸引了一些处于边缘地位的知识分子。此外,自然科学的新进展,工业革命带来的巨大成就,激励着人们按科学主义的方法,对伦理学与政治学进行改造。斯宾塞的理论正是在此背景下展开。他的研究,是在科学精神指导下进行的。他对生物学研究、人类学调查成果甚为关注,最终基于人作为一种社会动物的预设,发展出他的社会理论。19世纪下半叶,正是西方社会学充分发展的时期。这些研究,有的受斯宾塞影响,有的独立展开,与斯宾塞的研究交相辉映,体现了那个时代人们对"社会化的人"及其来龙去脉的关注。

---

[1] Herbert Spencer, *The Principles of Ethics*, Vol. 2, Indianapolis: Liberty Classics, 1978, p. 62. 转引自 D. Weinstein, *Equal Freedom and Utility: Herbert Spencer's Liberal Utilitarianism*, Cambridge: Cambridge University Press, 1998, p. 8.

[2] Herbert Spencer, *Political Writings*, edited by John Offer, 中国政法大学出版社2003年版, p. 173.

[3] Ibid., p. 174.

第十一章 从功利主义到进化论

1864 年，法国学者库朗热（Fustel de Coulanges）出版了《古代城邦：希腊罗马祭祀、权利和政制研究》一书，不久即风靡欧洲。库朗热指出，古代城邦与现代社会有着根本的不同。古希腊罗马社会是一个宗教社会。宗教与城邦无法分开，宗教高于城邦。而且，在历史上，先有宗教，再有家庭，其后才有城邦。古代没有个人自由，城邦对个人有完全的支配权。在区分古代社会与现代社会方面，库朗热所做，很像贡斯当。然而他的立意，却和贡斯当的自由主义主张完全相反。贡斯当批评卢梭混淆了古代自由与现代自由的差异，库朗热同样批评卢梭，论者尝言"《古代城邦》通篇体现了明确的反卢梭倾向"①，不过在库朗热那里，卢梭的问题是相信社会可以在契约的基础上构成，而库朗热则认为，社会必须靠信仰体系来支撑。库朗热研究古代城邦，意在指出信仰对政治社会的决定性作用。他认为现代世界信仰失落，由此问题重重。库朗热的历史叙述背后，是一种法国式保守主义。

1861 年，英国的历史法学派学者亨利·梅因（Henry Sumner Maine）爵士出版了他的《古代法》。②梅因曾受学于萨维尼的弟子。梅因指出："所有社会的运动，迄今为止，都是一个从身份到契约的运动。"③"从身份到契约"，成为一句口号。当然，这一说法经不起深究。卡尔·施米特即言，中古时代并非身份社会，而是契约社会。问题不在于从身份到契约，而在于从终身契约到自由契约。④梅因后来还写过《东西方村落共同体》（1871）、《民众政府》（1885）。在《民众政府》中，梅因批评大众民主，提醒英国人当借鉴美国宪法，防范民主力量对英国宪政的冲击。他称"一旦人们明白民主是政体的一种，我们就会很容易理解对多数人的歌功颂德意味着什么。民主政体不过是君主政体的变体，向多数人诌媚的方式与向国王诌媚的方式一模一样。统治越是强有力、招人忌妒，溢美之词就越是不绝于耳，恭维越是绚丽奢华"⑤。国王万岁，如今被人民万岁代替。梅因摒弃了自然权利学说，作为保守派学者，他诉诸传统，反对具有鲜明民主色彩的功利主义学说。

---

① ［法］阿尔多：《古代城邦》1984 年版前言，吴雅凌译，参见［法］库朗热《古代城邦——古希腊罗马祭祀、权利和政制研究》，谭立铸等译，华东师范大学出版社 2006 年版，第 14 页。
② 斯宾塞认识梅因。如前所述，斯宾塞曾言及军事社会是身份社会，工业社会是契约社会。梅因的观点先于斯宾塞发表。不过，尚无依据表明斯宾塞此论源自梅因。参见 D. Weinstein, *Equal Freedom and Utility: Herbert Spencer's Liberal Utilitarianism*, Cambridge: Cambridge University Press, 1998, p. 22。
③ ［英］亨利·梅因：《古代法》，沈景一译，商务印书馆 1959 年版，第 97 页。
④ ［德］卡尔·施米特：《宪法学说》，刘锋译，上海人民出版社 2005 年版，第 75 页。
⑤ ［英］亨利·梅因：《民众政府》，潘建雷、何雯雯译，上海三联书店 2012 年版，第 43 页。

奥托·吉尔克（Otto Friedrich von Gierke）是这时期德国颇杰出的法学家，著有《德国公社法》《约翰·阿尔瑟修斯和自然法国家理论的发展》等著作，他区分中古与现代，认为现代社会的标志是国家主权与个人主权的确立。他认为，现代国家的法律，要致力于保护孤单的个人。吉尔克忠于普鲁士君主与德意志帝制。他的口号是"上帝保佑国王和祖国"。他主张"强国家"，批评个人主义，认为个人主义会导致社会的解体。他重视人类有意识的立法，认为自然法概念虽有其意义，但不能用于国家理论之中。在关于阿尔瑟修斯（Johannes Althusius）的研究中，他指出，阿尔瑟修斯以加尔文主义为基础建构了以自然法为前提的国家学说。按照这个国家学说，人生而自由平等，主权在人民，共同体源于契约，国家法是共同体法的一部分。人民有反抗暴君的自然权利。吉尔克还断言，卢梭的社会契约论抄袭了阿尔瑟修斯。[①]

1887年，德国社会学家斐迪南·滕尼斯（Ferdinand Tönnies）出版《共同体与市民社会》（中译本作《共同体与社会》[②]）。滕尼斯曾称："在我的思想发展线索中，经常陪伴着我的是孔德和斯宾塞的伟大社会学著作，尽管前者在史前史基础方面、后者在历史观念方面显得比较薄弱。"[③] 滕尼斯关于共同体与市民社会的区分，与斯宾塞关于军事社会与工业社会的二分甚为契合。他尤其指出，从传统到现代，实为从各种共同体向各种"市民社会"的转变。尽管滕尼斯本人的立场比较中立，读者还是听出了他的"弦外之音"。到了20世纪魏玛德国时期，青年从滕尼斯的《共同体与市民社会》中听出了他们对"共同体"的渴望，并且把滕尼斯当成了他们的代言人。[④]

而法国的涂尔干、德国的韦伯，同样推进着对不同类型社会的研究。涂尔干在法国高等师范读书时，库朗热正是那里的校长。涂尔干同样关心宗教信仰与社会之间的联系。他以机械联合指古代社会，以有机联合指现代社会。他的"有机体论"，与斯宾塞甚为接近。不过，涂尔干否定个人自由、

[①] ［德］米夏埃尔·马廷内克：《奥托·冯·吉尔克（1841年—1921年）——一位伟大的德国法学家的生平和著作》，载郑永流主编《法哲学与法社会学论丛》（2007年第一期），北京大学出版社2007年版，第330页。

[②] ［德］斐迪南·滕尼斯：《共同体与社会》，林荣远译，商务印书馆1999年版。该书第一版副标题为"论作为经验的文化形式的共产主义和社会主义"，第二版则将副标题改为"纯粹社会学的基本概念"。参见［德］乌韦·卡斯滕斯《滕尼斯传》，林荣远译，北京大学出版社2010年版，第117页。

[③] 转引自［意］萨尔沃·马斯泰罗内《欧洲政治思想史》，黄华光译，社会科学文献出版社1998年版，第411页。

[④] ［德］乌韦·卡斯滕斯：《滕尼斯传》，林荣远译，北京大学出版社2010年版，第119页。

第十一章　从功利主义到进化论

否定竞争，滑向了社会决定论。其主张以有机团结消除阶级斗争，受德国社会主义影响甚深。① 而马克斯·韦伯蔚为壮观的著作，则提供了一种洋溢着自由主义精神的宗教社会学理论。

意大利学者马斯泰罗内论及这一时期的欧洲政治思想状况时指出，当时欧洲所有的思想、文化领域，"都表现出避免社会破裂的意向"。人们在努力寻求方案，避免阶级之间"最后的斗争"。时人的共识是，欧洲社会是一个复杂的、先进的社会，但大众运动的兴起、民主化的压力，迫切要求自由主义在制度、政策及理论上皆做出回应。对于政府该做什么，当时的两派，一派坚持维护公民权利，主张社会问题由社会机制去解决；一派主张考虑社会需要，由集权的中央政府去解决。② 斯宾塞赞同前者，但现实是民主力量推动着大众政府的出现。民众力量一旦兴起，必拥戴出一个领袖，以为其代言。在英国，此种力量不过促成各种社会主义倾向的立法，推进一些国有化试验，但在德国以及东方社会，因为缺少宪政制约机制，情况便大为不同了。至 20 世纪上半叶，纳粹主义与布尔什维克主义兴起，对近代欧洲政治秩序的根基造成毁灭性破坏，欧洲人方才如梦初醒。

---

① ［意］萨尔沃·马斯泰罗内：《欧洲政治思想史》，黄华光译，社会科学文献出版社 1998 年版，第 414 页。
② 同上书，第 415 页。

第十二章　社会主义者的希望

　　激进主义思潮是西方政治思想中重要的一支。它与自由主义、保守主义的明显分歧体现在对待社会变革的态度上。如果说自由主义主张渐进改良，态度比较温和，保守主义极力维护传统与旧制度，态度几近守旧，那么激进主义则是主张以激进的方式摧毁既有秩序，代之以全新的社会。在西方激进主义思潮中，影响最大的是社会主义。社会主义属于西方左派政治思潮，其内部分支异彩纷呈，历来有正统与异端之争。马克思主义是诸种社会主义中的一支，又称科学社会主义。

　　社会主义起源于法国大革命时期的巴贝夫主义。巴贝夫最早表达了社会主义的基本信条，并且为社会主义的发展贡献了密谋的方法以及阶级划分的观念。巴贝夫的学说，又可往前溯及卢梭。卢梭不是一个社会主义者，但他关于人人平等的思想以及"有机社会"的概念，为社会主义思想做了铺垫。巴贝夫即为卢梭的忠实读者。19世纪中后期，社会主义日渐成型，影响日增，直至与现实中的劳工运动相结合，发挥引领无产阶级革命的作用。社会主义的关注重点，集中在物质层面。社会主义者多为唯物主义者。对于饥寒交迫的贫苦劳工来说，能够提起他们兴趣的，不是什么玄妙的理论，而是迫在眉睫的物质生活状况的改善。社会主义的一个核心要义，正是实现物质上的富足，以让人摆脱对物的依附。

　　社会主义是批判现代社会的产物。伴随着工业革命，19世纪城市工业的发展，造就了一个依靠出卖劳动力为生的群体——城市无产者。当时，欧洲劳工的生活状况，大多十分悲惨，他们的工作地点经常改变，随时有被解雇的可能，生活缺乏安全感。有的工人一天要工作十六个小时。超长时间的工作，让他们没有时间与社会的其他部分接触。"对他们来说，无产化的过程，毋宁说是与社会隔绝的过程。"① 这引起中产阶级知识分子中一些激进人士的关注。社会主义思想的主要代表，包括马克思和恩格斯，皆来自于中产阶级知识群体。他们看到底层人民的痛苦，内心便深受打击。他们认定这痛苦源自整个经济制度，非点滴改良措施所能缓和，便憧憬着一种全然不同的社会秩序。社会主义思想运动对欧洲占主导地位的自由主义发起攻击。与怀念旧秩序的保守派相类，社会主义是另一种形式的对自由主义的反动。

不过，底层民众的贫困古已有之，仅仅因为贫困，并不能导向社会主义。社会主义之兴起，如肯尼斯·米诺格所言，实为两个现象融合产生的结果。它们是："第一，19世纪有这样一个思潮：认为社会基本是一个工厂，其产品应当平均分配给工厂的每一名成员；第二，在那一个世纪里，新生的产业工人阶级实际上获得了政治权利。"②

法国大革命后，社会主义有二：一是人文主义的社会主义，二是科学社会主义，或称共产主义。人文社会主义，包括乌托邦主义、修正主义的社会主义、费边社的社会主义。他们关心人的处境，特别是贫苦劳动者的物质生活条件，做出许多改革的尝试。科学社会主义则宣称社会主义是建立在社会发展的规律之上的，社会主义的到来不以人们的意志为转移，因而具有科学基础。马克思主义即科学社会主义。

在社会主义与共产主义的用法上面，"社会主义"一词出现得早，它在法国大革命时期即出现了，而"共产主义"一词至1840年左右才出现。社会主义坚持其初始含义——主张社会协作，以反对自由竞争的资本主义，他们反对竞争，反对利己主义。社会主义者总对既存的人与社会做出反思、批判。而共产主义，初始含义重在灭私立公。共产，即消灭私有财产。法国早期共产主义理论家卡贝（Etienne Cabet, 1788—1856）曾说，孔子、莱库古、毕达哥拉斯、苏格拉底、柏拉图、普鲁塔克、博絮埃、洛克、爱尔维修、雷纳尔、富兰克林、西斯蒙第，都是共产主义者。③ 在马克思、恩格斯的理论工作之后，共产主义与现实中的工人运动、阶级斗争联系在一起，与暴力革命联系在一起，它要求工人阶级在统一纲领的指导下，在共产党的领导下采

---

① ［美］弗里德里希·沃特金斯：《西方政治传统——现代自由主义发展研究》，黄辉、杨健译，吉林人民出版社2001年版，第131页。
② ［美］肯尼斯·米诺格：《政治学》，龚人译，辽宁教育出版社1998年版，第78页。
③ ［英］霍布斯鲍姆：《马克思和恩格斯与马克思主义以前的社会主义》，载高崧等编《马克思主义来源研究论丛》第七辑，商务印书馆1986年版，第241页。

取行动，推翻既有政府，建立全新的社会。

马克思去世后，社会主义主要分化为三个支系：（1）正统派：该派主张严格基于马克思的著作去理解社会主义，代表人物是考茨基（Karl Kaustsky, 1854—1938）。因该派学术味太浓，离工人生活太遥远，很快就在社会主义运动中失去了影响。（2）修正派与费边社的社会主义。修正派主张修正马克思的某些命题，主张以渐进的方式去追求社会主义的目标。费边社则是英国的一些社会主义者在约翰·斯图亚特·密尔学说的基础上建立的社会主义小团体，他们主张在民众自愿的基础上建立社会主义，而非由中央集团将社会主义体制强行加于社会。（3）马克思—列宁主义。该派由列宁、斯大林代表，主张通过党的精英集团的密谋、策划、领导从事反叛、夺权活动，加速历史进程，以暴力对待旧阶级，通过无产阶级专政，建立社会主义。[1]

马克思主义强调学说本身的阶级性，宣称理论只为无产者服务，为此不惜牺牲资产者。尽管马克思和恩格斯对具体的资本家并无加害之意，但他们毕竟致力于摧毁既有秩序，代之以一个全新的社会，其间没有资产者生存的余地，且提倡暴力革命，认为目的证明手段的正当，故而马克思主义常被当局看作"洪水猛兽"。然而在贫苦劳工看来，马克思主义则是他们的福音，马克思是耶稣或穆罕穆德一样的先知，恩格斯是他们的圣·保罗与圣·约翰。[2]

大多数欧洲的社会主义政党，自称为社会民主党；自"十月革命"后，列宁领导的布尔什维克主张以一党专政的方式建设社会主义，形成社会主义的苏联模式，而与社会民主党主张的走合法斗争道路的社会主义模式分道扬镳。

社会主义的核心价值是平等，它关心"平等"胜于"自由"与"博爱"。19世纪法国的托克维尔尝言，民主的本质是身份的平等。社会主义则不仅要求身份的平等，还要求物质财富上的平等。社会主义试图将平等由政治领域扩展到社会经济领域。英国的社会主义者拉斯基（Harold Lasky）说："社会主义是民主的逻辑结论。"[3] 在理论上，社会主义不仅不排斥民主，还要追求更"全面"的民主。它与传统社会的特权制、等级制、封建出身论、

---

[1] Leon P. Baradat, *Political Ideologies: Their Origins and Impact*, New Jersey: Prentice-Hall, Inc., 2000, p. 185.

[2] Robert L. Heilbroner, *The Worldly Philosophers: The Lives, Times and Ideas of the Great Economic Thinkers*, New York: Simon &Schuster, 1999, p. 139.

[3] Leon P. Baradat, *Political Ideologies: Their Origins and Impact*, New Jersey: Prentice-Hall, Inc., 2000, p. 191.

终身制、世袭制不同，与西方代议制民主亦不相同。

空想社会主义

空想社会主义，又被称作乌托邦的社会主义。它是马克思主义的"三大来源"（考茨基语）之一，主要代表是英国的欧文和法国的圣西门、傅立叶。欧文、圣西门、傅立叶虽同属空想社会主义者，但他们"空想"的方式、内容并不相同。圣西门主张建立统一的世界性计划经济，他的社会主义，是一种集权制的社会主义；而欧文和傅立叶则主张在分散的公社基础上联合而形成新的社会秩序，他们的社会主义，是一种公社制社会主义。这三人中，傅立叶对马克思影响最深，欧文与马克思相去甚远，马克思对圣西门的学说则深表怀疑。[1]

欧文：创立新社会

罗伯特·欧文（Robert Owen，1771—1858）出生于英国威尔士的一个不甚富裕的小商人家庭。他勇于探索，富有同情心和正义感。欧文上完小学后，就开始独立谋生。18岁时，他开始独立经商，一度进账颇丰。不到30岁时，欧文就在苏格兰创办了一家规模巨大的纺织厂。他在这家工厂中，实行有利于工人的改革措施，把他的社会理想付诸实践。他缩短工时，在该厂附近建立了一个合作村，又建了工人子弟幼儿园、学校，以便使每个工人家庭都能体面地生活。但他发现，尽管如此，雇主还是获利最厚，工人仍是雇主的"奴隶"，于是，他对资本主义生产方式本身发生了怀疑。1820年至1821年，他的社会主义思想日渐成熟。

欧文在1824年前往美国，次年，他在印第安纳州建立了由移民组成的"新和谐"村，试验他的思想。他耗费了大量财产，结果以失败告终。1830年到1834年之间，他有关社会合作的思想在英国得到传播，在欧洲也产生了不小的影响。返回祖国后，欧文成为英国工人运动的领袖之一。

欧文历经无数失败，但对其社会理想一直有信心。欧文认为，我们需要的不是政治革命，而是一种全新的社会组织。应当创立一个新社会，其中工

---

[1] 李季：《马克思传》，上海神州国光社1949年版，第114页。

业给人类带来财富,工人生活满意。新的社会体现的是新的集体生活,其中没有犯罪、贫困、刑罚,也没有商业竞争,对利润的追求将得到限制。新社会实行按需分配。新社会中,婚姻将百分百建立在爱情的基础之上。根据他的设计,标准的新社会单位包括1200人,占地500公顷,正方形,建有公共厨房、娱乐中心等。每个家庭拥有自己的一套住房,但在教育与劳动中,以社会价值为导向。

欧文认为,教育能根治一切社会罪恶,世间灾难之源,莫过于人们的无知。他相信启蒙运动所宣扬的理性和进步。欧文认为人性本善,之所以如今道德败坏、精神颓废、尔虞我诈,原因在于糟糕的社会环境。为了弃恶扬善,首先必须改变社会环境,必须消灭私有制、宗教偏见与现代婚姻制度。他认为,社会主义将"在夜间像一个贼一样"悄悄地到来。[1]

圣西门:实业制度的设计师

圣西门(Claude Henri de Saint-Simon,1760—1825)出生于法国巴黎的一个贵族家庭,具有伯爵头衔。他从小喜爱冒险。1777年,圣西门入伍。1779年,他随法国军队前往美洲为支援美国独立而与英军作战,担任法国海军的高级军官。法国革命期间,他曾和一位德国朋友合伙做出售流亡贵族财产和教会财产的投机买卖,获利颇丰。1793年雅各宾专政时期,圣西门因政治问题被捕入狱。1794年罗伯斯庇尔倒台,他才得以获释。他曾上书拿破仑,劝说拿破仑采纳他的建议,而拿破仑则把他当成一个疯子。1798年开始,圣西门开始从事科学研究活动,与巴黎的科学家多有交流。1802年,他前往英国游学,不久又去了日内瓦及德国的一些城市。圣西门每到一处,就要考察那里科学研究的状况。积蓄花光后,他的生活变得极度贫困,以致想开枪自杀,只是没有成功。1806年起,圣西门得到他从前的仆人的资助,生活有了保障,于是他可以安心著书立说。圣西门自言作为哲思之人,他的人生刚刚起步。他之前的生活,都是一系列实验而已。他在1808年所写的"自述"中,以一段妙语来勉励自己较晚始从事研究工作。他写道:

---

[1] John L. Gray, "Karl Marx and Social Philosophy", in *The Social & Political Ideas of Some Representative Thinkers of The Victorian Age*, a series of lecture delivered at King's College University of London during the Session 1931-32, edited by F. J. C. Hearnshaw, London: George G. Harrap & Company Ltd., 1933, p. 147.

人的一生可以同植物的一年相比。

春天，花开满园：有的花儿结果，有的花儿萎谢，大部分花儿在夏季来到之前没有结果就枯萎凋零了。这不正是人生童年时期的鲜明写照吗！

夏天，园里呈现出另一派美景：树上挂满果实，一些果子硕大丰满，而大部分果子却枯瘪坠落。这不正是人生壮年时期的写照吗！

秋天，园里又呈现出美丽的景象：果子成熟了，这是人生处于成年时期并以其有益的贡献而出类拔萃的幸福时刻的情景。

最后，初冬，园里还有几棵可以使人赏心悦目的果树：树上还依稀地挂着一些果子，这好像是一些年长者，在一生中做过多次实验、仔细观察了实验的结果以后，又以其充沛的精力来热情、清晰、精确地报告他们的工作。这些人就是有创造发明的哲学家。①

圣西门的著作有《一个日内瓦居民给当代人的信》《论实业制度》《新基督教》等。他在艰难的生活条件下著书立说，拥有不少信徒，这些信徒史称"圣西门主义者"。

圣西门对法国大革命的批判是，法国大革命没有带来新的政治形式，不过是以一种新的奴役代替了旧的奴役。他把革命后的法国社会矛盾概括为"实业家和游手好闲者的对立"。他所说的"游手好闲者"，包括贵族、僧侣、资产阶级中的不劳而获者（例如哲学家、律师）；而"实业家"不仅指工厂主、商人，也包括雇佣工人和农民。他认为，只有实业家为社会创造财富。然而，"游手好闲者"却霸占了权力、财富、机会，"实业家"则处境艰难。这就需要改革，改革的目的是让实业家上升到统治地位，建立"实业制度"。他说，在实业制度下，国家政权将发生质变。社会的领导权将由实业家和科学家来执掌。他写道："实业家和科学家应当尽自己的天职，占领政治舞台。"② 世俗权力集中于实业家委员会，宗教权力则集中于科学院。这两个机构对全国进行领导，实行计划经济。

与实业制度相一致的哲学体系是"新基督教"。"新基督教"以"四海之内皆兄弟"为基础，认为人们应当拥有一个对多数人最有利的新社会。圣

---

① ［法］圣西门：《圣西门选集》第一卷，王燕生等译，商务印书馆1962年版，第41页。
② 同上书，第254页。

西门说，新社会的目的，是最迅速、最全面地改善贫困阶级的道德和物质状况。在新社会中，政治、经济、文化的特权被取消，一切人只是按其所好参与生产组织；每个人都要从事劳动，而科学、艺术等极大地丰富着人们的生活。

不过，圣西门从不主张通过暴力来实现这些理想，他主张通过向国王宣传、呼吁，进行和平的变革。他认为，改革家不应当依靠刺刀来实现自己的想法。"博爱者将采用的唯一手段就是宣传，而这种宣传的惟一目的，则是唤起君主利用人民赋予他们的权力来实现势在必行的政治改革。"① 他说，或许国王一道命令，就可以建立起实业制度。

政治学是关于生产的科学

圣西门指出，在新的时代，政治学应是关于生产的科学，它只是着眼于组织社会、组织生产。它排除了过去神学的、形而上学的臆测的成分，实现了彻底的科学化、实证化。无疑，圣西门是实证政治学的奠基人。

圣西门不认为普通公民有能力就政治问题发表看法，他说："今天，仍然有人可笑地认为，政治知识是天生的，或者说，只要你生为法国人，便能判断政治问题。这种说法不但不为人们所讪笑，反而被称为爱国主义。然而，一旦政治进入实验科学行列（今天看来不会太迟了），掌握政治才能的条件就会变得明确而肯定，而政治研究则将由可以堵塞一切谬论邪说的特殊的学者阶层去进行。"②

圣西门如此断言并非突发奇想。他自信从法国革命后的社会中看出了未来社会的趋势，那就是军事家、政治家、教士的作用将衰落乃至最后消失，军事与政治生活将让位于经济与科学。他在"实业制度"的名称下所指的社会，即是其门徒孔德所说的"工业社会"。在描述现代世界的"非政治化"特征方面，圣西门亦算是具有代表性的一位思想家。

一元论社会与"高级自由"

圣西门的设想，不是对某个具体制度的改革，而是对整个社会的重组。

---

① ［法］圣西门：《圣西门选集》第一卷，王燕生等译，商务印书馆1962年版，第303—304页。
② 同上书，第257页。

把社会按一种科学的原则"组织"起来，是社会主义者最基本的一个信念。社会主义者认定，一个社会有一个清晰的总目标，每个人的活动，都要服务于这个目标的实现。圣西门说："不必一再反复说：一个社会必须有一个活动目的，否则就没有政治制度。"[①] 圣西门所提出的，正是典型的"一元论"社会理想。

法国启蒙运动的思想家提倡自由，大革命追求自由。圣西门认为，在封建和神学的时代，自由受到威胁，因此需要复杂的政治机构来保障它。但到了实业时代，这样的政治机构纯属多余。圣西门公然抛弃法国大革命以来流行的自由理念。他宣称，把自由当政治的基础，错了！我们进入社会，告别单打独斗的自然状态，不是为了自由。无论是个人自由还是政治自由，都不是社会契约的目的。不过，他没有抛弃"自由"这个词，而是提出了"真正的自由""最高级的自由"这样的说法，这显然已经修改甚至取消了"自由"一词的含义。此种做法，历来为社会主义者所沿用。

圣西门说："真正的自由决不在于社会成员可以随心所欲，游手好闲，无所事事；任何地方出现这种倾向，都应当严格制止；恰恰相反，真正的自由，在于尽量广泛地和毫无障碍地发展人们在世俗方面或精神方面有利于集体的才能。"[②] 在这里，自由被界定为个人才能的发展（个人的全面发展），所谓个人才能，必须是利于集体的才能。这种"自由"，与个人的选择无关。圣西门宣称，实业制度与科学制度的建立，将带来"最高级的社会自由"。在圣西门展望的理想社会中，秩序井然，各部门密切配合，从属于一个整体，显然，个人自由与政治自由都不存在了。但圣西门说，在为集体创造福利、为国家做贡献的过程中，人们获得了一种高级的自由。然而，奴役、服从、限制并不因加上"真正""更高级"这样的修饰词而有所变化。在圣西门的一元论社会中，一个人没有选择的可能性，不能作为一个独立的人而存在，整个社会变成了一个巨大的车间，为了生产而组织起来。在这样的社会中，个人的自由奄奄一息，微乎其微。圣西门讲得很清楚，人们进入社会，本来就不是为了自由。

傅立叶与"和谐世界"

傅立叶（1772—1837）出生于法国一个殷实的商人家庭，他的全名是弗

[①] ［法］圣西门：《圣西门选集》第一卷，王燕生等译，商务印书馆1962年版，第256页。
[②] 同上。

图 55　傅立叶

朗斯瓦—沙利—马利·傅立叶。他童年时期即具有相当的同情心，常把早点送给上门乞讨的穷人，并且乐于助人，虽然身体不强壮，却总能见义勇为。傅立叶的生活还算丰富：

> 沙利不仅爱好科学，而且从童年时代起就有富于幻想和诗性的气质。他非常爱好音乐和诗歌，会奏数种乐器，也能作曲，最喜欢在吉他伴奏下高歌；对绘画也有相当爱好，好像还研究过作诗。在他的房间里，经常摆放着许多盆鲜花，傅立叶一生都喜爱花草。①

傅立叶经历过法国革命。那时，他正在里昂做咖啡、茶叶、棉花生意。但雅各宾党人与吉伦特党人发生了公开的国内战争。雅各宾党人攻打里昂时，他的财货全部被城里的吉伦特党军队没收，支援医院和军队，成包的棉花被拿去做防御工事。他本人也被拉去当兵，在一次战斗中差点丧生。雅各宾党人攻下里昂后，傅立叶被逮捕，一度释放，又几次被捕，最后在一个亲

---

① [美] 阿·鲁·约安尼相：《傅立叶传》，汪裕荪译，商务印书馆1961年版，第26页。

戚的帮助下才从狱中出来。傅立叶因此极其敌视法国革命,尤其是雅各宾专政。他认为1793年的政体是向野蛮的大倒退,他称雅各宾党人是在全国安插告密者、遍设断头台的强盗。他最生气的,就是有人把他的思想与革命派的思想相比,他要与革命派划清界线。①

傅立叶青年时期曾四处旅行,并经过商,不过他一生贫寒。他经商原是他母亲的意思,他自己更愿意当一个文人。傅立叶中学毕业后就步入了社会。他靠自学来满足对知识的渴求。他身边常带小卡片,以记录心得体会。傅立叶不大看书,他的学生送给他书,他也不怎么翻。他基本上只阅读期刊和报纸,报刊是他知识的主要来源。1803年12月3日,他在《里昂公报》上发表了《全世界和谐》的文章,提出了"和谐世界"的设想。1808年,他以匿名的方式发表了《关于四种运动和普遍命运的理论》,这本书很不好卖,卖了20年还没卖完。1822年,他出版了两大卷本的《论家务—农业协作社》(即《宇宙统一论》)。1827年,他出版了最后一部著作《工业的和协作的新世界》,该书是他的"和谐世界"理论的系统总结,也是他著作中最通俗易懂的一本。19世纪20年代后,傅立叶的信徒日增,甚至原来的圣西门主义者也纷纷投到他的门下。

傅立叶处世谨慎,还幻想政府能够考虑他的设想,帮助他建立"法朗吉"(农工协作社)——他所设想的和谐制度的基层单位。他主张建立无数"法朗吉",由此构建和谐制度。他以很大的兴趣关注欧文的试验,还对欧文的研究予以赞扬,不过自他向欧文寻求赞助被拒后,他便开始批评欧文。傅立叶的"法朗吉"有自己的特色。"法朗吉"是一种集体联合的生产和消费协作社,其中按劳动性质分成专业劳动队,以农为主,兼及工业,20岁以上的人自由选择加入哪个队。"法朗吉"并非禁欲主义团体,也非强制劳动营,它主张对每个人的"情欲"因势利导,以促进共同的幸福。例如人们会因为膳食的精美而不断提高自己的劳动热情。养花、看歌剧,都是获得幸福的途径。里面也有专门的教师,承担对儿童的教育任务。② 他希望依照股份公司的形式组织"法朗吉",资本家向"法朗吉"投资,能取得大量股息。而"法朗吉"中产品则按资本、劳动和才能进行分配。他试图由此使工人既是投资者又是劳动者。傅立叶曾长期坚持在一天中的固定钟点在家等候,希望

---

① [美]阿·鲁·约安尼相:《傅立叶传》,汪裕荪译,商务印书馆1961年版,第30页。
② 参见《傅立叶选集》第三卷,冀甫译,商务印书馆1964年版,第140—144页。

有富翁前来投资。①

傅立叶激烈批判资产阶级的虚伪，批评自由主义宣扬的自由。他指出，在资本主义社会，贫困阶级没有任何自由，与此同时，财产、权力却在少数人手里。自由主义是虚伪的，他们对贫困阶级和人民大众毫不关心。资产阶级学者说什么天赋人权，但劳动人民整日挣扎在失业、贫困和饥饿之中，稍加反抗就要被逮捕。资产阶级的法律只是"坐在黄金上的阶级"享受幸福的保证，对劳动者来说，它只是要保证劳动者贫困不受干扰。他说，司法机关和警察让一个盗窃了国家大量财富的供应商逍遥法外，却在同时同地处死了一个仅仅偷了一颗白菜的名叫爱里桑多的穷人。所谓的"文明制度"，实际上是压迫制度，是鼓励背信弃义行为的制度，到处都是恶棍的统治。资本主义不过是"复活了的奴隶制"，工厂不过是"温和的监狱"。

对于现代商业，傅立叶予以全盘否定，这与启蒙运动以来自由主义作家对商业的肯定形成鲜明对照。傅立叶说，商业是骗局，商业机构是违反人的理性而组织起来的。商人阶级是寄生的，他们不从事生产，其典型形象是在街头鼓动小孩回家偷父母的东西、鼓动仆人偷老爷的东西拿出来换钱的犹太人。商人们大声合唱着："我们不是为了光荣而工作。"他们的座右铭是：金钱！金钱万岁！没有金钱，一切皆空！商人是"现代社会中最虚伪的阶级"，他们为了让自己富有，玩着破产、囤积居奇、证券投机、高利贷的把戏，还干着贩卖奴隶的罪恶勾当。他们统治着农民、小生产者、工业家。

傅立叶慨叹："商人的利益及利益所系的资产负债表、平衡、担保、均等这些原则变成了一切人们在它面前跪拜的神圣约柜。"② 商业精神已经腐蚀了政治和人民。大臣热衷于搞大型商业中心，政府官员以与富商喝茶为体面；哲学家们出入富商的豪宅，唱着商业的颂歌，以换得金钱和干酪，而他们刚进城时还穿着破木屐。他们写作只是为了赚钱。商业玷辱了宗教，消灭了基督教世纪的慈悲心，它对待宗教犹如对待商品；它亵渎了理性和自由事业；它消除了人们的荣誉感，人们只知拜黄金之神，贤明、道德、善行都不存在了。人们关心砂糖和肥皂的价格，把知道交易所价格变动秘密的人看作19世纪最伟大的天才。③ 一句话，商业正在让"文明制度"走向解体。不过，傅立叶并不想通过改革来维持文明制度，他是要人们做好文明解体后进

---

① [美]阿·鲁·约安尼相：《傅立叶传》，汪裕荪译，商务印书馆1961年版，第116页。
② 《傅立叶选集》第一卷，汪耀三译，商务印书馆1959年版，第138页。
③ 同上书，第253—255页。

入新社会的准备。按照傅立叶的设计,在未来新的社会里面,商业应该由政府控制。

傅立叶认为,人类社会经历了蒙昧制度、宗法制度、野蛮制度和文明制度四个时期,每个时期皆分为童年、成长、衰落、凋谢四个时期。按傅立叶的分期,古希腊、古罗马是文明时代的童年,中古是文明的"生长期",近代英国人主导的时代,则是文明制度的衰落时期。第四个时期尚未到来,傅立叶推断它将是"商业封建主义"(类似于垄断资本主义)的时代。① 我们目前处于文明时期的第三个时期。而下一个时期将是和谐制度时期。傅立叶说,当人类过渡到和谐制度后,天地间就会发生惊人的变化:

> 大地将重现自己的"北极光轮",并将拥有五颗新的卫星,结果在陆水空三界中出现新的创造物。目前存在的一切危险而有害的动物,将因出现对人类极其有益的"反对动物"而被消灭,如出现反狮、反鳄鱼、反老鼠和反臭虫等动物。植物界和矿物界的新创造物,也将对人极为有益。出现了无数可口和有益健康的药剂,甚至海水也带有柠檬的味道。有了"北极光轮",不仅极地的冰块全部融化,所有的土地都可以被人居住,而且到处的气候都将变好。夜晚将同白昼一样,非常光明而美丽。②

空想社会主义者之所以被称为空想,是因为在马克思主义者看来,空想社会主义者没有看到工人的力量,也不准备诉诸革命行动。他们只是不断向社会呼吁,向统治阶级呼吁,希望以和平的方式实现其理想社会目标。

革命导师马克思、恩格斯

卡尔·马克思1818年出生于普鲁士莱茵省特里尔的一个犹太人家庭。他的父亲是一名温和的自由主义者,对伏尔泰和卢梭的思想了然于心。6岁时,马克思的父母脱离了犹太教,改信基督教。青年马克思曾入波恩大学学法律,但因在波恩大学时不免挥霍,其父亲决定让他去风气较好的柏林大学

---

① 《傅立叶选集》第一卷,汪耀三译,商务印书馆1959年版,第133—134页。
② [美]阿·鲁·约安尼相:《傅立叶传》,汪裕荪译,商务印书馆1961年版,第84页。

学习。在柏林大学，马克思很少去上课。他的知识主要靠自学。他听过历史法学派代表萨维尼关于罗马法的课，也听过圣西门主义者甘斯（Eduard Gans）的法学课。不过，在柏林大学时期，马克思的兴趣不在法律，而在哲学。他热衷于参加青年黑格尔团体的活动。青年黑格尔派是黑格尔主义左派，重视黑格尔所讲的辩证变化，偏向革命；黑格尔主义的正统派（老年黑格尔派）是黑格尔主义右派，重视黑格尔所说的"绝对精神"，偏向保守。马克思的博士论文探讨的是德谟克利特和伊壁鸠鲁自然哲学的差异。由于论文立场不合柏林大学的保守潮流，有不能通过之虞，马克思遂将论文提交给耶拿大学，最后从那里取得了博士学位。

马克思本想在大学教书，终未如愿。于是他涉足新闻业，主办《莱茵报》。这是一家自由主义小报，此时马克思在上面发表的评论，也是站在自由主义激进派的立场。那时有人指责马克思为共产主义者，马克思说他不懂"共产主义"，他还称法国的共产主义是一些"劣货"。他由于批判时政激烈，特别是批判俄国沙皇统治，普鲁士政府勒令其停刊。马克思经营此报，不过 6 个月。这段时期，马克思受到了费尔巴哈唯物主义的影响。1844 年，马克思到法国巴黎，接过了《德法年鉴》的编辑工作。此间他与海涅、蒲鲁东、巴枯宁等社会主义者交往，在政治上转向了社会主义。马克思的《1844 年经济学—哲学手稿》正是完成于这个时期。后来马克思继续遭到驱逐，他去了英国。自此没再回过德国。也就是说，马克思自二十多岁时，便一直流亡异国。马克思是德国人，但他人生的主要时光是在英国度过的。

马克思一度十分贫困。他无钱养家糊口，至儿女一半夭亡，女儿去世后棺材也买不起；有一次准备外出，却因没有鞋子穿而作罢；写书没有纸，只能把衣服卖了。马克思想寄书到德国，邮费付不起。多亏恩格斯不断从曼彻斯特的工厂里"榨取剩余价值"，给他寄来，马克思才能免于饥饿。马克思读书写作，甚为用功，有时连续三天不睡觉。他曾说："我必须训练一批人出来，使他们于我死后，继续从事于共产主义的传播。"[①]

马克思第一次见到恩格斯，彼此甚为冷漠；但后来第二次见面时，他们就成了好友，展开亲密无间的合作。《共产党宣言》就是马克思、恩格斯二人合作完成的作品。在《共产党宣言》中，马克思、恩格斯以历史唯物主义的宏大理论，给工人暴力革命提供了依据，革命不必再受"破坏治安""违

[①] 李季：《马克思传》，神州国光社 1949 年版，第 25 页。

反法律"等罪名的约束。从前捣毁机器、暗杀等暴力活动带来的道德压力，因历史唯物主义而全然化解。而共产党不同于人们迄今所见到的一切政党，此种特殊的性质，也由这份宣言予以揭示。《宣言》体现了马克思、恩格斯的文才，其开头即妙趣横生，令人称奇。《宣言》序言开头是这么写的：

> 一个幽灵，共产主义的幽灵，在欧洲徘徊。旧欧洲的一切势力，教皇和沙皇、梅特涅和基佐、法国的激进党人和德国的警察，都为驱除这个幽灵而结成了神圣同盟。①

《共产党宣言》后来成为国际工人运动的圣经、马克思主义理论经典中的名作。但在1848年2月初《宣言》以德文发表时，并无人在意。李朴克内西说，那时德国知道马克思名字的，不满三打人。之后随着欧洲保守政权的巩固，《共产党宣言》即销声匿迹。②

恩格斯比马克思小两岁，他出生于普鲁士莱茵省巴门市一个制造商家庭，父亲是加尔文教虔信派信徒。恩格斯从小喜欢诗歌，但父亲要求他学习商务。恩格斯来到英国曼彻斯特，他看到的不是富足和繁荣，而是工人的贫困。恩格斯的著作享有盛名，先于马克思。他1844年出版的《英国工人阶级状况》一书，实为科学社会主义的起点。正是此书让马克思对恩格斯印象深刻。恩格斯在个人气质、生活状况、思想风格等方面皆与马克思相去甚远。马克思是典型的革命者形象，衣冠不整，郁郁寡欢，埋头于布满尘土的杂乱的书斋中从事写作，据说他经常担心自己大限将至，恩格斯则是一个资产者形象，活泼开朗，生活丰富，喝酒、击剑、打猎、游泳，都是恩格斯的最爱。据说恩格斯曾游泳横穿威瑟河（Weser River）四个来回，中间无须休息。在思想风格方面，马克思善哲思，有深度，恩格斯长经济，有广度。他们的差别，恰好形成互补。

马克思到伦敦后，开始写作巨著《资本论》（*Das Kapital*）。1883年，马克思在他的安乐椅上死去，那时他的《资本论》还没完成，其写作持续近四

---

① ［德］马克思、恩格斯：《共产党宣言》，《马克思恩格斯选集》第1卷，人民出版社1974年版，第250页。此段文字旧译为："一个妖怪，徘徊欧洲——这就是共产主义的妖怪。旧欧洲的一切势力，如罗马教皇与俄皇，梅特涅与基佐，法兰西的激进派人与德意志的警察，已经结成一种神圣的狩猎'同盟'，来对付这个妖怪了。"参见李季《马克思传》，神州国光社1949年版，第352页。

② 李季：《马克思传》，神州国光社1949年版，第376页。

十年。恩格斯整理其手稿，将其予以出版。1867年，《资本论》第一卷编辑完；马克思去世后，恩格斯在1885年编辑好第二卷，1894年编辑好第三卷，翌年恩格斯去世；《资本论》第4卷1910年才问世。马克思被安葬在伦敦的海格特公墓，恩格斯发表了著名的《在马克思墓前的讲话》，纪念他的朋友，誉其在人类历史研究方面的贡献堪比达尔文。①

马克思号召工人革命，接管国家。作为一个激烈反政府的知识分子，往往他每到一处，即遭驱逐。最后，还是老牌资本主义国家英国友好地接纳了他。得益于继承得来的遗产以及恩格斯不断的资助，他后来的生活，大有改善，写作《资本论》时，他已经住进了英国的富人区。

在马克思所生活的时代，社会主义有三个主要流派：德国工人运动领袖斐迪南·拉萨尔（Ferdinand Lassalle, 1825—1864）的改良主义、马克思的科学社会主义、蒲鲁东和巴枯宁的无政府主义。拉萨尔在德国的实际影响最大，他主张与国家合作，在国家法律范围内为工人福利进行斗争，争取普选权；无政府主义者认为一切国家都要取消，才能解决问题，他们寄希望于流氓无产者的暴动；科学社会主义则主张推翻资产阶级统治，但认为必须依靠无产阶级。马克思、恩格斯对拉萨尔主义和无政府主义，都有激烈的批判。

马克思的基本思路是从经济基础与上层建筑的关系中来透视政治，并且，他的理论从根本指向来说是以经济的角度来考察政治，尽管他说要辩证地看待其间的作用与反作用。他说：物质资料的生产是人类社会存在和发展的基础。这也是马克思主义被人们说成是"经济决定论"的由来。政治在马克思那里确实处于从属的地位，它只是上层建筑。政治问题往往最终被还原成经济问题而加以讨论。近代西方民族国家与法律，皆被马克思视为资产阶级阴谋榨取、镇压劳工而发明出来的东西。马克思展望的理想社会中不存在国家，不存在正义与法治。如把近代以来的思想家按对国家的态度分为三类：创立国家、改良国家、摧毁国家，马克思无疑属于第三类。② 马克思的学说以社会和经济为中心词。他对资产阶级社会的批判，使他在西方社会学

---

① 恩格斯说："正象达尔文发现有机界的发展规律一样，马克思发现了人类历史的发展规律，即历来为纷繁芜杂的意识形态所掩盖着的一个简单事实：人们首先必须吃、喝、住、穿，然后才能从事政治、科学、艺术、宗教等等。"参见［德］恩格斯《在马克思墓前的讲话》，《马克思恩格斯选集》第3卷，人民出版社1972年版，第574页。

② ［美］格林斯坦、波尔斯比编：《政治学手册精选》，竺乾威等译，商务印书馆1996年版，第15页。

理论发展史上占有一席之地。马克思常常也被称为现代社会学的奠基人之一。事实上，除了对法国巴黎公社的制度做过评论外，马克思很少直接系统地探讨具体的政治制度设计和未来的政治结构。

劳动创造了人

马克思认为，劳动创造了人。劳动，即人与自然的新陈代谢。他接受了达尔文关于物种进化、人猿同祖的学说，并指出劳动在人的进化过程中起着关键的作用。事实上，劳动、劳动者，在马克思的社会政治理论中具有十分重要的位置。在一定意义上讲，他的学说可以说是关于劳动者的学说。汉娜·阿伦特称马克思为"现代最伟大的劳动理论家"[1]。马克思说劳动创造了人，与那个时代结合起来考虑，具有十分重要的意义：第一，这意味着不是上帝创造了人，人是自己创造了自己。第二，这意味着劳动者的翻身。从前的思想家都将劳动看作奴隶或下等人的事情，但马克思则赞美劳动，将劳动与"创造人"联系在一起。第三，它意味着将人与动物区别开来的特殊品质，不是理性，而是劳动。亦即人不是一个理性动物，而是一个劳动动物。第四，它意味着，直到那时，不是人最高的禀赋——理性，而是传统最鄙视的人类活动——劳动包含了人的属性。[2] 用汉娜·阿伦特的话来说，马克思挑战了传统的上帝观、传统对劳动的评估以及传统对理性的赞美，试图走出西方政治哲学传统，不过，他做的其实是"颠倒"了传统，把传统上关于"劳力"与"劳心"的秩序"颠倒"了一下。

人是"社会动物"

马克思认为，人的本质不能从人本身去寻求，只能从他所生活的社会中去考察。正如伯林所言，"对于马克思来说，人可以归结到他所在的社会。"[3] 在马克思那里，人就如一块砖，砖只有在一堵墙里面才能获得其意

---

[1] Hannah Arendt, *The Human Condition*, Chicago and London: The University of Chicago Press, 1998, p. 93.

[2] Hannah Arendt, *Between Past and Future: Eight Exercises in Political Thought*, New York: The Viking Press, 1968, p. 21.

[3] ［英］以赛亚·伯林、［波兰］贝阿塔·波兰诺夫斯卡—塞古尔斯卡：《未完的对话》，杨德友译，译林出版社2014年版，第212页。

义；砖也没有权利从墙上掉下去。人是社会动物，在马克思那里意味着你并不拥有你的独立的自我。这就是人的本质的现实性问题。抽象的、宗教的人的形象不过是一种虚幻的东西，是"非人"，而不是人的本质；从无数单个人抽象出的人的"类"，即所有个人的共同特性，也不是人的本质。

人的本质问题，核心是人与动物的区别问题。在马克思看来，任何人，都是处于一定社会关系中的人。人与动物的区别不在于人能思考、有意识，[①]而在于他能从事生活资料的生产，这种基于社会分工基础上的生产活动注定不是个人的活动，而是与他人发生联系的社会生产活动。这种关系的发生是不以人们的意志为转移的。"当分工一出现之后，每个人就有了自己一定的特殊的活动范围，这个范围是强加于他的，他不能超出这个范围：他是一个猎人、渔夫或牧人，或者是一个批判的批判者，只要他不想失去生活资料，他就始终应该是这样的人。"[②] 马克思说，在阶级社会中，人的社会性主要体现为人的阶级性。

马克思实际上是以"社会动物"取代了亚里士多德所说的"政治动物"以及传统哲学家所讲的"理性的人"。

人的"异化"及其超越

马克思认为，自从分工出现后，人就处于一种为外在于自己的力量所控制的状态，这就是人的"异化"（alienation）。异化的概念源自黑格尔。黑格尔追随卢梭、路德及更早的基督教传统，称人与自然、与彼此、与上帝永远的分离状态为"异化"。马克思认为，当人的行为与他们真正的目的相冲突时，当他们的正式价值（official value）、扮演的角色不能展现他们的真实目

[①] 马克思主义关于人与动物区别的论述，有多个说法。例如，通常的马克思主义教科书会提到人是"制造工具的存在"，制造工具使人与动物区别开来。人是"制造工具的存在"，这是本杰明·富兰克林对人的定义，马克思称之为美国人对人的定义。马克思在《1844年经济学—哲学手稿》中则有"有意识的生命活动将人与动物区别开来"的说法，意即动物不能进行有意识的活动，而人能进行有意识的生命活动，使他的生命活动变成了一个"意志与意识"的对象。这似乎是说人与动物的区别在于他有意识，他是一个理性的存在。有的学者则从"实践性的存在"（the being of praxis）来界定马克思的"人"的概念，指出在马克思那里，实践是一种创造世界、创造自我的活动，人如何更像一个人，是他自身努力的结果。"对马克思来说，人永远不能被'完成'，也永远不能被最后界定"。参见 Gajo Petrovic, "Marx's Concept of Man", in *Interpretations of Marx*, edited by Tom Bottomore, New York: Basil Blackwell, 1988, p. 145。

[②] [德] 马克思、恩格斯：《德意志意识形态》，《马克思恩格斯选集》第1卷，人民出版社1974年版，第37页。

的、需求与目标时，异化就发生了。[①]"异化"内在于社会过程，其根源在经济层面。要消除"异化"，就必须消除人们现在所处的经济条件，消灭劳动。他指出，统治阶级对人的控制归根到底是物的力量对人的统治。"异化"本质上是"物化"。人们要摆脱"异化"，就必须彻底摆脱物的力量的统治。人们创造了社会，但人类自身的产物却聚合为一种统治人们的、不受人们控制的、与人们愿望背道而驰的物质力量。在资本主义社会，这种物质力量就是资本的力量，是供需法则的力量，它们成了非人格化的权威，支配人们的生活。因此，为了使人成为"人"，实现某种对历史的超越就很有必要，这就是推翻资产阶级的统治，摧毁资本主义社会本身。由此，马克思的学说必然成为一种革命学说。他深信历史的演变具有哲学的意义。一个全新的人类获得最终解放的社会不仅仅是哲学家所探索追求的理想，而且是人类历史发展的一个阶段。

寄希望于无产阶级

在《共产党宣言》中，马克思、恩格斯有一句名言："到目前为止的一切社会的历史都是阶级斗争的历史。"[②]按照马克思的理解，阶级利益、阶级斗争可以解释一切阶级社会的历史现象。所谓阶级社会，是指奴隶社会、封建社会、资本主义社会。阶级矛盾是阶级社会的主要矛盾，不可调和，阶级斗争是对抗阶级间的斗争，是历史发展的推动力。资本主义社会资产阶级与无产阶级的对立最终会导致无产阶级推翻资产阶级的统治，建立无产阶级专政，而这个专政不过是达到消灭一切阶级、进入无阶级的共产主义社会的过渡。

马克思批评资产阶级社会。他首先肯定了资产阶级在历史上的作用，进而又指出，资产阶级社会仍然是剥削阶级的社会，它孕育着不可调和的矛盾——生产资料的私人占有与社会生产的无限扩大。经济危机就是这一基本矛盾的体现。在政治上，"现代的国家政权不过是管理整个资产阶级的共同事务的委员会罢了"[③]。资产阶级社会的斗争最终体现为资产阶级和无产阶级

---

① Isaiah Berlin, "Historical Materialism", in *Interpretations of Marx*, edited by Tom Bottomore, New York: Basil Blackwell, 1988, p. 94.
② [德] 马克思、恩格斯：《共产党宣言》，《马克思恩格斯选集》第 1 卷，人民出版社 1974 年版，第 250 页。
③ 同上书，第 253 页。

的斗争。斗争的结果是：无产阶级胜利，资产阶级灭亡，无产阶级是资本主义社会的掘墓人。

马克思阐述这一预见时，其间逻辑如下：当生产力发展（即大工业的发展）到资产阶级所有制关系不能与之适应时，资产阶级社会就会陷于混乱，资产阶级所有制本身也受到威胁。同时，与资产阶级的资本发展相伴的，是与它相对立的无产阶级的壮大。无产者的生活愈来愈下降到本阶级的生存条件以下。"工人变成赤贫者，贫困比人口和财富增长得还要快。"① 最后，资产阶级不能统治下去，而无产阶级则充当了资产阶级的掘墓人。无产者没有财产，他要消灭的是资产阶级的私人占有制，此后私有制将不复存在，人们进入的也正是真正的人的生活，一切压迫剥削都没有了，国家也将消亡而代之以人类自由的联合体。

我们不难看出，在这一结论得出的过程中，至为关键的一环是：随着无产者日益增长的贫困，工人变为赤贫者。在马克思看来，这一环节是资本运转过程中必然出现的后果。马克思在《资本论》中对此做了细致的分析。他写道："一切生产剩余价值的方法同时就是积累的方法，而积累的每一次扩大又反过来成为发展这些方法的手段。由此可见，不管工人的报酬高低如何，工人的状况必然随着资本的积累而日趋恶化。最后，使相对过剩人口或产业后备军同积累的规模和能力始终保持平衡的规律，把工人钉在资本上，比赫斐斯塔斯的楔子把普罗米修斯钉在岩石上钉得还牢。这一规律制约着同资本积累相适应的贫困积累。因此，在一极是财富的积累，同时在另一极，即在把自己的产品作为资本来生产的阶级方面，是贫困、劳动折磨、受奴役、愚昧、粗野和道德堕落的积累。"② 与工人赤贫化相伴的还有人的"异化"。这两种后果最终使无产阶级对现存社会忍无可忍，阶级的对立发展为最后的决战。马克思主张全世界无产阶级联合起来，最终在同一个早晨实现共产主义。而他们在斗争中，失去的是锁链，获得的是整个世界。

不过，无产者日益增长的贫困，并不能得到后来诸国实际状况的验证。以老牌资本主义国家英国为例，维多利亚时代英国工人的状况，较从前是大为改善了。马克思和恩格斯当时即认识到了这个状况。恩格斯写信给马克思

---

① ［德］马克思、恩格斯：《共产党宣言》，《马克思恩格斯选集》第1卷，人民出版社1974年版，第263页。
② ［德］马克思：《资本论》第一卷，《马克思恩格斯全集》第23卷，人民出版社1972年版，第708页。

说:"英国无产者实际上正变得越来越具有资产者性质,以至于所有国家中这个最资产化的国家的终极走向,将呈现为资产者性质的贵族、资产者性质的无产者与资产者三者肩并肩的占有。"①

暴力是新社会从旧社会中诞生的助产婆

马克思主张暴力革命,虽然不是只有马克思才这么主张。马克思的名言是:"暴力是每一个孕育着新社会的旧社会的助产婆。"②革命是历史的火车头。《共产党宣言》中说:"共产党人不屑于隐瞒自己的观点和意图。他们公开宣布:他们的目的只有用暴力推翻全部现存的社会制度才能达到。"③

马克思主义者宣称,为了建立美好的社会,必须以暴力的方式,推翻旧政权。为了炒鸡蛋,就必须打碎鸡蛋。革命不是绣花,不是请客吃饭,不可能"温、良、恭、俭、让"。暴力革命论是马克思主义的基本主张。尽管后来列宁对和平夺权的条件做了阐述,但是,暴力革命论在马克思主义中一直居于重要地位。斯大林声称:"共产党人是从丰富的历史经验出发的,这个历史经验教导我们,已经衰亡的阶级不会自愿地退出历史舞台。"斯大林以克伦威尔为例,说克伦威尔"为了宪法,他采用了暴力,处决了国王,解散了国会,逮捕了一些人,杀了另一些人!"④毛泽东继承了马克思的暴力革命论,提出了"枪杆子里出政权"的著名口号。

没有分工的共产主义社会

马克思所说的共产主义社会是自由人的联合体。那时,随着私有制的消灭,国家消亡了,阶级消亡了,政治冲突也没有了,社会经济是一种产品经济,人们各尽所能,按需要分配产品,劳动成了一种休闲,就好比人们的业

---

① Robert L. Heilbroner, *The Worldly Philosophers: The Lives, Times and Ideas of the Great Economic Thinkers*, New York: Simon &Schuster, 1999, p. 171.
② [德]马克思:《资本论》第一卷,《马克思恩格斯全集》第 23 卷,人民出版社 1972 年版,第 819 页。
③ [德]马克思、恩格斯:《共产党宣言》,《马克思恩格斯选集》第 1 卷,人民出版社 1974 年版,第 285 页。
④ 斯大林:《和英国作家赫·乔·威尔斯的谈话》,转引自《马克思主义经典作家论世界近代史》,福建人民出版社 1986 年版,第 33 页。

余爱好一样。需要注意的是，在马克思看来，共产主义社会到来必须有两个条件：一是社会物质产品的极大丰富，二是人们觉悟的普遍提高。共产主义所谓的按需分配，是说每个人只要求分给自己"必需"的生活资料，而不是想拿什么就拿什么。在共产主义社会里，人们的觉悟既然有了极大提高，他便十分自觉，并不要求各种满足欲望、奢侈靡费的东西。马克思认为，共产主义社会是在资本主义发展到最高阶段时才会实现。后来的列宁则否定了马克思的这一观点，提出了穷国可以先搞共产主义的"一国胜利论"。

共产主义社会到底是什么样子呢？马克思说，在共产主义社会中，人们"随自己的心愿今天干这事，明天干那事，上午打猎，下午捕鱼，傍晚从事畜牧，晚饭后从事哲学批判"[①]。共产主义社会是一个没有劳动分工的社会，是一个无政治的社会，是一个自由社会，是一个道德社会，是一个新人社会、圣人社会。

多维视域中的马克思主义

马克思、恩格斯并不只满足于阐发一套激进的学说，他们要将之快速地付诸实践。实际上，马克思主义对具有传统形而上学色彩的"理性"事业没有足够的兴趣。对马克思主义者来说，问题不在于论辩中的胜利，而在于以行动终结对理论的讨论。他的学术研究的目的，是要沟通社会主义与工人运动。马克思说，过去一切世代的理论家只是致力于解释世界，而问题在于改造世界。"物质力量只能用物质力量来摧毁；理论一经掌握群众，也会变成物质的力量。"[②] 哲学把无产阶级当作自己的物质武器，同样地，无产阶级也把哲学当作自己的精神武器。[③] 这便取消了理论与行动的传统区分。理论与实践的距离消失了，各自的独立性也就不复存在。哲学不再是面向真理敞开的永恒的探询，而是成了服务于行动的工具，沦为僵化的教条。反过来，行动的独立性以及因之而来的自由、自发也不复存在。它成了让哲学现实化（实现自身）的工具。

---

① ［德］马克思、恩格斯：《德意志意识形态》，《马克思恩格斯选集》第 1 卷，人民出版社 1974 年版，第 38 页。马克思这一说法，来自于傅立叶。参见 ［英］霍布斯鲍姆《马克思和恩格斯与马克思主义以前的社会主义》，载高崧等编《马克思主义来源研究论丛》第七辑，商务印书馆 1986 年版，第 248 页。

② ［德］马克思：《〈黑格尔法哲学批判〉导言》，《马克思恩格斯选集》第 1 卷，人民出版社 1974 年版，第 9 页。

③ 同上书，第 15 页。

第十二章 社会主义者的希望

历史唯物主义认为，人在历史发展中作用甚微，核心是变化着的那个社会经济基础。即使如拿破仑那样伟大，马克思主义也认为他不过是历史的工具。恩格斯说："恰巧某个伟大人物在一定时间出现于某一国家，这当然纯粹是一种偶然现象。但是，如果我们把这个人除掉，那时就会需要有另外一个人来代替他，并且这个代替者是总会出现的，——或好或坏，但是随着时间的推移总是会出现的。恰巧拿破仑这个科西嘉岛人做了被战争弄得精疲力竭的法兰西共和国所需要的军事独裁者，——这是个偶然现象。但是，假如不曾有拿破仑这个人，那末他的角色是会由另一个人来扮演的。"① 恩格斯说得很清楚，拿破仑不过是一个"角色扮演者"，背后存在的是具有必然性的历史规律。马克思主义是斗争的学说，因此其历来不乏批评者。

萧公权认为，马克思主义是颇具19世纪特色的学说，它与18世纪自由主义形成鲜明对照，18世纪自由主义，要破除的是个人身心的束缚，19世纪社会主义，要解决的则是大众"肚腹的饥饿"。马克思主义的主张，不外是资本共有、生产公营、分配公决。他又指出："在一个经济不平等的社会当中，部分没有饭吃救死不暇的人纵然有法律所赋予的一切自由，也无法享用，这是社会主义者对自由主义一个有力而确实的批评。可惜他们顾此失彼，过于注重人类的物质生存，不免就轻视了精神生活。'死'诚然必须要救，而且必须尽先去救。但为了救死，竟把人性中的超逸优美成分都窒塞汨没，使得人类虽生，近于禽兽，也不是一个妥善的办法。假如在物质生活中'各尽所能，各取所需'就是有生之属的最高理想，那蚂蜂窝蚁穴就是人类进化的最后归宿。"②

法国社会学家、史学家、政治思想家雷蒙·阿隆毕生常读马克思的著作，不过，他从不吝惜对马克思及马克思主义的批评。阿隆认为，社会主义本质是一种世俗宗教（secular religion），它有其先知，有其圣书。它设定了一个终极的神圣目标，给人的存在以方向，它对世界做出了整全的解释，给人群中的孤独、绝望的个人以希望。社会主义的世界里，人与人之间成了平等的兄弟关系。社会主义意味着一种集体性得救。阿隆写道："社会主义宣称的人从历史进程中解放，是基督教对人朝着千禧年（the millennium）迈进

---

① ［德］恩格斯：《致符·博尔吉乌斯》，《马克思恩格斯选集》第4卷，人民出版社1974年版，第506—507页。

② 萧公权：《迹园文录》，中国人民大学出版社2014年版，第183页。

愿景的世俗化。"① 社会主义并不诉诸人的激情，这使得它成为所有世俗宗教中最为理性的一种。具体到马克思主义，阿隆说："马克思主义是一种基督教异端。作为千禧年主义的现代形式，它通过终末论革命，消灭旧世界，将上帝之国放到了地上。资本主义社会的矛盾将不可避免地带来这一颇有成果的大地震。今天的受害者将成为明天的胜利者。"② 这受害者，就是为拯救人类而遭受了无数苦难的无产阶级。在现代社会的阶级斗争中，无产阶级是"特选的阶级"。这与犹太—基督教关于犹太人特选的观念，有着一致的精神结构。③

  作为史学家，阿隆还批判了马克思主义的历史哲学。他认为，历史唯物主义体现了一种典型的"对历史的崇拜"。阿隆指出，马克思式的历史哲学以几个简单的原则来概括大量复杂的历史事件，并假设其中包括了各种不可避免的运动，还将历史的终点设定在无阶级社会，也就是共产主义社会。这种历史哲学造就了人们关于"历史必然性"的幻觉。在历史中行动的人，也因自信看到了历史的走向与终点而变得有恃无恐。历史法则，成了为革命者毫无顾忌地从事暴力活动进行辩护的依据。阿隆指出，革命者操控整个人类历史的普罗米修斯式野心，是极权主义的思想根源之一。④ 阿隆认为，史学家夸大偶然性是错误的，但历史决定论则走向了另一个极端。对于理解历史事件而言，并不是非偶然即必然。⑤ 而把历史归结为经济因素决定，并不能得到证明。一方面，经济事实、政治事实、宗教事实三者往往难以区分。经济活动由众人展开，必定涉及政治；政治安排影响产权与财产分配，必定涉及经济，而任何活动，都是由拥有宗教文化观念的人在进行的。再者，也没有任何证据表明，人类历史的各个时期，都首先关心吃穿住的问题。经济至上并非在各个时期皆占主导地位。首先关心经济，不过是近代以来的事。⑥

  尽管遭到各种批评，马克思主义至今依然保持了其生命力。马克思主义产生于19世纪。马克思描述的资本主义社会，在孔德那里叫工业社会。他的学说，很能体现那个时代的特点。并不奇怪的是，马克思主义与它所批判

---

① Raymond Aron, *The Dawn of Universal History: Selected Essays from a Witness of the Twentieth Century*, translated by Barbara Bray, edited by Yair Reiner, New York: Basic Books, 2002, p. 179.
② Ibid., p. 203.
③ [法] 雷蒙·阿隆：《知识分子的鸦片》，吕一民、顾杭译，译林出版社2005年版，第68页。
④ 同上书，第208页。
⑤ 同上书，第172页。
⑥ 同上书，第149页。

的近代自由主义，共享很多预设，具有颇多共性。这些共性包括：否定超越，关注尘世事务；在经济—技术层面展开理论，关注物质福利，特别重视经济因素在历史中的作用；持进步主义的历史观；崇尚科学，表现出鲜明的理性主义特色。它与近代自由主义的分歧，则不仅体现在对待变革的态度上，更体现为它的反个人主义本质。

马克思作为一个政治经济学家，试图分析资本主义社会的规律。依据他的分析，资本主义社会的灭亡是"不可避免的"。他作为社会学先驱，则提供了对现代社会及资本现象颇为透彻的解析。他的理论引发种种争议，遭到各种批评，然而其思想影响力，迄今犹存。马克思主义对贫困劳工生活条件的关心，仍能引起世界各地人们的共鸣。他描绘的没有压迫、人人平等的"共产主义"社会，仍然激发着许多人的想象。以赛亚·伯林写道："真正的现代经济史以及现代社会学之父，如果有人堪当此名号，必是卡尔·马克思。"[1] 约翰·格雷说："马克思是现代世界最大的颠覆性力量。朝向人类平等的冲动，这一现代人心灵或许最为重要的特征，从他那里汲取着主要的营养……以他的名义，一场社会革命已经发起。"[2]

共产主义，还是民族主义？

如果在部落群体的意义上理解民族，则远古时期，人类按民族或部落散居各处，各有自己的图腾、禁忌，要求部落成员效忠于部落，以致不惜舍己为公，那么，民族意识可谓古已有之。而21世纪，民族意识仍然在人类政治生活中发挥着重要作用，人们对所属民族的情感，尽管备受诸种意识形态浪潮的冲击，仍然清晰可辨。此种存于大众心中的情感与模糊观念，由理论家逐条陈述阐明，便构成了民族主义。

不同于初民原始、朦胧的族群意识，民族主义是近代现象，它是中世纪普世秩序解体后产生的观念。民族的定义历来争议重重，通常以共同的语言、文化、习俗、历史经验等客观标准来界定，也有学者以"民族认同"来

---

[1] Isaiah Berlin, "Historical Materialism", in *Interpretations of Marx*, edited by Tom Bottomore, New York: Basil Blackwell, 1988, p. 102.

[2] John L. Gray, "Karl Marx and Social Philosophy", in *The Social & Political Ideas of Some RepresentativeThinkers of The Victorian Age*, a series of lecture delivered at King's college university of London during the Session 1931－32, edited by F. J. C. Hearnshaw, London: George G. Harrap & Company Ltd., 1933, p. 147.

界定。然而，现实中的民族，多有不合标准而仍然成为一个独立民族者。诚如英国历史学家埃里克·霍布斯鲍姆所言，客观标准或主观认同皆不能成为划分民族的最终依据。因为"民族是什么"是一个发展中的问题，并无固定答案。他说："当任何一群足够多的人宣称他们属于同一民族，那么我们就可以接受他们为一个民族。"① 关于"民族主义"与"民族"，霍布斯鲍姆用盖尔纳的定义，认为民族主义即指主张"政治单位与民族单位全等"② 的思想。他认为，民族主义先于民族，民族是晚近人类的文明现象，民族的形成中"人为因素"甚为重要，民族主义创造了民族。③

人民、民族、国家、民族主义，纠缠在一起，很难区分。结合近代以来西方社会政治进程，或可予以剖析。

现代民族意识的产生起源于16、17世纪，但民族主义作为一种思潮则要到18世纪。民族主义在不同时期有不同的特点，由此也就有多种类型的民族主义。有贵族的民族主义，也有平民的民族主义，有人道主义的民族主义，也有无视个人的民族主义。民族主义的对立面是世界主义。"民族—国家—领土"的模式，是近代国家的特征。国家意指疆域之内国民一律享有平等的公民待遇，它的理念是不论民族、语言、宗教，法律面前一律平等。民族，则要求共同的语言、文化、传统，它的分布，未必与国家界限相吻合。19世纪以前，因为人们把重心放在个人的解放与产权上，因此国家与民族的冲突隐而不现。但是，随着工业革命与国际贸易的发展，国民整合为一个民族的趋势明显。最终的结果是，民族征服了国家，国家成了民族的侍女，成了民族复兴、发展、壮大乃至侵略他国的工具。而由于各种冲破国界的泛运动（泛日耳曼主义运动、泛斯拉夫主义运动），旧有的国家结构解体，帝国主义时代来临。这对于大陆国家来说，破坏性尤其强烈。至此，民族主义已不能一概而论，我们可以看到自由主义、保守主义、激进主义三种不同的民族主义言说。

中世纪基督教普世教会主导的封建秩序，不包含民族主义的因素。在中世纪，个人经由教会这个媒介，与上帝发生联系。犹太人民"特选"的概

---

① ［英］埃里克·霍布斯鲍姆：《民族与民族主义》，李金梅译，上海世纪出版集团2006年版，第8页。
② ［英］盖尔纳：《民族与民族主义》，韩红译，中央编译出版社2002年版，第1页。
③ ［英］埃里克·霍布斯鲍姆：《民族与民族主义》，李金梅译，上海世纪出版集团2006年版，第9页。

念，止于犹太宗教的层面，并不导致犹太民族解放的诉求。民族主义，是西欧中古秩序崩解后的产物，其中关键的是现代国家制度的确立。政教分离，"在谁的地盘上信谁的宗教"，不仅台伯河畔教皇的指令不再有效，在一国国内，教会也不再承担慈善、救济、教育、司法等地方公共职能，教会失去了大片的土地及土地带来的收益。近代国家的公民势必作为个体，直接与他所在的国家发生紧密的联系。近代个人的解放，是与国家对个人直接而严密的规约联系在一起的。个人成为国家的选民，臣民的义务与权利在理论上对等。这种工具性的机械结合，为个人保障自己的生命权、财产权、自由权提供条件，却不能在归属感方面做出回答。此时，便有了民族主义的诉求。"现代民族主义表达一种多少有目的的努力，要在较广大较人为的规模上把原始的部落主义复兴起来。"①

18世纪启蒙运动时期，近代民族主义产生，除前文提及的德国的赫尔德，依据美国学者海斯的梳理，还要加上英国的博林布鲁克与法国的卢梭。这种民族主义，叫作"人道民族主义"，其特点是认为各民族平等共处，各民族的文化皆应得到尊重，民族不应致力于扩张，民族发展之要旨在于人道主义的成长。作为民族主义者，他们提供了民族觉醒、民族教育、民族文化艺术的保护、民族特殊性、"民族性格""民族魂"等观念。以政治立场区分，博林布鲁克、卢梭、赫尔德分别代表贵族民族主义、民主民族主义与非政治的文化民族主义。

18世纪末，上述三种民族主义有了新的继承者。卢梭式的民主民族主义由雅各宾派继承。博林布鲁克的贵族民族主义由"反动派"英国的柏克、法国的波纳尔德、德国的施莱格尔继承，赫尔德的文化民族主义则变成了自由民族主义，其代表人物有边沁，此外还有法国的基佐、德国的韦尔克（Karl Theodor Welcker）和意大利的马志尼。②

雅各宾民族主义大多以卢梭理论为起点，不过，因为雅各宾派着眼于理想之实践，因此发展出自己的特色而异于卢梭的民主民族主义。按海斯的概括，雅各宾民族主义的特点有四：（1）不能容忍异派的存在。它在猜疑的氛围中发展起来，与断头台、恐怖联系在一起。（2）雅各宾为达目的，不惜依赖武力与军国主义，以对抗国内外敌人。（3）它具有强烈的宗教色彩。它创

---

① ［美］海斯：《现代民族主义演进史》，帕米尔等译，华东师范大学出版社2005年版，第9页。
② 同上书，第108页。

造出了新的象征与仪式——国旗，国歌，民族假日，民族庙堂，自由帽，法兰西国家的祭坛等，唤起了人们心中对共和国的忠诚，对法兰西民族的忠诚。（4）具有传教的热情。① 这种"传教"是由新创的宣传机构、教育机构、报纸、爱国团体来完成的。之后拿破仑的事业，则是雅各宾民族主义的发扬光大。

传统民族主义（诉诸传统的民族主义）为贵族代言人所持有。他们反对雅各宾主义，谴责法国大革命的暴行。与雅各宾民族主义相比，诉诸传统的民族主义有其特点。"雅各宾主义讲自然权利，传统民族主义讲历史权利；前者讲民主，后者讲贵族的高贵与重要；前者是革命的学说，后者是反动的，至多也是演化论的学说。前者讲国家主权，公民宗教，后者讲多中心，多重效忠。"② 二者的共同点则是残暴、好战，动辄诉诸武力。诉诸传统的民族主义者除柏克、波那尔德、施莱格尔外，还有夏多布里昂、梅斯特尔等。

自由民族主义的代表是一批自由主义者，如边沁、洪堡、基佐。自由民族主义崇尚和平，认为各民族独立、平等，民族内的个人拥有自由。主张民族自决，赞成代议制民主，期望构建一个和平、互利、自由、民主的国家组成的世界。自由民族主义的拥护者为中产阶级。19世纪，自由民族主义与浪漫主义联姻。自由民族主义在民族解放的浪潮中，其民族主义的一面得到扩张，其自由主义的原则日益丧失。这样，就产生了一种"完整的"（integral）民族主义。③

完整民族主义的说法源自法国学者查尔斯·莫拉斯（Charles Maurras，1868—1952）。它被用来描述法西斯主义、俄国布尔什维克主义那里皆可见的民族主义类型。德国费希特的民族主义，由拿破仑占领柏林而激发，可算此种类型的民族主义的先声。完整民族主义，反对国家主义，认为民族自身是最高的目的，民族利益高于个人，也高于"人类"。原先强调解放与统一的民族主义，被强调"同质"的民族主义取代。所谓德国是德国人的，罗马尼亚是罗马尼亚人的，卢里塔尼亚是卢里塔尼亚人的，法国是法国人的。共同的血缘，土生土长，被视为界定民族的核心标准。按此标准，"无根的"、

---

① ［美］海斯：《现代民族主义演进史》，帕米尔等译，华东师范大学出版社2005年版，第40—44页。
② 同上书，第86页。
③ 同上书，第127页。

另一种血统的犹太人，便成为受排斥的对象。① 完整民族主义拒绝民族合作，除非合作有助于本民族的强大。其极端形式，还可能体现为一种侵略主义的民族主义，无视弱小民族的权利。"它要强迫一切国民去遵守一种行为和道德的共同标准，对之表示同样无理性的热诚。它要使一切和人的自由都成为它的目的之附属物，如果平民口出怨言，它就要剥夺、钳制民主主义。它要为'民族的利益'做这些事情。"② 完整民族主义与极权主义仅一步之遥，它给世界带来的是动荡与灾难。

完整民族主义作为一种意识形态，至19世纪末20世纪初已成世界潮流。它的基本理念是把民族的统一与自觉提升为最高的价值，其他一切皆要顺从此一考虑。这种民族主义，是一种十分危险的意识形态。20世纪英国学者以赛亚·伯林曾将其概括为如下信念：（1）人属于某种特定的群体，群体特征塑造着个人的特征。（2）社会是一个生物有机体，它有目标，这一目标至高无上。（3）坚持某种信念、采取某种政策、实行某种政体、过某种生活最强有力的理由，是因为它们是"我们的"，而非其他原因。（4）如果满足我们归属感的有机体的需要与其他群体的目标相冲突，那么我们便只能强迫那些群体屈服，必要时诉诸武力。③ 民族主义认为，民族给予个人生命以意义。若树叶离开树的肌体，必定会枯萎。它还宣称本民族比其他民族优秀，并且考虑兼并或同化其他"落后民族"。伯林认为，民族意识无可厚非，但民族主义则是"民族意识的一种病理性质的炎症"④。伯林指出，民族主义是与落后国家某种扭曲的心理密切联系在一起的。伯林引用席勒"压弯的树枝"的说法，认为民族主义是一种从外族统治之下解放出来后自发的心理伴生物，是一个民族遭受压迫和屈辱采取的反应。⑤ 压弯的树枝势必要反弹。第一批民族主义者——德国人，提供的就是这样的例子。

民族主义在20世纪盛行，并非理论家的贡献，理论家更多的是起了非常间接的作用。因为民族主义作为一种意识形态，它的支持者是中产阶级与大众。无产阶级在马克思的理论设想中是国际主义者，马克思激烈批判民族

---

① Norman Davies, *Europe: A History*, New York: Harper Collins Publishers, 1998, p. 822.
② [美]海斯：《现代民族主义演进史》，帕米尔等译，华东师范大学出版社2005年版，第130页。
③ [英]以赛亚·伯林：《反潮流：观念史论文集》，冯克利译，译林出版社2002年版，第407—409页。
④ [英]以赛亚·伯林、[波兰]贝阿塔·波兰诺夫斯卡—塞古尔斯卡：《未完的对话》，杨德友译，译林出版社2014年版，第104页。
⑤ [英]以赛亚·伯林：《扭曲的人性之材》，岳秀坤译，译林出版社2009年版，第254页。

主义。共产主义运动的核心是阶级斗争,而非民族斗争。马克思主义认为,阶级意识应当置于民族意识之上。然而,即使这样的反民族主义的传统,其理论运用于实践时也会被民族主义所征服。世界诸国的共产主义运动,皆成了追求民族独立的工具。这种状况,马克思在世时即已知悉,并表示十分不满。

  刚在《共产党宣言》发表的时候,1848年的革命浪潮席卷了欧洲大陆的大部分。马克思在这里觉得他的预言立刻可以证实:革命超越过民族的疆界;各地的民众起来反抗阶级和专制者;一国的工人和另一国的工人结交亲善。马克思自己赶快回到德国去,在科隆重振旗鼓,将报纸改名为《新莱茵报》,此份报纸变成他的国际科学的社会主义的宣传工具。

  但马克思遇着一些失望和幻灭的事情。中等阶级自由主义者不久在1848年的革命运动中占了优势。超国界的工人的友爱关系及其反资本主义的共同斗争转而成为民族主义的冲突和民族统一的斗争了。重握政权的普鲁士反动政府在1849年再度封闭马克思所支持的报馆,驱他出境。他从这时到他死的时候都住在伦敦,日益深信他的根本学说的真理,但同时对世界革命——实行他的学说的机会——的早日实现,渐生疑心。[1]

---

[1] [美]海斯:《现代民族主义演进史》,帕米尔等译,华东师范大学出版社2005年版,第200—201页。

第十三章　代议制民主的危机

　　卡尔·施米特在20世纪20年代写道："议会制度今天处于危机之中，因为现代大众民主的发展已使公开辩论变成了空洞的形式。"[①] 施米特指出，19世纪政治与国家历史最重要的趋势，就是民主的胜利进军。大众民主的发展，对以个人权利为中心的自由主义构成了挑战。民主与自由的张力开始凸显。施米特称，大众民主时代很可能会宣告议会制的终结。大众民主将体现为群众运动，体现为广场上群众的呐喊。法西斯主义与社会主义运动，正是顺应了此一时代潮流。

　　群众登上历史舞台，历史上并非首次。但自1848年欧洲革命以来，随着工业化的进程，产业工人队伍壮大，无产阶级运动高涨，群众的力量达到了前所未有的高度。群众的崛起是现代性的要素之一。现代化进程中，必将出现这样一个由缺乏分层、彼此相似的个体组成的群体。欧洲的保守人士，惊恐地注视着这些来自劳动生产领域的人。他们是产业工人，是贫困的农民。不过，他们热衷于群众运动，不在于其职业，而在于他们在职业生涯中的受挫，他们是人生的输家，他们迫切希望改变自身的处境。[②] 在此一背景中，深受孔德实证主义方法论的影响，一些理论家开始以"科学"的方法研究群众现象。群众与精英二分的范式，始渐流行。他们在庸人时代呼唤超人，在群氓时代呼唤天才。他们把群众看作蠢猪、野蛮人，视群众的崛起为欧洲文明衰落的标志。"西方没落了！"正如当年罗马帝国因为庶民的胜利走向衰亡一样。自由主义历来呼吁解放个体，个体组成的群众，如今转而把枪口对准了自由主义。理性主义哲学在此时受到广泛质疑。在领袖的领导下，有组织的群众以简单、粗暴、猛烈的行动，嘲弄着自由主义信奉的权利、宽

[①] ［德］卡尔·施米特：《政治的浪漫派》，冯克利、刘锋译，上海人民出版社2004年版，第162—163页。

[②] 参见［美］埃里克·霍弗《狂热分子》，梁永安译，广西师范大学出版社2011年版，第21页。

容、博爱、和平主义等理念。人民意志、群众情绪，成为政治家首先考虑的问题。更有法西斯主义政党决心利用群众，以完成其宏伟抱负。

群众现象引起了不同政治派别的思想家的关注。在一些人看到野蛮、倒退的地方，另一些人看到了推动历史发展的动力。如何看待暴力，也出现了新的观点。马克思主义的历史唯物主义，核心要义之一便是认为群众是历史的创造者，群众是真正的英雄，是铜墙铁壁，历史活动是群众的事业。列宁曾如此嘲笑那些畏惧群众的人："当具有十分纯朴的、坦率而鲁莽的决心的人民群众自己开始创造历史，毫不犹豫地直接实现'原则和理论'的时候，资产者就感到恐怖，哭哭啼啼地说'理性退到后面去了'。"①

关于群众现象的思考与探讨，不仅涉及西方民主理论的演变，亦涉及对欧洲文明危机乃至现代性危机的思考。领袖、群众、运动和暴力革命，在"一战"以后，成为新时代的关键词。

尼采与时代的转折

尼采不是通常意义上的政治思想家，他对政体、国家等问题并不作专门的探讨。尼采关注的"大政治"，是一种精神事业，并不涉及多少具体的政策建议。然而，从另一个角度来讲，尼采的著述体现了一种重要的政治思想类型，这种政治思想，视野开阔而又能深入人类生存的基本处境。它诊断时代的弊病，追问人生的意义，寻求疗救的方案。对人的关心，对精神秩序的思考，是政治思想应有之义。

尼采生活在19世纪后半期，这是欧洲历史中的转折期。这一时期，民主胜利进军，大众登上历史舞台。这一时期，如托克维尔所言，贵族作为一个等级是彻底失败了，民主——地位的平等——成为不可阻挡的潮流；与托克维尔同年出生的德国史学家格维纽斯（Georg Gottfried Gervinus，1805—1871）在《19世纪历史导论》末尾写道："我们时代的各种运动无不受大众本能的驱使。……大众正在接管政治。"② 这一时期，工业革命在西方取得了极大的成就，大机器生产随处可见，工业城市的厂房鳞次栉比，高耸的烟囱

---

① 列宁：《立宪民主党人的胜利和工人政党的任务》，《列宁全集》卷10，人民出版社1972年版，第223页。
② [美]哈特穆特·莱曼、京特·罗特编：《韦伯的新教伦理：由来、根据和背景》，阎克文译，辽宁教育出版社2001年版，第70页。

冒着滚滚浓烟；这一时期，马克思全神贯注于劳工问题，从产业大军的万头攒动中寻找着新社会的代表力量，社会主义思潮开始流行；这一时期，也是民族国家结构日渐解体、帝国主义扩张即将疯狂展开的时期。尼采去世后（亦即1900年后）的五十年，发生了两次世界大战，战争、屠杀、死亡、毁灭，与近代早期人们对和平、进步、富足、人道的期许，形成鲜明的对照。尼采十分敏锐地察觉到了时代的危机。他自信诊断出了现代性的疾病，并试图给患病的人们指明方向。

尼采：从思想家到疯子

弗里德里希·尼采（Friedrich Nietzsche）1844年出生于德国洛肯地区的一个牧师家庭。5岁时，尼采父亲因病去世。尼采和比他小两岁的妹妹随母亲生活。10岁时，尼采就读于瑙姆堡文科中学。20岁时，他在波恩大学学习神学。不久，他去莱比锡大学游学，学习古代语言学，并立志做一名教师。此时，他十分喜欢阅读叔本华。1867年，尼采应征入伍。1868年，尼采遇见了作曲家理查德·瓦格纳。尼采与之交往甚笃，他称瓦格纳为"见过的最纯粹的人"。叔本华与瓦格纳对年青时期的尼采影响颇深，不过若干年后，尼采便转而批评他们了，他与瓦格纳的友谊也告结束。

尼采喜爱音乐，他会作曲、弹钢琴。他初时称瓦格纳音乐体现了古希腊文化在德国的复活，不过后来，他则称瓦格纳音乐是欧洲文化衰败的表现之一。尼采很早即开始从事哲思活动，大学期间更是让教授们十分欣赏。1869年，尼采25岁，即被任命为瑞士巴塞尔大学的语言学教授。1870年普法战争时期，尼采尚未退役，在军队中，他从事医疗器械的采购工作。1871年，尼采开始写作他的第一部著作《悲剧的诞生》。

尼采的生活可分为三个时期：第一个时期为1869—1879年巴塞尔大学教授时期。尼采后来对教师职业兴趣渐失，他希望自由思考、自由生活，不受职业的束缚。第二时期为1879—1889年。尼采因病而辞去教授职位，开始到各地漫游。此一时期，尼采承受各种病痛的煎熬，却也是他作品最丰的时期。尼采带着必要的生活用品，住在简朴的房间里，整天在郊野漫游，撑着绿色的阳伞，以防阳光刺眼（尼采患有眼疾）。1889年1月开始，尼采发疯了，他给许多朋友写信，内容都是让人莫名其妙的疯话。他的朋友欧维贝克意识到问题，找到他旅居的地方，把他带回巴塞尔，让他到医院接受治

图 56 "疯子"尼采

疗。因为疯病，他的身心均受极大的伤害，以致长期卧床不起。尼采疯病发作时，要么蹲在沙发一角，悲伤不已，要么大喊大叫，描绘自己看到的奇迹或可怕的事情，有时他疯狂地弹钢琴，唱狄奥尼索斯颂歌。尼采并不觉得自己疯了。他妹妹陪着这个发了疯的哥哥，只有默默地落下眼泪。尼采则对她说："你为什么哭呢？难道我们不幸福吗？"他在这种精神崩溃的状态中生活了十年，直到 1900 年 55 岁时在魏玛去世。

尼采发疯前，即有漫长的病史。他依据气候调整旅居的地点，以便寻找适合休养的地方。他又自己配制新药在自己身上做试验。据说他后来还服用大麻，以致大脑机能受损。尼采自辞职后即担心自己的健康，他担心自己会死去，却未曾想到会发疯。

尼采终生未婚，独自生活、游荡。尼采并不享受这种孤独，相反，他常和他的妹妹抱怨自己的孤独。他妹妹劝他结婚，他则说："我去哪儿找妻子呢？而且要是我碰巧遇到一个，我是否有权要求她和我过同样的生活呢？"①他勤于写作，其思维活跃，令人惊叹。然而他的著作在当时读者寥寥，出版商对出他的书也是不甚积极，尼采对这种局面甚为不满。他与一些所谓学者朋友交流，发现他们根本不读他的书，或者粗粗读了一部分，不甚理解。他称与他们在一起，还不如跟奶牛在一起。尼采与女性在一起时，绝口不提他的著作，以免他的观点对她们造成伤害。然而这些妇女对他的观点，并非全然不知，虽然误解甚多。"有一位体质娇弱的英国妇女，尼采常去看望她，和她聊天解闷，她谈起过这个问题。'尼采先生，我知道你为什么不愿意让我们读你的书。要是有人相信你书中的观点，一个像我这样可怜、痛苦的生灵就根本没有生活的权利。'尼采深感歉意，并尽力避开这种责备。一天，另一个人对他说道：'我听人谈起过你的那些著作。其中有一本书上写着：'假如你到妇女中去，别忘了带上鞭子'。'亲爱的小姐，亲爱的朋友'，尼采握着这位指责自己的女子的双手，痛苦地回答说：'别误解我，不能这样理解我的思想。'"②

尼采的著作有《悲剧的诞生》《不合时宜的考察》《人性的、太人性的》《曙光》《快乐的科学》《查拉图斯特拉如是说》《善恶之彼岸》《道德的谱系》《强力意志：重估一切价值的尝试》《瓦格纳事件》《偶像的黄昏》《反基督徒》《看啊，这人》《尼采反对瓦格纳》。《查拉图斯特拉如是说》通常被视为尼采哲学成熟时期的标志性作品。当然，自青年时代起尼采的思想便一直在往前推进，他的思想是一个整体，因此我们很难说哪本是他的代表作。尼采著述的风格，既不致力于阐发体系化的学说，也不是名言警句式的断片。他的作品是哲学，也是诗歌或散文，同时充满论辩与批判的意味，其

---

① ［法］丹尼尔·哈列维：《尼采传》，谈蓓芳译，业强出版社 1991 年版，第 235—236 页。
② 同上书，第 215 页。

创作经过作者的精心构思。

尼采的思想不能概括为明确的教义，它在矛盾中展开，没有明确的结论。然而尼采所否定的以及他所期望的、呼唤的事物，却又清晰可辨。

"上帝死了"

尼采最著名的宣告即是"上帝死了"。在《快乐的科学》及《查拉图斯特拉如是说》中，尼采都论及"上帝死了"。尼采的这个宣告，是什么意思呢？对此，人们该怎么办？尼采是在哀叹"上帝死了"，还是尼采杀死了上帝？

在《快乐的科学》中，尼采设想了这样一个场景：一个疯子（狂人）打着灯笼大白天在闹市寻找上帝。尼采此处改造了关于第欧根尼的故事，第欧根尼曾经打着灯笼在市场上寻找"人"。疯子说："我寻找上帝！我寻找上帝！"但市场中的人不信仰上帝，于是他们对他的寻求报以哄笑与嘲弄。他们问："他迷路了吗？或者躲起来了？他是怕我们吗？他是坐了船，移居海外了吗？"疯子说："他到哪儿去了？我会告诉你们。我们——你们和我——已经杀死了他！我们都是祂的谋杀者。""上帝死了！上帝永远地死了！"

疯子演说完后，把灯笼扔在地上，他说："我来得太早了，我的时候未到。这件惊人的事还流连在它的路上。"因为听众并未听懂他的话，所以他说"来得太早"。[①]

尼采在此宣称"上帝死了"，他并不是惋惜基督教信仰的解体，而是告诉人们他观察到的一个具有划时代意义的事实——"上帝死了，上帝永远地死了"。尼采又称"上帝死了，上帝死于对人的同情"。上帝死了，人们不必悲伤，因为正是由于上帝死了，人的形象才高大起来。上帝的时代将被人的时代所代替。上帝是被我们谋杀的，因为我们开始觉悟起来了。这便是尼采的无神论。时代要求我们思考在没有上帝的情况下人生的意义。过去基督教欧洲所塑造的道德，所确立的价值标准，也需要重新评估。

尼采是反基督教的。他惊呼的"上帝死了"，以直白的中文翻译，是"上帝是死的"。这里面不包含任何保守主义者通常在捍卫宗教时所具有的惋

[①] 参见《尼采全集》第3卷，杨恒达等译，中国人民大学出版社2016年版，第351页。

惜之情，也没有浪漫主义的伤感。相反，尼采乐观其成，他对超人的预言，正是由此而来。今后的世界，不再是神创造的世界。《圣经》说世界是上帝的造物，上帝是造物主。今后的世界，是人的世界。当然，庸人不能充当它的主宰，高一等的人也不能做它的统治者，它的主宰是"超人"。

尼采描述并批判了欧洲的虚无主义。他认为，欧洲虚无主义起源于基督教。因为基督教把尘世阐释为不确定的存在。柏拉图与基督教杜撰了永恒的"彼岸世界"，尘世生活的意义皆由彼岸世界而来。而如今此种二元论破灭，彼岸世界消失了，一切价值标准消失了，人们发现普遍之物根本不存在。人们无法找到生活的意义，由此陷于失望之中，这就产生了虚无主义。尼采并不认为在人的历史中可以找到人生意义。因为他否定了关于历史是一个有目的的进程的观念。他认为人类总体是没有目标的，人作为一个物种也并非总是在进步。相反他担心人有退化为猴子的可能。尼采提出，要通过"大政治"，通过精神斗争，来克服虚无主义危机。

末等人与强人

尼采的学说曾被某些学派称为反动的学说，因为他极端蔑视底层人民，反对大众民主。确实，尼采称民众为愚蠢的人，为动物，为庸人，为末等人，为多余的人。在《查拉图斯特拉如是说》中，查拉图斯特拉向民众说话犹如对牛弹琴。民众被塑造成了麻木不仁、听不见新福音的人。尼采反对平等，这与时代追求平等的趋势相背。他称"正义对我说：'人类是不平等的。'而且人类也不应该平等！"[1] 民众是随时准备做奴隶的。民主制让大众做主，不过是奴隶起义胜利而已。社会主义学说亦是奴隶最拥护的学说。社会主义无视人在事实上不平等这一状况，它追求均等，追求整齐划一，是要"让最卑微的人和最愚蠢的人主持暴政"[2]。社会主义奉行的是"群兽的道德"，"没有牧人的一群羊！人人都想要平等，人人都平等：没有同感的人，自动进入疯人院"[3]。尼采指出，大众时代个人泯灭湮没了。这一时代，看不

---

[1] ［德］尼采：《查拉图斯特拉如是说》，钱春绮译，生活·读书·新知三联书店2014年版，第110页。

[2] ［德］卡尔·雅斯贝尔斯：《尼采其人其说》，鲁路译，社会科学文献出版社2001年版，第279页。

[3] ［德］尼采：《查拉图斯特拉如是说》，钱春绮译，生活·读书·新知三联书店2014年版，第13页。

到高贵的人，只有末等的人。他们只希望富裕，希望感官得到满足，他们在精神上极端贫乏，他们不敢做真正的人，他们是精神上的奴隶。

尼采否定民主，但他同时认为大众时代为强人的统治提供了契机。尼采原本主张每个人都要追求超越自己，追求卓越，自我创造而成为强者，但这种希望注定要落空，因为强者毕竟只是少数。这样，强者成了民众的新主人。尼采认为，民众并未因此受到压迫，因为民众内心呼唤的，正是这样的强人。强人与他的民众，是相互呼应的。尼采心目中强人的实例，便是拿破仑。尼采说，民众对强人的服从，源于他们渴望安全感，渴望力量。

尼采把人分为强者与弱者，分为主人与奴隶，道德也被他分为主人道德与奴隶道德。他认为基督教宣扬的忍让、服从、爱邻人便是奴隶道德。而主人道德，则要从"自我"出发，去创造，去奋斗，去牺牲，它是英雄主义的道德。奴隶贪生怕死，而主人则对死亡毫无畏惧。尼采说，自由的人甚至敢于自杀。死亡本是自然进程，而自杀是人在自由地处理自己的生命，是值得赞颂的一件事。尼采反对英雄崇拜，因为他认为，没有尽善尽美的英雄，人也不可以在内心屈从于另一个人，放弃做人的权利。

关于超人的预言

尼采在《查拉图斯特拉如是说》中，构想了一个关于"超人"理想的预言者——查拉图斯特拉。查拉图斯特拉从山上的洞穴中走出，来到集镇上。集镇的人正在那里等着观看走钢丝表演。查拉图斯特拉要教他们做超人，而这些民众根本听不懂他在讲什么。他们宁愿做幸福、满足的末等人。尼采的"超人"，是基于"上帝死了"而提出来的。"从前，人们眺望远处的大海，就口称上帝；可是现在我要教你们口称超人。"[①] 超人是尘世的神，是上帝的替代品。"所有的神全都死了：现在我们祝愿超人长存。"[②] 教人做超人，就是教人们不必信仰彼岸世界的上帝，上帝死了，人要发现大地（尘世）的意义。但这并不是说叫人在尘世间自甘堕落，相反，人要善于超越自己。

查拉图斯特拉对群众说：

---

① [德]尼采：《查拉图斯特拉如是说》，钱春绮译，生活·读书·新知三联书店2014年版，第91页。
② 同上书，第86页。

第十三章 代议制民主的危机

我教你们何谓超人：人是应被超越的某种东西。你们为了超越自己，干过什么呢？

直到现在，一切生物都创造过超越自身的某种东西：难道你们要做大潮的退潮，情愿倒退为动物而不愿超越人的本身吗？

猿猴在人的眼中是什么呢？乃是让我们感到好笑或是感到痛苦的耻辱的东西。在超人眼中，人也应当是这样：一种好笑的东西或痛苦的耻辱。

你们走过了从虫到人的道路，你们内心中有许多还是虫。以前你们是猿猴，就是现在，你们比任何猿猴还更加猿猴。①

查拉图斯特拉继续讲超人。他说超人是"大地""大海""闪电"。说超人是大地，是说超人并未超越尘世；说超人是大海，是说他如大海一样，能容纳不洁的河流而不至于污浊；说超人是闪电，是说他能如闪电一样惊醒众人。尼采多次以闪电喻指超人：

这个闪电就叫做超人。②

我想给世人教以生存的意义：这就是超人，人的乌云中发出的闪电。③

对于慵懒而贪眠的心，必须用雷霆和闪电跟他说话。④

超人针对"人"而言。尼采说："人是应当被克服的一部分。"⑤ 大地"有一层皮；这层皮有好些病，例如，其中一种病，叫做'人'。"⑥ "超人"理想，体现着人的精神内部向上攀升的一种努力。尼采认为，"生命必须不断超越本身而向上"，"生命要登高，而在登高时要超越自己"。⑦ "超人"从哪里而来？如何得来？尼采回答说，教育可以成就超人。查拉图斯特拉就是

---

① ［德］尼采：《查拉图斯特拉如是说》，钱春绮译，生活·读书·新知三联书店 2014 年版，第 7 页。
② 同上书，第 11 页。
③ 同上书，第 16 页。
④ 同上书，第 101 页。
⑤ 同上书，第 49 页。
⑥ 同上书，第 148 页。
⑦ 同上书，第 111 页。

一个教育者，我"教"你们做超人！超人来自于民众。"你们，今天的孤独者，你们，离开群众者，你们有一天会成为一种人民：从你们自己选出的你们当中，应当产生一种选民——从这种选民中产生超人。"①

查拉图斯特拉说："人之所以伟大，乃在于他是桥梁而不是目的；人之所以可爱，乃在于他是过渡和没落。"② 这句话是说，人不过是造就超人的"过渡"。超人才是"目的"。超人是不同于人的一个更高的类别。

"超人"是人们创造出来的。查拉图斯特拉说："你能创造上帝吗？——不能。那就别跟我说什么一切的神吧！可是你们确实能创造超人。我的弟兄们，能够创造超人的，也许不是你们自己！可是你们能把你们自己改造成超人的父辈或祖辈：让这点成为你们的至高无上的创造吧！"③

尼采的思想中，有三个世界：一是上帝的世界；二是人的世界，主要是末等人的世界；三是超人的世界。过去人们生活在上帝创造的世界，现在"上帝死了"，人们处在人的世界之中。尼采认为这是一个病态、贫乏、空虚的世界，人们必须创造出一个未来的世界。超人的世界，便是未来的世界。尼采思考问题，总是着眼于未来。尼采称我们生活在历史的中段。查拉图斯特拉是教育者，也是预言者。超人是拯救者，是给予人间一切的"太阳"。

尼采的超人理想，代表着一种"新道德"，这种"新道德"，对人提出了极高的要求。如雅斯贝尔斯所言："尼采攻击自己意识到的任何一种形式的道德，但不是为了解除人们的枷锁，而是为了拿更高层次上的更为沉重的负担来强加于人。"④ 雅斯贝尔斯还指出，尼采的"超人"是什么样子并不明确，因为尼采对未来的诸种可能性仍然持开放态度。尼采呼唤创造"超人"，这指明了一种方向。沃格林则一针见血地指出了尼采超人学说的实质及危险之处。沃格林说，尼采的超人代替了上帝，上帝被杀死了。创造超人实不可行，它的后果是杀死"人"自身，而不是超越"人"。尼采的"超人"与激进主义讲的"新人"如出一辙。沃格林称此类此岸论的学说为"灵知主义"（一译为诺斯替主义）。沃格林说："一个事物的本性是不能改变的，无论谁想要'改变'这个事物的本性，那他其实是摧毁了这个事物。

---

① ［德］尼采：《查拉图斯特拉如是说》，钱春绮译，生活·读书·新知三联书店 2014 年版，第 84—85 页。
② 同上书，第 10 页。
③ 同上书，第 91 页。
④ ［德］卡尔·雅斯贝尔斯：《尼采其人其说》，鲁路译，社会科学文献出版社 2001 年版，第 148 页。

人不能够把自己改造成为一个超人，试图创造超人就是试图谋杀人。历史地说，随着谋杀上帝之后产生的不是超人，而是谋杀人：在灵知理论家谋杀了神之后，接着就是革命实践者开始杀人。"①

永恒轮回

尼采十分看重他的永恒轮回思想。他说："永恒轮回的思想……源于1881年8月……我每天都穿过森林走到西尔瓦普拉纳湖边，在索莱附近的一块巨大的、像金字塔一样突起的岩石边停步。就在那里，我产生了这一想法。""我形成永恒轮回思想的这一时刻是不朽的。就是为这一时刻起见才孕育出永恒轮回思想的。"②尼采的这一思想，该如何去理解呢？我们来看尼采的有关论述。

查拉图斯特拉与一个侏儒的谈话中，有这样的几句："瞧这条门道！……它有两面。有两条道路在这里会合：还没有任何人走到过它们的尽头。身后的这条长路：它通向永恒。向前去的那条长路——它是另一个永恒。这两条路背道而驰；它们正好碰头在一起——在门道这里，就是它们的相会之处。门道的名字写在上方：'瞬间'……从这个瞬间之门道，有一条漫长的永恒的路向后伸去：在我们背后有个永恒。"③这是尼采关于过去、现在（瞬间）、未来的比喻，体现他的时间观。接着，查拉图斯特拉说："一切能走的，不是都该在这条路上已经走过一次了吗？一切能发生的，不是都该已有一次发生过、完成过、曾在这条路上走过去了么？……一切能走者，也得在这条长长地伸出去的路上——必须再走一次！——这个在月光下慢慢爬行的蜘蛛，这个月光本身，还有在门道上一同窃窃私语、谈说永恒事物的我和你——我们不是全应当已经存在了么？——而且再回来，走那条在我们面前伸出去的另一条路，在这条漫长的可怕的路上——我们不是必须永远回来么？——"④

---

① [美]埃里克·沃格林：《没有约束的现代性》，张新樟、刘景联译，华东师范大学出版社2007年版，第56页。
② [德]卡尔·雅斯贝尔斯：《尼采其人其说》，鲁路译，社会科学文献出版社2001年版，第381页。
③ [德]尼采：《查拉图斯特拉如是说》，钱春绮译，生活·读书·新知三联书店2014年版，第179页。
④ 同上书，第179—180页。

在查拉图斯特拉与他的宠物的对话中,他说:"一切走开,一切又回来:存在之轮永远转动。一切死去,一切又开花,存在之年岁永远在跑。一切破了,一切又被重新接合起来;存在之同样的房子永远被再建。大家分手了,大家又重新相会;存在的圆环永远忠实于自己。存在开始于每一个瞬间;彼此之球围绕着每一个此处旋转。到处都有中心。"①

宠物的回答中,则有这样几句:"哦,查拉图斯特拉,你是什么人,而且必当做什么人?瞧,你是永恒轮回的教师——如今,这就是你的命运!你必当做第一个讲这种道理的人……瞧,我们知道你教的是什么:一切事物永远回归,我们也包括在内,我们已存在过无数次了,一切事物也跟我们一起存在过。

"你教导说,有一种转生的伟大之年,一种伟大之年的巨怪:它必多像漏沙计时器一样永远重新翻转过来,以便重新漏下和漏完:——

"因此,这些年份,事无巨细,全都是相同的,因此我们自己在这种伟大之年里,事无巨细,也总是相同的。

"……

"我被扯在其中的诸因之结是轮回的——它将把我再创造出来!我本身就属于永远回归的诸因之一。

"我将跟这个太阳、跟这个大地、跟这只鹰、跟这条蛇一起回来——并不是回到一个新的人生或是更美好的人生或是相类似的人生——

"我将永远回到这同样的、同一个人生,不管是在最大的或是最小的方面,让我再宣讲一切事物之永远回归。"②

由以上诸段,我们可以看到,永恒回归是一个全新的思想。它是独断论的,作为一个教义提出来。它宣称每个瞬间都曾经同样存在过,在未来也将原封不动地回来。因为过去是无限的,未来也是无限的,在这无限之中,便必定(推断)有一个相同的现在。小鸟,今晚的月光,我,你,他,一切都曾经存在过,一切都还会再发生一次。尼采很满意于这个思想。他甚至准备用物理学、数学、实验科学来证明这个学说,而不止于在哲学层面提出它,尽管尼采对现代科学不屑一顾。尼采认为世界原子总量是恒定的、能量守恒,因此,从存在的总体来说,一切都是永恒的,只是不断重复出现而已。

---

① [德]尼采:《查拉图斯特拉如是说》,钱春绮译,生活·读书·新知三联书店 2014 年版,第 259 页。

② 同上书,第 263 页。

第十三章 代议制民主的危机

这种观点不是循环论,而是着眼于存在的整体,认为一切都会不断地再次发生。尼采研究古典语文学出身,他的科学知识极其贫乏(尼采本人亦惊讶于自己在这方面的无知)。但这个永恒轮回学说,对于尼采思想的推进,十分重要。

基督教的世界有开端,有终点,尘世的意义与最后的得救联系在一起。在"上帝死了"之后,尘世的一切还有意义吗?柏拉图主义的观点,视尘世一切为偶然、虚幻,它转瞬即逝,永恒存在于另一个世界。尼采通过永恒轮回,给每个瞬间存在以永恒的意义,它并非转瞬即逝,它过去存在过,将来还会再回来。人与世界是不断生成、变动的,但这并不否定"永恒"。如果这样,我们就得好好珍惜当下的一切了。因为一切还会再出现。而尼采对因我们的意识而产生的瞬间——"门道"的肯定,实际上彻底解放了个人,给个人以完全的自由。过去不是包袱,未来不必让我们焦虑。而且,这个入口,是一个一直开放的入口,"世界无法阻止这样的入口再一次重现,也不能阻止我们再一次位于无限的冲突之中。我们无法放弃自由,一直处于这种入口式的瞬间,道路由此展开,世界在此等待我们用自己的方式迎接未来与面对过去"[①]。雅斯贝尔斯指出,尼采的永恒轮回思想可以导向很积极的对人的救赎,对生命的肯定。它让人不畏惧死亡。"遵从这一绝对命令——如此生活,以致我要希望再度去生活——会伴随着对生活的挚爱而首先获得真正的勇气,这种勇气'会杀死死亡',它讲述的是:'这曾是生活吗?好吧!再来一次'。"[②] 永恒轮回让人肯定自我,它以新的方式提供了关于获得"不朽"的途径。它鞭策着人要超越自身。永恒轮回学说在"上帝死了"之后,可望让人克服虚无,找到活着的意义。说白了,尼采的意思是,今天你一定要努力超越自己,做个高贵的人,因为这一切都是永恒的,不会因时间的流逝而冲淡。你想下一次还是如此不堪吗?

不过,尼采的这个学说,也让人感到某种负担。"只存在一次奥斯维辛集中营的宇宙与存在无限多次奥斯维辛集中营的宇宙,哪一个更糟糕?"[③]

---

① [英] George Myerson:《尼采与查拉图斯特拉如是说》,沈春花译,大连理工大学出版社 2008 年版,第 84 页。
② [德] 卡尔·雅斯贝尔斯:《尼采其人其说》,鲁路译,社会科学文献出版社 2001 年版,第 385 页。
③ [英] 迈克尔·坦纳:《尼采》,于洋译,译林出版社 2013 年版,第 69 页。

· 911 ·

强力意志：重估一切价值的尝试

在尼采写作《强力意志：重估一切价值的尝试》的差不多同一时期，他写作了《善恶之彼岸》《道德的谱系》。可以看出，这个时期，他集中关注的是"价值"和道德。此时，离他发疯已经不远。尼采在痛苦和艰难中完成了《强力意志：重估一切价值的尝试》这本书。最初他给该写作计划拟的题目包括《强力意志：对大自然的一种新解释》《强力意志：重新解释宇宙的一种尝试》。[1] 尼采提出重估一切价值，这不仅意味着颠覆原来欧洲流行的价值体系，还意味着阐发一套新的价值体系。他认为，创造新的价值体系，是"我们"这些"真正的哲学家"的任务。我们必须做一个立法者，做新价值的创造者。而这种思想，在《查拉图斯特拉如是说》里面，已有表述。

尼采的哲学，是要克服叔本华的"悲观主义"，批判叔本华对生活本身的谴责。尼采认为，叔本华对一切价值进行了虚无式的消解，在叔本华那里，一切价值都烟消云散，这便滑向了"虚无主义"（nihilism）。叔本华的悲观主义，正是虚无主义的主要形式。"激进的虚无主义"是这样一种认识：按照一个人所认识的诸种最高价值，存在是绝对不可靠的。这种虚无主义，并非源于一个人对存在的真实本质的洞悉，而是源于一种特定的解释，这就是基督教的、道德的解释。尼采反基督教、非道德，是确定无疑的。基督教与道德评价，把存在的很多领域，以"没有价值"打发了。尼采认为，我们处在一个虚无主义弥漫的历史时期，但这个时期同时是一个转折时期。从前两千年基督教时代，欧洲人人人信上帝，以为"上帝就是真理"，而如今则摆脱了这个信条，进入了认为"一切皆虚妄"的虚无主义时期。虚无主义者判断世界，用非世界的术语，用道德的标准，指责世界不应该是这样，按并不存在的标准去看世界。这就是基督教长期以来对欧洲人的毒害。尼采说，欧洲人做了两千年的基督徒，该醒醒了。付出的代价，是到偿还的时候了。[2]

尼采认为，对欧洲文化来说，这当然是危机时刻，然而也是重生的时刻。它为建立一个全新的价值体系，做了准备。在这个新的体系中，生活和世界将受到认真地对待。尼采这里坚持的，是一种对世界作为世界而非其他

---

[1] ［法］丹尼尔·哈列维：《尼采传》，谈蓓芳译，业强出版社1991年版，第203页。
[2] See Richard Schacht, *Nietzsche*, London and New York: Routledge, 1983, p.345.

的狄奥尼索斯（酒神）式的确认，也就是对世界自身的迷醉、融入、沉浸、热爱，它是一种"沉醉不知归路"的状态。尼采宣布："狄奥尼索斯就是一个法官！"（《强力意志》，第1051条）世界（与基督教的天国相对立）的目的就是它自身，人们根本不能从外在去寻找"意义"。人要诗意地、艺术地生活。这就是尼采重估一切价值的依据。

由此，尼采提出了关于"强力意志"（the will to power）的学说。这个学说，阐明了他重估一切价值之后的替代物。强力意志常被翻译为"权力意志"，但由于权力一词在中文语境中政治色彩之浓，权力意志的译法往往引起歧义。尼采此语的意思，准确说是指"变得强有力的意愿"，故而译为强力意志，也只能算勉强。尼采说："在我看到有生命者的地方，我就发现有追求强力的意志；就是在奴仆的意志中，我也发现有要当主人的意志。"①

"强力意志"并非"追求生存的意志"。② 尼采认为，人既然活着，就无所谓为了求生而斗争，而应是为了自身的成长、充分发展，此即尼采意义上的"自由"。强力意志非但不是求生的愿望，反而意指对生命本身的克服。一种具有强烈德国历史主义色彩的个人观，在尼采这里得到体现。尼采诉诸"提升""创造""成长""发展"等说法，再次表明了他对强大个人的渴望。从道德而言，强大的个人无所谓善恶。他认为善恶的标准是苏格拉底、基督教、弱者、奴隶的道德。就算奴隶翻身当了主人，他们的道德，还是奴隶道德。欧洲的虚弱，就在于奴隶道德的流行，在于基督教对人的软化，在于忍辱负重、苟且偷生的骆驼精神的流布，而问题在于先成为狮子，再成为赤子（小孩）。狮子代表的是自由，它拒不服从，它是荒原的主人。近代欧洲人便是狮子。而赤子则比狮子更胜一筹。尼采并不讳言，他是一个非道德主义者。

尼采的思想常常被人们视为与法西斯主义有牵连。确实，超人等词语见于第三帝国的政治话语之中。尼采的妹妹伊丽莎白（Elizabeth Nietzsche-Foerster，1846—1935）更是致力于让尼采的著作为纳粹服务，她篡改尼采文稿，将尼采打扮成种族主义者与反犹主义者。她与墨索里尼做朋友。去世时，希特勒还含泪出席了她的葬礼。③ 希特勒常去魏玛参观尼采故居，跟

---

① ［德］尼采：《查拉图斯特拉如是说》，钱春绮译，生活·读书·新知三联书店2014年版，第128页。
② 同上书，第130页。
③ Norman Davies, *Europe: A History*, New York: Harper Perennial, 1998, p. 859.

尼采塑像合影，又去拜谒他的坟墓，并将《尼采全集》送给墨索里尼作生日礼物。①

尼采思想得到法西斯主义的肯定，不容置疑。教条化了的尼采学说，与法西斯主义也确实存在着亲缘性。然而，尼采如果泉下有知，他一定不会赞同这种利用与歪曲。尼采的思想是开放的，他关心人，追思存在的意义，又被称为存在主义哲学家。他对时代疾病的诊断令人震撼。尼采影响和启迪了许多人。韦伯曾言：我们这一代谁若否认他受到尼采的影响，便缺乏最起码的学术上的诚实。韦伯夫人十分清楚地指出了尼采对基督教文明"摧枯拉朽"般的影响。她写道：

> 尼采以古典贵族生活理想的名义打破了建立在基督教观念基础上的资产阶级社会的清规戒律。所有传统的价值观念、理想、概念与思维模式曾经都是那么无懈可击，它们曾经指引着人们感到那么安然无恙地度过了许多世纪，现在统统受到了质疑，被说成是无足轻重的大众偏见，归根结底，大众则由此而肯定了自身的平庸。马克思是以民主理想的名义为推动革命而奋斗，尼采则是要求实行少数人的统治、培育强有力的贵族式杰出人物，因为只有这种人物的自我肯定才能发现今世生活的最大满足。尽管这两位伟大的现代思想家的主要观念代表着不同的方向，但是有一点他们是一致的：他们都在试图摧毁从富有多样性和充满矛盾的"基督教文明"混合体中产生出来的价值观念。②

勒庞与群体心理

勒庞（Gustave Le Bon）的名字与对群体（或群众）的某种丑化联系在一起。他来自法国，1841年出生，1931年去世。一些人称他为研究群体心理的大师，另一些人则斥其为"科学海盗"、煽动家。勒庞的著作缺乏原创性，他的群众心理研究，是对之前20年学界群体心理研究的集成。1876年至1894年间，法国保守派史学家泰纳《现代法国的起源》（6卷本）陆续出

---

① ［德］尼采：《查拉图斯特拉如是说》译者前言，钱春绮译，生活·读书·新知三联书店2014年版，第2页。
② ［德］玛丽安妮·韦伯：《马克斯·韦伯传》，阎克文等译，江苏人民出版社2002年版，第365页。

版。泰纳的书对学界研究群众现象起了极大的推动作用。勒庞向公众普及的，正是泰纳的基本观点。更为严重的是，勒庞这位非学院派畅销书作家，总是以原创性学者自居。他甚至致信爱因斯坦，说相对论是他最先提出的。[①] 勒庞的政治思想，典型地体现了19世纪末20世纪初的时代特点。民族主义、种族思想、社会达尔文主义或曰进化论，在他的著作中交织在一起。面对大众的兴起、无产阶级运动的高涨，作为欧洲近代文明的自觉捍卫者，勒庞从心理学的角度，阐发了他的学说。

勒庞最初学医，曾获得过医学博士学位，并且做过十余年的医生。他曾按照研究动物种类的方法，对人种进行研究，并提出了区分人种的指标体系。他对人种又进行了分类分级。这种研究，在帝国主义时代，并不少见。1884年，他开始研究群众心理。他的种族思想，依然是其心理学的一部分。勒庞的《群体》作为畅销书十分成功，勒庞因之名利双收。勒庞还著有《社会主义心理学》(1898)。在该书中，他指出社会主义必然走向专制，民主的真正敌人是社会主义。群众性政党内部是有组织的少数对无组织的多数之统治。[②]

勒庞的著作影响很大。墨索里尼和希特勒十分喜欢勒庞的著作，或许正是从勒庞那里，他们学会了利用与操控群众的艺术。弗洛伊德则特别赞赏勒庞对"无意识"的重视。勒庞与其说提供了一种科学研究，不如说展示了当时的一种意识形态现象。在勒庞粗陋的、极具误导性的学术背后，我们可以窥见当时欧洲人在精神上的焦虑。

政治家需掌握群体心理

勒庞的著作 *The Crowd: A Study of the Polupar Mind*（直译为《群体：一项关于大众心灵的研究》）被翻译成《乌合之众》。不过，这个"乌合之众"的译名，不甚准确。在汉语中，乌合之众，指像乌鸦一样聚集在一起无组织、无纪律的一群人，是一个贬义的词语。而勒庞描述群体时，并不带有感情色彩。例如，勒庞同样肯定了群体对文明的价值。他曾指明，利他主义、英雄主义是群体的优点，这与个人的利己算计，恰好相反，而这种利他主义

---

① [英]约翰·麦克米兰：《群众与暴民：从柏拉图到卡内蒂》，何道宽译，复旦大学出版社2014年版，第242页。
② [意]萨尔沃·马斯泰罗内：《欧洲民主史：从孟德斯鸠到凯尔森》，黄华光译，社会科学文献出版社1998年版，第301页。

和英雄主义,对文明的形成与发展是十分必要的。勒庞认定的群体,不仅仅指 19 世纪中后期出现的原子化个体的集合,在勒庞那里,群体存在于任何社会、任何场合。并且,群体实际上是具有共同的情感、倾向与特征的群体,它是一种"组织化的群体"或"心理群体",拥有区别于个体的生命与气质,这与一盘散沙样的乌合之众,并非一回事。① 陪审团群体,国会里的议员们,都是勒庞所说的群体。

勒庞试图建立一门政治心理学。他认为,决定民族行为的因素固然很多,但"归根结底是政治心理因素的变化与组合"②。政治学的真正基础是心理学。统治人的方法,核心的是政治心理。政治心理是一种有待人们发现的规律。政治家必须掌握政治心理学,才不至于出错。历史上的政治错误,往往能归结为心理学上的错误。勒庞举例说,拿破仑深谙法国人的心理,却对俄国人和西班牙人的心理所知甚少,这便导致了他的失败。把良民和流氓合编在一个军队,流氓不会变好,良民却"近墨者黑";邮政系统第一次罢工,法国政府就采取了妥协态度;政府制定无数人道主义法律;国家对殖民地实行同化政策,这些都犯了心理学上的错误。勒庞说,对政治心理的研究,在以前的思想家中,只有马基雅维里涉及一些。马基雅维里"为我们带来了政治心理这一概念"③。当勒庞写下如下一段话的时候,我们不难联想到马基雅维里关于"狮子"和"狐狸"的说法。④ 勒庞写道:"政府对于民众提出的要求,应该知道什么时候拒绝、反对,什么时候妥协、接受。今天的政治家,或者一味退让、接受,或者一味拒绝、反对,没有谁能够合理利用二者。其实对于这些事情,有的需要拒绝、反对,有的则可以妥协一下,接受要求,而不能偏执于一种方法。"⑤

非理性、非逻辑与神秘主义

勒庞认为,政治心理学可在个人心理学、群体心理学和民族心理学三个

---

① [法]古斯塔夫·勒庞:《心理学统治世界》卷 2,高永译,金城出版社 2013 年版,第 2 页。
② [法]古斯塔夫·勒庞:《心理学统治世界》卷 1,文刃译,金城出版社 2013 年版,第 7 页。
③ 同上书,第 5 页。
④ 勒庞曾写道:"妥协退让只能让叛乱者认识到自己的力量,并表现出他们的蔑视态度。群众要依靠强力俘获,他们不知道感恩。马基雅维里早已经说过了。"参见[法]古斯塔夫·勒庞《心理学统治世界》卷 1,文刃译,金城出版社 2013 年版,第 211 页。
⑤ [法]古斯塔夫·勒庞:《心理学统治世界》卷 1,文刃译,金城出版社 2013 年版,第 8 页。

层面上展开。至于具体的心理分析，他认为在理性理论、神秘理论与情感理论三者中，后两者更为重要，因为它们体现在人的潜意识中。勒庞写道："像宗教、政府、政治行为这些都是不从理性出发的。只有知道运用情感因素来影响群众的人，才能成为真正的政治家。他们发表的演说，表面上似乎符合理论逻辑，起作用的却是诱导。群众之所以能感动，产生共鸣，是因为由那些字句以及字句组合之后产生的情感因素。而所谓的理性逻辑的作用，充其量不过是表现形式而已。"① 勒庞认为，理性在政治行为中的作用远不及非理性。"纯粹的理性的逻辑推理与理论，只适用于科学研究及一切客观知识的探究，只有情感和信仰因素才能统治人民，创造历史。"② 他认为，理性只能扰乱社会，而不能改造与建设社会。即使在法国大革命中，理性也不过是个幌子。大革命绝不能看成是理性的暴政。"恐怖时代的统治代表了一种低级恶劣的本能变成权利。这是本能制服理性，而不是像学者和历史学家所想象的那样，是理性战胜本能。"③ 雅各宾党人不是理性主义者，而是信仰至上论者。虽然他们的言论中充满了理性主义的陈词滥调，但其行动和思想却远远背离了理性主义。雅各宾心理的特征，是极端狭隘而狂热，它拒绝批评和质疑。"极为微弱的理性力量、强烈的激情和浓厚的神秘主义，正是构成雅各宾精神的三种心理要素。"④ 显然，勒庞重视非理性的、神秘的因素对人的信仰与行为的影响。

勒庞所谓的神秘主义，可作如下表述："历史上的大事件，其经过都是神秘事物及其力量造成的。历史，就是各民族创造或者消灭神秘力量的集合；而从古到今的政治现象，就是神秘力量之间从未中断的争斗厮杀。"⑤ 神秘力量，最强大的是宗教的创立者持久的影响力，其次是英雄的声望，再次是一种恐惧造成的力量。

群众心理的两面

在勒庞的笔下，群众心理具有如下特点：（1）头脑简单，没有判断力，

---

① ［法］古斯塔夫·勒庞：《心理学统治世界》卷1，文刃译，金城出版社2013年版，第19页。
② 同上书，第21页。
③ 同上书，第257页。
④ ［法］古斯塔夫·勒庞：《心理学统治世界》卷2，高永译，金城出版社2013年版，第168页。
⑤ ［法］古斯塔夫·勒庞：《心理学统治世界》卷1，文刃译，金城出版社2013年版，第48页。

没有理性。群众不能同时理解几种不同的观点。因此，对群众演说，要多用生动形象的比喻，多用简单明了的口号。群众只会形象思维。只有形象能吸引或吓住群体。在群体中，累加在一起的，只有每个人的愚蠢。①（2）暴力、野蛮。孤立时，一个人可能是个有教养的人，但在群体中，他就会变成野蛮人，变成一个行为受到本能支配的动物。人在群体中敢于发泄本能欲望，因为法不责众，人多势大，三人成虎，个体无须负责。由此，群众具有暴力倾向。（3）易受他人情绪感染。（4）轻信盲从。群众容易接受心理暗示，容易被"催眠"。群众的这种心理，就像儿童、原始人一样。虚假广告对于群众很是有效，一个正确的几何公式却吸引不了人。观念越怪异荒谬，愿意追随的疯子就越多。被迷惑的人，常常为理想而殉身不恤。②（5）想法多变，没有定见。法国大革命时期，罗伯斯庇尔原来被巴黎群众尊奉为神，及至上断头台时，同一拨群众则对他大加辱骂。马拉的待遇同样如此。（6）欺软怕硬。群众鄙视懦弱的人，他们最害怕的就是威胁。他们有服从主人、崇拜偶像的需要。"群众准备在暴君面前跪倒、拜服，只是这暴君常换人而已。"③"群体喜欢的英雄，永远像个恺撒。他的权杖吸引着他们，他的权力威慑着他们，他的利剑让他们心怀敬畏。"④（7）情绪极端。群众有极端化的情绪。过度的自尊和卑佞，都可以在群众身上发现。（8）恋旧保守。勒庞说，群众看似具有革命的本能，实际上他们是最保守的人。群众常在破坏之后，又重建他们破坏的事物。群众恋旧，他们怀念过去，害怕新生事物。他们对蒸汽机和铁路都有本能的拒斥。⑤

　　以上所列的群众缺点的清单，还可以开列得更长。不过，勒庞并没有全然否定群众，他同时看到了群众的优点。他指出，群众有时也会表现出一些英雄主义美德。他们的优点是，由于不会推理，他们的利他主义非常发达，而这种利他主义，对社会是有好处的，群众愿意为公共利益做出牺牲。"即便一件事看起来很虚妄，也常见有千百人冒死进行。大帝国的建立和发展，多半得益于群众的协助。群众固然不能创造文化，但可以凭借着勇敢、忠

---

① [法] 古斯塔夫·勒庞：《心理学统治世界》卷2，高永译，金城出版社2013年版，第6页。
② [法] 古斯塔夫·勒庞：《心理学统治世界》卷1，文刃译，金城出版社2013年版，第231页。
③ 同上书，第107页。
④ [法] 古斯塔夫·勒庞：《心理学统治世界》卷2，高永译，金城出版社2013年版，第20页。
⑤ [法] 古斯塔夫·勒庞：《心理学统治世界》卷1，文刃译，金城出版社2013年版，第90—91页。

诚、顺从的特质保证文化的存在。"① 勒庞认为，群众的轻信对于民族的维持反而有好处，怀疑主义才是坏事，它会加速民族的衰落。勒庞说："有了这种轻信，值得欣慰的强大宗教及强大帝国才能成立。因为有了这种有益的轻信，维持国家长治久安的习惯才足以保持。国家的信仰，理想的信仰，未来的信仰，这些心理生活的主要因素，都靠轻信维持着。一个民族没有信仰，就会失去精神动力，社会关系也会随之被破坏，国势自然日渐衰微。"②

勒庞认为，领导者要学会操纵群众，利用群众，对群众进行反复说教。

精英带来进步

勒庞注意到，随着科技的进步，技术阶层与劳动者的差别越来越大，由此，劳动者与产业精英间的隔阂也愈来愈深。勒庞认为，应当教育劳工，消除劳工与产业精英间的误解。勒庞分析说，精英带来了科学、艺术、工业方面的进步，劳动者不过是享受这些便利。实际上，现代社会中工人的生活比路易十四时代达官显贵的生活还要好。精英并非不劳而获，相反，他们对社会发展的贡献极大。民族的优势由精英决定，而非由数量庞大的民众决定。与其说普通人在为精英劳动，不如说精英在为普通人劳动。③ 工业精英也不等于富人，他若经营不善，便会沦为贫困。勒庞认为，古代人的富裕建立在别人的贫困之上，如罗马人，而今人则是让自己致富的同时也让别人富有。

然而在现实中，产业精英却处于十分危险的境地。"精英在今天显得尤为重要，但也没有哪个时代的精英像今天这样难以为继。"④ 勒庞希望调和精英与民众的关系，消除双方的怨恨与对抗。他认为，限制民众权力，是不可能的。可行的只有要求精英适应民主政府，对民众怪诞偏执的思想因势利导。必须让群众察觉到自己的真正利益所在——勒庞警告民众：精英的绝迹或衰落会导致群众自身的贫苦落后。他批评某些针对资本家的空想学说不负责任。勒庞写道："工厂由工人管理，犹如没有船长的船被水手驾驭，仅能短期支持。工厂被国家代表管理，或许可以多坚持几天，但如果代表不能应

---

① ［法］古斯塔夫·勒庞：《心理学统治世界》卷1，文刃译，金城出版社2013年版，第97页。
② 同上书，第89页。
③ 同上。
④ 同上书，第304页。

变，那么经营的退步指日可待，工人的工资也将随之减少。"[①]

大众民主造就独裁政府

针对激进主义者要求的民主政府，勒庞指出，他们的理想必定落空。民众所谓的民主政府，并不能实现民众的统治。它实际上是民众的领袖在统治。在这样的政府中，群众被管理得服服帖帖，舆论也是由领袖创造，群众只是给予舆论运动以推动力。

勒庞捍卫代议制民主，反对大众民主。他认为，议会制是文明民族唯一可行的制度。大众民主缺乏博爱精神，且对自由构成威胁。大众民主，只有在独裁政府下才能实现。大革命以来所有的独裁政府，都受到了大众的热烈欢迎。工人阶级的工会，也是按照独裁的方式运作。激进主义和革命工团主义必将走向专制主义。他认为，激进主义口号简单，代表了社会和政治的退化，代表了一种"向野蛮的原始时代的复古"。勒庞写道："每一场取得胜利的大众革命都是向野蛮主义的一次暂时回归。"[②] 他认为，对于煽动迷惑群众的人，和他们讨论没有用，应该消灭他们，因为若不如此，就会被他们消灭。他希望改革而非消灭代议制。

批判国家主义

勒庞反对国家对社会生活的干预，反对社会民主立法，反对劳工阶级通过立法来掠夺他人的财富，重视社会自主发展的动力与能力。与斯宾塞一样，勒庞认为，过多的社会立法和政府干预会妨碍进步。

他认为，国家主义是过去神权的替代品。他批评法国人对国家权力的崇拜，法国民众把国家当作"公共教皇"，希望由国家统治一切、制造一切、指挥一切。然而，把一切推给国家，政府把所有责任分散到无数的部门，结果就是无人负责。国家管得过多，也不利于公民创造性的发挥。

勒庞认为，国家的职责不在于当工业家、人道主义者和慈善家。国家无权迫使公民信教或不信教，无权强迫公民遵循某种道德信条。国家的真正任

[①] [法] 古斯塔夫·勒庞：《心理学统治世界》卷1，文刃译，金城出版社2013年版，第92页。
[②] [法] 古斯塔夫·勒庞：《心理学统治世界》卷2，高永译，金城出版社2013年版，第315页。

务在于充当各党派的仲裁者。在国内，它要用警察来维持秩序；对外它则以军队来保证民众的安全。①

与国家崇拜相关的，是对立法的迷信。勒庞批评拉丁民族相信法律万能。勒庞认为，法律产生于社会生活中的习惯，立法者颁布法律不过是对存在已久的惯例予以确认。法律永远不能与习惯、惯例相抗衡。②社会改造者按理想制定的法律，必定无法落实。并且，盲目立法还带来了很多意想不到的恶果。他举例说，法国政府为鼓励商船运输，按航行里程发放政府奖励，结果导致的是法国航运业衰落，英国、德国的航运业繁荣。因为法国商船为求高速航行，拒绝运载很多货物。据当时业内人士分析，法国船主用一艘空船航行8年，领取的政府奖金就可以收回成本。这等于政府让它们进行免费的环球旅游。再如，限制使用童工的法令带有人道主义性质，但在当时的结果是，它剥夺了学徒学习行业知识的机会，造成工厂技术人员的不足，同时造成少年犯数量的加倍上升。

勒庞思想的保守性

勒庞思想的很多方面表现出保守主义的特点。他持一种进化论观点，强调进化需要时间。他说："想要对社会进行深远的改造，只能借助时间的力量，经过时间验证，才能取得成功。"③"社会有明确的进化规律，和生物进化相同。种子长成大树，孩子长成大人，文化程度的提高，都需要循序渐进。"④ 由此，他反对把欧洲的文化和制度强加给落后民族。他写道："制度，是一种精神的外在表现形式。这种表现形式只能来适应内容，而不能创造和规范内容。……制度是政治发展进化的归纳和总结，而不是政治发展进化的前提和开端。"⑤

勒庞贬低理性在社会改造与建设方面的能力，与同时代不少思想家一样，勒庞重视神秘情感与潜意识一类的东西。与保守主义的核心关怀一致，勒庞表达了对社会解体的担忧。他指出："社会受到的攻击一天比一天猛烈，

---

① ［法］古斯塔夫·勒庞：《心理学统治世界》卷1，文刃译，金城出版社2013年版，第62页。
② 同上书，第38页。
③ 同上书，第16页。
④ 同上书，第201页。
⑤ 同上书，第16页。

自我保护能力一天比一天弱。"① 精英失去影响力，统治者被群众牵着鼻子走。偏执的煽动家鼓动群众摧毁社会。文明面临着野蛮力量的挑战。他认为，文明的本质是对野蛮、原始、本能的控制，控制得越好，文明程度越高。他写道："那些声势浩大的民众运动，都是非理性的结果，而且还常常是反对理性的斗争……今天的革命运动，是为野蛮本能谋取脱离社会约束、消灭社会关系的反动行为。"② 他呼吁中产阶级摆脱软弱无能的局面，反对无政府主义和各种蔑视法律的行为。

勒庞著作中令人不快的地方在于其浓厚的种族论色彩。勒庞认为，民族的差别，根源于人种的差别。一个民族的文化心理，由此会十分稳定。民众会改变信仰和审美，但"遗传性不久就会再次表现出来，使得民众改变之前经过激烈革命所采取的社会形式，重新回到原来的状态"③。以法国为例，表面上看，法国政治不断变化，但是两个原则总是不变的，那就是相信国家有改造社会的权力和能力，相信法律有绝对的权威。这两者正是法国中央政府集权、社会民主理论流行的根源。法国人在推翻专制后不久就回到了专制，只不过用群众的专制代替了个人的专制。至于战争，勒庞也视之为种族之间的斗争。在勒庞那里，种族和民族的概念，并未作严格的区分。

勒庞批评博爱主义、和平主义的观点。他认为，文明的进步、各民族的频繁接触、交通的便利、距离的拉近，并不能消除隔阂，相反强化了怨恨，增加了战争发生的可能。战争的心理根源，最主要的在于强者想抑制弱者。勒庞对战争的危害也有认识，但他基本上肯定了战争的意义。他认为，战争的危害有三：损害财产，人员伤亡，民族被削弱，但其带来的最大收获，则是铸造了民族的灵魂。④ 他特别希望欧洲的年轻人放弃和平幻想，准备参加即将到来的一场战争，因为这场战争将决定某个国家或民族的存亡。勒庞把民族的强大归结为意志力的强大。他指出，教育必须培养坚强的意志，这种意志与信仰联系在一起。他写道："真正的力量，只是信仰。信仰是一种看不见的力量，是看得见的事物的创造者，是指挥人心的工具。"⑤

勒庞较早地注意到了以社会平等为中心的民主化潮流带来的后果。他对

---

① [法]古斯塔夫·勒庞：《心理学统治世界》卷1，文刃译，金城出版社2013年版，第256页。
② 同上书，第258页。
③ 同上书，第27页。
④ 同上书，第70页。
⑤ 同上书，第263页。

群体心理、大众形象的刻画，与劳工运动理论家对群众的赞美，形成鲜明对照。勒庞没有完全否定这个群体的存在，他的建议是在精英与群众之间建立起共识，以防社会解体。勒庞主张对代议制民主进行改革，而非来一场群众主导的暴力革命。他将消弭革命上升到捍卫欧洲文明、抵制野蛮的高度。勒庞未曾想到的是，从其学说中受益的不是当权的资产阶级，而是法西斯运动的领袖。法西斯领袖依靠群众、操纵群众，最终带来了名副其实的野蛮主义。

索雷尔：神话与暴力

乔治·索雷尔（Georges Sorel）1847年出生于法国西北部的港口城市瑟堡一个破产的酒商家庭。长大后，他曾受教育于巴黎一所著名的工科院校。毕业后，索雷尔成了一名工程师。不过，他对这个工作兴趣索然。索雷尔的活动范围主要是在巴黎。1892年，他早早地选择了退休。1893年，索雷尔公开宣称成为一名社会主义者、马克思主义者。不过，他对马克思的学说多有批评。他的理论受到维柯、梅斯特尔、多诺索·柯特斯、蒲鲁东、马克思、柏格森、威廉·詹姆斯等人的影响。在马克思主义者内部发生争论时，索雷尔曾站在伯恩斯坦一边，反对考茨基。他还常就政治问题与克罗齐、帕累托进行通信。

索雷尔的研究，开始于他退休后的空闲时光。他的社会政治理论方面的知识，全靠自学，也因此他十分鄙视学院派社会科学家。大约在1905年时，他开始关注政治理论，并于1906年发表了《论暴力》，分期载于《社会主义运动》杂志上。索雷尔反对第一次世界大战，赞同俄国革命，他特别推崇列宁。他认为，列宁实现了他的工团主义神话。索雷尔认为，俄国革命展示了某种辉煌、壮丽的道德景象，这在平庸的民主社会中是看不到的。索雷尔还为意大利报纸写了大量小文章，捍卫布尔什维克主义。1921年，索雷尔转而支持法西斯主义，他称墨索里尼是天才，堪与列宁比肩。索雷尔还是个反犹主义者。1922年，索雷尔去世。除《暴力论》之外，索雷尔的著作还有《无产阶级唯物论》《进步的幻想》等。意味深长的是，意大利的法西斯主义者和共产主义者，都把他当作理论先驱。

索雷尔是革命工团主义（revolutionary syndicalism）的理论家。工团主义，即关于暴力工会运动的主张。他是著名的"反智主义者"。鉴于他对理性的贬抑，他也常常被人们视为19—20世纪之交的新浪漫主义者。[①]

反议会主义

索雷尔的著作直接针对的是当时主张将工人运动纳入议会体系的所谓"议会社会主义者"（les socialistes parlementaires）。议会社会主义者反对无产阶级的暴力行为，主张通过赢得选票与议席为掌握政权而努力。索雷尔认为，这种做法以承认资产阶级国家制度的合理性为前提，是一种与资产阶级妥协的改良主义道路，仍未摆脱旧制度的束缚，议会社会主义试图更换国家的主人，而非摧毁国家，在议会社会主义者那里，国家崇拜代替了对正义的追求。议会社会主义者的妥协，模糊了无产阶级的立场，使决断不复存在。而工团主义者则与之不同。索雷尔的工团主义理论属于当时社会主义者中的无政府主义阵营。无政府主义反对国家等一切正规的制度，批评资产阶级民主，也反对议会社会主义道路。他们强调工会在无产阶级斗争中的核心地位，认为未来社会应建立在工会联合会的基础之上，工人实行自我管理。工团主义理论家费尔南德·佩卢捷的《职业介绍所的历史》于1902年发表，索雷尔为之写了序言。索雷尔的工团主义理论大体继承了佩卢捷的思路。

索雷尔对议会主义持彻底的否定态度。无论是议会社会主义还是资产阶级议会主义，皆在他否定之列。在著作中，索雷尔曾如此描述了议会的现状：

> 长期以来，人们认为议会的基本功能就是讨论最重要的社会组织问题，尤其是宪法问题；在这些问题上，以演绎与推理的方式，从基本原则得出清晰与准确的结论还是可能的。我们的父辈擅长于这种学究式的讨论风格，它构成了政治讨论中最亮丽的风景线。……然而，更为常见的是，在讨论商业法律和社会措施的时候，我们议员们的愚蠢更加明显地暴露出来：总统、部长、各委员会报告人和专家，你方唱罢我登台，尽其所能地展示自己的愚蠢。这是因为，一旦涉及经济问题，简单的原则就不能指导人们了。若想就这些问题提出可行性意见，必须对此有深

---

① [美] 爱·麦·伯恩斯：《当代世界政治理论》，曾炳钧译，商务印书馆1983年版，第239页。

入地了解，然而，这不是我们议会议员们所胜任的事情。①

总罢工神话

索雷尔认为，神话在激发民众运动、斗争中有着巨大的作用。民族需要神话；社会主义革命需要神话。索雷尔鼓吹总罢工（a general strike）神话。总罢工区别于为了增加工资而与资本家进行劳资谈判的政治罢工。

索雷尔认为，无政府—工团主义比马克思的学说更适合无产阶级的斗争。他认为，尽管马克思使社会主义由乌托邦变为科学，但"不幸的是，马克思没有经历过我们现在众所周知的事情；由于我们目睹了无论就规模来说，还是就持续时间来讲都达到相当程度的罢工，因此，我们比他更清楚地了解罢工的本质；总罢工的神话越来越受到人们的欢迎，并在人们的脑袋里深深地扎下根；我们还拥有一些马克思本人不可能发展出来的暴力观念；因此，我们能完善他的学说，而不是像他的那些无能信徒那样，长期以来只会对他的文本作解释"②。索雷尔坚信，总罢工神话是一种能强化资产阶级与无产阶级的对立、促进无产阶级解放事业的神话，它能激发人的崇高与伟大，可以使无产阶级免受各种理性反驳意见的干扰。

以暴力摧毁权力

在索雷尔看来，西方政治思想传统中存在着由来已久的对暴力的偏见，道学家们习惯于把暴力视为野蛮主义的表现，然而，这不过是衰落时代虚弱者的观点。议会社会主义者也被资产阶级人道主义和平论所麻痹。人们谴责暴力，却不问暴力被采用时，到底何事当受谴责。

值得注意的是，索雷尔并非狂热、无条件地鼓吹暴力，他事实上按某种功利主义的后果原则来考虑暴力问题。他认为，暴力在本质上是工具性的，我们只能从暴力的后果来反思暴力。无产阶级暴力因其致力于摧毁旧的资产阶级国家，推动历史的发展，因此与野蛮主义无涉，相反它是值得赞扬的。他赞同列宁的暴力革命论。他断言："作为阶级斗争情感的一种纯粹和简单

---

① [法] 乔治·索雷尔：《论暴力》，乐启良译，上海人民出版社2005年版，第117—118页。
② 同上书，第24页。

的表达，暴力必然是美好和高尚的事物；它是为文明的永恒利益服务的；或许，它不是获取暂时物质利益的最佳手段，但是，它能把世界从野蛮主义里拯救出来。"①

索雷尔在权力与暴力之间进行了明确的区分。在当时的语境中，权力意味着资产阶级国家政权，暴力则意味着无产阶级暴力，他认为工团主义的核心就是以暴力摧毁权力。这也是工团主义与议会社会主义的根本不同。

索雷尔的政治理论的基础是非理性主义。而议会主义的基础，本是理性主义。他提倡暴力和直接行动，以推翻代议制政府，实现社会主义。他寄希望于非理性的神话，以团结工人，进行斗争。尽管他是社会主义者，他在政治上与保守派也多有合作。他实际上主张两者联合以对抗资本主义、自由主义。在他思想深处，存在着一种道德主义。实际上，他希望把社会主义转化为一种道德学说。②索雷尔的理论体现了基于社会主义的立场对议会制民主进行批判的一个路径。在索雷尔这里，我们可以看到极"左"思想与极右思想的亲缘性。卡尔·施米特在20年代初曾向德国人介绍索雷尔的学说。他是最早向德国人介绍索雷尔的学者。施米特关于议会制民主危机的论文，有专门的一节讨论索雷尔的学说。③施米特认为，索雷尔的理论标志着非理性主义对理性主义的胜利。其神话理论的问题在于，神话必定有多个神话，阶级神话遭遇民族神话时，便会败下阵来。

帕累托：历史是贵族的坟墓

19世纪中后期到20世纪二三十年代，堪称大众兴起的时代。在这段时期里，个人主义学说衰落，集体主义学说兴起。法西斯主义、纳粹主义，可以说是集体主义学说的极致。对18世纪理性主义的批判，是19世纪主流思想的特征。对人类非理性行为做出解释，实为一重要的时代课题。在这方面做出贡献的杰出理论家，意大利的帕累托是重要的一位。

帕累托通常被称为现代社会学发展史上的重要学者，他与孔德、涂尔干

---

① [法]乔治·索雷尔：《论暴力》，乐启良译，上海人民出版社2005年版，第71页。
② [法]乔治·索雷尔：《进步的幻象》，吕文江译，上海人民出版社2003年版，译者前言第31页。
③ Carl Schmitt, *The Crisis of Parliamentary Democracy*, translated by Ellen Kennedy, Cambridge, Massachusetts and London: The MIT Press, 1985.

等人，共同奠定了现代社会学的基础。在政治理论史中，帕累托又是精英主义理论的主要代表人物。他的名言"历史是贵族的坟墓"，常被人引用，尽管很多人并不清楚帕累托说这话时是何意；他在理论经济学上的贡献，因"帕累托最优"而不断被人提起。帕累托的政治学说，体现了意大利政治理论中的马基雅维里传统。

1848年是欧洲革命年。是年7月15日，维尔弗雷多·帕累托（Vilfredo Pareto）在巴黎出生。帕累托的父亲是土木工程师，拥有伯爵头衔，帕累托的家庭原是意大利热那亚贵族。此种贵族家庭背景，对帕累托产生了极重要的影响，认识他的人皆承认帕累托身上有一种贵族气质。[①] 1855年，帕累托随父母回到意大利，在意大利接受古典教育。他后来升入都灵工艺学校，准备像他父亲一样，学习土木工程。他的数学和土木工程课程，对他后来的思想发生了重大影响。1870年，他完成论文《固体均衡的基本原理》。他后来思想中对均衡的极大重视，这里已初见端倪。

帕累托毕业后初事商务，他先后在罗马和佛罗伦萨任公司经理，由此对现代工业生产过程极为熟悉。1882年，他作为反对派候选人参加佛罗伦萨选区的竞选，最后以失败告终。1889年，帕累托放弃实业，转而潜心学术。帕累托支持自由贸易，反对政府干预，他是佛罗伦萨斯密研究会的成员。帕累托的学术生涯开始得较晚。1891年，帕累托经人介绍结识了当时著名的经济学家瑞士洛桑大学教授莱昂·瓦尔拉斯（Leon Walras），瓦尔拉斯同意帕累托接替他的教席。1893年，帕累托被洛桑大学聘为政治经济学教授。自此，他一直在洛桑生活。1898年，帕累托从一个去世的教父那里继承了一大笔遗产，他在洛桑附近的塞里尼建了一所房子，之后长期在那里，过着隐居生活，进行阅读与写作。陪伴他的有高级葡萄酒、猫，还有一个新妻子（前任已经跟一个厨师私奔）。帕累托在洛桑大学教书时，流亡在这里的墨索里尼曾选过他两门课。不过，那时帕累托似不认识他。1902年，帕累托写了《社会主义制度》一书，分析批判了诸种社会主义学说，指出社会主义学说的逻辑性错误和可能带来的灾难性后果。他认为社会主义革命许诺给人带来幸福，但只不过是诱惑人去幻想，它不会真正实现。"类似于千禧年黄金时代：永远被期待着，又总在未来的迷雾中消逝，就在其信徒确信将要看到的

---

① ［美］约瑟夫·熊彼特：《十位伟大的经济学家》，贾拥民译，中国人民大学出版社2017年版，第105页。

时刻消逝了。"1916年，帕累托出版了《普通社会学》，该书是帕累托的代表作，三年后，为了便于读者阅读，该书出了简写本《普通社会学纲要》。他的著作还包括《政治经济学教程》（1905）、《民主的改变》（1921）等。值得指出的是，帕累托是批评民主的学者。

20世纪20年代伊始，意大利法西斯主义兴起，他的"学生"墨索里尼积极活动。他受到墨索里尼的重视。1923年3月，他接到意大利国王的任命，请他做参议员。帕累托表示年岁已高，健康不佳，拒绝了政府的邀请。他对法西斯主义滥用暴力有所察觉，对法西斯政权破坏新闻自由亦进行了批评。1923年8月，帕累托去世。

帕累托在世时，他在经济学方面的影响颇大，以他为中心，形成了一个帕累托学派。但帕累托的《普通社会学》出版后却反响平平，读者甚少。即使在意大利法西斯主义兴起后，仍是如此。帕累托去世十多年后，他在美国得到了追捧。1935年，他的著作英译本诞生，处于大萧条中的美国掀起一股"帕累托热"，持续甚久。有学者认为，帕累托关于精英循环的理论"不仅解释了意大利的法西斯运动，而且还解释了俄国布尔什维克的成功"。也有学者称帕累托为"法西斯主义的卡尔·马克思"[1]和"资产阶级的卡尔·马克思"[2]。卡尔·波普尔直接称其为主张极权主义的理论家。[3]另外，对美国经验性社会学研究的发展，帕累托也发挥了重要的影响。著名的"霍桑试验"引出的困惑，正是用帕累托的剩余物理论才得以破解。这就是，要考虑管理者和工人行为背后的情感、信念等非逻辑因素。受帕累托的精英论影响极大的学者，还要提到美国政治科学家拉斯韦尔与社会学家C.赖特·米尔斯。他们都是精英理论的代表人物。

剩余物与派生物

帕累托的社会学，在方法上延续了实证科学的努力，就是要应用物理、化学、生物等学科中的方法，去探索、分析社会现实。他批评孔德晚年陷入

---

[1] 转引自［美］刘易斯·A. 科瑟《社会学思想名家》，石人译，中国社会科学出版社1990年版，第470页。

[2] 此为G. H. Bousquet 1928年的论文中的说法。参见［美］约瑟夫·熊彼特《十位伟大的经济学家》，贾拥民译，中国人民大学出版社2017年版，第100页。

[3] ［英］卡尔·波普尔：《开放社会及其敌人》第一卷，陆衡、张群群等译，中国社会科学出版社1999年版，第80页。

了做宗教教主的泥潭，放弃了最初的努力。他的社会学体系，是要探讨各种要素间的相互依赖关系，类似于化学探讨分子间的关系。在他看来，社会体系中的分子，就是具有利益、情感和动力的个人。

帕累托由经济学转向社会学，是因为他认为经济学只处理理性因素，关注逻辑行为（logical conduct），而人类社会活动，充斥着大量非逻辑行为（nonlogical conduct）。因此，经济学的解释力极大地受到限制。他批评理论家们长期以来忽视或未能很好地研究非逻辑行为。他们要么是追求理论的简化，不愿意做艰难的探求工作；要么否定非逻辑行为的意义，认为非逻辑行为是应当受到斥责的东西，关注于应然，而不能正视实然。"在实践中，无人认为个人的生理特征和道德水准在决定行为方面不起作用；但理论创造者却认为人只遵照理性行动，情愿闭上双眼，不看日常实践的教诲。"①

何为逻辑行为，帕累托说，逻辑行为就是"使用合适的手段实现目的，将手段与目的逻辑性地联系起来的行为"。逻辑行为中，客观目的与主观目的是同一的；也就是说，客观上和主观上，行为都符合逻辑。而此外的行为，则是"非逻辑行为"。非逻辑行为，按主、客观是否有逻辑目的，分出四种类型。文明民族的艺术和科学活动，对认识它们的人来说都是逻辑行为；政治经济学研究的行为，大多也是逻辑行为。对于只是执行首长指令的物质性活动实施者，虽然主客观皆有逻辑目的，但这两种目的不同一，因而属于非逻辑行为。而人类历史上的民俗、禁忌、说教、占卜、求雨的仪式、大多数本能的行为，都属于非逻辑行为。逻辑行为，是理性的结果，非逻辑行为，则源于某种心理状态，如情感、潜意识冲动。

帕累托研究了非逻辑行为所反映的状态以及那些使非逻辑行为合理化的理论和信仰。他指出，自由、平等、进步、公民意志等概念，与野蛮人使自己行为合理化的神话、咒语一样，都是虚构的、无法证实的、非科学的。为了研究非科学理论与信仰体系的本来面目，他提出了著名的"剩余物"（residues）和"派生物"（derivations）（或译为"衍生物"）概念。剩余物是指某种稳定、相对持久的情感的表现形式，是本能、情感与行动之间的中介（不是本能、情感本身）；派生物则包括"逻辑推理、诡辩、用以推断的情感表达，并且表现人们感受到的推理需要"，派生物的特点是随时间地点而常常发生变化，它是人们对非逻辑行为的理性解释，派生是说它们是由剩

---

① ［法］帕累托：《普通社会学纲要》，田时纲译，东方出版社2007年版，第83页。

余物派生而来，在本质上，派生物是人们想象出来的东西，通常所谓的意识形态或某一社会行为的合法性证明，便是派生物。在纯本能的行为中，在严格意义上的逻辑——实验科学中，不存在派生物，这两极之中，我们就会遇到派生物。派生物是虚假的，但在历史进程中却自有其作用。帕累托认为，研究社会现象，人们不能止于派生物，必须由派生物上溯至剩余物。抵达人们情感的语言，方能改变人们的活动。

帕累托把剩余物、派生物进行了细分。剩余物有六种类型：组合的本能；集合体的持久性；用外在行为表现情感的需要；同社会性有关的剩余物；个人及其附属物的完整性；性剩余物。其中，第一种和第二种最为重要。组合的本能，其社会效用是促使社会变革；集合体的持久性，则有助于维持秩序、保持稳定。组合的本能促使人们走向各种联合，激励着人们建立起各种制度，驱使人们建立起观念之间的伪逻辑联系。为第一种剩余物激励的人们，如同马基雅维里所说的"狐狸"，他们善于试验、创新，总是通过巧妙的手段去取得他人的同意、认可；为第二种剩余物激励的人们，则如同马基雅维里所说的"狮子"，他们的特点是忠于家庭、宗教、城邦和国家，为维护秩序不惜使用暴力。政治历史可以被看作"狐狸"与"狮子"争夺统治权而进行的历史。当然，对于整个统治阶层来说，两种剩余物都是极其重要的东西。两种剩余物均衡，统治精英统治国家的效用最大。

派生物则分为四种类型：断言；权威；情感同原则的一致；口头证据。帕累托关于派生物的讨论中，也包含了很多精彩的分析。例如，帕累托提到，不断重复一个毫无道理的命题（该命题即为派生物），同与人说理相比更具影响力，因而政客不断采用这个手段；传统并无可说的理，但传统导出的非逻辑行为，以"大家都这样做"为之辩护，此时传统就是派生物（传统也能构成剩余物）。1908年革命时，政府处决革命者称为"正法"，革命者杀死官员的行为说成是"屠杀"。但在政府的敌人那里，前者是"屠杀"，后者是"正法"。再如，"自由"一词的含义，可以指意思完全相反的东西，但它们都激起了相同的情感。"如果张三要束缚李四，李四就呼吁自由以冲破这种羁绊；但其后他反过来要束缚张三，他仍呼吁自由以强化这种羁绊。在这两种情况下，自由这个词汇对李四提示了令人愉快的情感。"[①] 这些案例中的词汇都体现了派生物中的某种类型。

---

① ［法］帕累托：《普通社会学纲要》，田时纲译，东方出版社2007年版，第188页。

帕累托关于剩余物与衍生物的区分，可以引申出他的知识社会学理论。他把理论按正确与否及有用与否分为四种类型，即正确而有用的理论；错误而有用的理论；正确而无用的理论；错误而无用的理论。衍生物涉及的是有用与无用；剩余物涉及的是理论的真伪。很多理论之所以流行，之所以有人推出、传播，不在于其正确，而在于其有用。错误而无用的理论，很快会被扫入历史的垃圾堆。正确而无用的理论，要耐心等待"金子发光"的那一天。例如某个数学公式，它是正确的，却是无用的；哪天对人类有用，不得而知。

当代法国社会学家雷蒙·布东（Raymond Boudon）特别推崇帕累托的这个知识分类方法。他指出，很多谬论之所以盛行，是因为它们有"需求"，例如阴谋论，各种简化的社会政治理论，文化理论，伪科学，解构主义，相对主义，甚至是完全捏造事实的著作，它们是错误的，却对某些人"有用"，故而其影响甚大，读者甚众，它们被用来赚钱、表达抗议、发泄情绪、发起运动、发动攻击、安抚焦虑、等等。布东举例说，2001年9·11恐怖袭击发生后，德国前科研部部长安德雷·冯·布洛竟然写书，称袭击是美国人自己制造出来的。法国极左政党秘书长蒂埃里·梅松同样写书说，9月11号那天，没有任何一架飞机冲向五角大楼，这是一起美国人操纵的舆论事件，目的是使针对阿拉伯穆斯林世界的激进政策合法化。[1] 两书作者都是"有身份"的人，然而竟然都睁着眼睛说瞎话，连"事实"也予以否定，可是，其著作却全球大卖，作者赚得盆满钵满，而遭受苦难的美国人，则无缘无故地受到了一场指控。

精英循环

何为精英？根据帕累托的定义，使用"精英"这个词不涉及道德上的判断，不考虑人的好坏善恶，不考虑他对社会有危害抑或有益处，而只看他在某个领域的能力。能力高的打10分，能力低的打0分。高分者便是精英。精英概念虽然不可能有明确的界限，我们很难说到底得几分算是精英，但这种分类，仍然有其效用。小偷中水平最高、从未被发现者，属于偷盗方面的

---

[1] ［法］雷蒙·布东：《为何知识分子不热衷自由主义》，田晶译，生活·读书·新知三联书店2012年版，第82页。

精英；拿破仑一世，国际象棋大师，都是精英。由此，考察统治时，民众便分为两个阶层，非精英阶层（下层）和精英阶层。精英阶层里面，分为执政的精英和不执政的精英。精英阶层与非精英阶层之间，存在着某种循环，这种循环，可以保障社会的稳定。这意味着精英并非永远是精英，处于统治阶层的人，也未必都是精英。贵族有其高贵的血统，显赫的家族史，但贵族并不永远处于精英阶层。下面就是帕累托最著名的那段话：

> 贵族并非永为贵族，无论何种原因，一定时期之后贵族销声匿迹是无可争辩的。历史是埋葬贵族的坟墓。雅典人对外国移民和奴隶来说是贵族：他们没有留下后代就消逝得无影无踪。形形色色的罗马贵族消逝了，野蛮人的贵族也消逝了：在法国，法兰克征服者的后裔在哪儿？英国贵族的家谱排序精确：极少数家族可上溯到征服者威廉的部属。在德国，现在的贵族大部分出身于古代绅士的陪臣。几百年来，欧洲各国人口增长迅猛；但显然，毫无意义，贵族并未按相同比例增长。①

帕累托继续分析说，某些贵族不仅在数量上，而且在素质上不断衰败。其中有利于统治的剩余物越来越少。这样，统治阶级将由下层阶级重建，给它输入新鲜血液，也就是新的剩余物。他提醒人们注意"在下层阶级中优秀分子的聚集，或相反在上层阶级中低劣分子的聚集，是破坏社会平衡的重大动因"②。当精英的流动和循环缓慢乃至停滞，革命就会爆发，因为那时上层阶级中低劣分子聚集，而下层阶级中优秀分子聚集，他们拥有了足以执政的剩余物，并准备使用暴力。帕累托举例说，法国国王路易十六在大革命时期的结局和英国贵族在19世纪后半叶议会改革时期的命运，都符合这种观察。帕累托支持开放统治阶层职位，提高阶层间流动性，反对阶层固化。

帕累托之前几年，意大利学者莫斯卡已有关于精英统治的讨论。但帕累托的精英理论与莫斯卡的相比不乏新的内容。帕累托的精英循环理论，源自圣西门。不过，帕累托对莫斯卡和圣西门都采取了极不友好的态度，不愿意承认他们是他的理论先驱。

---

① ［法］帕累托：《普通社会学纲要》，田时纲译，东方出版社2007年版，第241页。
② 同上。

如同马基雅维里一样，帕累托相信人有某种恒定不变的本性，历史是一种循环。与18世纪乐观主义、进步主义潮流相比，帕累托是格格不入的。他的理论以均衡——失衡——再均衡贯穿，认为历史不过如此。他批评了社会达尔文主义，认为达尔文主义的本质是一种环境决定论，而社会行为必须从人自身的特性来解释。帕累托的精英循环理论，向当时颇具吸引力的共产主义的千禧年承诺，泼去了悲观主义的冷水。依据他的学说，共产主义者许诺的自由人联合体定不会实现，新政体不过是统治精英的替换而已。一个政治社会内在的统治结构，并不会因生产力发展或科技进步而有实质性的变化。帕累托的著作，贯穿的是淡淡的悲观主义气质。

帕累托的学说，也算融百家之长、自成一体，这也是他何以在社会政治理论史及经济学说史上占有一席之地的原因。帕累托的学说，体现了将科学方法运用社会研究的努力，他揭露巫术、迷信、宗教和道德说教、形而上学体系背后的本质，试图以科学的方法处理人类行为中的非逻辑行为，其抱负不可谓不大。

帕累托关于"精英循环"与统治权更替的学说，对政治现象极具解释力。俄国"十月革命"以及20世纪后期东欧的政体变迁，无法以马克思主义基于生产力与生产关系的辩证来解释，但以帕累托的理论则很容易说明白。帕累托的理论诚然遗漏了很多造成政治转型的可能因素，但他指出了这样一个道理：在广大民众无权或无暇或无意参与政治统治、分享统治权时，政治统治既然是少数人的事，则政体的存在、政权的维系，便全然取决于统治精英自身。他们的团结状况、组织形式、在具体行动中的抉择，便会主导全局。由此，少数人便极大地影响着多数人的命运。

莫斯卡：冷静的政治科学家

莫斯卡是19世纪、20世纪之交极重要的思想家。他的名字通常与帕累托、米歇尔斯联系在一起，他们被归为所谓的精英主义理论家。然而，莫斯卡自己并不用"精英"一语。有一种常见的说法认为，莫斯卡支持这样一种观点：人类社会总是存在着统治阶级与被统治阶级，历史就是两大对立阶级的斗争。在下文我们将看到，这是对莫斯卡学说的严重误解。莫斯卡的理论气质，是中道的、审慎的。他以政治科学破除各种谬见，探究政治统治的原理，以期挽救西方文明，防止它陷入野蛮主义的深渊。对莫斯卡最严重的误解，莫过于把他说的"统治阶级"理解成"有组织的少数人"。"有组织的少数人"在当时的语境中，可见于布尔什维克主义的政党。然而，莫斯卡的理论关心的，并不是此种人物。什么是统治阶级？我们不能够在马克思主义的框架中去理解，也不能够在精英论的框架中去理解。

加塔诺·莫斯卡（Gaetano Mosca）1858 年出生于意大利南方的巴勒莫。学生时代，莫斯卡读到法国保守主义史学家伊波利特·泰纳（Hippolyte Taine）[①] 的《现代法国的起源：旧制度》时，萌发了对政体与统治阶级进行研究的兴趣。莫斯卡作为宪法和政治理论研究者开始其学术生涯。他先在巴勒莫，后来在罗马，充当无薪讲师。1885 年到 1923 年，他是都灵大学的宪法学教授。1923 年至 1931 年，莫斯卡在罗马担任政治理论教授。

在大学教书之外，莫斯卡还拥有参与政治的实际经验。1887 年至 1895 年，他担任意大利国会下议院刊物编辑。1908 年，莫斯卡成为一名下议院议员，以自由保守党的立场连任两届议会。1914 年到 1916 年，他还担任了殖民部次长。1918 年，他被任命为终身参议员。

1884 年，莫斯卡出版了《关于政府和代议制的理论》，其中，他对代议制民主多有批评；1896 年，莫斯卡出版了《政治科学原理》（即《统治阶级》）。[②] 1921 年，莫斯卡出版了《政治科学原理》第二版，其中增加了六章内容（即中译本最后六章）。在《政治科学原理》第二版中，莫斯卡明确了他的政治理论，特别是他明确地表达了对议会制民主的捍卫，这在当时的舆论氛围中难能可贵。[③] 莫斯卡的《政治科学原理》，是一本政治科学代表作，也是意大利保守主义的经典之作。

政治科学的伟大使命

莫斯卡生活的时代，科学思维已成潮流。实证主义带来了法学、社会

[①] 泰纳（1828—1893），又译为丹纳。泰纳毕业于巴黎高等师范学院，曾做过美术学院艺术史教师。他作为史学家而闻名，在 19 世纪最后几十年的欧洲学界颇有地位。泰纳批判理性主义，批判法国大革命，其思想部分受到黑格尔、托克维尔等人的影响。他在政治上保守，持悲观主义历史观，且赞同种族思想。其著作包括《历史和批判文集》（1858）、《英国文学史》（1863）、《艺术哲学》（1866）、《论智力》（1870）、《现代法国的起源》（1875—1884）。

[②] ［意］加塔诺·莫斯卡：《统治阶级》，贾鹤鹏译，译林出版社 2002 年版。

[③] ［意］萨尔沃·马斯泰罗内：《欧洲民主史：从孟德斯鸠到凯尔森》，黄华光译，社会科学文献出版社 1998 年版，第 339 页。

学,也促使了科学主义的政治学的诞生。莫斯卡集中围绕统治现象展开研究,试图建立一门关于政治的科学。

莫斯卡认为,政治科学承担着一个重大使命,那就是破除乐观主义民主与平等的形而上学谬见。他相信,通过揭示人类社会中政治组织的规律,人们可望放弃无政府主义、社会主义等幻想。莫斯卡说:"必须以完整的科学体系对付完整的形而上学体系。"① 无疑,这一任务是艰巨的。因为它揭示的道理与许多人的兴趣、愿望相反。莫斯卡说,发达的政治科学有助于人类避免政治组织的毁灭、文明的衰亡,防止人们重新回到野蛮状态。我们不能预知什么,但我们在预知什么绝不会发生方面能力要强很多。② 而19世纪以来历史学和描述性社会科学的进步,为构建政治科学提供了可能。

统治阶级理论

莫斯卡认为,政治组织总是包含着统治现象,统治阶级(the ruling class)必然存在,统治阶级的状况,决定政治组织的效能。一国的受挫或灾难,可归结为统治阶级的无能或失策,而不是大众的无知或掌权人的邪恶。当一国成功时,我们也可认为是该国统治阶级开明、卓越使然。接下来的问题就是,为何有的统治阶级强大、有的统治阶级虚弱?

莫斯卡关于统治阶级的理论,是关于一个社会的中间阶层的理论。此一研究,区别于对少数人与大多数平民的研究。其预设是中间阶级创造历史。先前学界的研究,要么强调处于权力金字塔顶端的人的成就,认为英雄造时势,偶尔也强调下层人士和广大群众的优点,宣称人民群众是历史的创造者。莫斯卡要表明的是,离开社会中间阶层,国家首脑和底层民众都无法取得重要的、持久的成功。莫斯卡说:"政治组织所属的政治类型以及它的行动效果,主要依赖于中间阶级构成和发挥职能的方式。"③

此种中间阶级,莫斯卡有时也称它为统治阶级的第二个层次。统治阶级的第一个层次是政治首脑及其大臣,第二个层次则包括更大数量的一批人,他们提供了政府官员,塑造了政治组织的舆论氛围与道德倾向及情感。莫斯卡说:"任何政治组织的稳定都依赖于这第二个层次达到的道德、智力与活

---

① [意]加塔诺·莫斯卡:《统治阶级》,贾鹤鹏译,译林出版社2002年版,第398页。
② 同上书,第353页。
③ 同上书,第408页。

动的水平；并且这种水平的健全程度通常更为重要，因为对国家或阶级的集体利益的意识能够给个人野心或者该阶级中贪婪之辈施加压力。相应地，在这第二个阶层中的任何知识和道德缺陷都代表着对政治结构更严重的危险，这种危险比控制国家机器的几十个人的类似缺陷更难以补救。"① 莫斯卡打比方说，一支军队，将军和参谋如出现重大损失，可以迅速从下级军官中提拔新人补缺，军队的存在不受影响；然而直接带兵的低级军官若突然消失，军队便将即刻解体。②

中间阶层的重要性，可由历史事实来说明。莫斯卡指出，历史上，最高首脑中出现智力低下者或严重不胜任者，但只要统治阶级素质较高，国家依然能够繁荣、强大。尼禄显然不适合统治罗马，但尼禄时期的罗马帝国，有序而和平。英王乔治三世智力低下，还患有精神病。然而那时英国却赢得了对拿破仑的战争，并且成为海洋之主。③ 我们还可以想到中国古代的例子，有的皇帝年幼，有的皇帝几十年不上朝，但政权依然稳固。

莫斯卡学说的理论资源，是亚里士多德和孟德斯鸠。④ 莫斯卡说，中产阶级与独立舆论、无私的公共精神相联系。启蒙运动以来，乐观主义的观点认为，随着启蒙和教育的发展，普通公民道德与能力的提升，治理国家的事将人人胜任。这意味着实现民主的可能性。莫斯卡认为，这是一个过分乐观、没有依据的观点。

统治阶级的素质问题

莫斯卡认为，在一个社会中，强大的中间阶级的存在，意味着人才得到培养与利用。莫斯卡十分重视从人才供应的不足来解释统治阶级的退化。根据这一原理，在封闭的种族和贵族阶层中选择统治人才，效果显然不如向全社会选择统治人才。此一观点，暗示莫斯卡支持公职向全社会开放，这是一种关于公正的理念。莫斯卡并不支持贵族政治。他说，罗马帝国的衰亡，始于统治阶级中人才的匮乏。莫斯卡发现，基督教本身未必会导致罗马帝国的衰亡，但它吸引卓越人士进教会，从而影响了罗马统治阶层杰出人才的供

---

① ［意］加塔诺·莫斯卡：《统治阶级》，贾鹤鹏译，译林出版社 2002 年版，第 482 页。
② 同上。
③ 同上书，第 509 页。
④ 同上书，第 407 页。

应。罗马帝国由盛转衰时，恰恰是教会中圣·安布罗斯、奥古斯丁等群星璀璨的时期。

莫斯卡特别重视统治阶级的素质问题。这里说的统治阶级的素质，既包括智力水平，也包括道德水平。他认为，统治阶级最重要的道德，一是诚实，二是勇气。"对虚假的厌恶应该是统治阶级的特征。"[1] 他认为，在商业时代，仍然需要勇气。具有军事血缘和传统的统治阶级更强大。莫斯卡还指出，统治阶级需要有自己的觉悟，要意识到自己是统治阶级，对其权利和责任有明确认识，消除偏见，以提高自己的政治能力和理解力。统治阶级要有远见，不能沉迷于追求对小团体有利的目标。

代议制民主的好处

莫斯卡认为，19世纪欧洲诸国相对于其他国家的优越性，得益于代议制。代议制结合了官僚制与选举性成分。这种制度可以利用政治与行政部门所有的资源。在这种制度中，被统治阶级中的所有力量都有可能跻身于统治阶级。

莫斯卡指出，各种政治职能的专业化，官僚和选举力量之间的协作与控制，是现代代议制国家的两个显著特点。他称代议制国家是"迄今为止世界历史上最复杂和精致的政治组织类型"[2]。它与欧洲人达到的文明相配合。他写道，欧洲人的文明在艺术、哲思、宗教情感、道德情操方面比从前略逊，但在经济与科学发明、对自然的开发上面，它具有无比的优越性。

关于代议制民主的好处，莫斯卡列出了如下几点：（1）混合了选举与官僚制，个人能力可以得到发挥，也确保了统治功能；（2）保护个人自由，防止政府权力滥用；（3）允许建立一个大而强的国家；（4）能够把巨大的个人能量导向与集体利益相联系的目标；（5）它不会压制社会的创造力，特别是社会在科学、文学和经济方面的创造力。[3]

关于代议制民主的未来，莫斯卡提出了自己的看法。他认为，每一个人类组织自身都包含毁灭的种子，一旦成熟，便会走向衰落和毁灭。代议制亦

---

[1] ［意］加塔诺·莫斯卡：《统治阶级》，贾鹤鹏译，译林出版社2002年版，第503页。
[2] 同上书，第465页。
[3] 同上书，第554页。

然。它的衰落，征象便是"欧洲国家的中产阶级的经济显著衰落"①。

在莫斯卡看来，代议制政府的形成，以中产阶级的发达为前提。适度富有的中产阶级的存在，对于现代代议制的正常运转必不可少。而在中产阶级没有得到很好发展，或者缺乏必要条件以维护其威望和影响力的国家和地区，现代的代议制则产生了最坏的结果。②

莫斯卡正确地断言，中产阶级衰落、贫困的加剧，将导致独裁制的诞生。特别是，有人将哄骗大众，利用大众妒忌和掠夺的本性，破坏普遍利益。③ 他说，资产阶级提倡民主与自由，但现在已成民主原则与自由原则的囚徒。他们推动了普选制，并与经济平等的鼓动者寻求妥协，对自由的信奉使得他们允许各种反资产阶级的学说得以传播，而这必将威胁资产阶级本身的生存。④

自由制与独裁制

莫斯卡把政体分为自由制（政体）与独裁制（政体）。自由制中，按照法律由所有或部分被统治者选择统治者，法律出自普遍意志。独裁制中，法律或者是神的意志，或者是独裁者的意志。现实政体可能包含着两种政体不同程度的混合。在区分政体时，人们还常常会提及民主制与贵族制的区分，此种区分，以统治阶级补充成员的方式不同为标准，前者从民众中、后者从贵族中补充其成员。莫斯卡指出，自由与民主，独裁与贵族制，并不必然相联系。⑤

独裁制的特点是模式简单，易于被人们理解。莫斯卡说，人类社会在独裁制中处于停滞状态，好比路人行走很久以后需要"休息"一样。独裁制可能是世袭的，也可能是选举性的，前者与贵族制相结合，后者与民主制相结合。⑥ 与前述统治阶级理论一致，莫斯卡指出，独裁制的存在，不仅依赖于独裁者及其任用的官僚或大臣，还依赖于一个人数更多的人组成的统治阶级的第二个层次，他们不同于统治权金字塔最顶端的第一层次。恰恰是他们，

---

① ［意］加塔诺·莫斯卡：《统治阶级》，贾鹤鹏译，译林出版社 2002 年版，第 467 页。
② 同上。
③ 同上书，第 467、563 页。
④ 同上书，第 468—469 页。
⑤ 同上书，第 470—471 页。
⑥ 同上书，第 474 页。

在领导和指导大众的行为。

自由制历史不长，见诸英美，但成就斐然。自由制的特点是：法律基于大多数公民的同意；官员从人民中产生，其任职具有任期，他们要对其行为负责。国家对个人或组织的权力有限。公民的信仰、出版、言论、集会等自由得到保护。私人财产和住所不可侵犯。自由制国家中，同样存在由两个层次构成的统治阶级。第一层次可能由共和国总统、总理、部长等人组成。第二层次则为第一层次提供民意上的支持，并提供大量政府雇员，他们历来是所有政治组织的骨干。莫斯卡认为，选举人由第二个层次中的大多数人组成，对自由最为有利。候选人应在第二个层次的成员中被评判。

莫斯卡反对把选举权扩充到每一个公民（普选制）。他指出，在选举中，候选人会利用大众的不满和妒嫉，做出无法兑现的承诺，他们会为了争得选票而发表不负责任的言论。例如，他们"总是夸张地指出富人和有势力者的自私、愚蠢和物质享受；谴责他们的恶毒和错误，不论是真实的还是想象的；并许诺满足共同的和广泛传播的粗糙正义感，这种情感希望废除基于出身优势的所有社会等级，同时希望看到绝对平均地分配快乐和痛苦"①。莫斯卡愤然抨击这些利用和煽动群众偏见与贪婪的人。他说："这是一种可鄙的竞争，其中那些故意欺骗的人，把他们的知识水平降低到等同于那些被他们欺骗的人，甚至在道德上更低劣！"②

莫斯卡认为，理想政体当奉混合均衡为原则。在这一点上，莫斯卡继承了共和主义的混合政体思想。他在其统治阶级理论的基础上，对孟德斯鸠分权制衡理论进行了改造。他认为，只有彼此制衡的机构代表统治阶级中的不同部分时，制衡才是有效的。③

莫斯卡认为，政治制度的健全性依赖于不同却恒久的原则与倾向的"适当混合与制衡"。自由制与独裁制中任何一方占绝对优势，都会出现暴力政治。④"当流行一种冰河般的平静气氛时，当我们不能感到政治讨论的微风吹过，当每个人都在高唱赞歌歌颂某些伟大的秩序与和平的恢复者时，我们可以肯定，独裁制原则过于强大的压制了自由；而当每个人都在诅咒暴君、拥护自由时，情况恰好相反。因此，当小说家和诗人们吹捧伟大家族的光荣，

---

① ［意］加塔诺·莫斯卡：《统治阶级》，贾鹤鹏译，译林出版社2002年版，第489页。
② 同上。
③ 同上书，第554页。
④ 同上书，第506页。

对普通百姓进行诅咒时,我们可以安全地认为,贵族制倾向正在变得过于强大;当社会平等的野风在呼号,所有人都在鼓吹他们对贫贱利益者的关心时,很明显,民主制倾向过强地升级,靠近了危险地带。"①

对激进主义的批判

在意大利当时的语境中,社会主义、无政府主义是鼓动推翻既有政权的活跃力量,影响巨大。莫斯卡从理论上对两种力量背后的历史与社会思想进行了批判。他认为,人民意志与上帝意志、无产阶级专政一样,都是形而上学的虚构,无法得到科学上的检验。社会主义者信奉的历史唯物主义,亦存在根本性的问题。

历史唯物主义重视经济基础的决定性作用。莫斯卡以例证反驳说:"经济原因看来在从封建国家到官僚制国家的转化中发挥了极小的作用……经济生产方式在14—17世纪期间没有经历根本变化。"②

社会主义者希望彻底告别旧制度,建设全新的社会。莫斯卡则指出,我们基于历史事实,可以观察到的一个规则是:"每一个新的政治大厦,在某种程度上,必须用被它取代的旧结构的废物和遗留物来建立。"③ 例如,绝对王权体制便从贵族和教士中发展出统治国家的新的民事和军事官僚阶层的几乎所有成分。莫斯卡此论,针对激进派关于新人新社会取代旧制度的学说。

莫斯卡分析说,社会主义和无政府主义的基本预设是:人性是善的,社会把它变坏了。要重新回归善良的本性,必须改变社会。这种观念的始作俑者是卢梭。卢梭要求把社会制度建立在平等与绝对正义的基础上,他还毫不掩饰地表达了对幸运者、富人和强有力者的憎恶。卢梭思想提供了社会主义学说的大部分思想资源。莫斯卡认为,社会不过是各种不同的十分复杂的人类本能地互相妥协、补偿和制衡的结果。

社会主义者以集体主义为原则,反对个人主义,他们提出对绝对正义的要求,要求改变代议制民主制度。莫斯卡反问:"我们有权利和责任提问:是否在集体主义体制实现后,公正、真理、友爱、宽容将比现在占据更大的

---

① [意] 加塔诺·莫斯卡:《统治阶级》,贾鹤鹏译,译林出版社2002年版,第507页。
② 同上书,第452页。
③ 同上书,第454页。

空间？是否处于上层的强者，不再专横地对待弱者？是否社会底层人民，将少受些压迫？"① 莫斯卡说，在社会主义者胜利夺权的地方发生的一切，可以用来检验其说包含的真理性。无论从逻辑上还是从事实上，人们都可以看到，在社会主义社会仍然有管理公共财富的人和被管理的人。莫斯卡说，掌握资源分配的人必定是其同胞之上的暴君。"绝对的平等在人类社会中绝不存在。政权从来没有将来也绝不会建立在大多数人的明确首肯之上。它过去总是并且将来也总是通过有组织的少数人来实施，他们在大众身上施加霸权，尽管其方式随着时代而变化。"②

莫斯卡对比了两种政体中发生的情形。他说，一方面，集体主义体制并不能避免人性的弱点。贪婪、欺诈、暴力，所有这些罪恶都将进入集体主义政体，并不比在自由政体中更少。另一方面，集体主义体制将造成一种统治一切的专制主义，其中底层人将毫无尊严可言。换言之，它还不如既有体制。莫斯卡说，在自由制国家，统治者是政治家和百万富翁，但是，"一个办公室职员至少可以嘲笑百万富翁。一个可以用自己的双手挣得体面生活的好工人不需要害怕政治家、部门长官、代表或部长。任何拥有令人尊敬职位的一片土地的所有者、商人或专业人员可以在世界上所有国家政权、所有大地主和所有财阀面前高昂起头。在集体主义制度下，每个人将不得不对政府人员点头哈腰。政府人员单独就可以决定宠爱、面包和生活中的快乐和悲伤。一种单一的、决定性的、覆盖一切和吸收一切的专制制度将压迫所有人。地球上的大人物将成为每一件事务的绝对主人；而那些什么都不怕、不期待从他们中得到什么的人们的独立话语，将不再能束缚他们的放纵行为"③。

有的人把统治阶级看作在经济上不劳而获的剥削阶级。莫斯卡不以为然。他承认统治阶级的存在，但认为统治阶级与被统治阶级并非敌对的关系。他指出，对一个文明社会来说，统治阶级发挥着巨大作用，例如，维护秩序，保持社会统一，创造生产劳动展开的条件，提供技术人员与管理人员，等等。

关于剥削，莫斯卡也提出了不同的看法。莫斯卡举例分析，他写道：一艘巨大的现代客轮，体现了现代工业和科学的成就。它是资本家、工程师、

---

① [意] 加塔诺·莫斯卡：《统治阶级》，贾鹤鹏译，译林出版社2002年版，第353页。
② 同上书，第397页。译文略有修正。
③ 同上书，第355页。

雇佣工人协作建造的。它的运行靠官员、普通水手和司炉工来完成。客轮的收入，被认为是资本家偷走了，工人只得了很少的一部分。诚然，没有工人和水手，客轮无法建造和获利，然而，没有资本家和工程师，工人自己只能建造一艘小型运输船只，获利最终远比不上参与客轮建造和运营带来的收入。现代企业里工人的处境比过去是极大地改善了。因此，指责所有资本家是剥削者，是十分荒谬的。

莫斯卡说，资本家并非不劳而获的寄生虫。不劳而获的寄生虫存在于所有阶层。统治阶级中的寄生虫，并不受统治阶级欢迎。不能把剥削与统治阶级相联系。劳动阶级中的赌徒、游手好闲者，就是社会底层的寄生虫。至于剥削，莫斯卡尖锐地指出，剥削者存在于所有社会阶层。一个人在奢侈、挥霍方面花光他继承得来的所有财产，他就是剥削者，他剥削的是创造财富、给他遗产的人。利用欺骗登上政治舞台的政客，他是剥削者，他剥削的是真正的政治家。士兵在危险关头消失，在颁发勋章时复活，他是剥削者，他剥削的是他的战友。农民中的懒人和无赖，靠借亲戚朋友的钱生活，却拒不归还，他是剥削者，他剥削的是帮助过他的人。救济院里的人，不劳而获，剥削的是那些辛苦劳动的人。知识阶层中也有剥削者，他们是学界的混子或投机分子。莫斯卡写道："一种剥削者是这样一种学者，他们通过写一本仅仅用来讨好自己的评判者的书来赢得职位，或者通过发表奉承当时流行情绪的著作来谋求声誉。被剥削的是牺牲了生活中一大部分物质成就以追求真理的学者。"①

莫斯卡批评激进主义者散布的阴谋论。他说，把社会中的不幸、不公看作某个人、某个阶级的巨大阴谋，不能成立。把既有法律和国家秩序看作有意识地持续压迫某个阶层的结果，缺乏事实依据。社会事件的发生，部分受利益左右，部分是出于情感、本能和偏见，它们并不受理性支配。此外，还要考虑到"运气"的因素。② 在莫斯卡看来，无政府主义、社会主义等学说对应于社会中低下的、反社会的、野蛮的情绪。追求平等和绝对正义，可以通过促进兄弟之爱以传教士的方式进行，也可以通过诉诸仇恨和暴力来进行，社会主义属于后者。在代议制民主中，随着普选的实现，候选人也会倾向于迎合大多数底层民众的情感和偏见。诚实的政治家反而被疏远。

---

① ［意］加塔诺·莫斯卡：《统治阶级》，贾鹤鹏译，译林出版社2002年版，第374页。
② 同上。

莫斯卡警告欧洲人，社会主义任其蔓延，将拉平欧洲人的道德水平，给欧洲文明带来破坏性后果。社会主义的流行，意味着欧洲文明的衰落。① 遗憾的是，他看到欧洲资产阶级自缚手脚，没有公开与社会主义进行斗争，而是与社会主义运动进行了不体面的、有害的妥协。② 莫斯卡说：

> 对政府可能从大多数人中产生的信仰；对大多数人不会被玷污的信仰；以及相信一旦这些人从每一种未根基于普遍民意的政权的原则、从每一种贵族制的、君主制的和宗教的迷信中得以解放，他们就会开辟一种政治制度，它最好地服务于普遍利益和正义的利益。这些信仰及其背后的情感带来了代议制民主，如今，它将无情地裹挟着人们走向社会主义与无政府主义，阻碍人们对代议制民主制进行补救性的改革。③

莫斯卡的教诲

政治科学要考虑"可能性"或"可行性"。在莫斯卡看来，对统治阶级的研究，将揭示出文明最核心的支柱——政治组织生长、盛衰的规律。以莫斯卡之见，当统治阶级衰退时，文明便告衰退。对统治现象不可避免性的确认，对代议制民主好处的论证，对社会主义、无政府主义的批判，都是莫斯卡对政治现象进行科学研究得出的结论。他试图以科学对付乐观主义的形而上学迷梦，试图在激进主义的浪潮中挽救摇摇欲坠的代议制民主。他预测了代议制民主衰败后的几种选择，并做出大胆评估：它们都不及对代议制民主进行改良好。20世纪30年代到"二战"结束，对代议制民主的怀疑终于过去，西方人在实践中尝到了抛弃代议制民主的苦果后，才回过头来维护代议制民主。代议制民主制显示出了它的生命力、吸引力。在20世纪初的语境中，莫斯卡的观点是保守的，但是在今天，我们重读莫斯卡的文字，却发现他是一个何等热爱自由的人。

莫斯卡的政治科学颇具亚里士多德政治学之神采。在莫斯卡的著作中，对历史事实的分析与对价值的关怀融为一体。莫斯卡之所以提出要构建政治科学，恰恰是要对政治世界的各种谬误进行清理。现如今，新的历史事实和

---

① ［意］加塔诺·莫斯卡：《统治阶级》，贾鹤鹏译，译林出版社2002年版，第391页。
② 同上书，第558页。
③ 同上书，第396页。

政治素材的出现,也将对莫斯卡的理论带来挑战。科学命题恰恰在于可以被证伪。莫斯卡定会欢迎对他的论断进行批评与修正。

马克斯·韦伯:时刻准备着

马克斯·韦伯(Max Weber,1864—1920)是西方思想史上一位极其重要的人物。20世纪德国著名存在主义哲学家卡尔·雅斯贝尔斯十分推崇韦伯,他说自己经常在梦中遇到韦伯。雅斯贝尔斯称韦伯是"当代最伟大的德国人",是伟大的"政治家、科学家,也是哲学家"。①

韦伯于1864年4月21日出生于德国图林根,他的父亲是位训练有素的法学家兼市议员。少年韦伯身体孱弱,不爱运动,但颇喜读书。17岁时,他进入海德堡大学主修法律,并广泛涉足史学、经济学、哲学、神学等领域。他经常游乐、豪饮、决斗,并且不断透支,为此频繁向父亲要生活费。他加入了学生中的兄弟互助会,以满足成为一个男子汉的理想。"他的腰围的膨胀比才智的扩张要突出得多:那个瘦高的年轻人已经变得宽大而有力,甚至有了肥胖的趋势。当他母亲第一次看到他的这种变化,而且脖子上还带着决斗留下的伤疤时,这位充满活力的女人除了在他脸上猛掴了一掌之外,简直就不知怎么来表达自己的惊讶了。"② 大二时,韦伯去斯特拉斯堡服兵役,他的大学生活中断。他后来继续在柏林大学和哥廷根大学学习。韦伯的博士论文题为《中世纪贸易商社史》。

韦伯毕业后,准备申请大学教职。他的讲师资格论文是《罗马农业史对公法与私法的意义》。他成了海德堡大学的教师。韦伯的大学教书生涯并不顺利。他的勤奋工作严重影响了健康,他长期处于焦虑之中,经常彻夜难眠。1898年夏,他因病中断教书生活。1903年,韦伯39岁,他不得不提前离开大学讲坛,成了一名退休教授。但是韦伯没有停止对学术的追求。他在严重的健康问题困扰中,写下许多重要而伟大的作品,如《新教伦理与资本主义精神》《儒教与道教》《世界经济通史》等。鸿篇巨制《经济与社会》(两大卷),由韦伯夫人和学生在韦伯去世后汇编整理其手稿而成。

---

① [德]雅思培:《论韦伯》,鲁燕萍译,桂冠图书公司1992年版,第23页。
② [德]玛丽安妮·韦伯:《马克斯·韦伯传》,阎克文等译,江苏人民出版社2002年版,第83页。

第十三章 代议制民主的危机

图 57　马克斯·韦伯

韦伯于 1919 年在慕尼黑大学发表了两次著名的演讲："以学术作为一种志业"和"以政治作为一种志业"。他在演讲中说："一个人，当这个世界从他的立场来看对于他们要奉献给它的一切表现得愚不可及、俗不可耐时，并不万念俱灰，而能正视这一切，说一声：'尽管如此，我还要做！'谁能肯定做到这些，那才是以政治为业。"① 1920 年 6 月 14 日，韦伯患西班牙流感，肺部感染后，很快去世，终年 56 岁。他在昏迷中说的最后一句话是

---

① ［德］马克斯·韦伯：《伦理之业：马克斯·韦伯的两篇哲学演讲》，王容芬译，广西师范大学出版社 2008 年版，第 96 页。

"真理就是真理"①。

韦伯不是政治家，但他时刻准备做一个政治家。他从不逃避现实，而是以忧国忧民的情怀，投入实际的政治事务中。第一次世界大战期间，韦伯作为预备军官受命在海德堡地区组建了9所战地医院。他经历了德国由帝制到魏玛共和国的演变，他作为德国代表团顾问去参加签订屈辱的《凡尔赛和约》，他也是魏玛宪法的草拟者之一，他在学生集会和教师团体中发表政治演说。他在任何情况下都保持独立的政治立场和清醒的政治头脑，并且敢于与不公正进行抗争。他只听从自己的守护神的召唤，不屈从于任何政治需要，尽管他的实际政治倾向是自由主义。他具有独立而伟大的人格。"二战"以后德国战败，哲学家雅斯贝尔斯专门写作论韦伯的书，把韦伯作为德意志民族精神的象征，以鼓励德国人民振奋精神重建家园。他写道："韦伯的存在鼓舞了许多人，这些人包括：脚踏实地的迎接未来的人，尽力保持生命活力的人，以及不到最后关头绝不轻言放弃的人。"②

韦伯一生致力于学术，同时关注政治，尤其是世界政治中德国的使命与命运。他思考的问题，直指现代性的核心，他是当之无愧的伟大思想家。现代性的问题，被人们以"韦伯命题"来概括，他的著作围绕的主题是：现代资本主义的发生原因及其后果。

韦伯夫妇的美国之行

1904年，世博会在美国圣路易举行。韦伯夫妇以及一批德国科学家受邀参加作为世博会系列活动的"世界艺术与科学大会"。他们乘船前往，同行的还有斐迪南·滕尼斯、魏尔纳·桑巴特、厄恩斯特·特勒尔奇等人。韦伯首次来到资本主义精神洋溢的新世界，十分激动。韦伯在政治上原本亲英美，此行所见所闻，更是加深了他对英美的好感。他称曼哈顿为"资本主义的坚固堡垒"。韦伯大病初愈，此次游历令他精神振奋。同行的韦伯好友特勒尔奇写道：

> 韦伯神采奕奕。他总是九点半以后才睡觉，谈了很多，以极有趣的

---

① [德]玛丽安妮·韦伯：《马克斯·韦伯传》，阎克文等译，江苏人民出版社2002年版，第800页。
② [德]雅思培：《论韦伯》，鲁燕萍译，桂冠图书公司1992年版，第25页。

方式几乎不间断地对我进行教诲。在他看来，了解这个商业国家大有裨益。他不断从对事物的观察中产生心得，并试图加以融会贯通。但是由于他在这样做的时候是在出声地思考，这使我受益不浅。①

韦伯夫妇与特勒尔奇参观了著名的尼亚加拉大瀑布。大瀑布的壮观奔放令他们神往。韦伯夫人以优美的笔触写道："可爱的并不是色彩斑斓的浪花在传奇般的深山峡谷里飞溅，而是俨如一个大洋从牢笼里挣脱出来勇敢地纵身跳进了深渊。"②

在芝加哥时，韦伯在向导的陪同下考察了一头生猪从屠宰到进入铁罐盒的全过程。韦伯又深入当地的农村，与玉米地里的村民友好地交流；他们又探访了美国精通教会教派的牧师，收集了很多关于美国教会的资料。种种见闻令韦伯过度兴奋，以至旧病复发，好几天不能活动。特勒尔奇写道：

> 韦伯沉浸在对这个伟大民族的钦羡之中，那是一个自由、勤奋、前程无量的民族。一切不如意的事情都只是由于年轻和有待完善，他认为那些最不寻常的事情之所以会产生，都是这种爆发力的结果。他信奉的个人价值在这里完全得到了实现。③

韦伯在世博会上见到德国馆，他由衷地为之自豪。在科学与艺术大会一个分会场，韦伯做了"乡村共同体与其他社会科学的关系"的报告。韦伯夫人不如韦伯那样肯定美国，她从股票交易所中唯利是图大呼小叫的人群中看到的是精神生活的贫乏、拜金主义的流行与人的渺小。④

经济政策与民族国家间的生存斗争

1895年，31岁的韦伯被聘为德国弗莱堡大学国民经济学教授，就职仪

---

① 《1904年9月3日厄恩斯特·特勒尔奇致玛塔·特勒尔奇》，转引自［美］哈特穆特·莱曼、京特·罗特编《韦伯的新教伦理》，阎克文译，辽宁教育出版社2001年版，第400页。
② ［德］玛丽安妮·韦伯：《马克斯·韦伯传》，阎克文等译，江苏人民出版社2002年版，第325页。
③ 《1904年9月14—16日特勒尔奇致玛塔·特勒尔奇》，转引自［美］哈特穆特·莱曼、京特·罗特编《韦伯的新教伦理》，阎克文译，辽宁教育出版社2001年版，第405页。
④ ［德］玛丽安妮·韦伯：《马克斯·韦伯传》，阎克文等译，江苏人民出版社2002年版，第324页。

式上,他发表了题为"民族国家与经济政策"的激情演说。韦伯虽为经济学教授,但他对政治的重视,大多政治学家都不能望其项背。韦伯指出,在民族国家时代,任何经济政策都必须服从于民族国家政治的需要,必须服从于民族国家之间永恒的生存斗争,政治经济学本质上是政治科学,它是政治的仆人。

然而,德国当时盛行的却是韦伯所说的庸俗经济学。这种庸俗经济学只关心经济组织与管理的技术问题以及利益分配问题,盲目地相信未来必定是一个和平、幸福的时代,忘记了政治经济学是以"人"为对象的科学,根本不考虑德意志民族的前途。韦伯提醒人们,在世界舞台上,各民族之间的生存斗争永远不会停息,全球经济共同体的扩展不过是民族斗争的新形式。在此情况下,一国经济政策的制定怎可不着眼于本民族人口的发展?韦伯时代,德国经济飞速发展,这造成一种让人乐观的幻象,并且让人觉得德国最核心的问题是经济问题。经济学家备受追捧,"以经济学视角看问题"成为时尚,持经济基础决定论的庸俗唯物主义也大行其道。德国的政策只关心当下人们的幸福生活,躺在俾斯麦创下的统一中耽于享乐、吃老本。作为一个政治存在的德意志民族未老先衰,已失去了它的宏伟斗志和进取之心。韦伯希望德国人能够振作起来。他关心的是民族国家时代德意志民族的强大,他希望他们这代人能够为子孙后代谋求更大的自由空间。

韦伯演说热情洋溢、充满睿见。他说:"当我们超越我们自己这一代的墓地而思考时,激励我们的问题并不是未来的人类将如何'丰衣足食',而是他们将成为什么样的人,正是这个问题才是政治经济学全部工作的基石。我们所渴求的并不是培养丰衣足食之人,而是要培养那些我们认为足以构成我们人性中伟大和高贵的素质。"[1]"如果千年之后我们再度走出坟墓,我们在那些未来族类的面相中首先希望看到的就是我们自己族类的依稀印记。……我们并不奢望把我们的理想强加于后世。但我们确实期望,未来将认我们这一代的素质为其自己素质的祖先。我们致力以求的是以我们的劳作和生存方式为本民族后来者树立先驱者的楷模。"[2] 韦伯在演说中几次提到"坟墓",可见韦伯着眼的是德意志民族未来的发展,其眼光甚为长远。

韦伯演说虽从德国人与波兰人在东部地区经济上的生存斗争说起,并在

---

[1] [德]马克斯·韦伯:《民族国家与经济政策》,甘阳译,生活·读书·新知三联书店1997年版,第90页。
[2] 同上书,第91页。

演说中几次提到德国人的"印记",但他并非种族主义者,他的思想不能简单地以含义模糊的民族主义标签来描述。韦伯所说的"印记",是指文化精神方面的遗产,而非血缘、人种生物学意义上的遗传。界定民族,韦伯十分反对以种族为标准。甚至以语言为标准,韦伯认为亦不可取。韦伯同时代的阿尔弗莱德·普勒茨医生是德国种族卫生运动的发起人。他试图将医学、人种学用于社会组织研究,认为罗马的衰亡是由于种族的堕落。韦伯对之曾直接予以抨击。他明确指出:罗马的衰亡不是由于种族退化,而是由于新的文化价值的引进。在美国,种族关系主要是个文化问题,无须进行种族解释。[①] 1912年,韦伯说,把共同的语言作为民族明确的特性,既不必要也不充分。绝大多数多样的人种都有可能融为一个民族,人种根本不是决定因素,"我们完全可以做到彻底忽略血缘共同体的神话般影响"。韦伯认为,民族是一个情感共同体,其表现就是自己的国家。[②]

韦伯主张为后代人争取自由空间,似有帝国主义倾向,但韦伯的主张与后来希特勒所宣扬的"生存空间"论并不相同。理解韦伯,必须记住两条:一是韦伯始终是个自由主义者,他与集体狂热的幻觉、要求个人无限服从国家或某个集体的学说,素来势不两立。另一个是韦伯站在政治的高度,基于欧洲民族国家列国竞争的现实思考德国人的命运,这区别于各种持和平主义、乐观主义、幸福主义的市侩学说,韦伯一直追求个人的自由、高贵与伟大,他希望德国人能够为人类精神世界做出贡献。他这样的人,终不会是丧心病狂的侵略者、战争贩子、民族主义狂热分子。韦伯主张关闭德国东部边界,防止波兰人、斯拉夫人随意流入。此为保护性经济政策建议,与主张屠杀劣等民族、保卫高贵血统纯洁的种族主义思想毫不相干。而一个政治上觉悟的民族,必定会考虑本民族人口的繁荣兴旺。史上缺乏政治意识的民族或早已从地球上消失,或分散流浪,受他族欺凌,韦伯的建议,实为良言。韦伯主张国家收购东部庄园主土地,意在强行打破封建经济结构,让庄园中具有依附性的农民变成自由的现代市民。韦伯认为,真正爱护德国农民,并不是要让他们吃好住好,而是要让他们成为具有高贵人格的人,成为具有斗争精神和民族觉悟的人。1905年,韦伯强烈支持德国扩大海军军备预算,其理由仍然着眼于德意志民众在"世界政治"中的前途。

---

① [美]哈特穆特·莱曼、京特·罗特编:《韦伯的新教伦理:由来、根据和背景》,阎克文译,辽宁教育出版社2001年版,第119页。

② 同上书,第121页。

"以科学为业"的意涵

韦伯是一名科学家,说得更明确些,他是一名社会科学家。韦伯从事的社会科学,并非单指社会学,还包括政治科学、法律科学、宗教科学、历史科学、艺术科学等。它区别于哲学、文学。韦伯《以学术为业》的演说,准确译法应为"以科学为业"。"业"在此指"职业"(bruf/calling)。德文中"职业(bruf)"一词,源自路德译的《圣经》,[①] 体现的不是《圣经》原义,而是译者路德意指的精神。[②] 它意味着尘世工作当视为上帝的做工。以某事为业,是说一生投入、奉献于其中,不论成功与否、收益多少、艰难几何,皆要无怨无悔。不必考虑路德本人"职业"概念的传统主义意涵,在此我们只需注意它对人一生从事一项世俗活动的肯定。它凸显了听到"召唤",义无反顾,全身心投入的现代职业精神。在演说中,韦伯正是要向年轻的大学生听众说明科学是怎么一回事,在德国献身于科学要有哪些认识上、心理上的准备,如何面对科学事业,从事科学研究的意义又在哪里。

按韦伯的理解,科学是要探讨事实之间的因果联系,对现象做出理性的解释说明。科学涉及的是自我与事实之间的关系。它不涉及终极价值关怀。韦伯在《社会科学方法论》中提出科学应"价值无涉"。[③] 事实与价值的区分是韦伯科学观的前提。

韦伯认为,在科学工作过程中引入价值,必定会损害对事实的理解。科学不能回答关于终极意义的困惑。以医学为例,医学绝不包含关于某个生命是否值得抢救的指示。医生只是在病人要求下采取有效措施帮助病人实现他的目标。延长寿命、消除痛苦只是一种长期以来医患之间形成的心照不宣的共识,但它并非由医学本身导出。政治科学家在课堂上给学生讲民主,不能向学生宣传哪一种民主形式更好。韦伯说,教师以"让事实说话"的隐微方法做出暗示孰好孰坏,也已超出政治科学家的职责。政治科学家不是政治家,不是领袖,他不能利用讲台进行政治动员,他并不致力于唤起行动。对

[①] [德]马克斯·韦伯:《宗教社会学》,康乐、简惠美译,广西师范大学出版社2005年版,第242页。

[②] [德]马克斯·韦伯:《新教伦理与资本主义精神》,于晓等译,生活·读书·新知三联书店1987年版,第58页。

[③] [德]马克斯·韦伯:《社会科学方法论》,韩水法、莫茜译,中央编译出版社1999年版,第136页。

某种价值的赞同或否定,纯粹是个人的事。而每个个体,在现代社会,都有他自己的终极价值关怀。

韦伯指出,了解科学作为一项职业的意义,必先认清一个基本的事实,那就是在西方文明中几千年来一直存在的一个大趋势,这个趋势,就是理性化的全面展开与不断推进。在典型的西方文明中,人们不再将世间发生的一切归结为某种神秘力量。人们相信一切皆可做出理性的解释,韦伯此处所谓"理性",即指"计算",这与霍布斯对"理性"的定义相同。韦伯比较野蛮人与今天的西方人,指出野蛮人会求助于魔法,相信神力,对世界充满敬畏。而今天的西方人则相信人们"可以通过计算掌握一切"。世界不再具有神秘性,此即著名的"世界脱魔"(disenchantment of the world)[①] 的说法。"世界脱魔"或译为祛魅、除魔、驱魔,韦伯从德国诗人、剧作家席勒那里借来了这一说法。在此意义上,韦伯就像最后一个巫师,他虽然未必亲自完成了驱魔工作,却庄严宣告了世界脱魔的完成。[②] 在韦伯看来,世界的脱魔与西方文明的理性化过程是同一过程。韦伯论宗教时,即言衡量一个宗教"理性化"程度的标准之一,便是宗教摆脱巫术的程度。[③] 韦伯视德国年轻人中神秘观照、个人直觉与独特体验的时尚为病态,他号召青年学子应具科学意识。以科学为业,就是要准备加入为世界脱魔的进程。韦伯认为,科学既从属于由来已久的世界脱魔进程,自身又是其推动力。科学之为科学,而非宗教或意识形态,就在于它不是对世界的最终解释。每一个科学家都要准备被后来者超越。科学的进步,是一个无止境的过程。然而,这样的进步对人们思考死亡与生存的"意义"问题毫无帮助。

科学的局限,正是它不能回答价值抉择问题。韦伯说,尼采宣布上帝死了,诸神开始复活,从坟墓中站起来,并且相互之间展开无休止的斗争,此即著名的"诸神之争",它象征现代社会在精神领域价值多元、相互冲突的分裂状况。在这种情况下,每个人只能自己做出决定,追随他心中的神(或魔鬼)。既然科学不涉及终极价值关怀,诸神之争中关键的不是科学,而是

[①] [德]马克斯·韦伯:《伦理之业:马克斯·韦伯的两篇哲学演讲》,王容芬译,广西师范大学出版社2008年版,第15页;[德]马克斯·韦伯:《新教伦理与资本主义精神》,于晓等译,生活·读书·新知三联书店1987年版,第79页。

[②] 周伯戡译著:《社会思想的冠冕——韦伯》,上海书店1987年版,第128页。席勒曾提到美基于其神秘性而拥有的魔力,参见[德]弗里德里希·席勒《审美教育书简》,冯至、范大灿译,北京大学出版社1985年版,第11页。

[③] [德]马克斯·韦伯:《儒教与道教》,洪天富译,江苏人民出版社1997年版,第256页。

命运，那么从事科学工作还有何意义呢？它与终极价值有何关联？

韦伯说，科学对人生的作用有三：一是可以让人们对外在事物和人的行为进行控制，主动把握自己的人生；二是可以训练人的思维方法；三是可以使人头脑变得"清明"。第三点尤为重要。科学告诉我们什么样的原因会导致什么样的结果。我们有各自的目标，但如何实现目标，则要借助科学。"头脑的清明"还意味着我们能对我们的信仰，对我们的价值抉择，做出解释，我们能澄清我们的立场，我们并非盲目追随某个价值，这便意味着一种责任感。

在历史上，科学曾被视为"通向真实存在之路"（如柏拉图"洞穴喻"所揭示的），"通向艺术之路"，"真正的人性之路"，"通往上帝之路"（如"借解剖跳蚤，向你证明神的存在"所言），"通往快乐之路"，然而今天这些终被证明是虚幻。韦伯实际上把科学与"责任伦理"相联系。科学不能解决意义问题，但能提醒人们对自己的行为或选择带来的后果负责。

诸神时代的"政治"

但凡涉及领导权的活动，皆可算政治。在《以政治为业》的演说中，韦伯将其限于国家层次。由此，"政治就是追求权力分配或对权力分配施加影响，不管是国家之间的分配还是国家内部各种人类群体之间的分配"[①]。简言之，政治即是与权力有关的活动，它意味着建立起命令与服从的关系。而所谓国家，韦伯指明只可从其手段而不可从其目标去加以界定。因为一个国家实际可能有多种目标，而这些目标，亦非只有国家才能实现。国家区别于个体、家庭或其他人类组织，只在于其行事手段的不同。这种独特的手段，即为暴力。由此，国家是"在某一特定疆域内自为地（卓有成效地）占有合法的物质暴力垄断权的人类团体"[②]。韦伯似乎意识到了他与左派国家观的一致。他引用托洛茨基的话，"每一个国家都建立在暴力之上"。并接着说："确实如此。"[③] 韦伯界定的此种人类团体，无疑是西方近代政治演进的产

[①] [德]马克斯·韦伯：《以政治为业》，载《伦理之业：马克斯·韦伯的两篇哲学演讲》，王容芬译，广西师范大学出版社2008年版，第40页。

[②] 同上。

[③] [德]马克斯·韦伯：《以政治为业》，载《伦理之业：马克斯·韦伯的两篇哲学演讲》，王容芬译，广西师范大学出版社2008年版，第40页。Hannah Arendt, *Crises of the Republic*, San Diego, New York, London: Harcourt Brace Jovanovich, Publishers, 1972, p.134.

物。它符合新教教义，而与天主教教义相冲突。

　　国家的这一特征，使得政治活动是以暴力作为支持的强制性活动。当然它不能无视统治的合法性，否则与匪帮无异。而统治的合法性，韦伯认为主要有三种类型（并非仅有此三种类型，亦并非现实中的统治类型必定如此纯粹），此即传统型、卡理斯玛型与法理型，其统治基础分别为由来已久的习俗与惯例、杰出人物超凡脱俗的魅力、人皆认可的法律规章。对于讨论"以政治为业"而言，第二种状况最为重要。韦伯对政治家的预期，实为卡理斯玛型的伟人。这并非源于某种浪漫主义式的英雄崇拜或虚弱者心灵深处对天才的渴望，而是出于其对德国政坛的观察。韦伯在卡理斯玛式领袖身上所发现的最宝贵的品格，是他们具有的"革命"性格。[1] 与训练有素的官僚团体以技术手段从外在对传统进行变革不同，卡理斯玛式的领袖，是从人的灵魂内部唤起强烈的变革力量。变革所带来的秩序，本质上是卡理斯玛领袖所持信念的外化。在最强劲的形态下，它会破除一切规则与传统，除旧布新，创造历史，完成革命。在"一战"结束德国战败的氛围中，韦伯期望，德国能有伟大的政治家。

　　韦伯认为，政治家追求权力，天经地义。然而应明白得到权力后想干什么。依靠权力吃饭，从政治活动中谋求一份稳定的收入，无可厚非，却绝不能算是一个政治家。满足于权力带来的虚荣，如暴发户般，四处夸耀，如同演员，置政治活动的后果于不顾，亦为政治家当避免的职业病。他告诫大学生，合格的政治家当有三种素质，即热情、责任感与判断力。[2] 热情要求忘我的献身于政治的精神，责任感要求务实，判断力要求冷静、与事件保持距离不至于让胜利冲昏头脑。至于在多种信仰、价值中，政治家执着于哪一种，则是他自己的选择。

政治家：与魔鬼联姻

　　政治与道德是何种关系，常令人困惑。道德家谴责暴力与战争，甚为寻常。然而以韦伯之见，政治既然凭暴力为后盾，甚至直接采用暴力手段，它

---

[1] ［德］马克斯·韦伯：《支配社会学》，康乐、简惠美译，广西师范大学出版社 2004 年版，第 271 页。
[2] ［德］马克斯·韦伯：《以政治为业》，载《伦理之业：马克斯·韦伯的两篇哲学演讲》，王容芬译，广西师范大学出版社 2008 年版，第 79 页。

与道德的关系，便处于永远的紧张状态。一个双手沾满鲜血的政治家宣称自己是道德模范，无异于对道德的亵渎。如此，政治家是否可以抛开道德为所欲为呢？布尔什维克主义者与斯巴达分子采用暴力的方式追求其永久和平、充满道德色彩的目标，是否称得上合适？韦伯表示，探讨此类问题，需先对道德与政治各自的本性做清晰的把握。

韦伯认为，一种适用于一切领域的伦理或道德并不存在。政治与基督教道德有着不可调和的冲突，政治无法通过严格的道德审查。登山宝训提出的绝对性的道德，只是对圣人、使徒的要求。例如"打右脸给左脸"，放弃战斗，弃绝对尘世利禄的追求。圣徒的事业不在尘世，政治家则是在尘世展开他的活动。政治活动与灵魂得救，不是一回事。韦伯引马基雅维里《佛罗伦萨史》中的话，指出"热爱佛罗伦萨"与追求灵魂得救二者的不同。[①] 他说："谁要探索如何使自己的灵魂解脱、使他人的灵魂得救，他不会在政治这条道上探索，因为政治有全然不同的任务；只能用暴力来解决的任务。政治的守护神或者魔鬼，与仁爱之神以及教会塑造出来的基督教的上帝生活在一种精神的紧张关系中，这种紧张关系随时都可能爆炸，变成无法克服的冲突。"[②] 再如"讲真话"，于福音书宣扬的绝对伦理来说，是要无条件遵守的，但在列国争斗中把不利于本国的文件公布于世，造成危害本国的后果，则属于毫无政治意识的幼稚。[③]

韦伯指出："政治活动的取向是一般的人类资质，是妥协、谋略，是去利用其它在伦理上值得怀疑的手段与人，以此而导致所有目的的相对化。"[④] 从事政治，是与魔鬼订了婚约。因为这个世界充满着不合理的事情，它是由魔鬼统治的，其间根本不存在正义。善有善报，恶有恶报，付出必有收获，好人一生平安，所有这些训诫，无不是宗教家的发明。而政治家居然信以为真，只能说他还是一个"政治上的稚童"。

不过，韦伯并不认为政治家可以胡作非为。政治家同样需遵守伦理。他区分责任伦理和信念伦理，认为它们是两种不同类型的政治家伦理。奉行信念伦理者只坚守信念的坚定与纯洁，不考虑行动之后果，只是让纯洁信念之

---

① [德] 马克斯·韦伯：《以政治为业》，载《伦理之业：马克斯·韦伯的两篇哲学演讲》，王容芬译，广西师范大学出版社 2008 年版，第 93 页。
② 同上书，第 92—93 页。
③ 同上书，第 85 页。
④ [德] 马克斯·韦伯：《宗教社会学》，康乐、简惠美译，广西师范大学出版社 2005 年版，第 271 页。

火燃烧不熄。责任伦理则要求政治家充分虑及行动的后果，对世界负责。韦伯以为二者并非截然对立。他认为只有做到将二者结合起来，才算听到了"政治的召唤"。

在韦伯的思想体系中，一国之政治前途主要取决于"统治阶级和上升阶级的政治素质"①。韦伯批评德国的容克地主阶级因循守旧、思想僵化，得过且过，把民族前途当赌注，无产阶级盲目幼稚，沉醉于革命的狂欢，不知民族前途为何物。市民阶级则软弱无能，未老先衰，一时不能担当民族的领导任务。②韦伯自认属于市民阶级，他以为德国未来属于市民阶级。但市民阶级要成为合格的领导阶层，尚需时日。就政治家而言，韦伯环顾四周，发现德国政坛无人，不免忧心忡忡。德国历来发达的官僚科层制，更是造就了一批毫无远见、毫无责任感的庸官。韦伯在对青年学子的演说中，呼吁产生集信念伦理与责任伦理于一身的伟大政治家，其情之切，溢于言表。韦伯并不反对民主，他认为现代政治必以民主为基础，伟大的政治家靠人民支持，殊无矛盾。韦伯参与魏玛宪法制定，特设人民直接选举的总统，以体现统治之合法，必要时发挥捍卫共和的作用。他希望德国走出第一次世界大战德国战败的阴影，振奋精神，在欧洲政治中有所作为，而不是沉沦堕落。韦伯为德意志民族的前途，可谓操碎了心。

理性化：现代资本主义的特征

马克思把资本主义看成是资本家贪婪地榨取剩余价值的过程，韦伯不这么认为。他说："获利的欲望，对营利、金钱的追求，这些与资本主义并不相干。这样的欲望存在于并且一直存在于所有的人身上，侍者、车夫、艺术家、妓女、贪官、士兵、贵族、十字军战士、赌徒、乞丐均不例外。"③

事实上，韦伯把现代资本主义的进程看成是一个理性化的过程。现代资本主义首先是一种经济组织方式，其特征就在于理性化，它把人们牟利的行为纳入了理性的轨道。韦伯将"现代理性型的资本主义"与其他掠夺型的资

---

① ［德］马克斯·韦伯：《民族国家与经济政策》，甘阳译，生活·读书·新知三联书店1997年版，第106页。
② 同上。
③ ［德］马克斯·韦伯：《新教伦理与资本主义精神》，于晓等译，生活·读书·新知三联书店1987年版，第7—8页。

本主义、社会遗弃型资本主义、传统型资本主义相区别。他认为，只有依靠和平交换、理性计算而展开的理性型的资本主义才具有扩展性和生命力。这也正是现代西方资本主义的特征。韦伯指出，理性化的进程最终使世界的神秘光环丧失（韦伯用"脱魔"一词来描述这种状况），一切都纳入了成本和收益的算计之中，由此，理性化也就是世俗化。

西方世界的兴起：韦伯的解释

韦伯在极为开阔的比较视野中考察现代资本主义在各种文化中的命运。他仔细考察各种宗教文化的特征，并试图解释特定的文化背景与现代资本主义命运的关联。韦伯主张从多个角度和层面探讨问题的起因，他历来是个"多因素论者"。而在多种因素中，他尤其重视宗教文化的重要作用，不过，他绝不是一个文化决定论者，事实上，他同时采用了制度分析的方法。他不仅考察资本主义的文化伦理条件，也重视从政治、法律制度、历史背景等层面去剖析问题。我们不妨结合他的《新教伦理与资本主义精神》和《儒教与道教》，来看看他的分析思路。

韦伯探讨的问题可以简单地概括为：为什么现代资本主义只是在西方出现，为什么中国没有发展出现代资本主义？或者说，现代资本主义是否是西方历史上的独特现象？韦伯提醒人们思考：理性的科学、化学、生物学等只有在西方才有；中国古代虽有发达的史学，但从不曾有修昔底德的方法；有发达的政治思考，却没有亚里士多德的《政治学》那样有系统的政治理论；艺术、建筑方面也是如此。[1] 韦伯于是比较新教与其他宗教的独特性，提出了他的解释。

他认为，不同的宗教文化有着不同的使现实世界"理性化"的能力。他说，中国的儒教和道教均缺乏对超越价值的追求，它们思考的是此岸世界，而非彼岸世界。儒教是入世的，且主张与现实调和，具有传统主义的特点；而道教则完全以身体的健康长寿为目的，主张清静无为；二者皆缺少强烈的改造现实的动力。新教则截然不同。[2] 新教伦理把追求利益的动机与禁欲精神结合起来，把挣钱看成是自己的"天职"。不断地劳动成了证明自己是上

---

[1] ［德］马克斯·韦伯：《新教伦理与资本主义精神》，于晓等译，生活·读书·新知三联书店1987年版，第4—6页。

[2] ［德］马克斯·韦伯：《儒教与道教》，洪天富译，江苏人民出版社1997年版，第256页。

帝宠儿的途径。这便给资本主义的发展提供了强大的精神动力。不过，韦伯并不认为今天西方的资本主义之运行仍有赖于新教伦理，他写道："大获全胜的资本主义，依赖于机器的基础，已不再需要这种精神的支持了。"[1] 他也不认为仅有新教便可以有现代资本主义，他对现代资本主义的制度基础做了进一步阐述。

依韦伯之见，现代资本主义的发展同时依赖于理性化的政治和法律体系。离开这些条件，资本主义即使出现，也无法成长。他认为中国早在战国时期就有资本主义萌芽，但是，中国的家产制阻碍了它的发展。中国古代政治的特点是统一国家的建立先于统一市场的形成，这种政治的"早熟"带来很多后遗症，最终使资本主义难以成长。中国古代不保护私人产权、缺乏理性化的司法体系、行政管理体系、公共财政体系，这一切都使资本主义的发展受挫。[2] 而西方则恰好与之相反。他曾专门比较中西方城市的差异，来描述资本主义在中西方的不同命运。韦伯对这些问题的睿智分析，迄今仍具有重要的启迪意义。

新教伦理与资本主义精神

韦伯关于现代西方资本主义兴起的解释不能简化为简单的因果关系，特别是，我们不能认为韦伯把现代资本主义的兴起看作加尔文教的产物。韦伯的观点是，加尔文教塑造的禁欲主义伦理给初期资本主义的发展注入了强大的精神动力，此点其他宗教与教派皆不能做到。有些宗教强烈的传统主义守成伦理或对尘世事物的放弃，还对现代资本主义的发展起到阻碍或破坏作用。韦伯更广泛的宗教社会学比较研究，更是凸显了西方理性主义文明的传统，而在韦伯时代，非理性主义、神秘主义甚嚣尘上，韦伯学术之独立品格，于此更显卓著。韦伯多因素的分析并不是机械的、模式化的，个人的自由创造性，人使世界变得有条理的能力，在韦伯的解释中具有中心的地位。韦伯的分析不仅包括宏观层面的社会学解释，也包括微观层面的仔细辨析。后者便是韦伯在清教徒那里发现的最与现代资本主义相匹配的禁欲主义气质、人生理念与生活方式。此处的关键是对于尘世经营事务的态度与救赎

---

[1] ［德］马克斯·韦伯：《儒教与道教》，洪天富译，江苏人民出版社1997年版，第142页。
[2] 同上书，第19页。

（宗教因素）之间的关系。具体到资本主义在各大宗教社会中的命运，则要作进一步的辨析。

韦伯关注宗教与经济的关系，此点在当时欧洲学界并不新鲜。早在宗教改革时期，便有人注意到宗教对经济成就的影响。人们最直观的印象是，天主教徒懒散、奢侈，新教徒勤勉、节俭。天主教一年有120个休息日，而新教只有60个。① 启蒙运动以来的重商主义者着眼于国家财富的增加，亦曾考虑过新教对经济发展的影响。中国太平天国运动时期的洪仁玕在解释为何遵奉拜上帝教时即指出：西方信天主教的国家衰落，信新教的国家蒸蒸日上，繁荣昌盛，中国要崛起，必须信奉新教，敬拜上帝。② 太平天国的拜上帝教不是天主教，而是新教的中国教派。太平战士笃信上帝，作战勇敢，纪律严明，男女平等（太平军的女兵女将骁勇善战，洪宣娇为当时妇女典范，时有"女人要学洪宣娇"的口号），其状不逊于克伦威尔的新模范军。韦伯写作《新教伦理与资本主义精神》时期，德国俾斯麦主持的"新教"对天主教的"文化斗争"已经失败。韦伯对这一失败深表痛心。他尤其厌恶路德教对德国人自由精神的损毁。韦伯认为，俾斯麦执政时期德国中产阶级的非政治倾向（沉溺于物质上的幸福）与权威主义人格（对俾斯麦及强权的崇拜）与路德教不无干系。据云韦伯曾大声说过这样的话："一个没有勇气砍掉国王头颅的民族，没有出息！"韦伯稍晚对君主制态度有些缓和，但他对德国人在精神上的虚衰一直十分痛心。我们还须记得1898年美西战争之后，老牌的天主教国家西班牙败给了新教的美国。韦伯1905年发表的《新教伦理与资本主义精神》，是最早向德国人提醒学习美国、关注美国的作品。韦伯貌似纯学术的研究背后，包含着给德国人的建议。

韦伯关于新教伦理的研究，直接缘起有二：一是1895年德国学者格奥尔格·耶里内克对《人权与公民权利宣言》的研究。③ 耶里内克在其中解释了清教徒捍卫良心自由的政治意义。耶里内克表明，人权观念并非来自政治，而是来自宗教；1789年法国革命的原则实质上就是1776年美国革命的

---

① ［美］哈特穆特·莱曼、京特·罗特编：《韦伯的新教伦理》，阎克文译，辽宁教育出版社2001年版，第45页。
② 洪仁玕：《资政新篇》。
③ 中译本见［德］格奥尔格·耶里内克《〈人权与公民权利宣言〉——现代宪法史论》，李锦辉译，商务印书馆2013年版。

原则。韦伯十分服膺此一研究，他希望探讨清教的经济意义。在《新教伦理与资本主义精神》第一版中，韦伯表明耶里内克的研究激发他关注清教。[①]

第二个对韦伯展开新教研究起作用的，是魏尔纳·桑巴特（一译为索姆巴特、松巴特、宋巴特）的研究。桑巴特1902年出版了他的长篇著述《现代资本主义》。桑巴特在其中有一章探讨了"资本主义精神的起源"。他认为，资本主义精神及获利欲与经济理性主义，其起源可溯及中世纪。韦伯对桑巴特的研究很不满意，他在随后的研究中，试图对资本主义精神及其起源予以辨析。桑巴特后来又继续其研究，并对韦伯的观点做出回应。桑巴特的著作包括《犹太人与经济生活》（1911）、《现代资本主义发展史研究》（卷一标题为"战争与资本主义"，卷二标题为"奢侈与资本主义"，1913）、《资产阶级：现代经济学思想史》（1913）。而韦伯在《新教伦理与资本主义精神》第二版（1919年版）修订时，又以长段注释对桑巴特的观点做了批评。在此我们不必详述韦伯与桑巴特的学术交锋，只需指明如下几点。

桑巴特认为：（1）犹太教与清教对经济生活的影响类似，犹太教与清教禁欲主义不分彼此，他不无夸张地写道："犹太人像太阳，走到哪里，哪里经济就繁荣。犹太人离开哪里，哪里经济就衰落。"[②]（2）奢侈造就了资本主义，贪欲带来了繁荣，例如宫廷之奢侈，促进了资本主义的发展。

特别是关于第一点，桑巴特指出，犹太教不仅鼓励交易必需的契约精神，也对个人在尘世追逐财富予以肯定。在《犹太人与现代资本主义》中，桑巴特设想了老阿姆谢尔·罗斯希尔德在股票交易所赚得100万后去《圣经》寻求启示的场景。获利100万是否良心有愧？桑巴特写道，在心爱的《托拉》中，罗斯希尔德现在读到的是上帝对他的祝福："他必须爱你，赠福你，并使你人口众多，也必在他向你列祖起誓应许给你的地上赐与你身所生的，地所产的，并你的五谷，新酒……你必蒙福胜万民。"（《申命记》7：13-15）当他读到《箴言》时，就更加释然了："富人的财富，是他坚固的堡垒。"（10：15）"他们的财富是对智慧的最高奖赏。"（14：20）"勤

---

① [美]哈特穆特·莱曼、京特·罗特编：《韦伯的新教伦理》，阎克文译，辽宁教育出版社2001年版，第78页。
② 中译本译文为："以色列人像太阳掠过欧洲：太阳的到来，会诞生新的生命；而失去了太阳，万物便枯萎。"参见[德]魏尔纳·桑巴特《犹太人与现代资本主义》，安佳译，上海人民出版社2015年版，第10页。

劳致富要比空话饿肚强得多。"（10∶27）"穷人因贤德赢得荣耀，富人靠财富赢得荣耀。"（10∶30）"财富和势力可以产生信心。"（40∶26）"与其乞讨，还不如死去。"（40∶28）① 类似的句子，均令罗斯希尔德在获取巨额利益后心安理得。桑巴特认为，犹太人的特质、犹太宗教以及资本主义之间，存在着内在的一致性。

韦伯对桑巴特的这两个核心论点皆予以否定。韦伯的观点是，现代资本主义的要义是理性化的劳动组织的出现，而不是贸易与货币业务。犹太人由于其"外来者"（贱民）身份，不允许从事此一事业；再者，犹太教不允许在同胞身上谋利，也妨碍了资本主义的展开。另外，更为重要的是，资本主义精神的本质在于禁欲，桑巴特以纵欲、养情妇、奢侈来界定之，可以说是完全错误。桑巴特在《资产阶级》一书中还提到，韦伯《新教伦理与资本主义精神》中以富兰克林的箴言作为资本主义精神的典范，而富兰克林的箴言不过是对文艺复兴时期的天才人物阿尔贝蒂②观点"逐字逐句的复述"。阿尔贝蒂不仅说过"时间就是金钱"，在宗教上还十分虔诚。韦伯反驳说，阿尔贝蒂著作中的东西并未转化为一个群体的行动指南，仅停留于字面。阿尔贝蒂本人的获利活动，并不与救赎的不确定相挂钩。阿尔贝蒂只是叫人们要善于经营以免败掉财产、沦为穷人。韦伯指明，仅仅着眼于世俗需要，不足以激发出一套新的经济秩序。③

韦伯的解释显示了其生命力。哈特穆特·莱曼（H. Lehmann）在评价韦伯与桑巴特的争论时说："韦伯的理论洞察力是桑巴特永远达不到、甚至想象不到的。"④ 无论是韦伯在世时还是韦伯去世后，围绕《新教伦理与资本主义精神》的争论从未停止。参与争论的学者包括神学家、史学家、社会学家、经济学家。《新教伦理与资本主义精神》也成了韦伯最著名的作品，位列社会科学经典行列，虽然这有违韦伯自己的设想（韦伯更得意于其后多年的更为开阔视野中的宗教社会学研究）。

---

① ［德］魏尔纳·桑巴特：《犹太人与现代资本主义》，安佳译，上海人民出版社2015年版，第203页。
② 阿尔贝蒂，意大利文艺复兴时期著名的人文主义者，著有《论经济》，其思想参见本书相关章节。
③ ［德］马克斯·韦伯：《新教伦理与资本主义精神》，于晓等译，生活·读书·新知三联书店1987年版，第60页。
④ ［美］哈特穆特·莱曼：《资本主义的兴起：韦伯与桑巴特》，载［美］哈特穆特·莱曼、京特·罗特编《韦伯的新教伦理》，阎克文译，辽宁教育出版社2001年版，第211页。

韦伯的宗教社会学

韦伯自 1903 年开始展开宗教社会学研究，到 1904 年韦伯携夫人去美国参加世博会的"世界艺术与科学大会"时，他已形成了一个基本的看法：新教特别是加尔文教的禁欲主义对现代资本主义的兴起有着巨大的、独特的影响。美国之行所见所闻进一步确证了韦伯的看法。他发现美国的教友派与洗礼派靠"不二价""诚信"等伦理从事经营，生意越做越大。韦伯对清教与现代资本主义关系的考察，是他的宗教社会学研究的起点。

韦伯的宗教社会学研究是一个宏大的学术计划，在韦伯整个学术体系中占有极重要的地位。在某种意义上，宗教社会学是韦伯著述的一个高峰。一方面，韦伯构筑了一个分析宗教与社会行动复杂互动的分析框架，它并不集中关注教义、教派本身，而是着眼于社会行动，思考社会行动的源动力及意义诸问题，由此将宗教推导出的特定伦理作为关注的中心。在这一分析框架中，社会团体、阶级与阶层、宗教的起源、类型、功能、特性与经济伦理、世俗生活伦理，被结合在一起予以考察。韦伯关于"世界宗教"的研究包括天主教、基督新教、犹太教、印度教与佛教、伊斯兰教、中国的儒教与道教等各个相对独立的部分。这一研究最终将韦伯引向了对西方理性主义文明本身的考察。韦伯在明确西方现代资本主义独特性的基础上，进一步指出了西方理性主义的独特性。韦伯的宗教社会学之展开，是按如下一系列问题往前推进的：现代资本主义——以劳动的理性化组织即工厂为标志——为何只有在特定的地方、特定的宗教文化群体中产生并发展。由此，不同的宗教文化，孕育（催生并且"固定化"）了对尘世谋利活动的不同态度以及经济伦理，带来了何种经济上的后果。韦伯对社会的分析会考虑少数人与大众的区分，学者、僧侣、军人、农民、商人等职业分化，城市市民与"乡下人"的区分以及贵族与平民的区分。他对宗教的分析，则涉及宗教的起源、巫师与祭司、神的概念、宗教伦理、教团、神义论、救赎方法、对现世的态度等方面。

在韦伯的宗教社会学分析中，"理性化"与传统主义是一组对立的概念。使世界理性化，意味着对世俗活动的积极参与以及对世界的改造，传统主义则是一种因循守旧、墨守成规的思考与行为取向，它以调和、顺应、妥协的态度看世界。传统主义尤其体现为遵守旧式的道德法规与风俗习惯，对现代资本主义持贬抑甚至敌视的态度。韦伯暗示,在缺乏新教伦理的地方,我们便会遇到形形色色的传统主义,它们对现代资本主义的发展起绝对的阻碍作用。韦伯指出,宗教的理性主义程度,可由两个标准去衡量:一是宗教理想中此岸与彼岸之间的紧张程度;二是宗教剔除巫术性因素的程度。① 此二点直接影响现代社会理性化进程能否启动。

韦伯关于禁欲主义伦理与神秘主义—冥想主义的对比分析,对于我们理解世界宗教的经济—世俗伦理差异,同样十分重要。韦伯指出,禁欲主义分两种:一种是放弃现世的禁欲主义,一种是此岸论的禁欲主义。第二种将产生出基于宗教义务的对世界的清醒责任。它要求对世界进行理性化改造。此岸论的禁欲主义能激发信徒的行动,它拒斥享乐、物质主义的放纵,并不关心世界本身的意义。而神秘主义—冥想主义,则缺乏引发行动的能力,它只关心世界的意义,希望在神秘的体验或个人的冥想中悟透真道,由此获得救赎。此种冥想主义,必定是少数人可作之事,韦伯称之为冷然、高傲的救赎贵族主义。对冥想主义来说,行动恰恰是一种需要抵制的诱惑。② 冥想主义追求人神合一的神秘体验,对此世事务并不在意。韦伯写道:"主要分布于东方与亚洲的救赎宗教与主要是行于西方的救赎宗教,二者之间在历史上的决定性分野即在此:前者在本质上是导向冥思,而后者则归于禁欲。"③ 禁欲主义伦理,而非享乐主义、物质主义伦理,才是现代资本主义发展的精神动力。这样,韦伯在特定的宗教、特定的职业与经济伦理、经济形态与发展水平之间建立起一种解释性的关系。

世界宗教的经济伦理

韦伯关于各大宗教及其社会—经济意义的研究,按类似的结构展开。在此过程中,韦伯不持任何"偏见",他首先对各大宗教表示高度同情,其次仔细辨析不同宗教中人们对世俗经济活动的看法。韦伯抛弃了唯物主义的粗陋解释,但并未滑向某种唯心主义或文化决定论。韦伯曾直接表明:"不管是在日常生活还是经济的领域内,宗教的力量都有其限度。当宗教力量与上

---

① [德]马克斯·韦伯:《儒教与道教》,洪天富译,江苏人民出版社1997年版,第256页。
② [德]马克斯·韦伯:《宗教社会学》,康乐、简惠美译,广西师范大学出版社2005年版,第214页。
③ 同上书,第217页。

述的社会变革发生关联时,它也绝非一直都是决定性的要素。再者,宗教也无法创造出经济形态,除非在既存的关系与利害的情势中有导致——甚至是强大的驱力——如此一种经济变革的某种可能性。"[1] 韦伯着力表明的是,宗教框定了一个人对世界的基本看法,由此确定了某种经济伦理,其作用既关键,却又有其限度。韦伯关于各大宗教的分析,试扼要列举如下。

(1)儒教与道教。二者分别为中国宗教的主流与异端。韦伯指出,儒教以君子理想为目标,对世界持调适的态度,缺乏超越,它在本质上支持一种传统主义的观点,它的理想人格是君子,是博古通今的学问家,他排斥专业化的科学研究活动,注重道德文章,对商业与生产活动持贬低的态度。儒家教育的中心目的不是传授专业技术,而是唤起人的卡理斯玛,培养能够默诵经典、有修养、有神性的官员或官员候选人。[2] 韦伯指出,"儒教徒与其说是政治人,倒不如说是个具有审美教养的文书练达者、清谈者。政治与行政,对他们而言只不过是维持俸禄的生计,实际上多半交付下面的僚属来处理"[3]。

儒教社会允许小商贩的谋利活动,但此一活动,永远不被看作一个君子一生该追求的事。而道教追求肉体保全,要求个人超越于世界之外,且相信方术符咒的魔力,带有强烈的巫术色彩,比儒教更具传统主义的性质,更加不可能支持一种理性的现代资本主义伦理。韦伯的分析否定了"没有西方列强冲击中国亦能缓慢发展出现代资本主义"的设想,也指出了儒教因其根深蒂固的传统主义对现代化事业的巨大阻碍作用。现代资本主义的非人格取向与儒教最核心的人文主义修身理想以及宗亲伦理,恰成鲜明对照。

(2)印度教与佛教。韦伯认为,古代印度即具有理性程度颇高的行政与法律制度,具有理性的科学,然而,现代资本主义在印度终究未能产生,以致要靠从外部引入,此种状况,实与印度的宗教有极大的关系。韦伯分析了印度教与佛教各自的性格以及它们对俗世经济活动的态度。

我们须知,印度教是多神宗教,其担纲者是具有相对独立性的专门的祭司阶层婆罗门,故而又被称作婆罗门教。以韦伯之分析,印度教是一个高度

---

[1] [德]马克斯·韦伯:《宗教社会学》,康乐、简惠美译,广西师范大学出版社2005年版,第253页。
[2] [德]马克斯·韦伯:《儒教与道教》,洪天富译,江苏人民出版社1997年版,第143页。
[3] [德]马克斯·韦伯:《印度的宗教:印度教与佛教》,康乐、简惠美译,广西师范大学出版社2005年版,第471页。

仪式主义的宗教。在印度教中，牛具有神圣性，甚至牛粪、牛尿也被看作具有神力。杀牛或吃牛肉的人被认为不洁净。印度教认为，某些种姓生来就是不洁净的，他们禁止与高级的种姓同桌共餐或者性爱、通婚，甚至低种姓的人看了食物一眼，也被认为是污染了食物。高贵种姓的厨师、仆人必须来自高贵种姓。印度教强化着各个种姓的屏障。其教徒身份，依据父母的血统而定，它禁止任何外人加入，因而是一个非普遍性的、封闭的、血统主义的宗教。韦伯指出，印度教特别适合于巩固种姓制度，它无时不在维持着传统秩序，否定任何社会结构方面的变革。种姓，不同于部族或行会，它是一种特殊的封闭的身份团体。在印度，古典学说中最大的种姓有婆罗门（祭司）、刹帝利（骑士）、吠舍（自由民）、首陀罗（奴仆）。印度的种姓和次种姓，有数千个。此一制度，在根本上反对任何平等概念。印度教与种姓制度，实际上互为表里、相互支撑，其后果则是印度社会高度的传统主义风格。再者，就教义而言，印度教徒关注人的美德。这种美德，不涉及使世界理性化的任何积极努力。印度教的轮回教义宣称：个人在来世是否有较好的转生机会，取决于此生是否忠诚地执行由于自己的种姓而被赋予的职业。任何想在此生实行种姓突破、上升到更高级种姓的活动，皆被视为妨碍一个人的来生转世。这样，"照说应当是最冀望改善其来世转生之身份的最低下种姓，却反而最忠实于其种姓之义务，从来没有想到掀起社会革命或改革以摧毁种姓制度"[①]。印度教认为现世秩序具有绝对的正当性。其业报教义认为，前世的功过决定现世的命运，现世的功过决定来世的命运。人在生与死的无限轮回之中，命运全靠个人控制。种姓秩序永恒，要想改变，只有在此生，尽好自己的义务，寄希望于来世。韦伯写道：

> 《共产党宣言》的结尾说："无产者在这个革命中，失去的只是锁链，他们获得的将是整个世界"。对低等种姓的虔诚印度教徒而言，亦是如此。他们可以获得"世界"，甚至是天上的世界，他们也可以变成刹帝利、婆罗门，甚至成为天人或一个神——只不过，不在今生今世，而在来生来世，一个和今世一样的世界秩序。[②]

---

① [德]马克斯·韦伯：《宗教社会学》，康乐、简惠美译，广西师范大学出版社 2005 年版，第 52 页。
② [德]马克斯·韦伯：《印度的宗教：印度教与佛教》，康乐、简惠美译，广西师范大学出版社 2005 年版，第 155 页。

第十三章 代议制民主的危机

至于佛教，需考察佛陀所创立的原始佛教①以及后来教团化、本土化的佛教。韦伯指出，原始佛教起源于城市，最初在城市知识分子群体中流行，属于印度知识阶层的宗教，它要求对人的本能活动予以控制，通过修行以脱出因果轮回，进入不生不灭、不垢不净的寂静状态。它不是禁欲的，也不是纵欲的，它所持的是一种中道的修行办法。佛陀最初以禁欲的方法修行，每日只进一粒米，以致形容枯槁、形销骨立，但他发现禁欲无助于精神的宁静，身体处于饥饿痛苦中，精神就会烦乱，而享乐则会让精神沉溺于其中。佛教最初是一个纯粹的关注于个人救赎的宗教。佛陀不是救世主，也不是可以被崇拜的神，他只是一个模范型的先知。他本来无意于向俗众传教，他认为资质优秀者根本不需教导，而缺乏资质者则听不懂他的教导。据说是受了梵天大神的劝诫，②他决定把他的修行经验与大众分享，因为世间还有大量或上或下、可上可下的中等资质者。这样的人是需要帮助的。如同莲花，有的已经出水面，有的永远在水下面，但还有一种，在水面上下沉浮不定。由此他开始讲"法"，并赢得了其追随者。原始佛教在1世纪经过龙树的阐发，③有了大乘佛教，始与关注自我救赎的僧侣宗教——小乘佛教区分开来。乘，是"车船"的意思。大小之分，在于大乘佛教如同大船，可以搭载众生渡过生存之河流驶向彼岸，而小乘佛教的船，则相对较小，它度己而非度人，缺乏俗众性格。由此，大乘佛教，不管何种教派，皆有"菩萨"（救赎者）的概念，小乘佛教则付之阙如。

现在我们来看与佛教相联系的经济与世俗社会生活伦理。我们须知，佛教在教义上，把"无常"看作最大的恶，认为大千世界，一切存在皆处于刹

---

① 佛陀即释迦牟尼，原为北印度小国迦因比罗卫国的王子，其活动时期大体相当于中国的孔子活动的时期（公元前5—前4世纪）。佛陀从小养尊处优，父亲希望他将来继承王位。相传他在29岁时出城，"四门游观"，从东门出，见到老人；从南门出，见到病人；从西门出，见到死人。人的老、病、死，令佛陀深感不悦。唯出北门，见到修行的比丘，遂决意出家修行，以求从苦厄中解脱。一说佛陀在北门见到分娩。生、老、病、死，被称为"四苦"。35岁时，他大彻大悟，修成了"正觉"。"觉"是指梵语中的bodhi（菩提），鸠摩罗什译作道，玄奘译作"觉"。佛即指完全、彻底的觉悟者。

② 一说是佛陀悲悯众生，经过内心的犹豫，最终决定宣扬他的教义，普度众生："在这日渐黑暗的世间，我要捶响这不朽的鼓声。"参见［德］卡尔·雅斯贝尔斯《大哲学家》，李雪涛等译，社会科学文献出版社2005年版，第90页。

③ 龙树是公元2世纪的著名佛教高僧、哲学家，大乘佛教创始人之一，又称龙树菩萨。其说以空为宗，反对迷信与教条，认为世界是各种因缘条件合成的幻想，无论在内在世界还是外在世界、主体与客体，都不是独立的现实的存在，一切皆具一种无限开放的"空性"。佛教的关键在于"解脱"。传说他以一千苇叶自刎颈项而死，为的是布施其头颅于当时的太子，以帮助太子实现其早日继位的心愿。因为龙树是引正王的好友，国王年迈，得龙树的长寿药而不见衰老，而太子继位心切。故而要让老国王死，先要除掉龙树。

那间的生灭之中,众生扰扰,其苦无量。它要求个人既不必眷恋尘世间的生活,也不必向往彼岸灵魂的永生。佛教根本没有灵魂的概念。它要求教徒以一种寂静的、冷静的方式抛下一切执念,"无一切希求"①,戒除"贪""瞋""痴"三毒,远离烦恼。心若明镜,慈悲为怀,获得真智,既能自觉而又能觉他,觉行圆满,便是成佛,它是个人修行的最高境界。② 佛教主张众生平等,它对印度的种姓制度构成最危险的挑战,却使得自身具有普遍性,能够在异国他乡得到流传。在印度孔雀王朝时期"护法国王"阿育王③的努力下,佛教一方面成了某种类型的神权政体中的统治工具,另一方面,也广泛流传开来,成为世界性的宗教。韦伯指出,佛教具有非社会的特性,虽然有其戒律,如不杀生、不偷盗、不邪淫、不妄语、不饮酒等,但这些戒律,并不面向尘世生活,早期游方僧侣要求抛弃家庭和一切财富,它们不可能引出一种以理性的方式获利的经济伦理,毋宁是叫修行者树立在俗众中的良好形象。

韦伯指出,佛教的禁欲是一种非理性的禁欲,旨在服务于冥想与内心的平静,它从未对现实秩序提出积极的变革的要求。它所产生的是一种"不行为的"、非社会的伦理。因为在佛教教义中,从苦中得解脱与行为无关。佛教经典上甚至说:"凡欲遂行美好之事者,便不为僧侣。"韦伯写道,在原始佛教中,"对某种特定经济行为的宗教性奖赏,无论如何是完全没有的"。对于俗人的道德,佛教也没有任何如天主教那样的强制手段。④ 因为,"修道僧根本不在乎俗世"⑤。在佛教与其他教派(婆罗门教、耆那教、伊斯兰教)的斗争中,佛教通过各种崇拜、祈祷、仪式规矩加强了与普通民众的联系。巫术的因素被引了进来,使得早期原始宗教的知识主义特征有所削弱,它们也是理性宗教的反面。韦伯写道:"和创造出一种理性的俗人宗教意识远相背离的,大乘佛教将一种密教的、本质上是婆罗门式的神秘思想和粗野的巫术、偶像崇拜和圣徒崇拜或俗人公共性的祈祷礼拜相结合起来。"⑥ 由此,世

---

① (南朝梁)宝志《大乘赞》中说:"但无一切希求,烦恼自然消落。"
② (隋)慧远《大乘义章》卷二十:"既能自觉,复能觉他,觉行圆满,故名为佛。"
③ 阿育王是第一个统一印度的国王。他原先残暴,后受感化而虔信佛教,礼遇僧人,常请僧人到宫中讲佛法,连宫女也被要求学习佛法。在与婆罗门教的斗争中,阿育王全力扶持佛教。据说他统治时期下令修佛塔,共建佛塔8万8千座。
④ [德]马克斯·韦伯:《印度的宗教:印度教与佛教》,康乐、简惠美译,广西师范大学出版社2005年版,第300—301页。
⑤ 同上书,第313页。
⑥ 同上书,第359页。

界被看成了一个遍布神灵、充满巫术的大花园。事实上，无论是原始佛教还是后世的佛教，皆无意改变此世的社会秩序，更谈不上把理性经济活动与救赎联系起来。

（3）伊斯兰教。韦伯指出，伊斯兰教导出的是"顺应现世"的态度。伊斯兰教不是救赎宗教，它具有强烈的政治性格，伊斯兰教推崇的理想类型是武士形象。武士要遵守的纪律，与禁欲主义的伦理不同。在伊斯兰教托钵修道团体中，还存在着巫术、狂迷、神秘的因素。此外，伊斯兰教还保留封建精神，如接受奴隶制，一夫多妻，轻视女性，主张仪式主义的宗教义务，等等。简言之，伊斯兰教缺乏城市品格，它无从产生理性化的市民伦理。

（4）犹太教。韦伯指出，犹太教缺乏体系化的禁欲主义，对财富与性行为持高度的"自然主义"态度。如前所述，对于桑巴特的《犹太人与资本主义》中提出的观点，韦伯基本上予以否定。韦伯认为，犹太人从事的经济活动，并非犹太人特有。证券交易所是基督徒的发明，而非犹太人的发明。犹太人的经济活动，尤其缺少现代资本主义最核心的要素——劳动的理性组织。[①] 韦伯指出，犹太人不能开办企业，与他们的贱民地位有关，因为他们没有确定的身份，只能从事金融行业。另外，犹太教的"双重道德标准"，即禁止挣同胞的钱，不禁止挣外邦人的钱，使得犹太人社会内部无从产生具有现代资本主义性质的经济活动。而犹太人对利益与财富的追求，恰恰与新教伦理的禁欲主义相反。

（5）天主教。韦伯指出，虔诚的天主教徒在从事谋利活动时，总发现自己违反了教皇诫令。天主教虽不完全禁止，却不会积极鼓励世俗的经营活动。

（6）清教徒。韦伯认为，唯有清教徒具有资本主义精神。加尔文教把世俗谋利活动中的成功变成了上帝恩宠确证的标记。清教徒此岸论的禁欲主义伦理带来了资本主义发展的诚信与合作。他们"以最佳良心经营企业"。对于新教徒来说，财富并非用来享乐。马克思认为，资本来到世间"从头到脚，每个毛孔都流着血和肮脏的东西"，资本家靠阴谋、欺诈发家，工人是被迫出卖劳动力。[②] 与之相反，韦伯描述了现代资本主义兴起所依赖的优秀的伦理品质。它们与新教教义相一致。韦伯写道："没有任何一个真正虔诚的清教徒——这是关键所在——会认为得之于高利贷、利用对手之失误、交

[①] ［德］马克斯·韦伯：《宗教社会学》，康乐、简惠美译，广西师范大学出版社2005年版，第295页。
[②] ［德］马克思：《资本论》第一卷，郭大力、王亚南译，人民出版社1957年版，第961页。

易中讨价还价乃至耍诈、介入政治或殖民地的掠取等等的利益，乃神之所喜。"① 韦伯说："清教的特殊之处正是对'营利欲'之理性的、伦理的限制。"② "只有新教单独创生出这样的宗教性动机——从专心致意于一己之现世'职业'以求取救赎。"③

韦伯的宗教比较最后上升为亚洲宗教与欧洲宗教的对照。这实际上回到了东西方文明的比较。在关于"亚洲宗教的一般性格"的论述中，韦伯指出，亚洲宗教有许多共性，它们没有"先知"概念，它们从未彻底摆脱巫术成分。其救赎论是一种贵族主义的救赎论，亦即救赎并非人人可以获得。并且，亚洲宗教的救赎论具有"非社会与非政治的性格"④。此外，亚洲地区一般而言总存在着这样一个卡理斯玛阶层（在中国即是"士"），这个阶层决定了大众的实际生活样式，给予他们以巫术性的救赎。⑤ 在亚洲宗教中，世界历来是个充满巫术精灵的世界、一个极端反理性的世界。韦伯指出，在这样一个世界中，不可能出现一种入世的理性生活态度与实践伦理。⑥

为何出现此种状况？韦伯并未忘记考察社会结构方面的原因。这实际上暗含了对东方专制主义的否定。韦伯的如下观点颇具新制度主义特点，亦平衡了前文论述中韦伯不断诉诸宗教去解释经济与社会行动而造成的一因论印象。韦伯写道：

> 在西方，理性的现世内伦理的发生，是与思想家和先知的出现联结在一起的，而这些人物，就我们的观察，是在某种社会结构的政治问题的地基上成长起来的，换言之，那是一种不为亚洲文化所知的社会结构，亦即城市的政治市民阶层，若无城市，则不仅犹太教和基督教，就连希腊思想的发展，都是无法想象的。然而，在亚洲，此种意味下的城市，部分受阻于氏族势力之未受破坏的完整性，部分则受阻于种姓之间的异质性，因而无从产生。⑦

---

① ［德］马克斯·韦伯：《宗教社会学》，康乐、简惠美译，广西师范大学出版社 2005 年版，第 299 页。
② 同上书，第 317 页。
③ 同上书，第 318 页。
④ ［德］马克斯·韦伯：《印度的宗教：印度教与佛教》，康乐、简惠美译，广西师范大学出版社 2005 年版，第 463 页。
⑤ 同上书，第 467 页。
⑥ 同上书，第 469 页。
⑦ 同上书，第 471 页。

支配社会学

支配社会学从属于韦伯的"普通社会学",它探讨的是支配(herrschaft,或译为统治)现象的源起、性质及其后果。支配带来了某种特定的社会行动,即被支配者按支配者的命令行事,此即所谓的"服从"。支配有基于利害关系而产生的支配,例如市场垄断导致的被迫购买,也包括权威支配,在此情形中,被支配者心甘情愿地服从支配者的命令。韦伯的支配社会学讨论的是第二个意义上的支配现象,换言之,它是一种包含命令—服从关系的支配,涉及的是权力或权威现象。在韦伯这里,权力与权威常不作区分。不过,韦伯并不过多论及权力概念。在韦伯的支配社会学理论中,权威支配并不限于政治团体,公司、教会中皆可发生。

韦伯认为,支配要能持续存在,仅凭利益算计或情感是远远不够的,它必须指明服从对于受支配者来说是他的义务,支配者掌握发号施令的大权具有合法的依据。韦伯写道:"任何权力——甚至生活中的任何好运道——一般都有为自己的合法性辩护的必要。"① 这就是说,权威的确立,稳定支配的存在,命令—服从关系的维持,最根本的是要回答"凭什么命令,凭什么服从"。这样,韦伯的支配社会学便表现出两个鲜明的特征:第一,韦伯始终着眼于社会行动的主体——支配者与服从者——展开问题。个体行动的自由及理性以及由此形成的社会结构与关系是韦伯关心的问题,这与涂尔干的社会学决定论——基于社会结构来理解人的行动——是相反的,它体现了韦伯社会学方法论上的个人主义,反映了韦伯对个体自由的坚定信念。这在社会学中颇为难得。第二,韦伯关心支配的社会结构基础,关心社会行动的合法性理据,② 并认为离开合法性不足以论权威支配,实际上否定了单单从物质

---

① [德]马克斯·韦伯:《支配社会学》,康乐、简惠美译,广西师范大学出版社2004年版,第19页。

② "合法性(legitimacy)"一词有的书中译为"正当性"。在现代汉语中,就字面意思来看,正当性与某种正义观或道德标准联系在一起。例如在亚里士多德那里,政体依据其正当与否,区分为正当的政体与变态的政体。前者服务于公益,后者服务于特定个人或集团的私利。在自然法传统中,人们还可以诉诸自然正义对政体做出评估。韦伯谈论合法性(有效的实际的权威性支配),列奥·施特劳斯则执着于自然正当。是故施特劳斯批评韦伯"价值无涉"的实证主义社会科学导致了虚无主义的泛滥。参见[美]列奥·施特劳斯《自然权利与历史》,彭刚译,生活·读书·新知三联书店,第44页。在韦伯这里,支配的权威性与任何道德标准无关,支配不必诉诸正义或道德上的依据。因此,legitimacy译为合法性较为准确。

利益层面论支配的马克思主义的观点。

韦伯基于对史上支配现象的分类，概括抽象出三种纯粹的支配类型，它们分别是官僚制支配、家父长制支配（或曰传统型支配）、卡理斯玛式支配。韦伯指出，官僚制支配中，服从的基础是规则、法律；家父长制支配中，服从的基础是传统的神圣性；卡理斯玛式支配中，服从的基础是对卡理斯玛（Charisma）魔力——超凡魔力——的信仰。现实中的支配，或者是其混合形态，或者是某种过渡形态。但在理论上，三种支配类型（即权威类型）泾渭分明，相互区别而又存在联系。韦伯十分看重卡理斯玛式支配，他指出，卡理斯玛式支配在一定条件下即会向其他两种支配类型转化。我们甚至可以说，其他两种支配都要以某个奠基时期的卡理斯玛式支配为基础，它们是卡理斯玛式支配"例行化"的结果，旨在适应日常生活。因为卡理斯玛式支配，其存在条件是危急时刻、非日常时刻。卡理斯玛领袖的继承人问题，也将"无可避免地开始将卡理斯玛导入法理规则与传统的轨道"①。相反方向的转化是否可能发生？家父长制支配、官僚制支配是否可能向卡理斯玛式支配转化？韦伯虽未言明，但我们读其著作，即可推知答案是否定的。

官僚制存在于国家、教会与公司之中。官僚制的特征，韦伯将之概括为六点：（1）各部门有明确的权限；（2）通过层级制确立起上下级之间的从属关系；（3）公与私的分开，机关或办公室与私宅严格区别开来，官僚的职务行动与私人活动，公款与私款，皆有清楚的划分；（4）官僚需经专业训练产生；（5）官僚行政全职而非兼职；（6）依法行政。官僚的特点，则体现在：（1）仅对职务忠诚，而非对上司本人忠诚，此为官僚的"非人格""即事化"特点，官僚"无爱亦无恨"，其服从"不问对象是谁"，支配者本身不具备任何卡理斯玛；（2）它由上级任命而非由人民选举产生；（3）终身任职；（4）以货币而非实物支薪；（5）其职业理想只是晋升，没有政治上的抱负。韦伯列举了若干发展较充分的规模庞大的官僚制，它们有：（1）新王国时期的埃及（不过带有强烈家产制的成分）；（2）晚期罗马帝国（特别是戴克里先时代）以及奠基其上的拜占庭国家制度，二者皆混杂有封建制与家产制因素；（3）罗马教会，13世纪末以来逐渐增强；（4）中国，自秦至今，同时具有强烈的家产制与俸禄制因素；（5）绝对王权时期的近代欧洲国

---

① ［德］马克斯·韦伯：《支配社会学》，康乐、简惠美译，广西师范大学出版社2004年版，第283页。

家（形式较为纯粹）；（6）大规模近代资本主义企业。企业规模愈是庞大复杂，官僚化现象愈是明显。①

韦伯认为，现代资本主义经济要求高度理性的官僚制，以保证行政的一致、清晰。高效的企业管理也要求建立起官僚制。官僚制的效果在于理性、高效、结果可以预期。其"即事化"特征使得它像一个自动售货机，上面输入什么，下面吐出什么，颇为明确。韦伯理论中的"官僚"与中文语境中通常赋予"官僚"一词的含义，十分不同。中文日常用语中官僚、官僚主义、官僚化皆为贬义，它们基于由来已久的半理性的、混杂了很多家产制因素的中国官僚支配经验而获得其含义，所指与其说是官僚制的特征，毋宁说是家产制的特征。例如官僚主义所指的推诿、低效、贪腐、瞒上欺下，皆为理想型官僚制之反面。韦伯如此描述了官僚制组织在技术上的优越性：

> 官僚制组织之得以有所进展的决定性因素，永远是其（较之其他形式的组织）纯粹技术上的优越性。拿发展成熟的官僚制机构跟其他形态的组织来比较，其差别正如机器生产方式与非机器生产方式的差别一样。精准、迅速、明确、熟悉档案、持续、谨慎、统一、严格服从、防止摩擦以及物资与人员费用的节省，所有这些在严格的官僚制行政（尤其是一元式支配的情况）里达到最理想状态。比起任何合议制的、名誉职与兼职等等形态的管理，训练有素的官僚表现——就上述所列要求而言——都显得更优秀。而且在复杂的任务里，支薪的官僚做事不但更精确，（在最后结算时）较之形式上不支薪之名誉职人员的办事，往往还来得便宜。②

关于民主与官僚制的关系，韦伯指出，如在追求平等权利的意义上理解民主，则官僚制原是民主化的产物，它是对望族行政、贵族司法的替代。然而，民主与官僚制相生亦相克。因为民主要求实质正义，而官僚制则严格坚持形式理性、非人格化的原则，就事论事，并不将民意、人道关爱、特殊情况纳入其考虑范围。官僚制在"人民的呼声"、公众舆论面前，呈现出冷漠的外观。官僚政治就像机器一样，没有灵魂与情感。在现代民主化要求下，

---

① ［德］马克斯·韦伯：《支配社会学》，康乐、简惠美译，广西师范大学出版社2004年版，第31—32页。

② 同上书，第45页。

人们对官僚制做了两个方面的限制：(1) 要求职位向所有公民开放，防止官僚集团的封闭；(2) 尽可能缩减官僚的权限，尽量保证舆论的影响力。

韦伯指出，官僚制一旦建立，便具有超强的稳定性，官僚之间结成一个利益共同体，而每个官僚不过是庞大机器中的一个"小齿轮"。[①] 在此情形下，革命往往不易发生，因为政治上的新手很难胜过政府中那些训练有素的专业人士。可能发生的是政变，即机器的操纵者易主。

家父长制支配是前现代社会常见的一种支配形式，它存在于"自然形成的生命共同体"中。其中人们对家父长的服从，源于对传统与惯例的遵从。此种传统与惯例，对家父长同样具有约束力。家父长支配具有日常性格，因而具有稳定性。不过，在战争频现的人类社会早期，则是年轻人更为重要，长老们只起到辅助的作用。随着家族的扩大及家父长权力的分化，便产生了家产制。古埃及、传统中华帝国，即是较典型的家产制国家，其中皇帝不过是一个大家长，整个王国是皇帝的家产，此即"家天下"之意涵。

依韦伯的论述，家产制的特点在于：(1) 支配者权力具有随意性；(2) 缺乏公与私的区分；(3) 被支配者（家臣）必须满足支配者的物质需求，实行赋役制；(4) 在家产制中，官吏对支配者是一种依附关系，其间存在的是奴仆式的忠诚，而非对职务本身的忠诚；(5) 家臣领取实物俸禄；(6) 行政靠经验而非理性化的专门知识。而封建制，实为家产制的一种特殊的边缘性个案，其关键在于家父长与家臣间关系的"定型化、固定化"，[②] 由此，对家长的恭顺演变为一套清晰的权利义务秩序。

韦伯指出，卡理斯玛式支配与前两种支配之重大不同，在于它的非恒常性。卡理斯玛式权威的担纲者被认为在肉体与精神上具有超自然、超人的禀赋。他们通常是救世主、先知、巫师或战争英雄。卡理斯玛可分两种类型：一种是原生型，它源自个人禀赋；另一种"透过某些不寻常的手段在人或物身上人为地产生出来"，即使如此，它也要求承载者具有某种"潜质"。[③] 例如耶稣，即为拥有卡理斯玛资质、能行巫术的先知。韦伯写道："耶稣所具有的独特的使命感，乃是由于他知道自己为通往上帝的必经之路……他的使

[①] [德] 马克斯·韦伯：《支配社会学》，康乐、简惠美译，广西师范大学出版社2004年版，第67页。
[②] 同上书，第196页。
[③] [德] 马克斯·韦伯：《宗教社会学》，康乐、简惠美译，广西师范大学出版社2005年版，第3页。

命感是基于他了解：自己虽然不是个律法学者，却拥有远超过任何律法学者与法利赛人的、支配魔鬼……所需的卡理斯玛。……这种卡理斯玛力量正是耶稣之弥赛亚使命感的决定性构成要素。同样的，这种力量也是他痛斥加利利诸城以及愤怒诅咒那棵不顺他心意的无花果树的根本主题。"①

韦伯声明，他是在"价值无涉"的意义上使用"卡理斯玛式权威"一语。② 对于卡理斯玛式领袖，追随者发自内心地表示服从。卡理斯玛式支配具有不稳定性，因为卡理斯玛可能消失。卡理斯玛式权威建立在民众的认可基础之上，如果某人不再能带来实实在在的奇迹，不再"灵验"，最重要的，"无法继续使跟随者受益"，人们便会弃他而去。韦伯举例说，传统中国皇帝被视为具有卡理斯玛，世袭制保证了卡理斯玛的世代传承。任何大灾的发生，如战败、天灾或被视为不吉利的天体现象出现，皇帝必须下罪己诏，有时甚至因此退位。此类灾害的发生，被视为皇帝失德，已丧失卡理斯玛。此时，皇帝统治的合法性亦会丧失，人们可考虑另立新君或改朝换代。③ 韦伯指出，基于卡理斯玛对民众认可的要求，卡理斯玛式支配便天然具有"民主"的性格。民众可用"欢呼赞同"来表示对其卡理斯玛的承认。在现代社会中，"全民公决"并不在于选举，而在于检验某个人物是否仍能得到大多数民众的追随。

卡理斯玛领袖及其追随者，即构成一个"卡理斯玛支配共同体"。韦伯指出，这一共同体本质上是一种情感性的共同体，其人物之间，是一种私人性的关系，追随者的忠诚在此得到强调。在纯粹类型的卡理斯玛式支配中，不存在层级结构，不存在训练有素的官僚阶层。其中干部的甄选，也基于他自身的卡理斯玛禀赋。先知有其使徒，领袖拥有其心腹，其间无所谓任命或免职，没有升迁这类事，也不存在薪资或俸禄这些东西。门徒或追随者倾向于志愿奉献。并且，纯粹的卡理斯玛支配与经济考虑无关。日常固定的逐利活动被认为会消除一个人的卡理斯玛。不过，卡理斯玛领袖并非永远与经济活动绝缘。战场上的英雄常以成功掠夺到丰盛的战利品来证明其卡理斯玛。现代政党领袖的活动也离不开物质资助。韦伯写道："卡理斯玛支配依赖资

---

① ［德］马克斯·韦伯：《宗教社会学》，康乐、简惠美译，广西师范大学出版社 2005 年版，第 319 页。
② ［德］马克斯·韦伯：《支配社会学》，康乐、简惠美译，广西师范大学出版社 2004 年版，第 262 页。
③ ［德］马克斯·韦伯：《经济与历史 支配的类型》，康乐等译，广西师范大学出版社 2004 年版，第 356 页。

源的奉献来维持，如大规模的献金、捐款、贿赂及谢礼，或是募捐。由理性的经济观点来看，卡理斯玛支配满足其物质需要的方式正是典型的反经济的力量，它拒绝与例行的日常生活世界有关联。"①

对于卡理斯玛式支配而言，非常状态以及支配者的非凡能力，实为关键。此二者相互联系。唯有在非常状态下，非凡的人物才有脱颖而出、成为支配者的机会；反过来，一人的非凡能力必须由它在带领人们走出困境、渡过难关方面之实际上的效果来证明。典型的卡理斯玛支配，必定具有一种"非日常"性格。② 在最原初的意义上，卡理斯玛源于神圣之物。卡理斯玛之展示，犹如闪电，有时只在一瞬间。韦伯写道：

> 任何跨越日常轨道的事物都会释放出卡理斯玛的灵力，并且，任何非凡的能力都会燃起卡理斯玛的信仰，然而，此种信仰也会在日常里再度失去其意义。③

韦伯指出了卡理斯玛式支配的革命性格。④ 卡理斯玛领袖从内心征服了追随者，民众唯其命是从，不再顾及任何法律、规章。由此，在建立新制度、新模式上，卡理斯玛式领袖往往成为必需。耶稣便是以自身获得的启示与古老的犹太教律法及知识主义传统相对抗，从而自立门户。现代社会中，在破除政党技术专家经营造成的僵局方面，卡理斯玛式英雄也有杰出表现，它利用民众的狂热参与选战，并极有可能获胜。

在现代社会，卡理斯玛式支配仍可能发生，不过它终不敌理性化之大趋势。韦伯指出："卡理斯玛支配绝非仅存在于原始的发展阶段；不只如此，三个支配结构的基本类型也无法简单地编入一个发展系列里，而是一起出现在彼此极为多样的结合里。不过，无论如何，随着制度性的持续组织之发展，卡理斯玛则节节后退，这是卡理斯玛的命运。"⑤

尽管如此，韦伯仍坚信卡理斯玛式权威之于现代社会的意义。官僚制的

---

① [德] 马克斯·韦伯：《经济与历史 支配的类型》，康乐等译，广西师范大学出版社2004年版，第359页。
② 同上书，第363页。
③ [德] 马克斯·韦伯：《支配社会学》，康乐、简惠美译，广西师范大学出版社2004年版，第305页。
④ 同上书，第271页。
⑤ 同上书，第305页。

发达，意味着工具理性的流行，此为现代社会之特点。日复一日的例行公事，"有专家于彼，他们没有精神信念，有享乐主义者于彼，他们没有感情；有行同机器之人在彼想象：我这是达到了前所未有的文明水平"[①]。官僚制使社会生活变得乏味，人失去了理想与追求。卡理斯玛式领袖与之恰好构成一种制约与平衡，它为创新留有余地，也为一个民族提供了精神上的象征。考虑到民主时代来临的事实，韦伯阐发了恺撒式民主或民主恺撒制的理念，[②]此种领袖并非独裁者，而是基于人民直接投票而产生的政治领袖，此一领袖可以制约官僚制的僵化与不思进取。但这里的投票，意义不在于选举，而在于表达民众的欢呼。韦伯分析德国政治现状，指出德国的问题正在于自俾斯麦以来造就了一批目光短浅、毫无担当的官僚，缺少伟大的政治家。在《魏玛宪法》中，韦伯作为起草的主要专家，专门设计了由人民直选产生的总统，此一制度，正是韦伯关于恺撒式民主理念淋漓尽致的发挥。

在民主理论史上，韦伯的民主观具有一席之地。他开启了精英民主理论传统。米歇尔斯、熊彼特皆可视为此种精英民主论的代表。不过，韦伯并不谴责民众的无知、愚蠢。他的重点在于政治领袖。韦伯固然不相信现代社会能实行直接民主，他也不赞同基于人民意志来讨论民主。韦伯在给米歇尔斯的信中曾这样说："诸如'公民意志'、人民的真正意志之类的概念，对我来说不再存在，它们都是虚构。这就好比有人在谈到一双靴子的购买者的意志时把它作为靴匠制鞋的规矩一样。购买者可能知道鞋子轧脚的滋味，但是永远也不会知道怎样制造一双更好的鞋子。"[③]

韦伯之伟大

韦伯身材高大，表情严肃，有浓密的髭须，脸上有学生时代参加格斗留

[①] [德]马克斯·韦伯:《新教伦理与资本主义精神》，转引自[德]迪尔克·克斯勒《马克斯·韦伯的生平、著述及影响》，郭锋译，法律出版社2000年版，第107页。此句于晓、陈维纲译本作："专家没有灵魂，纵欲者没有心肝，这个废物梦想着它自己达到了前所未有的文明程度。"参见[德]马克斯·韦伯《新教伦理与资本主义精神》，于晓、陈维纲译，生活·读书·新知三联书店1987年版，第143页。

[②] 韦伯提到的恺撒式民主的历史实例有伯里克利式民主、法国拿破仑三世基于人民投票而进行的统治。参见[德]马克斯·韦伯《支配社会学》，康乐、简惠美译，广西师范大学出版社2004年版，第290页。

[③] 韦伯给米歇尔斯的信，转引自[德]沃尔夫冈·蒙森《马克斯·韦伯与德国政治》，阎克文译，中信出版社2016年版，第142—143页。

下的疤痕。在性格方面，雅斯贝尔斯称韦伯"开放、友善、自然天成、毫不矫饰"①。据云韦伯拒绝拍侧颜照，因为他对自己的高鼻子不甚满意。② 在私人生活中，韦伯并非一个了无情趣的人。事实上，韦伯还瞒着夫人有师生恋的经历，韦伯曾一人去旅行，只为见上恋人一面。这当然属于对婚姻的背叛行为。韦伯与韦伯夫人的亲密交流，据说仅止于精神。个中原因，后人无从知晓。韦伯夫人受过高等教育，并撰写有法律方面的专著，是当时德国为女性平等权利辩护的优秀学者。她不仅整理了韦伯遗稿，还撰写了长篇韦伯传记。韦伯夫人似已习惯于此种精神伴侣的身份。韦伯的疾病是神经性的，在当时的医疗条件下无法确诊。韦伯第一次发病是在1897年他父亲去世后，康复后不久，至1898年5月，韦伯的疾病再次复发。他白天在森林里漫步、哭泣，夜晚则彻夜难眠，最后不得不住进医院。疾病不仅阻碍了韦伯对政治的更多参与，也使他过早地告别大学讲坛。不过他在知识上从未陷入混乱。相反，在漫长的病痛期间，韦伯依然保持着思想上的活力。韦伯并不喜欢写书，他去世前发表的作品，极其有限。尽管如此，他还是为后人留下了数十卷手稿。

韦伯深知在实际政治活动中要准备妥协，但在学术上，韦伯一直保持着极高、极严的标准。他认为学术不容许存在一丝虚假。他曾亲自将同系一位存在抄袭舞弊行为的讲师告上法庭，终致其被学校解聘。韦伯亦远离学术上的虚名。当时德国流行授予荣誉博士学位，韦伯除自身是法学博士外，没有任何其他头衔。雅斯贝尔斯说："认识他（指韦伯）的学者，大多很怕他。韦伯的存在，就像是对他们的谴责一般。"③

韦伯将其学术明确界定为科学。韦伯成长及受教育的时代，德国历史主义正大行其道。历史研究为韦伯的社会学研究提供了丰富的资料，韦伯对法律史和经济史的研究相当精深，但韦伯对历史观毫无兴趣。他一方面反对那些空谈民族精神、民族自觉的唯心主义者，另一方面反对马克思主义的历史唯物主义。他认为，根本不存在那种图式化的唯物的历史。韦伯对人与社会的科学研究，计划宏大。不过，他并不因此认为就能得出某种唯一的、定论式的规律。他的研究的推进，不是导向某个规律，而是开辟新的领域，发现新的可能性。韦伯在认识论上持怀疑主义态度。他认为，科学必定要求被超

---

① ［德］卡尔·雅思培：《论韦伯》，鲁燕萍译，桂冠图书公司1992年版，第113页。
② ［英］麦克雷：《社会思想的冠冕——韦伯》，周伯戡译，上海书店1987年版，第51页。
③ ［德］卡尔·雅思培：《论韦伯》，鲁燕萍译，桂冠图书公司1992年版，第114页。

第十三章 代议制民主的危机

越。科学不能到达最后的真理。在分析现象的原因时，韦伯反对任何一因论。他认为，每一个历史事件，每一种制度，其后必有多种原因。此点与一因论的历史唯物主义，恰成鲜明对照。时常有人责韦伯学说为文化或宗教的决定论，批评他把资本主义的兴起归因于新教。这些不过是对韦伯的误解。韦伯曾直接言明：

> 不管是在日常生活还是经济的领域内，宗教的力量都有其限度。当宗教力量与社会变革发生关联时，它也绝非一直都是决定性的要素。再者，宗教也无法创造出某种经济状态，除非在既存的关系与利害的情势中有导致——甚至是强大的驱力——如此一种经济变革的某些可能性。我们无法提供任何一个通则，可以简要说明涉及这样一种变革之诸种因素的实质力量的相对关系，或者可以简要说明它们彼此互相调适的方式。①

具体到韦伯著名的关于"新教伦理与资本主义精神"的研究，若问西方近代资本主义兴起的原因是什么，韦伯的回答将是"不知道"。韦伯的"解释社会学"不会导向任何可以用三言两语简单概括出来的理论图式。

韦伯在政治思想上沿袭的是由马基雅维里、霍布斯所代表的现代传统。按此传统，一方面，韦伯基于现实中"堕落了的"、欲望驱动的人来思考社会政治问题。他曾说过："性爱、真实的或经济的利益以及追求权力与威望的社会驱力，乃是人类共同体行为之实际过程中最根本与最普遍的构成要素。"② 另一方面，韦伯特别关注国家问题。他认为，国家之间的竞争、国家的强大以及政治与道德的冲突是思考政治问题的前提。韦伯作为德国人，十分渴望德国强大。当时，德国已完成工业化，80%的人口居住在都市。③ 但在韦伯看来，德国人还需要政治上的成熟，成为一个政治大国。韦伯的这些诉求，表现出强烈的民族主义色彩。韦伯是一个民族主义者，但他的民族主义绝不是一种狂热的、病态的、狭隘的民族主义。德国在"一战"中失败后，韦伯仍然表现出对德意志民族的热爱。他在战后给斐迪南·滕尼斯的信

---

① ［德］马克斯·韦伯：《宗教社会学》，康乐、简惠美译，广西师范大学出版社2005年版，第253页。
② 同上书，第281页。
③ ［英］麦克雷：《社会思想的冠冕——韦伯》，周伯戡译，上海书店1987年版，第68页。

中说他"从未如此强烈地感到生作德国人是命运的恩赐",他在另一封信中为德国人虽败犹荣作辩护:

> 德国的世界政治角色寿终正寝:英国称雄于世……这是事实。人们对此很不满意,但我们已经负责防御更可怕的事情——俄国人的皮鞭,这份光荣仍然属于我们。①

韦伯确实做到了他所说的,即使祖国是个怪物,仍然要热爱它。然而,若以为韦伯的民族主义只是一种情感,则低估了韦伯相关主张的理性基础。雅斯贝尔斯曾言,韦伯是德国的良心,是欧洲的良心,韦伯身上体现了"德意志人的本质"(German essence)。此种德意志人的本质,即指"理性(rationality)与源自激情的人道(humanity)"②。韦伯去世,让他觉得德国人的精神支柱坍塌了。然而,自1959年海德堡大学的青年历史学者沃尔夫冈·蒙森(Wolfgang J. Mommsen)的博士论文《马克斯·韦伯与德国政治》③发表以来,把韦伯与帝国主义、纳粹主义联系起来的论调便不时出现。1964年,在德国"去纳粹化"的语境中,原本纪念韦伯百年华诞的研讨会,几乎变成了对韦伯的缺席审判。法兰克福学派的马尔库塞认为,韦伯要为纳粹主义在德国的兴起负责;年轻的于尔根·哈贝马斯说:"最好不要忘记了,其实是韦伯设想的'恺撒领导式民主',招致了魏玛以后的灾难性行动后果。"此种污蔑为韦伯的学生及推崇者所不能容忍。当时年迈的韦伯弟子卡尔·勒文施泰因愤怒地辩护说:这些大胆冒失的对历史的曲解,是"某些年轻人"学术上不诚实的表现。④

在"二战"以后德国民主化进程中,对韦伯的不同解读,还有着不同的政治寓意。德国人中是否能找到一位自由民主宪政的精神先驱,抑或德国人个个都是歇斯底里、狂热好战的纳粹分子?韦伯去世甚早,原不能与

---

① [英]戴维·比瑟姆:《马克斯·韦伯与现代政治理论》,徐鸿宾、徐京辉、康立伟译,浙江人民出版社1989年版,第157页。

② Karl Jaspers, "Max Weber: Deutsches Wesen im Politischen Denken", im *Forschen und Philosophineren Oldenburg in Oldenbury*, 1932, p. 7. 转引自 *Hannah Arendt Karl Jaspers Correspondence*, 1926–1969, edited by Lotte Kohler and Hans Saner, translated by Robert and Rita Kimber, New York: Harcourt Brace Jovanovich, Publishers, 1992, p. 16.

③ 参见[德]沃尔夫冈·蒙森《马克斯·韦伯与德国政治》,阎克文译,中信出版社2016年版。

④ [德]迪尔克·克斯勒:《马克斯·韦伯的生平、著述及影响》,郭锋译,法律出版社2000年版,第270页。

20世纪30年代德国知识界道德上的崩溃发生联系。韦伯的政治观察，亦非含糊不清，以至可做相反的解释。英国学者戴维·比瑟姆（David Beetham）指出，韦伯不能简单地被贴上帝国主义分子的标签。在1895—1896年间的政治演说中，韦伯确实明确地主张帝国主义政策，他希望以此应对国内劳工激增的危机。他说："我们需要更多的国外地盘，我们需要通过扩大市场获得更多的经济机会……而在当今这最终有赖于我们向国外扩大政治权力。一定时刻在东亚沿海部署一打军舰比掌握一打可以废止的贸易协定更有价值。"[1] 然而至"一战"结束，韦伯已修正了他的主张。他试图更清楚地表明他的立场：追求大国政治仍是目标，但不能以帝国主义的不光彩的暴力战争的方式进行。此时韦伯指出了德国人可能犯的两点错误：一是把武力误作政治权力，二是把文化帝国主义混同于文化威望。[2] 韦伯发出警告，厚颜无耻地掠夺土地、炫耀武力只会削弱德国，引起列强联合起来抑制德国的发展。不能梦想着"德国人的皮靴踏遍欧洲"。在德意志文化方面，韦伯一方面坚信德意志文化之优越，但他并不主张文化上的侵略、霸权，而是主张少数民族在文化上的自治。在韦伯看来，文化威望不能靠强制的方式获得。

韦伯曾针对德国时局提出过许多卓越的见解，例如他曾呼吁德国政府展开对国民"政治素质"的教育，然而，恰如舒尔茨·加弗尔尼茨在给韦伯写的悼文中所言："在他的天才光芒面前，昏聩的德国政府形同瞎子。"[3] 在学术思想方面，韦伯在世时，虽有一定影响，但并不十分明显。不过自他去世后，他的学术思想便日益流传，仿佛其精神得以再生。

在美国，随着塔科特·帕森斯（Talcott Parsons）对韦伯著作的翻译，韦伯被尊为社会学的伟大奠基者。帕森斯在海德堡大学于1927年完成的博士论文题目是《桑巴特和韦伯近期著作中的资本主义》。他的行动理论及结构—功能主义，多受马克斯·韦伯之影响。社会学家爱德华·希尔斯（Edward Shils）同样热衷于在美国讲解韦伯著作、传播韦伯思想，并在韦伯学说的基础上发展出他关于社会秩序权威基础的保守观点。希尔斯突出卡

---

[1] ［英］戴维·比瑟姆：《马克斯·韦伯与现代政治理论》，徐鸿宾、徐京辉、康立伟译，浙江人民出版社1989年版，第146页。

[2] 同上书，第152页。

[3] ［美］哈特穆特·莱曼、京特·罗特编：《韦伯的新教伦理：由来、根据和背景》，阎克文译，辽宁教育出版社2001年版，第76页。

理斯玛式权威对于秩序形成的中心意义，并指出现代社会的民主趋势势必意味着卡理斯玛的分散。① 法国的雷蒙·阿隆最早向法国学界介绍韦伯。他从不讳言韦伯学说对他的影响。阿隆在德国求学时期，接触到了韦伯的著作。他称"在马克斯·韦伯那里，我找到了我要寻找的东西。……我自信是第一个勾勒出马克斯·韦伯面貌的人"②。阿隆拒斥了历史决定论与社会学决定论，此点受韦伯影响十分明显。德国学者罗伯特·米歇尔斯（Robert Michels）的政党社会学，亦从韦伯那里获得灵感。米歇尔斯是韦伯的年轻朋友。韦伯曾称他为颇具潜力的青年社会学家。当米歇尔斯由于政治与宗教的原因遭到德国大学拒绝而不得不在意大利任教时，韦伯称之为"德国人的耻辱"。③ 联邦德国首任总统西奥多·豪斯（Theodor Heuss）是韦伯的学生。早在1930年，他就写了感人肺腑的《马克斯·韦伯十年祭》，在总统职务卸任后，他便开始收集有关韦伯的文献，并提出出版韦伯专辑纪念韦伯。④ 存在主义哲学家卡尔·雅斯贝尔斯是韦伯的学生兼朋友，韦伯临终前不久，雅斯贝尔斯还在他病榻前守候。他称自己在几十年来的哲思过程中"没有一刻不想到韦伯"，每遇一个问题，都会这样问自己："在这个问题上，韦伯会怎么说?"⑤ 卡尔·施米特从未回避韦伯提出的问题。他学生时代即听过韦伯的若干讲座，并参加了韦伯1919年至1920年在海德堡大学的"普通经济和社会史纲要"课程。施米特和韦伯还有多次私人交谈。他1923年出版的《主权概念的社会学与政治神学》直接题献给了韦伯，《罗马天主教与政治形式》则对应于韦伯的《新教伦理与资本主义精神》。⑥ 施米特对日常状态与非常状态的区分，对政治决断的凸显，对经济—技术思维的批判，与韦伯有着某种学术上的师承关系。新马克思主义者卢卡奇曾参加过韦伯夫妇的读书会，他在《历史与阶级意识》《理性的毁灭》中提出的

---

① 希尔斯曾著有《马克斯·韦伯与1920年以来的世界》一文，见 Edward Shils, *The Virtue of Civility*, Liberty Fund, 1997。关于希尔斯与韦伯在思想上的关联，参见李强《韦伯、希尔斯与卡理斯玛式权威》，载李强《群己论识》，中国法制出版社2008年版，第61—66页。

② [法]雷蒙·阿隆：《介入的旁观者：雷蒙·阿隆访谈录》，杨祖功、海鹰译，吉林出版集团有限责任公司2013年版，第15页。

③ [德]玛丽安妮·韦伯：《马克斯·韦伯传》，阎克文等译，江苏人民出版社2002年版，第405页。

④ 王容芬：《联邦德国的韦伯复兴运动》，载[德]马克斯·韦伯《伦理之业》，王容芬译，广西师范大学出版社2008年版，第101页。

⑤ [德]卡尔·雅思培：《论韦伯》，鲁燕萍译，桂冠图书公司1992年版，第100页。

⑥ 陈伟：《施米特与政治的逻辑》，生活·读书·新知三联书店2015年版，第144—146页。

共产主义世俗弥赛亚,实是对韦伯关于现代社会技术理性主义"铁笼"的左派回应方案。① 埃里卡·沃格林在学生时代曾如饥似渴地阅读韦伯,他曾言及韦伯为他指明了研究的方向,培养了他的科学精神,并提醒他在多文明比较的视野中思考政治问题。② 昆廷·斯金纳的"语境主义"的思想史研究,关注思想的合法化功能,亦以韦伯关于社会行动与合法性理论为基础。③ 至于因批判韦伯而"间接"受其影响的学者,更是不计其数。

韦伯的影响是世界性的,并且迄今仍持续着。韦伯是"我们同时代的人"④。理解现代社会的特点,体会现代人的生存处境,追问生存的意义,思考现代世界诸种生活方式之可能性,阅读韦伯实为一项基础性的工作。

米歇尔斯与政党社会学

罗伯特·米歇尔斯(Robert Michels)通常被称作精英主义理论的代表。这种理论,在方法上体现为以少数杰出人物为关注对象,在史观上则体现为认为历史由少数精英主导,此即所谓的精英史观,从而区别于群众史观。不过,在米歇尔斯这里,精英史观并不适用。米歇尔斯分析精英统治现象时,是以批判的眼光来看的。与其他"精英主义"理论家不同,米歇尔斯分析精英现象,是为了对民主理想的捍卫。作为马克斯·韦伯的学生,米歇尔斯的分析采取的是"价值无涉"的科学研究路径。他虽然是社会主义的支持者,但他并不让他对社会主义的同情影响他对社会主义政党存在问题的分析。米歇尔斯的学说迄今未被忽略,正在于他所从事的是一种严肃的科学研究。

米歇尔斯1876年1月9日出生于德国科隆一个富裕之家。他是韦伯的学生和朋友,韦伯曾对他十分夸赞。⑤ 米歇尔斯一度在马堡大学从事研究和教学,但由于其社会主义政治立场以及其宗教上的无神论倾向,遭到官方的抵制。他的正式教职,是在意大利获得的。他在意大利都灵大学做经济学、政

---

① [美]约翰·麦考米克:《施米特对自由主义的批判》,徐志跃译,华夏出版社2005年版,第64页。
② [美]埃里克·沃格林:《自传性反思》,徐志跃译,华夏出版社2009年版,第13页。参见本书论沃格林部分。
③ [芬兰]凯瑞·帕内:《昆廷·斯金纳思想研究:历史,政治,修辞》,李宏图、胡传胜译,华东师范大学出版社2005年版,第37、47、49、55页。
④ [法]雷蒙·阿隆:《社会学主要思潮》,葛智强等译,华夏出版社2000年版,第383页。
⑤ [德]玛丽安妮·韦伯:《马克斯·韦伯传》,阎克文等译,江苏人民出版社2002年版,第405页。

治学教授多年。1924年之后，他到瑞士巴塞尔大学任教。是年，他加入墨索里尼领导的意大利法西斯党。他认为墨索里尼是个合格的卡理斯玛领袖，法西斯政权是民主的最好形式。1928年，他任意大利佩鲁贾大学的教授。1936年5月3日，米歇尔斯在罗马去世。作为韦伯的学生，米歇尔斯、施米特都曾支持过法西斯主义，难怪"二战"以后有学者把德国纳粹的思想根源追溯到韦伯那里，声称韦伯学说或含纳粹毒素。

米歇尔斯的著作包括《意大利社会主义运动中的无产者与资产者》(1908)、《政党：现代民主中寡头趋势的社会学研究》(1911)、《社会哲学诸问题》(1914)、《意大利帝国主义》(1914)、《经济与政治学说史导论》(1932)等。其中，第一次世界大战爆发前出版的《政党：现代民主中寡头趋势的社会学研究》最为有名，此书中译本改名为《寡头统治铁律》。

组织化意味着寡头制

米歇尔斯指出，民主离不开组织。阶级理想的实现要靠组织。组织对阶级成员来说最为经济，而且，组织是弱者对抗强者的武器。然而，组织在带来这些好处时，也走向了自身的反面。他写道："组织是保守逆流滋生的温床，它漫过民主的平原，有时泛滥成灾，并将这一平原冲刷得满目疮痍。"[①]米歇尔斯断言，民主将由于组织化而不断走向衰落。领导者的权力与组织规模成正比。组织越大，领导者的权力越大，民主化的程度就越低。[②]

在米歇尔斯的理论中，民主制与君主制相对立。民主否定任何绝对的权力。它承认法律面前人人平等，每个人在社会的阶梯上都有上升的机会。民主拒斥血统论，主张个人能力是决定他在社会中地位的唯一要素。在民主制中，人民是最高的仲裁者。米歇尔斯指出，纯粹的民主制度有两个缺陷：一是不稳定；二是无法进行有效的政治动员。

大众的无能与政党中的领袖崇拜

米歇尔斯指出，与代议制民主相比，大众集会更加不能实现民主理想。

[①] [德]罗伯特·米歇尔斯：《寡头统治铁律——现代民主制度中的政党社会学》，任军锋等译，天津人民出版社2003年版，第19页。

[②] 同上书，第28页。

因为"操纵一大群人往往要比操纵一小撮人容易得多。大众的聚合是混乱的、短暂的、毫无秩序的。一旦自己的建议成为法律,大众往往不能容忍少数人的反对,更难以容忍个人的反对"①。在大众中间,个体消失了,个性和责任意识也荡然无存。而且大众需要领导,否则就缺乏行动能力。领袖在技术上不可或缺。② 随着现实政治斗争的需要,大众领袖开始变得职业化,政党组织也日趋官僚化。对于大众来说,离开了领袖便什么也做不成。由此,他们感激领袖,迷信领袖。"许多人如痴如醉,匍匐在他们的领袖脚下,如同他们从前拜倒在他们的主教面前一样。"③ 米歇尔斯对勒庞的大众心理学论述并不陌生。与勒庞一样,米歇尔斯同样不看好大众。他认为,大众对领袖的崇拜是某种原始心理的遗留。领袖崇拜是野蛮、原始的标志。一个民族越文明,就越少领袖崇拜心理。无产者对领袖的崇拜,正反映出他们心理的幼稚。大众的无能,是领袖统治地位的基础。领袖在道德、知识上,都被认为具有优势,他们是大众眼中神一样的人物。米歇尔斯说,人类甘愿让自己受制于同类。大众反对政府集权,却对政党集权宽容有加。④ 大众的不成熟不会改变,它是大众本质性的特征。不过,米歇尔斯相信,随着大众受教育程度的提高,工人运动中的寡头统治可能会得到遏制。⑤

领袖集团的稳定性

米歇尔斯指出,在政党组织中,领袖集团一旦形成,就具有极大的稳定性。有的政党的领袖,常常几十年在位。这源于群体的惰性以及群体的保守心理。领袖形成一个小团体,指定其继承人,甚至可以完全不考虑民众的意志。对领袖来说,权力的滥用,甚是自然。领袖之间的竞争,总保持着一定的默契,毕竟,在维持领袖集团的统治地位方面,各方达成了共识。由此,高层党内活动成了少数人的特权,普通党员则失去了其影响力。"随着领导体制的建立和领导者任职时间的延长,领袖群体也随之蜕变为一个封闭的特

---

① [德]罗伯特·米歇尔斯:《寡头统治铁律——现代民主制度中的政党社会学》,任军锋等译,天津人民出版社2003年版,第21页。
② 同上书,第350页。
③ 同上书,第54—55页。
④ 同上书,第134页。
⑤ 同上书,第357页。

权等级。"①

　　米歇尔斯尖锐地指出,在自诩最忠于民主理想的劳工政党中,依然是少数人掌握着权力,少数人操纵着普通劳工。领袖原来是大众意志的执行者,现在却成了独立决策的主体。"人民的公仆变成了人民的主人。"②

　　米歇尔斯描述道,大众的领袖极其自负,他们不能接受任何批评,而且总是试图扩大自己手中的权力,并采取各种手段维护自己的领导地位,设法摆脱大众的控制。米歇尔斯引巴枯宁的话说:即使是自由最忠实的维护者,他在掌握权力后也会蜕变为暴君。③ 领袖神圣不可侵犯,挑战其权力被看作分裂党。领袖将自己与组织等同,对领袖的批评就是对组织的冒犯。何以出现此种状况？米歇尔斯说,在现代社会,领袖专断的基础是,不少公民自愿放弃民主权利,他们对公共事务缺乏兴趣。此外,特定的历史或民族心理因素,也造成各国大众对领袖渴望、依赖程度的差异。米歇尔斯说,无疑,德国民众对领袖的需求表现得尤为迫切。④

民主：挖不着的财宝

　　米歇尔斯虽集中研究政党现象,但其背后的中心关注则是民主理想。他试图探讨,在大众时代,在政党政治日益发达的时代,在无产阶级登上历史舞台的时代,民主理想将面临怎样的挑战？米歇尔斯写道,个人权利的时代正在被人民利益的时代所取代,各个政治力量都在以普遍的、人民的名义行事。政党,特别是社会主义政党,更是高举民主大旗。米歇尔斯试图用其经验研究表明,所有的政党,不论旗号为何,只要走上组织化的道路,便必定具有贵族化或寡头化倾向,最终走上寡头专断,甚至走到大众的对立面。而寡头结构则会窒息民主原则。这样,人们追求民主,最后不过是换了主人而已。

　　关于未来,米歇尔斯写道:"没有任何迹象表明,在可预见的将来,政党组织内部的寡头统治将被推翻。"⑤ "只有当统治阶级一下子变得盲目无

---

　　① [德]罗伯特·米歇尔斯:《寡头统治铁律——现代民主制度中的政党社会学》,任军锋等译,天津人民出版社2003年版,第135页。
　　② 同上书,第133页。
　　③ 同上书,第176页。
　　④ 同上书,第48页。
　　⑤ 同上书,第138页。

知，使社会关系变得极度紧张，党的普通成员才会成为历史舞台上的积极力量，推翻寡头们的专制统治。"①

尽管看出了政党不可避免的寡头倾向，看出了大众政党的局限性，米歇尔斯依然反对感伤主义和悲观主义。他对民主理想依然予以了肯定。米歇尔斯不是一个维护贵族统治的保守派。

米歇尔斯说："有这样一个传说，讲的是一位农民临终前告诉他的儿子们说，他的田里埋藏着一块财宝。老人死后，他的儿子们为了找到财宝将那块田挖了个底朝天，但他们还是没有找到。然而，他们不知疲倦的劳作却在客观上改良了土壤，最终使来年的庄稼获得了大丰收。民主就如同这一传说中提到的财宝一样。民主并非一件人们如果刻意地去找就能找到的财宝，而是在我们寻找它的过程中，在不懈地去寻找那些根本无法找到的东西的过程中，我们所付出的劳动将在民主的意义上取得丰硕的成果。"② 米歇尔斯写道："只有坦然而真诚地面对民主体制中的寡头化危险，我们才能够将这种危险减少到最低限度，尽管这种危险永远无法完全避免。"③

新贵的体制化

帕累托认为，历史表现为贵族的更替，新贵族取代旧贵族。米歇尔斯则认为，历史运动实际表现为：新贵族反对旧贵族，然后与旧贵族妥协、合作，被旧贵族吸收，重建贵族统治。例如，德国便存在资产阶级封建化以及无产者资产阶级化的现象。米歇尔斯写道："庶民的解放所带来的惟一后果便是为他们原来的贵族敌人输入了新的血液和经济动力。"④ "在大多数情况下，并不存在单纯用一个精英集团代替另一个精英集团的情况，存在的只是一个持续不断地相互交融的过程，在这一过程中，原来的成分不断吸引、吸收、同化新的成分。"⑤ 最终，民主运动并没有改变人类社会中精英统治的格局。贵族制因素，并未在民主时代消失。米歇尔斯描述的现象，我们不妨称之为"新贵的体制化"。

---

① ［德］罗伯特·米歇尔斯：《寡头统治铁律——现代民主制度中的政党社会学》，任军锋等译，天津人民出版社2003年版，第139页。
② 同上书，第355页。
③ 同上书，第358页。
④ 同上书，第13—14页。
⑤ 同上书，第327页。

米歇尔斯的不少论述可以看作对托克维尔的回应。托克维尔曾宣称：民主时代来临，贵族制正在消失。米歇尔斯则说：组织化带来了贵族制或寡头制，甚至会导向领袖的专断。米歇尔斯还深受韦伯的影响。韦伯曾直接言明，无产阶级政党过于幼稚，无产阶级统治的官僚化程度将比议会制国家有过之而无不及。米歇尔斯的政党社会学，部分可以说是韦伯观点的深化。不同的是，韦伯对社会主义没有同情，米歇尔斯则在相当长的时期内是个社会主义者。

奥尔特加：思想界的斗牛士

20世纪20年代西班牙马德里的一个晚上，一位年轻的大学教授邀请他的女性好友出席一个小型室内舞会。这位女士是当时颇有名气的歌星。教授的邀请遭到拒绝，对方回答他说："抱歉，我从不出席人数少于800人的舞会。"女士给出的理由，让教授颇感惊讶：人数800以上，意味着什么？这位教授名叫奥尔特加·加塞特（Ortega Gasset）。

奥尔特加·加塞特1883年5月9日出生于西班牙马德里一个具有新闻出版背景的家庭。他的父亲是记者、小说家、报纸主编，母亲是报业老板的女儿。1897年，奥尔特加中学毕业，进入德乌斯托大学读书，学习文学、哲学与法律。两年后，他转至马德里大学。1902年，奥尔特加获得了马德里大学的硕士学位。1904年，他获得了该校的博士学位，论文题为《10世纪的恐怖事件——对一个传说的批评研究》。

1905年，奥尔特加受政府资助，前往德国莱比锡大学学习。在那里，他学习了新康德主义哲学，并且深受其影响。德国访学经历对他抛弃西班牙的主观主义文化论、确立起坚定的欧洲主义立场发生了重要影响。此时他坚信，西班牙的问题必须放在欧洲问题中才能找到答案。[1] 1907年，奥尔特加又去马堡大学学习了现象学。是年，奥尔特加返回西班牙，开始给报刊撰文。1910年，奥尔特加获得了马德里大学的哲学教授职位。1911年，他复至马堡大学访学。奥尔特加经常给报刊写文章，发表作品上百篇。并且，奥尔特加还自己办报。奥尔特加不仅是一名出色的学者，还是一位积极参与公

---

[1] ［西班牙］奥尔特加·加塞特：《没有主心骨的西班牙》，赵德明译，漓江出版社2015年版，第22页。

共舆论的知识分子。他点评时政，针砭时弊，呼吁人们警惕世界范围内走向独裁的趋势，实为当时西班牙自由派知识分子之领袖。1923年9月，军人普利莫·德·里维拉联合国王发动了政变，建立起独裁政权。奥尔特加随即撰文表示反对。

1929年，在墨索里尼统治时期，奥尔特加所在的大学因政治问题被查封，他失去了大学教职。1931年4月，西班牙第二共和国成立，不久，奥尔特加作为共和政权的支持者当选为国会议员。1932年，他退出政界。西班牙内战爆发后，奥尔特加选择了流亡海外。他拖家带口，先后在法国、荷兰、阿根廷、葡萄牙生活。1945年，第二次世界大战结束。奥尔特加重新回到西班牙，定居马德里。他经常参加公共学术活动，并曾去德国和英国讲学。1955年10月18日，奥尔特加因病去世，享年72岁。人们叹息道：思想界的斗牛士退场了。

奥尔特加身材不高，但他仪表堂堂，举止大方。他常说，思想的光芒需从皮鞋的光芒开始。他热衷社交，经常成为聚会的中心人物。奥尔特加著述颇丰，其著论题涉及哲学、文化、历史、政治、社会、文学、语言等多个领域。他对政治问题的思考，仅是他思想事业的一个部分。《奥尔特加全集》已经出了十余卷。其著作中译包括《没有主心骨的西班牙》（1922）、《大众的反叛》（1930）、《生活与命运》等。其中，《大众的反叛》最为有名。

大众现象反思

《大众的反叛》开篇即言："不管是好是坏，当代欧洲的公共生活凸现出这样一个极端重要的事实，那就是大众开始占据最高的社会权力。……这一崭新的现象实际上意味着欧洲正面临着巨大的危机，这一危机将导致生灵涂炭，国运衰微，乃至文明没落。这样的危机在历史上屡见不鲜，它的轮廓、特征及其后果早已为人所熟知，我们可以把这一现象称之为'大众的叛乱'。"[1] 奥尔特加说，大众（或译为群众），是"我们这个时代的象征"。[2]

奥尔特加对大众的关注，在20世纪初具有典型意义。事实上，随着工人运动的高涨、社会流动性的加剧、民主浪潮的推进，欧洲不少有识之士都

---

[1] ［西班牙］奥尔特加·加塞特：《大众的反叛》，刘训练、佟德志译，吉林人民出版社2004年版，第3页。

[2] 同上书，第105页。

在高喊：大众时代来临了。奥尔特加写道："在那些先前只为少数精英人物所保留的地方，如今都出现了大众的身影。"①

奥尔加特着力强调的是，在如今这个时代，作为一种社会力量，大众开始全面掌权了。大众自身的特点依然如故，但其地位已发生了天翻地覆的变化。这便对人类文明带来了巨大的冲击。奥尔特加认为，大众无视法律，凡事直接诉诸行动，喜欢用物质力量把自己的欲望和喜好强加给整个社会。令人担忧的是，平庸者明知自己平庸，却在权利的名义下要求别人与他一道平庸。奥尔特加写道："今天，智识上的平庸之辈对公共生活的把持与控制或许是当前时局中最为引人注目的一个方面，也是历史上绝无仅有的现象。"② "看戏的和听音乐的老百姓自以为比演戏的、作曲的或者专门搞文艺评论的高明很多，如能对着演员、歌手和评论家叫骂一番，他们会感到非常惬意。"③

奥尔特加指出，大众毫无目标，朝秦暮楚，他们没有长远的考虑，只知随波逐流。他们心灵封闭，没有思考的能力。"他们惟一关心的就是自己生活的安逸与舒适，但对于其原因却一无所知，也没有想知道的兴趣。"④ 大众时代，就是一个野蛮时代。"我们正处在大众的野蛮统治之下。"⑤ 大众是一批野蛮人。他们四肢发达，头脑简单。在他们身上，看不到精神的光辉，看不到高雅的追求。他们掌握了先进的技术手段，却对科学精神毫无兴趣。大众的崛起，提示欧洲文明处于危机时刻。以罗马历史为例，奥尔特加说，罗马帝国衰亡的历史，就是精英不断衰落、大众力量不断上升的历史。当大众同化了精英、控制了帝国时，帝国也就衰亡了。⑥

奥尔特加认为，大众劳力治于人，精英劳心治人，天经地义。在一个社会中，大众本应当安分守己。然而，这种等级秩序，现今已不复存在。大众开始敌视精英，他们虎视眈眈，要革精英的命。人民主权从观念变成了现实。奥尔特加指出，人民拥有的这种压倒一切的绝对权力，不仅是政治性

---

① ［西班牙］奥尔特加·加塞特：《大众的反叛》，刘训练、佟德志译，吉林人民出版社2004年版，第5页。
② 同上书，第66页。
③ ［西班牙］奥尔特加·加塞特：《没有主心骨的西班牙》，赵德明译，漓江出版社2015年版，第175页。
④ ［西班牙］奥尔特加·加塞特：《大众的反叛》，刘训练、佟德志译，吉林人民出版社2004年版，第53页。
⑤ 同上书，第13页。
⑥ 同上。

的，而且是社会性的。法西斯运动，正是典型的大众运动。而当一国大众掌权，精英失势，便会出现"没有主心骨"的现象。此时，国家便不再是一个国家。奥尔加特认为，西班牙的问题，就出在庸众当道。

没有精英，就没有社会

奥尔特加的学说，是典型的精英主义理论，它在当时构成对工人运动、法西斯主义及社会民主潮流的反思。在奥尔加特看来，民主不能沦为庸众的统治，一个社会对高贵的追求不能丢弃。文明的高度由精英的水准决定。他写道："人类社会按其本质来说，就是贵族制的；甚至可以这样说：只有当它是贵族制的时候，它才真正成其为一个社会；当它不是贵族制的时候，它根本就算不上一个社会。"[①] "一个没有精英的社会就不是社会。"[②] 奥尔特加认为，精英决定着国家的结构与形式，他们对历史本质有着最深切的感受。少数人领导多数人，是人间公理，也是人们不得不承认的事实。[③]

奥尔特加指明，他所说的贵族、精英，不是指具有高贵血统的世袭贵族，也不是指社会的上层阶级或统治阶级，它不是一种静态的、消极的身份概念。[④] 大众也不是指劳工阶级或社会底层人民。精英与大众的区分，在于其美德、能力与生活态度的不同。精英意味着好的声誉，意味着追求卓越、持续的奋斗。他写道："在我的心目中，贵族生活就等同于一种不懈努力的生活，这种生活的目标就是不断地超越自我，并把它视为一种责任和义务。"[⑤] 贵族生活与庸碌、被动的生活相区别。大众的概念，不仅是指其人数众多，还表明其生活态度是懈怠的、懒惰的。精英可以来自社会底层，大众同样存在于社会上层。在奥尔特加的著作中，我们看到他不仅批判具有暴力倾向的劳工阶级，也经常会批评庸碌粗鄙的资产阶级。[⑥]

---

① ［西班牙］奥尔特加·加塞特：《大众的反叛》，刘训练、佟德志译，吉林人民出版社2004年版，第14页。
② ［西班牙］奥尔特加·加塞特：《没有主心骨的西班牙》，赵德明译，漓江出版社2015年版，第186页。
③ ［西班牙］奥尔特加·加塞特：《大众的反叛》，刘训练、佟德志译，吉林人民出版社2004年版，第171页。
④ 同上书，第59页。
⑤ 同上书，第60页。
⑥ ［西班牙］奥尔特加·加塞特：《没有主心骨的西班牙》，赵德明译，漓江出版社2015年版，第188页。

奥尔特加指出，大众的兴起，并不意味着现代欧洲没有希望了。奥尔特加拒绝悲观主义的欧洲衰落论。对于斯宾格勒的西方没落论，奥尔特加认为那是一种粗陋的、站不住脚的观点。[①] 他认为，欧洲没有衰落。欧洲人的现在显然远胜于她的过去。人们的生活得到改善，人变得越来越有自信。大众现象构成人们不容回避的世界的一部分，但未来生活的可能性，依然有很多。它取决于人们如何去生活、如何去选择、如何去创造。命运全仗人自主。欧洲人要运用其自由，决定自己"在这个世界要成为什么样子"[②]。这便意味着欧洲面临的问题，并不是宿命。历史中没有"必然性"。在此，奥尔特加拒绝形形色色的历史决定论。他认为："所有的生活包括历史生活，都是由一个个纯粹的瞬间与片刻构成，其中每一个稍纵即逝的瞬间与片刻相对于前一个而言，都是非决定的。"[③] 这样，理论家的著述和呼吁，并非没有用处。相反，它对于文明的捍卫有着巨大的作用。

要间接行动，而非直接行动

奥尔特加批评一切旗号下的直接行动。他是自由民主政体的坚定捍卫者。在当时反自由主义民主的总体氛围中，奥尔特加的立场因难能而可贵。他写道："首先，以科技知识为基础的自由民主政体是迄今为止最高级的公共生活方式；其次，这种生活方式或许并不是我们想象中最好的，但我们所能想象得到的最好的公共生活方式却必欲保留这两条原则——自由民主政体和科技知识——的本质；第三，退回到19世纪之前的任何一种生活方式都无异于自取灭亡。"[④] 奥尔特加对自由主义民主及科学精神的坚持，体现了他明确的现代立场。在奥尔特加的思想世界中，我们找不到任何对旧日美好时光的怀旧与感伤。在奥尔特加看来，民主必须加上自由主义的限制，可欲可求的民主是自由主义民主，而非直接行动意义上的大众民主。自由主义民主的优点正在于它在本质上是一种精英统治，而大众对精英的服从，构成文明最基本的内容。因为文明，必定意指约束、规

---

① [西班牙]奥尔特加·加塞特：《大众的反叛》，刘训练、佟德志译，吉林人民出版社2004年版，第20、132页。
② 同上书，第42页。
③ 同上书，第73页。
④ 同上书，第45—46页。

范，而非只顾自己，为所欲为。文明的组成要素，旨在以间接行动代替直接行动。[1] 文明人考虑他人，文明首先包含了"共同生活"的意愿，内在地要求某种宽容，在词根上，它与城邦生活紧密相连，而野蛮人则不然。野蛮人喜欢直接行动，拒绝繁文缛节和迂回。某些群体号召的直接行动，罔顾社会其余部分，不过是阶级利己主义的体现。自由民主政体，允许反对派共存于世，倡导宽容，实为文明制度的一个体现。而大众一旦当权，则压制或铲除一切反对派。他们宣扬的是仇恨，而非对邻人的友爱。

奥尔特加如此写道："在所有的政治形式中，最能体现人类追求共同生活之崇高意愿与努力的就是自由民主政体。它极致地表现了为邻人着想的美德，它是'间接行动'的典型。……自由主义是宽容的最高形式：它使多数承认少数的权利，因此它是我们这个星球上曾回响过的最崇高的呼声。它宣告了一种与敌人——哪怕是孱弱的敌人——共存的决心。"[2]

奥尔特加对正在兴起的法西斯主义和激进主义不寄希望。他不认为俄国"十月革命"中包含了新的因素。他认为，19世纪的自由主义必须被超越，但这种超越，绝非倒退到野蛮时代的法西斯主义所能做到。欧洲的命运，必须交给真正的现代人，他们站在了时代的最高点。

国家源于人们对美好未来的期许

奥尔特加著述的语境，既包括西班牙，也包括欧洲。实际上，奥尔特加认为，西班牙面临的问题需要结合对欧洲前景的思考去解决。奥尔特加甚至展望了一个统一的欧洲国的到来。

奥尔特加认为，国家的理念必须面向未来才能予以界定。国家是人们共同的事业，目的是为人们奔向美好未来提供条件。奥尔特加指出，我们不能在过去与传统中寻找国家的起源，那样只会导致民族主义，它否定了不同民族的融合和交流。"国家的成立和生存，需要一个面向明天的共同纲领。"[3] 在思考西班牙社会政治问题时，奥尔特加明确地反对地方主义、分离主义、阶级利己主义与民族主义。他号召各种团体面向未来，走出狭隘，联合协

---

[1] ［西班牙］奥尔特加·加塞特：《大众的反叛》，刘训练、佟德志译，吉林人民出版社2004年版，第74页。
[2] 同上书，第70—71页。
[3] 同上书，第102页。

作。奥尔特加的国家观属于意志主义的现代国家理论传统。其着眼于未来，充分揭示了现代国家的精神之维。在奥尔特加看来，政治统治靠的是精神力量，武力不过是次要的辅助手段。为何人们要生活于一国之中，不是出于对暴力镇压的恐惧，不是出于由来已久的习惯或历史传统，而是着眼于未来，人们希望生活在自由、平等的美好生活中。

奥尔特加的思想特色与影响

奥尔特加对韦伯、桑巴特、齐美尔等人的社会理论并不陌生。在韦伯那里，领袖的"卡理斯玛"可以唤起大众的追随。奥尔特加则认为，是否追随领袖，主动权掌握在大众手中，大众控制着决定性的权力。可以看出，韦伯的卡理斯玛式领袖概念和奥尔特加的精英概念，或有部分重叠，却是颇为不同的两个概念。奥尔特加与韦伯共享精英主义的倾向，支持代议制民主，并且都与经济决定论保持距离，高度重视精神的作用。奥尔特加分析社会问题，常用韦伯的概念框架。

奥尔特加对大众现象的专门研究，不难令人想起更早的法国思想家勒庞。奥尔特加阅读过勒庞。在刻画大众时，奥尔特加与勒庞有许多共同之处。不过，注意到其间差别，也是极其重要的。奥尔特加认为，"大众人从来就不会接受来自自身之外的权威，除非环境迫使他这样做"[①]。此点与勒庞的观点颇为不同。奥尔特加不认为大众生来倾向于追随领袖，迷信权威。在大众时代，他看到的是一个个自以为是、无所作为的庸人。勒庞相信领袖可以操控大众，利用大众心理的弱点，实现对大众的支配。奥尔特加则不愿做这样的设想。他的批评是作为哲人对欧洲面临野蛮主义危险的忠告。与狼共舞，违背了他的自由民主理想。勒庞思想中的种族论色彩，也难以得到奥尔特加的认可。

奥尔特加著作中的不少真知灼见，得到了20世纪政治思想家汉娜·阿伦特的回应。我们来看下面两段文字：

在我们所生活的时代里，人们确信自己拥有巨大无比的创造力，却

[①] [西班牙]奥尔特加·加塞特：《大众的反叛》，刘训练、佟德志译，吉林人民出版社2004年版，第57页。

又不知道应该创造些什么；他可以主宰一切事物，却又掌握不了自己的命运；他在自己的充盈富足中茫然不知所措。同过去相比，他掌握了更多的手段、更多的知识、更多的技术，但结果却是重蹈以往最不幸的时代之覆辙：今天的世界依然缺乏根基，漂泊不定。因此，一种无所不能和一种不安全感的奇妙混合占据着现代人的灵魂……在今天，既然一切似乎都是可能的，那么我们就会意识到所有最糟糕的事情也是可能的：退化、野蛮与堕落。①

……精神上的无家可归达到了前所未有的规模，漂流无根的心绪达到了前所未有的深度。我们从来没有像今天这样对未来感到无法预料……人类似乎分裂成两种类型，一种人相信人无所不能（他们认为，只要懂得如何组织群众，那么一切都是可能的），而另一种人则认为，他们生命中的主要经验是无力感。②

以上两段文字皆为对时代状况的勾勒，如不标明出处，我们很难看出哪一段出自奥尔特加、哪一段出自阿伦特。

奥尔特加对大众人缺乏思考和判断力的表述，也不难令人想到阿伦特对纳粹战犯艾希曼的描述。奥尔特加写道："大众人一旦陷入了思维定势的泥淖之中就无力自拔，各种陈词滥调、先入之见、零敲碎打的思想、空洞无物的言辞，统统胡乱地堆积在他的大脑中；他还到处贩卖、兜售这些破烂，这种厚颜无耻的虚妄行径恐怕只能用他头脑简单、智力低下来解释。"③阿伦特在《人的境况》中关于"劳动动物的胜利"之论述，在《极权主义的起源》中对"群众"的描述，亦与奥尔特加的"大众的反叛"论遥相呼应。

在哲学层面，奥尔特加一方面否定传统的实在论，一方面否定笛卡尔主义的唯心论，他主张一种新的实在——生活，在生活中，主体与世界有着密不可分的联系。阿伦特在《人的境况》（即《实践生活》）中，同样对主体

---

① ［西班牙］奥尔特加·加塞特：《大众的反叛》，刘训练、佟德志译，吉林人民出版社2004年版，第37—38页。
② ［美］汉娜·阿伦特：《极权主义的起源》，初版序，林骧华译，生活·读书·新知三联书店2008年版，第1页。
③ ［西班牙］奥尔特加·加塞特：《大众的反叛》，刘训练、佟德志译，吉林人民出版社2004年版，第66页。

与世界的关系做了类似的处理。阿伦特否定了唯心主义孤独的"自我"论,指出了现代社会中人与世界疏离的问题。事实上,奥尔特加与阿伦特在哲学上皆受惠于存在主义和现象学。《大众的反叛》在 1932 年已有英译本。作为更早一代的学者,奥尔特加很可能对阿伦特发生了不小的影响。当然还有另外一种可能,那就是二人皆有共同的思想来源,故而在某些问题上二者英雄所见略同。

不过,奥尔特加是自由主义者,阿伦特则对自由主义持一定程度的批判态度。并且,在奥尔特加明显体现出精英主义倾向的地方,阿伦特则表现出某种看似民粹主义的倾向。阿伦特没有对直接行动予以否定,相反,她以某种类型的直接行动为最自由、最具政治性的活动。

熊彼特:什么是民主

约瑟夫·熊彼特(Joseph A. Schumpeter,1883—1950)是经济学家、社会学家、政治思想家。作为经济社会学家,他被誉为"韦伯伟大的继承者"。[1] 他最著名的著作《资本主义、社会主义与民主》,是横跨经济、社会、政治诸领域的作品。与韦伯一样,熊彼特坚持认为,尽管理论家可以集中关注于经济、政治等一个方面的问题,但社会现象其实是一个整体。

熊彼特虽在德国任过教,后来又在美国生活,并成为哈佛大学经济系的终身教授,但他的出生地是奥地利。他在奥地利成长、接受教育并工作过。熊彼特 1883 年 2 月 8 日出生于奥地利的特里施小镇一个信奉天主教的家庭,父亲是纺织厂的厂长。1901 年,他进入维也纳大学法律与政治系学习法律,同时修了经济学的课。1906 年,熊彼特毕业,获博士学位。1909 年,26 岁的他成为维也纳大学的经济学讲师。同年秋天,他受聘为捷尔诺维茨大学的副教授。1911 年,他成为格拉兹大学的教授。

熊彼特有过一段从政经历。从 1916 年至 1919 年,他暂时放下了研究,热心于公共事务。1919 年 3 月,他在新成立的奥地利保守派政府中担任了财政部部长。不过,几个月后,他便从这一位置上下来了。他决意以后再也不从政了。他从政时并未给人留下好的印象,时人多责其为投机分子。有人专

---

[1] H. 斯图尔特·休斯:《意识与社会》,1958 年,转引自[瑞典]理查德·斯威德伯格《熊彼特》,安佳译,江苏人民出版社 2005 年版,第 87 页。

门在报纸上发表题为《熊彼特》的诗，讽刺这位财长，说他有三颗心，"一颗是自由之心，一颗是保守之心，还有一颗是左倾之心"①。1925—1928年，熊彼特在波恩大学任教，卡尔·施米特是他的同事，他们偶有来往。1932年，熊彼特去了美国，进入哈佛大学任教，自此一直待在那里。

熊彼特讲课时不用讲稿，思路清晰，他又极善于讲笑话，因此颇受学生欢迎。熊彼特给学生打分时十分宽松。他说，他给以下三类学生打"A"：一是耶稣会学生，二是女生，三是剩下的所有其他人。②

熊彼特与韦伯有过交往，他的一些观点，明显受到韦伯的影响，比如他对方法论的看法，对民主问题的看法。韦伯1920年去世时，熊彼特写了感人至深的悼词。但熊彼特也有自己的专长。韦伯本人是欣赏熊彼特的。1918年，维也纳大学请韦伯推荐一名经济学教授，韦伯只提了熊彼特一人。熊彼特与韦伯性情不同。熊彼特是保守主义者，韦伯则是自由主义者。雅斯贝尔斯有一段文字，很能反映他们性格的不同：

> 他们俩常常在咖啡馆③里见面，同时在场的还有卢多·莫里茨·哈特曼④和索马利⑤。熊彼特谈论着他对俄国革命的喜悦心情。他说社会主义现在不再是纸上谈兵，而是在证明它切实可行。韦伯对此却极为忧虑，他认为，在俄国发展的这一阶段出现的共产主义，实际上是一场犯罪，这是一条空前的人类苦难之路，其后果将是一场可怕的灾难。"很有可能"，熊彼特回答说，"但却是一个很好的试验场。""一个死尸成堆的试验场。"韦伯激动地回答。"你这句话适用于每一间解剖室。"熊彼特回道。大家试图转移他们注意力的努力都失败了，韦伯越来越激动，声音也越来越大，熊彼特的话也越来越尖利，声音却越来越温和。咖啡馆里的其他人都好奇地听着，最后，韦伯跳了起来，喊道，"我再也受不了了"，跟着就冲了出去，哈特曼也马上拿着帽子追了出去。熊彼特独自留在那里，微笑着说道，"一个人怎么能在咖啡馆里这样大喊

---

① ［瑞典］理查德·斯威德伯格：《熊彼特》，安佳译，江苏人民出版社2005年版，第87页。
② ［德］卡尔·雅斯贝尔斯：《列奥纳多、笛卡尔和韦伯三论》，转引自［瑞典］理查德·斯威德伯格《熊彼特》，安佳译，江苏人民出版社2005年版，第177页。
③ 指维也纳大学附近环形路的蓝特曼咖啡馆（Cafe-Restaurant Landtmann），现易名为Dr. Karl Lueger-Ring。
④ 卢多·莫里茨·哈特曼（Ludo Moritz Hartmann，1865—1924），奥地利历史学家、政治家。
⑤ 索马利（Felix Somary，1881—1956），奥地利经济学家。

大叫呢？"①

熊彼特的著作颇丰，主要有《帝国主义的社会学》《经济周期》《资本主义、社会主义与民主》《经济分析史》等。在《帝国主义的社会学》中，熊彼特提出了与马克思主义关于帝国主义全然不同的看法。他严格区分了资本主义与帝国主义。在他看来，资本主义讲的是理性、和平，而帝国主义讲的是非理性、暴力。资本主义天生就是反对帝国主义的。他基于研究说明，帝国主义是一种"返祖"现象，是野蛮、血腥、原始冲动的复活，它是绝对君主制的余绪，而不是现代资本主义的产物。

熊彼特除了写长篇大论之外，还是写作格言的高手，他的不少格言广为流传。例如，经济学课堂上常提到熊彼特的比喻："抓一只鹦鹉，教它说'供给与需求'，就产生了一位经济学家。"我们不妨列举几句熊彼特的格言，以飨读者：

"改革派的不幸，是他们总是晚于他们时代一百年。"

"政治学家是那种既不理解法学、又不理解经济学、也不理解社会学的人。"

"人性并不真正在乎自由，大众很快就意识到，他们并不向往自由；他们想的是有人给他们饭吃，有人为他们引路，除此而外，有人来摆布他们。但他们不在乎空谈。"

"说谎——人之异于禽兽者。"

"法学的目的就是试图理解那些荒唐可笑的规则。"

"我不信任两种人：那些声称建筑廉价房屋的建筑师和那些声称要给出简单答案的经济学家。"

"政治家就像蹩脚的骑手，他只全神贯注于在马上坐稳，无暇顾及走向何方。"

"我们所有人都喜欢闪光的谬误，甚于喜欢平凡的真理。"

"计划意味着无计划和浪费。"

"文明是由鞭笞大众而出现的，衰落则是由于鞭笞过重。"

---

① 此事发生于1918年夏。参见［德］卡尔·雅斯贝尔斯《列奥纳多、笛卡尔和韦伯三论》，转引自［瑞典］理查德·斯威德伯格《熊彼特》，安佳译，江苏人民出版社2005年版，第140—141页。

"人类的平等是所有信条中最愚蠢的东西。"

"你必须说出某种谎言才能领导人们。"①

"认识到一个信念的相对有效性,而又毫不妥协地坚持这些信念,这是一个文明人与野蛮人的区别之所在。"②

破古典民主论,立精英民主论

1848年革命之后,西方社会要求民主的呼声日甚一日。到20世纪初,民主仍是重要的政治口号,不同的政治派别都声称追求民主,这其中自然包括社会主义政党。针对如此重要的民主问题,熊彼特在《资本主义、社会主义与民主》一书中发表了自己的观点。熊彼特此书获得了极大成功,问世后一版再版,至今已被译成十余种文字。熊彼特的民主理论,可以概括为精英民主论,它区别于古典民主理论。

熊彼特首先指出了古典民主理论的问题。古典民主理论指18世纪功利主义时期的民主理论。根据这种民主理论,民主作为一种方法,"是为实现共同福利做出政治决定的制度安排,其方式是使人民通过选举出一些人,让他们集合在一起推行它的意志,决定重大问题"③。熊彼特批评说:其一,并不存在全民同意或者用理性论证的力量可使其同意的唯一的共同福利。根本的事实是,对不同的个人与集团而言,共同福利必然意指不同的东西。其二,即使承认存在一种充分明确的共同福利,譬如功利主义所讲的"最大多数的最大幸福",也不意味着对每个问题都能做出同等明确的回答。在许多问题上,人们迄今为止仍然争论不已。面对眼前幸福与长远幸福,人们常常很难明确做出取舍。其三,与前两个理由相连,"人民意志"的概念也不能成立。熊彼特认为,并不存在什么"人民意志"。

具体到"政治中的人性",熊彼特进一步对古典民主理论进行了批评。他指出,人在群体状态下(不一定是现场集会。报纸的读者,一个党的党员,即使不聚在一起,也极易成为心理学上意义上的"人群"),极易疯狂,

---

① [瑞典]理查德·斯威德伯格:《熊彼特》,安佳译,江苏人民出版社2005年版,第308—317页。
② 参见[美]约瑟夫·熊彼特《资本主义、社会主义与民主》,吴良健译,商务印书馆1999年版。
③ [美]约瑟夫·熊彼特:《资本主义、社会主义与民主》,吴良健译,商务印书馆1999年版,第370页。

兽性将超越理性，责任感将急剧下降。并且，人们还极易受到各种宣传广告、煽动的影响。一个人可能对与他有直接利害关系的事务比较关心，但一旦涉及全国性、国际性议题，他的现实感、判断力将下降到零以下。这种现象，在地位高、受过教育的人中间比地位低、未受教育的人中间更常见。政治事务如此重要，岂可交给这样的人去议决呢？熊彼特举例说，譬如买香烟，男士常常因某位美女代言而购买了劣质的香烟。不过，买烟买错了，以后可以重换一个牌子。但政治上容不得此种草率的"实验"。① 熊彼特对人民不抱希望，他说："人民既不能提出问题，也不能决定问题，决定其命运的问题通常是由别人为他们提出和决定的。"②

　　古典民主理论既如此荒谬，为何还能存在？熊彼特也做了说明。例如，将人民视为上帝，弥补了信仰上的空虚；在历史上，它因用来反对某种不受欢迎的政权而得到赞许；在某些小型社会中也确有实践；政客可以取悦群众，又可以利用人民的名义打击对手，等等。

　　熊彼特自己提出了"民主的另一个理论"。他认为，民主的要义是在一定的社会政治结构中以竞争的方式争取领导权。人民的任务只是选出领导者，产生政府，而不是其他。人们本不必对民主寄予过高的期望，民主也不意味着人民可以随意改变社会政治结构，那是民主得以运行的条件。他给民主重新下了定义："民主方法就是那种为作出政治决定而实行的制度安排，在这种安排中，某些人通过争取人民选票取得做决定的权力。"③ 至于政治家将来要做的决定是什么，人民是管不了的。熊彼特说："为什么政治家的行为如此经常地不符合他们阶级的利益，不符合与他们个人有关系的集团的利益。从政治上说，谁要是还没有真正领会和永不忘记一位历史上最成功的政治家的话：'实业家不了解的是，正如他们在经营石油，我在经营选票。'他在政治上便还是处在幼儿园阶段。"④

　　关于社会主义民主，熊彼特不抱任何幻想。他指出，社会主义讲无产阶级专政，但其经济管理方式不过证明是对无产阶级的专政。他说："社会主义民主最终将被证明比资本主义民主更加虚伪。"⑤

---

①　[美]约瑟夫·熊彼特：《资本主义、社会主义与民主》，吴良健译，商务印书馆1999年版，第388页。
②　同上书，第389页。
③　同上书，第395—396页。
④　同上书，第416页。
⑤　同上书，第438页。

熊彼特是一位保守主义者。他自称是"一战"前那种"高贵的保守主义者"。他看待社会政治问题，只从现实出发，不掺杂任何理想成分。他的学说不难令人想起法国的帕累托。熊彼特经常引用帕累托的名言："民主就是靠谎言进行统治。"① 有一种传言，说熊彼特是法西斯主义者、亲纳粹者，这种说法是站不住脚的。

---

① 转引自［瑞典］理查德·斯威德伯格《熊彼特》，安佳译，江苏人民出版社 2005 年版，第 302 页。

第十四章　极权主义之思

"二战"以后的政治哲学家们，往往在反思极权主义灾难中展开理论，另外，他们也直接面对战后西方世界的危机。对现代性的反思，很大程度上构成了战后政治哲学的中心议题。20世纪上半期以两次世界大战作为标志性事件，就政治实践而言，这段时期似乎是个乏善可陈的时期，人们面临的是世界范围内的动荡、血腥和焦虑。人类政治史上，恐怕没有哪个时期如此失败。那是一个极端的年代，一个由集中营、死亡工厂、原子弹象征的时代。早在20年代，法国知识分子朱利安·班达就曾预言："我们的世纪，将成为一个专门策划仇恨的世纪，这将是它在人类道德史上留下的最大的败笔。"[1]他痛斥知识分子放弃了康德、伏尔泰式的普世主义关怀，转而为各种政治力量服务，炮制出种族主义、反犹主义、阶级激情、民族主义、军国主义等具有煽动性、破坏性的理论，"背叛"了他们本身的使命。1925年，班达在接受采访时说：

> 目前，总的说来，道德观念是极淡薄了，这直接导致了大屠杀。这种卑劣行径的根源可以用一句话来概括：对纯粹俗权的一种更加强烈、更加自觉和更加有组织的欲望，以及对一切纯理想的无私的价值观的藐视。（现在）人类只有两种宗教：一些人信仰民族，另外一些人信仰阶级；不管这些人怎么说，这都是纯俗权的两种形式。[2]

班达认为，知识分子好比新时期的教士，他们本该布讲超"俗权"的人

---

[1] ［法］朱利安·班达：《知识分子的背叛》，转引自［法］米歇尔·维诺克《法国知识分子的世纪·纪德时代》，孙桂荣、逸风译，江苏教育出版社2006年版，第56页。

[2] 转引自［法］米歇尔·维诺克《法国知识分子的世纪·纪德时代》，孙桂荣、逸风译，江苏教育出版社2006年版，第53页。

第十四章 极权主义之思

类之爱,但现在,他们反而在不断地强化着民族主义、阶级斗争等世俗的宗教。班达的呼吁无法阻止欧洲知识界道德的进一步堕落。班达所谓的"大屠杀",再过几年,到了纳粹时代对犹太人的种族灭绝之前,已经不算什么事了。

极权主义在今天看来是灾难,是恐怖,但在20世纪二三十年代,则被看作超越代议制民主的更先进政治模式,是新的生活方式的尝试,是欧洲颓废文明的替代物,甚至是全人类的救星。这种心态,需从第一次世界大战说起。

20世纪以来,直至"一战"结束,堪称"民主的黄金时代"。[1] 西方人对世界前景仍然保持着启蒙以来的乐观主义、进步主义的期待,然而,第一次世界大战击破了此种梦想,自由主义也因之名声扫地,代议制民主备受质疑。法国左派知识分子散发传单,期盼全世界发生革命,发生殖民地独立运动,以"摧毁西方文明",摧毁"含有毒素"的西方文明。[2] 此种反自由主义、反民主的浪潮,因世界经济的萧条而加强,在哲学上,又得到了各种最新的非理性主义学说的推波助澜。1917年俄国布尔什维克革命胜利后,一个由共产党掌握的政权,没有像马克思预言的那样在最发达的资本主义国家,而是在贫穷、落后的俄国诞生了。"十月革命"的胜利表明,政治革命可以先于生产工具的革命,提前到来。在没有足够工人阶级的地方,由少数人高度组织起来的革命党,即可完成共产主义革命。以弱胜强、以少胜多,这在人类历史上已经不是第一次了。布尔什维克高举反战、和平的旗帜,与帝国主义战争划清界限,特别符合欧洲知识分子的期待。很多反战的知识分子纷纷加入第三国际。法国历史学家米歇尔·维诺克写道:

> 1914年以前的信念被四年的痛苦与屠杀所摧毁,代之而来的是对人类前途的巨大忧虑。俄国革命犹如一颗明亮的星,照亮了战后世界那动荡的黑夜。在长达数十年的时间里,这场革命都使西方世界着迷。[3]

俄国革命对东西方政治皆造成了巨大的冲击。社会学家诺贝特·埃利亚

---

[1] [美]爱·麦·伯恩斯:《当代世界政治理论》,曾炳钧译,商务印书馆1983年版,第6页。
[2] [法]米歇尔·维诺克:《法国知识分子的世纪·纪德时代》,孙桂荣、逸风译,江苏教育出版社2006年版,第35页。
[3] 同上书,第25页。

斯写道："如果说19世纪是受到法国大革命的影响,那么20世纪则是在俄国革命的影响下度过的,其影响的程度远甚于前者。"[①] 埃利亚斯强调,俄国革命树立了采用政府外暴力解决社会问题的榜样。在西方,它鼓励了议会外的暴力行动,助长了右翼政治势力的扩张。在东方,随着"十月革命"一声炮响,马克思主义获得了广泛传播。在第三国际的支持下,各国共产党开始积极从事暴力革命活动。雷蒙·阿隆尝言,20世纪的欧洲"知识分子"要接受两次考验,一次是纳粹主义,一次是布尔什维克主义。[②] 这两次考验,在本质上都具有反自由主义的性质。很多欧洲知识分子,都在这两次考验中,失去了方向,犯下了错误。巨大的时代灾难,激发了最深刻、最深沉、最痛苦的政治反思。理论家们对极权主义发生的原因诊断不一,开出的疗救处方,自然也各不相同。

墨索里尼与意大利法西斯主义

意大利法西斯主义是对19世纪自由主义的反动,自由主义被指责为没有能够使意大利取得它作为世界强国、作为伟大的古罗马的继承者而应有的地位。意大利法西斯主义的理论家们从黑格尔的国家学说那里寻找理论基础。黑格尔认为,国家是上帝在人世间的最高表现。法西斯主义者要求意大利人使他们的个人利益、团体利益均服从于国家复兴光大的计划。法西斯主义认为,至高无上的国家,是一切权力的来源,是一切道德的基础。它既是物质力量,也是精神力量。个人要无限忠于国家。法西斯主义者特别强调"忠诚"。卡尔·施米特指出:"法西斯主义的国家是想以古代的忠诚使自己重新成为有着可见的权力载体和代表的国家,而不想充当不可见、不负责任的掌权者和出钱人的门面和候见厅。"[③] 意大利法西斯主义者还宣称,意大利负有一项光荣的使命,那就是给文明世界以光明,就像它在罗马帝国时期和文艺复兴时期所做的那样。他们的口号是:没有什么是为个人的,一切为了意大利。他们美化战争,说战争是世界上唯一的保健方法,是使民族返老还

---

① [德]诺贝特·埃利亚斯:《论文明、权力和知识》,刘佳林译,南京大学出版社2005年版,第142页。
② 《雷蒙·阿隆回忆录:五十年的政治反思》,杨祖功等译,新星出版社2006年版,第63页。
③ [德]卡尔·施米特:《法西斯国家的本质和形成》,载[德]卡尔·施米特《论断与概念》,朱雁冰译,上海人民出版社2006年版,第109页。

童、使生活丰富多彩的必要手段。

墨索里尼是意大利法西斯运动的奠基者和代言人。他不具有一个有创见、能分析的头脑，但有足够的洞察力判断意大利思想界的重要动向，并能对这些动向进行雄辩的表述。他是一个高不成低不就的人，是一个叛逆者。他生于1883年，父亲是一个铁匠，母亲是教师。墨索里尼最初是一个教师，但他终于耐不住寂寞而离开意大利到瑞士。在瑞士，他一边学习一边挣钱谋生，正是这个时期，他修了帕累托的课程。墨索里尼后因在工厂里煽动罢工而被驱逐出境。那时，他是一个极端的社会主义者，对马克思的阶级斗争学说十分欣赏。回到意大利后，他把办报作为一个较为固定的事业，曾创办了在当时颇有影响的几家报纸，鼓吹民族主义。1915年他入伍当兵，最后升为班长。1917年受伤后他又回到报纸编辑岗位。1919年，墨索里尼创建了第一个法西斯团体，最初，该团体的宗旨具有某些社会主义的特征，主张议会改革与普选，取消贵族爵位，实行八小时工作制，工人参与企业管理，发展了大批成员，多为退役军官、失意青年、破产的小企业主、失业人口。1920年，他转而放弃激进社会主义，接受了工业家的资助，并以武力破坏了1922年的罢工。两个月后，他成功领导了向罗马进军。国王决定任命他为总理。至1926年，通过一系列暴力措施，他确立起独裁者的地位，并使国家全面法西斯化。他作为独裁者统治意大利，一直到1943年被废黜。1945年同盟国在意大利获胜前不久，他和他的情妇一起被游击队员私刑处死。

墨索里尼的思想多变，事实上他并无严肃的政治思考，他的立场表现出极大的投机性，不过他也爱读马基雅维里和乔治·索列尔的书。索列尔是法国的工团主义理论家，著有《论暴力》。索列尔相信"非理性"的力量，主张创造神话，利用神话，团结民众，动员民众。索列尔曾说墨索里尼是他最有前途的一个学生。墨索里尼公开否定议会制民主，否定自由主义，他以意大利神话来号召民众，要求追随者"只管跟着感觉走，不要思考"（Feel, don't think!）[1]。他认为国家是绝对的，个人和各种团体是相对的。他把国家神化。他鼓吹战争，认为战争可使人类更高尚，战争是民族成长和扩张的手段。对个人来说，生命就是责任、斗争和征服，对国家来说也是如此。

美国学者H. 斯图尔特·休斯（H. Stuart Hughes）认为，法西斯主义

---

[1] Leon P. Baradat, *Political Ideologies: Their Origins and Impact*, New Jersey: Prentice-Hall, Inc., 2000, p. 247.

"是从中产阶级下层的挫折失意中产生的,很多过去的军人和不满现状的学生就是来自这个阶层。这个阶层的成员在战后的年代里有特殊的理由感到苦恼和焦虑。这些人既受到无产阶级化的威胁,又不愿与马克思主义者共命运,正在寻求一个能替他们鸣不平的新的政治运动"①。"一战"以后的社会主义运动,让欧洲各国的保守派惊慌。因为社会主义或共产主义政府意味着剥夺他们的财产。为应对共产主义,工业家谋求与法西斯政党的合作。"法西斯政党和企业主阶级——特别是大企业主——的利益之间的结合是法西斯政权实际上的主要特点。"② 法西斯政权是"穿着革命外衣的保守政权"③。

德国:从魏玛共和国到第三帝国

第一次世界大战爆发前二三十年,西方列强已展开军备竞赛。这是帝国主义时期,也是民族主义兴起的时期。战争的导火索是奥匈帝国哈布斯堡王朝的王储弗兰西斯·斐迪南大公爵夫妇被塞尔维亚的秘密组织刺杀。奥匈帝国与塞尔维亚的武装冲突,将英、德、法、俄、意诸国拖入了战争。德国满怀信心地参战,试图借机实现其宏伟目标,在西部改变边界线,在东部获得新空间,在波罗的海地区获取大片领土。战争的结果是,德国战败投降,德皇威廉二世退位,流亡至荷兰。政权被德意志帝国最后一个首相移交给社会民主党领袖弗里德里希·埃伯特。埃伯特在柏林组建了一个临时政府。

由于战败,德国失去了大片领土,国民的民族自尊心受到极大的伤害。法国人想彻底摧毁德国,只因英美出于抵制俄国共产主义,主张保留德国,德国才没有灭亡。此时俄国已发生"十月革命",列宁建立了布尔什维克政权。在德国,战后各地也出现了大量的"工人与士兵委员会",形式类似苏维埃。

然而德国的共产主义者并未成熟到足以建立一个新政府。他们策划的几次暴动很快遭到保守力量的镇压。德国当时的民意,大体是希望建立一个自由、民主、共和制的政府,布尔什维克主义道路并不受大众的欢迎。

1919年1月19日,国民议会选举开始。选举实行普选,年满20岁的男

---

① [美] H. 斯图尔特·休斯:《欧洲现代史》,陈少衡等译,商务印书馆1984年版,第305页。
② 同上书,第307页。
③ 同上。

女公民均有投票权,各政党按所获选票比例获得相应议席数。参选政党有 19 个。社会民主党得票最多,但并未得到绝对多数,于是社会民主党不得不与民主党、天主教中央党合作,组成联合政府。1919 年 2 月 6 日,国民议会在魏玛小城召开。国民会议派出代表,赴巴黎缔结《凡尔赛和约》;议会选举埃伯特为总统。至 8 月,宪法制定表决通过,这就是"魏玛宪法"。德国由此第一次进入自由民主政体时期。

根据"魏玛宪法",新的德国有参议院、众议院。参议院由来自各州的六十名议员组成。众议院则采用比例代表制,按照普选中各党所得票数,每六万人获得一个议席。每届国会议席数目跟投票人数有关,因而每次均有所不同。这一制度曾受到人们的谴责。"因为希特勒争取到新的投票人,把不爱出门投票的人弄到投票处去投票,从而使他的党在国会中的代表人数增加了,而同时其他政党的代表人数固定不变。"①

国会的作用未能很好地发挥,因为宪法设计者没有充分顾及德国政党政治的特点。事实上,政党制度破坏了国会的功能。各政党有自己严明的纪律,代表们几乎没有独立投票权,必须听从政党会议的决定。国会本是国民代表的会议,现在却成了各政党代表的会议。极右的政党是德国国家社会主义工人党(即纳粹党),极左的政党是共产党,二者皆反对"魏玛宪法"的根本主旨——自由民主宪政。当二者联合起来胜过中间派政党时,国会便失去了其在联合政府中的作用。② 自由民主政体也变得岌岌可危。

依据"魏玛宪法",德国的总统由人民直选,《宪法》第 53 条规定:"总理以及由总理推荐的中央政府部长,必须由德国总统任免";第 48 条规定,总统在紧急状态下有特别的专断权,可以发布紧急命令,不必经过国会的同意。这项专断权在魏玛宪政时期,总统曾运用了上百次。因为国会因政党政治的肢解,无法配合政府的工作。结果是要么国会对政府投不信任票,要么是政府解散国会。德国的政体名为议会制,但过渡到总统制,则不费吹灰之力。

魏玛共和国的最不利因素在于它与《凡尔赛和约》的联系。新成立的共和国不得不承担德意志帝国战败带来的沉重负担。德国人的民族情感自拿破仑战争时期便开始形成。1871 年,法国史学家约瑟夫·恩斯特·瑞南(Jo-

---

① [美]C. E. 布莱克、E. C. 赫尔姆赖克:《二十世纪欧洲史》,山东大学外文系英语翻译组译,人民出版社 1984 年版,第 287 页。
② 同上书,第 287—288 页。

seph Ernest Renan）曾说欧洲人的关怀持续在社会问题与民族问题二者间切换，他称法国受社会问题的支配，德国人则受民族情感的支配。① "一战"战败，给德国民众的民族心理带来了巨大的创伤。在此种氛围中，德国民众对自由民主的兴趣远不及在国际舞台上出口恶气、摆脱屈辱地位的冲动。

图 58　讽刺魏玛共和国的漫画

"一战"是欧洲诸国之间的旧式战争，并不掺有意识形态色彩，也上升不到各国政体及生活方式之间的斗争。战争的副产品是俄国的"十月革命"，它影响了欧洲共产主义运动的发展，使共产主义运动与无产阶级专政联系在了一起。在"一战"于1918年11月结束时，欧洲诸国皆有革命的迹象。俄国布尔什维克的胜利多少具有激励的作用。在德国南部的巴伐利亚，一个类似布尔什维克的政权存在了很短的一段时间。在柏林，激进左派鼓动成立苏维埃共和国。德国共产党在1919—1923年几次试图夺权。1919年1月，共

---

① See Raymond Aron, *The Dawn of Universal History: Selected Essays from a Witness of the Twentieth Century*, translated by Barbara Bray, edited by Yair Reiner, New York: Basic Books, 2002, p. 187.

产党的行动被镇压后,革命领袖罗莎·卢森堡女士丧生。1923年,在希特勒第一次暴动前一个月,德国共产党仍进行了一次夺权的努力。[①] 1925年,"一战"中走出的元帅兴登堡当选为魏玛共和国总统。

1929年10月末,经济危机爆发,很快席卷欧洲。危机导致德国失业人口猛增。至1932年,德国失业人口有600多万,占人口总数的近一半。1930年3月30日,天主教中央党的议会领袖海因里希·布鲁宁任总理。由于得不到国会多数的支持,他就利用"魏玛宪法"第48条的规定,宣布状态"紧急",发布命令进行统治。这种紧急命令,1930年颁发5次;1931年颁发44次;1932年颁发66次。1932年3—4月举行新一届总统选举,兴登堡总统第一届任期已满。共有四个候选人:兴登堡、希特勒、杜斯特堡、恩斯特·台尔曼。第一轮投票中没有一个人得票过多数,于是进行第二轮投票,这时杜斯特堡退出,在余下三人的角逐中,年届85岁的兴登堡获胜,继任总统。

1932年5月30日,布鲁宁下台。6月2日,弗朗士·冯·巴本(Franz von Papen)继任总理。巴本才智平庸,却充满热情,他与兴登堡总统曾在一个团服役。巴本原是天主教中央党党员,任总理后退出了该党。巴本以防止共产党暴动为由,违反宪法,撤销了普鲁士邦原来的议会制,让它直接接受柏林的控制。这样一来,自由民主政体的最后一个堡垒就没有了。1932年7月31日,新国会举行选举。纳粹党势力大增,获得230个议席。巴本由于得不到国会的支持,遂将国会解散。11月6日,国会重新举行选举,此次纳粹党丧失了200万票,希特勒情绪激动,说如果党崩溃了,他就用手枪自杀。[②] 巴本再次准备解散国会,但晚了一步,国会已经对政府投了不信任票。巴本仍希望得到兴登堡总统的支持。但兴登堡总统得到报告,说各地在酝酿革命,街头暴乱频繁。兴登堡遂要求施莱歇尔将军组阁。巴本下台,终成定局。

此时,魏玛共和国依然面临着被共产主义者推翻的危险。德国共产党致力于追求意识形态的纯洁,与社会民主党进行斗争,对纳粹党的活动,则毫不在意。1933年1月15日是卡尔·李卜克内西、卢森堡逝世纪念日,这一天,工人举行了游行。1月25日,柏林劳工统一战线游行。施莱歇尔被诬为"穿着军装的社会主义者"。巴本为了报复对手,重返政坛,便会见希特勒与

---

① [美] H. 斯图尔特·休斯:《欧洲现代史》,陈少衡等译,商务印书馆1984年版,第135页。
② [德] 维纳·洛赫:《德国史》,北京大学历史系世界近代现代史教研室译,生活·读书·新知三联书店1959年版,第469页。

兴登堡，准备倒阁。巴本许诺给希特勒两个部长职位，希特勒说，非总理不可，巴本可以当副总理。元帅出身的兴登堡总统十分不喜欢希特勒，但陆军将领中正好有人表示支持国家社会主义工人党，兴登堡虽一直认真地服务于共和国，并决心捍卫"魏玛宪法"，但他终归缺乏远见，也不能识人，以为让希特勒上台不影响大局，毕竟能组建一个得到国会多数支持的政府，关键时刻竟然松了口。1月28日，施莱歇尔下台。兴登堡同意让希特勒上台，巴本任副总理。巴本自以为能控制局面，跟人说他不过是雇用了希特勒先生。巴本的想法在当时很具有代表性，他们后来才意识到犯了大错：低估了希勒特的危害。鲁登道夫将军看出了其中的危险。他在给兴登堡总统的信中说："任命希特勒为总理，您已经把我们神圣的德意志祖国交给了历朝历代最大的政治煽动家之一的手中。我敢预言，这个恶棍将把我们的国家抛进深渊，使我们的民族遭受难以想象的痛楚。您将因为自己的这一行为而遭到未来子孙们的诅咒。"[①]

德国国家社会主义工人党，自命为要追求无私的、超党派的团结，要在德国历史上开辟新时代，建立第三帝国，建立千年帝国。

庸人希特勒的"奋斗"

希特勒1889年出生于奥地利一个天主教家庭，其父亲是一个海关小职员。中学毕业后，他去了维也纳。1907年与1908年，希勒特在维也纳两次参加美术考试，皆未通过。1907年，他的母亲去世，之前几年，他的父亲已经去世。他成了一个孤儿，夏天在公园的长凳上睡觉，冬天去慈善组织提供的收容所。希特勒说："维也纳对许多人来说代表着无忧无虑的快乐，是享乐的天堂，但对我来说，它只留给我对一生中最悲哀时光的生动记忆。"[②] 后来，希特勒为逃避服兵役，离开维也纳去了慕尼黑。"一战"时期，他参军入伍。战争结束后，1919—1920年，他在国防军第四指挥部通讯部门工作，这段时期，希特勒深受其上司的影响，接受了反犹主义。[③]

---

① [加] 马丁·基钦：《剑桥插图德国史》，赵辉、徐芳译，世界知识出版社2005年版，第245页。
② [德] 克劳斯·费舍尔：《纳粹德国：一部新的历史》，萧韶工作室译，江苏人民出版社2005年版，第107页。
③ [德] 汉斯·莫姆森：《希特勒与20世纪德国》，赵涟译，社会科学文献出版社2013年版，第69页。

图 59　希特勒

　　1919 年，他加入了德国国家社会主义工人党，迅速成为党的首领。他被宣传为"未来德国的墨索里尼"。在党的塑造下，国家社会主义成了政治宗教，希特勒成了救世主。1925 年，该党重组，清除了异己；1926 年，希特勒争取到了宣传家约瑟夫·戈培尔等人的支持。

　　戈培尔（1897—1945）出身于天主教中产阶级家庭，但他并不信天主教。1922 年，戈培尔获海德堡大学博士学位。20 年代，他成了失业大军的一员。戈培尔是个演说高手。作为纳粹党的重要成员，初时他看不上希特勒，甚至提议将希特勒开除出党，但后来，他改变了想法，决定追随希特勒。有一天，他在听完希勒特的长篇演说后称："十分成功，它使人失去了自我。我们的心靠得越来越近了。我们提问，他做出精彩的回答。我爱他。……他是一个真正的男人，有着睿智的头脑，他可能是我的领袖。我向他的伟大和政治天才致敬。"①

1923年，法国与比利时出兵占领了德国的鲁尔工业区。鲁尔被占激起了德国人的强烈反感。政府采取消极抵抗政策，却恶化了德国的经济。是年11月，希特勒在慕尼黑策划了啤酒馆暴动，旋即被警察驱散。两天后，希特勒被捕入狱。至此，德国进入了政局稳定的时期，直到30年代末。希特勒在狱中写出了《我的奋斗》。该书第一卷于1925年出版，当时并无轰动，但销量稳步增长，至1933年，《我的奋斗》销量达100万册，到1940年，则达600万册，俨然已成纳粹运动的"圣经"。不过，希勒特上台后曾表示，《我的奋斗》很多内容是过时的，他甚至后悔在里面提出了很多具体的主张。②他实际上经常采取实用主义的态度去考虑政策，这便与《我的奋斗》中的不少信条相冲突。

1924年希特勒出狱后，改变了过去政治鼓动的做法，决心把党改组成一个有组织、有纪律、严格执行领袖意志的政党。

1929年"大萧条"来临时，失业为纳粹组织"冲锋队"提供了人员。他们穿着褐色衬衫，在"一战"退伍老兵的带领下在街头游荡，其生活则靠纳粹党发的津贴。1933年，希特勒得到工业家、银行家的经济支持，纳粹党度过了经费匮乏的困难关头。希特勒则答应维持对德国工业的不干涉政策。直至第三帝国覆灭，希特勒都信守了这个承诺。③

克劳斯·费舍尔认为："对希特勒进行心理学研究是必要的，因为他不是一个正常的人。希特勒的恐惧、变态和非理性是不能从对纳粹时代的历史记录中抹去的，因为它们后来成了公共政策。"④ 有学者称，希特勒"是一个流浪汉和梦想家。他的思想上带有精神变态的痕迹；就像他自己说的'像一个梦游者一样'追随着自己的政治本能冲动，当他演说到意气高扬的时刻，他的行为就像处于精神恍惚状态"⑤。希特勒的中学老师爱德华德·胡梅尔在1924年如此评价希特勒："我能够清晰地回忆起这个憔悴的、脸色苍白

---

① [德]克劳斯·费舍尔：《纳粹德国：一部新的历史》，萧韶工作室译，江苏人民出版社2005年版，第259页。
② [德]阿尔贝特·施佩尔：《第三帝国内幕——阿尔贝特·施佩尔回忆录》，邓蜀生等译，生活·读书·新知三联书店1982年版，第125页。
③ [美]H. 斯图尔特·休斯：《欧洲现代史》，陈少衡等译，商务印书馆1984年版，第294页。
④ [德]克劳斯·费舍尔：《纳粹德国：一部新的历史》，萧韶工作室译，江苏人民出版社2005年版，第97页。
⑤ [美]H. 斯图尔特·休斯：《欧洲现代史》，陈少衡等译，商务印书馆1984年版，第291页。

的年轻人。他颇具天分，但是只显示在狭小的领域当中。他缺少自我约束，特别爱争吵，任性、傲慢，容易发怒。他对学校的生活难以适应。另外，他十分懒散。以他的天赋，他应该能够做得非常好。但是他对艰苦工作的热情很快就消散了。他对建议或者批评有着难以掩饰的敌意。同时，他要求同学们对他表示臣服，把自己幻想为一个领袖。"①

希特勒喜爱阅读，朋友说他的房间里书总是堆得很高。书是他的整个世界。②他读过叔本华、尼采、席勒、莱辛或易卜生。希特勒谈问题时，常以自己的方式对专业知识作庸俗、简单的处理，满足于一知半解，并对专家意见横加指责，如同乡下农妇在数学家面前卖弄算术水平一般。③"'业余行家'作风是希特勒的显著特点之一。他从来没有学通过一门专业，在所有的工作领域中，他基本上始终是一个门外汉。就像许多自学者那样，他分不清什么是真正的专业知识。"④

希勒特不是韦伯所呼唤的具有宏伟抱负和远见卓识的政治家。沃格林的研究指出，希特勒的特点是平庸、缺乏教养、固执、充满市侩气。据他身边的将军回忆，希勒特有一次模仿巴伐利亚农民，惟妙惟肖，令人感到低级和无趣。据说他深蓝色的眼睛很能勾人魂魄，然而他的这种魔力，只对某些特定的人群有效。这特定的人群，就是心智不健全或完全没有自己思想的人。沃格林说："不太有头脑的漂亮女人，或者小人，在感觉到被这样的伟人凝视的时候，就会慑服于他的魅力。其他稍有一些理智的……就会感到厌恶。"⑤他的演说魅力，也只有特定的人群能为之激动。法国知识分子雷蒙·阿隆当时在德国学习，曾几次听过希勒特的演说。他说："听他演说，我便毛骨悚然。他的嗓门能够叫某些人着魔，而我却一听就难受，几乎听不下去。我讨厌透了他那种伧俗粗野的语言。瞧着几百万德国人欢欣鼓舞，我只是目瞪口呆。希特勒浑身杀气腾腾，真是罪恶的化身，对我来说，他就是战争。"⑥

---

① 转引自［德］克劳斯·费舍尔《纳粹德国：一部新的历史》，萧韶工作室译，江苏人民出版社2005年版，第99—100页。
② ［德］克劳斯·费舍尔：《纳粹德国：一部新的历史》，萧韶工作室译，江苏人民出版社2005年版，第100页。
③ ［美］埃里克·沃格林：《希特勒与德国人》，张新樟译，上海三联书店2015年版，第151页。
④ ［德］阿尔贝特·施佩尔：《第三帝国内幕——阿尔贝特·施佩尔回忆录》，邓蜀生等译，生活·读书·新知三联书店1982年版，第236页。
⑤ ［美］埃里克·沃格林：《希特勒与德国人》，张新樟译，上海三联书店2015年版，第147页。
⑥ ［法］雷蒙·阿隆：《雷蒙·阿隆回忆录：五十年的政治反思》，杨祖功等译，新星出版社2006年版，第53页。

希特勒激烈反对马克思主义,但他从不讳言从马克思主义者那里有所学习。1925年,希特勒在斯图加特举行的一次演讲中说:"马克思主义至少拥有一种世界观,我们必须提出一种民族的世界观与之针锋相对。"① 他认为,德国人应共享一种世界观,无论他是农民、家庭主妇,还是大学教授。

制造谎言,是希勒特惯用的一个宣传手段。他在《我的奋斗》中说:

> 谎撒得越大,就多少总有一些东西会得到人们相信,因为广大人民群众受大谎的骗比受小谎的骗更容易……他们根本想象不到这样的大谎,他们不会相信世界上竟会有如此无耻透顶歪曲事实的大骗局,甚至在说破了之后,他们还要怀疑犹豫,觉得至少总是无风不起浪吧;所以就是撒最无耻的谎,到头来总可以捞到一些令人将信将疑的东西。②

希特勒认为,生活是永恒斗争,要生存就要战斗,于个人于民族都是如此。他信奉"强权即公理"。他说:"在上帝和全世界面前都只有强者才有权贯彻自己的意志。历史证明:没有力量的人,就不能得到什么权利。"③

希勒特相信,为了未来的最终胜利,今天做出的任何牺牲都是必要的。他说:"为了土地,为了有朝一日德国农民在这些土地上生育体魄强大的儿女,就是让今天的子弟遭受牺牲也是可以的;而对此事负责的国家领导人即使在今天被追究有鱼肉人民的血腥罪行,但是有朝一日也会被宣告无罪。"④ 这让人想起马基雅维里主义的逻辑,也让人想起黑格尔的话:在伟大人物创造历史的时候,路边的花花草草被践踏,情有可原。

希特勒还宣扬骇人听闻的"生存空间论"(这当然并非希特勒的原创,之前德国的学术界,已经有人提出)。他认为,德国是一个缺乏生存空间的民族,必须向外扩充领土。他最喜欢的就是站在欧洲地图面前,用笔标出他要吞并的他国领土。他宣称:"要用德国的剑使德国的犁有土可耕,使德国人民有饭可吃。"⑤ "鲜血与土地"(blood and soil),成为纳粹德国时期的

---

① 转引自[美]汉斯·斯鲁格《海德格尔的危机——纳粹德国的哲学与政治》,赵剑等译,北京出版社2015年版,第280页。
② [德]维纳·洛赫:《德国史》,北京大学历史系世界近代现代史教研室译,生活·读书·新知三联书店1959年版,第490页。
③ 同上书,第517页。
④ 同上书,第518页。
⑤ 同上。

口号。

希特勒喜欢讲"意志"。他经常对他的部下说:"我当初是赤手空拳起家的,当初我只是世界大战中的一个无名小卒,在所有看来比我更加命该当领导的人都失败以后,我才开始我的事业。我的本钱就是我的意志,我已经奋斗过来了。我的全部生活历程证明我是从来不曾投降过。各项战时任务都必须完成。我重复说一遍,'不可能'这个词对我来说是不存在的。"①

希特勒生活简朴,他吃素食,喝廉价的葡萄酒和矿泉水。他邀请政要或朋友参与他的午餐,菜品和酒水从不丰盛,以至于有人很不愿意去参加,也有人偷偷地自带午餐过去。与他走得最近的帝国高官之一、希特勒十分欣赏的建筑师朋友阿尔贝特·施佩尔(Albert Speer,1905—1981)回忆说:"有一天,赫尔戈兰渔民送给他一只大龙虾。当这种海味端上桌时,客人们都兴高采烈,但是希勒特却讲了些不赞成的话,说大嚼这种奇形怪状的庞然大物是人类的一桩荒谬事。他还要禁止这种奢侈的享受。"②战争爆发后,特别是战争进入艰难的时期时,希特勒撤换了弹簧椅子,菜品更加少了,他滴酒不沾,带头节约。施佩尔如此描述希特勒:"希特勒毫无幽默感。他让别人互相开玩笑,自己在一旁哈哈大笑,不加节制,甚至当真笑得直不起腰来。他常常在这般狂笑时用手抹掉眼里的泪水。他爱笑,但总是牺牲别人作他的笑料。"③"他的性格极其矛盾,既是一个充分认识到自己责任的人,又是一个无情的、敌视人类的虚无主义者。"④

希特勒并不贪恋权力。希特勒曾一再表示战争结束、他的任务完成后,他就要隐退。⑤并且,他已经确定好了他的接班人。

独享政治剩余价值

希特勒借着自由民主政体的缝隙上台后,立刻破坏了这个体制,使魏玛民主的形式也不复存在。共产主义者一直鼓动无产阶级革命,推翻政府,希特勒上台后,为了维持稳定,禁止共产党活动。

---

① [德]阿尔贝特·施佩尔:《第三帝国内幕——阿尔贝特·施佩尔回忆录》,邓蜀生等译,生活·读书·新知三联书店1982年版,第228页。
② 同上书,第121—122页。
③ 同上书,第127页。
④ 同上书,第170页。
⑤ 同上书,第308页。

1933年2月1日，希特勒政府发布了第一个文告，号召德国人民要重新争取自由，保卫自己的生存权利。① 2月4日，政府发布新闻紧急法令，规定批评政府一律要受罚，共产党的报纸杂志被查封。设立集中营，关押共产党、社会民主党、工会干部、犹太人。为了掩盖这种行径的罪恶性质，当局称为"保护性逮捕"。②

2月27日，国会大厦被人纵火焚烧。希特勒政府认定这是共产党起事的信号，诬其为共产党的阴谋。国会纵火案发生后，总统发布"保卫人民和国家的法令"，取消了新闻自由、结社自由、意见自由、通信自由，并将颠覆国家政权、纵火罪由无期变成死刑。这样，希特勒就可以"依法"打击"敌人"了。

1933年3月3日举行国会选举，国家社会主义工人党在国会中所占议席最多，但并不能取得议会中的多数。希勒特与天主教中央党谈判，承诺将与梵蒂冈缔约，以换取该党的支持。对于共产党，则逮捕其领袖台尔曼，并将其81个议席全部据为己有。这样，国会便成了支持希勒特的国会，只有社会民主党是反对派。1933年3月23日，国会讨论授权法案（the Enabling Act），即"保卫人民与国家法"，它被称作第三帝国的基本法，它赋予政府在四年内用法令进行统治、不必取得议会同意而制定法律的权力，此外，还包括与外国缔约的权力。这个法案等于把国会的权力完全放弃，让"魏玛宪法"成为一纸空文。第二天表决，社会民主党只当该法案是针对共产党的措施，也投了赞成票，历史发展中偶然性因素常常左右大局，正好一些坚决反对希特勒的议员那天有事，没有参会，结果535名议员，411人投票赞成该法案，符合魏玛宪法规定的三分之二多数出席、出席者三分之二同意可以修改宪法的规定。希特勒就这样，取得了国会的多数支持，使其权力稳固下来。授权法案有效期为四年。四年后，授权法案又延了两次。

巴本与社会民主党人想利用希特勒，反受其害。天主教中央党为一党之私考虑支持希特勒，不久该党也被取缔；7月，社会民主党财产被没收，党员活动被禁止。第二年，德意志全境，除纳粹党外，其他政党都被禁止活动。反自由民主的政党，利用自由民主的程序，获得了权力，随即关上了身

---

① ［德］维纳·洛赫：《德国史》，北京大学历史系世界近代现代史教研室译，生活·读书·新知三联书店1959年版，第486页。
② 同上书，第488页。

后的大门，独享政治的"剩余价值"①（卡尔·施米特语）。

而希特勒推行的"一体化"（Gleichschaltung），不过是使德国纳粹化。工厂里的自由工会被取消，代之以纳粹控制的德国工人阵线。工人不再允许自发游行罢工，工作必须服从国家的调动，工厂内实行领袖原则。建立全国农会，强制农民参加。农民禁止流入城市。

恩斯特·罗姆是国家社会主义工人党的二号人物，掌管着冲锋队。他不满意于希特勒停止革命、放弃国家社会主义理念的做法，要求"不忘初心"，把革命向前推进。希特勒认为，冲锋队的乌合之众，夺权前街头闹事还可以，打仗就不行了。1934年夏，希特勒发动了对冲锋队的清洗，罗姆被捕。"党卫军"的势力开始发展起来，其恐怖行径，比冲锋队更甚。党卫军身穿黑色制服，被训练得忠于元首，只知道服从。不久，87岁高龄的兴登堡总统去世。希特勒遂将总统与总理的权力集中到他一人身上。这项决议竟得到了90%的德国人民在公民投票中的支持。② 说德国人民选择了希特勒，一点儿不假。

《纽伦堡法》、集中营与犹太人问题的"最后解决"

犹太人受歧视由来已久。在德国与波兰边境的有些地区，犹太人买羊肉只能买前腿，后腿是留给基督徒的。砖厂的砖卖给犹太人也要更贵一些。③

反犹主义与种族主义联系在一起，它是意识形态的产物。反犹主义绝不止于排斥、歧视犹太人，而是疯狂地叫嚣要让犹太人从地球上消失。纳粹党在20年代初开始活动时，就以反犹为己任。纳粹党党章第4条写道：任何犹太人不得被看作同胞。第19条提出，要用集体主义的日耳曼法取代个人主义的罗马法，因为后者是为犹太唯物主义服务的。纳粹炮制了一种阴谋论，它宣称德国的经济困难是犹太人在作祟，犹太人是劣等民族，应像消灭臭虫一样把他们消灭，割礼要割到脖子上；优等的人是德意志人，他们身材高大、白皮肤、金发碧眼，这种优秀的雅利安人血统有被犹太人污染的危险。纳粹时期的教科书中，有一首诗的名字就是"犹太人的父亲是魔鬼"。

---

① 参见［德］卡尔·施米特《政治的概念》，刘宗坤译，上海人民出版社2003年版，第275页。
② ［美］H. 斯图尔特·休斯：《欧洲现代史》，陈少衡等译，商务印书馆1984年版，第296页。
③ ［德］弗·梅林：《德国社会民主党史》第一卷，青载繁译，生活·读书·新知三联书店1963年版，第137页。

儿童读物《有毒的蘑菇》，则把犹太人比喻成外观具有迷惑性的毒蘑菇。①

希特勒在《我的奋斗》中毫无根据地说："今天不是王孙贵族就国家的边界进行讨价还价，而是无情的犹太人想要统治国家。一个国家只有用利剑才能把这只卡脖子的手斩断。"他把"一战"德国战败的责任，归结到犹太人头上。他露骨地说："如果在一战开始及战争时期把腐化人民的12000名或15000名犹太人放到毒气室杀死，几百万德国人就可以免于一死。"②

第三帝国时期的德国人折磨犹太人，花样繁多，令人瞠目。例如，德国士兵强迫犹太老人跳快节奏的舞，跟不上节奏就用火烧老人的胡须；强迫犹太人与玩具熊跳舞，然后枪杀他们；让犹太人钻洞，当街往犹太人头上撒尿；焚烧犹太人教堂，里面的人被反锁在内，活活烧死；让犹太人在寒冷的户外睡觉，挨饿受冻；放狗咬犹太人。强迫犹太人在集中营做无意义的劳动，也是一种折磨。例如，他们要求犹太人砌墙，然后第二天拆掉重砌。因为犹太人被反犹分子宣传为不劳而获的人，所以劳动对他们来说，就是惩罚。德国士兵还发明了一个投苹果游戏：拿苹果往犹太人群里砸，被砸中的人就拉出去枪毙，没有苹果，就用啤酒瓶代替。

反犹最初是群众的自发行为，后来便有了法律依据。1933年4月1日，纳粹政府颁布法令，禁止犹太人经商，不久，又颁布《公共服务法》，禁止"非雅利安后裔"在公共部门任职。在1933年至1934年的"一体化"过程中，犹太人从教育、娱乐、艺术、记者、证券交易等领域被清理出去。犹太人医生不能在国家医保范围内给人看病，运动员俱乐部也要提供雅利安后裔证明。③

1935年，"纽伦堡法"进一步剥夺了犹太人的权利。"纽伦堡法"包括《帝国公民法》和《保护德国人血统与荣誉法》。《帝国公民法》把犹太人贬为没有任何政治权利的人，依据此法，犹太人不能自称为"德国人"，德国犹太人要改称"在德国的犹太人"。犹太人不允许展示德国国旗，不允许行"希特勒万岁"的举手礼。《保护德国人血统与荣誉法》是赤裸裸的种族主义法令，该法禁止雅利安人与非雅利安人结婚、发生性关系。它主要针对犹

---

① [美] 丹尼尔·乔纳·戈德哈根：《希特勒的志愿行刑者》，贾宗谊译，新华出版社1998年版，第11、222页。
② 转引自 [美] 丹尼尔·乔纳·戈德哈根《希特勒的志愿行刑者》，贾宗谊译，新华出版社1998年版，第11页。
③ Roderick Stackelberg, *Hitler's Germany: Origins, Interpretations, Legacies*, London and New York: Routledge, 2009, pp. 176–177.

太人，后来也延伸至吉普赛人、黑人等。依据"纽伦堡法"，曾祖父母中有三人是犹太人的，均为犹太人。"纽伦堡法"创造了一个新的罪名——种族污染（Rassenschande）罪。需要记住的事实是，"纽伦堡法"深受广大德国人的欢迎。至1938年，政府实际上已把犹太人从德国政治文化生活中彻底清除。

犹太人被剥夺了几乎所有的权利。犹太人不再是德国公民，仅仅作为犹太人而存在。在德国以及德国占领的地区，犹太人必须交出财产及贵重物品。犹太人不允许拥有钻戒、耳环、金手镯、项链及手表；不准养狗；更令人难以忍受的是，犹太人上街要佩戴黄色六角形大卫星章，以与他人区别。佩戴后陌生人就会冲他们吐唾沫、谩骂。犹太人不准坐电车，买东西必须在特定的时间用购物券。只能到犹太人开的理发店理发。禁止犹太人上歌剧院、影院或运动场。不允许他们坐在公园的长椅上，不允许他们在公园划船；晚8点以后禁止在朋友家中。

纳粹打着"向东方移民"的旗号，把犹太人一火车一火车地装起来，骗进了集中营。集中营由海因里希·希姆莱领导的党卫队及秘密警察控制，除了折磨人，并无经济上的意义。① 集中营是一个封闭的场所，外围是铁丝网。进了集中营，人便与社会失去了联系。德国人建了上万集中营，主要分布在东欧，在波兰就有5800个，德国本土也有大批集中营。奥斯维辛集中营的铁门上写着："通过工作获得自由。"它建造于1940年，是波兰南部奥斯维辛市附近40多个集中营的总称。"二战"期间，约有110万人在那里被杀害。仅1944年夏，那里就处死了40万匈牙利犹太人。

从集中营犹太人身上扒下的衣服、眼镜、包、鞋、假肢、女人假发都被纳粹拿到德国做"慈善"，分发给居民。德国居民知道其来历，却照样使用。② 犹太人尸体上的金牙、戒指都被拿走，他们的油被拿去做肥皂，骨头被拿去生产磷肥。

犹太人被送到集中营后，不论男女老幼，皆被要求脱光身体，按身体状况分类，老弱病残、身材太瘦太胖的、身上有疤痕的，直接进毒气室。他们被骗说去"淋浴"，为了不让受害者起疑心，每人还先发一块肥皂，但"浴室"莲蓬头放出的不是水，而是毒气。毒气室旁边便是焚尸炉，尸体便在那

---

① ［美］H. 斯图尔特·休斯：《欧洲现代史》，陈少衡等译，商务印书馆1984年版，第310页。
② ［澳］奥尔住·霍拉克：《从奥斯威辛集中营到澳大利亚——一位纳粹大屠杀幸存者的记忆》，高山译，人民邮电出版社2010年版，第42页。

里烧掉。毒气室和焚尸炉里的工作人员，是投靠纳粹的犹太人。

留下的人要剃光头，穿囚衣，在胳膊上烙上或印上编号。囚室里拥挤不堪。墙上写着"尊敬长官！""囚室是我家，卫生靠大家！""劳动使你解放！""手拿帽子走遍天下，进屋请脱帽！"等标语。有的囚徒身体太弱，大小便只能在床上解决，有的患有痢疾，几分钟就要泄泻一次，加上人多桶少，排泄物溢出桶来，满地都是，囚室总是臭气熏天，环境极其恶劣。有的人只能用饭盆当便盆。在集中营里，还会发生鞋子被偷的事件。白天，他们还要在机枪的威胁下劳动。不过纳粹的文娱工作做得很好。集中营囚犯早上出工，晚上收工，不仅列队，还总有乐队演奏进行曲。犹太人为何鲜有反抗，机枪说明了部分问题。党卫军直接告诉他们："犹太人最多可以活一个月，其他人最多可以活3个月。你们想离开这个地方，那只有一条路，就是从焚尸场的大烟囱中飞上天。"①

集中营里的军警，被称作"骷髅队"。集中营为了防止妇女行经导致各种问题，在食物中添加了溴化物，妇女食用后，月事便停止了。柏林派去的舒曼教授以X光给妇女做绝育手术。照射的几分钟，犯人痛苦得直叫。数千人接受了这种手术。纳粹还准备在战争胜利后给某些民族的妇女做这种手术。②集中营里的警卫还曾诱骗一个10岁的犹太儿童，训练其开枪杀犹太人玩。

在集中营里，死亡是每天都会发生的事情。虱子肆虐，疫病流行，每天都有一车车的尸体拉出去。集中营幸存者被盟军发现时，十来岁的少女，看上去就像六十岁一样。

1942年，是德国历史上最阴暗的一年。这一年，希特勒决定"最终解决"犹太人问题。所谓"最终解决"，就是肉体消灭。

绝大多数德国人没有机会或者很少有机会接触到犹太人。他们主要是通过反犹主义的文章、漫画、演讲认识犹太人的。他们对犹太人的折磨、屠杀，都是自愿的。屠杀犹太人要招聘工作人员，应聘者总是超过需要的人数。③在这些罪恶的活动中，"德国人是心甘情愿的参与者"④。

---

① [澳]奥尔佳·霍拉克：《从奥斯威辛集中营到澳大利亚——一位纳粹大屠杀幸存者的记忆》，高山译，人民邮电出版社2010年版，第49页。
② [捷]奥托·克劳乌斯、艾利希·库卡尔：《死亡工厂》，白林、魏友编译，重庆出版社1983年版，第51页。
③ [美]丹尼尔·乔纳·戈德哈根：《希特勒的志愿行刑者》，贾宗谊译，新华出版社1998年版，第76页。
④ [德]克劳斯·费舍尔：《纳粹德国：一部新的历史》，萧韶工作室译，江苏人民出版社2005年版，第440页。

犹太人受迫害时，英美等民主国家并未很好地予以帮助。"当满载着犹太人的船只由于不准停泊从一个港口转到另一个港口时，犹太人就像昆虫一样被人驱赶。"① 当纳粹德国的希姆莱提出用几百万名犹太人交换卡车时，盟国拒绝了。丘吉尔与罗斯福均不愿为挽救犹太人、反对大屠杀公开发声。他们为联合苏联对抗德国，对大屠杀一直三缄其口。② 美国到1943年总算向犹太人伸出了援助之手。英国拒绝给犹太难民颁发护照，理由是他们来自敌占区，会对英国的安全构成威胁。

妇女回归家庭与教会对纳粹的抵制

布鲁宁政府、施莱歇尔政府奉行的都是凯恩斯主义。纳粹德国以更大的力度推行这一经济政策，由政府组织实施了大规模的军备与公共工程计划，提供了无数就业机会；又通过婚姻贷款政策，规定已婚妇女如回归到家庭生活中，放弃工作，便能获得1000马克贷款，而且，每出生一个孩子，这个贷款免还四分之一。这腾出了工作机会，又刺激了消费。该政策实施后，近40万名妇女辞去了工作。第二年新婚夫妻多出20万对。一些人为了表示对希特勒的感激，还将孩子取名为阿道尔夫。③ 另外，纳粹通过集中营关押了大批信奉共产主义的工人，又剥夺了无数犹太人的工作机会，所有这些措施，都极大地缓和甚至"解决"了失业问题。这使希特勒得到了工人的感谢。工业家也得到大批订单与高额利润。犹太人的财产被剥夺，也使纳粹党员大发横财。他们称这种掠夺为财产的"雅利安化"。④

希特勒上台前许诺保持天主教会的自由独立，1933年还与梵蒂冈签约，但不久即发起对教会的攻击。原因是天主教学校对青年的教育与希特勒青年团发生冲突。教皇对纳粹的种族主义进行谴责，亦无济于事。

对新教教会，希特勒则试图将之纳入国家之中。不少新教牧师抵制这种做法。有一个少数派甚至组织了"忏悔派"教会，反对纳粹，秘密警察将他们的领袖马丁·尼默勒及八百多个信徒关进了集中营。⑤

---

① [以]阿巴·埃班：《犹太史》，阎瑞松译，中国社会科学出版社1986年版，第377页。
② [法]雷蒙·阿隆：《介入的旁观者：雷蒙·阿隆访谈录》，杨祖功、海鹰译，吉林出版集团有限责任公司2013年版，第74—76页。
③ [德]托尔斯腾·克尔讷：《纳粹德国的兴亡》，李工真译，湖南人民出版社2005年版，第70页。
④ [美] H. 斯图尔特·休斯：《欧洲现代史》，陈少衡等译，商务印书馆1984年版，第299页。
⑤ 同上书，第301页。

总体而言，纳粹迫使教会就范的努力未能成功。教会保持着有限的自治。从这些教会人士中，产生出了一批反纳粹的力量。

为生存空间而战

希特勒一心想建立一个大德意志帝国，所谓争夺德国人的"生存空间"，要让德国在世界政治舞台上大显身手。他掌握政权后，便开始将他的梦想付诸实施。他的手段是发动侵略性战争。《凡尔赛和约》早被撕毁。1938年，奥地利并入德国，俾斯麦时期即有的大德意志梦想如今实现了。希特勒进入奥地利时，人们夹道欢迎。1939年8月23日，希特勒与斯大林签订了苏德互不侵犯条约。1939年9月1日4点45分，德军突袭波兰，以"闪电战"占领波兰。之后，德国与苏联分别占领了波兰。接着，苏联进入爱沙尼亚、拉脱维亚、立陶宛。不久又进入芬兰，遭到芬兰人的抵抗，最终通过和约，斯大林获得了他需要的战略基地。1940年，德军征服了丹麦、挪威。不久，荷兰、比利时也遭到德军的侵略。6月，巴黎沦陷。希特勒又想象着英国屈服。在丘吉尔的领导下，英国人进行了顽强的抵抗，迫使希特勒东西两线同时作战。不久，南斯拉夫、希腊也遭到德军的侵略。

1941年6月，德军入侵苏联。英国多了一个盟友。半年后，美国也加入了与德国作战的行列。1942年，苏联在斯大林格勒发动反攻。1945年，在英、美、苏的联合抗击下，德国战败。同年4月30日，希特勒自杀。

希特勒在战争后期，已经完全脱离了现实。他的周围环绕着一批毫无远见的庸人。元首秘书博尔曼有意过滤了很多信息，以至于希勒特难以了解实情，或许根源还是他自以为是。因为真实的消息传来时，希特勒总是不愿意相信，说是敌人的宣传攻势，是要予以摒弃的失败主义论调，还说散布这种论调的人要进集中营。帝国政要施佩尔说：

> 回避现实本非国家社会主义制度固有的特征，但这种倾向与日俱增。在正常的社会环境中，回避现实的倾向可以通过周围的人们的开导，通过嘲笑和批评，乃至本人说话无人相信而得到纠正，可是，在第三帝国却不存在这种纠正的办法，尤其在上层人物中间是如此。自我欺骗总能得到证实，就像一个人，站在上下四壁都是镜子的房间里，在这些镜子里，我看到的总是我的脸，无数张一模一样的脸，不会看到别的异样的面孔，于是

自我欺骗就变成了一个梦幻世界，与严酷的现实世界毫不相干。①

"二战"造成巨大的经济损失和人员伤亡。战争导致的死亡人数，据估计，苏联有700万人；波兰有600万人；德国550万人战死，100万人在空袭中被炸死。纳粹大屠杀直接导致大批人丧生。欧洲960万犹太人中被杀的有600万（死亡人数约占全球犹太人的三分之一）。总计伤亡2700万。②

希特勒的男孩

要说德国民众长期生活在恐惧中，绝非事实。他们也绝不是受了希特勒及纳粹党的欺骗。第三帝国时期，普通德国人的生活自有其轻松的一面（犹太人除外），他们自愿献身于国家，响应元首的召唤。学者指出："希特勒了解德国人，进入他们心里最安全的道路就是唤起他们宗教的、浪漫的敏感性。在希特勒之前和之后，没有一个德国的政治家能够与民众建立如此亲密的感情关系。"③"大多数德国人感到纳粹政权比共和国甚至君主政权更加亲善。事实上，纳粹政权利用了民主的同志之爱；它以一种其他政权不曾有的方式触动了普通德国人。"④ 戈培尔坦言：在第三帝国，没有哪个德国人感到自己是一个属于自己的公民。⑤

纳粹设计了各种仪式，旨在摧毁个性，塑造对领袖的崇拜，强化对国家的服从，如行军方阵、群众集会、统一的制服、旗帜、公共纪念会、纳粹式敬礼、火把游行等。1935年，纳粹党举行纽伦堡大会，还邀请了外国知名人士参加观摩。纽伦堡大会场面宏大，参与者甚众。前来观摩的法国知识分子德里厄看了激动不已，他写道："到处回荡着一种雄浑有力的阳刚之气。"他的心在颤抖，在狂喜。⑥ 另一位法国知识分子罗贝尔·布拉西雅克描述说：

---

① ［德］阿尔贝特·施佩尔：《第三帝国内幕——阿尔贝特·施佩尔回忆录》，邓蜀生等译，生活·读书·新知三联书店1982年版，第308页。
② ［德］维纳·洛赫：《德国史》，北京大学历史系世界近代现代史教研室译，生活·读书·新知三联书店1959年版，第602页。
③ ［德］克劳斯·费舍尔：《纳粹德国：一部新的历史》，萧韶工作室译，江苏人民出版社2005年版，第434—435页。
④ 同上书，第439页。
⑤ 同上书，第435页。
⑥ 转引自［法］米歇尔·维诺克《法国知识分子的世纪·纪德时代》，孙桂荣、逸风译，江苏教育出版社2006年版，第110页。

"他们大声唱着,敲着鼓,哀悼死去的人,党的灵魂与民族的灵魂融合在一起,最后,大师成功地把这一庞大的人群酿造成一个人……"[1] 像法国大革命一样,纳粹对日历也进行了更改。1月30日是个纪念日,希特勒在这一天被任命为总理;2月24日,纳粹建党节;4月20日,元首生日;5月1日,工人休假日(德国工人第一次有自己的节日);11月9日,纪念1923年暴动失败。

纳粹还组织慈善活动,如冬季救济运动,救济失业和贫困人士。希特勒、戈培尔均参加了这一组织。德国劳工阵线的特殊机构"通过快乐获得力量"组织,开办夜校,给工人提供廉价的疗养、影视、旅行服务,其活动经费从工人工资中扣出。最受欢迎的活动是去加勒比海旅行,去阿尔卑斯山滑雪。

纳粹党人认为,谁控制了青年,谁就控制了未来。第三帝国绝不放弃对青少年的"教育"。这种教育,旨在培养国家社会主义接班人,培养"新人"。纳粹党有少年队与希特勒青年团(the Hitler Youth)。1933年希特勒刚上台时,加入青年团的有10万余人,至1939年已达887万。天主教青年团的成员拒绝加入希勒特青年团,但1939年初,天主教青年团被强行解散了。希勒特青年团的座右铭是"元首,下命令吧!我们服从。"青年团的活动具有半军事性质,团员们歌唱《升起我们的旗》《士兵扛起了枪》《展开鲜血染红的旗》等歌曲。女孩则加入"德国女孩联盟"(the League of German Girls)。

希特勒说,要把青年培养成"使全世界都望而生畏的青年。我需要看到的是具有强烈主动性、主人气概的、不胆怯的、残忍的青年。决不容许他们软弱和温和。我要从他们的眼睛里看出骄傲的神色和猛兽般独立的光辉"[2]。

学校全面清理意识形态上不过关的教师,特别是犹太人。97%的教师加入了国家社会主义教师联盟,近1/3的教师加入了纳粹党。[3] 大学校长不断被纳粹党员接替。哲学家海德格尔在1933年希特勒当权后,积极入党,并担任了弗莱堡大学的校长。他厚颜无耻地写道:"唯有元首才是当今和未来

---

[1] [法] 罗贝尔·布拉西雅克:《我们的战前》,1941。转引自 [法] 米歇尔·维诺克《法国知识分子的世纪·纪德时代》,孙桂荣、逸风译,江苏教育出版社2006年版,第111页。

[2] [德] 维纳·洛赫:《德国史》,北京大学历史系世界近代现代史教研室译,生活·读书·新知三联书店1959年版,第498页。

[3] Roderick Stackelberg, *Hitler's Germany: Origins, Interpretations, Legacies*, London and New York: Routledge, 2009, p. 160.

的现实与法律。"① 海德格尔在纳粹政权覆灭后，没有丝毫悔改，至死都不愿与纳粹划清界限，可见中毒之深。

纳粹教育重意志而非心灵，提倡对元首的绝对服从。希特勒认为，知识会败坏青年，理性思考是自由主义的、犹太人的诡计，意在瓦解德国人的民族意识、国家信仰。体育运动因为利于塑造强壮的人，被放在十分重要的位置。越野赛跑、足球、拳击尤其受青睐。电影《希特勒的男孩》中的主角便是一名拳击手，因其拳击技能出众而被选中，被推荐到国家政治教育学院（Napola, National Political Educational Institues）接受训练而成为纳粹精英。除国家政治教育学院外，培养纳粹接班人的专门学校还有希特勒学校、骑士团城堡。不过，高级干部并不把他们的孩子送到这样的学校去。②

希特勒不信任知识分子，他认为知识分子很危险。希特勒掌权后，不少知识分子纷纷逃离，但也有大量学者、艺术家选择留下来，甚至给新政权以祝福，担任新政权的重要职务。海德格尔与纳粹的合作就是著名的例子。但纳粹统治根本不需要真正的学术。

在纳粹德国，文化成了政治的婢女，"为艺术而艺术"遭到批判。帝国宣传部部长戈培尔称文化与政治是一回事。1933年5月10日，在戈培尔的现场指导下，发生了大学生焚书事件。一群穿制服的大学生代表在下林登大街集会，他们听完戈培尔的演说后，一起激情朗诵以表示对元首的忠诚，最后点火焚书。一霎时，大约五万册书籍和手稿，因为内容危险或者作者是犹太人，在熊熊烈火中化为灰烬。出版自由也完全不存在了。可以出版的书大体限于四个题材：战争、种族、土地和纳粹运动。戈培尔写的小说《米歇尔》（1929），是纳粹文学的典范。它包含了纳粹意识形态的典型议题，如"一战"时战壕中的同志之情、战后的混乱、具有钢铁意志的德国青年、血统论、种族、共产主义者与犹太人的腐蚀性权力、母性与家庭理想、以国家社会主义英雄式的生活方式抗击资产阶级堕落的生活方式。③ 不过，直到战争开始，几乎所有重要的外国报纸在德国都可以买到。人们在电影院里，仍

---

① ［美］汉斯·斯鲁格：《海德格尔的危机——纳粹德国的哲学与政治》，赵剑等译，北京出版社2015年版，第282页。
② ［德］阿尔贝特·施佩尔：《第三帝国内幕——阿尔贝特·施佩尔回忆录》，邓蜀生等译，生活·读书·新知三联书店1982年版，第126页。
③ ［德］克劳斯·费舍尔：《纳粹德国：一部新的历史》，萧韶工作室译，江苏人民出版社2005年版，第476页。

可以看到各种影片。①

1945年4月30日，希特勒在苏军进攻柏林、战争败局已定的情况下自杀。自杀前，他与他的情人举行了婚礼，并亲手杀死了她。戈培尔毒死自己的孩子后，也和他的妻子双双自杀。很快，德国投降，战争结束，第三帝国覆灭。戈林等纳粹政要，有的自杀，有的被俘拘禁，等候审判。

大屠杀带来理解上的困难

如何理解这段历史，如何理解纳粹主义，成为学界争论不休的话题，迄今尚分歧种种，没有定论。这些争论中，最核心的包括：（1）纳粹主义在政治的派别光谱中是左还是右，抑或二者都不是。有学者将纳粹主义与资本主义联系在一起，认为纳粹主义属于右派运动。也有学者看重魏玛时期"保守革命"与纳粹兴起的关系，认为纳粹是"民族重生"的一种形式。保守派学者则将纳粹看作大众民主的一种而予以批评。（2）纳粹主义是德国历史文化的特殊产物，还是具有普遍性的一种现象。前者被称作"德国例外论"（German Exceptionalism）。（3）它是对现代性的反动，还是现代性的极端表现形式，抑或二者兼具。②

欧洲左派知识分子通常把纳粹主义看作资本主义衰败阶段"孤注一掷"的表现，是资产阶级垂死挣扎的表现，是资本主义势力的仆从。如前面所提到的，德国共产党曾与纳粹党联手，击垮了德国社会民主党，从而给纳粹和平夺权提供了便利。德国共产党认为，纳粹会因无法逃避资本主义社会固有的矛盾而"自行消亡"，纳粹的破坏活动，恰好为共产主义革命开辟了道路。实践表明，这个预期是错误的。德共原以为是"螳螂捕蝉，黄雀在后"，可以当黄雀，没想到最后是唇亡齿寒，反受其害。而纳粹政府无论在夺权前，还是在夺权后，虽与工业家合作，却并不听从工业家的指挥。希特勒绝不是德国工业家的代理人，纳粹政府绝不是德国资产阶级管理自身事务的委员会。德国的工人阶级，大多支持纳粹。

英国学者柯尔（G. D. H. Cole）分析指出，纳粹最危险的性质是它的好

---

① ［德］托尔斯腾·克尔讷：《纳粹德国的兴亡》，李工真译，湖南人民出版社2005年版，第110页。
② Roderick Stackelberg, *Hitler's Germany: Origins, Interpretations, Legacies*, London and New York: Routledge, 2009, p. 4.

战动机。无论是其政党,还是其政权。德国纳粹主义"是一种迎合屈居人下者的狂暴情绪的咄咄逼人的民族主义的表现形式"。他认为,纳粹运动本质上是政治性质的,这就使得只是从经济层面看问题不能抓住其实质。纳粹主义起因于力图重振民族声威、战败复仇的情绪。纳粹利用了德国资本家,而不是德国资本家利用了纳粹。① 柯尔同时否定了纳粹作为"民族社会主义"与社会主义的关联,认为在希特勒清除罗姆后,即变成了"民族主义领袖",而不是"民族社会主义领袖"。②

事实上,希勒特之冷酷,纳粹暴行之极端,带来了实质性的理解与评价的困难。德国学者施朗说:"我们的后代也将一再重新思考这个可怕的人的恐怖历史,这个人决定德国命运有12年之久,把世界带入震荡有5年之久,因为没有惯用的概念和道德范畴能够理解这个完全独特的事件。"③ 利奥塔发问:"如果一场地震摧毁了一切测量工具,我们又该如何测量它的震级?"④

使纳粹政权带上罪恶性质的是疯狂的侵略战争、反犹主义、集中营、大屠杀。大屠杀引发了人们的深思。人们一直想弄清楚,从魏玛共和国到第三帝国,其间是否有可能中止这一"进程"?1933年之后,成功反抗的可能性有多大?当然,提出这一问题,首先必须假定人们已觉得有反抗政府的必要。然而,1933年,人们只知希特勒反犹,尽管恐怖气氛不难感受到,但并不能预料希特勒将考虑对犹太人采取"最终解决"(也就是屠杀)的方案。就算认清了纳粹政权的邪恶性质,以个人或小团体之力,反抗强大的政权,也是极为艰难。著名法学家卡尔·施米特在纽伦堡受审时就曾为自己在第三帝国时期的言行辩解说:生活在恐怖中的人,面临着道德的困境。发动内战、参与破坏、去当一个烈士,这些行为的作用是十分有限的。⑤ 第三帝国后期,德国高层内部发生了未成功的炸死希勒特的秘密行动,主谋就有卡尔·施米特的朋友。希勒特的朋友、战争与军备生产部部长施佩尔在后期也

---

① [英]G. D. H. 柯尔:《社会主义思想史(社会主义和法西斯主义)》第五卷,何光莱译,商务印书馆1997年版,第11页。
② 同上书,第60页。
③ [德]施朗:《解剖独裁者》,转引自[美]埃里克·沃格林《希特勒与德国人》,张新樟译,上海三联书店2015年版,第144页。
④ [德]克劳斯·费舍尔:《德国反犹史》,钱坤译,江苏人民出版社2007年版,第476页。
⑤ [美]约瑟夫·本德斯基:《卡尔·施米特:德意志国家的理论家》,陈伟、赵晨译,上海人民出版社2015年版,第265页。

策划过用毒气毒死希特勒,尽管终未有机会实施。后来,人们日常生活中也有各种不合作或反抗的情节。如何理解此种"反抗"的意义?面对史无前例的罪恶,帝国领导阶层、德国公务员、普通德国人,又该分别承担何种责任?

1938 年从德国逃离移居英国的塞巴斯蒂安·哈夫纳说:"在极权主义条件下表达对政府决定的摒弃或者与其保持距离的可能性接近于零。"① 更何况,纳粹政体是建立在大众性(popularity)及共识之上的,直至德国深陷战争泥潭,局面才稍有改变。这创造了一种氛围,其间对希特勒的任何反抗,从一开始,就缺乏广大民众的支持。② 1933 年希特勒上台后,除了穿制服的人突然多起来,多数德国民众的日常生活并未发生震荡。当时几乎所有的评论家都乐观地认为,希特勒执政使德国摆脱了 1933 年前的社会分裂状况。犹太复国主义运动的领袖魏兹曼说:"后人将遇到两个迷惑不解的问题:一是罪行本身,第二是世界对这种罪行的反应。"③

极权主义:对人的全面支配

"极权主义"(totalitarianism)是 20 世纪第一次世界大战之后出现的新词。它被用来描述人类社会中前所未有的新现象。"极权主义"原来是一个中性甚至带有褒义的词。当时的政党自称极权政党,运动自称极权运动,政府自称极权政府,并不觉得是一件羞耻之事。"极权主义"一词由意大利的新黑格尔主义者乔万尼·真蒂勒(Giovanni Gentile)发明并赋予其含义。真蒂勒担任过墨索里尼政府的教育部部长,自称为法西斯主义哲学家。墨索里尼在 1932 年也用过这一术语,在墨索里尼那里,极权主义所指已经十分清晰。墨索里尼说:"武装的政党带来极权政体……全方位统治一个新民族的政党,是历史中的一个新事实。"④ 意大利的马克思主义者葛兰西则将之用于描述共产主义运动。他在《现代君主》中以赞赏的语

---

① [英] 塞巴斯蒂安·哈夫纳:《论德国之双重性格》,转引自 [德] 汉斯·莫姆森《希特勒与 20 世纪德国》,赵涟译,社会科学文献出版社 2013 年版,第 120 页。
② Ian Kershaw, *The Nazi Dictatorship: Problems and Perspectives of Interpretation*, London: Edward Arnold, 1993, p. 178.
③ [以] 阿巴·埃班:《犹太史》,阎瑞松译,中国社会科学出版社 1986 年版,第 392 页。
④ 转引自 Jeffrey C. Isaac, *Arendt, Camus, and Modern Rebellion*, New Haven & London: Yale University Press, 1992, p. 39。

气写道，共产党将发动一场极权主义运动，凝聚民族意志，超越于国家而进入社会生活的一切领域。在德国，学者在20世纪30年代初也有类似的说法（例如总体国家）。1931年，卡尔·施米特即写了论文《通往总体国家之路》（*Die Wendung Zum Totalen Staat*），并对走向总体国家表示肯定，认为它宣告了19世纪国家与市民社会二分格局的破产，体现了20世纪政府发展的方向。①

1933年以后，随着不少欧洲知识分子遭到政治迫害而流亡，极权主义被用来指反自由、反民主的野蛮统治形式。它主要被用来指希特勒统治下的纳粹政权。②"二战"结束后"冷战"期间，"极权主义"一词被西方自由民主社会广泛使用，以描述非西方政权。不过，在政治标签流行的时代，也有不少学者严肃探讨极权主义的理论意涵，并由此展开对西方现代文明危机的深层次的思考。作为一种基于群众动员而建立的政体，极权主义意在实现对人的全面支配，使世间一切都符合被尊奉为科学、唯一真理的意识形态。极权主义的本质可从如下几个方面来理解。

（1）反文明的野蛮主义：极权主义不同于以往历史上曾经有过的暴政，它是一种全新的统治现象。因为极权主义不是为了人类中某部分人的利益，而是彻底地反对整个人类文明，反对一切人性。极权主义统治者最终也把自己纳入一个不属于自己的体系和过程，不能自已，直至最后的灭亡。极权统治者的行为，不是暴虐，而是野蛮，是人性中罪恶面肆无忌惮地发挥。极权主义的野蛮本质，体现在力图按照意识形态对人性进行改造，恐怖不是其统治的手段，而是其统治的本质。

（2）反制度的运动：极权主义者仇恨一切既有的制度，他们公开表示对现有法律体系的敌意，反对民族国家这一国际政治的基本前提。极权主义反对一切静态的制度约束，在本质上是一种运动，其根本特征在于它要持续不断地进行斗争，永远没有休止。"群众运动，运动群众。运动群众的人自己也被运动。地球在公转和自转，岂能不动？念念不忘你死我活。权力的天地只有拳头那么大，岂能人人都活？"③ 极权主义统治之维系，离开这种无休止

---

① ［德］卡尔·施米特：《宪法的守护者》，李君韬、苏慧婕译，商务印书馆2008年版，第122页。
② 1937年，托洛茨基在文章中曾有过"极权政体"的表述。1939年，托洛茨基曾写道，即将到来的战争若不能带来世界革命，将导致建立一个极权政体，以捍卫极权官僚集团的奴才们的利益，而这将意味着文明的毁灭。参见 Jeffrey C. Isaac, *Arendt, Camus, and Modern Rebellion*, New Haven & London: Yale University Press, 1992, pp. 41–42。
③ 古华：《芙蓉镇》，人民文学出版社1981年版，第189页。

的运动，便将宣告破产。运动停止之日，就是极权主义毁灭之时。为了使斗争进行下去，便需要不断地制造出一批又一批的"敌人"，作为斗争的对象。斗则进，不斗则退，斗斗斗，一直斗到天下一统、世界大同。极权主义从其一开始运行起，便走上了一条不归路。极权主义教导人们，只有在运动中，个人的行为才能获得伟大的意义。

（3）外在于人的客观法则的统治：极权主义以一种宿命论取代了个人的道德责任，用历史目标代替了个人的良心，人不需要承担道德义务和责任，只需要顺应所谓的历史发展或种族进化的规律，积极投身其中。处于过去与未来之间的夹缝中的人，在极权主义者看来是渺小的、微不足道的，他只不过是一个环节、一个傀儡、一个工具、一块砖、一粒尘埃、一个"小把戏"，在此之前是无穷无尽的历史，在此之后，依然是历史的向前发展。极权主义者宣称发现并掌握了历史规律，他们所做的一切，包括大规模的杀戮，不过是此种历史规律的体现，他们问心无愧，因为他们认为自己从事的是一项推动历史车轮前进的伟大而高尚的事业。

从极权主义实践中，人们看到的是教训，而不是经验。极权主义作为反思的对象，给后人以反面教材，警示人们在政治实践中可能面临的万丈深渊。叙述历史往往是为了记住某些伟大的事件与人物，但是在我们叙述极权主义的历史时，其目的并不是纪念墨索里尼和希特勒，而是检讨人类曾经走过的弯路。因极权主义产生于非极权的现代社会，所以，只要我们生活在现代社会，便需时刻提防极权主义的复活。

乔治·奥威尔的作家梦

时代的政治经验也可以用文学作品的形式来表达，乔治·奥威尔（George Orwell）的小说《动物庄园》《一九八四》等便是例证。奥威尔不是一位典型的政治思想家，他的主要职业是作家，但他对政治问题的敏感，甚至更甚于那些职业思想家。1984年，美国政治理论家茱迪·史珂拉在纪念奥威尔《一九八四》的文章《〈一九八四〉：政治理论应当关注吗？》中，指出《一九八四》之于政治理论具有重要意义。在史珂拉看来，尽管奥威尔作为讽刺作家未曾提供一套政治理论，但《一九八四》值得政治理论家慎重对待。在她看来，《一九八四》解释了人类自启蒙以来备受谴责的"残酷行径"的复归，表达了一位知识人的精神状况，对于极权主义之反思与批判，起了某种承上启下的作用。它以戏剧化的手法提出了政治理论追问的问题和理念,"有助于我们讲述我们自己的故事,甚至真的有可能帮助我们决定讲什么故事以及如何去讲"①。

乔治·奥威尔,名为埃里克·亚瑟·布莱尔(Eric Arthur Blair, 1903—1950),我们熟知的乔治·奥威尔是他的笔名。他是英国人,但他出生于印度孟加拉的莫蒂哈里,因为他的父亲是英国在印度的行政官僚。他的家庭是一个普通中产家庭。奥威尔四五岁时就有一个作家梦,然而这个梦想,要到多年以后才能实现。1917年,奥威尔获得奖学金,得以到英国著名的贵族学校伊顿公学读书。然而,由于其学习不用功,他在中学毕业后便失去了去名校读大学的机会。奥威尔自言伊顿公学的四年学习对他后来的成长基本上没什么影响。1922年,中学毕业后的奥威尔参加了印度帝国在缅甸的警察部队,在部队中服务了5年。他对帝国主义的厌恶,对心中作家梦的渴望,最终令他辞职回到欧洲。他先到了巴黎,与巴黎的底层人民生活在一起,他开始写作,尽管没有出版商愿意出版他的书。积蓄用完后,他不得不回到伦敦。期间在一个旧书店打工,做了有一年半。1933年,他发表了《在巴黎和伦敦的穷困潦倒的生活》,始用"乔治·奥威尔"这个笔名。1935年,奥威尔终于可以靠写作收入生活。他在乡下开了一个杂货店,并和一位志同道合的女士结婚。

1936年,西班牙内战爆发,为了捍卫共和政府,与法西斯右翼进行斗争,奥威尔夫妇决定去西班牙参加战争。奥威尔加入了左翼民兵部队。他在战争中不幸受重伤,子弹击中喉部,所幸康复后未留后遗症。在西班牙的经历,让奥威尔对政治产生了厌恶,他认识到左翼政党内部充满虚伪和残酷,完全背离其党纲。1937年,西班牙的左派政党内部开展了迫害托派的大搜捕。奥威尔夫妇被圈定为托派分子。他们匆忙出逃,所幸逃脱。而他们的许多朋友,都因意见不同,失踪或被以莫须有的罪名逮捕。然而,逃回英国后,奥威尔发现,英国人中竟然许多思想开明的观察家也相信来自莫斯科审判现场的所谓"报道"。奥威尔认识到现代宣传的作用。他希望提醒人们,要振兴英国的社会主义运动,必须打破"苏联神话"。

正是针对"苏联神话",奥威尔想以一个通俗易懂的小说,来揭示问题

---

① [美]茱迪·史珂拉:《〈一九八四〉:政治理论应当关注吗?》,载[美]茱迪·史珂拉《政治思想与政治思想家》,左高山等译,上海世纪出版集团2009年版,第380页。

的实质。这个小说就是后来的《动物庄园》。奥威尔在此书1947年乌克兰版的序言中说，他此书故事取材自"俄国革命的真实历史"[①]，当然也进行了再加工。以动物比喻人，不失为一个巧妙的立意。这个立意，同样来自于生活。因为奥威尔在乡下生活的时候，有一次看到一个10岁左右的小孩，竟然赶着一个马车。那大马想拐弯乱跑，小孩就用鞭子抽打，从而控制着行驶的方向。奥威尔想，如果大马意识到自己的力量，它如何能服从一个10岁小孩的使唤？从这个场景，奥威尔获得了写作的灵感。另外，奥威尔的业余喜好是种花、种菜、养鸡。他对农场生活的熟悉，使他创作《动物庄园》，毫不费力。

"二战"爆发后，奥威尔想为英国作战，报名参军，几次皆因体检不过而被拒。1941年，他还在英国广播公司主持对印度的广播节目，其节目中不乏揭示极权主义的内容。1943年，他写作了《动物庄园》。奥威尔最后一部著作是《一九八四》。不久，他肺病发作，于1950年1月去世，年仅46岁。

奥威尔自言是一名左派知识分子，他说这不是因为他相信有一个美好的计划社会，而只是出于对社会底层贫苦劳工生活的同情。他一直是英国工党的忠实成员。他出版了《缅甸岁月》（1934）以及关于西班牙内战的通讯集《向加泰罗尼亚致敬》（1938），此外还写了不少小说，如《上来透口气》《动物庄园》《一九八四》，这些小说皆具强烈的政治批判色彩。

奥威尔认为，作家写作是不可能脱离政治的。当然，"这里所用'政治'一词是指它的最大程度的泛义而言。希望把世界推往一定的方向，改变别人对他们要努力争取的到底是哪一种社会的想法。再说一遍，没有一本书是能够真正做到脱离政治倾向的。有人认为艺术应该脱离政治，这种意见本身就是一种政治态度"[②]。奥威尔从天性上并不喜欢政治，但希特勒的崛起、西班牙内战等现实经历，令他觉得必须关心政治。写作本身就是一种政治行动，当然它不应牺牲审美情趣和思想独立的要求。奥威尔说：

> 我在1936年以后写的每一篇严肃的作品都是直接或间接地反对极权主义，拥护民主社会主义的。当然，那是我所理解的民主社会主义。
> ……我坐下来写一本书的时候，我并没有对自己说，"我要生产一

---

① ［英］乔治·奥威尔：《奥威尔文集》，董乐山编，董乐山等译，中国广播电视出版社1997年版，第105页。

② 同上书，第94页。

部艺术作品。"我所以写一本书,是因为我有一个谎言要揭露,我有一个事实要引起大家的注意。我最先关心的事就是要有一个让大家来听我说话的机会。但是,如果这不能同时也成为一次审美的活动,我是不会写一本书的,甚至也不会写一篇杂志长文。①

极权社会中,自由思想是死罪

奥威尔对20世纪30年代的极权主义经验有深刻的理解。他对西方文明的前景充满忧虑。他说:"我们生活在独立自主的个人已开始不再存在的时代,或者应该说,个人已不再抱有独立自主的希望。"②"我们正在进入一个极权主义独裁的时代,在这个时代,思想自由最初是死罪,后来将成为一个无意义的抽象名词。""很可能,我们正在走进一个只要领袖说二二得五,二二就必须得五的时代。"③奥威尔对极权主义政体中思想自由的丧失有清醒的认识。他同时指出,在这种政体下,文学也必将毁灭。他提醒人们注意,文学在意大利遭到重创,纳粹的代表性活动是烧书,而有前途的俄国作家不是自杀,就是进监狱。

他在一次广播节目中说:"极权主义废除了思想自由,其彻底程度是以前任何时代闻所未闻的。而且认识到下面这一点很重要:它的思想控制不仅是消极的,而且是积极的。它不仅不许你表达——甚至具有——一定的思想,而且它规定你应该怎么思想,它为你创造一种意识形态,它除了为你规定行为准则以外,还想管你的感情生活。它尽可能把你与外面世界隔绝起来,它把你关在一个人造的宇宙里,你没有比较的标准。

……极权主义国家的特点是,它虽然控制思想,它并不固定思想。它确立不容置疑的教条,但是又逐日修改。它需要教条,因为它需要它的臣民的绝对服从,但它不能避免变化,因为这是权力政治的需要。它宣称自己是绝对正确的,同时它又攻击客观真理这一概念。"④

---

① [英]乔治·奥威尔:《奥威尔文集》,董乐山编,董乐山等译,中国广播电视出版社1997年版,第95页。
② 同上书,第134页。
③ 转引自 Jeffrey C. Isaac, *Arendt, Camus, and Modern Rebellion*, New Haven & London: Yale University Press, 1992, p. 43。
④ [英]乔治·奥威尔:《奥威尔文集》,董乐山编,董乐山等译,中国广播电视出版社1997年版,第135—136页。

在 1948 展望 1984

奥威尔的《一九八四》颇为著名，该书最初名为《欧洲的最后一个人》（*The Last Man in Europe*）。奥威尔1948年写作该书（翌年该书出版），在书中，他设想1984年英国会是什么情形。在出版商的建议下，他把书名改为《一九八四》。这一新的命名无疑是成功的，它抓住了人们对某种可怕未来的恐惧，强化了该书的预言色彩。《一九八四》如今已成为经典名作，但奥威尔未能见到此书的成功，他1950年因病去世了。《一九八四》是一部反思极权主义的经典之作，它所描述的极权社会，若干年后在有的国家变成了现实。任何读过《一九八四》（如今已拍成了电影）者，都会佩服奥威尔的洞察力与先见之明。

奥威尔这部小说的场景设定在"大洋国"，这有点像詹姆士·哈林顿了，但这个"大洋国"可不是法治之共和国，而是恐怖的极权国家。这个国家有一个支配性的政党——英社党。党的最高领袖也是国家元首，即"老大哥"。那里盛行领袖崇拜，随处都挂"老大哥"的像。那里张贴的标语，典型体现了极权社会颠倒黑白的特点："无知就是力量""自由就是奴役""战争就是和平"。那里设置的部门有真理部、仁爱部、和平部，真理部负责新闻、娱乐、教育、艺术，实际是负责系统地制造谎言、篡改历史，仁爱部负责以酷刑惩罚犯人，和平部负责对外发动战争。谎言、欺骗与不信任，是极权社会的重要特征。"大洋国"里的歌曲唱的是"在茂密的栗树下，我出卖了你，你出卖了我"。

"大洋国"在1984年也是个技术统治的社会，先进的技术手段被用来监视每一个人。到处都有"电幕"，包括人的卧室里。掌权者在控制中心可以随时切换镜头，监视每个人的举动。

《一九八四》中的主人公名叫温斯顿·史密斯（Winston Smith），工作于真理部。他的故事不必细讲，大意是他有些自由的思想，这便违反了极权社会禁止人有思想的规矩，犯了"思想罪"。他写日记，表达真实想法。但最终他的日记还是被秘密警察发现了。最终，英社党领导"关心"他，要改造他。可他是那样顽固，于是，他被用电击等残酷方式予以改造。最终，他身心憔悴，人不像人，向政权表示"投降"。其中电击改造的一段，读来令人恐惧。负责改造他的官员奥勃良说："二加二等于几？"温斯顿说："四"。

"如果党说等于五呢?"温斯顿说:"还是四。"这便有问题了。在极权社会,党说二加二等于几就是几,因为党永远正确。

二二得四,三三得九,这样的法则我们认为是确定的。然而,在极权社会,这种确定性也变得可疑,没有做不到的,只有想不到的。权力强奸真理,实为家常便饭。格劳秀斯曾自信地说,上帝也不能让二二不得四。然而,上帝做不到的事情,大洋国的"党"做到了。这种政治权力对真理的垄断、控制、歪曲、摧毁,早在霍布斯那里即有论述。霍布斯并不以为有什么大惊小怪。他写道:"我毫不怀疑如果'三角形三角之和等于两直角'这一说法和任何人的统治权或具有统治权的一些人的利益相冲突的话,这一说法即使不受到争议,也会由于有关的人在力所能及的情况下采取把所有几何学书籍通通烧掉的办法,而受到镇压。"① 霍布斯讲得很清楚,如果几何原理妨碍了人的统治权,也要被修正。霍布斯想到的是烧书,但没有想到"电击疗法""洗脑术"等只有在20世纪才会采用的改造人的手段。而且,《一九八四》里面,二二得几,其答案并不确定,而是依党的意志随时发生改变。霍布斯认为,主权者决定真理,其目的只是保障和平,消弭内战,打击宗教狂热带来的政治冲突,而《一九八四》里的"大洋国",则是要彻底地改造人,让人变成驯良的动物,在不断变化中实现对人的身心的控制,它并不止于和平、秩序与安全的维持,而是着眼于意识形态设定的一个伟大理想,这就意味着全面的恐怖。

奥威尔的《一九八四》中,对极权社会所用语言的描写,尤具重要意义。在《一九八四》正文后,奥威尔写了"新话的原则"一章,作为附录。在奥威尔看来,政治的腐化,与语言的腐化相得益彰。语言本该清晰、坦诚地表达意思,然而现在被用来掩盖不人道的事实,粉饰丑陋。我们须知,纳粹德国从来不下令"屠杀犹太人",他们的公文上写的是"妥善安置""最后解决";而在俄国,"几百万农民的农庄被剥夺,他们被迫长途跋涉,全部财产只有随身携带的一点东西,这样的事叫做人口转移,或者叫修正疆界。不经审判就把一些人监禁多年,或者从脑后开枪处死,或者送到北极劳动营去,让他们死于坏血病,这些都叫做消除不稳定分子"②。奥威尔认为,就是在英国,也出现了语言腐化现象,人们用着老套的比喻,讲些空洞的套话,

---

① [英]托马斯·霍布斯:《利维坦》,黎思复、黎廷弼译,商务印书馆1985年版,第77页。
② [英]乔治·奥威尔:《奥威尔文集》,董乐山编,董乐山等译,中国广播电视出版社1997年版,第158页。

卖弄着不必要的修辞。

　　语言是人进行思维的工具，极权社会要实现对人的全面支配，使人们失去思维能力，就要从语言上把关，建立起一套让人们失去认知与思考能力的独特的语言系统。极权主义认为，谁控制了语言，谁就控制了人们的思想。奥威尔在小说中告诉我们，1984年"大洋国"有新话部，专司语言的修正工作。在极权社会，人人都要学会讲"新话"。新话区别于过去的标准英语，它通过多种调整，旨在让人们变成绝对服从党的良民，使异端思想不可能产生。所有人都说新话，一下子不那么容易实现，奥威尔说，大概到2050年，新话将彻底取代旧话。比如，free（自由）一词，将失去学术自由、政治自由的含义，而只有"没有""免除"的意思，人们只有在说类似于"田里无杂草"（This field is free from weeds）时使用它。

　　有些词要废除，自由、平等、正义，等等，它们将被"思想罪"或"旧思想""落后思想"等词来取代。语法、构词法尽量简化，人们无法运用语言进行哲学讨论。新话中缩写的词将很多，缩写词语是极权国家中政治用语的一个特点，其用意是把词语原来的大部分含义减少而巧妙地赋予其新含义。新话的词汇量的趋势是越来越少，"每减少一些就是一场收获，因为选择范围越小，思想的诱惑也越小。最终是希望喉咙发出声音说话而不劳脑细胞操心"①。

　　奥威尔说，随着"新话"最终取代旧话，一切同过去的联系将最终被切断。历史便会重新写出。极权社会的信条"谁能控制现在谁就能控制过去，谁能控制过去谁就能控制未来"在这里也得以体现。②

　　《一九八四》批判极权主义，表达的是作者对人性、自由与尊严的关切。他有意安排了温斯顿野地偷情的场景，来展现生命原始冲动对恐怖体制的反抗与嘲笑。在一个个体受到全面监控的封闭社会，在一个一切都要服从政治需要、天天讲政治的严肃时代，出于生理自然需求的性爱成了唯一让人感受到身心愉悦的活动，成了唯一体现"你还是一个人"的活动。偷情结束后，温斯顿与他的情人裘莉亚，躺在宁静寂寞的乡村旷野草丛中，断断续续，相

---

① ［英］乔治·奥威尔：《一九八四》，董乐山译，辽宁教育出版社1998年版，第275页。
② 奥威尔担心的官方对语言的改造，并不必等到1984年，也不必到20世纪30年代极权主义国家那里去寻找例证，早在晚清太平天国运动中，便可见此种努力。只是太平天国的文字改革服务于其宗教——拜上帝教。太平天国反对偶像崇拜，反对烧香拜佛，于是称菩萨为"该杀"。杀头太过血腥，太平军称为"过云中雪"。"云中雪"指剑。"满人"则被称为"妖"。对民众的政治宣传称为"讲道理"。太平天国的官书还别出心裁地为咸丰二字加上反犬旁，以表明其非人类，属于狐狗之后。

互应和，吟唱起童年的儿歌：

> 圣克里门特教堂的钟声说，
> 橘子和柠檬。
> 圣马丁教堂的钟声说，
> 你欠我三个铜板。
> 老巴莱教堂说，
> 你什么时候归还？
> ……

奥威尔的《动物庄园》《一九八四》是小说，也是学习政治哲学的必读文本。当今世界，极权主义的威胁并未消失，奥威尔以文学手法，为我们上了反思极权主义生动的一课。

凯尔森的法与国家理论

在法学界，汉斯·凯尔森（Hans Kelson）大名鼎鼎，其著作广为流传。他是纯粹法学派的创始人，是奥地利联邦宪法的起草者，是宪法法院制度的代言人。在魏玛德国时期，他是著名的大法学家之一。相较而言，政治学界对凯尔森的重要性尚缺乏足够认识。实际上，凯尔森有十分卓越的政治思想。意大利政治思想史家马斯泰罗内在《欧洲民主史》中讨论民主理论时，把孟德斯鸠作为起点，把汉斯·凯尔森作为终篇。[①] 在他看来，凯尔森是在20世纪上半叶法西斯独裁和无产阶级专政似成潮流的背景下，勇敢而出色地为民主辩护的重要学者。在下文，我们将看到，凯尔森不仅有关于民主的精彩论述，更有关于国家与法的独特见解。

凯尔森1881年10月11日出生于捷克的布拉格一个犹太人家庭。4岁时，他随父母来到维也纳，其父在那里有一个制造灯泡的小工厂。在维也纳，凯尔森读完了小学、中学。他自幼喜欢阅读文学作品，不过，随着年龄的增长，他萌生了对哲学的兴趣，中学时期，他已接触到叔本华和康德的著

---

① ［意］萨尔沃·马斯泰罗内：《欧洲民主史：从孟德斯鸠到凯尔森》，黄华光译，社会科学文献出版社1998年版，第416页。

作。中学毕业后，他进入维也纳大学。他本想去学习哲学、数学和物理学，然而他最终选择了法学。凯尔森自言他为这个决定"后悔了一辈子"[①]。

凯尔森选择学习法律，一方面因为他中学毕业后服兵役一年，期间对形而上的哲思渐失兴趣，另一方面也是出于就业考虑，因为学哲学毕业后在当时只能做一个中学老师，相对而言，做一个律师或法官，还是不错的选择。不过，凯尔森逐渐明确了走学术道路的志向。在大学期间，凯尔森写过题为《但丁的国家学说》的论文（该文发表于1905年）。凯尔森的学术兴趣在法理学。那时，他已经认识到，必须清晰区分法学与伦理学及社会学，法学必须讲究方法的纯粹性。1907年，他得到一笔奖学金，由此得以去海德堡大学学习。他参加了著名法学家、海德堡大学校长格奥尔格·耶利内克（Georg Jellinek）的国家理论课程。不过，他发现，耶利内克对法学没有原创性贡献，而且喜欢阿谀奉承的学生，不能接受不同意见。凯尔森回忆说，有一个学生在其讨论课上提交的报告，注释竟然只引耶利内克一人的著作。耶利内克特别喜欢这个学生，课后问凯尔森觉得该同学的报告怎么样，凯尔森回答说"十分一般"，这令耶利内克十分恼怒。那位学生后来证明是一个极其平庸的学者。凯尔森称耶利内克的课对他的研究没有什么帮助。

1908年，凯尔森由于家庭生计问题，回到维也纳，边工作边做研究。1909年，他提交了讲师资格论文，获得了大学讲师资格。1911年，他出版《国家法学的主要问题》，凭此获得了维也纳大学的国家法和法哲学编外讲师资格，开始授课。不久，他创办《奥地利公法》杂志。1912年，凯尔森结婚。"一战"爆发后，凯尔森作为预备役军官入伍，在部队担任文职工作；不久被调任至帝国战争部法务科，后来又被调至战争部部长办公室，颇得部长信任。这一时期，他得以直接接触现实政治与军事，并曾面见奥匈帝国皇帝卡尔一世，最后目睹了奥匈帝国在战败后的解体。

在战争部的高级职位，对凯尔森在大学谋取教职颇有帮助。尽管他是犹太人，当时奥地利大学中反犹思潮盛行，他还是在1917年获得了维也纳大学法律与政治系的编外教授的头衔，两年后，他取得了正式教席，后来还担任了该系系主任。1918年，他受临时德奥政府总理卡尔·伦纳（Karl Renner）[②]的任命，兼职在总理办公厅工作，参与制定德意志奥地利宪法。

[①] ［美］汉斯·凯尔森：《汉斯·凯尔森自传》，载张龑编译《法治国作为中道：汉斯·凯尔森法哲学与公法学论集》，中国法制出版社2017年版，第6页。

[②] 奥地利政治家，著有《奥地利各民族在特殊情形下的自决权》（1918）。

在这部宪法中,他设计了一个宪法法院,以行使违宪审查之职,既可维持国内法律之统一,亦可守护宪法之权威,防止各州违宪。1921 年 7 月 13 日,国民议会通过了《关于宪法法院组织和程序的法律》。7 月 15 日,国民议会选出了三名宪法法院法官,凯尔森即是其中之一。在此后八年,凯尔森以其智慧,为宪法法院制度的良好运转做出了巨大贡献。奥地利的宪法审查模式,也被称作凯尔森模式。凯尔森以此为得意之作,他曾称宪法法院是他"最心爱的孩子"①。不过,凯尔森的设计遭到基督教社会党的攻击,最终,1929 年宪法改革时,宪法法院的构成被改变,其独立的司法功能被铲除。凯尔森因此愤然去职,被迫流亡国外。在私人政治立场上,凯尔森当时支持奥地利社会民主工人党的纲领。但他坚持学术独立、把科学与政治分离的立场。他说:"我不允许国家拥有限制科研和言论自由的权力,我也不会由于加入一个政党,从而自愿屈从它的纪律以使它获得这样的权力。"②

1929 年到 1933 年,凯尔森在科隆大学任教,讲授国际法与国家法。此间,凯尔森曾与卡尔·施米特围绕谁是宪法的守护者进行了论战。③ 1932 年,凯尔森被选为科隆大学法律系主任。不过,1933 年希特勒上台,凯尔森因为是犹太人被解职了。在好心人(具有讽刺意味的是,这位好心人是一名老纳粹分子)的帮助下,凯尔森一家逃离了德国。离开科隆,凯尔森一家到了瑞士的日内瓦。他受聘于日内瓦国际关系研究所。在这期间,凯尔森进行了对古典自然法的研究,并撰写了关于柏拉图与亚里士多德的论文和著作。陆续发表的有《柏拉图式的正义》《古希腊马其顿政治与亚里士多德的政治学》等。同时,他对原始宗教与灵魂学说产生了强烈兴趣,并完成著述若干,如《报应和因果——一项社会学的研究》《社会和自然:一项社会学的考察》《灵魂和法律》。

这段时期,凯尔森也兼任布拉格查理大学法学院的教授。在学生中纳粹分子的煽动下,凯尔森的课程仅有几个犹太人选,甚至最后课程也被粗暴中断。他的人身安全也一度受到威胁,纳粹学生扬言要教训他,为此,警察局

---

① [奥] 罗伯特·瓦尔特:《宪法法院的守护者:汉斯·凯尔森法官研究》,王银宏译,人民日报出版社 2016 年版,"代译序"第 33 页。

② [美] 汉斯·凯尔森:《汉斯·凯尔森自传》,载张龑编译《法治国作为中道:汉斯·凯尔森法哲学与公法学论集》,中国法制出版社 2017 年版,第 35 页。

③ 施米特于 1929 年曾发表论文《帝国法院作为宪法的守护者》《宪法的守护者》。凯尔森于 1931 年发表论文《谁应是宪法的守护者?》。

为他的课程配备了两名警察。1939年，第二次世界大战爆发。凯尔森决定离开欧洲。1940年，他和家人离开了日内瓦，来到美国，自此，开始以英语进行其学术研究。初时，他在哈佛大学法学院做讲座教授，但终未被正式聘用。1945年，凯尔森受加州大学伯克利分校政治学系之聘，成为全职教授，至此，他在美国的生活，方得稳定。凯尔森发现，美国的法学院学生对法律科学不甚有兴趣，美国的法学课以法律案例和法律实务教学为主。法哲学或法理学在政治系反而合适。不过，令凯尔森遗憾的是，他在伯克利政治系没有能遇到对其研究感兴趣的学生。当年在欧洲弟子众多，桃李芬芳，如今竟难觅一徒。不过，总体而言，凯尔森对在伯克利的生活，还算满意。他在自传中写道："我在伯克利买了一个带有花园的小房子，花园里种了一些玫瑰，它们常常带给我喜悦。"[①] 1952年，凯尔森光荣退休，他做了题为"什么是正义"的告别演说。退休后，凯尔森依然笔耕不辍，八十多岁时，仍有学术论文发表。1973年，凯尔森在伯克利逝世。

凯尔森的作品，除上文提到的外还包括：《主权问题和国际法理论》（1920）、《社会主义和国家——马克思主义政治理论研究》（1920）、《社会学和法学的国家概念》（1922）、《一般国家学》（1925）、《纯粹法学》（1934）、《法与国家的一般理论》（1945）、《哲学与政治中的绝对主义与相对主义》（1948）、《布尔什维主义的政治理论：一项批判研究》（1949）、《科学与政治》（1951）、《共产主义的法律理论》（1955）、《什么是正义？科学之镜中的正义、法律与政治》（1957）、《法律与道德论文集》（1973）、《规范的一般理论》（1979）、《正义的幻象》（1985）等。

法的科学方法

1918年至1919年，马克斯·韦伯到维也纳大学任教。凯尔森得以与之谋面。凯尔森哲学上的新康德主义以及社会科学方法论的观点，受到韦伯的巨大影响。与韦伯一样，凯尔森十分重视社会科学研究的方法论。凯尔森一生力图以法的科学代替法的形而上学或意识形态。同时，他要抵制当时时髦的社会学方法，他认为，社会学无从涉足规范领域的问题。对于政

---

① ［美］汉斯·凯尔森：《汉斯·凯尔森自传》，载张龑编译《法治国作为中道：汉斯·凯尔森法哲学与公法学论集》，中国法制出版社2017年版，第64页。

治，他同样强调要对其进行客观的、价值无涉的科学研究，发展政治科学而非政治意识形态。① 凯尔森坚持韦伯所主张的"价值无涉"原则，并且，他在很多地方采用了韦伯式"理想类型"构建的方法。例如，他关于民主与独裁的区分，便采用了这一方法。他说区分民主与独裁"并不是叙述历史上特定的宪法"，二者只是代表了"理想的类型"，"在政治现实中，完全符合某一个理想类型的宪法是没有的。每个国家都代表了两种类型因素的一个混合，所以某些共同体较接近这一极端，而某些共同体则较接近另一极端。在这两个极端之间，有着许多中间层次，其中大部分都没有专门名称。根据通常用语，如果在一个国家的组织中民主原则占优势，这个国家就称为民主国家；如果独裁原则占优势，便称为独裁国家"②。

凯尔森曾著专文，讨论社会学与法学方法的边界。以凯尔森之见，社会学和法学在方法论上的差别，以实然与应然的区分为起点，由此有解释性与规范性的区别。前者探求因果关系，后者探求规范（normativity）。世界是什么，这是关于实在（reality）的问题；世界应当怎样，这是关于理想（ideality）的问题。前者探求实际发生的事件中包含的自然法则，后者则探讨规范（norm），它不必考虑实际上发生的事情。前者见于自然科学与历史科学、社会学；后者则见于伦理学、逻辑学与语法。法学属于后者。因此，社会学与法学的边界，即为实然与应然的边界。

凯尔森说，法的有效性，是指法应当得到遵守，而不论事实上法有没有得到遵守。③ 实在法为何要被遵守？其依据是什么？流行的法律实证主义的回答是：人们的认可；自然法理论则诉诸自然法。凯尔森认为，两种理论都没有回答法律为何应得到人们的遵循。认可理论（recogniton theory）的谬误在于，人们出生即进入一个国家之中，法律规范的有效，根本不考虑其"同意"与否。④ 把同意解释为非个人的行为，也不过是一种幻觉。有人认为，法是国家意志的体现。国家意志是法律的根据。此一观点，是否能够成立？

---

① ［奥］汉斯·凯尔森：《科学与政治》，载［奥］汉斯·凯尔森《法与国家的一般理论》，沈宗灵译，中国大百科全书出版社1996年版，第400页。
② 独裁（autocracy），在中译本中作"专制"，此处进行了修改。参见［奥］汉斯·凯尔森《法与国家的一般理论》，沈宗灵译，中国大百科全书出版社1996年版，第315页。
③ Hans Kelson, "On the borders Between Legal and Sociological Method", 1911, in *Weimar: A Jurisprudence of Crisis*, Arhtur J. Jacobson and Bernhard Schlink edited, Berkeley: University of California Press, 2000, p. 59.
④ Ibid., p. 60.

凯尔森批评说，从前所有国家法理论构建的支柱，都是一种人格化的国家概念，此一概念认为，国家像人一样，具有权利和责任。这种国家人格之基础，可从现代国家法中关于国家统一意志（uniform will）的说法中发现。国家统一意志的存在，被当成了国家理论的必然假设。然而，什么是国家的统一意志？国家有机体理论在社会心理学的意义上对此进行了回答。它把国家统一意志解释成国家组织内人民的社会生活中生发出的"真实的心理事实"。[1] 凯尔森认为，国家意志只是一个法律概念。它和社会心理学中的"共同的意志"（common will）不同。国家统一意志的概念，不包含一个精神共同体的概念。共同生活在一起的人们的精神联系以及由此产生的心理倾向，既不是国家统一性的前提，也不是国家统一性的结果。而且，共同意志的社会学概念，无视了具有不同于这个共同意志的个人，无视了服从多数的少数人。少数应当服从多数，这一原则是一个法律概念，是一种特定的规范性工具，它无法在自然科学或社会学中获得解释，因为它不属于"实然"领域。

凯尔森指出，如果人们考虑心理事实，考虑意志的叠加问题，就会发现国家之内的人民分成了大量的团体；再者，精神共同体的边界亦不止于国境，两个完全不同国家的人民密切的经济与其他方面的交往，可以产生出类似于国家内部产生意志的叠加；阶级分化的事实，也使得共同的心理事实无法出现。凯尔森说，从法律的角度来看，统一国家所依据的国家意志的内容，只是特定的法律秩序（the legal order）。换言之，法就是国家意志。只有当法律秩序统一，不可分割的国家人格才可以被想象。[2] 一句话，国家意志，只是一种理想主义的法学构建。把国家意志看作真实的心理事实，是虚构的经典例子。一旦把国家人格化，拟人化，把国家的意志看作社会心理事实，法理学中的错误便由此开始，各种谬论亦随之而导出。在凯尔森的思想体系中，不存在社会学意义上的国家概念，国家是而且只可能是规范意义上的法律概念。他说，即使社会学家讨论国家，也是在法律意义上理解国家的。"他们归诸国家的那些特性只是作为规范秩序或由这样一个秩序所构成的共同体的那些特性时，才是可以设想的。"[3]

---

[1] Hans Kelson, "On the borders Between Legal and Sociological Method", 1911, in *Weimar: A Jurisprudence of Crisis*, Arhtur J. Jacobson and Bernhard Schlink edited, Berkeley: University of California Press, 2000, p. 61.

[2] Ibid., p. 63.

[3] ［奥］汉斯·凯尔森：《法与国家的一般理论》，沈宗灵译，中国大百科全书出版社1996年版，第412页。

凯尔森说，国家与法律秩序等同，由此，国家的统一性，仅指法律的统一性。此一观点，凯尔森一生持之，未曾有变。凯尔森那里，国家与法皆为规范性概念，国家理论即是法律理论，国家科学即指法律科学，反之亦然，它构成了其纯粹法理论的基本要义之一。对凯尔森此一观点，我们实际上很好理解。试看国家的边界，与道德、伦理、民族、语言、政治立场，皆不重合，唯有法律的边界，正是国家的边界。在规范的层面，国家中没有宪法管不到的飞地，但可以有不同的政治派别、生活方式、民族。凯尔森的理论，并非无政治，无国家，只是因为他极其重视个人及团体的个性及自由，因之力图抽象出一种唯名论的、仅具相对意义的国家观。

民主的价值与本质

1929年，凯尔森写了《民主的价值与本质》一文。这在独裁成为潮流的背景下，显得十分勇敢。当时的情况是，不仅无产阶级反对民主，资产阶级也反对民主（体现在国家的法西斯化中）。凯尔森此文，实为西方民主理论之杰出篇章。

凯尔森写道，民主的理想（idea）包含了对社会地位平等的追求以及对自由的追求。因为平等，人对人的支配便受到了否定，消除人对人的支配，意味着自由的获得。因此，平等和自由两个原则的综合，是民主（democracy）的特征。政府的形式，按"创造法律秩序的方式"，也可分为两大类：民主制与独裁制（autocracy）。[①] 在此两种社会与国家形式中，自由概念进入社会政治理念中，其意义也发生了转换。

凯尔森指出，民主制的初衷，是确保政治自由的实现。其内在逻辑是，如果统治对人类秩序是必需的，那么我们只能允许我们自己来统治我们。这就是政治自由的含义。成为政治上的自由人，要求他只是服从他自己的意志，而不是他人的意志。

说到自由，就必须厘清自由的含义。凯尔森写道，社会不同于自然，前者由法律支配，后者由规律支配。在因果法则之外，存在着规范（norm）。

---

① 另见［奥］汉斯·凯尔森《法与国家的一般理论》，沈宗灵译，中国大百科全书出版社1996年版，第315页。

从自然的立场上看，自然自由是对社会秩序的否定；从社会或政治的立场看，社会自由，则是指摆脱决定着自然的因果律。"回到自然"（获得自然自由），仅仅意指从社会义务中解脱；进入社会（获得社会自由），则意指摆脱自然规律。人们常常还提到古典自由理念与日耳曼自由理念的不同。自由的古典含义，指政治自决与参与决策，日耳曼人的自由观，则指免于支配的自由（摆脱国家）。此为两种关于自由的政治意识形态。凯尔森说，从日耳曼自由转向古典自由，只是不可避免地去自然进程中的第一步，在此一进程中，人类从自然状态进入强制性法律秩序中。不过，凯尔森指出："政治意识形态中的自由理念的意义，不能被高估；自由只能解释为源自人的灵魂的东西，它发源于对国家基本的敌对本能，它让个人与社会相对立。然而，在几乎所有的神话式自欺中，这种自由理想，变成了社会中的个人所处特定立场的表达。无政府状态中的自由（the freedom of anarchy）变成了民主制中的自由（the freedom of domocracy）。"[①] 凯尔森此处的意思，是提醒人们注意进入国家（法律秩序）前后自由程度或状态的变化。个人自由，在根本上总是与国家或社会相对立的。如何尽可能地维护个人自由？这就引出了对民主制的需要。

凯尔森分析了卢梭的民主理论。他说，卢梭学说以自由为中心，卢梭希望寻求一个方案，让个人在进入政治社会后"像以往一样地自由"[②]。卢梭的民主与自由理论表明，个人自由与社会秩序之间总是存在冲突，完全一致永远无法实现，但"绝对多数"原则展示的是相对来说最接近于自由理念之途径。凯尔森的分析意在表明，在卢梭那里，民主制以及多数原则，核心是维护自由。注意，是自由，不是平等。多数原则，不是源自对平等的追求。人的意志平等，确实是多数原则的前提。但说它们平等，只是一种比喻，并不意味着人的意志或人格实际上可以衡量、加减。不能通过声称多数人的选票比少数人的选票更有分量来证明多数原则的合理。如果要考察哪个人更有分量，就会引向独裁的结论。因为有时候，少数人或某个人的意志可能比多数人的意志更有价值。凯尔森分析说，民主的要义，采纳多数原则的要义，在于让尽可能多的人的意志与公意一样，让尽可能少的意志与公意不一样。由此它确保尽可能多的个人是自己服从自己，也就是确保尽可能多的人是自

[①] Hans Kelson, "On the Essecnce and Value of Democracy", 1929, in *Weimar: A Jurisprudence of Crisis*, Arhtur J. Jacobson and Bernhard Schlink edited, Berkeley: University of California Press, 2000, p. 85.

[②] 参见［法］卢梭《社会契约论》，何兆武译，商务印书馆1963年版，第19页。

由的，尽可能少的人处于他人的意志之下。① 对于民主理论来说，平等意味着公民是自由的个体，在此意义上，他们有资格谈论是不是要采用民主制。平等即指作为自由个体，没有人有权利声称对他人的天然支配权，没有谁比另一个人更有价值。由于采用绝对多数的原则，国家意志与个人意志之间的桥梁就很容易建立，毕竟，只有很少的人发现国家意志和他的意志相冲突。对国家而言，这个多数越多，其整合任务就越轻；反之，其整合任务就越重。

凯尔森说，自由概念，从免于国家支配的个人自由，到参与国家统治的自由，此种转变，同样标志着民主从自由主义中分离出来。此时，民主的理想，关注于创制，便与国家是否干涉个人自由相独立。而历史表明，民主政府当局对个人自由的侵害，与独裁国家中政府对个人自由的侵害相比，并不会更少。至此，凯尔森的概念依然十分清晰。自由主义关注个人自由是否受到国家的侵害，这种侵害在民主政府与独裁政府中都可能存在。②

基于这种理解，集体自由或自由政体、人民主权的概念，便不难得出。在民主制中，由于绝大多数人的意志与国家意志一致，因此它是自由政体，此时国家的人格不过是个比喻，国家理论中人格化国家的概念，毫无疑问也有其"民主的意识形态根源"。民主，是指人民自己统治自己。"民主是领导者与被领导者的同一。"③ 与民主制相对立，在独裁制中，则是一个有血有肉的人充当统治者，其中，无所谓集体自由一说，也不允许民主的存在。在民主制中，个人作为公民而存在；在独裁制中，个人作为臣民而存在。

我们看到，凯尔森基于卢梭的民主理论捍卫民主，力辩民主的自由含义，而拒绝各种对卢梭理论的歪曲。凯尔森表明，民主与独裁，是根本对立的。"民主的基本原则，是自由的理念。"④

在论完民主的理想后，凯尔森回到实然层面，讨论民主的实际状况。他指出，在关于民主的争论中，我们不能在理想与实践两个层面跳跃游移，同时我们也不能只看其中一方而忽略另一方。

---

① Hans Kelson, "On the Essecnce and Value of Democracy", 1929, in *Weimar: A Jurisprudence of Crisis*, Arhtur J. Jacobson and Bernhard Schlink edited, Berkeley: University of California Press, 2000, p. 87.
② Ibid., p. 88.
③ Ibid., p. 89.
④ Ibid..

凯尔森分析说，在实际层面，人民的统一性并不存在。"只有在规范的意义上，一个人才能谈统一性。"① 一个具有相同思想、情感、欲求，具有统一利益的人民统一体，只是民族或国家意识形态中的神话。只有在法律层面，我们才多少可以说"人民的统一性"，它同时即指"国家法律秩序的统一性"。是统一的法律，规约着一国人民的行为。所谓支配，不过是指法律对人的行动的规范。它意味着一种规范性的义务，公民必须服从规范。在此秩序中，人民是被规范统治的对象，而不是统治的主体。作为统治主体的人民，只是参与了国家秩序的创造。服从规范的人民，与创制的人民，二者间实际上存在着距离。②

政党政治有害于民主吗？

在考察民主的现实状况时，凯尔森就政党与民主的关联进行了说明。凯尔森指出，政党是现代民主政体中最重要的因素。敌视多个政党活动，便是敌视民主。"民主政体必然是，不可避免地是，政党国家。"③ 组建政党，是为了把拥有类似政见的人联系在一起，代表他们，对公共事务施加影响。在诸政党活动的基础上，传统政治理论所谓的"共同体意志"得以形成。"现代民主建立在多个政党之上，民主原则越是得到落实，政党就愈发重要。"④ 凯尔森说，这种现象，体现的是"权力理性化"的进程以及现代国家的民主化趋势。因为在现代大型社会中，个人无法获得其政治存在——无法对国家意志的形成发挥实际的影响。而政党在个人与国家之间架起了有益的桥梁。认为不要政党就可以有民主，不过是一种自欺或欺骗。

一种流行的反对政党制度的观点，是说政党只体现派别利益，体现团体私利，与国家的公共利益不一致。国家的本质不能建立在诸多党派的本质之上。国家的公益，应超越于党派利益之上。凯尔森说，政治现实，恰恰证明了相反的观点。所谓的国家本质论，实为反民主的理想。⑤

凯尔森指出，一些人在谈论公共利益时，不断在理想与现实之间跳跃，

---

① Hans Kelson, "On the Essecnce and Value of Democracy", 1929, in *Weimar: A Jurisprudence of Crisis*, Arhtur J. Jacobson and Bernhard Schlink edited, Berkeley: University of California Press, 2000, p. 90.
② Ibid..
③ Ibid., p. 94.
④ Ibid., p. 92.
⑤ Ibid., p. 93.

用理想中的国家公益、全民利益，来取代对现实国家的认知。其实现实中所谓的国家利益，体现的不过是主流团体的利益。关于超越于团体利益之上的集体利益的理念，只是形而上学的或超政治的幻觉，它们与有机体的观念相联系，而与政党国家或曰机械主义的民主制相对立。[①] 实际上，政党不仅体现不同的物质利益，更体现不同的"世界观"，这是取消政党活动、基于功能团体的合作而进行统治的组合主义国家无法顾及的。在现实中，各个团体的利益，总是处于冲突之中，所谓共同体的意志，只能是各个团体对立利益间的妥协，其中各方都做了让步。把人们组织成政党，意味着在现实中为此种妥协创造组织条件。凯尔森指出："反对组建政党，最终反对民主自身，提供的是有意或无意地支持某些政治力量，那些政治力量的目标是实现单一集团利益的统治，而不考虑对立的利益，它还把自身伪装成一种'有机的''真正的''正确理解的'集体利益。"[②] 凯尔森对现代政党政治的辩护，着实字字珠玑。他戳穿了集体利益的神话。这种理解，包含了对多元性与一元性的明确区分。法西斯主义的历史证明，一旦多党活动被取缔，民主便必不可保。

议会制的理据

凯尔森按照民主理想实现的形式，把民主分为直接民主与间接民主。他认为，直接民主，代表了民主理想有较高程度的实现，其特征是"立法和主要的行政及司法各项职能，都同样是由公民在群众大会或初级会议上行使"[③]。此种民主形式，只有在小共同体与简单社会中才能实现。而且，即使如此，民主理想的实现也有很大限制。儿童、妇女、奴隶被排除在民主生活之外，战时，民主原则也让位于独裁原则。凯尔森说，在现代社会，民主只能以间接的、代议制的方式实现。在代议制民主中，选民的多数选出议员，议员中的多数，决定共同体的统治意志。对选民来说，政治权利或曰自由，最小化为投票权。代议制对于理解自由与民主来说，具有重要

[①] Hans Kelson, "On the Essecnce and Value of Democracy", 1929, in *Weimar: A Jurisprudence of Crisis*, Arhtur J. Jacobson and Bernhard Schlink edited, Berkeley: University of California Press, 2000, p. 93.

[②] Ibid. .

[③] [奥]汉斯·凯尔森：《法与国家的一般理论》，沈宗灵译，中国大百科全书出版社1996年版，第320页。

意义。

凯尔森描述道，近代以来针对绝对王权的斗争，本质上是为议会制而斗争。19世纪以来，议会制带来无数成就，然而它在理论上却处于不利的地位。西人是身在福中不知福，极端左翼与极端右翼政党，皆痛恨议会制。对独裁或组合主义秩序（a corporatist order）的呼声，日甚一日。议会制即使没有陷入"危机"或破产，也颇受人们怀疑。

凯尔森旗帜鲜明地与各种反议会论调做斗争。他写道："现代民主的存在依赖于议会在解决我们时代的社会问题方面是否是一个奏效的工具。诚然，民主和议会制不是一回事。但因为现代国家中直接民主实践上不可能，我们就不能严肃地怀疑议会制是民主理想在今天的社会现实中实现的唯一的实际形式。如此，捍卫议会制，同时就是捍卫民主。"[1]

凯尔森说，议会制的本质，在于以民主的方式形成统治意志。议会制的核心理念，是"民主自决，亦即政治自由的理念"[2]。它包含的原则有二：首先，议会制通过多数原则，保证了尽可能多的政治自由；其二，它使得国家意志的形成具有间接性。国家意志不是由人民来形成，而是由人民选举出的议会来形成。在第二个方面，它适应的是社会分殊、劳动分工的需要，遵循的是社会分工原则。它使得民主由原始走向现代。这两个原则（政治自由原则与分工原则）是相互对立的，因为分工越细，政治自由就越少。这样，议会制便成为"人民的自由要求与劳动分工原则之间的折中"[3]。

凯尔森指出，现代议会，区别于中世纪议会，特点在于议员独立于人民（我们可以想到柏克是关于"议员不是代表"的论述），独立运用理性发表意见，而中世纪等级议会中，各人是等级代表，只对自己所属的等级负责。在理解现代议会制时，人们常常会提到"代表性"。然而，凯尔森说，说议员具有代表性本身就是一个虚构或神话，是一种旨在维护统治的政治意识形态。代表性的神话，服务于从人民主权的立场上为议会制的合法性进行说明，然而，在现实中，议会并不以此为原则，议会的原则是自由，是允许对立观点的同时存在。代表性神话在议会与国王进行斗争时，尚可获得支持，但在议会制大获全胜、君权受限或不复存在时，它便会引起人们的质疑。人

---

[1] Hans Kelson, "On the Essecnce and Value of Democracy", 1929, in *Weimar: A Jurisprudence of Crisis*, Arhtur J. Jacobson and Bernhard Schlink edited, Berkeley: University of California Press, 2000, pp. 95 – 96.

[2] Ibid., p. 96.

[3] Ibid..

第十四章 极权主义之思

们指责议会，最常见的似是而非的理据就是：议会的决议与人民的意见不统一，议会不能代表人民。马克思主义者指责议会是资产阶级压迫工人的工具。同时代的卡尔·施米特在其论议会制的论文中也写道：如今，还有谁相信议会代表人民？议会已然成为政党分赃的地方。由此人民表达意志，不如直接聚会，到广场上呐喊。① 凯尔森反驳说，议会制本来就不是以具有代表性为原则，议会制的价值在于，它是"一种特殊的用来创造国家秩序（法令）的社会—技术手段"②。

凯尔森指出，即使是独裁政体中，君主或领袖也并非单独决策，君主或领袖决策前，常召开御前会议或国务会议。在一个大型共和国中，国家意志如何形成？议会提供了手段。这里面涉及"知识、能力和责任"问题。因为做出决定或立法，需要一定的知识和能力，也需要承担一定的责任。凯尔森再次强调，此处所谓"国家意志"或"共同体的意志"，并非可以认知的心理学事实，它只是个比喻。实际存在的，只有不同的诸多个体的意志。国家意志，体现的是对规范（norm）的寻求，由此，国家意志的形成过程，不过是国家秩序（法令）创造的过程。凯尔森说："试图把议会从现代国家机构中消灭的尝试，长远来看不会成功。本质的问题只能是议会产生与构成的方式，以及它应当拥有的权力的类型和程度。"③

凯尔森的建议是改革议会而不是废除议会。凯尔森认为，可以尝试在议会制改革中继续增加民主的元素，可以引入一些新的社会—技术方面的设计。例如，他建议可以考虑在既有议会制体系中加入全民公决机制。当上下议院发生冲突时，或者国家元首和少数派有特别的提案时，可以启动全民公决，它并不否定原来议会的合法性。凯尔森还说，如果人民越来越多地要求对国家意志的形成施加影响，当全民公决的决议与议会决议相矛盾时，议会就必须解散，重新选举新一届议会。另外，议会改革还可以考虑：引入人民动议权；废除或限制议员豁免权（根据这一豁免权，法院只有在议会同意时

---

① 卡尔·施米特于1923年夏完成了一篇论议会制的论文，其原文题为"Die geistesgeschichtliche Lage des heutigen Parlamentarismus"，这部作品的英译本译者艾伦·肯尼迪（Ellen Kennedy）将之意译为"The Crisis of Parliamentary Democracy"（《议会民主的危机》），中译本译为《当今议会制的思想史状况》。参见［德］卡尔·施米特《政治的浪漫派》，冯克利、刘锋译，上海人民出版社2004年版；Carl Schmitt, *The Crisis of Parliamentary Democracy*, translated by Ellen Kennedy, Cambridge, Massachusetts and London: The MIT Press, 1985.

② Hans Kelson, "On the Essecnce and Value of Democracy", 1929, in *Weimar: A Jurisprudence of Crisis*, Arhtur J. Jacobson and Bernhard Schlink edited, Berkeley: University of California Press, 2000, p. 98.

③ Ibid., p. 100.

才能对涉嫌犯罪的议员进行审查、逮捕），让议员贴近人民，从无责变为有责。针对议员意见业余的批判，凯尔森认为，可以设立议会的专业委员会，以提高决策水平。[①]

民主：政治相对主义

凯尔森的论文，为民主提供强有力的辩护。凯尔森表明，民主的本质原则是政治自由。形形色色的独裁则是要否定这种政治自由。凯尔森关于民主的讨论，并非机械的制度比较分析，它最终深入人类的精神层面，此为凯尔森学说具有深厚哲学底蕴和崇高人文关怀之体现。

一种观点认为，民主只是形式。按此论调，对于人类来说，民主就不是必不可少之事。凯尔森予以反驳，他表明，民主本身就是价值。它值得热爱和平、热爱自由的人去追求。凯尔森说，民主制很好地处理了一个其他制度无法处理的问题，那就是人们在世界观上面的分歧与冲突。价值的冲突，世界观的冲突，基本政治立场的冲突，常引发战争和流血。民主派承认差异、多元、分歧，允许妥协。形而上学的绝对主义者的世界观则认为，只存在一个真理、一个唯一正确的结论、一个最高价值，不允许批判、质疑，不允许观点的对立。主张独裁的人，是绝对真理论、绝对价值论的持有者。民主派的观点则不同。多数原则，也从未否定对少数人权利的保护。凯尔森指出，说多数原则带来暴政，实为无稽之谈。因为按照法律程序，依多数原则而做出的决议，是各种对立的意志共同参与互动、博弈、妥协而得出的结果，它的形成，本身就包含了各方的意见。而少数如不满意于此一结果，可以退出表决机制而使得多数决定无法存在。合法的多数决议，本身不是对少数的暴政。它体现了少数派在这个问题上的妥协，这种妥协，便是少数派事实上的态度。抛弃多数原则，进入独裁机制，则其他不同意见，一概被视为具有颠覆性、破坏性，如此才可以说它是一种暴政。

凯尔森得出结论：民主对应的是政治相对主义（political relativism），它承认诸神之争，承认多元价值，承认价值冲突的事实，承认不同世界观的平等；反民主对应的是政治绝对主义（political absolutism），它要确立一种世界

[①] 黄钰选编：《德国魏玛时期国家法政文献选编》，黄钰等译，清华大学出版社 2016 年版，第 196—200 页。

观的权威地位，否定其他世界观存在的理由，它要堵住其他人的嘴，封住其他人的耳。基督教君主制的君权神授论主张，是权威而非多数（authority, not majority）做决定，它所表达的正是一种政治绝对主义。[①] 此种政治绝对主义，在近代以来遭到了人们的摒弃。以凯尔森之意，如果你热爱自由，你就没有理由拒绝民主。凯尔森还暗示了民主的和平主义潜质，因为民主制提供了和平处理对立世界观的方案，而有史以来，还没有第二种实际的政治机制可以实现这一目标。我们可以说，在某种意义上，民主制使得诸神之战变成了诸神之争。凯尔森相信规范的力量，他指出，尽管现实世界从不乏暴力，但暴力从来都得不到规范的承认。规范（norm）必胜！

纯粹法理论

凯尔森的法理学，叫"纯粹法理论"。纯粹法理论，是指法的纯粹理论（the Pure Theory of Law）。"纯粹法"一语，并非指法本身具有纯粹性，法没有道德的、宗教的、伦理的、经济的、政治的内容，而是指作为一种关于法的理论，它要排除其他因素，以纯然科学的态度，审视法的实然状况，形成对法律事实的认知。纯粹意味着科学性和"价值无涉"。纯粹法理论，是关于实证法（positive law）的理论。凯尔森的法理学，是一门法的科学。它不与任何价值诉求、政治立场或意识形态相联系。此点依然牢牢地植根于他在哲学上的新康德主义的二元论。此种新康德主义，与休谟及韦伯关于事实与价值的区分相一致。韦伯的社会科学方法论，起点是新康德主义。凯尔森在学术上是启蒙理性主义、科学主义的忠实继承者，其对人类理性的态度，在康德对理性批判的基础上展开。一方面，我们相信理性有所作为，另一方面，我们又深知理性的局限与边界。法的科学，可以揭开各种幻觉、神话、虚假宣传的面纱，它不乏政治意义，但它并不与我们的政治抉择或道德判断发生关联，此为凯尔森纯粹法学之大要。凯尔森并非缺乏政治关怀或道德感，只是他坚持捍卫科学之独立性，在他看来，科学不允许利益偏见、个人价值偏好、党派立场之介入，否则即不叫科学。于法律，当然也是如此。

[①] Hans Kelson, "On the Essecnce and Value of Democracy", 1929, in *Weimar*: *A Jurisprudence of Crisis*, Arhtur J. Jacobson and Bernhard Schlink edited, Berkeley: University of California Press, 2000, p. 108.

凯尔森说，纯粹法的理论，不回答什么是正确的法、什么是正确的判决，不探讨法应当如何（ought to be）。它只是致力于探讨法的事实中实然为何（is），或者说，探讨法律现实的本质。① 纯粹法理论关注的是"实在"（reality）。当然，从科学的角度来看，实在也只是一个相对的概念。纯粹法理论要提供概念的工具，以便从知识上去把握特定的法。为此，它区分法的形式与法的内容。法律形式论（legal formalism），确保了其客观性。凯尔森指出，这种法律形式论，正是法律科学本质的要求。因为所有科学知识，都是形式论的。把纯粹法理论说成是概念法学，是一种误解。正如我们不能说物理学是概念物理学一样。实际上，凯尔森的纯粹法学，在他看来，不过是法学本身应该呈现的面目。概念并不是法学的目的，法学是要通过概念，创造法律规范。传统法理学没有区分对法的认知与法的产生（法的理论与法的实践），由此使法的科学无法存在。② 在凯尔森看来，法的科学可以帮助指出实在法中的冲突、矛盾之处，从而对完善统一的法律体系做出贡献。但法的科学不为任何政治或道德立场提供辩护。法的科学也不能指明一项判决是否正义，因为正义本是相对的，它是外在于法的价值诉求。

凯尔森说，法律理论之纯粹性的本质在于，"它只想认知某事，而非欲求某事；它是学术，而非政治"③。凯尔森说，当社会学的、道德的、政治的因素纳入法理学时，它带来的不过是派别利益。我们也不能称某种法是为了公共利益，因为这些"公共利益"的说法背后，不过是派别利益、特殊利益。理论家宣扬的"公共利益"不过是一种神话。对立的冲突之间，不可能有"共识"。利益相互冲突，法律功能在于调节、制约这种冲突。当法学沦为利益表达的工具、法学界沦为利益的战场，纯粹的对法的客观考察，便变得不可能，法的科学便不复存在。那种服务于派别利益的法学，乃是对法学家的羞辱、对科学尊严的羞辱。此时，"学术变成了政治的意识形态！"④ 凯尔森写道，"我们时代的特征"便是学者失去捍卫真理的勇气，否定科学工作者的职业伦理，放弃对摆脱主观利益的客观知识的理想追求。在凯尔森看来，法学方法论上将政治与法混杂，本质上是要捍卫特殊的党派利益。凯尔

---

① Hans Kelson, "Legal Formalism and The Pure Theory of Law", 1929, in *Weimar: A Jurisprudence of Crisis*, Arhtur J. Jacobson and Bernhard Schlink edited, Berkeley: University of California Press, 2000, p. 77.
② Ibid., pp. 77–78.
③ Ibid., p. 78.
④ Ibid..

森说,从左到右所有的政治力量,都为自己的利益辩护,且披上科学的外衣。科学成了政治的面具。由此,坚持纯粹法理论,就是捍卫科学的独立性,在学术(科学)与政治之间划清界限。人们常常说凯尔森的纯粹法理论对应的政治立场是自由主义、法治国理想、民主主义与和平主义,凯尔森说,这是对纯粹法理论的误解。纯粹法理论不对应于意识形态光谱中的任何一种。它并不提供一种有用的意识形态。①

凯尔森表示,他的政治立场和主张,有些确实属于自由主义,但那并不是从关于法的科学中得出的,它们只是他对具体政治问题分析得出的结论,其中不乏他本人的价值判断。因为政治与科学分属不同的领域。一个人从事科学研究,并不逼迫他放弃他所有的政治判断。它只是要求他把二者进行区分,把认知与"意愿"进行区分。凯尔森说:"让纯粹法理论各种各样的支持者联系在一起的,不是一种共同的政治信念,首先不是自由主义、民主和和平主义。它是对科学方法的信赖,它要在人类可能的范围内,摆脱任何政治判断。"②

在法律实践方面,纯粹法理论关心法律规范本身。它暗含了对一个诸神之争的多元世界的承认。凯尔森说,我们不能在不同的价值之间权衡出高与低。每一个判决,都不是唯一正确的判决。然而这并不影响判决的有效性。认为存在最正确的判决,不过是一种幻觉。③纯粹法既不提供如何制定良法的建议,也不给如何做出好的判决、如何在法律范围内采取良善行政措施提供帮助。由此,它基本上不考虑法律解释的问题。凯尔森依然坚持区分认知与实践。他说,一个人可以用客观的态度去理解事物的本性,理解国家与法律的本质,同时他也可以通过政治,借由意志与行动,特别是立法与司法,去实现某些价值。④凯尔森坚信,真正的科学的舞台,处于政治斗争之外。科学内在的本性,使得它并不害怕来自政治权力的威胁。史上教会出于自身权威的维护,批判哥白尼的科学思想,最终教会还是失败了。⑤

---

① Hans Kelson, "Legal Formalism and The Pure Theory of Law", 1929, in *Weimar: A Jurisprudence of Crisis*, Arhtur J. Jacobson and Bernhard Schlink edited, Berkeley: University of California Press, 2000, p. 79.
② Ibid., p. 80.
③ Ibid., p. 82.
④ Ibid., p. 83.
⑤ [奥]汉斯·凯尔森:《法与国家的一般理论》,沈宗灵译,中国大百科全书出版社1996年版,第401页。

基础规范与法律一元论

凯尔森的纯粹法理论,属于法律实证主义流派。这一流派的根本,是从"有效性"去界定法,它源于19世纪对自然法学派的否定。当20世纪古典自然法理论复活,当不少学者将正义观念与实定法联系在一起,当共产主义的法律理论被提出并应用时,凯尔森力主纯粹法,实为对以前的法律实证主义的捍卫。当然,这种捍卫是一种继承与发展,凯尔森有时称他的思想为"批判法律实证主义"。[①]

依据凯尔森之理论,法律实证主义认为,法一经产生,无论是习惯法,还是实定法,即具有效力,它要求人们服从。我们不能诉诸法律之外的自然、神意、民族精神,去寻找法律效力的来源。凯尔森认为,把法律的来源与其他事物混杂,是典型的二元论,在逻辑上是讲不通的。凯尔森以法律一元论来表明其纯粹法理论的立场。法的效力从何而来?对法的来源的追问,实际上与对世界来源的追问,属于同一种类型的思维,其答案很容易落入神学体系或自然法学说。为解决此一问题,凯尔森基于康德哲学提出了一个先验假设性概念——基础规范(basic norm)。

何为基础规范?基础规范,是凯尔森纯粹法学为回答法的效力来源问题而做出的预设。凯尔森有时称之为"原初规范"、"先验—逻辑意义上的宪法"。具体的法律,从属于宪法,其效力源自宪法,宪法之所以有效力,则源于它是建立在基础规范之上的。基础规范不具有具体的内容,它是法科学中的一个抽象预设。凯尔森说,在宪法变更或革命时,我们可以看到基础规范的意义。[②] 为了理解凯尔森的理论,我们以晚清中国的戊戌政变为例。戊戌政变之前,人们的行为,受一套法律规约,这些法规后面,必须假定有一个基础规范,它赋予实在法以效力。戊戌政变后,新法颁行。然而,政变百日而失败,虽一度有形之于文的新法,但由于缺乏新的基础规范的支持,故而它没有效力,或者说,因为它在现实中没有持续生效,所以我们说它缺乏基础规范。不受遵奉的法律,只能被看作某种私人行为。从这里,我们可以看到凯尔森关于"基础规范"理论之解释力。光绪帝的意志、维新派的意

[①] [奥]汉斯·凯尔森:《法与国家的一般理论》,沈宗灵译,中国大百科全书出版社1996年版,第479页。
[②] 同上书,第134页。

志，或者某种神意，都不能赋予新法以效力。基础规范的形成，源于政治上均衡的实现。如果变法成功，新政体持续数年，人们悉遵新法，则新法即因有新的基础规范的支持而具有效力。基础规范从何而来？基础规范产生于权力变成法律的一瞬间。它是新法效力的逻辑起点，是现实政治中权力博弈的终点。

凯尔森说，作为规范，基础规范仍然只属于应然领域。基础规范是法律的终极假设，其内容取决于"构成特定法律之事实，即该法多少为人所遵循"①。当我们追溯第一部宪法的产生时，"人们假设一个人应当像制定第一个宪法的那个人或那些人所命令的那样行为。这就是正在加以考虑的那个法律秩序的基础规范。具体体现这第一个宪法的文件，只有在基础规范被预定为有效力的条件下，才是一个真正的宪法、一个有拘束力的规范"②。如果我们难以理解这个描述，且看凯尔森以宗教法规所做的比喻。宗教法规的基本规范，是要求人们按上帝的命令或上帝指定的权威人士发布的命令去行为。同理，一个法律秩序的基本规范，就是要求人们要按照这个秩序的缔造者或它委托的机构的命令去行为。基础规范"之所以有效力，是因为它是被预定为有效力的；而它之所以是被预定为有效力的，是因为如果没有这一预定，个人的行为就无法被解释为一个法律行为，尤其是创造规范的行为"③。凯尔森说，认识到基础规范的存在，是"简单地分析实际的法学陈述的结果"④。

国际法与统一的世界秩序

在凯尔森的理论体系中，基础规范的概念，不仅适用于对国内法效力来源的解释，也适用于对国际法效力的解释。它可以很好地回答，包括国际惯例在内的国际法为何有效力。凯尔森是著名的国际法专家。他认为，国际法的特点是不完整性。它体现了人类文明演进尚处于某个中间阶段。在凯尔森的理论中，国家的统一与法律的统一，是权力理性化之体现，但在国际社会，此一进程尚未最终实现，它受阻于对国家的人格化错误理解以及错误的

---

① ［奥］汉斯·凯尔森：《纯粹法理论》，张书友译，中国法制出版社2008年版，第85页。
② ［奥］汉斯·凯尔森：《法与国家的一般理论》，沈宗灵译，中国大百科全书出版社1996年版，第131页。
③ 同上书，第132页。
④ 同上。

主权理论。在错误的主权理论基础之上,无法推导出国际法的效力,如若主权具有绝对性,则世界必定是混乱一团。

凯尔森认为,在理想状态中,在严格的逻辑推演中,国际法与国内法是统一的,并且国际法高于国内法。任何国家的国内法,都不能高过国际法,否则就不存在国际法一说。国际法的效力,同样源自基础规范。这样,在国际法面前,从前国内法所依赖的基础规范,便仅仅具有相对意义。主权也仅仅具有相对性。① 实际上,在凯尔森看来,国际法亦具有相对性,因为国际法可以变更、修订,唯一绝对的,只有基础规范。凯尔森的理论,为不同国家走向统一和平的世界秩序,扫清了障碍,提供了可能。凯尔森说,帝国主义者坚持主权独立完整,主权超越于一切法律之上,与之相联系的是"国内法高于国际法"的观点,其结果是国际社会冲突不断,永无宁日。②

就我们所观察到的现实而言,在国际社会,法的统一(即国家的统一)尚未实现,按照凯尔森的解释,这是因为权力的集中尚不发达。可以想象,有朝一日,世界"国家"存在,只是因为有统一的人类法的存在。这种统一的法律秩序,既不依赖于统一的道德观、统一的文化心理,也不依赖于统一的政治权威。届时国界不再重要,国内与国外问题,也不能截然分开。凯尔森说:"纯粹法理论之政治意义便在于:通过将国家概念相对化以确保法律认知之统一,为对世界法律秩序在组织上之集中统一提供不可或缺之前提。"③ 凯尔森一方面使国家相对化,承认了不同政体的存在,另一方面,他勾画了按照法的普遍性、逻辑统一性确立起的和平秩序,它涵盖了所有的民族、所有的共同体,这是凯尔森纯粹法学所到达的最高境界,也因此,凯尔森的学说一直具有独特的吸引力、生命力。

以科学审判自然法理论

凯尔森对自然法学说进行了批判。他的批判大致包括如下论点:自然法并不能调节人们的行为;自然法与政治绝对主义相联系,它否定多元和个性,将国家权威绝对化;自然法是某些集团追逐私利的工具;自然法学说具

---

① [奥]汉斯·凯尔森:《法与国家的一般理论》,沈宗灵译,中国大百科全书出版社1996年版,第405页。
② [奥]汉斯·凯尔森:《纯粹法理论》,张书友译,中国法制出版社2008年版,第135页。
③ 同上。

第十四章　极权主义之思

有保守性，妨碍法律改革。自然法学说最大的谬误，是它所持的自然法与实在法的二元论。这种二元论，没有区分"实然"与"应然"，认为从实然（自然法则）能够推导出应然（伦理或法律规范）。从科学立场来看，实属荒谬。[①] 从大鱼吃小鱼，并不能推导出人类也应当如此行为，它并没有回答如何区分善恶。凯尔森说："在科学法庭上，自然法学说绝无胜诉机会，当然，后者说不定会援引其宗教性而否认本庭之管辖权。"[②]

凯尔森分析说，自然法学说宣称，自然法来自于上帝、自然或理性，因而它是绝对善的、正确的、正义的规则。自然或上帝，是自然法的立法者。依据自然法，人类的行为，便可分为自然的与违反自然的。凯尔森提到，格劳秀斯、霍布斯、普芬道夫、康德、黑格尔，他们都持清晰的自然法学说或某种变形了的自然法学说（如黑格尔）。自然法学说认为，自然法回答了"什么是正义"的问题。自然法是自明的，不需要强制就能实现。凯尔森说："每一种自然法学说，只要它持有纯自然法观念时，就一定是理想的无政府主义。每一种无政府主义，从原始基督教以来一直到现代马克思主义为止，从根本上说，都是一种自然法学说。"[③] 而实在法，则是由人创造的，其实施需要依靠强制。实在法确立的是一种强制性秩序。"国家，便是实在法的完善形式。"[④] 自然法与实在法都是一种规则，以"应然"来表示，它们本质上都是规范。不过，自然法学说主张其规则具有绝对效力，而实在法，总有其适用的对象和地域，因而只具有相对效力。自然法永恒不变，实在法则是可变的。

自然法理论与关于正义的思考相联系。凯尔森指出，自然法理论宣称自然法提供的是正义的秩序，而法律实证主义者并不希望在实在法中实现"正义"，在他们看来，实在法提供的是一个有意义的秩序。[⑤] 实际上，自然法并不能发挥其作用，此为"知识与意志的不充分"使然，也就是，有人根本不能领悟到自然法，有人领悟到了，但不愿意采用它、遵守它。

不过，近代有一种流行的自然法学说，并不排斥实在法，但是它宣称，

[①] ［奥］汉斯·凯尔森：《科学法庭上的自然法学说》，载［奥］汉斯·凯尔森《纯粹法理论》，张书友译，中国法制出版社 2008 年版，第 232 页。

[②] 同上书，第 234 页。

[③] ［奥］汉斯·凯尔森：《自然法学说与法律实证主义》，载［奥］汉斯·凯尔森《法与国家的一般理论》，沈宗灵译，中国大百科全书出版社 1996 年版，第 428 页。

[④] 同上。

[⑤] 同上书，第 438 页。

实在法必须服从于自然法，自然法是实在法的来源。实在法只有符合自然法，才具有效力。恶法不是法。这种学说高举"自然正义"的大旗，对实证主义展开攻击。在凯尔森看来，它不过是一种政治意识形态，目的是为某一特定的实在法披上自然法的外衣，以强化其权威，让国家成为绝对物。事实上，自然法学说可以为不同的政治立场、政治派别进行辩护。凯尔森提到，自然法学说不能提供确定的批判秩序的标准。它可以为王权辩护，也可以为革命辩护；① 可以为私有财产权辩护（如洛克），也可以为公有制辩护，宣称一切私有财产权都是"反自然的"，后者代表人物如摩莱里（《自然法典》的作者）、巴贝夫、傅立叶等；既可以服务于孔德的集体主义学说，也可以服务于斯宾塞高度个人主义的学说。

凯尔森指出，法律实证主义，就是要只以作为先验逻辑假设的"基础规范"来解释法的来源。它认为，实在法并不能从自然法那里产生，也不必接受自然法的衡量，因为自然法规则与实在法规则属于两个无法统一的体系。法律实证主义的政治意义在于用政治的相对主义取代政治的绝对主义。自然法学说本质上是政治绝对主义。② 凯尔森还提到，历史法学派，虽然与自然法学派不同，却同样把外在于法的东西（民族精神），当作法的来源。二者皆体现了一种形而上学的二元论，并且都是既有国家秩序的卫士。③

人们常错误地以为自然法学说自身具有革命性，对于国际秩序的改善也有积极作用。凯尔森反驳说，事实表明，自然法学说具有严重的保守性。哪里有法律改良的趋势，自然法理论家就会跳出来唱反调。④ 其革命性，不过是一种"假想"。在思考国际秩序时，自然法学说起的是破坏性作用。而法律实证主义，则可以为法律改革提供依据，并且，它尊重所有既存的法律秩序，并不将其绝对化，正是由此，它打开了通向世界和平与统一的道路。

凯尔森写道："自然法学说煞有介事地以客观方式决定何谓公正，这纯属欺人之谈。"⑤ 不过，自然法学说虽然缺陷甚多，但对社会思维发挥了巨大的影响，以至至今仍有追随者，凯尔森解释说，"原因在于其满足了深深植

---

① [奥]汉斯·凯尔森：《自然法学说与法律实证主义》，载[奥]汉斯·凯尔森《法与国家的一般理论》，沈宗灵译，中国大百科全书出版社1996年版，第456页。
② 同上书，第455页。
③ 同上书，第456页。
④ [奥]汉斯·凯尔森：《科学法庭上的自然法学说》，载[奥]汉斯·凯尔森《纯粹法理论》，张书友译，中国法制出版社2008年版，第246页。
⑤ 同上书，第273页。

根于人类心灵深处的正当化的需要。为了将产生于自身情感因素之主观价值正当化，人们尽力使此类判断貌似陈述事实之命题。"① 自然法被人宣扬，也有政治利益之驱动，它是"谋取私利之理论工具"；再者，它是一个柏拉图式的"谎言"，它有助于教导被统治者守法。与自然法理论相比较，法律实证主义的特点、优点和用意，便体现出来了。凯尔森写道：

> 法律实证主义的理想就是保护实在法理论不受任何政治倾向，或者说，不受任何主观价值判断的影响。……它接受既定法律秩序而不对它本身加以评价，并且力求在提出和解释法律时尽可能大公无私。尤其是，它拒绝在某种借口下来支持任何政治利益，即通过一个自然法规范来解释实在法或提供必要的更正。……每一种法律秩序，只要它具有使它成为实在法律秩序所必须的有效性，那么，它就或多或少是相互冲突的利益集团在其夺取权力的斗争中，在其决定社会秩序内容的对抗倾向中的一种妥协。这种夺取权力的斗争总体现为争取"正义"而进行斗争；所有进行斗争的集团都使用"自然法"的意识形态。它们永不会将它们所谋求实现的利益说成仅仅是集团利益，它们称其为"真正的"、"共同的"、"普遍的"利益。这种斗争的结果决定了法律秩序的暂时内容。……实在法秩序的内容不过是相互冲突利益的妥协，结果其中任何一方都没有完全满足或不满足。实在法律秩序的内容是一种社会均衡的表示，它体现在法律秩序的有效性中，体现在法律秩序一般来说为人所服从而并未遭到严重抗拒。②

凯尔森的卓越贡献

凯尔森力主纯粹法理论，以法的科学，取代关于法律问题的虚构与意识形态。他深恶痛疾的是法学成为政治工具。在凯尔森看来，国家秩序的实际，就是法律秩序本身。在一国之内，实在法之间不能相互矛盾、冲突，下位法必须服从上位法。这些观点，对于认识现代社会与国家的理性化本质，

---

① [奥] 汉斯·凯尔森：《科学法庭上的自然法学说》，载 [奥] 汉斯·凯尔森《纯粹法理论》，张书友译，中国法制出版社2008年版，第256页。
② [奥] 汉斯·凯尔森：《自然法学说与法律实证主义》，载 [奥] 汉斯·凯尔森《法与国家的一般理论》，沈宗灵译，中国大百科全书出版社1996年版，第479—480页。

具有重要意义。

总体而论，凯尔森的政治与法律思想具有鲜明的自由主义色彩。不过，凯尔森并不是出于对自由主义的信奉而阐发其理论。他承继批判理性的启蒙精神，坚守科学立场，力图在理想和现实严格区分的层面上展开学术讨论。例如对于自由市场，凯尔森并不一般地予以支持，他认为，"一战"前后的经验告诉他，没有工业的国有化，劳工阶级的利益，便无望得到保障。凯尔森并不无视共产主义国家的法律与国家状况，而是以科学的态度审视之。

凯尔森的学说不是空洞的、概念化的、形式化的。凯尔森倡导的法学方法论上的纯粹性，并不排斥他对法以外的因素进行严肃、认真的思考。事实上，凯尔森经常提到人的灵魂中对自由的热爱。凯尔森对古希腊神话和《圣经》中的正义观念的研究，体现了他十分关心正义，不过，他否定了绝对主义的正义论。

凯尔森对民主的捍卫，对政党政治与议会制的捍卫，迄今仍然具有重要理论意义。他将政体划分为民主与独裁，丰富了西方政体学说，为研究现代极权主义，提供了重要理论参照。凯尔森把法的理论与国家理论统一成了一个科学的体系。他无情地抨击把主权人格化的神话，揭示了国家作为"统一体"的真实意涵。基于对实然与应然的严格区分，对科学与政治的严格区分，对法的纯粹性的坚持，凯尔森的法科学体现了规范之于人类文明的重大意义。凯尔森的努力是对启蒙理性主义精神的阐扬，是对人为自己立法能力的肯定，是对现代性的肯定。凯尔森对政治相对论的坚守，对和平主义的执着，皆显示了现代西方政治文明的成就。民主何以得到辩护，凯尔森提供了很好的学理上的回答。至于现实政治世界，则是行动者的世界。凯尔森作为学者，并不热衷于此，即使他曾有过独特的公共生活经验。

施米特：学者中的冒险家

卡尔·施米特（Carl Schmitt, 1888—1985）在西方政治理论发展史上具有十分重要的地位。20世纪法国左派哲学家、黑格尔研究专家亚历山大·科耶夫曾说，施米特是那个时代"唯一"值得交谈的德国人。[①] 不过，施米特

---

① ［美］马克·里拉：《当知识分子遇到政治》，邓晓菁、王笑红译，新星出版社2005年版，第50页。

也曾被人们称为德国纳粹时期的"桂冠法学家""希特勒的导师""第三帝国的理论家"。

施米特出生于德国的一个天主教家庭，故乡是德国西部绍尔（Sauer）州的普莱腾堡（Plettenberg）。施米特多才多艺，兴趣高雅，喜欢品酒，弹钢琴，认识他的人多服膺其才华。做学生的时候，施米特曾听过韦伯的课，并和韦伯有过多次私下交谈。施米特是一位学者，他自称一生"未离开过书桌"，他曾先后在格里夫斯瓦尔德大学、波恩大学、柏林大学任教。施米特历经德意志帝国、魏玛共和国、第三帝国和"二战"后民主德国。1985年，他以97岁高龄去世。

施米特关心德国的命运，并一度在政治上十分活跃。不过，施米特与纳粹的牵连颇为复杂，他对纳粹的态度有一个明确的转变：1933年前是强烈反对，那时他鄙视希特勒，极力为"魏玛宪法"辩护，援引"魏玛宪法"第48条，主张总统（当时总统为兴登堡）拥有紧急状态下的独裁权，建议取缔反魏玛共和国的纳粹政党。兴登堡总统起先采纳施米特的意见，但在最后时刻却又犹豫起来，最终采取了与希特勒妥协的策略。令人震惊的是，1933年纳粹当权后，施米特立即站到了纳粹一边，并在是年5月1日加入纳粹党。7月，他被召进普鲁士议会，并在纳粹所控制的法学家协会中占据最高职位，成为纳粹政权的高级法律顾问。期间，他写了不少配合官方意识形态的小册子，同时呼吁建立"一种未曾被犹太人污染的德国法学"。但1936年，由于他在战前的反纳粹立场，他被党卫军指控为"投机分子"而失去了职务，于是他退出公共论坛。他把研究重点放在了国际公法上，这项研究自然与时局有密切联系。

施米特在两年后，发表了关于"大空间"理论的论文和演说。[①] 他的大空间理论，本质上是一种欧洲门罗主义，针对美国《门罗宣言》而来。它宣称，如果美洲是美洲人的美洲，不受其他国家的干预，那么欧洲同样是欧洲人的欧洲。施米特实际上是试图对新出现的国际秩序，做出理论上的说明，并对普世秩序论提出反对意见。他所谓的大空间，是说世界将不再按民族国家的边界，而是按战争法权的边界划分为几个大的空间，每个空间里面有一个核心的国家，它为这个空间里其他弱小国家提

[①] [德]卡尔·施米特：《以大空间对抗普世主义》，载[德]卡尔·施米特《论断与概念》，朱雁冰译，上海人民出版社2006年版，第305页。

供安全与和平的保护。大空间并非帝国，也不是通过战争征服而形成，更无种族主义的意思。① 施米特并不赞同侵略战争，但他乐于接受希特勒战争带来的成果。毕竟，德意志国家因之将成为一个大空间的主干，与英帝国、美帝国、俄罗斯帝国并列，在国际社会可以有一席之地。施米特的理论迅速被元首秘书改头换面传送到希特勒那里。希特勒在关于对外战争的讲话中，采用了这个理论。《法兰克福时报》长文介绍其大空间理论。英国舆论皆称，主导希勒特战争的理论，是卡尔·施米特。《每日邮报》如此写道："希特勒先生的政策关键人物是卡尔·施米特教授，这个英俊的中年男子是德国国际法的领军人物。"② 施米特沉寂两年后，成了国际知名的人物。施米特战后受审，主要就是他因为提出这个理论，在盟军政府那边，已经是臭名昭著。

1945年4月，苏军占领柏林，施米特在家中被逮捕，简单审讯后，他被释放了。因为他对苏军说，他虽然生活在一个纳粹的世界，但是他从来不是一个纳粹分子。他以霍乱病菌与人的抵抗力做比喻，说自己有很强的抵抗力，虽然喝了带有霍乱病菌的水，但并没有感染。几个月后，他被美军逮捕。美军查抄了他的文稿和藏书，施米特花几十年收藏的大批图书，被用卡车运走，美军士兵问他要不要留一两本《圣经》。施米特说："算了，你们都拿走吧。"③ 关押了一年半后，他被送到纽伦堡接受审判。施米特对审讯员说，他只是个知识分子中的冒险家，他的行为和理论是希望影响民族社会主义。提到大屠杀与几百万人无辜丧生，施米特说：不要忘记，基督教带来的也是几百万人丧生。④ 施米特后来以书面的方式，针对受到的指控，为自己一一辩解，他特别指出他的大空间理论与希特勒的生存空间论不是一回事。最后，施米特被无罪释放。年近六旬的施米特回到故乡普莱腾堡，不再担任大学教职。施米特不是真正的隐士，他热衷于接待来自世界各地的崇拜者，许多年轻人以朝圣的心态去拜访他。

施米特著作颇丰，他的著作有：《论专政》《政治浪漫派》《政治的概

---

① 关于施米特的大空间理论，参见陈伟《施米特与政治的逻辑》，生活·读书·新知三联书店2015年版，第352页。
② 转引自［美］约瑟夫·本德斯基《卡尔·施米特：德意志国家的理论家》，陈伟、赵晨译，上海人民出版社2015年版，第258页。
③ ［美］约瑟夫·本德斯基：《卡尔·施米特：德意志国家的理论家》，陈伟、赵晨译，上海人民出版社2015年版，第264页。
④ 同上书，第266页。

念》《政治的神学》《罗马天主教及其政治形式》《游击队理论》《当今议会制的思想史状况》《宪法学说》《宪法的守护者》《陆地与海洋》《霍布斯国家学说中的利维坦》《价值的暴政》《地球的秩序》，等等。

施米特因其与纳粹的合作，备受指责，不过，他在《语汇》（1947—1951）中为自己辩护说："我此生所为，无非是发出经审慎思考和周密设想的无私而善意的警告，可是，被警告的人总以为受到烦人的干扰，到头来要将我置于死地。"①

法国社会学家、政治思想家雷蒙·阿隆曾拜会过施米特，并与施米特有过书信往来。阿隆说："卡尔·施米特在魏玛共和国时期是大家公认的才华出众的法学家。他属于德国的大学者之一，这些学者的研究超越自己的专业，旁及一切社会问题和政治问题，就像马克斯·韦伯那样，权且把他们称作哲学家吧。卡尔·施米特从未加入纳粹党。他是一个知识博大精深的人，不可能成为一个希特勒分子。但他是一个右翼学者、国家主义者，对魏玛共和国充满轻蔑，他无情地分析了魏玛共和国的矛盾与没落，并以法学家的身份，阐明了希特勒为什么能上台并组织纳粹专政政权。他着重阐述了1934年6月30日事件，即'长刀之夜'。在当时，这种阐释就被看作是表示赞同。甚至在战争爆发之前，当局已经不把他看作受欢迎的人。1945年以后，他承认自己铸成大错，隐居到威斯特伐利亚的一个乡村，至今还活着。"②雷蒙·阿隆是著名的自由主义者，在他眼里施米特是当时欧洲保守派的代表，阿隆不了解施米特在组织上加入纳粹党的事实。

施米特在法律系任教，但开的却是西方政治思想史一类的课。他十分明确地指出，任何法律秩序都以政治决断为前提。政治高于法律，先于法律。他推崇博丹、霍布斯，欣赏保守派作家梅斯特尔、波纳尔德、多诺索·柯特斯，反对浪漫主义、法律实证主义，承马克斯·韦伯学说之大义，立下许多不凡言论，对政治现象可谓洞若观火。

浪漫主义是一种病

施米特在1917—1918年写作《政治的浪漫派》，当时他尚不到30岁。

---

① 施米特：《语汇：一九四九至一九五一年间杂记》，转引自［德］迈尔《隐匿的对话——施米特与施特劳斯》，朱雁冰等译，华夏出版社2002年版，第4页。
② ［法］雷蒙·阿隆：《雷蒙·阿隆回忆录：五十年的政治反思》，杨祖功等译，新星出版社2006年版，第565—566页。

在书中，施米特对欧洲尤其是德国的浪漫派进行了深刻的剖析，其中不乏讽刺挖苦。以施米特之见，浪漫主义是一种病，德国知识分子病得不轻。施米特认为，德国在"一战"中战败，正因为浪漫主义败坏了德国人，让德国人失去了男子气概。① 实际上，施米特自己从前也得了这种病，故而他颇能理解德国浪漫派的心态。他作此文，既是对浪漫主义的反思，很大程度上也是要与自己的过去诀别。

我们知道，浪漫主义思想运动是对启蒙理性主义的一种反动。德国的浪漫派多为诗人、文学家。他们在文学艺术方面成就斐然，同时也谈论国是，就政治问题发表看法。他们有时支持革命，有时投靠复辟政权。有的是自由派，有的是保守派，有的信新教，有的信天主教，有的赞美王权，有的赞美共和国。这便引出一个问题：什么是浪漫主义的本质？而在当时的德国，浪漫派人士如亚当·缪勒等人，被当作保守派看待，施米特认为这是大错特错。

施米特主张要结合19世纪西方传统社会解体的大背景去看。他指出，浪漫派的精神结构，体现为一种自我中心主义，它将自我当成新的实在，把自我放在了以前上帝所居的那个位置。对浪漫派而言，在人与世界的关系中，自我是根本性的。不是神创造世界，而是"自我"创造了世界，自我赋予世界以意义。这一意义赋予的过程，便是"浪漫化"的过程。② 在此过程中，世界是自我创作的契机，是个人抒发情感的寄托物。浪漫的主体与世界之间的联系，纯属虚构。被浪漫的对象之选择，纯属偶然。浪漫派写出的文字，也纯属极度自恋的主体之无病呻吟与梦呓。浪漫派"为自己编织了一张与外在的现实世界无关的网"③。它们不导向任何实际的政治行动或政策主张。施米特称，浪漫派在政治上无足轻重，他们没有任何固定的政治立场。他们的政治著作不值得一读。浪漫主义的核心，在于它对现实中政治抉择的逃避。故而浪漫主义者多歌颂早已消失的过去，赞美中世纪的磨坊、风车、古堡，他们又张开浪漫的翅膀飞到遥远的异国他乡，飞到"满地都是古董"的中国，飞到未开化初民栖居的森林。他们也尽情地赞美儿童，认为儿童身

---

① [美]斯蒂芬·霍尔姆斯：《反自由主义剖析》，曦中等译，中国社会科学出版社2002年版，第61页。

② 参见[德]诺瓦利斯《新断片》，载刘小枫编《夜颂中的革命和宗教》，林克等译，华夏出版社2007年版，第134页。

③ [德]卡尔·施米特：《政治的浪漫派》，冯克利、刘锋译，上海人民出版社2004年版，第101页。

上包含着无限的可能性。

对过去、对异域、对初民、对儿童的迷恋，共同点是对不无冷酷的现实成人世界严肃政治抉择的回避。施米特认为，他们这么做时，并非真的准备捍卫他们笔下赞美的东西。他们不过是在表达自我的一种对实际世界毫无作用的情感而已。他们的文字，只是政治事件的"精神配乐"。①

施米特指出，对现代理性主义的反动有多种形式，如哲学式反动，历史传统式反动，宗教与神秘主义式反动以及情感与审美式反动，浪漫主义即属于情感与审美式反动。②浪漫主义批判缺乏温情的、丑陋的、理性化的世界。他们主张"诗性国家"，主张艺术家当国王，主张凭借审美教育培养人的道德情感。然而在诸神之争中，在敌友决断中，浪漫主义的审美情趣不过是一种逃避。从浪漫派那里，施米特看到一种在自我内心与世界之间游戏的玩世不恭以及对公共事务的不负责任，而在施米特看来，政治是严肃的、现实的、不容逃避的真问题。施米特对浪漫主义尖锐的批评，为施米特政治决断论的提出做了充分的准备。

议会制的"死亡鉴定"

20世纪20年代，施米特发表文章，直言议会制民主的"危机"。③这在当时，颇具典型意义。因为无产阶级专政国家的建立，法西斯运动的兴起，皆令代议制民主处于危险之中。

施米特认为，议会制的危机，作为一种制度其存在理据之丧失，根本原因在于19世纪以来"民主的胜利进军"。议会制民主包含了自由主义与民主两个原则。议会制是自由主义性质的制度，它以"公开"与"理性辩论"为原则。一是针对绝对王权时期的关门决策、秘密政治，提倡公开议事；二是相信通过理性辩论，可以做出科学决策。④民主的原则，则是各种"同一

---

① [德] 卡尔·施米特：《政治的浪漫派》，冯克利、刘锋译，上海人民出版社2004年版，第154页。
② 同上书，第59页。
③ 卡尔·施米特于1923年夏天完成了一篇论议会制的论文，其原文题为"Die geistesgeschichtliche Lage des heutigen Parlamentarismus"，这部作品的英译本译者艾伦·肯尼迪（Ellen Kennedy）将之意译为"The Crisis of Parliamentary Democracy"。Carl Schmitt, *The Crisis of Parliamentary Democracy*, translated by Ellen Kennedy, Cambridge, Massachusetts and London: The MIT Press, 1985.
④ Carl Schmitt, *The Crisis of Parliamentary Democracy*, translated by Ellen Kennedy, Cambridge, Massachusetts and London: The MIT Press, 1985, pp. 48-49.

性",它要求人民自己统治自己。① 自由主义与民主原本结伴而行,共同对付王权,但在王权打倒后,二者便渐行渐远。自由主义衰落,民主的力量则日渐高涨。最终,至20世纪20年代,代议制民主制度结构因不能容纳日益壮大的民主力量,"不能代表民意",而受到了反议会者的嘲弄与攻击。施米特写作时,魏玛德国的议会,便不拥有足够的权威,其决议常不能得到有效执行。马克思主义的专政理论、索雷尔的总罢工神话和直接行动论,皆与议会制民主为敌。施米特指出,自由主义议会制理想以相对理性主义为基础,马克思主义以绝对理性主义取代了相对理性主义,至索雷尔的直接行动论与暴力论中,绝对理性主义被非理性主义所代替。换言之,如今人们要直接行动,采取议会外手段,甚至诉诸暴力试图推翻政府,而不再相信议会具有代表性。议会制度虽然继续运行,但已经徒具形式。施米特于是认定,这个制度已经走到了它的尽头。它无法满足大众民主的要求。就这样,施米特给议会制民主开出了一张死亡鉴定。

我们很难说施米特痛恨议会制民主,他的结论是从对现实政治现象的观察与分析中得出的。当政治现实有变,施米特自然也会重新调整其理论。我们可以确定的是,在20年代,施米特对议会制民主是不抱信心了。而那时,无产阶级专政和法西斯专政刚刚登上历史舞台,施米特似乎以为那代表着新的政治趋势。

总统护宪

宪法的守卫者或曰自由的守卫者由谁承担,是法理学中的一个重要问题。凯尔森在奥地利为此专设宪法法院,以审查具体法律是否违宪。在德国,当宪法受到攻击或面临来自法律本身的争议时,也有人提出由帝国法院来守护宪法。施米特对这些观点予以否定,他主张由总统来守护宪法。施米特反对司法政治化及政治司法化,他认为,守护宪法一事,并非司法问题,而是政治问题。

施米特指出,德国魏玛宪法所确立的秩序,正在受到多元势力、多党活动及劳资对立的破坏。在这种情况下,只有代表整体的总统,拥有权威来守

---

① Carl Schmitt, *The Crisis of Parliamentary Democracy*, translated by Ellen Kennedy, Cambridge, Massachusetts and London: The MIT Press, 1985, p. 23.

护宪法。

施米特认为，对权威与权力应作清晰区分。德国的总统同时拥有二者，当他守护宪法时，他动用的不是行政权力，而是他作为政治统一体代表所拥有的权威。总统此种权威的性质是什么？施米特援引法国自由主义思想家贡斯当的宪政理论予以说明。依据贡斯当，总统拥有的是"中立性、斡旋性与规则性权力"[1]。这种权力之特点，在于它不附着于任何一个政治派别。在众议院中不能形成多数时，总统必须发挥其在各个政党间斡旋的作用。施米特说，无论是魏玛宪法，还是当时帝国总统的实际行为，均可表明总统是宪法的守护者。

施米特还指出，总统护宪，符合魏玛宪法的民主原则。因为根据魏玛宪法，总统由人民选举产生，其行为代表人民，他在关键时刻，即以人民的化身出现，以捍卫宪法，维护整个政治统一体的存在。

通往总体国家之路

近代德国国家构建之艰难，在魏玛德国时期仍然清晰可辨。施米特在纳粹上台前几年，写了若干文章，探讨德意志的国家构建问题。总体上，他认为自由主义者的商人思维，无法理解国家的政治意涵。政治的标准是敌人和朋友。国家作为政治统一体，具有精神自觉及行动能力。它是霍布斯所说的"利维坦"。30年代，施米特写了《强国家与良好经济》《国家伦理与多元主义国家》《通往总体国家之路》《总体国家在德国的进一步发展》等论文，其中既有对魏玛危机的分析，也包括对欧洲诸国前途的思考。

施米特对国家问题的思考，可从如下诸点去把握：

（1）对德国多党制的厌恶。施米特发现，德国的多党制有百害而无一利，特别是它还允许反魏玛宪法实质精神——自由民主——的极端主义政党公开活动。施米特形象地说："各个政党都在'宰杀'这个力量无比的利维坦，各自为自己切下一块肉。"[2] 可以推断，日后当纳粹政权取缔其他政党合法活动的权利时，施米特不会有什么反对意见。

（2）对国家与社会经济事务之间关系的重新思考。施米特把国家按历时

---

[1] ［德］卡尔·施米特：《宪法的守护者》，李君韬、苏慧婕译，商务印书馆2008年版，第190页。
[2] Carl Schmitt, "Ethic of State and Pluralistic State", in *The Challenge of Carl Schmitt*, Edited by Chanted Mouffe, London and New York: Verso, 1999, pp. 195–196.

类型分为三种：18 世纪的绝对主义国家、19 世纪的不干预主义（中立）国家、20 世纪的总体（全权）国家。① 在总体国家中，国家与社会合一，国家事务成了社会事务，社会事务成了国家事务。此为民主化进程使然。总体国家潜在地囊括了人类生活的所有领域。在总体国家中，一切事务皆潜在地具有政治性。

（3）从"量"的总体国家到"质"的总体国家。施米特认为，每个国家内部团结一致，对外能够区分敌友，便是总体国家。总体国家是真正的国家。总体国家的代表，是法西斯国家。总体国家比 19 世纪的中立国家更为强有力。它在性质（quality）及能力（energy）上是总体的。② 然而，德国流行的却是"量"的总体国家观。此种国家试图插手人类存在的一切领域，但它缺乏内在的能量。德国的多党制导致了此种"量"的总体国家，"量"的总体国家试图迎合、满足每个人、每个社团、每个党派的利益。"质"的总体国家，则是一个政治概念。在这样的国家中，如无必要，国家不直接干预其他事务，但它永远代表着政治上统一的整体，永远保持着决断的能力。施米特说，德国有众多总体政党，而无总体国家。③

要注意的是，在施米特所说的总体国家中，国家并不干预精神文化事务，个人自由依然存在。但任何事务一旦有了政治性，便会与国家发生关联。这是施米特在国家问题上的基本立场。

区分敌友

施米特在《政治的概念》开篇说："国家的概念以政治的概念为前提。"④ 理解国家问题，就需要理解政治的本质。施米特认为，政治（the political）是一个独特的现象，有独立的标准。正如道德中有善与恶、经济学中有盈利与亏本、美学中有美与丑一样，政治中也有这样的基本标准。他认为，政治的标准就是敌人与朋友，敌人和朋友的界分是政治活动的核心。敌人可能只是潜在地存在，但当敌人被具体而明确地辨认出来的时刻，就是政

---

① ［德］卡尔·施米特：《政治的概念》，刘宗坤等译，上海人民出版社 2003 年版，第 130 页。
② Carl Schmitt, "Further Development of the Total State in Germany", in Carl Schmitt, *Four Articles*, edited, translated and with a Preface by Simona Draghici, Washington D. C. : Plutarch Press, 1999, p. 21.
③ Ibid. , p. 23.
④ ［德］卡尔·施米特：《政治的概念》，刘宗坤译，上海人民出版社 2003 年版，第 128 页。

第十四章 极权主义之思

治状态呈现的时刻。

在《政治的概念》的最初版本中，[①] 施米特强调敌人不是私敌[②]（政治上的敌人可能在私下是好朋友），敌人是指国际政治中的敌人，而不是国内的敌人。在施米特看来，一个强大的国家应当是内部消除了敌友区分、团结一致对外的国家；在健康社会中，唯一的政治就是国际政治。

不过，把敌我界分限于国际层次，后来得到了修正。施米特最终扩充了政治发生可能性的范围和领域。他认为，在国内甚至在其他领域也可能发生政治问题，产生敌我区分的问题。这样，政治就不仅是某个领域中可能发生的事，还是一个程度的概念，在极端情况下可以发生于经济、道德、艺术等其他领域。敌友之分，体现了群体之间对抗的强度。施米特写道："政治可以从截然不同的人类活动如宗教、经济、道德以及其他各种对立中获取动力。它并不描绘自己的实质，而只是描绘人类联合或分裂的强度。"[③] 他说："从任何领域出发，都可能赢得政治的基点。"[④]

施米特把政治的标准界定为敌人与朋友的区分，人们自然要问，这种区分标准是什么？换言之，谁是"敌人"？当代德国学者海因里希·迈尔的观点是，施米特实际上认为，敌人和朋友界分的根本标准是信仰，敌我冲突在根本上源于信仰的冲突，例如天主教和其他异教（如新教、犹太教）的冲突。这就是说：敌人不是偶然的敌人，而是一种"天敌"。只要有人类存在，战争就会继续。这也就意味着：政治是人类无法逃避的"命运"。迈尔说，施米特把他的政治学建立在了启示之上，这是一种政治神学。不过，在笔者看来，迈尔的解读违背了施米特的本意。施米特在生存论的意义上区分敌人与朋友，他称谁是朋友与敌人，当事人在那个时刻会十分清楚。敌人不是具有某种特定属性的"客观敌人"，不是必须从肉体上消灭的绝对敌人，自然也不是私下的仇人，他只是政治上的敌人，是有待击退而非消灭干净的对抗性群体。如按迈尔所言，敌人从信仰上来界定，战争势必上升为宗教战争，这便与施米特最重视的霍布斯的教诲发生了矛盾。霍布斯的教诲，正是撇开宗教，明确各自国界。在谁的地盘就信谁的宗教。

---

① 《政治的概念》首次发表于海德堡《社会学和社会政策文库》第 58 卷，第 1 期（1927 年）；第二版出版于 1932 年；第三版出版于 1933 年。
② ［德］卡尔·施米特：《政治的概念》，刘宗坤译，上海人民出版社 2003 年版，第 143 页。
③ 同上书，第 154 页。
④ ［德］卡尔·施米特：《论断与概念》，朱雁冰译，上海人民出版社 2006 年版，第 138 页。

紧急状态与主权决断

沿着对敌人和朋友的界分,卡尔·施米特认为,主权者就是在紧急状态下做出决断者。① 主权者有"法外之权",可以宣布进入"紧急状态"。施米特这一思想有两个核心:一是对紧急状态的关注,二是决断。施米特认为,紧急情况下,政治领袖具有十分重要的作用。他欣赏罗马的独裁官解决平民与贵族相持不下的做法;希望通过总统专政来保卫魏玛共和国。施米特的决断论,可从如下几个方面去理解。

首先,施米特批评自由主义理论缺乏对紧急状态的关注,议而不决,迷信理性辩论。施米特批评议会制,部分也是出于这一考虑。施米特还讽刺说:在遇到需要进行决断的时候,自由主义者只能"提议休会或任命一个调查委员会"。自由主义者往往是商人思维、经济—技术思维,他们天真地相信,一切冲突都可以通过理性辩论去化解,一切问题都可以通过做生意一样的、讨价还价的方式去处理,但在施米特看来,这是缺乏政治意识的表现。在魏玛德国时期,他建议,必须对自由民主的敌人进行专政,自由主义宪法不可能是中立的,应当决定为维护自由民主而斗争。给反宪法的政党以议会民主的平等机会,等于宪政的自杀。

他更进一步指出,自由主义把决断看作个人私事十分危险。自由主义以个人主义为原则,因此,自由主义者认为,所有决断本质上都是私人性的。施米特反驳说,自由主义把决断的权利交给个人,会导致政治决断无法做出。

其次,施米特也对浪漫主义缺乏决断的魄力进行了批评。如前文所述,施米特在他的成名作《政治的浪漫派》中指出,浪漫主义是对现代性的情感与审美式反动。浪漫主义者沉溺于个人内心的多愁善感,在政治上无足轻重,见风使舵,缺乏做决断的男子气概,他们以自欺的方式宣称超越于"诸神之争",回避在不同价值之间做选择。浪漫主义与自由主义表面上是敌人,实际上却是一丘之貉,浪漫主义的根源在自由主义那里。② 浪漫主义与自由

---

① [德]卡尔·施米特:《政治的神学》,载[德]卡尔·施米特《政治的概念》,刘宗坤等译,上海人民出版社2003年版,第6页。
② [德]卡尔·施米特:《政治的浪漫派》,冯克利、刘锋译,上海人民出版社2004年版,第130页。

主义，联手导致了德国的虚弱、无能。

最后，施米特还批评了法律实证主义，批评了汉斯·凯尔森的纯粹法学。德国魏玛宪政是在不同党派力量的权宜妥协之上建立的，妥协的结果是各方都不满意，魏玛宪法自诞生之日起便先天不足。凯尔森为宪法辩护，他强调，宪法本身的存在就具有合法性，不需要道德、宗教、政治等非法律力量的论证。施米特则强调，法律是政治意志的结果，任何法律都以一种先前的政治上的决断为前提。即使是自由主义宪法，也包含了政治上的决断。以魏玛宪法为例，它包含的最根本的决断便是德国人民走自由民主宪政的道路，拒绝君主制，拒绝苏维埃专政。① 施米特认为，法律包括三个要素：规范、制度和决断，而决断是第一位的。由于法律不能自动实现，因此，国家的存在就有必要。国家的存在是为了法律的实现，也就是政治决断的实现。

"合律"不等于"合法"

对紧急状态下政治决断的肯定必然导致对法律程序的突破，这种决断如何获得其合法性呢？这就引出了施米特的合法性理论。理解他的合法性理论，首先要区分合法性（legitimacy）与合律性（legality）。政治理论中合法性问题解决的是"人凭什么服从""政府凭什么统治"等问题。洛克、卢梭、马克斯·韦伯等都特别重视合法性问题。对这一问题的关注来自人的天性，即人在内心渴望自由，反对他律，人爱问为什么、凭什么。某种意义上讲，对合法性的诉求是人与其他动物的根本区别。

施米特的合法性概念涉及的是卢梭式民主理念。他认为，自由主义只关注程序上是否合乎法律，但合乎法律程序者未必具有实质代表性。以议会制为例，施米特认为，议会制只是一种人民数量上的机械复制，不能真正体现民意。他说，单独秘密投票式的选举与表决比"人民意志的直接爆发与表达"② 低级得多，或者根本不具有民主的性质。③ 事实上，施米特赞同的是人民民主。施米特承认人民无法理性发言、参与决策，但他认为人民可以通过广场集会直接表达民意。他甚至认为，法西斯统治下的意大利比魏玛德国和美国都要民主，因为它提供了表达全民集体意志的机会，而自由民主

---

① ［德］卡尔·施米特：《宪法学说》，刘锋等译，上海人民出版社2005年版，第36页。
② 同上书，第300页。
③ 同上书，第262页。

政体却做不到。

施米特指出，人民在公开可见的领域现身，它具有行动能力，实实在在，是不能被代表的。在民主政体中，人民是制宪权的主体，它居于宪法之前、宪法之上。人民之声即上帝之声。施米特写道："只有实实在在地聚集起来的人民才是真正的人民，也只有实实在在地聚集起来的人民才能行使专属于人民的行动范围的职能：它可以喝彩，也就是说，它可以通过简单的叫喊表示赞同或不赞同，可以高呼万岁或打倒，可以对一位领袖或一项提议报以热烈欢呼，可以向国王或其他人山呼万岁，可以通过沉默或小声咕哝对喝彩表示拒绝。即便在一个君主制国家里，人民也不可避免地要在这种活动中露面，只要这个君主制国家毕竟还是一个有生气的国家。如果人民被实际地聚集起来（不管出于何种目的），那么，只要它并非作为有组织的利益集团而出现（例如在街头游行中，在公共庆典中，在剧院，在赛马场上，在体育馆里），这个喝彩的人民至少是一个潜在的政治实体。一切民众集会——就连刚开始时表面上并不具有政治性的民众集会——都包含着难以逆料的政治可能性，这一经验已反复得到了证明。"①

让我们聆听天空的召唤

空间革命的理论可以说是施米特敌友政治观、主权决断论在实际情境中的生动运用和升华。他的《陆地与海洋：世界史的观察》（Land and Sea）是一本脍炙人口的作品，该书题献给施米特唯一的爱女。它以父亲给女儿讲故事的方式，表达了对国际政治秩序的一种独特理解。这本书不是一般的世界历史作品，其中不乏神话和想象的成分，不严格地依赖史料，不是一般的地缘政治作品，而是一部政治理论小品。

施米特认为，人类历史是两种力量的斗争史：陆地与海洋。他提醒人们注意：确立现代社会秩序的不是欧洲国家对土地的掠夺，而是英国人史无前例地对海洋的控制。他说：新大陆不是哥伦布发现的，而是早期捕鲸人发现的。在疯狂追击鲸的过程中，他们探索到了未知的陆地，并发现世界是一个可以掌握在他们手中的球体。英国人在捕鲸的过程中，把自己从牧羊人变成了海洋动物，培养了勇敢的水手精神，成了真正意义上的"海洋之子"。西

---

① ［德］卡尔·施米特：《宪法学说》，刘锋等译，上海人民出版社2005年版，第261—262页。

班牙是躺在海滩上的海狮,是靠海吃饭。荷兰则从 1713 年《乌特勒支和约》签订后便陆地化了。正是靠英国海盗们进行的原始积累,而不是靠自由贸易,英国人最终取得了世界霸权,并且决定着地球上的秩序。①

图 60　英国与西班牙争夺海上霸权

在这里,值得一提的是霍布斯的"利维坦"这一比喻的意义。霍布斯是 17 世纪英国政治思想家,他用利维坦这个海上巨兽来比喻权力绝对的国家,其实,这个比喻恰恰是英帝国的比喻。施米特引用了他欣赏的来自犹太教神秘教义的一个神话。根据这一神话,历史就是利维坦(Leviathan,海上巨兽)与比希莫特(Behemoth,陆地巨兽)的战斗,在战斗中,后者用爪、牙和角攻击对方,而前者通过捏住后者的鼻子让后者窒息死亡(象征海上封锁)。在这里,施米特揭露了英国人的虚伪。他说,英国人高喊人道、正义,鼓吹自由贸易,但正是英国人发明了全面战争,英国人对一国进行海上封锁

---

① ［德］卡尔·施米特:《大地的法》,刘毅、张陈果译,上海人民出版社 2017 年版,第 152 页。

时，不区分士兵和平民，置一个民族于死地。厚颜无耻的是，英国人还将他们对封锁的依赖说成是他们道德比较高尚。"当妇女儿童死于饥饿时，施米特想象中的英国人吹嘘说，一滴血也看不到。"①

关于空间革命，施米特的基本逻辑如下：空间观念影响人们的精神结构、思想观念。人类进行的第一次空间革命是由陆地扑向海洋，那时，世界上只有英国人听到了海洋的召唤，果断地决定把自己变成海洋民族；现在，第二次空间革命正在发生，这次革命由海洋而飞向蓝天。"会飞的巨兽"更厉害！海洋把大陆连成了一体，而天空则把陆地与海洋连成了一体。② 谁掌握了制空权，谁就是新时代的统治者。他寄希望于德国，希望德国人听从他的劝告，仔细聆听天空的召唤，把德国人变成空中飞行的动物。施米特的空间革命理论并不深奥，但意义却十分重大，施米特向各国政治家发出警告：在新的空间技术的时代，失去制空权，将最终在国际政治舞台上失去发言权，自动交出对外战争法权！③

在非政治的时代捍卫政治

施米特凸显"政治"意识之重要，不仅针对魏玛德国特定的宪政危机，亦针对欧洲近四百年来思想史发展的潮流，他称此种潮流为"追求中立化"的非政治潮流。施米特同时代的思想家宣称中立时代来临，技术带来政治的终结，经济发展与自由贸易带来永久和平，共产主义者更是早就直接宣告国家与政治的消亡。这一切，在施米特看来皆为盲目乐观的肤浅之论。

基于孔德关于西方思想发展的阶段划分，施米特说，近四百年，欧洲思想展开的中心领域，在不同时代是不一样的。16—17 世纪是神学—宗教阶段，18 世纪是形而上学—道德主义阶段，19 世纪是经济主义阶段，20 世纪姑且称为技术主义阶段（其时 20 世纪刚刚拉开帷幕不久）。人们在思想观念与知识领域的争论中心，正是这样，从一个领域转移到另一个领域，每次转移，人们都自以为在更高的层次实现了中立，避开了政治上的分歧与冲突。

---

① [美] 斯蒂芬·霍尔姆斯：《反自由主义剖析》，曦中等译，中国社会科学出版社 2002 年版，第 72 页。
② [德] 卡尔·施米特：《陆地与海洋》，林国基、周敏译，华东师范大学出版社 2006 年版，第 63 页。
③ [德] 卡尔·施米特：《政治的概念》，刘宗坤等译，上海人民出版社 2003 年版，第 163 页。

然而很快，根本的冲突只不过是转换了阵地。关于这一过程，施米特描述说：

> 人们正是由于中心领域的转移而不断创造新的角力领域。在新的、最初被认为是中立的场地上，立即以新的强度展开了人与人和利益与利益的对立，而且人们对这新的领域的占领越牢固，对立便越强烈。欧洲人总是从一个角力场进入一个中心领域，而这新占领的中立领域总是立即变成角力场，于是便必须寻找新的中立领域。①

宗教冲突以"教随国定"告终；形而上学与道德的冲突以各国有各自民族的文化而告终；经济主义时代的冲突则以各国有自己的经济制度而告终。在20世纪技术与技术崇拜时代，人们希望真正进入一个无政治的时代，因为在技术领域人们似不再可能有实质性的分歧。乐观主义者从此看到了技术时代的普遍和平愿景，悲观主义者则从这里看到了精神的消失与文化的虚无。一个僵化的没有灵魂、没有精神的"铁的牢笼"或"机械硬壳"②（韦伯语），正是文化悲观主义者对技术与技术崇拜时代的担忧。施米特认为，这两种看法都不成立，其共同的问题，是没有看到政治从未消失，只是战场发生了变化。而在技术时代，政治不仅未曾消失，反而因之变得更为重要。

施米特说，技术只是工具，敌友双方皆可使用。技术本身是中立的，它从未消除国家间政治。相反，未来战争将因现代战争技术的发展而变得更为残酷。这样，乐观地展望技术带来和平，等于一种幻想，它只会导致在敌人面前束手就擒；而悲观地认为技术时代文化虚无，亦无必要。因为精神与精神、文化与文化的战争从未消失。在这种精神领域的战争中，国与国之间划定各自的疆界。

以施米特之见，正如欧洲思想争论的中心领域的每一次转移，并未终结政治、真正实现一个中立化时代一样，转向技术，同样如此。事实上，施米特此论不久，即爆发了第二次世界大战。施米特关于"政治不会消失"的警告，立刻得到了印证。即使在战后和平的氛围中，施米特仍然坚持这一观点。他在与亚历山大·科耶夫的对话中指出，科耶夫展望的普遍均质、政治

---

① ［德］卡尔·施米特：《论断与概念》，朱雁冰译，上海人民出版社2006年版，第166页。
② ［德］马克斯·韦伯：《新教伦理与资本主义精神》，于晓等译，生活·读书·新知三联书店1987年版，第142页。

消亡、历史终结的时代不会到来，不过会形成与现代战争技术相称的"大空间"秩序。① 时至今日，即使有全球化的浪潮及互联网技术的飞速发展，我们仍可看到，施米特的观点仍然正确。国与国（或各个大空间）之间划定界限，精神与精神之间展开着斗争。政治，从未从我们这个世界消失！文化虚无的焦虑，大可不必；和平主义的幻想，趁早丢开。在这样的时代，弱小民族将不得不放弃对外战争权，而依附于大国。这一发展趋势背后的动力，仍然是"政治"本身。

尽管施米特对国家问题极为关注，但他的政治理论，并非国家主义的。施米特最终是要表明，国家的界限如今已经被冲破，政治的主体如今不再是国家；人们需要从大空间的对峙局面去理解当代政治。国家概念依然有效，政治的概念依然有效，但必须在新的空间视角下，它们才能获得其实质性意涵。由此，国际公法的概念与基本理论，也应做出相应变动。

施米特与意志主义政治理论

施米特的政治理论，属于由博丹、霍布斯所代表的意志主义传统。意志以及决断，是施米特学说的关键词。施米特认定，政治与法律有着内在的关联，法律不具有独立性，它仅仅是政治意志之表现形式，不过是主权者的工具。在施米特看来，人民的意志并非虚构。现代政治的基础是人民意志。施米特不反对民主，但他对自由主义特别是德国的自由主义显然没有好感。

施米特的政治理论皆从对新经验、新现象的考察出发。他认为，公法理论与政治理论，皆应与时俱进。它们一方面是分析性、解释性的，另一方面又是指导性、建设性的。博丹和霍布斯便是典型的例子。施米特的学说以和平为旨归。人道、正义、真理等价值，若对和平造成威胁，便不足取。谁在想杀死我们？谁在试图剥夺我们在地球上的政治存在？施米特把敌友区分放在了政治的中心位置。政治不外其他，就是区分敌友，化敌为友，或者与敌斗争。这种理论，是要确立每一个政治统一体生存的权利。它们之间能否和平相处，其未来命运如何？对施米特来说，这些问题还是由上帝去回答。

---

① 参见［法］科耶夫等《科耶夫的新拉丁帝国》，邱立波编译，华夏出版社2008年版，第169页。

第十四章 极权主义之思

从凯尔森到施米特

凯尔森的法学理论属于法律实证主义,施米特在著作中从来不忘批评凯尔森以及法律实证主义。施米特认定,没有政治统一,便没有法律的统一,政治是法的前提。凯尔森则认为,可以用统一的法来构建秩序。政治是一国之内多元力量的博弈、妥协。但法律属于应然领域。作为规范,它应排除政治立场与意识形态偏见。凯尔森相信理性与规范;施米特则嘲笑理性,大谈规范之外的特殊时刻、紧急状态。凯尔森渴望由国际法来构建世界和平;施米特则相信多个民族国家或几个大空间之间的政治永远不会消失。在国际层面,敌友划分从未停止,和平总是暂时的。凯尔森力辩议会制与多党制实为在现代社会实现民主理想的有效工具,施米特则对这些体现自由主义精神的制度大加挞伐,认为实现民主别有他途。二人共同的是,都反对自然法,反对侈谈人类意志、人类共同利益,都支持"恶法亦法"的观点。

施特劳斯:政治的哲学与哲学的政治学

列奥·施特劳斯(Leo Strauss)是德裔美籍政治哲学家。他 1899 年出生于德国黑森州一个犹太人家庭,后来在马堡大学、汉堡大学学习。1921 年,施特劳斯在汉堡大学取得博士学位,导师是恩斯特·卡西尔。1925 年至 1932 年,施特劳斯在柏林犹太研究院工作,那时他是一名犹太复国主义者。在此期间,他写下了《斯宾诺莎的宗教批判》。1932 年,远在纳粹上台之前,施特劳斯借访问学习之机跑到英国。这中间还多亏了卡尔·施米特的推荐信。1938 年,施特劳斯来到美国,任教于纽约社会研究新学院。1949 年,他受聘为芝加哥大学社会思想委员会教授,直至 1968 年才离开。1973 年,施特劳斯去世。

施特劳斯因培养了一批信徒式的弟子而建立了一个学派,就是所谓的施特劳斯学派。对于施特劳斯,学界褒贬不一,甚至施特劳斯的不同弟子在理解其师的著作方面,有时竟得出截然相反的结论。施特劳斯迂回、注经的方法,避开直抒胸臆,带来了后人解读上的困难。

有的学者认为施特劳斯有明确的政治哲学教义,有的则认为施特劳斯只是一个信而好古、述而不作的经典诠释者。有的认为施特劳斯是自由民主的敌人，施特劳斯表面上谦虚的注经背后，是冥顽不化的保守的精英主义，有的则认为他是自由民主的盟友——施特劳斯即使对自由民主有过批评，也不意味着他是自由民主的敌人，更何况施特劳斯其实是要捍卫自由民主宪政的根基。有人认为施特劳斯的思想与美国新保守主义外交政策（美国对伊拉克战争政策）不无关联，有人则称这种阴谋论实为毫无根据的虚构。施特劳斯的好友沃格林曾说，称施特劳斯为新保守主义者（或保守主义者）是不恰当的，因为施特劳斯是一个不附和任何政治派别的哲人。

施特劳斯的著作，除与约瑟夫·克罗波西合作主编的《政治哲学史》外，还有《什么是政治哲学》《自然权利与历史》《霍布斯的政治哲学》《关于马基雅维里的思索》《古今自由主义》《城邦与人》《论僭政》等。

什么是政治哲学

政治哲学在施特劳斯那里具有特定的含义。它不同于政治思想。政治哲学是政治思想的一种，但政治思想，却未必是政治哲学。20世纪西方思想界实证主义、科学主义、历史主义流行，政治哲学甚至被宣布已经"死亡"，施特劳斯是在政治哲学面临巨大危机的时代写作的，他讨论"什么是政治哲学"，有保卫、挽救政治哲学之意。他想告诉人们，什么是政治哲学，政治哲学如何不可回避，即使在今天亦同古代一样，十分重要。

施特劳斯说："所有政治行动的目标不是保守就是变革。当渴望保守时，我们希望不要变得更糟；当渴望变革时，我们希望情况变得更好。所有的政治行动因而都由某种关于更好或更坏的思想引导。"[1] 由此，什么是好，什么是坏，就涉及价值问题。人们关于好、坏形成意见，然而这些意见，是需要质疑、检讨的。通过质疑、检讨，关于政治的意见，就上升为政治的知识。知识与意见的区分，是柏拉图哲学的特点。政治哲学，就是"用关于政治事物的本性的知识取代关于政治事物本性的意见的尝试"[2]。施特劳斯未说明的是，这种尝试，只有少数人去做，他们就是哲学家。

施特劳斯强调，政治哲学是哲学的分支。哲学追求整全、普遍的知识，因而政治哲学是要追求关于政治事物整全、普遍的知识。这就意味着，政治

---

① [美]列奥·施特劳斯：《什么是政治哲学》，李世祥等译，华夏出版社2011年版，第1页。
② 同上书，第3页。

哲学要探求政治事物的本性，思考什么是正义的秩序，什么是好的秩序。

施特劳斯将真正意义的政治哲学（即施特劳斯所界定的政治哲学）与流行的"政治科学"相区别，他称当代所谓的政治科学，是"科学的"政治科学。这种"科学的"政治科学，只处理关于政治的零碎信息与材料，回避关于政体好坏的讨论，声称拒绝价值判断。它与真正的政治科学（即政治哲学）水火不相容。在科学主义流行的时代，政治哲学像一条虫子一样被切成了一个个片段。"政治哲学在今天已不复存在。"[①]

何以发生此种危机？施特劳斯说，科学与历史，是现代社会摧毁政治哲学的两大力量。施特劳斯批评实证主义与历史主义。在他看来，历史主义在实证主义之后兴起，并非偶然。实证主义必定导向历史主义。施特劳斯说，实证主义主张不做价值判断，寻求建立关于人类社会事务的科学，它在马克斯·韦伯那里达到高峰。当实证主义的社会科学家被迫面对不同的文明时，他们就必定走向历史主义。他们提出要历史地理解不同的文明，他们拒绝在不同的政治社会之间判出高下。

施特劳斯驳斥实证主义时，从四个方面展开了进攻。其一，他指出研究重大社会问题，避免不了价值判断。譬若医学必须假定健康长寿是好的，社会科学必须假定健康的社会生活是好的。具体到政治哲学，关于何为"政治"，就必定涉及对政治社会目的之思考。施特劳斯言外之意，是说先要区分是匪帮还是政治社会，才可以谈政治哲学。这种区分，就涉及价值判断。其二，针对价值冲突不可能得到理性解决的观点，施特劳斯说，此点从未被证明。他坚信，不同价值是有高下的，大山显然比土丘要高（需要注意的是，这是施特劳斯的一个比喻，我们要思考的是：把不同的价值比作大山和土丘是否恰当？）。其三，实证主义相信科学，贬低前科学时代的知识。由此，实证主义认为柏拉图、亚里士多德在知识论上是落伍的。施特劳斯说，望远镜、显微镜让人们看到了一个世界，然而前科学时代肉眼所见，依然对我们的生活具有重要意义。其四，实证主义必定导向历史主义。

古典政治哲学的特点

施特劳斯崇古典政治哲学，贬现代政治哲学，是十分明确、毫不含糊

[①] [美] 列奥·施特劳斯：《什么是政治哲学》，李世祥等译，华夏出版社2011年版，第9页。

的。所谓古典政治哲学，即指古希腊苏格拉底、柏拉图、亚里士多德的政治哲学。此种政治哲学之特点，依施特劳斯之论，我们可以将之概括为如下诸点：（1）立足于自然与习俗的区分，古典政治哲学始终坚持探讨事物的本性（nature），认定"自然正当"是一个明确的标准。（2）古典政治哲学相信存在"最好的政体"。（3）古典政治哲学认为，离开好政体，便没有好公民。仅仅有爱国主义是不够的，必须对"国"的目的进行道德评估，必须区分好政体与坏政体。只有在好的政体中，好公民与好人才是一致的。希特勒政体中有好公民，却没有好人。（4）古典政治哲学认为，人生及社会生活的目的，皆为美德。人在天性上是向善的，人是居间性的存在，灵魂中向神靠近的潜能一直存在，它是人的禀赋。教育的目的，正是让人成为一个有美德的人、完美的人。由此，教育必定是一种培养人的高贵品质的博雅教育。（5）好的政体就是贵族共和政体或曰混合政体。实际上，施特劳斯所说的好政体，就是亚里士多德所说的Politeia。

施特劳斯常说要以"古典的眼光"看问题。所谓"古典的眼光"，即指上述诸条。它关注于"自然正义"，关注于人的完善，坚持"美德"标准，它要对政体好坏、秩序正义与否做出了明确的区分。

现代政治思想堕落的"三次浪潮"

施特劳斯告诉人们，政治哲学在今天的巨大危机，是长期发展的结果。所谓"冰冻三尺，非一日之寒"。对照古典政治哲学的标准，现代政治哲学的发展不过是一步步堕落的过程。施特劳斯对漫长的中世纪不置一词。他将现代政治思想堕落第一人的荣誉颁发给了马基雅维里。马基雅维里之后是霍布斯、洛克，他们代表了堕落之第一次浪潮；卢梭、德国唯心主义者以及浪漫派，为堕落之第二次浪潮；尼采、海德格尔则是第三次浪潮。身处20世纪的施特劳斯，目睹了第三次浪潮的来袭以及它造成的极权主义运动，重申古典政治哲学的标准，俨然自比时代堕落趋势中的中流砥柱。

施特劳斯为何称现代政治思想为"堕落"？且看其慧眼独具的分析。施特劳斯认为，马基雅维里的政治哲学体现了与古典政治哲学的决裂。这种决裂体现在马基雅维里认为人的天性是自私的，美德只有靠强制才有可能。先有政治社会，再有人的美德的提升。而这样的政治社会之建立，要通过非常手段，这意味着通过革命或暴力建立秩序。马基雅维里说，好的君主，要追求伟大、光荣。这与古典政治哲学（如柏拉图）关于追求正义、至善、至真的君主理想相比，目标降低了。霍布斯那里，追求荣耀的君主，进一步降低为追求生命保全、欲望满足与舒适享受的公民。洛克修正霍布斯，不过是说，人生的幸福不是靠手执武器获得，关键在于财产的占有。现代人关心财产与经济，正是马基雅维里学说的逻辑结果。

施特劳斯说，对此种堕落发起攻击的，是法国的卢梭。卢梭痛斥现代社会的衰朽、庸俗，他要人们不忘初心，回到人类的纯真年代。然而，卢梭对霍布斯等人的批评，不过是进一步加剧了现代人的堕落。因为卢梭想基于公意，以此建立一个道德的社会，用集体的力量，来克服人的自利。他的政治哲学，是以"公意"取代"自然正义"，而这种"公意"，是不确定的、多变的，不能算是一种"标准"。卢梭意识到了这一问题，他写了《爱弥儿》，谈论对人的教育，试图做些补救，但人的自利与有道德的生活之冲突，在卢梭的思想体系中依然存在着。

德国唯心主义引入"历史"哲学，以处理卢梭留下的问题。这种历史哲学（如康德或黑格尔）是说，人们在主观上是在追求个人私利，实际上历史则是把人往好的地方引领。在历史中，坏事并非真的是坏事。这种学说不仅否定了正义的存在，还为坏事提供了依据。此即现代政治思想堕落的第二次浪潮。

现代政治思想堕落的第三次浪潮，是由尼采开启的。尼采的视界主义、权力意志使一切道德相对化，他要求孤独的人实现自我超越。自己给自己立法，做"超人"，导向的只能是一种没有任何道德依据的虚无主义。

就这样，施特劳斯完成了关于现代西方思想如何一步步堕落的叙事，他将西方自16世纪以来的政治思想史串成一串，指出这些思想家所言虽然不同，但共同指向一个目标：否定古典政治哲学，放弃对自然正当的追求。施特劳斯的叙述，结合柏拉图的灵魂秩序说，便可见其奥秘。柏拉图说，灵魂有三个部分：理性、激情、欲望。与之相应，城邦有三个阶层：哲人、护卫者（军人）、生产者。施特劳斯描述的马基雅维里，是从最高层次"理性—哲人"向"激情—军人"堕落；在霍布斯、洛克那里，则是从第二个层次向生产者层次堕落，追求激情也被放弃了。现代政治思想的"三次浪潮"中，核心是第一次浪潮。第二次浪潮、第三次浪潮，不过是面对人的全面堕落（有美德的完美的人堕落为吃喝玩乐、唯利是图的猪）寻求危机出路的两种努力。然而，这两种努力，在施特劳斯看来都是失败的。事实上，施特劳斯看不到任何有效的拯救现代人危机的新方案。故而，他宣称现代人只有老老实实，洗心革面，重回古典，才是唯一的出路。

批评历史主义与相对主义

施特劳斯的政治哲学，核心在于捍卫一种他所说的"自然正当"（natural right）。自然正当，即某种理性能够把握的不言自明、天经地义的关于对错的标准。这种标准给人们评估政治生活、鉴别政体优劣提供了明确的依据，它是人间秩序的根本。然而，这种标准、依据如今已不再被人们尊奉，这便是时代的危机，文明的危机。危机的产生，源于历史主义、实证主义以及由之产生的相对主义、虚无主义在西方思想界的流行。

在《自然权利与历史》的导言中，施特劳斯就德国历史主义与相对主义对美国的危害做了如下描述，他写道："一个国家倘若是在战场上失败了，作为政治体遭受到了猛烈的打击，她就通过给征服者们套上她自身思想的羁绊，而剥夺了征服者们最崇高的胜利果实，这在历史上已不是第一次了。"[1] 施特劳斯此言语境是"二战"。战场上失败的是德国，征服者是美国。美国在战场上获胜了，在思想上却被德国人套上了"羁绊"。这"羁绊"就是历史主义与相对主义。

施特劳斯认定，历史主义宣称不存在自然权利，一切权利都是实证权利，取决于各国立法部门与法院的界定。各个社会、文化皆有自己具体的标准。不存在超乎于各个社会之上的更高级的标准。施特劳斯宣称，当代对自然权利的拒斥，导向了虚无主义，甚至可以说它本身就是虚无主义。这种历史主义与古代自然权利论的敌人——习俗主义一样，都是在否定"哲学化"（以柏拉图的话言之，即"走出洞穴"的努力）的可能。每一个历史世界，每一种文化，每一个文明，都是一个洞穴，历史主义宣称，哲学本质上必定属于这些洞穴。在历史主义那里，历史原则取代了普遍原则。历史主义"要使得人们在这个世界上有完完全全的家园感的努力，结果却使得人们完完全全地无家可归了"[2]。

历史主义之外，第二个导致自然权利危机的，是实证主义。实证主义是

---

[1] ［美］列奥·施特劳斯：《自然权利与历史》，彭刚译，生活·读书·新知三联书店 2003 年版，第 2 页。

[2] 同上书，第 19 页。

对自然法传统的否定。实证主义宣称一切都是相对的。施特劳斯把韦伯也看作实证主义的思想家。施特劳斯认为,韦伯所谓的"诸神之争",体现出的正是相对主义。相对主义认为,存在着多种关于正义与善的原则,这些原则处于同一平台上的冲突之中,没有哪一个原则能够证明自己比其他原则更优越。这样,个人只需追随自己心中的守护神,每一个取舍都是合理的。施特劳斯说,相对主义同样导致了虚无主义。并且,韦伯所描述的诸神并列、追随各自守护神的观点,视一切价值处于相同的地位,否定了不同价值之间的等级序列。韦伯讨论统治的合法性问题,只看被统治者主观上认为统治者是否合法,这样,真正的领袖与骗子,真先知与假先知便没有区别了。因为他们都唤起了追随与服从,民众皆承认他们的统治。韦伯讨论新教伦理(特别是加尔文教)与现代资本主义兴起的联系。施特劳斯则认为,韦伯过分看重神学层面发生的革命,忽略了西方由马基雅维里、培根、霍布斯发起的哲学层面的革命。[①]

自然权利的真谛

施特劳斯认为,古代哲学家在反对习俗主义的过程中,捍卫的也是自然权利,施特劳斯未曾言明的是,自然权利(正当),实际是哲人统治愚民的权利。他承认某些人是天然的奴隶,某些人是天然的主人。无论在柏拉图,还是在亚里士多德那里,这种自然的正当总是明确的。政体的优劣也按这一标准去评价。自然权利,意味着对不平等的捍卫。哲学家,理性的化身,天然地居于统治地位;金质的人理应统治由废铜烂铁做的人;走出洞穴的人"被迫"统治洞穴中的芸芸众生。这种贵族,并非按血统来确定,但必定与人的天然禀赋有关。哲学家高贵,非哲学家低劣。前者拥有"知识",后者只能发表些"意见"。前者理性,灵魂紧盯着真、善、美的理念,后者为欲望与激情所束缚,乃是自身偏见的奴隶。施特劳斯说,古典哲学看透的正是这样的道理。然而,现代自然权利论,以霍布斯与洛克为代表,把这一自然正义的秩序给摧毁了。理想秩序中,哲人的天然统治地位不复存在。统治权不是建立在智慧的基础之上,而是建立在人们的同意之上。同意,意味着平

[①] [美]列奥·施特劳斯:《自然权利与历史》,彭刚译,生活·读书·新知三联书店2003年版,第63页。

等，意味着民主，严格说来，意味着民粹，意味着大众的狂暴。自由社会的问题，就出在忘记了这一最基本的不平等的人类状况。施特劳斯说，人人生而平等是自由主义的催眠曲。自由主义者眼里，只有需求与欲望的满足，没有高贵与卑贱的区别，这必定导致道德败坏。一个人人追求享乐的世界里，高贵的人没有了，更不必说他们本该拥有的天然统治权。这里，我们遇到了施特劳斯著作中最具特色的议题之一——古代人与现代人的争论。

现代发端伊始，便有关于现代好还是古代好的争论。施特劳斯在20世纪"重启"了这场争论。现代早期，人们不清楚"现代"将走向何方，将呈现何等样貌，古今之争，不难理解；20世纪，在人类经过两次世界大战之后，在世间巨大的灾难、血腥过后，重启古今之争，则是一种反思，意在借助于古代人的眼光审视现代人的得失。施特劳斯比较、诊断的结论是：现代人出了大问题，现代性等于倒退、衰败、危机、堕落。主导现代性计划的自由主义卑鄙、低贱。古代关于永恒自然法的追求，让位于现代人主观主义、视界主义的自然权利论。在霍布斯那里，权利不过是人主观声称的事物。我说我有权利，我便有了权利。这句话也可以说是，我认为是正当的东西，便是正当的。还有什么比这更危险的吗？

对于这场危机，施特劳斯给出了他的方案，就是回到未受科学主义污染的前科学时代，多多阅读柏拉图等古代哲人的经典著作，从中寻求教诲。施特劳斯似乎在告诉他的弟子，他们所从事的是一场保卫文明的战斗。凡信奉他的教诲者，都可以算作走出洞穴的人，都是高贵的人、第一等级的人。这样的许诺，极大地满足了部分年轻人的虚荣心。施特劳斯学派自命不凡的精英意识，平等对话精神的缺乏，无不与施特劳斯政治哲学本身有关。

"隐微书写"与"显白书写"

施特劳斯主张精读经典文本。这种读经的做法，预设伟大著作必定具有永恒意义。大思想家每每隔空喊话，向后人传递理性的声音。伟大经典不受制于特定的时代与文化。认为柏拉图离我们太遥远，视野局限于古代城邦，因而其著作带有时代局限性、阶级局限性，就是一种需要批驳的历史主义。

施特劳斯更主张以一种独特的方式解读文本。这种方法叫字里行间阅读法。他要区分出文本的表面意思（显白书写）与真实意思（隐微书写）。施特劳斯写有《迫害与写作的艺术》。他说，哲学与城邦，与政治社会，与民众之

第十四章 极权主义之思

间历来有冲突。历史上见到的多为对思想与作品实行严厉政治审查的社会，伟大哲人常常在不自由的环境下写作。迫害的现实性使得哲人以一种特殊的技艺来写作以规避审查，由此向大多数人隐藏自己的意见。哲学本身是无所畏惧的、自由奔放的，但哲人既身处社会之中，他在表达其思想时，就必须讲究"节制"，有所隐瞒。由此，哲人的著作，只有少数有心人（潜在的哲人）能读懂其真义。施特劳斯的《关于马基雅维里的思考》是这种解读方法的典范。

如何读出"隐微教义"？施特劳斯学派的方法通常有：（1）注意文本的第一个词与最后一个词；注意作者引用的第一个作者与最后一个作者。例如，施特劳斯解读柏拉图对话时说："《法律篇》以'神'一词开篇，这是柏拉图唯一一篇以这种方式开头的对话。还有一篇，也是唯一一篇以'神'结尾的对话：《苏格拉底的申辩》。"[①] 施特劳斯由此指出，《法律篇》是接着《苏格拉底的申辩》讲的，《法律篇》中的老年哲人就是苏格拉底。《法律篇》是说苏格拉底如果逃亡到克里特将会如何——他将为克里特带去雅典的哲学、法律与生活方式。然而苏格拉底宁愿死在雅典，而不愿去克里特，给克里特送去哲学，因为雅典哲学已处于极危险的状态。苏格拉底要以死教育雅典公民，以便在雅典保存哲学。施特劳斯说，苏格拉底的选择是"最高等级的政治选择"。如此解读，倒也妙趣横生。再如，施特劳斯论马基雅维里的《君主论》与《论李维》时说，《君主论》第一个字是"总是"（Soglio-no），《论李维》第一个字是"我"（Io），前者表明马基雅维里以旁观者身份探讨通则，后者则说明马基雅维里是以个人身份写作。[②] （2）统计某个词出现的次数。一篇论文中不断有"某某词出现了几次"的说法，此文作者属施特劳斯学派无疑。（3）章节数、标点、用何种语言写作，其中皆有文章可作。研究中古思想文化走火入魔的施特劳斯对数字神秘寓意（科学无法解释）的着迷，丝毫不亚于过去的巫师神汉、算命先生。（4）找错误、逻辑不通之处。施特劳斯说，经典著作不可能出现低级错误，如有，一定是作者故意为之，它们是在提醒读者，此处讲的内容不成立，此路不通。在这一点上，我们绝没有冤枉施特劳斯。在施特劳斯论马基雅维里的著作中，他明确写道："在马基雅维里的著作中，彰明较著的大错，俯拾即是，不胜枚举：断章取义、张冠李戴、穿凿附会、隐瞒，形形色色，应有尽有。按照一般的

---

① ［美］列奥·施特劳斯：《什么是政治哲学》，李世祥等译，华夏出版社 2011 年版，第 23 页。
② ［美］列奥·施特劳斯：《关于马基雅维里的思考》，申彤译，译林出版社 2003 年版，第 21 页。

审慎规则,我们应该相信,所有这些错误都是蓄意所为,并且针对每一个错误都提出问题,它背后的用意可能是什么。彰明较著的大错,最简单的情况,是作者自相矛盾,特别是发生在同一页上的自相矛盾。"①(5)仔细读题记、献词。例如,施特劳斯对马基雅维里的《君主论》与《论李维》两书的献辞,曾有极为冗长的解读。

施特劳斯倡导读经典,这是没错的。然而,他提倡的阅读方法若运用不当,就会导致曲解乃至误解。实际上,施特劳斯学派解读经典,解读出来的都是古今之争等结论。这就损害了阅读经典的本意,一个人读经典成了加深他已有偏见的过程。并且,施特劳斯所谓的经典,不免狭窄,又以经典越古越好。这些都妨碍了政治哲学研究的展开。施特劳斯学派的弟子们与其说是在解读经典,不如说是以解读经典为幌子,在推销施特劳斯的教义。

施特劳斯学派的书虫英雄主义

施特劳斯学说的特点是不开放,自我封闭,拒绝平等的对话。施特劳斯所说的"喜欢思考的年轻人",最后证明是施特劳斯这个权威的盲目模仿者,他们从不敢对施特劳斯本身提出质疑,当然也不允许别人质疑施特劳斯。我们不难看到,施特劳斯所讲的"爱智",到了其追随者那里,蜕变为对"意见"的执着。施特劳斯主义,沦为一种武装头脑的意识形态。一个人只要记住了古今之争、自然正当与不正当、高贵与卑贱等套话,就快速入了施特劳斯学派的大门,成为一个走出洞穴的高贵生物。当代加拿大学者莎迪亚·B.德鲁里说,施特劳斯培养了一批"自以为是的精英,这种精英在一种自我幻觉中认为自己是天生的贵族,认为自己享有的特权理所当然"②。

美国学者斯蒂芬·霍尔姆斯更是不吝笔墨挖苦这位"教父"。他说:"施特劳斯说古代比现代好。这并不能说明施特劳斯有什么高明之处。休谟说:'非议现代并夸耀远祖的美德,几乎是人性中的一种天生趋向。'施特劳斯是个有着普通观念的普通人。"③霍尔姆斯说,施特劳斯将文明的危机、现代社

---

① [美]列奥·施特劳斯:《关于马基雅维里的思考》,申彤译,译林出版社2003年版,第39页。
② [加]莎迪亚·B.德鲁里:《列奥·施特劳斯与美国右派》,刘华等译,华东师范大学出版社2006年版,第19页。
③ [美]斯蒂芬·霍尔姆斯:《反自由主义剖析》,曦中等译,中国社会科学出版社2002年版,第106页。休谟的话,参见休谟《论技艺的进步》,载[英]大卫·休谟《论政治与经济》,张正萍译,浙江大学出版社2011年版,第153页。

会的危机归结为某些思想家，实为"将社会问题智识化"（intellectualize），是夸大知识者在历史中的作用，隐含的是知识人的自我吹嘘。霍尔姆斯写道："教授们不是一个特别勇敢的群体。但是施特劳斯允许他们将自己描绘成深入前线与敌人搏斗以保卫文明的英雄。这种想象是可笑的，但它本身却没有害处。从教学法上说，鼓吹书虫英雄主义（book-worm heroism）显得十分滑稽。对于教育一个年轻男子或姑娘，告诉他们学习伟大哲学著作的唯一原因就是为了帮助文明打败其敌人，他或她在古典著作中寻找的是治疗西方危机的良药，这从智识上或道德上都有点荒谬。这是在把学生引往错误的方向，并向他们许诺一个拿破仑式的'高尚动机'，而这一动机不可能被严肃的学术诚实地传达。"①

"施特劳斯责人严，责己松。他很有代表性地指责自由主义者或者像韦伯这样的准自由主义者缺乏智识和道德资源来抵御纳粹主义。但是，施特劳斯自己提供了什么资源呢？阅读柏拉图的希腊文著作阻止不了希特勒的铁蹄。被自然法的有益身心的神话所加强的个人良心能否消除通货膨胀所带来的巨大破坏，吸收工业化和城市化所引起的震撼，并且补救面对准军事化派系的政治制度的崩溃？被许多人不加鉴别地吸收的宗教神话能否保证政治温和？当西方燃烧起来的时候，社会科学家无所作为。施特劳斯同时既写了很难读的书，又教了一些研究生，还装作什么都知道：这些看起来都很像是无足轻重的。他能在一个不欣赏对古典作品进行研究的社会中鼓励阅读它们。但是，他能否真的'在现代大众社会中建立一个贵族制度'？甚至即使他能够，那会是一道防止另一次纳粹灾难的可靠屏障吗？"②

在笔者看来，霍尔姆斯嘲笑施特劳斯及其弟子们搞的是"书虫英雄主义"，不免低估了施特劳斯学说的危害。施特劳斯学说的一元论特征，十分明显。它拒绝任何批评意见。施特劳斯学派还特别恋权。即使在美国，其弟子也热衷于捞个一官半职。哲学家与僭主的结盟，是他们的政治纲领。他们天真地相信能够培养哲学家国王，或者自己成为帝王师。施特劳斯学派内心渴望掌握打击异己的、独断的权力，却言不由衷地说自己是"不得不回到洞穴"。施特劳斯本来是要反思纳粹主义的，然而其弟子中，并不乏没有知识、没有美德、积极为极权主义唱赞歌的人。施特劳斯若从坟墓中爬出，一定会

---

① ［美］斯蒂芬·霍尔姆斯：《反自由主义剖析》，曦中等译，中国社会科学出版社2002年版，第105—106页。

② 同上书，第111页。

被这些打着他的旗号行骗的追随者活活气死。施特劳斯学派喜欢搞小圈子活动，其成员以相互吹捧为能事。施特劳斯讲古代人比现代人高贵，其学生曾问他：我们是古代人还是现代人？施特劳斯尴尬地回答：我们是生活在现代的古代人。

汉娜·阿伦特：杰出的女性政治理论家

在西方政治思想史上，女性作家是少之又少，汉娜·阿伦特（Hannah Arendt）是唯一一个具有重大影响的名字。她与哲学家海德格尔的爱情故事，使阿伦特这一名字平添了几分浪漫色彩。

汉娜·阿伦特于1906年10月出生于德国的林登（Linden），成长于哥尼斯堡。她的祖辈是来自俄国的犹太移民。他们在门德尔松、康德传播启蒙思想的年代来到哥尼斯堡，属于接受启蒙精神、自觉同化的犹太人典型。阿伦特的父亲是个工程师，母亲在文学和音乐方面有相当的修养，并爱好社交和文化活动，在政治上崇拜罗萨·卢森堡，阿伦特父母都是德国社会民主党成员。阿伦特7岁时，父亲病逝。后来，其母改嫁，阿伦特跟着到了另一个家庭。

1924年，阿伦特来到马堡大学，师从海德格尔。她和海德格尔的师生关系很快演变为两情相悦的恋情关系。海德格尔比阿伦特大17岁，已婚。在这种无果的情感纠葛中，阿伦特在一年后决定与海德格尔分手。1925年，她转到弗莱堡大学，听了胡塞尔的现象学课程。1926年，她来到海德堡大学，师从著名哲学家卡尔·雅斯贝尔斯，攻读博士学位。阿伦特对雅斯贝尔斯十分敬重，视之如父。她与雅斯贝尔斯夫妇保持了终生的友谊。在雅斯贝尔斯指导下，阿伦特完成了题为《奥古斯丁"爱"的概念》的博士论文。1933年，希特勒上台，德国犹太人面临各种迫害。阿伦特是最早看出纳粹党邪恶本质的知识分子之一，她参与了德国犹太复国主义组织的活动，不是因为她认同该组织的复国理念，而是因为她看到该组织是她身边唯一一个采取反纳粹行动的组织。阿伦特与犹太复国组织的联系被盖世太保发觉，她被捕入狱，侥幸出狱后，她开始了流落他乡的生涯。阿伦特曾在巴黎生活良久，几经周折，她于1941年到达美国，后来加入了美国国籍，结束了多年"无国籍"的生涯。

50年代初，阿伦特以《极权主义的起源》（初版名为《我们时代的负

图61　年轻时的阿伦特

担》）成名，其后声誉日隆，先后在美国哈佛大学、普林斯顿大学、加州大学、芝加哥大学、纽约社会研究新学院等学校开课。晚年她应邀赴英国讲学。1975年12月4日，阿伦特在纽约寓所中和来访客人谈话时因心脏病突发与世长辞，终年69岁。她为后人留下丰富的作品，主要有《极权主义的起源》《人的境况》《过去与未来之间》《论革命》《黑暗时代的人们》《精神生活》《康德政治哲学讲义》等。此外，还有引起激烈争论的《艾希曼在耶路撒冷：关于"恶的平庸"之报道》。

《艾希曼在耶路撒冷》[1]是阿伦特作为《纽约时报》特派记者旁听纳粹战犯艾希曼审判而撰写的长篇连载作品。书名副标题中"恶的平庸"（the banality of evil）一语，揭示无思想的平常人与大恶之关联，迄今仍引起激烈争议，而书中爆出犹太人社会的领导阶层与纳粹"共谋"，配合纳粹转移、屠杀犹太人，种种丑恶事实，令犹太人极其愤怒。阿伦特也因此被斥为"犹太人中的叛徒"，有的犹太朋友甚至因此与她断交，其中包括阿伦特敬重的学者、师长。

在战后美国生活时期，阿伦特密切关注时政，写下大量评论，俨然一个活跃的公共知识分子。她为犹太人报纸写下上百篇评论，后人将其结集为《犹太人问题》。她针对种族融合政策引起的冲突，写下《关于小石城事件的思考》一文，其中颇能看出如何"政治地思考"公共问题。《共和的危机》则包含了她在70年代写的长篇评论。

在一次访谈中，阿伦特自言是政治思想家或政治理论家，而不是政治哲学家。[2]此言用意深刻。不仅施特劳斯式的"政治哲学"在阿伦特看来没有意义，西方开始于柏拉图、终结于马克思的政治哲学传统本身，除康德这一"例外"之外，皆犯了以哲学贬低政治、扭曲政治经验的错误。阿伦特说："我要以未受哲学迷雾遮蔽的眼光看政治。"[3]

阿伦特拥有世界范围的读者，其中不乏忠实粉丝。晚近德国人还拍摄了纪实性电影《阿伦特》，纪念她不凡的人生，向阿伦特致敬。这种"待遇"在政治思想家中实不多见。

---

[1] Hannah Arendt, *Eichmann in Jerusalem: A Report on the Banality of Evil*, New York: The Viking Press, 1963.

[2] Hannah Arendt, *Essays in Understanding (1930–1954)*, edited by Jerome Kohn, New York, San Diego, London: Harcourt Brace & Company, 1994, p. 1.

[3] Ibid., p. 2.

第十四章 极权主义之思

珀涅罗珀的织物

阿伦特的著作，阅读起来不无难度。她的著作，很有些独特的地方。

首先，阿伦特十分注重概念的区分。她痛斥"历史与政治科学日益增长的在区分方面的无能"[1]。概念区分意在辨析不同的现象。无论是阿伦特的时代还是今天，人文社会科学界存在的一个严重问题就是概念的混用，这种混用与强权相结合，就会指鹿为马、颠倒黑白，给人类带来巨大灾难。

其次，阿伦特特别注重对人们生活中新现象的辨析。阿伦特认为，学者特别是史学家容易犯的一个错误就是用过去来比附新出现的事物，无视新现象真正的本质。比如说人们在暴政（古希腊语境中的僭主制）的意义上去看待希特勒政权，这便没有抓住问题的要害，而阿伦特则用"极权主义"来描述20世纪出现的新政体——纳粹政体以及与之相类、有着相同本质、旨在确立意识形态统治的政体。

再次，阿伦特注重对政治经验的深度体悟。阿伦特反对实证主义、科学主义的研究方法，认为它们用抽象干瘪的数据、图表拉开了人与现实政治经验的距离，让学者成了冷血动物。以社会科学家的功能主义视角来看，宗教与意识形态没有什么区别，希特勒与拿撒勒的耶稣皆属于韦伯所说的"卡理斯玛式领袖"，发挥着相同的统治功能，他们说什么则不必考虑，[2] 而普通公民彼此之间也没有独特性可言。

最后，阿伦特的著作是不成体系的，往往不导向明确的结论。阿伦特曾经说："如果我有足够好的记忆力来保存我所想的一切，我十分怀疑我自己还会写东西。"[3] 她非常推崇苏格拉底，她自称她所有的作品都是她思路展开过程的记录，她是一个名副其实的政治思想家。思考问题的方法，阿伦特称为"理解"（Understanding）。阿伦特经常提到一个典故，名为珀涅罗珀的织

---

[1] Hannah Arendt, *Essays in Understanding* (1930–1954), edited by Jerome Kohn, New York, San Diego, London: Harcourt Brace & Company, 1994, p. 407.

[2] 阿伦特直接针对的是卡尔·曼海姆的学生例如汉斯·格尔斯（Hans Gerth），他们把韦伯的概念用于对纳粹政体的分析。阿伦特同时表明，她举此例子，并不意指韦伯需对此应用负责。Hannah Arendt, *Essays in Understanding* (1930–1954), edited by Jerome Kohn, New York, San Diego, London: Harcourt Brace & Company, 1994, p. 378, p. 388.

[3] Hannah Arendt, *Essays in Understanding* (1930–1954), edited by Jerome Kohn, New York, San Diego, London: Harcourt Brace & Company, 1994, p. 3.

物（a Penelope's web）。珀涅罗珀织布，当晚又把它拆开，第二天再从头开始编织。① 思想活动正是如此，思想不是设计好了的有着明确起点与终点的连续剧。阿伦特在她的《精神生活》的卷首语曾引用海德格尔的话来讲述什么是思考。② 思考不会给我们带来解决问题的方案，也不会产生新的东西，它只是一个过程，一个没有止境的过程，一个思想者只有在他生命终结之时才停止思考。

极权主义的起源

在对极权主义的批判性著作中，汉娜·阿伦特的《极权主义的起源》堪称影响最大、最为精彩的一部。不过，该书书名很有误导性，因为阿伦特并未在历史事件"原因"的意义上谈"起源"。以"极权主义的起源"命名，原是再版时出版商的建议。阿伦特说，所谓的"起源"，准确说来，应是"元素"（elements）。③ 这些元素，包括反犹主义、民族国家的衰落、种族主义、帝国主义、暴民与资本的结合等。阿伦特认为，西方文明中有一些暗流，极权主义是这些暗流最终浮出水面的结果，它让传统斯文扫地。④ 她又认为这些暗流，并非德国才有。她所理解的极权主义政体，并不仅限于希特勒政权。

阿伦特分析反犹主义时，指出反犹不能从社会歧视、宗教敌意等角度去理解，而应着眼于近代民族国家的起落。而在这个过程中，犹太人未能建立自己的国家，缺乏政治意识，是重要原因。犹太人最终成了国际社会之间的"多余人"，无一国对他们表示欢迎。不过，缺乏政治意识的少数民族并非仅仅是犹太人，为何种族屠杀针对犹太人？阿伦特对帝国主义的分析，也能说

---

① 典故出自荷马史诗《奥德赛》。珀涅罗珀是国王奥德修斯的妻子。奥德修斯外出征战，生死不明，多年未归，珀涅罗珀相信他能回来。为拒绝前来求婚的诸多王子，她巧妙周旋，拖延时间，称布织好就改嫁。但其实当晚她就把织好的部分拆开。

② 阿伦特所引的海德格尔的话为："思不像科学那样带来知识，思不产生有用的实践智慧，思不能揭露宇宙之谜。思也不能直接赋予我们行动的力量。"参见 Hannah Arendt, *The Life of the Mind*, San Diego: Harcourt Brace & Company, 1978, p. 1。

③ Hannah Arendt, *The Origins of Totalitarianism*, San Diego, New York, London: Harcourt Brace Jovanovich, Publishers, 1975, p. xv; Hannah Arendt, *Essays in Understanding* (1930 – 1954), edited by Jerome Kohn, New York, San Diego, London: Harcourt Brace & Company, 1994, p. 403.

④ Hannah Arendt, *The Origins of Totalitarianism*, San Diego, New York, London: Harcourt Brace Jovanovich, Publishers, 1975, p. ix.

明一些问题。帝国主义时代奉行一种为扩张而扩张的疯狂理念,一切道德束缚皆已解除。帝国主义扩张冲破了民族国家的藩篱,政治家让位于金融骗子与帝国主义分子。阶级社会解体后,社会出现了四种新人:孤立的、原子化的、相互之间缺乏公共联系的群众,从各个阶层中被淘汰出局的失意的孤注一掷的暴民,贪婪以致疯狂的资产者,只知服从命令、履行职责的官僚。帝国主义一时被视为解决国内问题的灵丹妙药。犹太人阴谋是纳粹炮制出来的毫无依据的意识形态,反犹主义是纳粹组织群众的宣传工具。然而,这种宣传手段,不过是现代商人采用的广告手段。把人关进集中营,进行灭绝,帝国主义时代的冒险家是始作俑者。种族优越,在南非布尔人那里,有现实的经验依据。极权主义的对外扩张,与帝国主义时代对民族国家边界的践踏,以及各种泛运动的诉求,是一脉相承的。[1] 以警察直接统治无国籍难民,则开了警察国家的先例。[2]

阿伦特的叙述,重在对现象的解析、对经验的再现。阿伦特试图探讨,极权主义的本质是什么?人们是如何一步步陷入了极权主义的深渊,"发生了什么?它为何发生?它是怎样发生的?"[3]。她认为当时的历史学家没有回答她的疑惑。因为这种考察,不能是简单的事件梳理,或者是对社会结构功能的分析,它必须深入彼时人们的生存体验层面。这种体验,并不能化约为心理上的体验或观念上的运动,它与公共世界的兴衰联系在一起,与政体的构造联系在一起。阿伦特对时代新经验的理论化,由此形成的关于极权政体原则、结构、毁灭性后果的说明,在西方政体理论史上,有其重要贡献。

阿伦特反复指出的是,极权主义是人类历史上全新的、史无前例的现象。[4] 旧有的政体学说、国家学说,道德标准,皆不再适用。暴政、专制、独裁,皆不能揭露其根本的性质。政治理论家的任务,就是要面对这种新的支配模式,对它做出说明,并告诉人们这样的政体对个人与文明来说意味着什么。

---

[1] Hannah Arendt, *The Origins of Totalitarianism*, San Diego, New York, London: Harcourt Brace Jovanovich, Publishers, 1975, p. 222.
[2] Ibid., p. 287.
[3] Ibid., p. xxiv.
[4] Hannah Arendt, *Essays in Understanding (1930-1954)*, edited by Jerome Kohn, New York, San Diego, London: Harcourt Brace & Company, 1994, p. 339.

政治不是支配

阿伦特将政治概念与统治（即支配）概念进行了区分。她认为通常政治学所说的统治本质上是非政治、甚至是反政治的。真正的政治关系中，没有支配者与被支配者的强制性命令与服从关系。阿伦特所理解的政治，对应的是这样一种人类生活经验：自由平等的人们走到一起形成公共空间，就他们所共同关心的重大议题进行讨论、商谈，以寻求可能的共识。这样的政治是一种剧场式的政治。它的特点是：人人皆有机会发言，参与辩论。政治生活的大门向每个人开放，这种政治生活是直接参与式的，以个人而非团体、政党为单位；其内容不是投票选举，而是发言辩论。这种剧场式政治生活，以阿伦特的术语来说，就是公民进入公共空间的对话、行动生活。

在阿伦特看来，人应当随时准备做一个积极公民。她并非天真地希望每个人都从事政治活动，但是她主张：个人如果有意愿，就应当被允许进入公共领域，走向公共舞台，去展示，去发声。[1] 阿伦特不满意于人们堕落为社会动物，堕落为经济动物，她试图在新的历史情境中重新凸显"政治动物"的意涵。不过，阿伦特并没有简单重复亚里士多德关于"人在天性上是政治动物"[2] 的教义。尽管阿伦特很重视亚里士多德对"政治动物"在古希腊城邦时代之意涵的诠释，她与亚里士多德，皆重视人与政治生活的密切联系，但二者间的差别，仍应值得注意。

首先，在亚里士多德那里，沉思的生活是最佳的、最高等的生活，[3] 哲学家对政治的"偏见"犹存。在阿伦特那里，沉思的生活与实践的生活并无高下之分，不过凭个人喜好而定。阿伦特尤其重视要不带偏见地去审视政治。

其次，在亚里士多德那里，人参与政治是为了人的完美生活的实现。在阿伦特这里，人参与政治，虽不乏让人生变得完美的意思，但更多的是出于对公共世界的责任与关爱，其间贯穿的是强烈的紧迫感。

---

[1] Hannah Arendt, *Crises of the Republic*, San Diego, New York, London: Harcourt Brace Jovanovich, Publishers, 1972, p. 233.

[2] ［古希腊］亚里士多德：《政治学》，吴寿彭译，商务印书馆1965年版，第7页。

[3] 亚里士多德认为，政治活动的目的是政治活动之外的官职与荣誉，政治家没有闲暇。而沉思生活则是一种自足的、无劳顿的、神性的活动。参见［古希腊］亚里士多德《尼各马可伦理学》，廖申白译，商务印书馆2003年版，第305页。

至于在阿伦特的思想世界中，参与政治本身是目的，抑或是其他目标的工具，这对阿伦特来说，并无意义。为参与而参与，视政治生活为一种展示性的行动，仅仅在此意义上理解阿伦特的政治观，势必忽略阿伦特谈政治参与时的紧迫感和严肃性。把参与政治界定为保障个人私人领域的工具，视为"必要的付出"，同样不是阿伦特的观点，因为它忽略了阿伦特思想中革命性的一面。阿伦特批判把私人"安全"当自由的观念，① 也指出私人快乐代替不了公共快乐。② 走进公共领域的目的，并不是为了回到家庭。与敞亮的公共空间相比，具有私人领域性质的家庭在阿伦特那里是一个黑暗的领域，如同熄了灯的观众席，它理应隐藏在众人的视线之外。

政治行动、公共空间与权力

阿伦特颇具独创的是她的行动理论。在《人的境况》中，阿伦特在廓清劳动（labor）、制作（work/fabricate/make）和行动（action）这三个概念的基础上，指出只有行动才是政治生活中的实践活动，而劳动和制作都是非政治的，甚至是反政治的，因为劳动者受制于必然性，制作者受制于功利考虑，唯有行动者与必然性和功利无涉，具有完全的自由。阿伦特所谓的"行动"简单说来就是一种展示自我的活动，它不为物役，不受制于任何功利性目的，它"由在场的其他人激发，却从不为其左右"③。通过行动，个人进入了公共世界。每一个行动都意味着一个新的开始；而人的行动能力，也表明人是一个自由的人。阿伦特指出："人能够行动这一事实表明：他能做出人意料之事，他能做看似不可能之事。"④ 阿伦特称之为行动的"不可预测性"。不过，我们特别需要注意的是，阿伦特所说的"行动"，是一个中性的概念，行动本身不考虑后果，因此也就无所谓好坏之分。

阿伦特著作中的行动概念，前后并不统一。它有时指开启新局面、不可预先知道的举动，例如英雄壮举，有时指公共政治生活中公民的言行。在第二个意义上，行动与古希腊城邦政治相联系。参与广场上政治活动的公民是

---

① Hannah Arendt, *Between Past and Future: Eight Exercises in Political Thought*, New York: The Viking Press, 1968, p. 149.
② Hannah Arendt, *On Revolution*, London: Penguin Books Ltd., 1990, p. 132.
③ Hannah Arendt, *The Human Condition*, Chicago and London: The University of Chicago Press, 1998, p. 178.
④ Ibid..

完全自由的，不像劳动者那样受自然必然性的约束，也不像制作者受目的和手段逻辑的支配。

作为政治生活方式的行动和言语是密不可分的。她写道："没有言语的行动就不再是行动，因为此时已没有行动者，而行动者，亦即行动的发出者，只有在他同时也是一个言语者时才有可能。……只有通过言语，他才能表明自身的行动者身份，告诉人们他在做什么，已经做了什么，将要做什么。此时他的行动才与他人相关。"① 事实上，在古希腊，在公共场合发言，正是一种自由人的生活方式。阿伦特提醒人们注意亚里士多德关于"人"的第二个定义，即"人是会说话的动物"②，亚里士多德此言并非否认其他动物之沟通能力，而是强调言语是一种自由人特有的政治生活方式，在这种生活方式中，只有言语才产生意义，所有公民之中心事务，就是相互交谈。通过言语，个人的身份才能得以揭示。"你是谁"要通过言语来说明。无声的生活遑论"政治"一词，过政治生活，意味着他的声音能被其他人听到。她指出："只有纯粹的暴力是无声的，也正是由于这个原因，暴力从来不会伟大。……所谓政治（to be political），或曰在城邦中生活，乃是意指一切皆通过言语和游说而不是通过武力和暴力来决定。"③ 需要说明的是，阿伦特虽重视"行动"，却不否定劳动、制作活动之于人类的意义。《人的境况》是阿伦特研究马克思与西方政治思想传统二者间关系的成果。④ 阿伦特关于劳动、制作、行动的论述，多针对马克思及西方形而上学哲学传统的相关看法而发。

阿伦特认为，很多政治理论家犯的错误，便是按照"制作"逻辑去描述政治行动，以为从政就是按图纸创造一个理想国。第一个犯此错误的人就是古希腊哲人柏拉图，柏拉图批评匠人营国，实际上他就是按照制作的逻辑来谈政治，他的思维正是匠人思维。在柏拉图那里，芸芸众生就是原材料，制作一个好的城邦，要去掉一些人，"擦干净画布"⑤。这就是制作的逻辑。⑥

---

① Hannah Arendt, *The Human Condition*, Chicago and London: The University of Chicago Press, 1998, p. 179.
② 参见［古希腊］亚里士多德《政治学》，吴寿彭译，商务印书馆1965年版，第8页。
③ Hannah Arendt, *The Human Condition*, Chicago and London: The University of Chicago Press, 1998, p. 26.
④ Ibid., p. 327.
⑤ ［古希腊］柏拉图：《理想国》，郭斌和、张竹明译，商务印书馆1986年版，第253页。
⑥ Hannah Arendt, *The Human Condition*, Chicago and London: The University of Chicago Press, 1998, pp. 224–227.

柏拉图批评行动，看不起公民之间意见的交换。柏拉图主张，意见是普通公民持有的，是无意义的，经不起推敲的，没有知识含量的，哲学家则不同，他们从纷繁复杂的生活中走出，从"洞穴"中走出，时刻盯着真理。① 柏拉图的理想国中没有讨论，没有公民大会，真理让讨论变得多余。柏拉图是城邦的敌人，阿伦特描述的政治生活一定意义上以城邦生活为原型，现代人失去了这种生活。阿伦特讲的行动生活是自由人的活动，人是一个具有言说能力的动物，人应当被允许到公共论坛发表自己的意见，他的声音需要被他人听到。阿伦特说："政治生活中，没有真理，只有意见。"政治生活源于人的"多样性"这个事实，那就是"不是一个人，而是多样的不同的人们，共同生活在这个世界中，栖居在地球上。"②

政治行动要和行为相区分。行为是现代社会科学的核心话语，行为的特点是可以预期，而行动的特点是不可预期。人参与政治活动，我们不知道他要说什么、做什么；人能够做出不可预期的言和行的能力，被称为行动能力。而所谓行为，则是人经过长期的驯化（极权主义赤裸裸的强制或现代社会无形的规约）而成，比如说现代礼仪课程，便是致力于教你一套标准的行为规范，它排除了任何自由发挥的东西。阿伦特说："现代行为主义理论的问题，并不在于它们是错误的，而恰恰在于它们可能是正确的，它们实际上是现代社会中那种明显趋势的最佳概括。"③ 在现代世界，只有在革命发生的时候才会有政治行动，行动是自由人的事情。

行动不能孤立地发生，它是具有政治性的活动。劳动可以一个人去进行，制作可以一个人去完成，行动则需要他人的在场、需要他人的见证，行动者发言需要别人来聆听。阿伦特指出，在古希腊人眼里，一个人由家庭领域跨入公共领域是非常神圣的事，奴隶、妇女、外邦人没有这样做的资格。他又需要足够的勇气。行动展示在不同的行动者面前，行动者都是平等的，不存在上下级关系，彼此却又是各有区别的。一群人走到一起，就有可能形成一个公共空间。阿伦特有一个非常著名的比喻，她说，一群人围坐在一起，中间会放一张桌子，桌子就好比公共空间，它联系着每一

---

① ［古希腊］柏拉图：《理想国》，郭斌和、张竹明译，商务印书馆1986年版，第276页。
② Hannah Arendt, *Between Past and Future: Eight Exercises in Political Thought*, New York: The Viking Press, 1968, p. 164; Hannah Arendt, *The Human Condition*, Chicago and London: The University of Chicago Press, 1998, p. 234.
③ Hannah Arendt, *The Human Condition*, Chicago and London: The University of Chicago Press, 1998, p. 322.

个人，又把他们彼此隔开，如果有一种魔法让桌子消失，我们就会感到困窘、尴尬。[1] 公共空间既是联系我们的东西，又是把我们彼此隔开的东西。而形形色色的极权主义，正是通过各种途径破坏公共空间，实现对个人绝对的宰制。

极权社会不允许人们自由集会。为什么这么害怕自由集会呢？因为几个人在一起就有可能形成公共空间，形成共同行动（act in concert）的力量，这种共同行动的力量就是政治权力。按照阿伦特的思路，权力是一群人共同行动的能力。我们彼此是单独的人，由于围坐在一起而形成了公共空间，形成权力。[2] 政权的本质就是此种权力。阿伦特说，少数人形成的权力组织，可以控制一个规模极大的国家，因为他们拥有"共同行动的力量"。

议事会制度 VS 官僚制

阿伦特在论革命时提出了关于议事会制度（the council system）的思想。这种议事会制度，作为对现代民族国家政治结构替代物提出，标志着阿伦特与既有政治结构之革命性决裂。阿伦特所说的议事会，是指革命进程中出现的民众自发组建的协议组织。如1871年普法战争之后的巴黎公社，1905年、1917年俄国革命时的工人苏维埃，1918年德国战败后出现的工人与军人协会。历史上的议事会，形成往往出人意料，当一批人共同感到有必要重新构建公共政治秩序时，亦即当革命发生的时机成熟时，人们走到一起，相互交流，联合行动，议事会组织就形成了。

在议事会中，权力存在于人与人之间，不属于任何个人、集团。此种权力，"既不是由上也不是由下而来，而是水平指向"[3]。它体现真正的政治权力之实质，体现人们共同行动、共建家园的潜力。议事会中的个人政治上平等，其进出不受任何出身、门第、党派等资格之限制。议事会上，人们各抒己见，并真诚倾听他人的见解，相互辩论，亦随时准备修正自己的意见。阿伦特考虑了革命时期出现的临时性、自发性议事会的理论意蕴，期望它可为

---

[1] Hannah Arendt, *The Human Condition*, Chicago and London: The University of Chicago Press, 1998, pp. 52–53.

[2] Ibid., p. 244.

[3] Hannah Arendt, *Crises of the Republic*, San Diego, New York, London: Harcourt Brace Jovanovich, Publishers, 1972, p. 230.

发展出一种新型的政治体系提供借鉴。在这种新型政治体系中，议事会是一种常设的公民议事机构。此种议事会的基本精神，可由下段文字看出：

> 议事会的成员说：我们要参与，我们要辩论，我们要使我们的声音被公众所闻，我们希望有可能决定我们的祖国的政治进程。既然国家太大，以至无法让所有人聚到一起来决定我们的命运，我们就需要在其中有许多公共空间。我们盖章投票的地方无疑地又太小了，只能容纳一个人。政党是完全不适合的，在那里，我们大多不过是被操纵的选民。但是如果有十个人，我们围着一张桌子坐在一起，各抒己见，也倾听别人的意见，那么一个理性的意见形成过程就能通过交换意见而展开。参与者中谁最适合将我们的观点陈述给上一级的议事会，也会变得很清楚；而在上一级的议事会中，我们的观点会透过其他观点的影响而获得澄清、修正或被证明是错误的。①

未竣工的精神共和国

《精神生活》是阿伦特的最后一部著作，原是阿伦特为英国阿伯丁大学的吉福德讲座准备的讲稿，原计划分"思维""意志""判断"三个部分来展开。当阿伦特溘然辞世时，此书仅完成了前两部分。

正如阿伦特在该书导论中所言，她探讨精神生活的问题，直接起因主要有两个。第一是她在耶路撒冷参加对纳粹战犯艾希曼的审判后所展开的对"恶"的问题的思考。阿伦特认为艾希曼的最大问题就是"无思无想"，他满口意识形态化的语言体现了他内心的空洞。阿伦特由此发问：极权主义之"恶"与这种"无思无想"是否有重大关联，做一个公民是否要求具备某种思维能力？②《精神生活》正是接着这一问题进行的深入探讨。

阿伦特专门探讨精神生活，第二个起因则是她在《人的境况》完成后一直感到精神生活同样需要予以关注。③《人的境况》一书德文版名为"实践生活"（vita activa）。自古希腊以来，"实践生活"与"沉思生活"（vita con-

---

① Hannah Arendt, *Crises of the Republic*, San Diego, New York, London: Harcourt Brace Jovanovich, Publishers, 1972, pp. 232–233.
② Hannah Arendt, *The Life of the Mind*, San Diego: Harcourt Brace & Company, 1978, p. 5.
③ Ibid., p. 6.

templativa）就被哲学家们清楚地区别开来。在《精神生活》中，阿伦特探讨了"沉思生活"的三种形式：思考、意志、判断，《精神生活》可以说是《人的境况》的姊妹篇。

以阿伦特之见，思考面向的是过去，一切思想都是事后观念，它是一种个人从世界撤离后在孤独状态下进行的活动。思考不创造价值，它没有边界。思考不同于认知。认知有一个目标，而思考则是无目的性的，认知的结果是事实的真实面目，思考的结果则是意义的获得。阿伦特主张的是一种自由的思考，她用"不扶栏杆上楼"（without a banister）[①]来比喻这样一种无须凭借的思考过程。思考促使人良心发现，为区分善、恶提供准备；但思考并不必然导致判断。意志面向的是未来，意志关注的是我打算做什么，它也使行动的发生成为可能。有意志的个人为未来而活着。而判断面向的则是现在，它要对善恶、正误或美丑进行区分。判断是个人寻求获得他人赞同的过程。

正如行动是实践生活的三种形式中阿伦特最为关注的问题一样，在思考、意志、判断三者中，判断是阿伦特有意重点阐发的对象，因为阿伦特认为判断是一种政治性的精神活动，判断力是一种特定的政治能力。阿伦特已写出的前两部分固然让我们得以在西方思想史脉络中去把握思考与意志两种精神活动，但更为精彩的或许是那没有写出的论判断的部分。现在我们只可以从她其他的著作中推断其判断理论。

阿伦特认为，政治判断与审美判断在性质上是相同的。阿伦特从康德关于审美判断力的论述中，借来"共通感（sensus communis）""扩大的见地（the enlarged mentality）""再现式思考"等关键词汇，构筑了她的判断理论的基本框架。"共通感"是我们除视觉、味觉、听觉等感官之外的第六种感官，它源自人们对自己属于"人"（既不是动物，也不是神）的体认。这种官能使人与人之间的交流成为可能。[②]"扩大的见地"是指"站到每个别人的地位上思想"[③]。在这一过程中，我与预期的他人进行交流，最终希望获得他人的同意。在做出判断时，个人的私下想法进入公共领域，接受众人之检

[①] Margaret Canovan, *Hannah Arendt: A Reinterpretation of Her Political Thought*, Cambridge: Cambridge University Press, 1992, p. 6.

[②] Hannah Arendt, *Lectures on Kant's Political Philosophy*, edited and with an Interpretive Essay by Ronald Beiner, Chicago: The University of Chicago Press, 1982, p. 10.

[③] ［德］康德：《判断力批判》，宗白华译，商务印书馆1964年版，第138页。

验。正如逻辑推演依赖于自我的出现，判断要想变得有效，必定依赖于他人的出现。它要求"不仅从自己的观点，而且从所有其他碰巧出现的人的观点出发去看事情"①。判断由此获得相对的有效性。

阿伦特认为，这种政治思维的特定样式，在康德的审美判断理论中得到了最好的表述。按照康德的论述，当人们进行审美判断说一朵玫瑰花是美的，既不是出于对这朵花的主观偏爱，也不是根据某个客观原则，而是一种诉诸他人出现的不掺有私心的判断。②做出判断的人潜在地期望他人赞同他的说法，想象与许多其他人在一起欣赏这朵花。显然，政治判断能力与人的想象力相连，它是一种再现性思维的过程。

阿伦特在《真理与政治》一文中曾对这一过程有过细致的描述：

> 政治思考是再现性的（representative）。通过从不同的观点审视给定的问题，在心中使那些不在场者的立场再现，我形成了自己的政治意见；也就是说，我使他们再现。这种再现的过程并不盲目采取其他不同立场的实际观点，而是从不同的角度看世界；既不是移情（empathy），好象我努力成为他人或象他人那样感觉，也不是从众，而是以我的身份去思考，尽管实际上我不是那种身份。当我思考一个问题时，我心目中列出的人的观点越多，我越能想象如果我处于他们的位置我将作何感想，我的再现式思考的能力就越强，最后的结论即我的意见也就越是有效。③

阿伦特对精神生活的三种形式做了明确的区分，但她同样也关注三者之间的关联。在《精神生活》中，阿伦特论及了思考、意志、判断之间恰当制约平衡的关系。在阿伦特看来，思考、意志、判断三种能力没有一种应当支配其他两种，每一种都是不可或缺的，好的心灵状态应是三者的和谐相处。这样的心灵状态应是一个能够区分善恶、做出伟大行动、承担公共责任的合格公民应当具有的。可以说，阿伦特是在试图构建一个精神领域的共和国，

---

① Hannah Arendt, *Between Past and Future: Eight Exercises in Political Thought*, New York: The Viking Press, 1968, p. 221.
② ［德］康德：《判断力批判》，宗白华译，商务印书馆1964年版，第75—76页。
③ Hannah Arendt, *Between Past and Future: Eight Exercises in Political Thought*, New York: The Viking Press, 1968, p. 241.

《精神生活》一书关注的实为一种良好的心灵秩序。阿伦特未完成的《精神生活》给我们展示的是一个未竣工的精神共和国的图景，这一精神共和国的构建与阿伦特的共和主义政治理想密切相连，她晚年的"哲学转向"并不是要放弃政治而转向哲学，而是探讨政治的精神层面——"如何政治地思考"（how to think politically）的问题。

阿伦特的最终目的，指向的是世界

不过，阿伦特的理论，指向的不是行动，而是世界（the world），这个失落的此岸世界。阿伦特倡导伟大的行动，这当然不错。然而，阿伦特同时对行动的危险保持着警惕。在这个意义上，她的理论表达出的是对世界的担忧。阿伦特认为，现时代的标志，不在于马克思所说的人与自我的疏离，而在于人与世界的疏离（world alienation）。[①] 世界对我们变得陌生，变得不宜居，或者说，我们在世界中已无"如在家中"（feel at home）[②] 的感觉。阿伦特讲的"世界"有独特的意涵，它不是日常中文中所说的地理意义上的全球，而是在描述一种文明现象，它涉及对自然与人为（或人造物）关系的思考。区分自然和人为仍然是古希腊传统的一种做法。阿伦特在讲自然和人为的时候，她是在描述，人能够做什么，人的活动要受哪些限制。"自然"在阿伦特这里，是一种外在于自由领域的一种野蛮的、原始的、必然性的力量。[③]

这种区分具有重要意义，因为在阿伦特看来，极权主义本质上是自然力量（或历史力量）对人的支配。极权主义的独特之处在于，一种超越于人的力量，支配了所有的人，包括极权社会的领袖。在纳粹那里，它是种族进化的规律。种族的划分是以自然的语言来描述的。种族是生物学中的一个词。你是犹太人是因为你生下来就是这样，而不是说你入了某个国籍，成了某个国家的公民，也不是因为你是犹太教徒。

把极权主义描述为自然力量（或历史力量）对人的支配，人对于外在于

[①] Hannah Arendt, *The Human Condition*, Chicago and London: The University of Chicago Press, 1998, p. 254.

[②] Hannah Arendt, *Lectures on Kant's Political Philosophy*, edited and with an Interpretive Essay by Ronald Beiner, Chicago: The University of Chicago Press, 1982, p. 76.

[③] Hannah Arendt, *The Origins of Totalitarianism*, San Diego, New York, London: Harcourt Brace Jovanovich, Publishers, 1975, p. 302.

己力量的屈服，这是非常独特的。在极权社会里，决定一个人命运的，不是他违反了哪条人为法，而是说他生得不对，他生下来就是犹太人，由此就必须被消灭，这就是极权主义的恐怖所在。而在另一些国家，这种非人的力量，以另外一种形式表现出来，那就是不可抗拒的阶级斗争规律。这里支配一切的仍是一种外在于人的力量，一个人属于什么阶级由不得自己，一个人是不是犹太人也由不得自己。人服从于非人力量，人的自由领地遭到破坏，这是极权政体的要害。

阿伦特从这个角度去理解极权主义，这一点还没有引起足够的重视。很多自然法、自然权利理论的推崇者，把自然当作法宝，当成一个非常崇高的东西去看待。在阿伦特这里，自然是一种毁灭性的力量。这是阿伦特长期研读康德的结果。康德有个名言就是人为自身立法。这就是说人要主宰自己的事务。康德有非常著名的共和思想。康德认为，一个魔鬼民族都可以建立起一个国家，如果他们有理性。① 换言之，人不需要太伟大、太崇高，不需要成为天使，不需要英雄人物的领导，就能够为自己创立一个文明世界。人造的世界在阿伦特这里非常重要。独善其身不可取。面对人世间的罪恶与血腥，阿伦特反问：我们难道就这样视而不见吗？

阿伦特并不赞同现代国家制度，但是她暗示了现代国家和极权主义之间的对立。阿伦特指出，在民族国家解体的地方极权主义运动兴起了，在民族国家构建得非常好的地方则没有发展成型的极权主义。② 阿伦特相信事在人为。她相信人们通过自己信守承诺的力量和相互之间的信任达成契约，可望构成一个公共世界。这个世界有两个维度：第一个维度，它是一个具有稳定性的法律体系，③ 体现法治精神。它确保每个人的活动空间，阿伦特比喻说，法就像大厦一样，其中的每个房间就是我们自由活动的范围，如果没有"法"把这个大厦撑起来，没有法界定人与人之间的边界，我们的自由空间就不复存在。④ 第二个维度，阿伦特所讲的世界是人类文明成果组

---

① ［德］康德：《永久和评论》，载［德］康德《历史理性批判文集》，何兆武译，商务印书馆1990年版，第125页。

② Hannah Arendt, *The Origins of Totalitarianism*, San Diego, New York, London: Harcourt Brace Jovanovich, Publishers, 1975, p. 267.

③ Hannah Arendt, *Essays in Understanding*（1930－1954）, edited by Jerome Kohn, New York, San Diego, London: Harcourt Brace & Company, 1994, p. 342; Hannah Arendt, *Crises of the Republic*, San Diego, New York, London: Harcourt Brace Jovanovich, Publishers, 1972, p. 79.

④ Hannah Arendt, *Essays in Understanding*（1930－1954）, edited by Jerome Kohn, New York, San Diego, London: Harcourt Brace & Company, 1994, p. 357.

成的世界,特别是人类制作活动的产品组成的世界。这和很多反思现代性的理论家是非常不同的。很多反思现代性的理论家讴歌的是田园牧歌式的生活,讲的是人与自然有机融为一体,这些都不是阿伦特的思想。阿伦特认为,人摆脱动物状态的第一步就是人开始建造居所、制作工艺品、摆设等。如果把这些否定掉,人就变成了动物。循此,离开政治世界的"赤裸裸的人"的人权,不过是毫无保障的动物权,它根本不能对无国籍者提供保护。①

独裁政体中的个人责任

阿伦特的政治思想,落实到个人,意味着一种意涵丰富的公民理论。阿伦特的公民理论要处理的一个核心问题是独裁政体中的个人责任问题。这尤其见于阿伦特关于艾希曼审判的讨论。在现代世界,如何才能算是一个合格的公民?阿伦特区分了公民和资产者(或译为市民)。②资产者是一种人,公民是另一种人。阿伦特说,当一个社会到处都是资产者时,极权主义运动的土壤就形成了。资产者的特点是非政治化,不参与政治,只追求财富的增加,对政治漠不关心。公民的特点则是要承担公共责任,要付出努力、做出实际的行动来创建、维持公共家园,要有勇气。这种公民具有古典色彩,却不是古希腊公民的复活,因为他可以是兼职公民。参与政治生活是古希腊公民生活的全部,但不是阿伦特主张的公民要过的生活的全部。遗憾的是,现代社会资产者充斥,公民寥若晨星,这就很危险。更为重要的问题是,如果人生活在极其暴虐的独裁政体或以恐怖为本质的极权政体下,普通民众有没有责任?又需要以何种方式、承担什么样的责任?阿伦特引用哈姆雷特的话说:"这是一个颠倒混乱的时代,倒霉的我却要负起重整乾坤的责任!"③ 阿伦特对坏政体中个人责任的反思,每每令人愧疚。为了肉体的保存与安全,有几人能勇敢地向纳粹的屠刀说"不"呢?

需要注意的是,阿伦特并不要求人人做反暴政的斗士或英雄。她认为,对于普通民众而言,与当局不合作便是一种具有重要意义的体现公民责任的

---

① Hannah Arendt, *The Origins of Totalitarianism*, San Diego, New York, London: Harcourt Brace Jovanovich, Publishers, 1975, pp. 299–300.
② Ibid., p. 138.
③ [美]汉娜·阿伦特:《责任与判断》,陈联营译,上海人民出版社2011年版,第23页。

方式，而且这在很多情况下是能够做到的，不会导致人身自由与安全受威胁。例如艾希曼，他完全可以选择辞职，而不会有生命危险，对其日常生活也不会有影响。没有人逼迫他非要做那份杀人的工作。①

图62 汉娜·阿伦特

阿伦特充满激情的文字启迪了很多人。她启迪了哈贝马斯的沟通行动理论，启发了共和主义的复兴，推动了激进民主理论的发展。然而，并不存在所谓的阿伦特学派。只有固守某种教义的封闭小圈子，才会展现出明显的学派特色，而阿伦特从根本上拒斥这样的做法。思考是高度个体化的事情，是人与外在世界调适的努力，阿伦特从不认为思考是哲学家的专利。② 阿伦特认为，我们每个人都应当学会思考，应当如同通过操课锻炼身体一样，经常

---

① Hannah Arendt, *The Jewish Writings*, edited by Jerome Kohn and Ron H. Feldman, New York: Schocken Books, 2007, p. 482.
② See Hannah Arendt, *The Life of the Mind*, San Diego: Harcourt Brace & Company, 1978, p. 180.

通过思想的"操课"增强我们的思考能力。此即阿伦特《过去与未来之间》副标题中"exercises"的含义。[①] 思考是一个人内心分饰二角（two-in-one），在我与"自己"之间展开的无声的对话。阿伦特由苏格拉底这一思考者范型出发，表明思考对于一个人拒绝作恶具有极为重要的意义。苏格拉底宁愿忍受被人冤枉，也不愿意对别人施以不义，因为他一旦做坏事，他就不能与内心那个"自己"如朋友一样地友好共处了。[②]

阿伦特批判各种"主义"式思维，认为那是对人的头脑的束缚，是人失去思考能力的标志。意识形态的陈词滥调，让人失去了现实感。意识形态分子之于具有独立思考能力的人，诚如夏虫不可语冰。不过，学人还是给阿伦特赠以主义的头衔，如共和主义、保守主义、激进主义。这多少体现了人们不太愿意真正聆听她的教导。大概失去了"主义"这个坐标，我们不知道如何去理解一个思想家。或者说，我们不想让事情变得复杂，我们想简单快速地对一个人的立场进行定位。这是可悲的，是人懒于思考的体现。

危机时代谈共和

到 20 世纪 60 年代时，阿伦特在美国已经生活了二十余年。二十多年前，这位犹太女性为避德国纳粹的迫害，在多年的无国籍者生涯后，辗转来到了美国，那时，美国给阿伦特这样的来自欧洲的流亡知识分子提供庇护，俨然一个新的家园。和平的自由世界与死亡阴影笼罩的欧洲形成了鲜明的对比。然而，二十多年后，也就是阿伦特写《共和的危机》时，美国的氛围已发生了大的变化，自由世界已是一个充满裂痕的世界，共和国的危机昭然若揭。美国被拖进越南战争的泥潭，国内反越战运动如火如荼；公然挑衅既有法律，似成时代之潮流；校园内大学生造反，冲击大学行政机构，其间又夹杂着黑人种族问题，暴力事件频现。这些事件与世界范围的激进运动遥相呼应，成为一种共时性的全球现象。阿伦特对她所生活的世界的忧虑，便深深地隐含在她的这几篇论文中，从《政治中的谎言》《公民不服从》到《论暴力》，这些论文的具体论题不同，但它们所表达的关怀以及思想要旨，仍一以贯之。

---

① Hannah Arendt, *Between Past and Future: Eight Exercises in Political Thought*, New York: The Viking Press, 1968, p. 14.

② Hannah Arendt, *The Life of the Mind*, San Diego: Harcourt Brace & Company, 1978, p. 185.

第十四章 极权主义之思

1971年6月，《纽约时报》发表了《五角大楼文件》。这份记载美国自第二次世界大战到1968年对外政策的机密文件的公布，让人们对美国内政外交有了新的认识，原来一系列重大政策不过是依据某种"理论"而制定，各种谎言，竟然是美国多年来内政外交政策的基础。阿伦特由此出发，引出了对政治中谎言现象的讨论。

马克斯·韦伯尝告诫说，一个人如果注重自己和他人灵魂的得救，就不要涉足政治，因为与政治打交道，就是与魔鬼立约，不免与暴力、谎言、残酷打交道。[1] 时至今日，政治中的谎言，仍是十分普遍的现象。是什么原因让政治与"魔鬼"联姻？一种面向真实世界、坦露心迹的沟通型政治是否可能？诚实而坦率，这样的政治家能够在政治风浪中生存吗？还是政治本身就是不光彩之事，暗箱操作，阴谋诡计，指鹿为马，篡改历史，凡此种种，自古以来正是政治的常态？我们必须思考，为什么有人会蓄意去制造谎言，还要进一步发问，为什么有那么多人愿意相信谎言。在由孤独的原子化个体组成的大众社会，谎言甚至不必重复千遍，就可以被当成真理去信奉。在极权世界中，谎言的制造更是登峰造极。

阿伦特指出，20世纪给人们展示了一种新的谎言经验。那就是借助一系列理论或意识形态，人们能够生活在一个虚幻的世界中、一个远离事实的世界中。因为事实性真理从来都是脆弱的，它不具有理论性真理所具有的逻辑强制性。阿伦特写道："历史学家明白，我们在此之中度日的整个事实结构是多么脆弱，它总是处于这些危险之中：被个别谎言击溃或者被群体、国家或阶级的有组织的谎言摧毁，或者被大量的谎言否定和扭曲，并且经常被小心地掩盖起来，又或者只是变得湮没无闻。"[2] 事实需要证词，需要可靠的证据。正是事件本身具有的这种脆弱性在相当程度上使得欺骗极其容易。谎言未必和理性冲突，相反，谎言看起来往往更加合理。而现实事件则是偶然的，它总是不期而遇，不可预测。这里面包含的是理性与偶然性天然的对立。一个让理性绝对主宰的头脑，历来不愿意正视偶然发生的事件。

阿伦特说，《五角大楼文件》给我们展示了两种新的谎言类型：一种谎言是以政府公关的名义进行，旨在左右舆论，塑造政府良好形象；第二种谎言类型，则是由头脑中装备了博弈论、系统论等社会科学理论的所谓问题解

---

[1] [德] 马克斯·韦伯：《伦理之业：马克斯·韦伯的两篇哲学演讲》，王容芬译，广西师范大学出版社2008年版，第92页。

[2] [美] 汉娜·阿伦特：《共和的危机》，郑辟瑞译，上海人民出版社2013年版，第5页。

决专家们为了其理论的前后一致而不断制造出来的。这些专家同时又是政策制定者。于是，从错误的假设（例如中苏结盟，中国的扩张主义，等等）出发，按照其理论，比如多米诺骨牌理论或博弈论，一系列政策便出台了。事实是，这些骨牌论、博弈论、阴谋论的信奉者，他们不需要事实，他们拥有的是"理论"，而现实如果不合理论，他们便会以强制的手段去修改或消灭事实，迫使现实在理论面前就范。① 事实上，早在《极权主义的起源》中，阿伦特即指出现时代"现实"（reality）的危机，并将之视为极权主义之重要特征。阿伦特写道："古代智者与现代智者最突出的区别是，古人满足于牺牲真理而赢得暂时的胜利，而现代人则要牺牲现实以获得更为持久的胜利。换言之，一个摧毁了人类思想的尊严，另一个摧毁了人的行动的尊严。旧式的逻辑操纵者是哲学家，现代的事实的操纵者首当其冲的是史学家。由于历史本身被摧毁，它的可理解性——基于它是由人做出因此被人理解这一事实——也就岌岌可危，一当事实不再属于过去及现在的世界的一部分，它们就被滥用以证明这种或那种意见。"②

《共和的危机》第二篇论文讨论的是"公民不服从"。阿伦特写道："近年来，不仅在美国，而且在世界上其他很多地方，不服从民事和刑事法律，已经成为一种群众性的现象。对既有权威——无论是宗教的还是世俗的、社会的还是政治的——的违抗已经成为全球现象，有朝一日他或许会被看成是近十年来最突出的事件。"③ 公民不服从引发的是既有法律权威的问题，法律失效了吗？美国的法律体系当如何对待公民不服从？

回答这些问题，首先要搞清楚公民不服从是何种社会政治现象。阿伦特指出，公民不服从区别于良知反抗者。雅典的苏格拉底、康科德的梭罗，虽然是不服从者的经典形象，但他们作为个体的不服从与一小群人有组织的公民不服从毕竟是不同的两件事。苏格拉底基于个人判断而拒绝做不义的事情，为的是能够和内心的那个"自我"融洽相处。梭罗则是基于良知义务不服从法律而入狱。而公民不服从者，是那些因意见一致而非利益一致组织起来的人们。另外，公民不服从也不能等同于犯罪。罪犯总是试图逃避公众目

---

① Hannah Arendt, *Crises of the Republic*, San Diego, New York, London: Harcourt Brace Jovanovich, Publishers, 1972, p. 12.
② Hannah Arendt, *The Origins of Totalitarianism*, San Diego, New York, London: Harcourt Brace Jovanovich, Publishers, 1975, p. 9.
③ [美]汉娜·阿伦特：《共和的危机》，郑辟瑞译，上海人民出版社 2013 年版，第 52 页。

光，而公民不服从则是公开的反抗行为。

公民不服从，针对的是法律本身。它反映了法律本身的滞后。事实上，公民可以通过不服从运动来推进法律的变革。换言之，快速变化的环境和形势，也导致公民不服从日增。公民不服从是既有制度或法律体系权威丧失的征兆，甚至是宪法危机的体现。阿伦特说，当为数众多的公民都相信，正常的变革渠道不再通畅，冤屈无法上达视听、洗刷昭雪时，或是相反，当政府试图改革或已经着手改革，仍坚持那些合律性和合宪性遭到严重质疑的行为方式时，就会发生公民不服从。

阿伦特说，公民不服从，美国以外尚不为人所知。因为公民不服从背后包含的政治哲学是十分美国式的。这种政治哲学，就是洛克式契约论传统以及与之相联系的权力概念。依据阿伦特的解读，霍布斯的契约论是纵向契约论，主张通过契约确立支配者与被支配者之间的保护与服从关系；而洛克的原始契约论是一种横向契约论，旨在通过相互性的承诺构建一个社会，它有赖于人们做出承诺和信守承诺的能力，共同体的存在基于每个人的同意，而非多数的决定。① 权力的本质，也只有在这种横向相互性契约理论脉络下才能得到理解。权力标示了一种个体之间的联合与盟约关系。

因此，公民不服从，实与自由政府相联系。公民不服从乃是自愿结社的晚近形式。公民不服从具有危险性，但其危险性并不大于其他公民结社的危险。阿伦特说，在政治语汇中，在美国法律体系中，为公民不服从安营扎寨，需要做以下努力：第一步是为这些不服从的少数派争取获得承认，同等对待公民不服从团体与压力集团。第二步是通过新的宪法修正案公开承认公民不服从是公民结社自由的形式。② 显然，阿伦特认为公民不服从不是需要压制的现象，而是公民自由的一种形式。

在各种激进运动中，暴力事件常常发生。《共和的危机》第三篇论文专门讨论的是暴力。暴力在古代希腊与一种反政治的活动联系在一起，政治意味着城邦内部公民之间无暴力的相互说服辩论。暴力，只有对待外邦军事行动时才会采用。暴力手段用于公民内部，是僭主的统治方式，在古希腊政治哲学传统中，它总是要受到谴责的。近代以降，当支配活动侵夺了政治的名号，暴力也就得到了正名。马克思便说：暴力是新社会从旧社会中诞生的助

---

① Hannah Arendt, *Crises of the Republic*, San Diego, New York, London: Harcourt Brace Jovanovich, Publishers, 1972, p. 87.
② Ibid., p. 101.

产婆。① 所谓国家，不过是一个阶级镇压另一个阶级的暴力机器。

从尼采到柏格森，暴力还被与某种生命本能联系在一起。阿伦特驳斥了各种生物学的暴力论。② 依据这种理论，暴力是人的一种原始的本能，甚至是生命力量的象征。阿伦特说，动物界的暴力现象，不能运用于人类社会。暴力仍然是人做出的事情。由此，消弭人类社会中的暴力现象绝不是什么生物学问题，而是一个人类事务领域的事情。

现代国家的基本逻辑，是以对国家暴力的恐惧来取代人对人的恐惧，从而建立起一个和平的世界。国家垄断暴力的使用，凭借暴力机器保障一国之内的和平。③ 这似乎表明了暴力与权力的联系。人们习惯于认为，现代国家中的权力和暴力，好比天鹅绒手套暗藏铁掌，权力不过是那个柔软的手套，是门面，要害在于暴力。

然而，阿伦特认为，这种看法实具误导性。因为暴力和权力，不是相互促进，而是相互排斥。在暴力盛行的地方，必定存在着权力危机；反之，在良好的权力体系中，暴力是不需要的东西。实际上从来不存在完全建立在暴力手段之上的政府，权力才是一切政府的本质。暴力带来服从，但不能带来支持，须知服从不等于支持。枪杆子里出来的是最有效的命令，它导致最快速、最完美的服从，但那与权力无干。由阿伦特的这些论述，我们不难想起卢梭的话：面对森林里强盗手中的枪，我不得不服从，但并无服从的义务。④ 阿伦特指出，信奉功能主义的社会科学家无力区分暴力和权力，他们只看到二者都带来了服从。但权力，毕竟是政治领域的事。它需要展示的空间，需要他人的证明，需要言语和行动，需要相互间的承诺和守信。权力反映了人们联合在一起共同行动的能力。暴力则不需要，它的力量因工具的威力而不同。阿伦特援引孟德斯鸠说，专制政体是"暴力最多权力最小"的政府形式，⑤ 一个靠棍棒进行统治的专制政府，不过外强中干。

有一种观点认为，现代政府因掌握巨大的暴力手段，由此革命的机会越

---

① ［德］马克思：《资本论》第一卷，《马克思恩格斯全集》第 23 卷，人民出版社 1972 年版，第 819 页。
② Hannah Arendt, *Crises of the Republic*, San Diego, New York, London: Harcourt Brace Jovanovich, Publishers, 1972, p. 172.
③ 阿伦特在《论暴力》第二部分提到了韦伯的国家定义。Hannah Arendt, *Crises of the Republic*, San Diego, New York, London: Harcourt Brace Jovanovich, Publishers, 1972, p. 134.
④ ［法］卢梭：《社会契约论》，何兆武译，商务印书馆 1980 年版，第 13 页。
⑤ Hannah Arendt, *Crises of the Republic*, San Diego, New York, London: Harcourt Brace Jovanovich, Publishers, 1972, p. 140.

来越少。阿伦特认为，诚然，一个拥有巨大杀伤力武器的政府，似比历史上任何政府都更令人恐惧。然而这只是一种幻觉。造成这种幻觉的根源在于对暴力与权力的混淆。暴力手段的发达与权力本身的强大是两回事。阿伦特说，革命并不是靠暴力造成，它是权力解体之后发生的一种可能。

阿伦特慨叹：想到当前政治科学的状态，真让人伤心，政治科学家的术语学没有区分权力、强力、武力、权威以及暴力这样的关键词。这些词指的是不同的现象。这种混用，背后是统治或曰支配取代了政治。阿伦特说："只有人们不再将公共事务还原为统治事宜之后，人类事务领域中的原始材料才会表现出，或者毋宁说，再现出它们本来的多样性。"① 在统治理论那里，关键的永远是谁统治谁的问题。于是，权力、权威、暴力等不过是用来表示统治手段的术语罢了。暴力是一种工具性的力量。暴力依赖于工具，而非人数或意见。它原是制作领域的事情。工匠要做一张桌子，雕刻家制作一件雕塑，都需要以暴力对待原材料。要做一盘炒鸡蛋，如何能够不打破鸡蛋？（萨特语）② "不砍倒一棵树，无人能做一张桌子。"③ 扫帚不到，灰尘不会自己跑掉。当政治的概念被支配的概念取代，政治行动在制作活动的目标—手段意义上去理解，付诸暴力便顺理成章。阿伦特说："我们知道，或应当知道，每一次权力的衰落，都是对暴力的公开邀请。"④

针对其时学生运动中的暴力现象，阿伦特说，暴力在这里的作用十分有限，也不是这场运动的重点。暴力是正常表达渠道堵塞时民众引起关注的一种手段。诉诸暴力，一个问题才能够引起官僚的关注。学生运动中，值得关注的是参与性民主的口号，是运动中出现的权力经验。自发形成的议事会正是这种权力的体现。议事会针对的是无人统治（rule by Nobody）、麻木的官僚制。⑤ 学生运动贡献的不是暴力，而是对代议制民主体系和官僚统治体系

---

① ［美］汉娜·阿伦特：《共和的危机》，郑辟瑞译，上海人民出版社2013年版，第107页。
② 萨特剧作《肮脏的手》中，共产党领袖贺德雷有"不打碎蛋壳，就不能做摊鸡蛋"的话。萨特剧中，贺德雷认为，在崇高目的和残酷手段之间没有超越的可能。面对刺杀者的责难，他说："我有一双肮脏的手，一直脏到臂肘上。我把手伸到大粪里去，血污里去。还有什么话可说呢？你以为人们可以天真无邪地掌权吗？"参见［法］米歇尔·维诺克《法国知识分子的世纪·萨特时代》，孙桂荣、逸风译，江苏教育出版社2006年版，第270页。
③ Hannah Arendt, *Essays in Understanding（1930 – 1954）*, edited by Jerome Kohn, New York, San Diego, London：Harcourt Brace & Company, 1994, p. 376.
④ Hannah Arendt, *Crises of the Republic*, San Diego, New York, London：Harcourt Brace Jovanovich, Publishers, 1972, p. 189.
⑤ Ibid., p. 137.

的挑战。

谎言、公民不服从与暴力,在阿伦特看来都是需要认真辨析的术语,也是人类事务领域的重要现象。阿伦特多层次多角度展开的思考,意在阐释现象背后的人类生活经验,并揭示其基本特征和理论意涵。它们共同指向的是如下问题:人能够做什么?人类事务的特点是什么?人开创新局面,做出行动,可能出现什么情况?又会面临哪些危险?

让我们整理一下阿伦特政治理论的基本思路:人与人走到一起构成了一个政治世界。契约精神和合作的诚意,对世界的爱,面对生命的坦诚和真挚,是人造的世俗世界得以存在的前提。政治原本是出于对这个共同世界的维系,而非其他外在的目标。统治取代政治的地方,人的存在的现实感必然丧失。公民不服从,不过是自由社会公民结社的一种形式,它在一个意义上诠释了什么是权力。然而,这种本真的、充满坦诚精神的政治,在尔虞我诈、谎言流布、暴力迷信盛行的世界,在官僚麻木、制度僵化不能容纳公共讨论的时代,显得多么奢侈。不过,阿伦特总是相信,事因难能,所以可贵。可贵之事物短暂易逝,也是人类命运悲剧性之体现,人类却从中获益甚多。[1]

具体到60年代美国,阿伦特揭示共和的危机,指出反抗运动浪潮对既有体系合法性带来了挑战。共和国本当包含公民参与足够的空间,而如今,官僚体系和政党体系的僵化,已将公民参与的空间压缩到极限,由此一种包含了重温公共政治经验的革命运动,便迅速地兴起。无论运动的诱因是什么、运动的口号是什么,在这种运动中,议事会的经验,让人们在实践中感受到了参与政治的快乐。

1970年,阿伦特已经65岁,眼看美国处于此种局势,阿伦特不免为共和国的前途担忧。不过,担忧背后仍掩盖不了阿伦特对未来的憧憬。诚如阿伦特所言,她所展望的纵然是乌托邦,也是值得期待的人民的乌托邦,而不是理论家或意识形态分子的乌托邦。[2] 新人不断来到这个世界上,每一天都是一个新开端。共和政治完全可以变得至真而坦诚。当然,它有赖于每个公民的努力。

阿伦特,失落世界的一位守望者,于无声处,她的文字如同黑夜中的光

---

[1] Hannah Arendt, *Crises of the Republic*, San Diego, New York, London: Harcourt Brace Jovanovich, Publishers, 1972, p. 204.
[2] Ibid., p. 231.

亮，让人们从绝望中看到一丝希望。

沃格林与新政治科学

　　沃格林自称是一名政治科学家，但是，美国"标准的"政治科学家们不会视他为同行。这种情况并不奇怪，因为沃格林要建立的，是一种新政治科学。他的新政治科学的方法、路径与关怀皆有别于那些忙着抄数据、画图表、建模型的"政治科学家"。沃格林所说的新政治科学，是柏拉图、亚里士多德意义上的"旧"政治科学。在沃格林的理解中，科学的含义在于对真理的追求，柏拉图、亚里士多德正是卓越的政治科学家。[1]

　　埃里克·沃格林（Eric Voegelin，1901—1985）1901年1月3日出生于德国科隆。他的父亲是一名建筑工程师。1910年，沃格林随家人一起移居奥地利。他在奥地利完成了中学和大学教育。1922年，沃格林在著名纯粹法理论家汉斯·凯尔森的指导下于维也纳大学获得了博士学位。沃格林的博士论文，对齐美尔与斯潘两人的社会理论进行了比较研究。沃格林对凯尔森所持的法律实证主义持批评态度。在凯尔森与卡尔·施米特的争论中，沃格林也站在了施米特一边，认为宪法须有政治上的统一意志为前提，否则宪法必将形同虚设。沃格林和凯尔森后来移民至美国后，仍有学术上之联系。[2] 沃格林毕业后，留在维也纳大学法律与政治系任教，讲授政治哲学和社会学。1924年至1926年，沃格林去美国哈佛大学、威斯康辛大学游学，期间听了怀特海、康芒斯的讲座。他也去哥伦比亚大学听了哲学家杜威的课。作为对这一时期学习的总结，1928年，沃格林写了《美国精神的形式》一书。1929年，沃格林到德国海德堡大学访学，期间听了哲学家卡尔·雅斯贝尔斯的课程。在雅斯贝尔斯的指导下，沃格林对克尔凯郭尔、胡塞尔、海德格尔的哲学有了基本的了解。这对他思想的发展产生了重要的影响。这段时期，他还大量阅读了托马斯·曼、普鲁斯特等人的文学作品。30年代，沃格林日益关注社会

---

[1] Eric Voegelin, *The Collected Works of Eric Voegelin*, Vol. 5, Columbia and London: University of Missouri Press, 2000, p. 88.

[2] 沃格林和凯尔森参加的学术讨论会的一场记录，参见 Eric Voegelin, *The Collected Works of Eric Voegelin*, Vol. 33, edited by William Petropulos and Gilbert Weiss, Columbia and London: University of Missouri Press, 2004, p. 112. 不过，凯尔森对沃格林的学术研究十分不认可。沃格林以《美国精神的形式》申请教职时，凯尔森作为评审专家，给予了否定的意见。沃格林的《新政治科学》发表后，凯尔森撰写书评，对之予以彻底否定。沃格林得知后竭力劝阻其发表，称否则即与凯尔森断绝师生关系。

主义及纳粹主义。针对纳粹的种族主义，沃格林写了《种族与国家》《从Ray到Carus：思想史中的种族观念》，他从多个角度论证表明，种族主义缺乏科学依据，纯粹是纳粹动员民众的宣传工具。此间，为理解奥地利最大的政党基督教社会党的思想模式，他还阅读了不少托马斯主义的文献。

1938年，纳粹德国吞并了奥地利。沃格林因其反纳粹立场被大学解雇——并非由于他的种族出身，沃格林不是犹太人。得知盖世太保要逮捕他，沃格林逃了出来，最后到了美国。他在哈佛大学行政系担任过一学期助教，后来又在佛蒙特的本宁顿学院、阿拉巴马大学、路易斯安那州立大学任教。沃格林1942年加入路易斯安那大学政治系，他主要教授"政治思想史"一课，也长期教"美国政治"的课程，间或还上比较政治、外交史这样的课。沃格林懂中文，他对中国政治与思想有一定的了解，还开设过关于中国政治的课程。他颇为自豪的是，他可以从中国的革命样板戏中分辨出周代的颂辞。① 1958年他应慕尼黑大学之邀，去德国任教。他在慕尼黑大学主持创办了一个政治学研究所。1969年，沃格林从慕尼黑大学退休，回到美国。他进入了斯坦福大学的胡佛研究所，任高级研究员。1985年，沃格林去世。

沃格林一生主要从事教学与科研，作为教师，沃格林的课程很具吸引力。他的学生回忆说：

> 沃格林博士在课堂上是令人钦佩的、引人注目的人物——不论是大课，还是讨论课。讲课引人入胜，他从不照本宣读，通过脱口而出的扼要提示和提纲，复杂的材料被十分有力而清晰地传达出来。每堂课似乎都有其特殊的时刻，通常有一种探险感，即，伴随着一场知识探险，进入未知海域。沃格林的课堂不会平淡，正因此，他吸引了全校各系的学生和旁听生以及社会上的公众。他的硕士生讨论课一般晚上在他贝顿罗格的家里进行，女主人则在一旁聆听，每当休息之际，她总会端上茶点。我记得有一次讨论课是读亚里士多德《形而上学》的第十一章。在这一学期的讨论课中，我们每次课的前半段时间是一句句研读，沃格林对照希腊文原文来核对译文，并校正、修改和讲解文本。在每次的下半段时间，学生围绕所分配课题做出陈述，然后展开讨论。②

---

① [美]埃里克·沃格林：《自传性反思》，徐志跃译，华夏出版社2009年版，第65页。
② 爱理斯·桑多兹：《全集版编者导言》，载[美]埃里克·沃格林《自传性反思》，徐志跃译，华夏出版社2009年版，第3页。

遗憾的是，路易斯安那州立大学政治系那时没有博士点，沃格林未能培养大批学生。他只是在慕尼黑大学带过几位博士生。

作为学者，沃格林写下大量论文、著作。他的成名作是《新政治科学：导言》（通常简称为《新政治科学》）。沃格林著作还包括《政治观念史稿》（八卷本）、《政治的宗教》《科学、政治与诺斯替主义》《诺斯替社会主义》等，而体现他学术最高水平的著作则是他稍晚开始写的《秩序与历史》（五卷本）。不过，《秩序与历史》第五卷沃格林尚未写完便去世了。他为后人留下了百余页手稿。

沃格林懂十余种语言，对西方古典学有相当的造诣，对世界各大文明及其历史颇为熟悉，他的知识结构又横跨哲学与宗教、心理学、经济学、社会学、法学、史学乃至生物学等多个领域，称他为马克斯·韦伯式的学术大师可以说毫不为过。事实上，沃格林深受韦伯影响。韦伯的《宗教社会学》《经济与社会》等著作问世后，沃格林说他作为学生是"如饥似渴地阅读"。沃格林曾专门做过讲座，题目即为"伟大的马克斯·韦伯"①。沃格林曾提到，韦伯在三个方面给了他永久的影响，这三个方面，第一是韦伯关于社会主义的论文使他看到了马克思主义在科学上站不住脚。第二是韦伯告诉他诸种意识形态都不是科学，只不过是不同的"价值观"而已。最后一点是，韦伯拓宽了他的知识视野，使他认识到了跨学科、跨文明的视野对于社会科学研究的重要性。沃格林说：

> 就我自身体会来说，韦伯一劳永逸地确立了一个结论：在社会科学和政治科学领域，一个人除非知道自己正在谈的是什么，否则不可能是一个成功的学者。而那就意味着去获得对文明进行比较的知识，不仅要知道现代文明，而且也要知道中世纪和古代文明，不仅要知道西方文明，而且还要知道近东文明和远东文明。那还意味着，通过保持与种种领域的专门科学的接触，而不断更新种种知识。②

不过，承认韦伯的伟大并不意味着盲目追随，沃格林对韦伯的实证主义

---

① ［美］埃里克·沃格林：《希特勒与德国人》，张新樟译，上海三联书店2015年版，第315页。
② ［美］埃里克·沃格林：《自传性反思》，徐志跃译，华夏出版社2009年版，第13页。

社会科学方法论便提出了尖锐的批评。① 沃格林的新政治科学方法，正是为了取代实证主义的政治科学。沃格林认为，实证主义无助于增进知识，实证主义者的研究要么是不相干的事实的堆砌，要么是未经批判性讨论的意见的混杂。实证主义误以为可用研究自然的方法研究人类社会。然而，人类社会不是一个事实，不是一种类似于自然现象的东西。② 实证主义的特点是重视方法而不顾研究本身的任务，评价一项研究，不是看结论是否正确，而是看所用方法是否新颖。实证主义使论文可以快速生产出来，但这不过是资源的浪费，科学研究在此失去了意义。沃格林写道，在实证主义的破坏下，政治科学已经成了知识上的一潭死水，忘记了对"原则"（principles）的探讨。③

沃格林的新政治科学方法的特点是：第一，它是历史的研究，它要处理历史与社会中具体的经验，沃格林的名言是："政治社会中，人的存在是历史的存在，一种政治理论，如若涉及其原则层面，必定同时是一种历史理论。"④ 他写作《秩序与历史》，正是要从"秩序的历史"中探求"历史的秩序"。第二，它是一种跨文明的比较研究。第三，它关注人的生存经验，特别是精神的、宗教的经验。这些经验，会以神话、哲学、文学、制度等各种符号表达出来。研究者要通过对符号的解读，揭示其背后所表达的人类生存经验。

不过，沃格林的贡献，并不仅仅在于以方法论上的"新政治科学"取代实证主义。他的研究富有强烈的现实关怀。沃格林研究各种文明，研究古代人的经验世界，不是出于考古的兴趣，他的目的，是要通过此种宽广视角的科学研究，找出现代社会的病根及其疗救方案。

代表存在与代表真理

在《新政治科学》中，沃格林以对代表（representation）问题的探讨为例，展示了重建政治科学、对历史经验与时代经验进行理论化、再理论化的过程。

---

① Eric Voegelin, *The Collected Works of Eric Voegelin*, Vol. 5, Columbia and London: University of Missouri Press, 2000, p. 98.
② Ibid., p. 109.
③ Ibid., p. 89.
④ Ibid., p. 88.

沃格林认为，代表是政治理论的中心问题。不过，在这个问题上，我们不能受西方民主社会语言符号的干扰。他说，对代表的讨论，不能止于传统对代表性机制的考察，我们必须将代表看作政治社会（political society）为了在历史中行动而获得其存在的形式。进一步，我们还要对政治社会将自身解释为"超越性真理"之代表的符号进行研究。他说，对代表的理论意蕴的持续考察，实际上会变成一种历史哲学。①

沃格林说，美国、英国、法国、瑞士等，都有代议制，人们不难承认其政府的代表性。然而苏联制度的代表性特征，则受到人们的质疑。苏联政府有无代表性？对于这一问题，民主派与共产主义者之间，产生了尖锐分歧。民主派认为，苏联的代表制不起作用，其中投票者不能做出真正的选择，宪法支持的政党垄断，使得选择变得不可能。共产主义者则说，真正的代表要把人民的利益放在心里。排除多党正是为了排除特殊利益，只有共产党垄断代表的国家，才会有真正的人民民主。②沃格林发现，人们倾向于认为，代表制要具有真正的代表性，不应该有多党，而应只有一党。人们心中似乎有一个实质代表的概念。如果合法程序不能体现这个实质，我们仍然说它不具有代表性。而处于中介环节的政党，则可能确保或破坏了这种实质。何为"实质"？"实质"是人民的意志。然而，"人民"概念的意涵，并不清楚。③

沃格林写道，苏联政府究竟是否代表了人民？这是有争议的。然而，没有争议的是，苏联政府代表了苏联社会，从而使得这个政治社会获得了其存在，在历史中可以行动。苏联的法律法规、行政命令具有效力，除少数例外，皆能得到国内人民的服从。并且，苏联政府能有效地掌控巨大的军事机器，该机器由社会中的人力与物力来供养。沃格林的观点，在这一点上与他的老师凯尔森是一样的。当很多人否定纳粹和苏联宪法时，凯尔森说，你或许不喜欢它，它们可能是恶的，然而，它们确实是宪法，它们是法，因为它们有效。④沃格林则说，苏联政府统治的"有效性"，即表明它具有代表性。

沃格林主张首先在代表政治社会的意义上理解"代表"。国家的产生，

---

① Eric Voegelin, *The Collected Works of Eric Voegelin*, Vol. 5, Columbia and London: University of Missouri Press, 2000, p. 88.
② Ibid., p. 115.
③ Ibid., p. 116.
④ Eric Voegelin, "The Spiritual and Political Future of the Western World", in Eric Voegelin, *The Collected Works of Eric Voegelin*, Vol. 33, edited by William Petropulos and Gilbert Weiss, Columbia and London: University of Missouri Press, 2004, p. 133.

国内组织的复杂化，人类进入一个可以行动的社会，这一过程，沃格林称为社会的"精致化"（articulation）。社会的精致化是代表现象产生的条件。作为社会精致化的结果，我们看到统治者不再是为个人，而是为作为整体的社会而行动。沃格林说："当他的行为以此种方式变得有效，这个人就是社会的代表。"[1]

沃格林认为，在代表的存在论意义（作为政治社会的代表）之外，还必须加上超越性真理代表这一意义。它们是一个问题的两面，相互关联。沃格林描述了罗马帝国为代表真理而进行的斗争。当时罗马有三种类型的真理：早期帝国的宇宙论真理；雅典特别是其悲剧中的人学真理以及基督教所体现的"救赎真理"。斗争的结果是，教会被认为是真理的代表。救赎真理获胜。沃格林提到，不同的政治社会，例如东西方，都会宣称自己代表真理，从而进行精神层面的斗争。在哲学家与政治社会之间，也会存在因追求代表真理而出现的紧张。

权力、基督教与哲学三联秩序的重建

1959年6月9日，沃格林应邀在慕尼黑做了题为"西方世界精神与政治的未来"的讲座。在讲座中，他结合对国际形势的判断，对欧洲文明乃至更为广泛的西方文明的处境进行了分析。当时的知识氛围，是斯宾格勒的西方衰落论和汤因比（Arnold Toynbee）某种程度的悲观主义文明观。[2] 沃格林认为，西方世界确实处于精神的无序之中，但无序的根源是可以找到的；政治秩序和精神秩序方面的重建工作，皆有可能；悲观主义的衰落论，忽视了最重要的文明因素——人的自由。[3] 从沃格林的这一讲座，我们可以看到他的理论运用于对现实政治社会的观察时会如何展开，并达到何种结论。沃格林对西方世界重建秩序的建议，尤其值得关注。它表明了沃格林的政治态度。

沃格林说，反思现实需要确立标准，这个标准，就是我们对完美社会的

---

[1] Eric Voegelin, *The Collected Works of Eric Voegelin*, Vol. 5, Columbia and London: University of Missouri Press, 2000, p. 117.

[2] 汤因比著有《历史研究》，其最后一章题为"西方文明的前景"。参见［英］汤因比《历史研究》，曹未风等译，上海人民出版社1997年版。

[3] Eric Voeglin, "The Spiritual and Political Future of the Western World", in Eric Voegelin, *The Collected Works of Eric Voegelin*, Vol. 33, edited by William Petropulos and Gilbert Weiss, Columbia and London: University of Missouri Press, 2004, p. 67.

第十四章 极权主义之思

理解。而完美社会，必须具备两个条件：第一，该社会能够存活下来；第二，它必须拥有正确（correct）的精神秩序。① 按此标准，我们可以检讨西方世界所处的状况。由此，沃格林首先探讨了西方世界的存活秩序（viable order），其次探讨了西方世界的精神秩序（spiritual order）。

沃格林认为，政治社会的存活，在现时代，必须考虑的事实是我们生活在工业社会时代。所谓工业社会，是指社会的生产和经济供应建立在以自然科学为基础的现代科技之上。一个现代政治社会要存在，必须具备若干条件，以满足工业社会之需。首先，它必须统治范围辽阔的地区，不能是一个小国。其范围例如欧洲、苏俄帝国或者美国、拉丁美洲或中国、印度。沃格林提到统治范围与工业社会发展所需的资源、人口、市场的关系。特别是，在他看来，统治范围与科技发展的水平有关。② 他认为，现代政治社会是一个工业力量和政治力量的结合体。

沃格林描述了"西方"概念的来源。他指出，19世纪早期，欧洲诸民族国家并列，各国规模就当时的科技水平来说，还算足够大；但相对于俄罗斯，则显得十分微小。拿破仑在1802年提出，世界上只有两个民族：西方人与俄罗斯。拿破仑试图整合西方，以对抗俄罗斯力量的扩张。"一战"和"二战"以后，拿破仑的名言更加得到了验证。沃格林认为，"二战"表明，甚至欧洲国家的联合，都是不够的；在新的科技条件下，应当考虑美欧的联合，由此形成"西方"世界。③ 否则根本无法处理与俄罗斯、中国的问题，以求维持自身的生存。当我们说"西方"时，指的就是包括美欧在内的权力巨无霸。

上述考虑之外，还要注意到现代军事技术的影响，这是由核武器问题引出的。核武器是自杀性的军事技术。在核战争的阴影下，按照过去的权力平衡的理念，无法维持各自社会的生存。然而，另一种可能因之发展出来，这就是超越文明共同体的"全球社会"（global society）的形成。全球社会由几个大的权力巨无霸组成，这些权力巨无霸必须和平共处，否则就会同归于尽。此种全球社会具有精神上的统一性。④ 不过，回到西方世界的问题，沃

---

① Eric Voeglin, "The Spiritual and Political Future of the Western World", in Eric Voegelin, *The Collected Works of Eric Voegelin*, Vol. 33, edited by William Petropulos and Gilbert Weiss, Columbia and London: University of Missouri Press, 2004, p. 69.
② Ibid., p. 70.
③ Ibid., p. 71.
④ Ibid., p. 73.

·1117·

格林说，可以观察到的一个事实是，所有的非西方世界都在西方化，特别是以美国为生活方式之标准。非西方世界的人们相信，工业社会的引入，将带领他们过上美国人的那种富裕生活。由此，世界范围内发生了革命。革命的目标，是把整个世界都提高到工业文明的水平。西方殖民帝国主义走到了终点，各个政治社会皆致力于工业化，以维持其生存，并希望达到欧美的水平。美国和欧洲，是这场世界革命的中心。

沃格林的结论是：西方没有衰落，相反，西方人在物质文明方面，取得了伟大的成就，整个世界都被"欧洲化和美国化"了。即使其他地区的人带着仇恨接受了工业化，然而，欧美人的生活方式，成了人类的标准。西方人应当为成为人类的革命中心而自豪。[①]

然而，在精神秩序方面，西方世界，确实存在着需要反思的问题。沃格林由此展开了他关于精神秩序的讨论。沃格林说，西方人历来存在于两套秩序——世俗秩序与精神秩序之中。在中世纪，二者原是分立的，前者由皇帝代表，后者由教皇代表。此为政教关系第一个阶段的原则。在但丁的著作中，受阿维洛伊主义的影响，但丁设想的世界帝国把精神权力不再赋予教皇，而是赋予了哲学家。宗教改革之后，民族国家形成，世俗权力和精神权力，需要重新安置。教会卷入了无休止的宗教战争，有法国大学问家博丹出，以神秘主义为法宝，将教会的世俗权力，完全剥夺，由此新的秩序，得以形成。国王掌握绝对权力，接受非教条主义的哲人的建议，进行统治，教会不再具有公共性。在这一阶段，非教条的哲学家，神秘主义者，是精神秩序的代表者。此为第二个阶段。第三个阶段开始于19世纪。在孔德那里，世俗权力由技术专家掌控，精神秩序则由实证主义知识分子来代表，这些知识分子，都是意识形态专家。回顾历史可以发现，在各个时期，两套秩序一直存在，问题只是两套秩序如何体现？其代表各自是谁？[②]

不过，沃格林认为，上述描述，对于理解西方人的精神秩序是不完全的。因为它没有考虑到哲学家作为权威实际上可以成为第三种力量。沃格林说，欧洲秩序的来源，实际有三：权力、启示与理性。哲学家的权威，涉及

---

① Eric Voeglin, "The Spiritual and Political Future of the Western World", in Eric Voegelin, *The Collected Works of Eric Voegelin*, Vol. 33, edited by William Petropulos and Gilbert Weiss, Columbia and London: University of Missouri Press, 2004, p. 75.

② Ibid., pp. 76–77.

对实质正义的追求。在罗马的《查士丁尼法典》①中，可以看到亚里士多德哲学和伦理学的影响。按照哲学家的理解，人类世界的秩序，必须是一个正义的秩序，理性在此发挥巨大的作用。沃格林说，帝国的权力、哲学的权力与启示宗教的权力，三套秩序分立而统一，支撑起了罗马帝国。沃格林由此指出了西方秩序的法则（law），他写道："当三种权威来源处于平衡状态，一方不能制服另外两方时，我们就拥有秩序。如果一方吞噬了另外两方，或者将三种功能合而为一，失序就会出现。"②按照此一法则，极权政体带来的失序，正在于它否定了三者之间的平衡，军事或国家的权力，同时掌握了本该由教会和哲学家拥有的精神权力。实证主义者炮制的意识形态，则将宗教与哲学结合在一起，实际上是以意识形态的功能取代了宗教和哲学的功能。

然而，问题在于，失序是如何发生的？为何世俗权力、基督教和哲学不能处于平衡的格局中？沃格林说，根源必须到基督教中去找。这一观点，并不是对基督教的批判。依据沃格林的描述，基督教的特点，是以一神取代多神，这样的结果是，世界不再是诸神的世界，世界是一个没有了神圣性的世界，神圣性仅仅与超越领域有关。当世界被剔除神圣性，人受到的约束便被打破了，人有了自由活动的空间，自然科学由此发展出来。这种发展，为西方特有。17世纪的培根"知识就是（对世界的）权力"的名言，是人的力量的展示，其前提则是基督教所完成的对世界的去神圣化。③比较而言，印度、中国、阿拉伯世界，皆未发展出自然科学，沃格林的解释就是：因为那里没有基督教，没有基督教对世间"诸神"的清理，由此科学研究活动缺乏合法性。④

然而，基督教本身对世俗秩序语焉不详；基督教也缺乏自己的哲学。罗马帝国秩序和亚里士多德哲学，都是基督教历史上偶然接触的事物。西方人由于此三者的遭遇，终于确立起文明的秩序。而在俄罗斯，教会则缺乏类似的经历。沃格林以"知识真空"来描述俄罗斯。他说，列宁的观点正是此种知识真空的体现。因为俄罗斯缺乏古典哲学传统的滋养，故而现代意识形

---

① 公元6世纪，东罗马帝国皇帝查士丁尼一世（Justinianus I, 483—565）组织法学家整理编辑了历代法规，名为《敕法汇纂》，又称查士丁尼法典。
② Eric Voeglin, "The Spiritual and Political Future of the Western World", in Eric Voeglin, *The Collected Works of Eric Voeglin*, Vol. 33, edited by William Petropulos and Gilbert Weiss, Columbia and London: University of Missouri Press, 2004, p. 78.
③ Ibid., p. 80.
④ Ibid., p. 81.

态,毫无障碍地征服了俄国人的头脑。沃格林说,此非共产主义使然,而是俄国人自身精神上的贫乏空虚所致。"这里是一片荒地,基督教未曾碰触过,任何东西都能进入那里人们的头脑。"①

沃格林描述了失序的进程。他把失序分为两个阶段。在第一个阶段,即16世纪,教会分裂,信仰划分,宗教战争爆发,结果是教会的权力尽失,帝国解体,民族国家兴起,教皇在国际事务中不再发挥作用。作为秩序权威来源之一的教会,其权力被摧毁了。最具危险性和毁灭性的是第二个阶段,在这一阶段,科学与哲学分离开来。西方人进入了"科学支配与意识形态霸权的时代"②。哲学的公共性丧失了,哲学家依然在写作,但哲学家说的话,已经不再有人在意。这样,西方极权主义政体,便应运而生。

基于上述分析,沃格林就精神秩序的重建提出了他的建议。这个建议的核心,就是很好地组织一个世俗秩序,使其能够与基督教和哲学相配合。沃格林的建议有三:第一,在世俗秩序方面,沃格林认为,盎格鲁—撒克逊传统的市民政府(或曰民主),可以很好地协调三者。市民政府秩序是值得捍卫的秩序。他指出,市民政府的内在精神是基督教,它必须对反基督教或反哲学的意识形态予以抵制,否则便不能良好运行。第二,教会必须自我反省,抵制神学中的原教旨主义。教会不能自娱自乐,必须发挥其重建精神秩序的重要作用。第三,复兴哲学,让理性自由地表达自身,与各种意识形态进行斗争。沃格林特别批评了大众传媒时代人们精神上的贫乏。他说,在大众媒体时代,当好与坏被同等对待,好的东西便从人们的视野中消失了。③

从沃格林的上述论述,我们可以看出如下几点:第一,沃格林没有否定现代性,他对西方人在物质文明上的成就予以肯定,对工业社会予以肯定,他认为恰恰在这一点上,西方文明没有衰落。第二,西方人在精神秩序上确实存在问题,但这一问题可以通过市民政府(民主)的建立来解决。我们看到,沃格林不反民主,反而是支持自由民主政体的。第三,沃格林有自觉的西方文明意识,这在他讨论苏俄问题与中国问题时,尤其明显。第四,沃格林并不仅仅从基督教来思考问题。诚然,基督教及教会得到了沃格林的重

---

① Eric Voeglin, "The Spiritual and Political Future of the Western World", in Eric Voegelin, *The Collected Works of Eric Voegelin*, Vol. 33, edited by William Petropulos and Gilbert Weiss, Columbia and London: University of Missouri Press, 2004, p. 83.
② Ibid., p. 84.
③ Ibid., p. 88.

视,但重建哲学,重续古典哲学传统,在他看来,同样十分重要。沃格林甚至把秩序的来源之一交给哲学家,这在科学统治和意识形态霸权时代,难能而可贵。沃格林断言,如果丢掉了古典哲学传统,世界的失序状态依然难以摆脱。

追寻实在

沃格林自20世纪40年代起,应出版社之约写《政治观念史》。出版社原本希望他写一本200多页的小书,以取代萨拜因、邓宁等人的政治思想史教科书。沃格林一旦开写,便发现需要写作多卷。从1939年一直到1952年,沃格林共写了八大卷。

不过,在写到德国思想家谢林一章时,沃格林从谢林的哲学中获得顿悟:根本不存在观念(idea)自身的历史。他认识到,他之前的写作建立在一个错误的基础之上。观念的历史,是对现实的一种意识形态的扭曲。存在的只是直接经验的各种符号(symbols)。换言之,对观念的研究,不能脱离它所表达的经验内容。这一发现让他的研究陷入停顿,过了几年后,他才找到了出路,其研究也从观念史转向了对经验、符号的研究。[①] 他认为,政治观念只是经验的符号化表达,是从经验派生出来的符号,而且是一种极易对经验造成扭曲的符号,并且,这种符号系统,不能仅仅从古希腊的哲人那里开始,世界诸文明在其远古时期,都发展出了各自的符号系统,这些符号系统,如礼制、神话、启示宗教,同样表达着他们的经验。政治观念早在政治哲学产生前数百年便存在了。这样,沃格林在八卷巨著完成之时,秉着求真的精神,大胆地进行了自我否定,他决定从人类文明的远古时期开始其研究,探讨历史中存在的秩序、经验及其符号。这就是他余下来的二十多年从事的研究,它们构成了五卷本的《秩序与历史》,直到沃格林去世,该项研究还没有完全结束。

沃格林把他的研究统称为"新政治科学"。这种新政治科学,基于特定的人类学(为防止引起歧义,我们不妨称之为人学)。它同时包含了独特的意识哲学和历史哲学。

沃格林的意识哲学,一方面源自谢林的认同哲学(identity philosophy),

---

① [美]埃里克·沃格林:《自传性反思》,徐志跃译,华夏出版社2009年版,第64页。

另一方面源自他自己对意识结构的思考。① 他以谢林哲学批判现象学。从谢林那里，沃格林明确了两条基本道理：第一，自我具有派生性本质；第二，在对秩序的哲学思考中，回溯性意识十分重要。意识的基本功能是 anamnesis（回忆）。现实不是由自我构建的，它是回忆出的。②

沃格林认为，我们研究人，不能把人当动物或物体去研究，人不能简单地作为一个对象去研究。人是历史中的人，人是有灵性的人，人是一个意义秩序中的存在。当然，有灵性的人只是一种可能，因为也有丧失灵性、完全堕落为动物性存在的人。人的存在，不是一个事实，不是一个客观的东西，它是一个动态的过程。各种化约主义的人的观念，例如视人为理性经济人，为阶级立场的产物，为社会关系的产物，为性欲的载体，为特定功能的体现者，皆是错误的。因为它们背离了人的存在的实际经验。沃格林认为，人对人的研究，必须基于对人的体验（经验）的感同身受。必须从内部去理解人，而不是假定从人之外去理解人，这就要求研究者深入人的灵魂内部，理解人之所以为人的精神世界的运动。理解者本身是人，不是上帝，他无法拥有一个超越性的视角。人的经验，也不是三言两语能简单描述清楚的事物。

沃格林指出，这种人之所以为人的独特经验，就是个体面向神圣来源在张力中生存的经验。人，区别于动物，正在于他面向神圣极点，努力地往上提升自己，警告自己不要堕落到无底的深渊中。人参与实在（reality）的经验，就是对这种张力的经验。做一个人，意味着人与实在的交流、互动。人与实在是一个互相参与的过程。沃格林的政治思想中，"实在"是一个关键词。沃格林提到实在时，会用圆满的、光明的、普遍的、整全的、神秘的此类形容词来描述，最后一个词体现了沃格林思想中的神秘主义。不难看出，古希腊哲人追求的真、善、美，以色列启示宗教中的上帝，都是对实在的描述。人在张力中存在，人努力向上攀升，而来自神圣根源的力量也从上面强烈地吸引着人。

沃格林写道："人类把自身体验为这样一种状态，他试图超越人之缺陷，奔向神圣根源的圆满。当属灵的人在追求本源的过程中被推动前行时，他其实游离在知识与无知之间的某处。精神的整个范围实际上是在上帝与人的中间（metaxy）。由此，这种中间状态并不是张力极点之间的空白之处，而是

---

① Jerry Day, *Voeglin, Schelling, and the Philosophy of Historical Existence*, Columbia and London: University of Missouri Press, 2003, p. 122.
② Ibid., p. 79.

'精神的领域';它是'人类与诸神对话'的真实状况,是人类在神圣物之中以及神圣物在人类与实在之中的相互参与。"①

张力中的人所处的这种在不知从何而来的神圣与不知将终于何处的堕落深渊之间的存在,也就是柏拉图《会饮》中所描述的居间性的存在,沃格林认为,这种存在,正是普遍人性的体现。以形象的语言言之,人应当向着光明的世界飞升,努力不让自己往无尽的黑暗中沉沦。灵魂要向神圣物(神)保持开放。人要努力寻求实在,让自己日益臻于圆满。然而,人必须明白,他永远不可能达到那个圆满的状态。因为人寿命有限,人有着各种各样的局限。而实在本身是永恒的、圆满的、至高至善、至真至美的。

然而,这种存在秩序,并不是理所当然的。各种诱惑、各种阻碍,妨碍了人对神的向往。有的人是不知不觉,有的人是甘于堕落。他们的灵魂之眼,从没有睁开,或者睁开后没有盯着神圣的神秘极点,而是在黑暗王国里徘徊。两种类型的诺斯替主义(Gnosticism,或译为"灵知主义"),都致力于否定或取消人所处的张力。一是彼岸论的直觉主义,认为人的直觉可以完全地把握实在,这种诺斯替主义放弃了此岸世界,宣称人可以掌握关于神圣的一切知识,实际上是把自己等同于上帝。这种诺斯替主义,最后沦为空洞无物的直觉。另一种则是此岸论的诺斯替主义。此种诺斯替主义的泛滥,是世界无序的根源。各种政治宗教、意识形态,都是此岸论的诺斯替主义,其特点都是扼杀了上帝,只关心此世,放弃了对上升的努力。

诺斯替主义的诱惑

诺斯替主义,原是古代基督教之异端教派。沃格林以此来概括现代世界精神秩序的本质。与基督教教义不同的是,诺斯替教派杀死了上帝,主张人通过努力自己拯救自己,或者在此岸建立天堂,或者完全放弃此岸,逃遁至纯粹的信仰中去,其根本特点在于取消了此岸与彼岸、世俗与超越之间的张力。沃格林概括说,诺斯替态度在本质上有六个特征:"(1)个人不满足于他现在的处境;(2)世界本身是由不好的成分组织成的。如有不如意的事,不是由于人的不充分,不完善,而是由于世界本身的问题,即世界有缺陷;

---

① Eric Voegelin, *Anamnesis: Zur Theorie der Geschichte und Politik*, 转引自〔美〕尤金·韦伯《沃格林:历史哲学家》,成庆译,吉林出版集团有限责任公司2011年版,第127页。

(3) 人从世界的邪恶之中得救是有可能的;(4) 存在的秩序必须在一个历史进程中被改造,好的世界将从恶的世界中进一步演化出来;(5) 既存秩序的改变依赖于人的行动领域。通过人自身的努力,得救方案是可能实现的;(6) 为了得到我们满意的存在秩序,对世界进行结构性改造,这就需要'诺斯'(Gnosis),而对存在进行改造的方法是诺斯替主义者的中心话题,这也就意味着呼唤一位掌握人类得救知识的先知(prophet)。"[1]

沃格林以古希腊时代哲学家与智者的斗争,表明诺斯替主义的诱惑自古以来就伴随着人类。沃格林的著作中没有"古今之争"的说法。他并不认为古代人保持着精神秩序的健康,而现代世界完全陷入了精神的错乱。当然,现代世界的精神错乱现象,比比皆是。但是,在古代世界,这种错乱也随处可见。沃格林的意思是,无论古今,无论哪个文明,人对实在的追求都不是一件容易的事情,各种力量在阻碍着这种健康灵魂的体验。

按照沃格林的描述,苏格拉底、柏拉图的哲学之后,智者的破坏紧紧跟上。哲学家坚持哲学的本义,哲学是对智慧的爱,是对实在的爱,是对神圣源头的回应,是对实在不断的追寻、质询(zetema),是对自身生活的反思;哲学不是一系列观念组合或教条;哲学家并不宣称占有真理;哲学家也确实不能完全捕获实在。哲学是一种参与实在的体验,哲学的过程是一个反思、调适的过程。柏拉图的哲学采用对话的形式。哲学是对所有人的邀请,它并不强加给人们什么教义。哲学家获得的是知识(episteme)。而智者则与之截然不同。智者放弃了上升的努力,其心灵处于自我封闭的状态,他们致力于贩卖教条。智者自称发现了真理,拥有真理。智者提倡的是演讲术,其目的是固守自己的见解,这些见解本质上是独断论的。智者的诡辩术引出的是人与人之间的斗争,世界观与世界观之间的冲突。智者提出的不过是意见(doxa),这些意见也可以称为诺斯(gnosis)。此种诺斯,完全背离了实在、脱离了实在。不仅如此,它还制造出了伪实在。哲学体现了一种渴求、一种爱,它同时伴随着无法消除的痛苦、不安全感,然而,智者提供的确定的意见,却给人以安全感。故而智者的意见,对很多人来说有着巨大的诱惑力。当人们放弃了超越的努力时,他们便很容易躲进各种意见或意识形态提供的安乐窝。

---

[1] Eric Voegelin, "The Gnostic Mass Movenments of Our Time", in *The Collected Works of Eric Voegelin*, Vol. 5, Columbia and London: University of Missouri Press, 2000, pp. 297 – 298.

在沃格林这里，关键的不是某个哲学命题的正确与错误之分，而是心灵的开放与封闭之分。然而，近代以来的诸多哲学，无不在强调一个"封闭的自我"，由此遗忘了古典哲学家和犹太教—基督教捍卫的最核心的东西，那就是一个向着神圣、向着光明开放的心灵。而各种小团体、城邦、帝国、民族国家，自我宣称拥有真理时，无不是步智者后尘，陷入诺斯替主义的泥潭。特别是，革命者一旦自称掌握了真理，就引申出他们不容质疑的权利。由此，杀人也成了毫无负罪感的事情。从17世纪英国革命时期怀着千禧年狂热的清教徒，到20世纪希特勒的新秩序和千年帝国的追随者，无不如此。

沃格林认为，通往实在之路，不只有哲学的方式，神话、史学、信仰都是合适的形式，只不过各自采用了不同的符号系统。沃格林由此得以承认不同传统、不同民族对实在探求的努力，并指出这些不同的符号表达之后，存在的是普遍的人性。这种描述，也暗示了文明之间的和谐共存。也就是，在参与实在、体验张力中的生存方面，不同时期、不同民族的人并无不同。只是他们描述这种经验各自发展出的符号系统不同，由此产生了不同的文明形式。

沃格林的这个学说，足以破除各种历史主义的教条，因为它承认了人的自由。实际上，每个时代的人，每一个人，如果要成其为人，都会感受到那个方向性的存在。是往上攀升，还是自甘堕落，永远是由他自己自由决定。历史中的他，由此就承担了不可推卸的责任。不存在人类历史发展的规律，未来是光明，还是黑暗，谁也不能预测，因为这与人自身的抉择有关。前途的可能性始终保持着无限的开放。

现代性的本质

沃格林的研究之起点是对20世纪时代危机的反思，是对极权主义灾难的反思，是对西方现代性的反思。以他之见，极权主义只是现代性危机的一种极端表达，现代人的精神秩序出了严重的问题。在沃格林看来，西方人在精神上的误入迷途，在其结构性模式上具有延续性。对现代性的反思，对文明危机的反思，沃格林的研究按如下步骤展开：探寻危机的历史与经验渊源；寻找合适的分析工具，以使它们变得可以理解；寻找合适的资源，以期进行疗救。尽管他的研究并不局限于对现代性的研究，他的理论计划，作为一个整体，还是可以被看作对"我们时代的精神失序，每个人都津津乐道的文明危机"① 的回应。

沃格林认为，进步主义、实证主义、黑格尔主义、马克思主义、虚无主义、存在主义、自由主义、极权主义，本质上都是诺斯替主义的现代翻版。现代性的真正问题，不在于"自由主义和极权主义等各种主义之间的分别；而在于世俗与超越之间，即一方是宗教与哲学的超越，另一方是自由主义、极权主义等俗世教派主义"②。沃格林说，现代社会中取得的进步，代价是精神（the spirit）的死亡。人们为了文明而牺牲了上帝。人们越是投身于此岸的行动以便得救，就越是远离精神生活。精神生活是人与社会中秩序的来源，诺斯替文明的成功就是它衰落的原因。极权主义，也就是诺斯替的活动者的统治，是进步文明的终结形式。③

沃格林十分重视从诺斯替主义的角度去分析现代诸种意识形态。他曾视现代性为诺斯替主义的胜利。不过，晚年沃格林修正了这一看法。他认为，诺斯替主义只是现代性危机的诸种精神根源之一，诺斯替主义之外尚有千禧年主义，它同样参与塑造了现代世界的混乱与无序。沃格林建议，摆脱危机，就必须重建人的精神秩序。

在失序的世界寻求秩序

何谓应当确立的健康的精神秩序，沃格林的答案是，要到古希腊柏拉图和中世纪奥古斯丁的著作中去找。这意味着重申古代世界的某种教义，至少是对古典政治理论资源的挖掘。显然，沃格林的思想具有相当的保守气质。他要保守的是一种曾经存在过的精神秩序。不过，沃格林此一想法并非武断做出的结论，它依据于沃格林对世界不同地区历史性秩序类型的研究。他的《秩序与历史》，探讨的正是"人在社会和历史中的存在秩序的基本类型以及相应的符号形式"。沃格林相信，存在着在历史中呈现自身的有着固定结构的属人的秩序。这种秩序如今已经被遗忘、被遮蔽。研究者的任务，就是要恢复对它的认识，并进一步阐发此一秩序及其所依托的生存

---

① Michael Franz, *Eric Voegelin and the Politics of Spiritual Revolt*, Baton Rouge and London: Louisiana State University Press, 1992, p. 2.
② Barry Cooper, *Eric Voegelin and the Foundations of Modern Political Science*, Columbia and London: University of Missouri Press, 1999, p. 138.
③ Eric Voegelin, *The Collected Works of Eric Voegelin*, Vol. 5, Columbia and London: University of Missouri Press, 2000, p. 195.

经验。由此，历史研究在本质上是一种哲学，它不能满足于对事实的整理、对过去事件的再现，而应上升到对人的存在结构的探询，对历史性秩序的探询。

沃格林认为，历史不是一条由人们及其在时间中的活动构成的溪流，而是人参与一条以终末为方向的神性显现之流的过程。以神学语言言之，历史是上帝意图在时间之流中的展现。"历史过程以及能在其中被辨识出的秩序，并不是一个故事，一个可以从开头讲起，一直讲到它的幸福或不幸终点的故事；它是一个奥秘，处于启示的过程中。"[1] 按照沃格林的理解，人作为历史性存在、作为有限的存在，他永远面对着漆黑一团的未来，他能依据既有的资料回忆某些过去，对已经存在过的秩序及其演变进行研究。但他并不能弄清楚历史的起源与目标（起点与终点）。历史的起源与目标，对人类来说将永远是一个奥秘。历史的奥秘、实在的奥秘、神的意图，在沃格林那里是同义语。沃格林说："人性的历史维度，就和人处于居间的个人生存这一实在一样，都不是一个给定物。普遍人类不是一个存于此世的社会，而是一个符号，它指的是人对下述过程的意识：人在他的世俗生存中，参与到作为奥秘的一种实在之中，该实在以它的变形为目标进行运动。普遍的人类是一个终末论的标志。"[2]

沃格林指出，他关于秩序历史的研究，包含了三个原理或预设，它们是：（1）人的本性（human nature）是不变的。（2）人类经验的范围总是体现在其各个方面的充分展开。（3）经验范围的结构从紧凑向分化演变。[3]

"紧凑"与"分化"，是沃格林对秩序类型的概括。这一区分可以涵盖历史上所有的秩序类型。但是，沃格林并非简单地概括出秩序的两个基本类型，做结构—功能的静态分析，而是以此为概念工具，探讨秩序的演变历史。沃格林的研究显示，紧凑型社会中，经常也出现分化的萌芽或努力。沃格林关于紧凑型秩序与分化型秩序的区分，在很大程度上似于斯宾塞关于简单社会和复杂社会的区分。斯宾塞将两种社会，比作单细胞生命体与多细胞生命体，显然，后者比前者处于更高级的进化阶段。沃格林在其著作中有时也会把宇宙论社会描述为单核社会。征服了多个民族的帝国，则可以称作

---

[1] ［美］埃里克·沃格林：《秩序与历史》卷四，叶颖译，译林出版社2018年版，第54页。
[2] 同上书，第410页。
[3] ［美］埃里克·沃格林：《秩序与历史》卷一，霍伟岸、叶颖译，译林出版社2010年版，第112页。

"多核社会"。①

紧凑型秩序类型的符号,体现为宇宙论政治社会之中。在宇宙论政治社会中,人、社会、宇宙浑然融为一体。古代美索不达米亚诸帝国(苏美尔帝国、巴比伦帝国、亚述帝国)、古代埃及、古代中国,都是紧凑型秩序之例证。美索不达米亚诸帝国的神话,便是它们的宇宙论秩序的符号化表达。在宇宙论神话的紧凑型秩序中,政府的产生被看作诸神宇宙秩序中的一个事件。人们在帝国秩序与宇宙秩序之间进行着类比。地上的帝国同天上的秩序相对应。政治的过程被看作宇宙起源过程的反映,帝国的空间组织被看作宇宙空间组织的反映,帝国就是一个小宇宙。几乎在所有的宇宙论秩序帝国中,统治者皆被比作独一无二的太阳。② 这一比喻甚至在柏拉图的哲学中被保留下来。沃格林指出,在各帝国的宇宙论秩序之间,也会存在差别。例如,在美索不达米亚地区的宇宙论秩序中,宇宙秩序与政治社会的秩序处于"相互阐释"的过程中。一方面,人们按照宇宙秩序来理解政治社会;另一方面,人们按照政治社会秩序来理解宇宙。而在帝制中国,则出现了按照宇宙秩序对帝国秩序进行道德检讨的观念,帝国秩序必须符合宇宙秩序,才具有合法性。③

与原始的、朴素的紧凑型秩序相对,分化型秩序体现了人类存在中的飞跃。分化型秩序及其符号化,体现在以色列的"历史学"、古希腊柏拉图的哲学与基督教神学之中。在政治观念方面,宇宙论神话被新的语言符号系统所取代。政权与教会、世俗与神圣、此岸与彼岸、存在与超越,被清晰地以语言符号表述出来。

从宇宙论秩序到分化型秩序,内在的动力是理性化。在此,沃格林明显借鉴了韦伯关于"理性化"的论述。政教合一的政治社会,到政府与教会分离的帝国,便是理性化进程使然。④ 沃格林所谓的分化经验,在韦伯那里被称作宗教中所包含的此岸与彼岸的分立、对立和紧张,在雅斯贝尔斯那里则被称作"超越"。

依据沃格林的描述,生存经验及其符号从紧凑到分化,这是文明的进

---

① [美]埃里克·沃格林:《秩序与历史》卷一,霍伟岸、叶颖译,译林出版社 2010 年版,第 204 页。
② 同上书,第 70 页。
③ 同上书,第 85—86 页。
④ 同上书,第 84、94 页。

步。① 但是，这一进步并非必然发生，并不是每个宇宙论秩序都取得了突破，向分化的类型演变。有些古文明始终处于宇宙论秩序的状态，直到其灭亡。在迈锡尼和以色列，产生了"存在的飞跃"，分化的秩序确立起来。在中国，儒学使得宇宙论帝国秩序内部产生了人文主义的力量，以对政府秩序提出要求，然而，这种进步，"并不是个彻底的突破"②。儒学没有使自己成为启示宗教，也不是柏拉图意义上的哲学，儒者的精神世界自身便是天人合一的宇宙论结构。虽然在帝国的漫长历史中，孔子具有一定的神性，"圣人成为天子的竞争者"，但天子的神性，依然完好无损。中国和埃及一样，宇宙论秩序持续了约三千年。③

分化型秩序比紧凑型秩序更高级，也是人类正常精神秩序之体现。但这并不意味着，在人类的历史上，分化型秩序不会发生蜕变，或者一定具有顽强的生命力。现代性危机，便是分化型秩序被诺斯替主义破坏的结果。沃格林说，现代西方的自然科学体现的秩序形式也是紧凑的形式，其中没有超越，没有神的位置，人成为自然秩序的一部分。这相对于古代和中世纪而言便是一种倒退。因为在沃格林看来，健康的秩序当是一种分殊的秩序，它承认两个世界的分离，而人正处于此世与彼岸之间，人不是神，但他朝向神而活。犹太先知的启示宗教、柏拉图的哲学、基督教神学讲的都是这个道理。由此，现代人的当务之急，便是重新确认人所处的那种"中间状态"。

天下时代

正如沃格林在《天下时代》（*The Ecumenic Age*，《秩序与历史》卷四）的导论中所言，他从此卷开始的研究，与之前已经出版的前三卷《秩序与历史》（分别为《以色列与启示》《城邦的时代》《柏拉图与亚里士多德》）相比，发生了重大转变。沃格林原来设计的计划，未能到达其目标。沃格林本来打算在卷四、卷五、卷六分别写《帝国与基督教》《清教徒的世纪》《西方文明的危机》，这个计划被放弃。因为他发现，他要处理的历史中的社会，

---

① ［美］埃里克·沃格林：《秩序与历史》卷一，霍伟岸、叶颖译，译林出版社 2010 年版，第 57 页。
② 同上书，第 87 页。
③ 同上书，第 113 页。

无法按适当的时间顺序进行排列。① 秩序的类型与历史,比他预期的更为复杂。特别是,他对天下时代(帝国时代)的研究,对中国历史的关注,把他引向了对平行秩序的思考。意识到平行天下时代的存在,未必要对普遍人性予以否定,但对于阐明何谓"历史性秩序"来说,这无疑构成了重大挑战。

沃格林发现,在迈向超越的精神突进过程中,至少存在两个原生性形态,它们彼此独立发展、互不相关。这一论断,基于当时考古与历史研究最新成果而做出。它不过是一个事实性的描述。问题是如何对之做出解释,如何将其纳入对人类历史整体意义的理解之中。

沃格林的研究,基于对斯宾格勒、雅斯贝尔斯和汤因比的批评而展开。他认为,雅斯贝尔斯和汤因比只是在历史现象的意义上理解轴心时代,仅仅考察了"文明进程的时间序列"②,未曾深入考察具体的精神运动的经验结构。对具体的精神突进运动的分析提示,雅斯贝尔斯所说的历史的轴心时期并不存在。在公元前第一个千年中,西方与东方的思想家彼此间并不知道对方的存在。尽管如雅斯贝尔斯所言,出现了关于人性的普遍意识,但普遍的世界史的观念,仅徒具其名。

斯宾格勒和汤因比把历史写成了各个文明单独演化的历史。并且,二人皆持历史循环论,皆在人本主义的立场上,把宗教仅仅理解为宗教创立者及其教派的活动,③ 没有认识到宗教的诞生本身体现了存在的飞跃,那是人与神相遇的伟大瞬间。由此,斯宾塞与汤因比的思想导向的是悲观主义的文明崩溃论,对普遍人性也失去了信心。普遍史的德国观念,被雅斯贝尔斯继承。雅斯贝尔斯以轴心时期的概念,统合世界不同文明,从而确立起了"世界历史轴心"的概念。历史轴心时期的标志是对超越价值的追求这一精神运动。这一精神运动,意味着特殊奔向普遍。他的努力,是为了重新赋予历史以统一的形式与意义。沃格林的观点是,仅此并不足以界定轴心时期。必须同时考虑追求超越的精神运动、普世帝国、历史编纂(与之相联系的历史观)三者,换言之,只有在天下时代,我们才可以发现世界历史的轴心。既然"天下时代"有多个,历史轴心也就有多个。而这一论断,等于是对轴心时代概念的否定。

---

① [美]埃里克·沃格林:《秩序与历史》卷四,叶颖译,译林出版社2018年版,第48页。
② [美]埃里克·沃格林:《秩序与历史》卷一,霍伟岸、叶颖译,译林出版社2010年版,第208页。
③ 同上书,第200页。

第十四章 极权主义之思

沃格林写道，以色列和古希腊，摆脱了原始的宇宙论状态，分别通过启示和哲学，进入了高度分化的状态。然而，在现实的历史中，它们终被帝国征服。沃格林由此研究帝国。沃格林关于天下理想的研究，首先是基于他对罗马帝国的研究。罗马帝国试图把所有的人居地区皆纳入其统治范围，此种普世理想，即是西方人关于天下的理想。在罗马人那里，天下超越于城邦、民族、种族。基督教的先知，则在精神层面，给天下赋予其特定含义。

问题在于，在远东，产生了中国人的天下时代。它与西方并无文化上的接触。沃格林说："明显，存在着两个天下。"① "存在两个天下时代，一个是西方的，一个是远东的，二者在时间上同时兴起。"② 他以中国人的天下帝国（ecumenic empire）为例，来说明关于追求超越的精神运动的多样性。沃格林说，在中国，儒家的王道，体现了天下观念；法家提供的则是强国之霸道。统一帝国的建立，是国对天下的胜利，这样的帝国需要精神层面的支撑；汉代独尊儒术，正是要为帝国提供一个天下主义的精神内涵。至此，精神和权力重新被合在了一起。③

沃格林问道，这种同时出现的平行的天下秩序，是否意味着存在两种人类，每一种都有其自身的历史，各自都进入了它的天下时代。如果我们说，人类只有一种，那么，我们就必须说明在何种意义上，这两个平行发展的历史进程只是同一个天下时代的一部分。

沃格林的回答，复回到他的意识哲学。他认为，人性本身就包含了部分神性，否则，就不叫人性。历史，与普遍人性相联系。没有历史，就没有人性，更谈不上普遍人性。普遍人性，源自神与人的互动。互动是说，神召唤人，人渴慕神。拥有历史的人类，是由人所回应的那个神建构的。由于这个神是唯一的，因而，人性也是唯一的。多神论与一神论不具有根本的区别。多神论仅仅意味着那时人们采用了另一种类比生存经验的符号系统而已。于是，"属于相同生物学类型、散落各处的多个社会，通过参与相同的神性显现之流，成了具有单一历史的单一人类"④。

沃格林认为，人的存在结构在历史上从紧凑向分化演化，这一过程呈现

---

① Eric Voegelin, *The Collected Works of Eric Voegelin*, Vol. 5, Columbia and London: University of Missouri Press, 2000, p. 340.
② Eric Voegelin, *The Collected Works of Eric Voegelin*, Vol. 17, Columbia and London: University of Missouri Press, 2000, p. 371.
③ [美]埃里克·沃格林：《秩序与历史》卷四，叶颖译，译林出版社2018年版，第403页。
④ 同上书，第410页。

出多样性，此点类似于人们常说的文明类型的多样性。分化的过程不可逆。即使中途被打断，也回不到过去。普世帝国、精神突进和历史编纂三位一体，表达了天下秩序的实在结构。① 沃格林最后得出结论：历史中的普遍人性是真实的，而不是幻想。② 让历史中止的制度，是对人性的扭曲和摧毁。历史进程本身具有本体论意义。捍卫健康精神秩序的斗争一直伴随着人类，这种精神秩序，与种族无关。东方人与西方人并不是真正的两种人。沃格林最终确立的，是"人类种族的统一性"③。

新政治科学的"得"与"失"

沃格林提倡建立新政治科学。政治理论研究的跨学科特征，在沃格林这里有充分的显现。特别是，他重视考古学界、史学界的最新研究成果，以此为基础，沃格林尝试完成关于秩序的历史的叙事。④ 在沃格林看来，政治社会的诞生是人类历史中伟大的一页。然而，政治社会自身是历史性的存在。人本身又是一个精神的存在。考察人性，离不开对精神的考察。沃格林的思想深深地植根于柏拉图的哲学。⑤"城邦是大写的人"⑥，研究人和研究政治社会，其实是一回事。⑦

沃格林思想深处具有神秘主义的成分。这使得他不必回答许多棘手的问题，避开对世界本源的神学论证，免去对某些科学未解之谜的纠缠。例如，我们不必问灵魂是什么，灵魂内部出现飞跃的动力是什么？历史的起源是什么？历史的目标是什么？类似问题，沃格林的回答是：这是一个谜。更为重要的是，此种神秘主义，具有重大政治意义。在价值冲突、诸神战斗的时代，在精神世界陷入无序的时代，神秘主义使一切教派教义相对化，它为

---

① [美] 埃里克·沃格林：《秩序与历史》卷四，叶颖译，译林出版社2018年版，第414页。
② Eric Voegelin, *The Collected Works of Eric Voegelin*, Vol. 5, Columbia and London: University of Missouri Press, 2000, p. 410.
③ Kenneth Keulman, *The Balance of Consciousness: Eric Voegelin's Political Theory*, University Park and London: The Pennsylvania State University Press, 1990, p. 147.
④ [美] 埃里克·沃格林：《秩序与历史》卷一，霍伟岸、叶颖译，译林出版社2010年版，第207页。
⑤ Kenneth Keulman, *The Balance of Consciousness: Eric Voegelin's Political Theory*, University Park and London: The Pennsylvania State University Press, 1990, p. 170.
⑥ [古希腊] 柏拉图：《理想国》，郭斌和、张竹明译，商务印书馆1986年版，第57页。
⑦ [美] 埃里克·沃格林：《秩序与历史》卷一，霍伟岸、叶颖译，译林出版社2010年版，第45页。

宗教宽容和世界和平提供了基础。沃格林对神秘主义的赞赏，是受了博丹的影响。① 在沃格林看来，历史和实在，都是充满奥秘的东西。人参与历史和实在，在其中获得生存的体验。代表性的人，把这些体验以不同的符号形式表达出来。健康的精神秩序，是人在张力中生存。人与神应当处于一种友好的交流之中。早期社会狭隘的人的观念，只有到天下时代，才获得其人类的意义。两个天下时代的平行存在，没有否定普遍人性，它反而表明，追求普遍人性，是政治社会一定时期都可能出现的现象。这不是由于人自身的努力，而是由于灵魂深处追求超越、面向神开放时具有的共同的体验。

沃格林政治理论的这些基本论点，具有极大的批判意蕴。他致力于恢复正常的精神秩序，此为治病求本。而各种扭曲的符号系统，阻碍、封闭了现实。纳粹所奉行的种族主义，否定普遍人类的存在；特殊主义的文明论或文明冲突论，否定了世界和平的前景，缺乏对文明内在经验结构的严肃分析。杀人和以杀人为乐，在沃格林看来是世间最大的恶，各种主义，如果奉此为宗旨，则不论其说辞如何美妙，皆是精神失序之表现。诺斯替主义的、千禧年主义的政治宗教，让现代人与神隔膜，与世界疏离。现代世界的危机，正是由此而来。沃格林关于居间存在的人、张力中生存的人以及普遍人性的认定，对现代极权主义和无神论运动，构成根本的批评。同时，它又敞开了世界历史的大门，所有的个体，所有的民族，都可以参与其中，并且可以按独特的方式参与其中。沃格林暗示，抬头三尺有神明，这是普世秩序得以形成的精神依据。

不过，沃格林的宏大学术事业，是建立在几个基本预设之上的，一旦人们不能接受其预设，他所构筑的理论大厦便立刻解体。这几个预设包括：（1）封闭社会是一个意义体系，它必定有其自我解释以及因之发展出的符号系统。但是，作为一个整体的封闭的政治社会概念，如对照亚当·斯密、哈耶克讲的按抽象规则形成秩序的大社会，则意义系统，便仅仅与个人、社会团体有关，而不再附着于"政治社会"。沃格林从远古人类初始政治社会的经验出发，构建其秩序类型，对分化现象出现后的社会，则缺乏仔细的考察。沃格林批评近代科学思维占主导之后的所有秩序，视之为诺斯替主义诸症候。然而，自由民主社会与极权主义社会，自由派与法西斯分子或纳粹分子，毕竟是反差极大的两种类型。沃格林的代表理论，倾向于寻找不同政体

---

① [美]埃里克·沃格林：《自传性反思》，徐志跃译，华夏出版社2009年版，第115页。

的共性，而非做出学理的区分。（2）人类社会由低级向高级、由简单向复杂进化，此种进步主义，与神的启示、人的觉悟相统一。沃格林的理论深处，秩序与历史统一在了一起。（3）神圣物的存在。否定了神圣物，便是精神出现"疾病"。沃格林极其反对战争和杀戮。沃格林思想的最核心之处，是历史与存在的奥秘以及人在神面前的敬畏。

沃格林把政治社会的秩序与精神秩序紧密地联系在一起进行探讨，此为其学说的一大特色。沃格林始终坚信，历史中秩序的类型与超越有关，失序必定是灵魂的失序。在沃格林看来，信仰不是社会文化现象，而是秩序支柱之一，对理解历史来说，它具有本体论意义，而古典意义上的哲学，对于精神秩序的重建，也是不可或缺的。政治理论探讨政治社会的精神结构，固然显得深刻，但却未曾顾及政治社会实为由个人与社会团体所组成的世界，公民行动并不取决于某个个体的精神状态。

第十五章　自由主义的复兴

　　自由主义是西方现代文明社会基本经验的理论概括。"一战"前夕西方人感到文明的衰落、文明的危机时，也正是自由主义的主导地位受到动摇的时候。"一战"之后，共产主义革命在俄国的胜利，与欧洲自19世纪中期以来集体主义学说兴起、个人主义理论式微是同步的。理论上自由主义的危机与现实中议会制民主政体的危机，阶级社会崩溃，民族国家解体，直至"二战"结束，随着希特勒政权的覆灭才算走出。然而此时世界已分裂为分别以美国与苏联为首的两大阵营，它们代表着两种敌对的意识形态、两种政体、两种生活方式，两者之间以"铁幕"隔开。柏林墙正是此种分裂世界的标志物。在这种情况下，自由主义在西方的复兴，是在极权主义灾难的废墟上西方社会对自身所坚持信条及理想的再次廓清与阐扬，亦是没有硝烟的"冷战"时期西方世界所发生的一场引人注目的思想运动。此时，西方自由主义以"保守"启蒙遗产的方式重新活跃起来。从哈耶克的"大社会"、波普尔的"开放社会"到奥克肖特的"公民联合"、盖尔纳的"市民社会"、伯林的多元价值论，西方自由主义理论家以不同的方式，反思极权主义，捍卫西方文明。

　　晚近以来，自由主义虽然要接受各种理论（如社群主义、女权主义、宗教复兴运动）的挑战，亦出现教派式的分化，但随着20世纪80年代末苏联的解体、东欧的剧变，自由主义依然保持了它在西方的支配地位。人类在尝试超越现代、超越启蒙的种种社会大规模改造方案失败后，以数千万平民死于非命为代价，在核战争毁灭全人类的威胁下，重新回到了以民族国家为基础、尊重国际法的世界。

　　自由主义最核心的教义在于对某种意义的自由的捍卫与追求。它的政治哲学，亦牢牢基于此一中心诉求而展开。在政治意识形态的光谱中，自由派历来持中间立场，居于保守派与激进派之间。自由主义相信进步，但绝不相信一夜之间在人间建立天堂的许诺。从自由放任到凯恩斯主义，从早期自由主义到牛津唯心主义者所代表的新自由主义，从哈耶克式的"古典自由主义"，到罗尔斯以分配正义为中心的自由主义、诺奇克的自由至上主义，自由主义呈现多种理论形态，事实上，自由主义并不拘泥于某种固定的经济政策。即使就政治哲学自身而言，自由主义亦可做出某种类型学的区分。哈耶克曾将自由主义区分为欧陆自由主义与英美自由主义两个传统。约翰·格雷（John Gray）则指出自由主义存在两张面孔。他认为，自由主义的一支以霍布斯、奥克肖特为代表，在"权宜之计"的意义上理解自由主义；另一支则由著名的洛克为代表，它标志着一种具有更为明确生活理想的、乐观自信的自由主义。此种自由主义内部的分歧，尤见于二者对"宽容"的不同理解。① 以笔者之见，自由主义可以区分为三种纯粹的理论类型：一是作为国家理论的自由主义，它致力于界定个人、社会与国家的关系，将个人主权与国家主权结合，以敷设一个多元互动、和平共处的框架。二是作为社会理论的自由主义，它集中关注于社会的自然演化与市民社会的发育，强调市场经济以及结社自由的意义。三是作为人生哲学的自由主义，它与更为高级的积极自由的理想相联系，常致力于个性的充分发展与教育，并着力发掘生活方式上的自由主义之含义。

尽管存在种种不同类型的自由主义，自由主义的特征依然是清晰可辨的。美国学者伯恩斯写道："无论作为一个理想还是作为一个实行的纲领，自由主义都是和不受压迫、不受任意逮捕和惩罚、不受恐惧和剥夺、不受身体和良心及思想上的奴役等自由分不开的。它与集中营、秘密警察、审查、石板一块的国家、血腥的清洗、颈项背后的子弹相对立。"② 自由主义对个人自由的捍卫、对人间残酷的抨击、对理性生活的倡导，至今仍激励着许多人。自由主义的魅力，不在其理论上的精湛，而在其实际效用。在监控技术高度发达的时代，自由主义主张的不受强权侵犯的个人自由、免于恐惧的内心平静、作为独立个体活着的尊严，愈加显得珍贵。

哈耶克：揭开自由主义复兴的序幕

弗里德里希·奥古斯特·冯·哈耶克于1899年5月8日出生于奥地利维

---

① ［英］约翰·格雷：《自由主义的两张面孔》，顾爱彬、李瑞华译，江苏人民出版社2002年版，第2页。
② ［美］爱·麦·伯恩斯：《当代世界政治理论》，曾炳钧译，商务印书馆1983年版，第69页。

也纳一个具有学术研究传统的家庭，年轻时参加过第一次世界大战。19 世纪 20 年代初他在维也纳大学获得了法学博士、政治学博士的学位。哈耶克三十多岁时，即已十分著名。30 年代，他应邀去伦敦经济学院讲课，并成为英国公民，其间他也曾去美国芝加哥大学、德国弗莱堡大学讲课。1947 年，他与卡尔·波普尔等志同道合者创建了"朝圣山学社"，该社以捍卫古典自由主义的基本原则为己任。1974 年，他获得了诺贝尔经济学奖。哈耶克以经济学开始其学术生涯，但他的研究所关注的，则包括政治、社会、历史、思想、文化、心理等多个方面。1992 年 3 月 23 日，哈耶克去世。

哈耶克治学严谨，对人宽和，颇具大家风范。其好友卡尔·波普尔爵士在他去世后的一篇纪念文章中说，哈耶克学术上的真诚与负责，在他所认识的人中，无出其右者。而且，哈耶克思想开放，对不同见解能持宽容的态度，对其课堂上信奉社会主义的学生也无偏见，而是耐心倾听他们的发言。波普尔认为这是他最突出的美德。[1]

哈耶克的主要著作包括：《通往奴役之路》、《自由秩序原理》(*The Constitution of Liberty*，一译为《自由宪章》)、《法律、立法与自由》。他于 1944 年出版的《通往奴役之路》，揭开了"二战"以后自由主义复兴的序幕。《通往奴役之路》指出了社会主义与纳粹主义的亲缘性，揭示了中央指令计划经济体制对人类自由及道德的危害。丘吉尔在竞选演说中，曾详细向听众阐发该书的内容，以为英国人的自由事业提供理论依据。左派作家乔治·奥威尔曾写过该书的书评，其稍晚创作《一九八四》，很可能受到哈耶克的启发。[2] 哈耶克政治哲学的主题是：个人自由正在无意之间遭到破坏，我们只有坚持某些原则才能保证自由免遭厄运。哈耶克的思想并不能简化为"自由放任""自发秩序""市场经济"等简单的口号，他努力探讨的是复杂社会中自由秩序展开的政治与法律框架。故而他花大量精力讨论民主、法治、宪政、自由等议题，终成卓越的自由主义政治理论家与法学家。

在政治立场上，哈耶克称自己为"一个顽固不化的老辉格党人"。老辉格党人，是辉格党中的温和派。他在普遍关注社会改革、福利增进、政府干预乃至对经济进行计划管理的时代，重申古典自由主义的基本教义，这使得

---

[1] Sir Karl Popper, "Tribute to the Life and Work of Friedrich Hayek", in *Hayek: Economist and Social Philosopher: A Critical Retrospect*, edited by Stephen F. Frowen, New York: St. Martin's Press, 1997, p. 311.

[2] George Owell, *The Collected Essays, Journalism and Letters of George Orwell*, edited by Sonia Orwell and Ian Angus, New York: Harcourt, Brace & World, 1968, Vol. 4, pp. 160–181.

他有时也被称为一名"保守主义者"。

构建理性主义与演进理性主义

哈耶克区分了两种理性主义——构建理性主义与演进理性主义。这两者的对立实际上也是法国式自由主义与英国式自由主义的对立。构建理性主义认为，理性具有至上的地位，凭借个人理性，人们能够洞悉如何构建一个美好社会，甚至具体细节性知识也可以为人的理性所掌握。哈耶克说，构建理性主义的极端运用便是极权主义。而演进理性主义则认为，只有在长期积累、自然演化的基础上，个人理性才能发挥作用。哈耶克认为，构建理性主义体现着人类"致命的自负"，而演进理性主义则充分认识到理性的局限性。根据这种区分，社会制度不是理性设计的人造物，而是不断试错、日益积累的经验之总和。哈耶克显然站在演进理性主义传统之中，而对构建理性主义予以批判。

从乡间小路的形成看自发秩序

在区分两种理性主义的基础上，哈耶克提出了关于"自发秩序"的理论。他区分了自发秩序与人造秩序。秩序是指系统地联系在一起的要素组合。它可以是在理性指导下有意识地设计的产物，也可以是自然演进的产物。哈耶克主张自发秩序的合理性。他认为，自发秩序体现的是自由，而人造秩序带来的往往是奴役。关于自发秩序，他有一个"乡间小路"的比喻：最初每个人都为自己寻找在他看来最好的路线，但是这一路线一旦被用过一次，它便有可能变得更容易通过，因此，有可能被再次利用。于是，道路变得越来越清晰，并被越来越多的人所利用，从而排除了其他可能的道路。人类在这一区域的行走逐渐适应了一个明确的模式，它虽然是许多人有意决定的结果，却不是出自哪个人的自觉设计。

哈耶克用乡间小路的例子说明，有益的社会制度能够在没有组织、没有政府介入、没有强制也没有损害个人自由的情况下产生。我们也可以设想道路由政府建设作为公路而被当地人使用的情况。事实上，日常生活中，这样的例子随处可见。例如政府为草坪中间铺设的符合视觉设计要求的道路往往无人行走，而人们在穿过草坪时往往自己走一条捷径，走的人越来越多，便自发形成了另一条道路。哈耶克对自发秩序的推崇，与他坚决支持自由市场、反对国家干预的经济思想相一致。

通往奴役之路

哈耶克的许多著作的主题都是反对社会主义，为自由市场辩护。作为一个经济学家，他更多地从经济制度的角度看问题；同时，他也从个人自由维护的角度展开论证。哈耶克认为，与市场社会相比，社会主义的问题在于经济过程中知识的获得及知识的传递。哈耶克所说的知识，可以看作"经济信息"，它包括供需、偏好、产品信息等多个方面。哈耶克试图以科学的方式表明，社会主义在现实中必然不能兑现其诺言，社会主义者想做很多好事，但由于信息分散在无数个体手中，他们注定要失败。哈耶克进一步指出，如果按社会主义的方式组织经济，其后果不仅在于经济方面，更严重的，还在于它必定导致对人的奴役。因为到那个时候，政府非但不能满足个人的愿望，反而因其控制所有资源，使个人沦为满足政府愿望、实现政府计划的手段。

哈耶克认为，德国纳粹主义的兴起与社会主义在德国的流行是密切联系在一起的。针对当时关于纳粹是源自德国普鲁士传统还是其他传统的争论，哈耶克说："民族社会主义之所以兴起，是由于社会主义观念的流行，而不是由于德国与意大利和俄罗斯所共有的普鲁士主义——同时，民族社会主义是从群众中兴起的，而不是从深受普鲁士主义熏陶并深受其惠的各阶级中兴起的。"[①] 纳粹主义具有其"社会主义根源"。

事实上，哈耶克的批判目标不仅有社会主义，还包括国家干预主义。凯恩斯虽然是他的朋友，但其观点却是他批评的对象。他反对国家干预的主要考虑也是对自由的维护。不过，他并不反对福利国家，只是反对把福利国家与社会公正联系在一起。他的这些思想都与他的自发秩序理论内在地联系在一起。

经济自由是其他一切自由的前提

哈耶克毕生倡导一个市场经济充分发展的社会。在他看来，自由社会必

---

① ［英］哈耶克：《通往奴役之路》，王明毅、冯兴元译，中国社会科学出版社1997年版，第17页。

定是市场社会。德国学者卡尔·霍曼说："如果人们不把《自由宪章》作为自由的宪章，而是作为'市场的宪章'来理解，那么它将更容易被接受。"① 哈耶克认为，市场经济在本质上是一个交换制度，它是自由社会的一个核心制度，其优点在于它通过价格机制，能最大限度地利用分散在无数个体手中的知识，充分激发和利用无数个体的技能，这是其他任何经济制度都无法实现的。哈耶克强调，市场鼓励竞争，而竞争是一个"发现某些事实"②的过程，不利用竞争，那些事实将不为任何人（包括中央决策部门、最高领袖）所知。

更为重要的是，市场秩序意味着经济自由，而经济自由是思想自由、政治自由等一切其他自由的前提。经济上不自由，其他类型的自由必定面临着灭亡的威胁。在市场社会中，企业家、生产者、投资人有自己的自由，消费者有自己的自由，劳动者有选择行业、职业、雇主的自由。并且，经济上的贫富状况并不固定，人们从社会底层上升到上层，或者从富人阶层跌落到贫困者的地位，都有可能。社会资源与就业机会并不由国家或某个集团所垄断。此外，人们在经济上的自由，还是对抗国家权力侵害个人权利的一个重要武器。无疑，在市场社会中，国家控制个体命运的可能性大为降低了。

对照之下，当社会资源与经济生活由国家来统一控制时，个体就被牢牢地圈了起来，其思想自由、政治自由均难以存在。经济资源的国有化，必定导致思想的国有化，因为中央政府要为这种无限的权力辩护而防止异议者的攻击。国家垄断了新闻、出版、广播电视等行业，公众不同意见的自由表达，不再有可能。在没有个人财产权的地方，人安身立命最基本的私人空间也得不到保障。一个国家是唯一雇主的社会与一个存在无数私人雇主可供选择的社会相比起来，显然后者易于实现人们在思想与政治等方面的独立。哈耶克警告世人：减少经济自由必将导致极权主义。

我们不难想到，在20世纪历史上，极权主义政权如何通过集中对经济资源的管理，推行合作化，从而实现了对地主、富农财产的剥夺；如何通过控制水、电、煤等基础资源逼迫私营企业停产、不得不接受其世代累积的财产实现"国有化"。在计划经济体系中，当农民粮食归国家统一调配时，遇到饥荒，只能眼睁睁地把粮食上交而在家等待死亡。国家对新闻媒体的全面

---

① Karl Homann, *Market, Staat und Freiheit im Liberalismus*，转引自［德］帕普克主编《知识、自由与秩序：哈耶克思想论集》，黄冰源等译，中国社会科学出版社2001年版，第139页。

② ［英］哈耶克：《经济、科学与政治》，冯克利译，江苏人民出版社2000年版，第120页。

控制，更是妨碍着农村饥荒信息向外界的传递，从而使饥民不可能得到外界的人道援助。当价格由政府部门控制时，价格也不再反映饥荒地区粮食供需的状况；当粮食无法自由流通时，商人也不能把粮食往饥荒地区贩卖。而大批普通劳动者由于没有择业、转业的自由，并不能改行、外出打工，甚至连外出行乞、逃荒的自由都没有。即使在今天，我们仍然不难发现国家权力如何通过控制经济资源而对其他类型的自由进行侵害。对于一场不受政府欢迎的市民活动来说，通过禁止提供场地予以取缔，不失为一个快捷有效的手段。

大社会之构成

理解哈耶克的思想，必须充分注意他关于"大社会"（great society）的论述。哈耶克的理论，可视作对近代西方大社会成功经验的理论总结。哈耶克所说的大社会，并非相对于政府而言，而是相对于另一种类型的社会——部落社会而言。

大社会是自由社会，是商业社会，是市场配置主要社会资源的社会，是法治社会，是一个充满活力、具有创造性的社会，是一个不断往外拓展的社会，是一个无目的社会，是一个其成员互利互惠的社会，是一个开放社会。在其理想意义上，大社会必定是一个普遍主义的世界社会，它可以囊括所有的人类成员。大社会的特点是，它提供了一套独特的合作机制，吸引着越来越多的人加入这种合作。这种自由秩序的拓展，不是靠武力，不是靠道德，而是靠无数个体对投入产出的预期，对获利的追求。人们加入这个秩序，不是为了实现什么崇高的理想、普世的正义、宏伟的目标，只是为了自己获利。大社会是自由的社会，它不要求人们具有共同的目标，不要求人们有人生理想上的共识，不要求宗教信仰的统一，不要求人们相互熟悉。例如人们购买商品、生产商品，并不要求相互认识。凭借着价格机制，在市场交换中，全球各个角落的人们即可实现前所未有的互利互惠。

自由社会不断吸引人们加入。跨越族群的大社会形成之可能，奥秘在于它是一个规则社会、法治社会。哈耶克并非无政府主义者，他认为，政府最主要的职责，就在于保障规则的强制实行，惩罚违规行为。而这些规则，必须是抽象规则。大社会要求人们遵守普遍的抽象规则，以确保自己获利而不伤害他人，又必定要求保障个人的财产权。这是它之所以成为社会而不至陷入无序的根本所在。哈耶克说:"一个和平的秩序之有可能扩展到有目标的小组织之外,是因为独立于目标的(形式的)公正行为规则扩展到了与另一些人的关系,他们并不追求相同的目标,除了抽象规则之外,也不持有共同的价值观;这些抽象规则不把责任强加于具体的行为(它们总是有着事先想好的目的),而是仅仅由一些禁令构成,它们禁止对因这些规则而使我们能够做决定的领地加以侵犯。"①

与之相反,部落社会,则是一个有着共同目标的社会。由此,它必定是一个小社会,它要求人们相互认识,或者假定人们相互认识,要求共同的情感与信仰,拒绝其他社会的成员加入。这样的社会,哪怕是一个国家、一个帝国,都是一个小社会,一个封闭的社会,一个停滞或日渐衰败的社会,一个没有思想自由、不能容忍挑战支配性思想的社会,一个凡事不能违背中央命令的社会,在理想的状态下,它是一个由元首控制社会方方面面的极权主义社会。这样的社会,其领袖和原始部落的酋长无异,他自认为掌握着部落每个成员的命运,掌握着部落的所有情况,从而做出统一的部署。哈耶克指出,这个社会必定充满着暴力和欺诈,因为它要防止各种挑战意识形态的非正统思想和挑战中央权威的行动。它没有创造性、没有活力。它迷信元首,以为集中了一切权力的决策中心是一个具有超级智慧的头脑。在这样的地方,法律不具有普遍性,不是抽象的规则,而是统治者的意志,是立法机关的决议,它总是保护一些人的利益而牺牲另一些人的利益。人们想象着这个社会有一个共同的目标,它以"公共利益"等名义给不同价值的重要性进行权威的排序,自认为运用决策者的理性能够造就一个公平、有效的制度,而实际上,对于个体而言,这种排序毫无道理。

哈耶克指出,对大社会,不能做拟人化的理解。大社会没有共同的意志、共同的目标,它不能像一个人那样去行动。它只是一个结构、一个框架,提供的是个体行动时要遵循的抽象规则。哈耶克借用迈克尔·奥克肖特的话,称大社会为法律统治的社会(nomocratic society),称部落社会为目标统治的社会(telecoratic society)。② 哈耶克相信,大社会亦即自由社会将自动胜出,因为遵守规则的群体更成功。

哈耶克关于大社会的论述,在 20 世纪重申了苏格兰启蒙运动时期曼德

---

① [英]哈耶克:《经济、科学与政治》,冯克利译,江苏人民出版社 2000 年版,第 395 页。
② 同上书,第 393 页。

维尔、休谟、亚当·斯密等人学说的基本精神。哈耶克指出，辉格式自由主义是自由主义的正宗，它发端于近代，至 18 世纪，这种自由主义已经使英国取得举世瞩目的繁荣，英国人推动着世界市场的形成。遗憾的是，18 世纪的欧陆思想家对这个传统进行了错误的解释，他们误认为英国的自由秩序是人们运用理性设计而成。法国大革命以来的欧陆自由主义，作为一种构建论的理性主义，自伏尔泰、孔多塞以来，支配着欧陆革命者对自由主义的理解，而所谓的社会主义，不过是这种构建论理性主义的进一步发展。社会主义相信通过理性设计的组织及制度可以消除人间的贫困和不平等。在英国，至边沁的功利主义，辉格派传统已经丧失殆尽，边沁等人的社会改革与法律改革建议，充满着人为设计的色彩，因为边沁信奉的就是欧陆哲学。故而到 20 世纪，无论在什么地方，集中管理、国家控制、计划经济皆大行其道，极权主义风起云涌，自由社会或者面临毁灭的威胁，或者不复存在。

劣质民主对自由的侵害

哈耶克认为，自由是一切道德的基础。无自由，也无所谓道德。对政治社会来说，其最高的唯一的目的，就是自由。自由并非与其他价值一样，只是并列的多个价值中的一种，它是"最高的价值，因为它是其他一切价值的前提"。自由，意指不存在人为的强制。哈耶克说，自由主义的核心信念，就是捍卫这种意义上的自由。然而，至 20 世纪，这种自由观已经备受挑战。特别是现代民主的进军，对自由造成了巨大的侵害。这种民主理想，是法国大革命以来典型的欧洲大陆的人民主权理想，它关心的是谁在做主，设想着一个神一样的主宰者、决策者的存在。在决策机制上，它奉行多数决定的原则。哈耶克指出，议会制民主，通过确立议会主权，早已破坏了古典自由主义三权分立的宪政结构。它造成的是一种"肮脏的民主"、劣质的民主。在民主的名义下，在回应"公民要求"的旗号下，政府不断集权，对经济与社会的干预不断加剧，而每一次干预，都呼唤着增加新的干预，每一次干预，都大规模地制造着官员腐败的机会。其结果则是公益受损，政策只是让特定的集团获益。

哈耶克希望重建三权分立的古典宪政架构，在这种架构中，没有所谓的"主权"。依据哈耶克对自由秩序的分析，一个权力不受限制的最高主权者的存在,没有多大价值。主权思想体现了一种集体主义、构建理性主义的方案,是法国绝对王权的理论基础,是非自由的封闭国家的学说。而英国人的自由传统,应是立法、行政、司法三权的分立与制衡。哈耶克看出西方议会制民主中议会如何通过民主程序实行多数或少数的暴政,特别是议会通过很多法令条文,直接干预社会经济生活,破坏着市场秩序的完整。而另一方面,政府官员在直接插手人们私人领域的生活时,其权力也在恶性膨胀。他主张把议会权力分散到立法会议与政府会议中,各自明确自己的任务。出现权责方面的争执,则由独立的宪法法院予以处理。[①]

卡尔·波普尔:为开放社会陈辞

在 20 世纪西方自由主义阵营中,卡尔·波普尔(Karl Raimund Popper)是一位十分重要的人物。波普尔是一位科学哲学家,也是一位出色的政治哲学家。他关于封闭社会与开放社会的区分,对开放社会基本原则的坚定捍卫,可以说在 20 世纪初自由主义呈现衰势的背景下复活了西方古典自由主义的基本精神。

卡尔·波普尔于 1902 年 7 月 28 日出生于奥地利维也纳的一个犹太裔知识分子家庭。他的父亲是维也纳大学的法学博士,是一位自由主义者。少年波普尔对哲学、科学和艺术均有强烈的兴趣,波普尔曾特别提到音乐对他的许多思想发生影响。学生时代的波普尔最初关心劳工贫困问题,是一个社会主义者,但后来当他意识到社会主义者对工人运动中牺牲的工人缺乏基本的同情心、迷信历史必然性、崇尚暴力时,他逐渐放弃了社会主义并转而批判社会主义。1919 年是波普尔成长中的关键一年,他在这一年聆听了爱因斯坦在维也纳的演讲。此时他明确意识到,科学的态度就是批判的态度,这种态度不是去"证实",而是去寻找批判性的检验。[②]

波普尔后来得以到维也纳大学读书。1928 年,他递交了《论思维心理学中的方法问题》的论文,获得了哲学博士学位。其后他曾一度担任中学物理教师。稍晚则在汉斯·凯尔森的推荐下,得以在维也纳大学讲授政治理

[①] 参见〔德〕亨纳·克莱纳韦弗斯《哈耶克与民主改革》,载〔德〕帕普克主编《知识、自由与秩序:哈耶克思想论集》,黄冰源等译,中国社会科学出版社 2001 年版,第 275 页。
[②] 〔英〕卡尔·波普尔:《无尽的探索:卡尔·波普尔自传》,邱仁宗译,江苏人民出版社 2000 年版,第 36 页。

论。20世纪30年代，欧洲日益高涨的反犹主义迫使他离开故土。1935年，他在伦敦经济学院初识比他大3岁的哈耶克，援为莫逆，终生不渝。1938年，他前往新西兰坎特伯雷大学任教。正是在新西兰期间，他的政治哲学作品得以写成。"二战"结束后，波普尔在哈耶克的帮助下，到英国伦敦大学经济学院任教，他在该学院一直工作到1969年退休。值得一提的是，波普尔曾被英国女王授予爵士头衔，西人多称其为卡尔·波普尔爵士（Sir Karl Popper）。1994年9月17日，波普尔以92岁高龄辞世。

波普尔的著作主要包括两个方面：一是科学哲学著作，一是政治哲学著作。波普尔毕生对科学哲学有浓厚的兴趣。爱因斯坦以及许多自然科学家均对波普尔的科学哲学研究予以高度评价。这些著作有《猜想与反驳：科学知识的增长》《客观知识：一个进化论的研究》等。波普尔的政治哲学著作主要有《历史主义的贫困》及两卷本的《开放社会及其敌人》，二者均是作者于"二战"期间写成的。《开放社会及其敌人》出版后很快成为畅销读物，不久被译成了多种语言。波普尔在英语世界的名声正是由于此书而确立，自此，波普尔的名字便与"开放社会"联系在了一起。

波普尔的科学哲学研究与政治哲学研究并不是截然割裂的，相反，二者具有内在的一致性。波普尔把他在科学哲学方面的研究成果娴熟地运用到了政治哲学领域，这也是他的政治哲学的理论特色所在。

批判的理性主义

波普尔的科学哲学可以统合到批判理性主义的名下。他的科学哲学首先是针对维也纳学派的逻辑实证主义而提出的。逻辑实证主义以哲学家石里克、卡尔那普等人为代表。他们认为，科学真理必须服从归纳法的证实，归纳法的逻辑不同于传统的形式逻辑，它是一种概率论意义上的特殊逻辑。波普尔与这些观点针锋相对。他认为，以为通过观察与归纳能够发现真理，不过是一种迷信。任何科学真理都只是一种猜想，它不能被证实，只能被证伪。这就是波普尔著名的"证伪主义"理论。

证伪主义以"可证伪性"（falsifiability）而不是"可证实性"作为区分科学陈述与非科学陈述的标准，以"问题、猜想、反驳"的试错机制代替"观察、归纳、证实"的实证机制。波普尔说，科学的道路上铺满了各种被抛弃的理论，知识的增长不是简单的数量上累积的过程，而是新理论不断地突破乃至取代旧理论的过程。以他之见，人类在其活动的所有领域，都是在不断地寻求解决问题的方法，但当他们试图解决问题时，又总是会遇到甚至造成新问题。他们不断进步，但从未达到完美。人类具有理性，但又极易犯错误。不过，人类正是在不断地犯错误中向前发展。波普尔认为，证伪主义在自然科学和社会科学研究中是同样适用的。与人们通常的理解相反，科学命题恰恰是总有一天会被证明为错误的命题，它的真理性总是相对的。只有神话、宗教教条、巫师预言、意识形态定论不可证伪，它们对人类知识水平的提升毫无帮助。

波普尔指出，真正的理性主义是批判的理性主义。批判的理性主义区别于某些未经批判的、独断的理性主义，它指的是一种愿意听取批判性论证和在经验中学习的态度。批判的理性主义"基本上是这样一种态度，即承认'我可能错，你可能对，通过努力，我们可以更接近真理'。这是一种不轻易放弃希望的态度。这种希望就是，通过诸如论证和仔细观察之类的方式，人们可以在许多重要问题上达成某种一致，并且在他们的要求和利益冲突之处，常常也可以讨论各种要求和建议，借助仲裁达成一种即使不为所有人接受也为大多数人接受的、以平等为基础的妥协"①。

批判的理性主义是一种具有自我批判精神的理性主义，它承认人的理性能力的局限性，对他人的批判持开放的态度，强调人与人理性沟通的重要性。批判的理性主义在政治上具有十分重要的意义，在道德上也能得到有力的论证。波普尔曾多次提到，批判的理性主义总是与人道主义密切相连的，而独断的理性主义、非理性主义则与反平等、反人性、反和平的态度有天然的亲缘关系。

波普尔乐于承认，批判的理性主义无须得到理性论证，它以某种非理性的决断为前提，因此是一种不彻底的理性主义。批判的理性主义在波普尔的所有著作中可谓一以贯之。晚年波普尔甚至有意把批判的理性主义视为一种人类合宜的世界观。他写道："地球的美好在于生命的美好，而生命的美好在于理性批判力量的美好。至于为什么我们会具有如此美妙的能力，这是一个永恒的谜，一个值得为之惊奇而又无法解开的谜。"②

---

① ［英］卡尔·波普尔：《开放社会及其敌人》第二卷，郑一明、李惠斌等译，中国社会科学出版社1999年版，第343页。译文略有修正。
② 此为波普尔于1976年7月1日在德国《世界报》上发表的文章中的话，转引自赵敦华《赵敦华讲波普尔》，北京大学出版社2006年版，第15页。

历史主义的贫困

早在波普尔十七岁时，他便意识到了历史主义的问题。波普尔在《历史主义的贫困》及《开放社会及其敌人》中均对历史主义进行了批判。以波普尔之见，20世纪极权主义的兴起是与西方知识界由来已久的历史主义密切相连的。波普尔尤其指出，马克思主义是"历史主义最纯粹的、最发达的和最危险的形式"①。他的《历史主义的贫困》正是套用马克思《哲学的贫困》一书的标题。

历史主义，在波普尔那里即历史决定论。在他看来，赫拉克里特、柏拉图、黑格尔、马克思及形形色色的现代极权主义论者皆在不同程度上感染了历史主义。历史主义者认为，个人是人类总体发展过程中一个微不足道的工具，历史舞台上真正重要的演员要么是伟大的国家或领袖，要么是伟大的阶级或观念。历史主义者试图理解历史舞台上这幕戏剧的意义，试图概括其发展规律，揭示人类命运的奥秘，并由此预测未来。波普尔批评说："不可能有'事实如此'这样的历史，只能有历史的各种解释，而且没有一种解释是最终的，每一代人都有权形成自己的解释。"②他使用探照灯的比喻，说明历史主义在知识论上存在问题。他认为，人类所获得的对过去的理解，正如探照灯的光束一样。我们从历史中看到的只是光束照亮的那部分。而历史主义者用探照灯的光束照射的是我们自己，这使我们看清周围的事物变得很困难，并且使我们的行动瘫痪。历史主义者没有认识到正是我们自己在选择和安排历史事实。

波普尔在《历史主义的贫困》的序言中，将他对历史主义的反驳概括为五个陈述："1. 人类历史的行程是受着人类知识增长的强烈影响的。2. 我们不能用理性的或科学的方法来预告我们的科学知识在未来的增长。3. 因此，我们不能预告人类历史的未来行程。4. 这就意味着，我们必须摈弃理论历史学的可能性；也就是说，摈弃一种可以相当于理论物理学的那种历史社会科学的可能性。构成历史预告基础的关于历史发展的科学理论是不可能存在的。5. 历史主义的方法的基本目的因此就是错误的构想；于是历史也

---

① ［英］卡尔·波普尔：《开放社会及其敌人》第二卷，郑一明、李惠斌等译，中国社会科学出版社1999年版，第140页。

② 同上书，第404页。

就崩溃了。"① 显然，波普尔从知识论的角度，揭示了历史主义的谬误。

历史主义不仅在知识上不可能，在政治上贻害无穷，在道德上同样站不住脚。波普尔谈道："历史主义者认为历史是一条有源头的河流，他们可以弄清楚它会流到哪里去，也认为他们有足够的智慧可以预测未来，这在道德上是一种不正确的态度。你可以随意研究历史，但是河流之类的名词只是隐喻罢了，实际上根本没有这种事。你研究的是过去的事情，研究完了就完了，你不能以为你可以沿着河流顺流直下，或是自己也跳下去载沉载浮。我们只能放眼现在，试着改善眼下的局势。"② 波普尔认为，我们可以从过去学到教训，但这并没有授予我权力去预测未来。历史主义与人道主义是相违背的，它贬低了人的尊严和地位。一句"我们知道历史演进的下一步"，顿时让我们对现在没有道德责任，顿时把我们矮化成被"命运"支配的人，被迫卷入终将会发生的事件中。

关于历史意义，波普尔说："我们并不需要历史意义。我们可以赞叹历史，因为历史中有许多值得感念的往事，有许多伟人。我们可以从历史中学会该害怕些什么。（你）所谓的历史意义就是可怕的事情之一。因为它一直误导，而且只会误导。"③ 波普尔明确表示：历史本身没有意义，也没有目的，但我们能赋予历史以意义。人类不是平等的，但我们能够决定为平等的权利而奋斗。语言不仅是自我表现的工具，更是理性沟通的工具。我们能够为开放社会而奋斗。

零星社会工程：对旧衣服进行缝缝补补

波普尔关于"乌托邦工程"和"零星社会工程"的论述，是其政治哲学中颇为精彩的部分。乌托邦工程背后的理念是一种未经批判的理性主义。按照这种理性主义，任何一种理性行动必定具有某个明确而一贯的目的，人们为实现这个目的可以有意识地采取合适的手段。如果我们想要理性地行动，确定这个目标就是必须做的第一件事情；而且，我们必须小心谨慎地决

---

① ［英］卡尔·波普尔：《历史主义贫困论》，何林、赵平译，中国社会科学出版社1998年版，第2—3页。
② ［英］卡尔·波普尔：《二十世纪的教训：卡尔·波普尔访谈演讲录》，王凌霄译，广西师范大学出版社2004年版，第55页。
③ 同上书，第58—59页。

定什么是真正的、终极的目的。我们必须把它同那些实际上仅仅作为达到最终目的之手段或中期目的区分开来。波普尔指出，乌托邦工程志向宏伟，意在拯救苦难的人们，建设美好至善的国度，颇具吸引力，但实际上，乌托邦工程不仅不能实现，而且具有政治上的危险性。

首先，乌托邦工程假定人们努力的目标是唯一的、固定的、明确的、终极的，但其实，人们的目标在现实中常常改变，这使得乌托邦工程无法展开。并且，许诺从整体上重建人类社会，这就要求建设者拥有可靠、全面的知识，但这一要求超出了人的知识能力范围。再者，乌托邦工程以整体的社会蓝图为目标，这就要求一种少数人强有力的集权才能将之付诸实践。但问题在于，即使是英明而仁慈的独裁者，也会面临难以克服的困难。例如，他无法弄清他采取的政策措施的实际效果是否与其良好意愿相符合；由于权力过于集中，他不容易听到对政策的批评意见，甚至还有意识地压制、打击批评与反对意见，以强行推进其政策。此外，独裁统治者的继承问题也会使乌托邦工程夭折。波普尔说，乌托邦工程的结局是：怀抱着建立人间天堂这一最美好的愿望，只是为自己的同胞准备了人间地狱。

与乌托邦工程形成鲜明对照的是，"零星社会工程"（piecemeal social engineering）是一种适合人类的社会工程。零星社会工程，具有反乌托邦、反整体论的特点，强调点滴改良、循序渐进，反对暴力革命、一蹴而就，它以减轻社会中的痛苦为目标而不奢求缔造千年至福。

波普尔指出，采用零星社会工程方法的政治家头脑中可能有也可能没有一个蓝图，但是他明白："假如至善至美在任何程度上可以实现的话，那么它也是极其遥远的，而且每一代人，并且因此也包括所有在世者就拥有了一种权利；或许不是一种要求获得幸福快乐的权利，因为并不存在使一个人幸福快乐的制度手段，而是一种在能够避免的情况下要求不被造成不幸的权利。……零星工程将采取找寻社会上最重大最紧迫的恶行并与之斗争的方法，而不是追求其最大的终极的善并为之奋斗的方法。"[①] 零星社会工程具有许多实践上的好处。它可以被随时运用，促成当下的行动，而乌托邦工程反而可能为拖延行动辩护。并且，零星社会工程容易达成妥协，它采用的是理性、和平的方法，而乌托邦工程则倾向于运用激情、暴力。

---

① ［英］卡尔·波普尔：《开放社会及其敌人》第一卷，陆衡、张群群等译，中国社会科学出版社1999年版，第292—293页。

波普尔所谓的零星社会工程，指健康政策、失业保险、教育改革等具体的小规模工程。实行这样的工程即使出错，损害也不会很大。一个国家采用一种新的人寿保险，实行一个新的税种，进行一项新的刑罚改革，一个人开了一家新店，预定一张戏票，都是小规模实验。零星社会工程允许反复实验，能够在试错中及时做出调整。它并不奢望所有的政策措施一贯正确，更不会像极权统治者通过歪曲事实来证明其一贯正确。

波普尔把社会工程与机械工程进行了类比。他指出，机械工程师之所以能够设计复杂的新机器，依赖他通过零星的方法获得的经验。复杂新机器的建造不是一个乌托邦工程，而是许多小的试错、改进的结果。他又以制衣服做比喻：乌托邦工程总是希望换一件新衣服，寻求从根本上解决问题，而零星社会工程只是不断地对旧衣服进行缝缝补补。

封闭社会与开放社会

波普尔按理性化程度高低区分了封闭社会和开放社会。封闭社会信奉巫术，充满禁忌，理性化程度极低；而开放社会中人们则批判地对待禁忌，并凭个人的理性来做出决定。

根据波普尔的描述，从封闭社会向开放社会的转变是从"朴素的一元论"到"批判的二元论"的转变。在朴素的一元论观念中，自然法则与规范性法则融合在一起，没有区分。朴素的一元论包括朴素的自然主义及朴素的习俗主义两种形式，前者认为一切规则都是自然的、永恒的，后者则认为一切规则都是基于传统约定俗成的结果。在封闭社会瓦解后，关于"自然"与"社会"二者之间对立的认识开始发展起来，于是便出现了批判的二元论。这是走向开放社会的标志，也是文明演进的决定性时刻。波普尔认为，向开放社会的过渡本质上是一场伟大的、漫长的人道主义运动。我们现在仍置身于从封闭社会向开放社会的过渡之中。这一过渡是"人类所经历的一场最深刻的革命"[1]，这场伟大革命的开启者是古希腊人。

封闭社会是封闭的、狭隘的、原始的、集体本位的部落社会，是一个崇尚巫术与权威的社会。与之相反，开放社会则是一个开放的、人道的、文明

---

[1] ［英］卡尔·波普尔：《开放社会及其敌人》第一卷，陆衡、张群群等译，中国社会科学出版社1999年版，第328页。

的、个人本位的社会，是一个崇尚平等、理性与自由的社会。波普尔讲的封闭社会与开放社会似乎是我们通常所讲的传统社会与现代社会，但其实不然。以波普尔之见，人类从封闭社会向开放社会过渡，并不是一个简单地从传统走向现代的过程。自部落社会解体后，对开放社会的攻击、对封闭社会的追忆就没有停止过。现代极权社会同样是一个封闭社会。波普尔列举西方政治思想史上三位特别重要的开放社会的敌人进行了分析，他们是柏拉图、黑格尔、马克思。

波普尔认为，历史主义是马克思主义最大的问题，马克思主义堪称历史主义最完备的理论形式。马克思令大批人相信，历史预言是探讨社会问题的科学方式。波普尔指出，马克思主义是一种纯粹的历史理论，在马克思那里，一切社会工程学都是被禁止的。马克思批评乌托邦式的空想社会主义，他认为人们的所作所为只是延缓或加速历史的必然进程。波普尔说，马克思是一位错误的历史预言家，他的学说以自由为目标，却为恐怖行动大开方便之门，马克思主义追求自由，却走向了自由的反面，历史主义的蔓延与20世纪极权主义运动的兴起有着千丝万缕的联系。

波普尔认为，极权主义的传统和西方文明一样古老，在对自由和理性的长期反叛中，现代极权主义只是其中的一个插曲。波普尔也意识到了开放社会的问题，这大概也是封闭社会为什么阴魂不散的原因。开放社会中个人独立出来后，获得了自由，但也失去了一些东西。他势必感到一种空前的孤独，过去和谐融洽的部落生活所带来的安全感消失了，人与人、人与集体之间的各种纽带断裂了，他的前途充满了不确定性。在这种情况下，对往昔封闭社会的浪漫主义描述便会很容易把他吸引过去。

波普尔批评封闭社会，为开放社会辩护，自由在波普尔的政治哲学价值诉求中显然是第一位的。在波普尔的政治哲学中，封闭社会与开放社会之间没有通融的余地，捍卫人道的、自由的、理性的、开放的、宽容的、文明的社会是一种政治上乃至道德上的决断。波普尔把人类脱离封闭社会走向开放社会视为文明的标志，尽管他意识到新的问题必将产生，开放社会面临的困难重重，但他对这一伟大的进程依然充满了信心。他说："如果我们希望仍然成为人，那就只有一条道路可走，这就是通向开放社会的道路。"[1] 事

---

[1] ［英］卡尔·波普尔：《开放社会及其敌人》第一卷，陆衡、张群群等译，中国社会科学出版社1999年版，第383页。

实上，波普尔对西方文明的前途颇为乐观。他称"西方是前所未有的美好世界"①。

波普尔一方面反思极权主义，批判历史主义，另一方面，他对自由、宪政、法治等问题也有论述。例如，他曾多次批评柏拉图式的"不受制约的统治权理论"，他写道："我深信柏拉图用'谁应当统治'或者'谁的意志是至高无上的？'等形式表达出政治学问题的同时，给政治哲学带来了持久的困惑。"②波普尔强调应当用"怎样组织政治机构才能避免无能力的糟糕的统治者带来太多的损害"这一新问题来取代"谁应当统治"的问题。③因为一旦问及"谁应当统治"必然会引出智慧之人、贤德之士、伟大人物、优等种族、进步阶级、先进政党、人民群众等结论，但关键的问题在于统治权是否受到制约。波普尔说，我们应为最差的统治者做好准备。"民主的重点其实是避免独裁，或者换个说法，避免不自由，避免某种统治模式不是法治。"④当然，限制最高统治权并非不要国家，个人自由也需要国家来确立其边界。"我们需要防范国家滥用权力的自由，我们也需要国家出面防范自由被滥用。"⑤

雷蒙·阿隆：工业社会的政治分析师

俄国"十月革命"后，苏维埃政权建立，在帝国主义最薄弱的链条上，共产主义首先生根开花，这是列宁以实践对马克思、恩格斯的思想的发展。从列宁到斯大林，苏联以共产主义为旗号，建立了一个包括若干卫星国的大帝国。根据历史唯物主义的意识形态，共产主义社会将是人类的最后一站，而通过革命夺权建立的无产阶级政权，将是人类幸福终点站到达前必要的准备。除共产主义之外的此外一切制度，都失去了存在的理据，它们有一个共同的名称，叫作资本主义。斯大林时期，苏联推行强制性的集体化，取得了

---

① 《二十世纪的教训：卡尔·波普尔访谈演讲录》，王凌霄译，广西师范大学出版社2004年版，第123页。
② [英]卡尔·波普尔：《开放社会及其敌人》第一卷，陆衡、张群群等译，中国社会科学出版社1999年版，第227页。
③ 同上书，第228页。
④ 《二十世纪的教训：卡尔·波普尔访谈演讲录》，王凌霄译，广西师范大学出版社2004年版，第61页。
⑤ 同上书，第108页。

工业建设方面的巨大成就。英美盟军曾和苏联一道消灭了纳粹政权,最后将柏林一分为二,一半建共产主义政权,一半建自由民主宪政。"二战"结束后,苏联的影响力已经达到极限,世界也分成了共产主义与资本主义两大阵营,进入了"冷战"时期。两种制度孰优孰劣,两种生活方式哪一个更可取,直至1989年苏联政权崩溃,此一争议才告一段落。

从20世纪二三十年代开始,西方人对现实中的共产主义世界就不乏兴趣。共产主义国家的对外宣传无疑为它赢得了不少国外的支持者。特别是西方世界的知识分子,例如在法国,一时推崇苏联模式、追随共产主义、批判本国的种种不堪成为时尚。而另一种极端,则是无视苏联政体的存在,对其进行口诛笔伐。在这种意识形态战争剑拔弩张的背景下,理性分析两个世界,甚为困难。法国在20世纪的遭遇,更是让舆论严重分裂。法国知识分子谈论政治时的激动乃至疯狂,自启蒙运动时期即成风气。在如此背景下,雷蒙·阿隆写下大量作品,希望法国人多一些理性,少一些冲动。分析现实政体,分析国家间政治,他也反对成见在先,提倡要不偏不倚。因此,他的观点常常引起时人误解,并不能得到多少人追随。60年代法国学生冲击大学时,巴黎大学的学生竟然打出口号声称:"宁要错误的萨特,不要正确的阿隆。"萨特原为阿隆的同学、朋友,属法国著名的左派知识分子,初时对苏联共产主义颇为心仪,后来支持学生激进运动。阿隆则是自由派知识分子,1968年他公开反对学生运动。萨特冲动,阿隆冷静,二人恰成鲜明对比。

阿隆1905年出生于法国一个犹太人家庭。他是犹太人,但他30年代在德国研究学习时,并未受到迫害,因为他从外貌上不符合犹太人的典型特征。阿隆自认为是一个法国公民,犹太人出身对他而言不具有多大意义。阿隆少时成绩优异。1924年,他得以进入巴黎高等师范学校。1928—1930年期间,阿隆在法国军队服了一年的兵役。1930年,他在德国科隆大学谋得一个法文助教的职位,因此在德国生活了若干年。在德国,他始读马克思的《资本论》,并就德国政治动态发表了若干篇评论。1933年希特勒上台后,他曾写文章揭示纳粹政体的极权主义性质。他劝犹太人离开德国,但他当时尚认为希勒特只是想令犹太人"无产阶级化",他未曾料到会有"最后的解决"。[①] 阿隆在德国期间开始阅读马克斯·韦伯的著作。阿隆在法国时曾接触

---

① [法]雷蒙·阿隆:《雷蒙·阿隆回忆录:五十年的政治反思》,杨祖功等译,新星出版社2006年版,第55页。

过涂尔干及其弟子的著作，但收获甚少，而读了韦伯之后，其学术灵感与激情一下子被点燃。韦伯学说致力于恢复人生的意义，这令阿隆十分着迷。阿隆写道："阅读马克斯·韦伯的书，我仿佛听见人声嘈杂，听见我们的文明嘎吱嘎吱的崩裂声、犹太先知的嗓音，可怜地回荡着的希特勒的鬼哭狼嚎。世代相传而产生的传统权威、官僚制和哗众取宠的卡理斯玛权威，轮流坐庄。"[①] 1934年下半年，阿隆回到法国。他开始写作《德国当代社会学》，其中，他对韦伯思想有详细的论述。事实上，阿隆是第一个向法国人勾画韦伯思想肖像的人。

第二次世界大战期间，阿隆并未成为一个为法国而战的战士。"二战"结束后，他觉得颇应当进入公共领域，而不是置身事外，只做看客。自此他投身新闻界，办报写作，成果颇丰。当然其间也有苦闷时期，例如他一度问自己：整天忙于这种知识分子间的口水战，是否是在浪费生命？而他的一个孩子的夭折也给他重大打击，让他感慨个人在命运前的无奈。好在1955年他成功通过了评议，成为巴黎大学教授。同年《知识分子的鸦片》一书的成功，也让他精神为之一振。自此，他以教师身份教书写作，自然也参与知识界的论辩。1983年10月17日，阿隆去世。阿隆一生花主要的时间研究苏联政体，遗憾的是，他没有看到苏联政体最后的终结。阿隆虽然早就警惕共产主义，并对苏联政体的内在问题有清楚的认识，但他并不断言它的终结，反而视之为工业社会另一种统治模式的典型，分析时显然是以其合理性为前提的。这体现了他的谨慎，却也反映了其理论的局限。

阿隆虽然曾长期做过记者，但他在人生大部分时间里还是一个大学教师、一个学者。他的著作多在其讲义基础上整理发展而成。阿隆的著作有《知识分子的鸦片》《大分裂》《工业社会十八讲》《阶级斗争：工业社会新讲》《民主与极权主义》《和平与战争》《论自由》《历史演讲录》，晚年还著有长篇《回忆录》。阿隆的著作按议题分为若干部分：历史哲学、知识分子批判、工业社会研究、政体比较、国际政治研究，此外还有时事评论。

阿隆的政治著作，可归为政治社会学，他自己也曾指出政治社会学与哲学、法学在研究路径上的不同。实际上，阿隆综合历史、社会、经济等多种因素来研究政治。他的著作风格与亚里士多德、孟德斯鸠、托克维尔、韦

[①] ［法］雷蒙·阿隆：《雷蒙·阿隆回忆录：五十年的政治反思》，杨祖功等译，新星出版社2006年版，第60页。

伯、帕累托甚为相似。他希望把研究建立在对经验的理性分析之上。但阿隆并不把政治化约为社会经济力量，如马克思所做的那样。他不满足于肯定政治的自主性，而是强调它对于其他领域的优先性。这是对亚里士多德关于政治"至高而广涵"① 意思的重申，与卡尔·施米特也甚为一致。施米特与阿隆曾有友好联系。阿隆的不少观点，受到施米特的强烈影响。施米特也对阿隆的著作表示肯定。②

知识分子的"鸦片"

《知识分子的鸦片》是阿隆1952—1954年写成的著作，该书于1955年出版，旋即在法国引起激烈争议。两年后，该书被译成多种语言，影响甚广，尤以美国为最。爱德华·谢尔斯、丹尼尔·贝尔、利普塞特皆讨论过从该书中引出的主要议题，例如阿隆在书中指出的关于"意识形态是否终结"的问题。③ 时至今日，《知识分子的鸦片》已成阿隆最有名的著作。阿隆自言他为写作该书投入很多精力。此书的艰辛写作对于阿隆来说，是一种逃避痛苦的办法。因为1951年他的一个女儿夭折，另一个女儿被发现患有先天残疾（先天愚钝）。在思想方面，此书继承了1947年以来他与存在主义的马克思主义者萨特及梅洛·庞蒂（Maurice Merleau-Ponty）④ 的论战，并且发挥了1938年他的博士论文关于历史哲学的论述（《历史哲学引论》）。阿隆称《知识分子的鸦片》写完之后，他走出了人生的困境，开始在学术生涯中大踏步前进。

如阿隆所言，他的《知识分子的鸦片》一方面探讨了左派意识形态的状况，另一方面探讨了知识分子的处境。阿隆认为，知识分子是工业社会中一个独特的社会群体。阿隆所说的"鸦片"，即喻指"意识形态"。称之为"鸦片"，是说它一方面有毒，另一方面却有着极大的诱惑力，令人上瘾。此外，鸦片还有麻醉自己、让自己远离现实的作用。阿隆用鸦片做比喻，针对的是卡尔·马克思。马克思说过："宗教是人民的鸦片。"⑤ 阿隆则说，马克

---

① ［古希腊］亚里士多德：《政治学》，吴寿彭译，商务印书馆1965年版，第3页。
② ［法］雷蒙·阿隆：《雷蒙·阿隆回忆录：五十年的政治反思》，杨祖功等译，新星出版社2006年版，第565页。
③ ［法］尼古拉·巴维雷兹：《历史的见证》，王文融译，北京大学出版社1997年版，第249页。
④ 梅洛·庞蒂著有《人道主义与恐怖》，阿隆在书中对其观点多有批判。
⑤ ［德］马克思、恩格斯：《马克思恩格斯选集》第1卷，人民出版社1974年版，第2页。

思主义这一意识形态是知识分子麻痹自己的鸦片。阿隆这里所说的知识分子，既包括法国所谓进步派知识分子，如萨特、加缪、迪韦尔热、梅洛·庞蒂，也包括马克思及苏联的知识分子。他们或是共产主义者，或是共产主义的同情者。当然，阿隆直接批判的对象，是法国的马克思主义知识分子。阿隆发现，他们对极权政体中骇人听闻的迫害视而不见，却为自由民主社会中某个小小的案件审判不公而义愤填膺。阿隆试图分析：知识分子何以与共产主义一拍即合，并赞成对暴力的使用？共产主义到底在哪些方面抓住了知识分子的心？革命一旦胜利，情况又会发生哪些变化？

　　阿隆首先批评了若干政治神话，这些神话包括左派神话、革命神话、无产阶级神话。所谓神话，要害在于它与实际经验不符，属于缺乏事实依据、臆测虚构之物，却无限夸大其救世的力量。关于"左派"，阿隆说，自法国革命时期"左派"的说法诞生以来，并不存在见解统一的左派。在不同的领域，左派含义不一；而追求自由、进步的左派主张，与"斯大林主义"也不是一回事，然而它们却都被称为"左派"。从诉求来说，左派有三种类型：鼓吹自由、反专制的左派，鼓吹组织起来、反对大众一盘散沙的左派，鼓吹平等、反对特权与富人的左派。而这三种左派，并不能达成一致意见。

　　关于革命，阿隆指出，无产阶级革命与过去的革命一样，都是统治精英集团的更替，其中并未出现什么异乎寻常的特征。无产阶级革命并不能像他们所宣传的那样可以终结历史，消除人对人的统治。革命概念表达的是一种怀旧情绪。只要社会仍然不完美，人们渴望变革，这种怀旧情绪就会存在。革命者对现实很悲观，他们没有耐心，对其他阶级（例如统治阶级）从事的点滴改良失去了信心，但他们对未来则十分乐观。革命者是一群乌托邦主义者，是一群冒险家。革命与改良的区别，在于暴力的使用。革命者许诺的美好未来，为暴力、恐怖与战争颁发了通行证。而对于无产阶级，阿隆指出，随着经济的增长，工业社会存在的事实是"无产阶级不可避免的资产阶级化"[①]，由此，无产阶级缺乏马克思曾赋予它的崇高美德。阿隆指出，在20世纪西方，无产阶级并非一个社会中处境最为悲惨的集体。马克思基于19世纪纺织厂中处境悲惨的工人概括出的"无产阶级"概念，在股份公司时代已经没有意义。20世纪的斗争，不是阶级斗争，而是民族或者种族之间的斗争。阿隆说，如果假设改变历史要靠某个阶级，那么最不能够担此重任的就

---

① [法]雷蒙·阿隆：《知识分子的鸦片》，吕一民、顾杭译，译林出版社2005年版，第93页。

第十五章 自由主义的复兴

是工人阶级。而俄国和很多国家发生的社会主义革命，本质是知识分子组织、发动农民而进行的革命，它们不能被称作无产阶级革命。

阿隆认为，历史事实极其丰富，并不连贯；人们对同一个事实赋予的意义更是多元而开放。历史的意义源于人们对整体的认识。而每个人完全可能持有对整体的不同认识。历史并非杂乱无章、混乱一团、荒唐可笑，但任何一个活着的人都不能掌握它的终极意义。没有人有权赋予一种对历史的解释以权威的地位。政治上的胜利者，没有权利决定历史的唯一书写方式，无论胜利者是"无产者"还是"资本家"。没有人能够站在历史的终点往后看，没有人站在宇宙之外俯瞰神州大地，人自身的局限性，导致我们不可能获得一种唯一正确的、确定的历史知识。我们可以对历史事件做出抽象的说明，但我们永远要记住，在历史事件发生前，并没有什么决定因素，因为历史中的人是具有选择能力、行动能力的主体。没有谁被历史宣布了死刑，没有谁可以宣称哪个群体、哪个阶级是历史的特选。同样，"没有一种法则（不管这种法则是人性的或非人性的），可以把乱七八糟的局面引向一种光辉的或可怕的目标"[①]。革命者所宣布的不可避免的未来，斯宾格勒、汤因比所宣布的欧洲的衰落，均是"历史崇拜"的产物。在当时东西方两大阵营深刻对峙的国际格局中，宣布未来任何一方必将胜利，都是无稽之谈。

阿隆指出，对于政治世界而言，人们依据对其过去的了解，并不能预测它的未来。"除了江湖骗子，没有人敢自称能解开未来之谜。"[②] 因为人具有行动能力，而人的行动具有或然性。人虽在特定的条件下做决定，但他做何种决定，虽然可理解，其间却无必然法则。人类行动的后果，也从来难以预料，无法控制。原因与结果极不相称。"在原因和结果之间并不存在比例性。"[③] 即以俄国"十月革命"而论，它也是无数偶然事件的结果，其间没什么历史的必然。阿隆说，列宁对政党发挥革命先锋作用的强调，早已以行动否定了无产阶级必然革命的说法。数百万富农一夜间变得贫困，遭遇被抛弃、被剥夺的厄运，不是历史法则的体现，而是政府特定的政策法令使然。革命者说一套做一套。他们并不拥有别人不曾拥有的关于历史规律的真知，他们宣传的学说，不过是其政治行动的辩护词。[④] 阿隆强调："政治将仍然是

---

① [法]雷蒙·阿隆：《知识分子的鸦片》，吕一民、顾杭译，译林出版社 2005 年版，第 198 页。
② 同上书，第 189 页。
③ 同上书，第 169 页。
④ 同上书，第 205 页。

根据一种不完全的认识、在无法预料的局势中进行无反悔余地之抉择的艺术。精神世界的多样性与各种活动的自主性必然会使所有渴求总体计划的愿望受阻。"[1]

阿隆最后落实到对知识分子群体特性的分析，并指出了不同国家知识分子的差异。阿隆指出，宣称能解释历史、解释世界的意识形态，是一种知识分子创造出来、并由他们加以传播的世俗宗教。它填补了"上帝死后"人们精神领域的空白，是旧宗教的替代物。并且，知识分子的政治态度，与他们对自身能够上升到权力巅峰的私人考虑有关。他们倾向于认为资本家、银行家、选民支持的政治家阻碍了他们的成功之路，所以他们不喜欢自由民主政体。

政治的优先

阿隆认为，凡有人类合作的地方，就一定有权威存在。权威的实施方式及当权者的产生方式，即政治的本质。政治是整个共同体最主要的特征，同时，它限定了人与人之间的所有合作。[2] 故而政治不仅指整个共同体的一部分，它还涵盖着整个社会的方方面面。在此意义上，阿隆认为应赋予政治以一种优先性。他指出，工业社会不仅未削弱政治对人们的影响，相反，恰恰是在工业社会，政治具有明显的优先性。阿隆认为，工业社会因政体不同而表现出不同的形态。西方型工业社会与苏联型工业社会，是工业社会的两个"理想类型"，它们的差别，在根本上源于政体（political regime）。"政体"（regime）一词在亚里士多德、孟德斯鸠、托克维尔的经典意义上使用，其本质是指政权的构成及统治者的理念。人们观察到，苏联实行计划经济，人们按权力、收入处于不同的等级序列之中，不存在各种压力集团，而在西方则是另一种状况，此种差别，实因政体不同而致。有些东西在苏联不存在，是因为统治者禁止其存在，而在西方，它们却被视为法律保障的权利。

阿隆强调政治的优先性，一方面是对古典政治理论资源的继承，另一方面源自对马克思"非政治"的经济基础决定论的否定。在前者，阿隆特别提到托克维尔。托克维尔指出，现代社会追求地位或条件的平等是一个不可逆

---

[1] ［法］雷蒙·阿隆：《知识分子的鸦片》，吕一民、顾杭译，译林出版社2005年版，第208页。
[2] Raymond Aron, *Democracy and Totalitarianism: A Theory of Political Systems*, edited and with an Introduction by Roy Pierce, Michigan: The University of Michigan Press, 1990, p. 5.

转的趋势，如果说民主即指平等，则现代社会终将是一个民主社会（亦即人人平等的社会）。然而，不同的民主社会中人们生活得并不一样，因为一种是在平等地受奴役中实现民主，一种是以自由的方式实现民主。两种社会在政体上一为专制，一为自由，代表正是美国与俄罗斯。同为民主社会，但政体决定着二者根本的差异。阿隆凸显政体的关键作用，并以西方与苏联为两种政体类型，正是继承了托克维尔的思想。在第二个方面，阿隆批评马克思把政治（以及思想文化）全然归结为经济基础的决定论。阿隆并非以政治决定论代替经济决定论，他反对任何形式的一元决定论。他认为，观察者兴趣不同，他们对何为最关键的因素的看法就会不同，甚至几个因素相比哪一个因素更重要我们都难以断言，何谈找出唯一的决定性因素？任何一元决定论都犯了把整全、复杂的现实严重简化的错误。

阿隆对何为"政治的优先性"（而非决定性）做了解释。他说他用此一说法含义有二：一是就我们时代的工业社会而言，不同的工业社会类型的特征取决于政治。二是着眼于人来说，政治比经济更重要，因为政治"更为直接地关涉存在的意义"。人与人的关系对于人生来说，比人与物的关系，更为重要；而这种关系，更直接地受到政体构成而非社会其他方面的影响。[①] 就是在家庭、在教会中，人们如何相处，亦因政体不同而不同。

阿隆赋予政治以优先性，与他对工业社会的理解相联系。我们不难理解，前工业社会中，由于各种限制，人们大多在狭小的范围内活动，政治权威与个人的联系也甚为松散。而工业社会中，精细的分工、广泛的社会合作得以展开，国家对个人控制的技术手段大为增强。一项政策、一个政治行动，直接对国民造成影响，这在前工业社会是无法想象的。政体的不同，则决定着权力的范围及其运作方式，由此造成截然不同的后果。此其一。其二，阿隆经历过第二次世界大战和"冷战"，专门研究过国际关系，又精读克劳塞维茨[②]，对各国外交首先考虑独立自主的政治存在，甚有体会，故而他比经济学家、哲学家们更重视"政治"。其三，阿隆此论还有一个极大的好处，即它为人的自由留下了足够的空间。阿隆的自由主义精神，于此可窥

---

① Raymond Aron, *Democracy and Totalitarianism: A Theory of Political Systems*, edited and with an Introduction by Roy Pierce, Michigan: The University of Michigan Press, 1990, p. 11.

② 克劳塞维茨，19世纪德国军事理论家，著有《战争论》，其核心观点是"战争是政治的延续"。阿隆研究克劳塞维茨，参见其著作《和平与战争》第一卷理论部分。参见［法］雷蒙·阿隆《和平与战争》，朱孔彦译，中央编译出版社2013年版。

见其特色。政治的优先意味着对历史决定论、经济决定论以及涂尔干等人的社会决定论的拒绝。如马克斯·韦伯一样，阿隆虽然以社会学家而闻名，但他对政治以及由此所预设的人的自由，甚为珍视。"政治的优先"意味着人们如何生活在一起，以何种方式建立人与人之间的关系，虽然总是发生于一定的情境之中，却不受非人因素的决定，它主要取决于我们自己的意愿，这便意味着人的自由。

宪政—多元政体与一党垄断政体

西方政治思想史上分析政体的理论家，最著名的有亚里士多德与孟德斯鸠。他们的政体学说，基于经验得出，既构建了若干"理想类型"的政体，揭示其本质特征和内在逻辑，又对何为最佳政体做出探索。阿隆所做的，是基于20世纪的最新经验，按照类似的方法，建立"我们时代的政体理论"。考虑到近代政治是政党政治，这在亚里士多德、孟德斯鸠那里皆付之阙如，阿隆的政体理论，便以政党为中心展开。这种做法，也受到当时帕累托、莫斯卡、詹姆斯·伯纳姆（James Burnham）[①]等人的精英主义理论的影响。根据一国合法政党活动数量的多少，阿隆对政体做出一个十分清楚的二分，即宪政—多元政体（constitutional-pluralistic system）与一党垄断政体（monopolitic party system）。一党抑或多党，承继的是亚里士多德区分政体时的"统治者人数"标准。在分析两种政体时，阿隆表示将去除任何道德和政治因素的影响，采取中立的态度。

宪政—多元政体是西方典型的政体，此政体的特征是，人们"以合乎宪法的方式和平角逐权力"[②]。具体来说，其一，它肯定多党竞争；其二，它要求和平角逐权力，不允许暴力夺权、阴谋政变；其三，它要求在宪法范围内活动；其四，它意味着执政党执政是暂时的，执政党不能永久独霸政权。这种政体，在现代西方通常也被称作"民主制"。这也意味着对反对派的包容。在这样的政体中，国家对于多个政党来说是站在一个中立的立场上。政党执政只是意味着暂时掌握了国家机器。此种政体，是一种宽和的政体。宪政—

[①] 詹姆斯·伯纳姆（James Burnham, 1905—1987），美国学者，早期为激进的社会主义者，后转向美国右派的保守运动，1943年他曾出版《马基雅维里主义者：自由的保卫者》。
[②] Raymond Aron, *Democracy and Totalitarianism: A Theory of Politcal Systems*, edited and with an Introduction by Roy Pierce, Michigan: The University of Michigan Press, 1990, p. 41.

第十五章 自由主义的复兴

多元政体往下又可以分为两党制或多党制，议会制或总统制，但这些都是等而下之的差别，不及政体本身的性质重要。

而在一党垄断政体中，一个政党垄断了所有合法的政治活动，其中反对派不允许存在。此种政体的代表有德意志第三帝国政权和苏联政权。前者因为后来要应对战争，是一种未曾充分发展的一党垄断政体，而苏联政权，则是最纯粹、发展最充分的一党垄断政体。阿隆指出，一党垄断政体中的政党是行动党、革命党，它紧盯未来，而不顾过去与现在是什么，暴力因素自其诞生即终生相伴。不可能幻想其守法，不可能指望它温和，因为它是为革命而存在的，它靠武力掌握了对国家的控制权。尽管理论上讲，党内可以有竞争，党内可以有法规党纪，但和平竞争与守法对于这样一个政党来说，要做到十分困难。事实上，一党的中央委员会掌握了无限的权威。列宁提倡的民主集中制的核心，就是确立这样一个不受任何约束的权威。

阿隆认为，这样的政权必定面临合法性问题，人们不得不问：凭什么一党永远执政？他以苏联为例子，指出在那里苏共通过"实质代表"与"历史目标"两套理论来论证其合法性。之所以一党垄断政治，因为它是唯一真实的公共利益的代表，因为它代表着历史的目标，它将带给人们一个全新的社会，这个社会其他党都是创造不出来的。在一党垄断政体中，国家与党高度融合，形成"党国"（party-state）。对于意识形态，不允许任何质疑，不允许有政治讨论的自由。"官僚绝对主义"（bureaucratic absolutism）[①]，使得一切活动均掌握在国家手里。这样的政体中，也不允许真正的选举。就是党内选举，也受中央委员会的支配，而在党内，暴力夺权而非和平竞争最高权力，这样的可能性一直存在。

沿用孟德斯鸠关于政体原则（使政体得以运转的情感）的讨论，阿隆指出，宪政—多元政体的原则是对法（legality）的崇尚与妥协精神（或曰妥协感，the sense/spirit of compromise）。它要求人们尊重法律程序，坚守法治原则；同时要求人们懂得妥协，不走极端。阿隆认为这二者对于宪政—多元政体来说，甚为关键。当然妥协也不是没有问题，阿隆说，在外交政策上，妥协未必是好的选择，有时综合两者，取中间路线，反而兼得其弊端；经济政策中，大多数情况下妥协有效，但对于经济体制来说，一半搞市场

[①] Raymond Aron, *Democracy and Totalitarianism: A Theory of Politcal Systems*, edited and with an Introduction by Roy Pierce, Michigan: The University of Michigan Press, 1990, p. 233.

经济，一半搞计划经济，却不会有什么好的结果。因此，民主政体必须利用好"妥协"。① 而一党垄断政体的原则，则是信仰（faith）和恐惧（fear）。② 它要求党员及其支持者具有信仰，此外的其他人，则处于恐惧之中。他们在意识形态上持不同看法，罪行比一般的杀人犯还要严重。

阿隆认为，我们不简单地说两种政体孰优孰劣、孰善孰恶。他认为二者都有其缺陷，但是缺陷的类型是不同的。宪政—多元政体必定具有寡头性质，也就是少数人在统治，但他指出，与其他类型的政体相比，宪政—多元政体的寡头性质是最轻的。他认为多数情况下西方民主制更应该让人担忧的，不是少数人在统治，而是多元力量导致政府无能。他又指出宪政—多元政体腐化，或由于太多的寡头因素，或由于太多的民主因素。而一党垄断政体，他认为其也有缺陷，且其缺陷是内在的，它无法应对不同社会力量的分化，内在地与它宣布的"追求民主的实现"相冲突。③

宪政—多元政体的腐化

官员以权谋私，谓之腐化。它在本质上是一种违法行为。而民众既纳税供养一个庞大的官僚阶层，本是望之履行职责、服务大众，并不期望它滥用权力、中饱私囊。官员腐化，民众多深恶痛疾，而于政体腐化，大多数人则不闻不问。实际上，官员腐化，不过是行政系统中的局部问题，而政体腐化则是惊天动地的大事了。因为政体腐化的结果，是普遍的无序，是新政体取而代之，改旗易帜。我们读过17世纪英国的霍布斯后知道，政府再坏，远胜于无政府。政体腐化以至停止运作，其后果甚为恶劣。然而现实中屡屡出现既有政体一步步走向衰朽，有识之士亦无力回天。宪政—多元政体是否就是一个永远稳定的政体呢？当然不是。历史上宪政—多元政体寿终正寝的例子，并不少见。例如，纳粹上台前的德国魏玛共和政体，为军人独裁所取代的某些政体，存在皆不长久。可见宪政—多元政体的腐化，亦不罕见。柏拉图、亚里士多德、孟德斯鸠皆讨论过政体腐化的问题。阿隆既要建立一套工业社会的政体理论，亦不能回避此一重大问题。

---

① Raymond Aron, *Democracy and Totalitarianism: A Theory of Political Systems*, edited and with an Introduction by Roy Pierce, Michigan: The University of Michigan Press, 1990, pp. 48–49.
② Ibid., p. 49.
③ Ibid., p. 237.

第十五章 自由主义的复兴

阿隆认为，宪政—多元政体与其他一切人间政体一样，皆不可能完美。但健康的政体与腐化政体，仍然有别。腐化的政体，腐化程度不同，自然也表现各异。阿隆列出三种分析政体腐化的理论框架。第一种理论从具体政治制度（例如政党制度不能产生稳定的政府）的腐化、政体原则（如公共精神）的腐化、政体与社会脱节或无法实现对社会的整合三个层面来看政体的腐化。阿隆以为此论虽然有用，但未能指明腐化的主因，并不能作为研究的基础。第二种理论是着眼于寡头制与民主制的区分，认为太多的寡头因素或太多的民主因素，皆会导致政体的腐化。此论阿隆曾有讨论。但他认为此一理论虽然有用，但是太过抽象、笼统。他倾向于从第三个角度去讨论政体的腐化，即区分"尚未"（not yet）与"不再"（no longer），也就是区分宪政—多元政体立足未稳、尚未扎根而腐化与宪政—多元政体运作多年、陈旧、僵化以至不再运作而腐化两种情况。此一路径与第二种并非全然无关。通常情况下，前者因寡头因素太多，后者因民主因素太多。

关于"尚未"的类型，即宪政—多元政体何以不能在社会中生根而走向衰败，阿隆指出可从五个方面去考察。它们分别为：（1）不尊重法律秩序，特别是无视宪法，动辄诉诸武力。例如 1789—1871 年大革命期间的法国便是如此。拉丁国家，如西班牙、意大利的民主政体，亦有此弊，当然，其中原因更为复杂。拉丁地区信天主教，教会及信众多敌视新政体；极端主义政党，不支持宪政—多元政体，因为宪政—多元政体是一种温和政体；工业化不如新教国家发达，也使得民主在社会中难以扎根。（2）少数寡头操纵宪政实践，为一己之私，敌视政党的正常竞争，只求自身特权，而不致力于推进"经济的理性化"及社会的现代化，例如埃及。[①]（3）集团分化严重，派系争论太过激烈以致刀兵相见，不能顺利从事政治活动。例如，法西斯主义政党与工人阶级政党，分别从左右两个方向，展开对宪政—多元政体的进攻，在与现有政体决裂方面，异曲同工。阿隆说，这种局面发生是因为统治集团未曾充分吸收工业化过程中产生出的新的精英。此时，宪政—多元政体便可能崩溃。（4）在宪政的初始阶段不能有效抵制人民的吁求。此即阿隆所说的"过多民主"的问题。为何要有效抵制人民的吁求？因为社会资源的稀缺并不因政体变化而有突变，人民如对新建立的宪政—多元政体在脱贫致富方面

---

① Raymond Aron, *Democracy and Totalitarianism: A Theory of Political Systems*, edited and with an Introduction by Roy Pierce, Michigan: The University of Michigan Press, 1990, p. 111.

期待过高，反而不利。他以印度民主化为例，指出印度人消极、安分、恪守传统，反而利于民主政体的建立。（5）行政管理的痼疾。此点虽非主因，却也影响宪政—多元政体的建立。阿隆将上述五点分析概括为三个方面，即政治权力与社会力量之间的空隙过大或过小；政体的理念、原则不被尊重；政体在调整冲突、促进经济现代化等方面能力不足。正是此三个方面之一种或几种，导致宪政—多元政体"尚未"扎根，难以为继，从而走向崩溃。

关于"不再"的类型，亦即存在已久的宪政—多元政体衰败，阿隆认为可从三个方面去看：（1）在政治制度层面，政治制度与宪法不契合。（2）在原则或公共精神方面，统治者与公民皆丧失了"美德"。阿隆再次沿用孟德斯鸠，指出"美德"之于政体维系的重要。他认为激进主义者、民主派人士，皆属"欲望无限"，不懂"节制"，不合孟德斯鸠对"美德"的要求。但阿隆认为工业社会与之前的社会不同，因此，对美德的要求也要有所变化。他指出，宪政—多元政体对公民美德的要求主要有三：一是尊重法律程序（legality），特别是要尊重宪法；二是敢于表达意见，有党派"情感"（feeling）；三是要懂得妥协，特别是不能让党派情感妨碍了共同意见的达成。当然，太多的妥协，滥用妥协，也不可取，它同样有害于政体。（3）无力处理社会问题。宪政—多元政体预设政策必须得到多数人的同意，要充分回应公民的愿望，有时社会问题反而因之得不到有效处理。议员忘了要处理的问题，沉迷于权力游戏，便会导致政体衰败。此为"过多的民主因素"所致。

极权主义的五个要素

阿隆指出，一党垄断政体并不等于极权主义政体，但它永远带有走向极权主义的风险。阿隆认为，极权主义现象包括五个要素，它们是："1. 极权主义现象发生于一党垄断政治活动的政体中。2. 垄断权力的党以意识形态武装起来，靠意识形态推演出它的绝对权威，意识形态也随之变成国家的官方真理。3. 强推官方真理，为此国家实行双重垄断，既垄断强制手段，也垄断说服的手段。交流、广播、电视、出版皆由国家及其代表指导与掌控。4. 大多数经济与专业活动服从于国家，并以某种方式变成了国家的一部分。由于国家无法同其意识形态分开，大多数经济与专业活动也涂上了官方真理的色彩。5. 由于一切活动都是国家活动，服从于意识形态，经济或专业活动中的错误就成了意识形态上的过错。这样，在最根本处，存在着一种政治泛化，个人所有可能的犯罪都可以上纲上线，结果便导向警察统治与意识形态的恐怖主义。"①

阿隆与阿伦特也有交往。他对极权主义的分析以及他的政体学说，受到阿伦特的影响亦未可知，特别是关于孟德斯鸠意义上"政体原则"的论述，阿伦特早有讨论。不过，阿隆也批评阿伦特的观点，他认为阿伦特的《极权主义的起源》没有区分两种不同类型的恐怖。阿隆说，激进派是为了建立一个新社会，有其理想作支撑，希特勒只是为了灭绝劣等种族的人。由此，前者的产出物是劳改营，后者的产出物是毒气室。他说，对前者来说，"想创造天使，却创造出了野兽"。对于纳粹来说，则是"人不该试图让自己与凶猛的野兽看齐，因为他这么做时，他只会更加成功"②。

国际政治中的慎虑

阿隆虽然以社会学家而著名，但其学术事业之高峰，却在于他对国际政治的讨论。他于20世纪60年代初完成的《和平与战争：国际关系的一种理论》，是他著作中篇幅最大的一部，中译本近百万字，堪称典型的鸿篇巨制。阿隆写作此书时雄心勃勃，力图将它做成与亚里士多德的《政治学》、孟德斯鸠的《论法的精神》相媲美的传世经典。然而完成后，他自己对它并不满意。而学界对其评价，虽不乏肯定者，例如卡尔·施米特便盛赞该书道出了事情的真相，并对其基本立场表示赞赏，③亨利·基辛格因之视阿隆为师，④但在今天，他的这本巨著，似已蒙上了厚厚的灰尘。这种状况，或许与该书过多地结合了对当时现实政治的分析，并以东西方"冷战"为理论展开的当然背景有关。阿隆无论在此书还是在他其他著作中，均未考虑过苏联解体之可能。故而当东西方"冷战"结束，阿隆的理论便表现出明显的局限来。不过，撇开他对具体的国际政治事件的分析不论，仅就国际关系理论而言，阿隆的《和平与战争》仍然不乏其价值。事实上，

---

① Raymond Aron, *Democracy and Totalitarianism: A Theory of Politcal Systems*, edited and with an Introduction by Roy Pierce, Michigan: The University of Michigan Press, 1990, pp. 193 – 194.
② Ibid., pp. 203 – 204.
③ [法]雷蒙·阿隆:《雷蒙·阿隆回忆录：五十年的政治反思》，杨祖功等译，新星出版社2006年版，第397页。
④ 阎啸平译著:《世界动向的掌握者雷蒙·阿弘》，允晨文化实业股份有限公司1984年版，第2页。

阿隆在此书中将他的工业社会理论、关于政治优先的理论以及他的知识论与他对国际关系的探讨融为一体。此书是从政治社会学的视角，思考战争与和平之条件。

阿隆认为，国际关系自身具有不确定性，它不能用任何模式、理论去作简单的解释，理论家也应尽早抛弃做出预测的幻想。因为政治世界无论在国内层面，还是在国际层面，政治家的自由、决断始终是根本性的因素。阿隆指出，政治是国际关系的核心。在国际舞台上，民族国家是最为关键的单位。他认为马克思主义将国家视为资产阶级统治的工具，对阶级斗争的关心模糊了对民族国家间政治的认识，既不能得到事实的证明，对于指导国际问题之解决，亦毫无帮助。集中关注于权力政治的现实主义国际政治理论，假定国家利益可以被明确界定，而且无视政体性质、意识形态的差别，无法说明国际关系之实质。而理想主义者对国际法效力的迷信，一味地反对战争，则陷入一种政治上的幼稚，不仅默认、纵容了罪恶，而且必将面临失败。阿隆的主张，与这些理论皆不相同。他自言他提倡的是一种审慎的国际政治理论。这一理论既不以道德主义、理想主义的教条对一切事件做毫不妥协的谴责，也不将国家之间的关系看作丛林中的野兽之间的关系。他认为，一方面，国家利己主义是必然的，国际法及国际组织永远不可能成为世界的主宰，一国主动放弃战争手段并不能带来和平；另一方面，国与国之间也绝不仅仅是权力或利益斗争。国家间冲突不可避免，但冲突并不必定要由国家间战争来解决。阿隆写道：

> 国家，从事攸关生死存亡的无休止竞争，并非在所有时候都表现出相同的方式，它们也并非一劳永逸地分为善恶两派。罕见所有的邪恶均系一方所为，而另一方毫无过错。首要的义务——政治的而非道义的，就是以国际关系的事实真相来看待国际关系，这样每一个国家都能正当合法地专注自己的利益，也不完全无视他国的利益。在这种不确定的斗争中，参与方的资格并不均等，不过其中某个参与方绝对没有做过任何恶行实属罕见，最好的行为——就有关理想主义者自己想要实现的价值而言，也是最好的——就是接受慎虑（prudence）的指导，审慎行事。审慎就是行动举止要盱衡特定的局势和具体的数据，而不是基于某种规则体系，或者被动地服从某些规范或者伪规范；审慎，宁要有限的暴力，也不要惩罚假定的犯罪方，不要所谓的绝对公正；审慎，就是确立

第十五章 自由主义的复兴

具体的、可以实现的、符合国际关系世俗法则的目标，而不是无限度的、无意义的目标，诸如"一个让民主享有安全的世界"或者"一个权力政治将消失的世界"。①

所有时代的真理在于，依据力量计算的必需以及形势无以穷尽的多样性，要求政治家审慎行事。然而审慎并不一味要求要么节制武力，要么就通过妥协、谈判或者不计较敌国和盟国的政体而实现和平。罗马人的外交并不节制，美利坚合众国对南部联邦强加和平而拒绝任何妥协。与希特勒的谈判常常既徒劳无功又有害无益。在一个异质体系中，一个政治家，几乎不可能效仿弗朗瓦索一世与大土耳其结为秦晋，或者效仿黎塞留支持清教徒国王。当代，真正的现实主义实际上在于承认意识形态对战略外交行为的影响。②

阿隆尝言，政治慎虑的中心，即是要考虑"如果你处在那个位置，你会怎么办"，而非依据任何原则、教条、信念去机械行事。他说："考虑政治，就是考虑唱戏，考虑台上的演员、当事人的决策、他们的目的、他们的手段、他们的精神世界。"③ 他特别重视韦伯所讲的"责任伦理"，认为政治家每做决定，都要虑及行动的后果，便宜行事，对民众负责，不能令民众做无谓的牺牲。故而在和平与战争问题上，阿隆并不作简单的取舍。阿隆在30年代目睹了英国的绥靖政策及法国的投降主义之恶果，他对战争并不一味作和平主义的反对。相反，他要提醒人们应认识到战争有时是必要的。"战争并不总是毫无意义或者有罪的，它也具有意义和功能。"④ "在具有相似文明的民族之间，战争的目的只能是政治的，用来确定边界，建立国家，在政治单元中分配权力和威望，颂扬并强加某种观念的胜利。上个世纪，意大利人、德国人如果不通过战争怎么能实现他们的统一？本世纪，又有多少民族正是因为诉诸武力的决心才实现了民族自由！"⑤ 当然，

---

① ［法］雷蒙·阿隆：《和平与战争：一种国际关系理论》，朱孔彦译，中央编译出版社2013年版，第557页。

② 同上书，第573页。

③ ［法］雷蒙·阿隆：《雷蒙·阿隆回忆录：五十年的政治反思》，杨祖功等译，新星出版社2006年版，第66页。

④ ［法］雷蒙·阿隆：《和平与战争：一种国际关系理论》，朱孔彦译，中央编译出版社2013年版，第576页。

⑤ 同上。

阿隆补充说，俾斯麦统一德国的战争与希特勒企图统治欧洲的战争，不可同日而语。

在关乎国际社会的道义问题上，阿隆的审慎再次体现出来。审慎道义观既不是只讲武力逻辑的斗争道义观，也不是迷信国际法的法律道义观，它意味着决策时对多种因素的权衡。"它力图不仅考虑各种情势的具体特征，而且对原则和机会的争论也不是置之不顾，既不忘记力量关系，也不忘记人民的意志。度德而处，量力而行，相时而动。因为审慎道义观是复杂的，对它的判断从来就不无争议，它既不能让道德卫士完全满意，也不能让马基雅维里的平庸门徒完全满意。"①

阿隆承认，国际政治的本质是权力政治，自古希腊至今，纵然有热核武器的出现，此点亦未有根本的变化。由此，国与国之间仍然处于战争与和平的交替之中，要么开战，要么和平共处。有可能超越此种权力政治吗？康德关于"永久和平"的设想能够实现吗？阿隆的回答是"有可能"，但必须满足若干条件。阿隆分析了学界流行的两种追求和平的学说：一是以国际法寻求法律保障的和平，一是建立帝国以寻求和平。在统一的法律权威或普世帝国政治权威下，人们可以在理论上构想出一种永久和平，然而问题在于"霍布斯困境"如何摆脱，因为国家总是声称自己拥有至上的权力，有权自行界定何为正义。国与国之间能否建立法律秩序，主权国家是否愿意臣服于一个普世帝国，抑或形成一个世界联盟？阿隆认为，国际法自身具有根本缺陷，"不存在有资格解释国际法的法庭，不存在供国际法调遣的不可抗拒的力量，每个法律主体事实上都保留了将公正掌握在自己手中的权利"②。法律和平必须以国际共同体的存在为前提，这一国际共同体要求世界诸国政体上的同质、观念上的亲近、宪法实践上的相似。各国还必须自愿告别武器，毫无顾虑地将争执交由法庭仲裁。以法律寻求和平承认了多元国家的并存，以帝国寻求和平则设想在摧毁国家的基础上建立和平，对于后者，阿隆更不抱希望。他认为，这种全球普世帝国秩序，等于取消了政治。而国家和人一样，不仅要力求保全自己，还要有尊严地生存。即使波兰成了苏联势力范围内的卫星国，这个国家对于波兰人来说仍然是至关重要的。阿隆甚至对构建欧盟的设想都不抱希望。他说："我们的世纪里，尽管经济—技术相互依存，尽

---

① [法]雷蒙·阿隆：《和平与战争：一种国际关系理论》，朱孔彦译，中央编译出版社2013年版，第583页。

② 同上书，第692页。

管存在超国家集团和跨国意识形态，但是，三个具有代表性的事实——国家功能的扩大、禁止公开干涉独立国家内部事务的国际法原则、文化群落成为民族国家的趋势——仍然让国家独立保留了我们可能深感遗憾却也不能忽视的意义。"①

以赛亚·伯林：狐狸，还是刺猬？

以赛亚·伯林（1909—1997）是公认的自由主义大师。有人如此描述伯林：在20世纪的思想家中，伯林可以说是既无做大师的抱负，也自认没有下过大师的苦功，却在有生之年成了当之无愧的大师。他出生于俄国富裕的中产阶级家庭，但在童年时期全家为逃避"十月革命"去了英国，自此在那里度过了一生。他在牛津大学接受教育，"二战"时期曾在英国情报部门任职，深得邱吉尔和罗斯福的信任。他曾担任牛津大学沃尔夫森学院的院长及不列颠学会主席。他是个著名的公众人物，曾在50年代发表关于自由的演讲。伯林还拥有"爵士"头衔。伯林虽然声名显赫，但内心却充满了难以名状的自卑感，这种感觉不仅体现在他的生活中，也体现在他的政治哲学中。他曾说他的信条是：为一个还算可以的社会而努力。"还算可以"是说不那么完美，但能维持人最低限度的尊严。②

伯林初事哲学，后改为社会政治理论研究。他认为，社会政治理论必定是关于社会政治思想史的研究。伯林的著述很难用"原创性"来描述，但是他所表达的绝不是陈词滥调。伯林早期研究过马克思主义，写过《马克思传》。他的多元论，很大程度上是受了马克思阶级斗争学说的启迪。马克思关于阶级矛盾不可调和的强调，强化了伯林对价值冲突的认知。马基雅维里、维柯、赫尔德、梅斯特尔、德国浪漫派等一批"反潮流"（伯林语）思想家，也给伯林的多元论提供了理论资源。伯林既来自俄国，他终身未放弃与俄国思想家的对话，对别林斯基、赫尔岑、巴枯宁、托尔斯泰、屠格涅夫、车尔尼雪夫斯基均有论述。他特别钟爱的是19世纪俄国作家、思想家赫尔岑。赫尔岑支持革命，主张社会主义，但反对抽象的理论教条，反对为

---

① ［法］雷蒙·阿隆：《和平与战争：一种国际关系理论》，朱孔彦译，中央编译出版社2013年版，第714页。
② ［英］以赛亚·伯林、［波兰］贝阿塔·波兰诺夫斯卡—塞古尔斯卡：《未完的对话》，杨德友译，译林出版社2014年版，第203页。

了未来、历史、祖国等抽象概念而革命。赫尔岑对个人自由的捍卫,他的"现实感"、历史观,得到了伯林的赞赏。伯林说:"赫尔岑成了我的人生楷模。他是一个非常杰出的作家,一个敏锐的真正的政治思想家,非常有独创性。……正是赫尔岑使我爱上了社会思想史和政治思想史。"[1] 伯林的自由理论,还受了贡斯当、康德与约翰·斯图亚特·密尔的影响。伯林作为自由主义的大师,其最著名的思想是他的多元论自由主义以及他所阐发的关于"两种自由概念"的区分。

伯林曾根据古希腊诗人的说法,把思想家分为两类:一类为狐狸型,一类为刺猬型。阿奇洛克思(Archilochus)说:"狐狸多知,而刺猬有一大知。"[2] 诗人原意指刺猬仅有一知,却足以抵挡狐狸的多智。伯林在这里化用指两种思想学术风格。这对应于他对多元论与一元论的区分。狐狸型学者追求的目标很多,但彼此之间并无联系。刺猬型学者则要把任何东西都与唯一的中心目标联系起来,由此形成一个融贯、精密的思想体系。伯林自己的思想风格,至少从外观来看,属于狐狸型。

政治哲学的严肃使命

伯林认为,政治哲学只有在多元的社会中才有用武之地。因为在一个整齐划一的社会中,已不存在政治,那里只有执行、行政管理,只有关于目标实现手段的争论。[3] 政治哲学的任务首先是审视生活的目的。他说:政治哲学在本质上是道德哲学,它应用于社会情境,当然包括政治组织、个人与团体、国家的关系以及团体与国家的相互关系。有人说政治哲学是研究权力的,他表示不能同意。他认为,权力纯粹是经验问题,可通过观察、历史分析和社会学的调研来解决。而政治哲学则是要审视人的目标或社会和集体的目标。它还要检讨为实现各种社会目标而提出的种种主张的合理性,检讨为确定和实现这些目标而采取的方法的正当性。它力图澄清概念,使人们理解自己相信的是什么,自己的行动表示什么。政治哲学将对那些维护或反对人

---

[1] [英]以赛亚·伯林、[伊朗]贾汉贝格鲁:《伯林谈话录》,杨祯钦译,译林出版社2002年版,第12页。
[2] 参见[英]以赛亚·伯林《俄国思想家》,彭淮栋译,译林出版社2001年版,第26页。
[3] [英]以赛亚·伯林:《政治理论还存在吗?》,载[美]詹姆斯·A. 古尔德、文森特·V. 瑟斯比编《现代政治思想:关于领域、价值和趋向的问题》,杨淮生等译,商务印书馆1985年版,第413页。

们所追求的各种目标的辩论做出评价,防止"胡说八道"。①

伯林指出,政治哲学会对人们的社会政治实践发生巨大的影响。他提醒人们注意德国诗人海涅对法国人说的话:教授在安静的研究中培育出来的哲学概念可能摧毁一个文明。② 伯林说,虽然不是每种政治活动、每个政治事件背后都有理论,但是很多重大政治事件背后都是有理论的。比如美国立国就是按理论进行的;法国革命,1917年俄国革命,背后都有十分清晰的政治理论。而洛克、密尔的政治哲学,无疑也对他们时代的政治实践发生了影响。伯林并不像唯心主义者那样把社会现实归结为观念与理论,但他相信,错误的理论贻害无穷,政治哲学中对谬误的驳斥,并非可有可无,而是一件十分严肃的事。

两种自由概念

伯林梳理思想史上的自由概念,区分出两种类型的自由,即消极自由与积极自由。依据伯林的论述,消极自由是指"免于……"的自由,它意指不受强制。强制是指人为的、故意的干涉,不涉及是否有能力去做某事。一个人不能跳离地面十码以上,因失明而无法阅读,因贫穷而买不起面包或无法做一次环球旅行,因残疾而无法行走,因愚笨而读不懂深奥的哲学著作,都不能叫没有自由。③ 因为自由是一个政治概念,消极自由只与人为的强制相对。它意味着多少扇门向我敞开,多少条路可供我选择或活动的范围有多大。强制愈多,消极自由就愈小。霍布斯、贡斯当、边沁的自由概念,即典型的消极自由概念。

与消极自由不同,积极自由是"去做……"的自由。它关心的是"谁在做主"。积极自由要求做自己的主人,要求自己能够控制自己,自己做出决定。积极自由是一种内在的自由,它意味着我不受他人摆布,我的行动源自我自己。意识形态灌输、催眠、精神上的施压,某种让人失去自主意识的药丸,都对积极自由构成威胁。没有积极自由,一个人就沦为非人,沦为行尸走肉,沦为受人摆布的傀儡。与消极自由相同,积极自由同样指向选择的可

---

① [英]以赛亚·伯林、[伊朗]贾汉贝格鲁:《伯林谈话录》,杨祯钦译,译林出版社2002年版,第43页。
② [英]以赛亚·伯林:《自由论》,胡传胜译,译林出版社2003年版,第187页。
③ 参见[英]以赛亚·伯林《自由论》,胡传胜译,译林出版社2003年版,第190页。

能性，它强调内在的那个我能够做出选择。积极自由概念的代表人物有斯宾诺莎、卢梭、康德、费希特等。

在《两种自由的概念》演说中，伯林指出两种自由概念在历史上造成了不同的后果。伯林认为，积极自由观给人类带来了极大的危害，积极自由的概念很容易滑向极权主义。消极自由概念的持有者不会否定积极自由的重要，积极自由概念的持有者则往往否定消极自由的重要。例如，主张通过理性获得解放与自由的积极自由论者，视自由为服从理性，而理性则意味着唯一的真理、唯一的答案，这便关闭了选择的大门。如果一个人受非理性力量的左右，由理性的他人强制他走在正确的道路上，便是顺理成章的事情。追求积极自由，听从理性的指引，在此变成了人对人的强制，它为专家统治、少数人统治提供了依据。

积极自由希望自己做自己的主人，这本身并不是什么坏事，但积极自由论者往往引入"分裂的自我"概念，从而使自由走向了它的反面。根据柏拉图或黑格尔的说法，"我"不受欲望、激情的左右，才算做自己的主人。欲望的奴隶、激情的奴隶，谈不上做自己的主人。"我"要压制住这些欲望和激情，听从高尚、理性的声音，那里有一个"大我"，他是"真我"，而"我"目前的想法则是"小我"、虚假自我的想法。在现实政治世界中，那种高尚、理性的声音每由部落、种族、教会、民族、国家、阶级、历史所发出。追求做自己的主人，便转化成了个人服从集体的意志，听从历史的召唤。这同样意味着极权主义。按此教义，一个人对历史要毕恭毕敬，不要试图螳臂当车。"你是一块砖。我们在砌一堵墙，砖块没有权利从墙上掉下去。"①

伯林在演说中花大量篇幅讨论积极自由观在政治上可能带来的危害，这造成了一个误解，人们以为伯林捍卫消极自由而否定积极自由。实则不然。伯林认为，积极自由与消极自由，不能说哪一个更重要。他说："消极自由是一个必要的条件，没有它就不可能有真正的自由；同样，没有某种程度的积极自由，也不可能有自由。"② 一个自由的社会，并不是指一个仅有消极自由的社会。"积极自由应该出现在所有的社会。我的积极自由是同样重要的。"③ 伯林在演说中意在向人们表明，两种自由观念，背后是两种无法调

---

① ［英］以赛亚·伯林、［波兰］贝阿塔·波兰诺夫斯卡—塞古尔斯卡：《未完的对话》，杨德友译，译林出版社2014年版，第212页。
② 同上书，第154页。
③ 同上书，第147页。

和、深刻对立的生活态度和理想。它们各自都提出了一种绝对的要求，这不过意味着终极价值的多元。①

自由就是自由，失去了就是失去了

消极自由的捍卫者如贡斯当、密尔，坚持必须给各人保持一个最低限度的、神圣不可侵犯的领域。"狼的自由就是羊的末日。"（R. H. 托尼语）② 自由意味着在私人领域与公共权力管辖的地带划定了一个界限，它是要对公共权力予以约束。为此，主张消极自由的思想家，总是坚持两个原则：一是个人权利绝对的原则；一是坚决主张存在着并非人为划定的疆界，在其中个人免于强制。

伯林指出："任何事物是什么就是什么，自由就是自由，既不是平等、公平、正义、文化，也不是人的幸福或良心的安稳。"③ 牺牲自由或许可以获得平等、民主、财富等其他东西，但自由毕竟是失去了，不能说那是获得了一种新的自由。在人类社会政治生活实践中，追求自由经常与追求其他价值发生冲突，人们常常不得不做些妥协。这并不是什么问题。伯林要指出的是，许多以自由名义所做的事，不是在追求自由。伯林最终的落脚点是一元论与多元论的区别。他认为，坚持一元论必然导致对消极自由的否定。无论那个"一元"是多么美好，个人选择的可能性是不复存在了。终极价值多元且彼此常常冲突，故而个人的选择十分重要。自由的目的不是别的，就是它自身。自由并非每一个人的第一需求，贫困的埃及农夫迫切的需要是衣服和食物，但当我们说"埃及农夫的自由"时，其中"自由"的含义与我们说大学教授或百万富翁的"自由"时"自由"的含义并无不同。④ 埃及农夫的自由和大学教授或百万富翁的自由，是同一个事物。

在《两种自由的概念》演说中，伯林指出了自由概念五个方面的问题，这五个方面并非完全追求积极自由所致，在逻辑上甚至与追求积极自由不相干，但在日常生活经验中，却总是与积极自由联系在一起，其间联系是一种经验性的、事实性的联系。这五个方面分别为：（1）"退居内在城堡"。伯林说，我们不能在"能做什么事"的意义上去界定自由。如果自由意味着

---

① ［英］以赛亚·伯林：《自由论》，胡传胜译，译林出版社2003年版，第239页。
② 同上书，第192页。
③ 同上书，第193页。
④ 同上书，第192页。

"我"能做什么,那么当"我"不能做时,可以通过改变"我"的想法来获得自由。即使存在暴政、强迫,但如果"我"说服自己,不再有抵触情绪,积极配合,如果"我"被敌人追赶无法逃跑,"我"不逃跑,心甘情愿就擒,"我"不就仍然是自由的吗?伯林称这种想法为"酸葡萄"心理,是不折不扣地自欺欺人。[1] 退居内在城堡,在内心"做自己的主人",无补于消极自由已经丧失这一事实。(2)自我实现。一种理性主义的个体伦理学认为,做自己的主人,就要服从理性。当理性主导着"我",它便不再是一种外在的强制,此时一个人便会"随心所欲不逾矩",自己欲求的必定是理性所要求的,个人成了一个理性圣人,自我得到了实现。伯林指出,这种通过服从理性获得解放的信条,为民族主义者、极权主义者共有。[2](3)理性主义专政。此为伯林所说的"萨拉斯特罗圣殿"的寓意。伯林说,让人服从理性,初时还寄希望于教育,但由于有些人根本就是聋子,于是就必须对他们实行强制。强制就这样披上了合法的外衣,而面对这样的强制,你还要予以感谢,因为它是在帮助你实现自我。(4)对认同的寻求。伯林分析为何一些民族赶跑了外国统治者,将自己置于本民族独裁者的奴役之下,却声称获得了自由。他说,这源于人们对获得认同、归属的追求。无论本民族的统治者多么残暴,但"我"毕竟获得了一个身份,"我"获得了在世界上做一个人(而非外族的奴役)的感觉,这就够了。伯林说,这种追求与自由(无论是消极自由还是积极自由)不同,但它很能让人觉得获得了"做主人"的积极自由。(5)最后一点,是关于自由与主权的区别。伯林指出,国家主权可能侵犯个人主权。民主并不保证自由,相反,它常常压制着个人自由。[3]

伯林强调,人类实践中追求积极自由时,大多在追求一些其他东西,如平等、财富、理性、认同、民主,这些追求本来无可厚非,合情合理,但总是走向独裁或极权,让强制变得合法。要害在于这些诉求背后是一种危险的一元论。一元论是自由的敌人,它同时否定了积极自由与消极自由。

世界不必太整洁

伯林的自由观中对多种选择的强调,根源于他持一种多元论的政治哲

---

[1] [英]以赛亚·伯林:《自由论》,胡传胜译,译林出版社2003年版,第209页。
[2] 同上书,第215页。
[3] 同上书,第238页。

学。伯林那里，自由主义必定意味着多元论。这种多元论认为，人们生活的目标是多元的，价值是多元的。多元的目的与价值，彼此不能通约，它们处在实质性的冲突之中，无法纳入一个和谐一致的体系。在特定情境中，人们总是在进行悲剧性地选择，顾此失彼，鱼与熊掌不可得兼。一种价值与另一种价值相比，往往不能明确地说哪一个更重要。这让人生充满困境，也让世间变得丰富而"有趣"。

伯林讨论马基雅维里时指出，马基雅维里的原创性正体现在他最早揭示出多元的道德观，即存在着基督教与异教（古希腊、古罗马为代表）两种截然不同的道德，前者崇尚恬退隐忍、仁爱、慈悲，后者推崇正直、刚毅、勇敢、男子气概，不能说哪一个更好。[1] 伯林关于维柯、赫尔德的讨论，同样致力于阐发多元论。

伯林认为，价值多元是一个客观存在的事实。多元论意味着，正义与慈悲不能兼容。欲理解此点，我们可以设想包公断案面对亲情时内心的冲突。多元论意味着完全的自由与完全的平等不能同时实现，而自由、平等都是美好的价值。再如知识与快乐，二者也存在着冲突：知道的多了，有些快乐就失去了。病人知道自己得了不治之症，明显不会增进其快乐。我们还可以举公共政策的例子。

20世纪60年代初，一本名为《寂静的春天》的大作问世，此书被称作环保主义者的圣经，作者蕾切尔·卡逊（Rachel Carson）在书中指出，农药带来的化学污染，通过残留在鱼体内，再影响到水鸟，将导致鸟类的蛋壳变薄，或许很快，春天就不会有鸟鸣了。此书问世后，国际社会全面禁止使用农药DDT（滴滴涕），然而，这种旨在保护自然的政策，其结果却是导致印度的疟疾死灰复燃。1951年，印度疟疾有7500万发病病例，到1961年，已经降至5万例，然而在禁用DDT后，到1980年，疟疾病例又大幅上升至3000万。[2] 且不论卡逊的理论是否正确，这里我们要问：数千万人的健康重要，还是春天的鸟鸣重要？这仍然是一个困境。人类按其理论顾及了绿色环保，却造成了数千万疟疾病例。类似的例子再如，禁止使用氟利昂制冷，防止臭氧空洞，保护大气层后，热带地区国家的疫苗因制冷设备达不到效果，导致疫苗失效或有毒，从而带来了大量婴儿死亡。我们仍然要问：牺牲这么多婴儿的生命，

---

[1] ［英］以赛亚·伯林：《反潮流》，冯克利译，译林出版社2002年版，第56页。
[2] ［丹麦］戴维·格蕾斯：《西方的敌与我：从柏拉图到北约》，黄素华、梅子满译，上海人民出版社2013年版，第461页。

去保护大气层,是否比使用氟利昂制冷从而破坏大气层更可取?

伯林在谈价值多元并存而相互冲突时,提到萧伯纳的一个剧本《医生的困境》。这个剧本的主人公阿韦林是一个恶棍,他酷爱画画而不去挣钱养家,竟致他的妻子最终饿死。在这个故事中,献身艺术是一个价值,照料家庭也是一个价值,选择一个,都会牺牲另一个。再如,在战争年代,如果用一百个人的生命换取威尼斯这座美丽城市的保存,是否合适?一百个人的生命是重要的,威尼斯城市的保存同样重要,如果必须在二者之间选择,哪一个选择更正确呢?伯林认为,极端情境之中,哪一个选择都可以理解的,都可以说是"对"的,因为此时普遍的道德准则不再适用。① 当然,伯林说他觉得一百个人的生命比威尼斯更重要。

人类有时会产生出一种迷思,以为一切美好的价值都能同时实现。伯林指出,人不能拥有一切。伯林说:"我不愿意世界不整洁,但是不要太整洁,一尘不染。"② 伯林希望看到"例外、奇迹、偶然的拐弯"③,而非一个整齐划一、一切统一于某个唯一目的之世界。

伯林的价值多元论会导致价值虚无主义吗?价值既然多元而不可通约,对错好坏的标准还存在吗?自由民主社会与极权社会是否只是代表两种不同的生活方式而已?伯林的答案是"不"。伯林强调,多元并非无限多元,多元价值的共存并不意味着与食人部落、纳粹主义的妥协。伯林曾反复声明自己不是一个相对主义者。在坚持某些最低限度的原则方面,伯林从未妥协。他说:"最起码的公共义务,就是要避免极端的痛苦。"④ 伯林坚持共同的人性标准。这种共同的人性,意思是说人有共同的需求,故而纵然文化、历史、传统不同,仍可获得相互间的理解与交流。"普遍的价值即使不多,最低限度的价值总是有的,没有它,人类社会就无法存在。"⑤

自由的奥克肖特,保守的奥克肖特

英国政治思想家迈克尔·奥克肖特(Michael Oakeshott, 1901—1990)是

---

① [英]以赛亚·伯林、[波兰]贝阿塔·波兰诺夫斯卡—塞古尔斯卡:《未完的对话》,杨德友译,译林出版社2014年版,第198页。
② 同上书,第119页。
③ 同上书,第132页。
④ [英]以赛亚·伯林:《扭曲的人性之材》,岳秀坤译,译林出版社2009年版,第21页。
⑤ 同上书,第22页。

20世纪一名保守主义大师。奥克肖特生于1901年，早年便熟悉康德、黑格尔的哲学。1920—1923年，奥克肖特在剑桥大学学习历史与政治，毕业后又曾前往德国进修神学。在德国期间，他就学于图宾根大学。1925年，奥克肖特获得剑桥大学的教职，开始了他在大学教授政治学和政治思想史的生涯。"二战"时期，奥克肖特曾经在军队服役，获得上尉军衔；战争结束后他又回到了剑桥大学，后来也曾在牛津大学任教。1951年，奥克肖特接替了哈罗德·拉斯基（Harold Laski）在伦敦政治经济学院政府系的政治科学教职，后来又担任政府系主任直到1968年荣休。不过，直到20世纪80年代，奥克肖特还坚持参加有关政治思想史研究的讨论。1990年，奥克肖特去世。

奥克肖特为人低调，在英美世界，一段相当长的时间里他的名字并不为人所知，事实上，20世纪声名显赫的自由主义理论家哈耶克就是50年代后奥克肖特在伦敦政治经济学院的同事。

奥克肖特最著名的著作是1961年出版的《政治中的理性主义及其他论文》，这是一本论文集，其中除了《政治中的理性主义》一文外，还包括《政治教育》《论保守》《法治》等多篇重要论文。除此之外，奥克肖特的主要著作包括：1933年发表的第一部著作《经验及其模式》；1965年的《论人类行为》，该书被视为他最成熟的一部著作。1946年，奥克肖特编辑出版了霍布斯《利维坦》的新版，并为之撰写了长篇导读。奥克肖特去世之后，后人整理出版的奥克肖特著作有：1993年出版的《现代欧洲的道德与政治》，其中收录的是1958年奥克肖特在哈佛大学的授课讲稿；于同年出版的《宗教、政治与道德生活》，其中收入了奥克肖特早期关于宗教的论文，如《宗教与尘世》（1929）、《宗教与道德生活》（1927）等；1996年出版的《信仰的政治与怀疑论的政治》；2004年出版的由奥克肖特的学生奥沙利文（Luke O'Sullivan）编辑的《历史是什么及其他论文》。此外，人们还整理了奥克肖特的西方政治思想史授课记录，中译本名为《政治思想史》。

奥克肖特认为，政治哲学的任务是解释性的、反思性的，不是规范性、谴责性的，这点与伯林大异其趣。他写道："不能指望政治哲学增进我们在政治活动中成功的能力。它不会帮助我们区别好的和坏的政治规则；它没有力量在追求我们传统的暗示中指引或指导我们。"[1]

---

[1] ［英］奥克肖特：《政治中的理性主义》，张汝伦译，上海译文出版社2004年版，第57页。

奥克肖特的政治思想史研究，颇有剑桥学派"语境主义"之特色。其实，出身剑桥大学历史系的奥克肖特可算今日政治思想史研究中"剑桥学派"之先驱。奥克肖特视政治思想史研究为一项历史研究。他认为，政治思想的出现，总是与具体政治经验有关。政治思想只有放在特定的历史语境中，才能变得可以理解，不存在一部揭示出政治智慧和理解力逐步累积的"政治思想史"。在他的政治思想史课程上，他说：

> 我们将试着把这些［与政治有关的］信仰和思考方式与它们出现时的环境联系起来，借此来理解和诠释它们。我所说的历史研究，其意思盖在于此。
>
> 我把历史视为一种思考模式，在这一思考模式中，事件、人类行为、信仰、思考方式，都将与它们赖以出现的条件或具体语境联系起来加以考量。然而，这一具体语境又是由另外一些事件、行为和信仰所构成，正如一个单词在一个句子中的语境是由另外一些单词所构成，在这一特定的场合，我们正是从这些单词来推断它的意思。①

政治，让理性主义者走开

奥克肖特颇为著名的是他对理性主义政治的激烈批判。奥克肖特所批判的理性主义，包括从古希腊以来到启蒙运动及现代的理性主义传统。他为无处不在的理性主义而慨叹，认为理性主义主导下的政治是没有希望的政治。他如此描述了理性主义者：

> 他赞成……除"理性"的权威之外，思想不受任何权威约束的自由。……他是权威、偏见和单纯的传统与习俗或习惯的敌人。他的精神态度既是怀疑主义的，又是乐观主义的：说他是怀疑主义的，因为没有任何意见、任何习惯、任何信仰，总之，没有任何根深蒂固或让人坚信不疑的东西，因此，他总是用他所谓的"理性"，毫不犹豫地对其加以怀疑和判断；说他是乐观主义的，因为作为理性主义者的他，（只要正

---

① ［英］奥克肖特：《政治思想史》，特里·纳尔丁、卢克·奥沙利文编，秦传安译，上海财经大学出版社2012年版，第1页。

确地）运用自己的"理性"去确定一件事物的价值、一种看法的真伪或一种行为的得失，他从不怀疑他的力量。更有甚者，由于他相信人类有着共同的"理性"，这更使他信心倍增。①

理性主义者的政治是完美的追求整齐划一的政治，理性主义者认为他们的政治方案是最优的、普遍适用的方案。他们排斥多样化。他们相信"技术至上"，把工程师当作楷模，认为政治实践就如工程师的活动，他们的头脑被"工具主义"所俘虏。他们好比"关了灯却又抱怨自己看不见"的人，除了在黑暗中瞎摸，犯下一个又一错误之外，成就不了任何事情。所谓的理性原则，实际上是对现实的歪曲。奥克肖特认为，洛克、边沁、马克思、恩格斯皆深深地犯了理性主义的错误，他们发展出一套教义，似乎毫无实际政治经验的阶级一经学习便可快速付诸实践。

做菜、宰牛与从政

奥克肖特认为，政治是一种实践性的人类活动，政治学是一门实践知识。他区分技术性知识与实践知识，前者犹如菜谱，后者则如师徒相传的技艺。他说，烹调是一项具体的活动，光有菜谱一个人并不能做出好菜来。菜谱不过是对前人烹调技艺的抽象。如果菜谱是唯一的指导，他根本无从下手。由此，政治实践应当从传统中寻求"暗示"，从传统中汲取养料，而不是依据抽象的理性原则或空洞的意识形态教条。

他用《庄子》中庖丁解牛②的故事来做比喻，庖丁之所以解牛如此迅速，不在于庖丁的技术性知识，而在于他的实践经验。而传统作为实践知识的载体，也意味着实践知识不能完全用文字表达出来，对它的吸收只能通过经验和熟悉。

"政治"好比大海中的漂流

奥克肖特说，政治就是"力求为一部分选择共同生活的人做出一般性安

---

① [英]奥克肖特：《政治中的理性主义》，张汝伦译，上海译文出版社 2004 年版，第 2 页。译文有改动。
② 《庄子·养生主》。

排的活动"①，这尤其是指那些"世代相传的合作团体……我们称之为国家"。他常为人们引用的是那段关于政治犹如在海洋上航行的比喻：

> 在政治活动中，人们是在无边无际、深不可测的海洋上航行。既无避风港，也找不到可供抛锚的海床；既无起点，也无规定的目的地，惟一的事情就是永远在海上漂浮；这片海洋既是敌人，又是朋友。船员们为了化险为夷，要利用传统行为方式的资源。②

把"政治"比喻为大海中的漂流，这表明在奥克肖特看来政治没有目的，政治涉及的是人与人和平共处之道。在政治活动中，人们要寻求传统的"暗示"。

如何理解奥克肖特说的传统的"暗示"呢？奥克肖特指出，政治家追寻传统的暗示，并不是根据某种感觉或直觉去行动，"传统"这个词"既不是要描述政治家从事政治活动的动机，也不是要描述他们自认为成功地做了什么，而是要描述参加政治活动的人实际上成功地做了什么"③。可见，"传统"其实描述的是一种成功经验。奥克肖特指出，这种"传统的暗示"是无言的，不能以明确的语言表达出来。

"公民联合"与"事业型联合"

奥克肖特有关"公民联合"（又译为"公民结社"）的论说是奥克肖特思想中最为重要的一部分内容。政治哲学处理人与人之间的关系问题，追问人与人如何共处、如何结合在一起，奥克肖特认为，对于这一问题，有两种类型的联合、两种类型的关系值得注意：事业型联合（enterprise association）与公民联合。事业型联合中，人与人之间的关系是交易关系，例如买主与卖主的关系、企业中的关系，人们联合在一起是为了追求共同的目标、实现共同的利益。在这种事业型联合中也会存在规则，但这种规则服从于联合体所要实现的目的。就个人而言，个人与事业型联合体之间是一种自愿性的关

---

① ［英］奥克肖特：《政治中的理性主义》，张汝伦译，上海译文出版社2004年版，第48页。译文有改动。
② 同上书，第51页。译文有改动。
③ 同上书，第58页。

系，个人可以自由地退出这种联合体。

而在公民联合中，不存在共同的目标，成员之间是平等、自由、有个性的存在。联合体体现法治的精神，其中的"法"是抽象的、非工具性的，法本身具有本真性，本身就是目的而不受制于任何其他的后果，法是对某种关系的确认，而不是用以实现某种共同目标的工具。奥克肖特批评政党政治，他认为政党政治无助于法治的提升。不过需要注意的是，奥克肖特不认为公民联合是理性构建的产物，他强调这种人与人之间的联合方式是近代欧洲早期历史给人们的"暗示"。与事业型联合中的自愿关系不同，公民联合中的关系是强制性的。公民联合中主要有两种类型的活动：立法和统治，统治活动包括判决、公安等。

基于这两种人类联合模式的区分，奥克肖特对近代以来欧洲的国家观念做了梳理。公民联合并不等于国家，奥克肖特强调，近代以来的国家观同时包含两种倾向——追求公民联合的倾向和追求事业型联合的倾向。就思想史而言，前者的代表有马基雅维里、霍布斯、洛克、斯宾诺莎、孟德斯鸠、托克维尔、柏克、康德和黑格尔，后者的代表有加尔文、培根、圣西门、马克思、列宁和维巴夫妇（Sidney James Webb, Beatrice Webb），换言之，加尔文等人是在事业型联合的意义上理解国家的。

在奥克肖特看来，两种联合与文艺复兴以来形成的两种人的类型是联系在一起的。公民联合体现的是在近代化过程中摆脱了重重封建束缚和旧等级秩序、勇敢追求个人价值实现的现代人，他们具有个性，敢于承担。但是，现代社会在产生现代人的同时，也产生了大量由于现代竞争机制出现的失败而有缺陷的人、不成功的人。与前一种人相比，他们更倾向于在与同类的团结中去实现某种目标，为共同体的目标而奋斗。这是一种新的集体主义，个人摆脱了封建束缚，但仍然不能直面生活中的挑战和竞争，于是更倾向于在事业型联合中追求某种目标。

实际上，这种描述也可以按照奥克肖特在《近代欧洲的政治与道德》中归纳出的近代政治思想史发展的两个脉络——个人主义的政治理论与集体主义的政治理论——来理解。虽然从奥克肖特自己的政治立场来看，他批评在事业型联合的意义上去理解国家，因为这样会导致对个人自由的侵害，事实上，奥克肖特曾经明确批评代表事业型联合的 20 世纪以来的福利国家；但奥克肖特并没有简单地支持其中的某一种，他指出，在现实中，任何一个现代国家都是两种联合模式的混合，其中当然存在着内在的冲突和紧张。

人类行为的诗性特征

奥克肖特的政治哲学对人类行为及人类经验予以了持久的关注。在"二战"以后的作品中,他开始阐发人类行为的诗性特征。[1] 诗人写诗,提供了一种独特的具有典型意义的行为模式。奥克肖特说,诗人写诗之前并没有蓝图,诗不是对经验的符号化表述,也不是思考的结果,诗只是存在于诗意地想象的时刻。[2] 与写诗相类似的活动还有舞蹈、雕塑等。与诗性特征相联系的,是人的行为所体现的人的自由、创造性、历史性以及非工具性。奥克肖特捍卫此种类型的行为,并将之与一种非工具性的政治观联系起来。这种政治哲学拒绝一切目的论。而政治与道德中的理性主义,正是一种目的论。在理性主义政治与道德观中,一切行为都是为了实现某个明确的目标。

奥克肖特关于人类行为的诗性特征的阐发,与浪漫主义的审美倾向毫不相干。此处重点不在于个人对世界或行为诗意的赋予,而在于认识到行为自身的重要性。它意味着对行为自身的肯定。在诗性的行为中,人享受着这种活动,这种享受,与道德的考虑、功利目标之追求毫不相干,行为的目的便是它自身。在奥克肖特笔下,与此相类的行为、关系、经验还包括钓鱼、闲聊、游戏、友谊、爱情,甚至赌博等。例如在钓鱼活动中,垂钓者与职业渔民从事的,便是两种截然不同的活动。渔民靠捕鱼为生,捕到更多的鱼是其目的,为此他会考虑改进他的捕鱼工具,而垂钓者则尽情享受着垂钓的乐趣,并不在意能钓到几条鱼。我们读到奥克肖特的这些描述,不难想起如下场景:姜子牙在渭水河边,以直钩钓鱼;严子陵在富春江畔垂钓,尽享归隐山林之乐;柳宗元笔下则有"孤舟蓑笠翁,独钓寒江雪"的场景,这些垂钓者,目的都不在于鱼。再如闲聊,并不追求达成某个协议。而在纯真的爱情与友谊中,同样可以看到类似的情况。奥克肖特论友谊的一段话,可谓道出了真正友谊的真谛。他写道:

---

[1] 《经验及其模式》是奥克肖特30年代的作品,其中并未讨论诗人写诗这样的经验。1959年,奥克肖特发表了论文《人类对话中诗的声音》,文中对写诗经验有讨论。Michael Oakeshott, *Rationalism in Politics and Other Essays*, Indianapolis: Liberty Fund, 1991, p. 509.

[2] Wendell John Coats, Jr., "Michael Oakeshott and the Poetic Character of Human Activity", in *The Poetic Character of Human Activity: Collected Essays on the Thought of Michael Oakeshott*, edited by Wendell John Coats, Jr. and Chor-yung Cheung, Lanham: Lexington Books, 2012, pp. 5–6.

朋友并不关心如何相互改变，而只是关心如何相互"愉悦"（enjoyment）："愉悦"的条件是对"所是"的接受，他们并不想改变或提升对方。一个朋友并不是你授权他以特定方式表现的人，他并不提供特定的需求，并无特定的有用的能力，并非仅仅拥有与你契合的品质，或仅仅持有你能接受的观点：他是这样一个人，他参与想象，激发思考，唤起兴趣、同情、愉悦与忠诚，只是因为二人的朋友关系。①

一句话，相互利用，把对方当作实现某个目的工具，这种关系根本谈不上友谊。奥克肖特关于人类行为诗性特征的论述，体现了他对个人的自由、自发性的捍卫。它包含了对政治与道德中的理性主义更深层次的批判，也与奥克肖特的保守主义政治哲学相联系。在理性化主导的现代世界，在工具理性泛滥的时代，此种对"不为物役""逍遥自在"的捍卫，实属可贵。

保守是一种心态，一种脾性

奥克肖特关于"保守"的论述，著名且有特色。奥克肖特的保守主义，实际上可视为自由主义的另一种传统。约翰·格雷即认为，在政治哲学的光谱中，奥克肖特与霍布斯、休谟处在同一个阵营，他们都支持一种把国家看作"权宜之计"的自由主义。②奥克肖特的保守主义主张，与柏克式的保守主义、梅斯特尔式的保守主义，十分不同。柏克对大革命的激愤指控，对政党政治的热衷，梅斯特尔对神意、权威的捍卫，在奥克肖特那里皆付之阙如。

奥克肖特给人的印象是温文尔雅、恬淡自然。这种风格，正与他所阐释的保守脾性相吻合。奥克肖特将保守界定为一种心态、一种性格、一种思考与行动的倾向。

中外谚语都不乏关于保守的训诫，保守意味着某种生存哲学或实践智慧。西谚云：手中一只鸟，胜于天上飞的两只鸟。中国民谚说：知足常乐。人家骑马我骑驴，比比人家我不如；回头看看推车汉，比上不足比下有余。

---

① Michael Oakeshott, *Rationalism in Politics and Other Essays*, Indianapolis: Liberty Fund, 1991, pp. 416–417.
② ［英］约翰·格雷：《自由主义的两张面孔》，顾爱彬、李瑞华译，江苏人民出版社 2002 年版，第 2 页。

此种心态，便是奥克肖特所说的保守心态。依据奥克肖特之描述，保守的人不相信进步，不会沉浸在"明天会更好"的迷思中。保守的人不免恋旧：敝帚自珍，朋友还是老的好。保守的人看重历史的延续性，对任何突变、断裂都持怀疑的态度。保守的人相信师带徒是技艺传授的好办法，他不相信速成班、知识手册能造就一个高水平的工艺师。保守的人对世界的爱大于对世界的恨，他更愿意从中寻找到一份幸福，而不是想推翻它、摧毁它，代之以全新的世界。

奥克肖特说："保守就是宁要熟悉的东西不要未知的东西，宁要试过的东西不要未试过的东西，宁要事实不要神话，宁要实际不要可能，宁要有限的东西不要无限的东西，宁要切近的东西不要遥不可及的东西，宁要足够不要富余，宁要方便不要完美，宁要现在的欢笑不要乌托邦的极乐，宁要熟悉的关系与忠诚，不要更有回报的关系之诱惑；攫取、扩大不如保持、涵养与享受重要；因失去而产生的悲痛比新奇或许诺带来的激动更实在。"①

显然，保守涉及对待革新、变化的一种特定的态度。奥克肖特说，保守必定意味着只赞成微小的、局部的、具体的变动，反对剧烈的、大规模的、全盘的变动。保守派绝不是一个热情的变革者。他指出，在具有保守脾性的人那里，革新必须经充分的论证，证明其利大于其弊；革新越像自然生长，造成的损失越小；小而有限的具体的改革，比全面的革新方案更可取；宁可小步慢行，一步三回头，也不要大步流星，幻想一步登天；最后，革新必须充分考虑时机。② 无疑，保守意味着行动中的谨慎。

保守主义的政府观

一个具有保守情结的人在政治上会持何种见解？奥克肖特提出了自己的看法。常见的关于保守主义的论说常把政治上的保守与某种人性论、宇宙观、宗教信仰、社会有机体论联系起来，奥克肖特认为其实不必。政治上的保守主义完全可以独立地阐发出来，它与自然法、神意、道德或特定宗教信

---

① [英]奥克肖特：《政治中的理性主义》，张汝伦译，上海译文出版社2004年版，第127页。译文有改动。Michael Oakeshott, *Rationalism in Politics and Other Essays*, Indianapolis: Liberty Fund, 1991, pp. 408–409.

② Michael Oakeshott, *Rationalism in Politics and Other Essays*, Indianapolis: Liberty Fund, 1991, p. 411.

第十五章 自由主义的复兴

仰无关。①"它是对我们当前生活样式的遵从,与此相联结的是相信(在我们看来只需将它看作假设)统治是一种特别的有限的活动,亦即一般行为规则的制定与保护,这些规则不是被理解为强制执行实质性活动的计划,只是使人们能够在追求他们自己的选择时面临的阻碍最小,因此它们需以保守的方式对待。"②

在奥克肖特那里,保守主义必定是一种个人主义的学说。个人自由生活,私有财产权的维护,个人稳定的生活环境的保存,都是有着保守脾性的人十分珍惜的事情。保守主义者乐于接受、认同、享受这个世界,他对世界不作过多的奢求,由此,他从不寄希望于政府许诺的美好生活。他不希望政府什么事情都过问,他反对政府将某种梦想强加在自己的头上。奥克肖特宣称:每个人都有自己的梦想,没有谁能证明,他的梦想比其他人的梦想更有价值、更重要、更值得追求。政府的存在,政府之必需,不在于人性的卑劣或邪恶。人能够自治,人早已不是必须由家长看管的未成年儿童。政府之必需,在于它要提供一个环境、制定一套准则,确保每个人在追求自己的具有个性的生活理想时不会伤及他人。政府的目的只是维持着公民间的和平。政府从公民那里要求的是忠诚。这种忠诚,不是对某种教义与信念的执着,而是对规则的信仰,它意味着对法治的尊重。在此,奥克肖特的政府观与法治发生了内在的逻辑联系。这种联系是根本性的。缘此,政府不仅制定规则,还要有能力执行规则,对违规者予以惩罚。政府并不是无所作为、无所事事,他必须做好规则社会的维护者。这种规则,必须是抽象的规则,它只是对人类行为边界的勘定。而规则这样的东西,最不能轻易变动。它是一种工具,我们越是熟悉它、习惯它,就越能得心应手地运用它。

奥克肖特把政府比作裁判员,把人民比作运动员。人们在比赛中追逐自己的成功,但绝不能违规。裁判员不能既当裁判,又去做运动员。赛场上不能有裁判员组成的球队。然而,西方自19世纪甚至更早的时期以来,人们对政府权力产生了一种幻觉。人们倾向于用政府来实现个人或党派的梦想。在这样的人看来,政府是一个巨大的能量源,握有权力,就可以做很多事。奥克肖特认为,这种政府观破坏着自由生活,造成了无数损失和灾难,而旗

---

① Michael Oakeshott, *Rationalism in Politics and Other Essays*, Indianapolis: Liberty Fund, 1991, p. 423.
② Ibid., pp. 423–424.

号则是实现人民的幸福或在人间建立天堂。在这里,奥克肖特不仅批评形形色色的社会主义,也批评边沁式的功利主义社会改革理想。因为这些理想的实现,无不建立在对自由的破坏之上。奥克肖特说:"梦想与统治结合产生暴政。"① 他指出,政府的目标不应是某个事业,它不能将自己等同于一个巨大的家庭或企业,它是具有特殊性质的机构,有着特殊的任务。"政府的职能只是统治。"② 而统治最经济、最合适的方式就是实行法治。

奥克肖特与唯心论

奥克肖特在其学术生涯中初事哲学,稍后则转向了政治哲学。1961 年出版的《政治中的理性主义及其他论文》是他的成名作。尽管奥克肖特一直在教西方政治思想史与政府理论方面的课程,但他在六七十年代更多的作品讨论的是教育。长篇政治哲学著作《人的行为》出版时,奥克肖特已年过七十。而作为曾经的剑桥历史系的教授,奥克肖特自己对历史及历史哲学也有专门的思考。这样,政治学、哲学、教育、历史,都成了奥克肖特的兴趣所在。而他最重要的成就,则是政治哲学。

奥克肖特的政治思考与他的哲学研究是融为一体的。奥克肖特尝言:伦理学、所谓的宗教哲学、美学、所有思考的学问,都依赖于一种知识论。一种政治哲学,"如果没有形而上学的前言作为基础,或者这种基础在根本上是错误的,就注定会传播谬误而非真理"③。

对奥克肖特来说,他的政治思想的哲学形而上学基础,便是具有德国渊源的唯心论(即观念论)。在奥克肖特著书立说时,英国哲学界流行的是卡尔那普(Rudolph Carnap)、纽拉特(Otto Neurath)、石里克(Moritz Schlick)的逻辑实证主义与罗素(Bertrand Russell)、摩尔(G. E. Moore)、早期维特根斯坦、斯特宾(L. S. Stebbing)所代表的剑桥分析哲学。奥克肖特的唯心论与当时的潮流针锋相对。逻辑实证主义与剑桥现实论的分析哲学,提倡科学与逻辑,反对"虚无缥缈"的"心灵与精神"(mind and spirit),主张哲

---

① Michael Oakeshott, *Rationalism in Politics and Other Essays*, Indianapolis: Liberty Fund, 1991, p. 434.
② [英] 奥克肖特:《政治中的理性主义》,张汝伦译,上海译文出版社 2004 年版,第 144 页。
③ Michael Oakeshott, "A Discussion of Some Matters Preliminary to the Study of Political Philosophy",奥克肖特未刊手稿,转引自 [美] 保罗·佛朗哥《欧克肖特导论》,殷莹、刘擎译,商务印书馆 2014 年版,第 8 页。

学必须讲授科学。他们认为,有效的陈述无非两类:分析性陈述(逻辑推理形成的陈述)与经验性陈述(源于观察而做出的陈述)。真理即在于理论陈述符合经验观察。哲学唯心主义则认为,所有的经验都是人主观的经验。经验的每个方面皆要求人们将之与一个广阔的语境相联系才能变得清晰,而语境又属于一个更广阔的整体。整体是意义(meaning)的根源。例如,一朵花的意义是由经验的整全性所确定的。现实(reality)并不外在于人而存在,它本身必定包含了人的心灵活动。所谓的自然,也是人们心灵中认识、感知到的自然。对真理的追求不过体现了人试图把世界纳入一个内在一致、无矛盾的整体的努力。内在的融贯与一致,即是真理的标准。①

奥克肖特的哲学唯心论使他在政治理论方面坚持如下原则:(1)将理论领域与实践领域完全区分开,视哲学、理论为经验领域之事。他认为,实践需要技艺,而技艺基本上不能以文字表达出来。实践经验要靠不断的积累,在此过程中,他要向师傅学习,要接受传统及背景条件的暗示。知识与理论领域则是另一回事。实际上,在奥克肖特看来,"政治哲学对实际的或政治的生活不会有贡献"②。奥克肖特此言不是说政治哲学研究对人类文明生活无所贡献,他是说试图直接从政治哲学中找到处理政治问题的方案是荒谬的。政治哲学无助于良好的政治活动,正如菜谱、美食哲学对厨师完成一份美味几无作用一样。(2)否定任何一种教条的绝对性,拒斥任何一种意识形态。奥克肖特对意识形态辩护士十分反感。(3)这也意味着一种彻底的怀疑主义。由此,也否定了一切试图将一种教义、学说、梦想强加给他人的努力。奥克肖特的政治理论,正是与此一哲学相一致。当政府用美丽的口号与谎言号召人们实验一套方案时,奥克肖特提醒人们注意:此一方案不过是无数种方案中的一种。各种全面改造社会的方案,想象一下可以,但要落实,则面临着一个哲学上知识论的证明。奥克肖特不是依对自由的信念来与反自由的学说做斗争,他以哲学唯心论为利器,让20世纪以来人们习见的许多可能带来奴役与灾难的学说在它面前丢盔弃甲、落花流水。(4)对个人自由的捍卫与政治中的谨慎。此一结论,可以说是前面诸条水到渠成自然得出。"哲学唯心论"并不必然导出奥克肖特在政治上的基本主张。当奥克肖特基于哲学唯心论阐发关于个人自由及某种类型的保守主义理论时,他已经对哲学唯

---

① David Boucher, "Oakeshott", in *Political Thinkers: From Socrates to the Present*, edited by David Boucher and Paul Kelly, Oxford: Oxford University Press, 2003, p. 462.
② [美]保罗·佛朗哥:《欧克肖特导论》,殷莹、刘擎译,商务印书馆2014年版,第11页。

心论进行了改造。例如，奥克肖特摒弃了黑格尔那种具有决定论性质的历史哲学，同时引入了休谟的怀疑主义。其政治哲学，亦与霍布斯的论述有着内在的一致性。这便与 T. H. 格林、鲍桑葵等上一代英国唯心论者的国家理论拉开了距离。

奥克肖特通常被归入 20 世纪保守主义阵营，"保守主义大师"这一称号，他完全适合。不过，我们须记住奥克肖特的保守主义与诸多保守主义之不同。他的论文《论保守》遭到美国保守派作家欧文·克里斯托（Irving Kritol）的抵制，克里斯托指责它缺乏宗教关怀，"俗"不可耐。[1] 奥克肖特亦不甚喜欢别人如此称呼他。他的自由主义风格十分鲜明，这种自由主义，是一种霍布斯式的古典自由主义。然而他更倾向于自称为"自由至上论者"（libertarian）——"自由至上论"这一称谓后来被用于指陈美国罗伯特·诺齐克（Robert Nozick）等人所捍卫的"权利优先于善"的学说。[2] 不过，奥克肖特的思想在完全不同的语境中展开，其中心议题并不是权利与善的先后问题。事实上，奥克肖特的政治思想具有多面性，由此也引出了后来学者对奥克肖特思想的不同解释。

英国学者大卫·鲍切尔（David Boucher）曾将对奥克肖特的不同解释分为四种。这四种解释包括：（1）保守主义者奥克肖特。此一形象主要依据奥克肖特在《政治中的理性主义及其他论文》中对理性主义政治的批评。它也可以从奥克肖特对英国工党政策的批评中找到佐证。（2）自由主义者奥克肖特：此点不难找到依据，但是，鲍切尔指出，奥克肖特更喜欢谈论代议制民主的传统。他实际上对当时的"自由主义"多有批评，因为那时的自由主义者同样是政治中的理性主义者（例如边沁主义者）；并且，奥克肖特不断地提到"民族性或共有的同情心"之重要。[3]（3）共和主义者奥克肖特。此点主要依据于奥克肖特对法治（the rule of law）的阐发。不过，奥克肖特的思想中缺乏对公民参与、公共责任的提倡。事实上，他不认为每个公民都必须对公共世界承担责任。如果有些人一生以享受在窗前发呆的时光为乐，奥克肖特也不会对此加以指责。（4）意识形态分子。有人指奥克肖特提供的只是

---

[1] [美] 保罗·佛朗哥：《欧克肖特导论》，殷莹、刘擎译，商务印书馆2014年版，第21页。
[2] [英] 迈克尔·莱斯诺夫：《二十世纪的政治哲学家》，冯克利译，商务印书馆2001年版，第186页。
[3] David Boucher, Oakeshott, in *Political Thinkers: From Socrates to the Present*, edited by David Boucher and Paul Kelly, Oxford: Oxford University Press, 2003, p.464.

一种意识形态。鲍切尔认为这是对奥克肖特的误解。[1] 显然，对奥克肖特的不同解释，有的有道理，有的纯属误解。如果要问奥克肖特到底可归于哪一类，以笔者之见，他可以被看作某种类型的自由主义者，同时也可视为某种意义的保守主义者。他的学说和共和主义、激进主义是全然抵触的。他提供了一种新的关于保守主义的言说，在内里，则提供了一种关于个人自由、多样性与法治政府的政治哲学。

撇开简单化的贴标签式定位，我们回过头来看看奥克肖特优美的文字给我们的教诲。在政治方面，他教导人们对理性主义方案不要抱幻想，他坚持政府应当致力于维持一个清明的法治环境。在规则社会中，人们得以追逐自己的梦想。他揭示了个人财产权的重要意义，粉碎了集体主义对人们的诱惑。奥克肖特认可的政府不是软弱、无为的政府，相反，它必须以强有力的方式维持规则。在现实中，人们往往发现一个到处伸手却没有能力执行法令、维护国内和平的政府。奥克肖特认为，法治实为欧洲政治文明的最杰出成就，它源于长期以来欧洲人的实践。由此，奥克肖特对"统治"（govern）概念予以了澄清。他认为，统治就其本意来说，必定具有"保守"性格，它意味着一个和平的外部环境。

不过，奥克肖特的政治哲学，绝不止步于此。奥克肖特对工具理性主义的批判背后，是对一种多彩多姿的闲适人生的理想。他对人的行为的"诗意"特征的解释，对"对话"与人文教育的倡导，在西方自由传统中注入了几分东方色彩。具有"保守"脾性的人，定会对之报以会心的一笑。

罗尔斯与分配正义

约翰·罗尔斯（John Rawls, 1921—2002）于 1921 年 2 月 21 日出生于美国马里兰州的巴尔的摩，并在那里长大。罗尔斯的父亲是一位律师，母亲是一位社会活动家。1939 年，罗尔斯进入普林斯顿大学读书，主攻哲学。1943 年 1 月，罗尔斯毕业后，他投笔从戎，随美国军队转战太平洋战场，服役于新几内亚、菲律宾、日本，主要从事情报侦察工作，但他很少遭遇战斗，只有一次险遭日军伏击。战争结束后，罗尔斯回到普林斯顿大学继续学

---

[1] David Boucher, Oakeshott, in *Political Thinkers: From Socrates to the Present*, edited by David Boucher and Paul Kelly, Oxford: Oxford University Press, 2003, p. 466.

习。1951年他获得博士学位，博士论文是关于伦理知识基础的研究。

博士毕业后，罗尔斯在普林斯顿大学教了两年书，之后他去牛津大学访学。在那里，他深受哈特的法哲学讲座的影响。他也参加了以赛亚·伯林主办的讨论小组。回到美国后，罗尔斯先后在康奈尔大学、麻省理工学院任教。1962年，他得到哈佛大学哲学系的教授职位，自此在那里工作了30年，直到1991年退休。罗尔斯曾获得牛津大学和哈佛大学的荣誉博士学位。1999年，他获得了克林顿总统颁发的国际人权奖章。2002年11月24日，罗尔斯逝世。

罗尔斯的学生众多。他不善演讲，但颇受学生尊敬，且以谦逊为人称道。他的主要著作有《正义论》《政治自由主义》《万民法》三部，其余皆为论文。这些作品影响极大，特别是他的成名作《正义论》，自1971年出版以来，已被翻译成数十种文字，在世界范围内广为流传。

罗尔斯是自由主义政治哲学家。不过，他的立场不同于哈耶克，他主张某种把自由民主、市场经济与福利国家结合起来的混合制度。罗尔斯在他的几部著作中所关注的核心问题各有不同，但一以贯之的是他颇具雄心地试图在现代情境下为构建某种正义的社会政治秩序提出一个系统而可靠的理论。在较早的著作中，他把这一问题局限于自由民主社会的范围展开讨论，到后来，他把理论视野拓展到全球范围。

近若干年来，西方政治哲学的主要议题都是围绕罗尔斯的论述展开的。20世纪60年代以来西方世界的少数民族民权运动、以学生为主的新左派运动、反越战运动等，对西方社会的哲学基础提出了挑战。罗尔斯的工作可以看作对时代问题的哲学反思。

"制度之道在于正"

罗尔斯说，正义是一个社会制度的首要原则。他按契约论的方式，提出了著名的正义原则。他让人们设想，在一个无知之幕之后，理性的人当如何选择。无知之幕是指假定人们不知道出生在哪个家庭、哪个阶层，也不知道自己后来的禀赋和才能。在这种原初状态下进行选择，自然能得出最公正的原则。按照他的思路，人们会按"最小最大化原则"进行选择，即假定自己在最坏的情况下当如何抉择。当无知之幕揭开后，人们既然订立了契约，便不可以反悔。于是，他的正义原则就水到渠成了。这一原则主要包括两条：

第一个原则：每一个人都拥有和其他所有的人同样的自由相容的、最广泛的基本自由的平等权利。

第二个原则：社会的和经济的不平等，应被如此安排，以使它们：被合理地期望适合于众人，同时在公平的机会平等的条件下，使所有职务和地位向所有人开放。①

罗尔斯的正义原则的核心是分配正义。罗尔斯告诉我们，这两个原则是按"词典式的序列"排序的，也就是说，第一个原则具有优先性。罗尔斯试图以他的正义理论超越功利主义和权利论的局限，为新时代自由社会提供关于正义的理论基础。学者们针对他的理论从各个环节、各个角度进行了批判，例如，有人说他设计的原初状态中的人缺乏文化背景，缺乏身份感，有人说他忽视了人类中的冒险行为，即有人不按"最小最大化原则"来选择，也有人说他的结论为高额累进税政策辩护，侵犯了有些人的基本权利，如此等等。

罗尔斯正义理论的提出具有特定的历史与社会背景，在自由民主世界基本制度运行良好的情况下，分配正义引人注目；但在其他世界，政治转型、市民社会发展、国家构建、宪政建设、贫困与发展、战争与和平为迫在眉睫的政治问题，罗尔斯关心的分配正义问题，对他们来说，就成了一个奢侈品，因为那里仔细辨析具体政策中分配是否正义的前提尚不存在。

政治自由主义：寻求"重叠共识"

在《政治自由主义》中，罗尔斯把视野进一步扩大；或者说，罗尔斯不仅抽象地关注正义理论，也从具体的宗教、文化等方面去思考不同的文明中他的正义理论的有效性。事实上，他采取了一种以退为进的做法，把自由主义限定为政治自由主义，既而继续为自由主义辩护。他认为，人们或许来自不同的文化，大家信不同的宗教，但是，各种人类文明都具有一些共同的部分，它们构成一种交集，这些大家都会赞同的就是"重叠共识"，他认为这种共识的可能在于人的公共理性能力。他的结论是：人们可以持不同的信仰，按不同的文化模式行事，但是，在政治方面，一个保障人的基本权利、

---

① ［美］约翰·罗尔斯：《正义论》，何怀宏、何包钢、廖申白译，中国社会科学出版社1988年版，第292页。

保障人的基本物质生活条件、促进公正的自由民主制度,都可以成为大家努力的目标。在此意义上,自由主义是一种政治自由主义。罗尔斯的这种做法体现了他对文化多元这一事实的尊重,他的政治自由主义理论中充满的是宽容精神和理性精神,这也是自由主义的历来传统。

罗蒂:自由社会的乌托邦

理查德·罗蒂(Richard Rorty)是美国实用主义理论传统中继威廉·詹姆斯(William James)、约翰·杜威(John Dewey)之后的哲学家,也是当代美国引人注目的自由主义政治理论家。罗蒂的政治哲学,融语言学、哲学、文学和政治学于一炉,涉及多个方面。从罗蒂的著述中,我们可以看到他与当代西方其他各派思想家的交锋。哲学与诗之争,哲学与政治之争,在罗蒂那里也得到了颇为清楚地展现。

罗蒂于1931年10月4日出生于美国纽约一个具有革命传统的家庭。他的父母曾是美国共产党成员,后来则被视为托洛茨基分子。他的父亲曾随约翰·杜威前往莫斯科做过关于莫斯科大审判的调查。罗蒂12岁时便开始阅读调查委员会关于托洛茨基案件审判的报告,读后深有感触。他在自传中写道:"在12岁时,我就已经知道做人的意义就在于以人的生命与社会非正义作斗争。"[1] 少年罗蒂热爱自然,他终生保持了观察鸟类、各种植物的兴趣。在他的作品中,野兰花是经常被提到的隐喻。事实上,他对达尔文的学说一直颇感兴趣,并接受了达尔文学说的诸多方面。

罗蒂15岁时进了芝加哥大学哈钦斯学院。在芝加哥时期,罗蒂曾受教于列奥·施特劳斯,以《走向封闭的美国精神》[2] 而著名的艾伦·布鲁姆是罗蒂的同学。然而,罗蒂最终没有成为一名施派弟子。他还是愿意做一个实用主义者。罗蒂在芝加哥大学获得学士、硕士学位后,于1952年去了耶鲁大学。1956年,罗蒂在耶鲁大学获得博士学位。在服了一年的兵役后,罗蒂开始了大学教书的生涯。

1958年到1961年,他任教于马萨诸塞的卫斯理学院。之后,直至1982年,

---

[1] [美]理查德·罗蒂:《托洛茨基和野兰花——理查德·罗蒂自传》,载[美]理查德·罗蒂《后形而上学希望——新实用主义社会、政治和法律哲学》,黄勇编,张国清译,上海译文出版社2003年版,第393页。

[2] [美]艾伦·布鲁姆:《走向封闭的美国精神》,缪青等译,中国社会科学出版社1994年版。

他一直任教于普林斯顿大学。1982年至1998年，他去了弗吉尼亚大学。1998年至2005年，罗蒂任斯坦福大学比较文学教授。2007年6月8日，罗蒂逝世。

罗蒂作品颇丰，但以论文为主。1967年，他把分析哲学传统中的重要文章汇编成集，名为《语言学的转向》。1979年，他出版了专著《哲学与自然之镜》。此书也是他的成名之作。1982年，他出版论文集《实用主义的后果》。罗蒂的这些作品发表后引起了激烈的批评。1989年，他出版了《偶然、反讽与团结》，此书某种意义上可以看作对他的批评者的回应。1998年，他出版《筑就我们的国家：20世纪美国左派思想》。他还和剑桥学派的领军人物昆廷·斯金纳合编了《历史中的哲学》。罗蒂的其他论文集还包括《客观性、相对主义与真理》《论海德格尔及其他哲学家》《真理与进步》《哲学和社会希望》等。

罗蒂抛弃了西方形而上学哲学传统，他诉诸实用主义，为自由主义的乌托邦写作。他为诗人和乌托邦政治革命家在现代社会中的地位辩护，主张以叙述代替论证、以希望代替知识、以实践代替理论。在无根基的现代性困境中，罗蒂无意为现代秩序提供哲学基础，而是颇为巧妙地告诉人们：现代秩序并不依赖于哲学基础，缺乏绝对价值标准和哲学基础的自由社会的团结是可能的。

以希望代替知识

罗蒂认为，我们对自由民主的忠诚纯粹由于我们的希望。他说："我们应该把对社会制度的忠诚，看作像择友或英雄的选择一样，其所需要的充分理据只诉诸大家熟悉的、共同接受的前提，而且是随心所欲的。这些选择并不诉诸判准；在它们作成之前，不可能对它们进行无预设的批判反省，而且它们的形成，也不可能不用任何特殊语言或独立于任何独特的历史脉络之外。"[①]

罗蒂在哲学上面向"未来"，他高度相信信念和希望的力量。在现时代缺乏哲学基础或宗教、社会等纽带的情况下，罗蒂认为仅凭我们面向未来的希望便可以构建一种秩序。这种共享的希望是公共的，它可以与不同的哲学立场和人生理想兼容。他曾言及他的《偶然、反讽与团结》一书的"基本前提就是认为，尽管某个信念只是偶然历史环境所引起，而别无更深层的原因，

---

① ［美］理查德·罗蒂：《偶然、反讽与团结》，徐文瑞译，商务印书馆2003年版，第80页。

对于清楚地了解到这一点的人而言,这个信念依然能够规范行为,这个人依然能够认为值得为它赴汤蹈火,奉献牺牲"①。他经常提到伯林在《两种自由概念》的结尾引用的约瑟夫·熊彼特的话:"文明人与野蛮人的差异,在于前者了解到个人信念只具相对的有效性,但却能够坚定不移地捍卫这些信念。"②在《偶然、反讽与团结》一书出版后,罗蒂随后以德文、法文出版了《以希望代替知识》,在书中他宣称:"如果你拥有希望,那么你是否相信基督是上帝之子,是否相信存在着普遍人权,实在无关紧要。根本的是梦想一个更好的世界。希望不需要论证,不需要知识,不需要基础或其他任何东西。"③

罗蒂沿着杜威的指向,把目光投向变化、未来和不确定,倡导以希望代替知识、代替必然,以过去和将来的差异代替西方形而上学的二元对立,如无条件事物和有条件事物、绝对事物和相对事物、合乎道德和仅仅审慎之间的对立,等等。

罗蒂毫不讳言他的乌托邦希望,他认为:"开辟出成为新人类的新途径的需要,创造出这些新人类居住的新天堂、新地球的需要,优先于对稳定、安全和秩序的愿望。"④他认为《圣经·新约》和《共产党宣言》虽然是失败的预言书,却是光荣希望的宣言书。人类不能失去对希望的追求。他说:"我们仍然深深感激像柏拉图和康德这样的哲学家,不是因为他们发现了真理,而是因为他们预见到了一些大同世界的乌托邦,尽管他们拥有的那些乌托邦细节可能是错误的,但是假如我们从来就没有听说过那些乌托邦,那么我们就从来也不会千方百计地尝试实现那些乌托邦。"⑤

文化应该诗化

罗蒂在描述自由主义社会的乌托邦时,阐发了一种后哲学的诗化文化。他写道:"所谓诗化的文化,就是不再坚持要我们在描画的墙背后寻找真实

---

① [美]理查德·罗蒂:《偶然、反讽与团结》,徐文瑞译,商务印书馆2003年版,第270页。
② [美]理查德·罗蒂:《偶然、反讽与团结》,徐文瑞译,商务印书馆2003年版,第69页。参见[英]以赛亚·伯林《自由论》,胡传胜译,译林出版社2003年版,第246页。
③ Richard Rorty, Derek Nystrom and Kent Puckett, *Against Bosses, Against Oligarchies: A Conversation with Richard Rorty*, Chicago: Prickly Paradigm Press, 2002, p. 58.
④ [美]理查德·罗蒂:《后形而上学希望——新实用主义社会、政治和法律哲学》,黄勇编,张国清译,上海译文出版社2003年版,第76页。
⑤ 同上书,第327页。

的墙，在纯粹由文化建构出来的试金石之外再寻找真理的真正试金石。正由于诗化的文化肯定所有的试金石都是文化的建构，所以它会把它的目标放在创造更多不同的、多彩多姿的文化建构上。"① 罗蒂相信，这种诗化文化可以医治我们"根深蒂固的形上学需求"。在他看来，试图为自由主义社会提供"哲学基础"，在本质上与自由主义社会的宽容、开放精神相抵触。自由主义文化所需要的，是一个已改善的自我描述，而非一组基础。这意味着要在文学与政治之间架起一座桥梁。

在哲学与诗、哲学与政治的对立中，罗蒂站在了诗与政治一边，批评那种具有形而上学冲动的哲学，他提出"文化应该诗化"的口号。罗蒂认为，自由主义社会的英雄是诗人和乌托邦革命家，而非武士、祭师、圣人、哲学家或科学家。原因在于"这社会承认，他之所以为他，他之所以具有他的道德，他之所以说他的语言，并不是因为他逼近了上帝的意志或人的本性，而是因为一些过去的诗人和革命家说了他们所说的话"②。

罗蒂提倡的诗化文化是一种后哲学文化。他认为，如果说启蒙运动之后西方进入了后神学时代，那么20世纪的人们则进入了后哲学时代。"'后哲学'指的是克服人们以为人生最重要的东西就是建立与某种非人类的东西（某种像上帝或柏拉图的善的理念，或黑格尔的绝对精神，或实证主义的物理实在本身，或康德的道德律这样的东西）联系的信念。"③ 在这种后哲学文化中，没有大写的"哲学"或"真理"，没有人会相信"标准"的存在，"理性""客观性""论证"等词汇都将停止使用。后哲学文化貌似肤浅，却有助于自由主义乌托邦的实现。他写道："鼓励人们对传统哲学问题持轻率态度，与鼓励人们对传统的神学问题持轻率态度，有异曲同工之妙。同市场经济的出现、文化程度的提高、艺术种类的繁衍和当代文化的随意的多样化一样，这样一种哲学的肤浅和轻率有助于使这个世界清醒过来，有助于使这个世界上的居民更实用主义、更容忍、更自由、更易于祈求工具理性。"④

民主优先于哲学

罗蒂著作的一个中心主题就是摧毁哲学作为最高学问的观念。他指出，

---

① ［美］理查德·罗蒂：《偶然、反讽与团结》，徐文瑞译，商务印书馆2003年版，第80页。
② 同上书，第89页。
③ ［美］理查德·罗蒂：《后哲学文化》，黄勇编译，上海译文出版社2004年版，第8页。
④ 同上书，第182页。

实用主义不认为哲学具有高于其他学科的地位。他毫不客气地说："我们应当把哲学看作是文学的一个分支。"① 他建议用小写的哲学来取代传统形而上学意义上追求客观性与真理的大写的哲学。

关于哲学与政治学，罗蒂认为，二者之间并没有十分密切的联系，思想变化和社会政治变化也是以相对独立的方式进行的。他指出："在具有相同政治见解的人民之间，将总是给大量的哲学分歧留有余地。而在同一个流派的哲学家中间，将总是给各种针锋相对的政治观点留有余地。"②

罗蒂反对"过于哲学化的政治学"。在参与当代政治哲学论争时，他写道："我们提出像'自由是什么？'或'自由真正地意味着什么？'之类的问题过于抽象，以至于对我们没有任何好处。我认为，哲学家和政治学家应该反对向着那个抽象高度趋近的诱惑。"③ 他说："哲学是实现政治希望的好仆人，然而是实现政治希望的坏主人。"④

罗蒂有一个"民主优先于哲学"的论断。在他看来，民主对于哲学来说具有优先性。民主政治不必在哲学法庭中接受审判，因为，这种法庭并不存在。

实用主义：一切皆工具

罗蒂是威廉·詹姆斯、约翰·杜威在一个世纪前倡导的美国实用主义理论的忠实继承者，他的努力使实用主义在多年沉寂后重新复活。他也被称为"新实用主义的先知与诗人"。

罗蒂认为，实用主义特别有益于美国的民主政治。实用主义主张以政治问题替代认识论问题，即认为"关于主体与客体、现象与实在的认识论问题可以由政治问题，即关于为哪些团体目的、为何种需要而从事研究的问题，取而代之"⑤。实用主义者面对问题时会提议"试一试用这种方式来看待"，或者"不要理会已经无效的传统问题，换一换下面新的且可能有趣的问题试试看"。实用主义强调"实验"，认为"只有实验能说明一切"；还强调"有

---

① Richard Rorty, "Thugs and Theorists: A Reply to Bernstein", *Political Theory*, XV, November, 1987, p. 572.
② ［美］理查德·罗蒂：《后形而上学希望——新实用主义社会、政治和法律哲学》，黄勇编，张国清译，上海译文出版社2003年版，第1页。
③ 同上书，第285页。
④ 同上书，第132页。
⑤ ［美］理查德·罗蒂：《后哲学文化》，黄勇编译，上海译文出版社2004年版，第1页。

第十五章 自由主义的复兴

用",着眼于从效果来看问题。何为"有用"?罗蒂解释说:

>(实用主义)除了回答"对创造一个更美好未来有效用"以外,没有其他话可说。当有人提出"凭什么说这是更好的?"这一疑问时,除了说最初的哺乳动物可以具体体现在什么方面优越于快要绝迹的恐龙以外,他们提不出详细的答复。实用主义者只能说一些含糊其辞的话,如"更好的"意指"较多地包含我们认为是好的东西和较少地包含我们认为是不好的东西"。当问到"确切地说,你认为好的东西是什么?"时,实用主义者只能和惠特曼一起回答说"是多样性和自由";或者和杜威一起回答说"是成长"。[1]

罗蒂指出,对于根本正当性的问题,实用主义"没有什么可说的"。实用主义认为,真理不是人们探求的目标,为真理而探求真理的观念毫无意义,重要的是以何种方式我们能过得更好。实用主义在许多问题上要么无语,要么只能模糊地回答。实用主义更关心未来,而未来是前景,不是终点,所以只能模糊地进行预言。实用主义在政治问题上所采取的模糊态度,实际上暗含了对政治复杂性和未来不确定性的理解。

实用主义体现了一种工具论的世界观。在罗蒂看来,诗歌、道德、科学、哲学等,都是某种策略或工具,这些策略"没有一种策略会比其他策略更具人性,正如同笔不会比屠夫的刀子更确定是一个工具,或杂种兰花不会比野玫瑰更不是一朵花"[2]。实用主义者所讲的"更好",并非指更接近实在,而是指工具意义上的更有效。罗蒂举例说,当我们说类似于"我饿了"这样的话时,我们并不是把某个原来内在的东西外在化,而仅仅是帮助我们周围的人预见到我们将要做什么。这些话仅仅是把我们的行为与他人的行为协调起来的工具。同样,当我们说,我们的祖先错误地相信太阳绕着地球转,而我们正确地相信地球绕着太阳转时,我们其实是说:"我们比我们的祖先有一个更好的工具。"[3]

---

[1] [美]理查德·罗蒂:《后形而上学希望——新实用主义社会、政治和法律哲学》,黄勇编,张国清译,上海译文出版社2003年版,第7—8页。
[2] [美]理查德·罗蒂:《偶然、反讽与团结》,徐文瑞译,商务印书馆2003年版,第57页。
[3] [美]理查德·罗蒂:《后形而上学希望——新实用主义社会、政治和法律哲学》,黄勇编,张国清译,上海译文出版社2003年版,第104页。

自由主义的精神：避免残酷与侮辱

罗蒂相信进步。但是，他所说的进步，并非指朝向实在或客观真理的逼近。他承认在科学发展中确实存在进步，但是，爱因斯坦并不比牛顿更加接近实在。他说："对我们而言，思想与社会进步的目标，不再是真理，而是自由。"① 他也相信有"道德进步"，这种进步是朝着更广大的人类团结的方向发展，而"当更大地增进自由和进一步减少残酷的制度代替了只是使增加自由和减少残酷成为可能的制度时，便获得了政治进步。"②

在政治哲学方面，罗蒂更多地站在以赛亚·伯林、迈克尔·奥克肖特和约翰·罗尔斯一边。他认为这些思想家都有功于铲除自由主义需要一套超历史的、"绝对有效的"概念作为其"哲学基础"的想法，而另一方面又认为这项铲除工作是强化自由主义制度的一个方式。

罗蒂认为，自由主义最基本的精神是尽量避免人间的残酷与侮辱。他指出，自由主义的希望就是消灭残酷，不断扩大人类团结。他对自由主义的这种理解来自茱迪·史珂拉（Judith Shklar）的提法，然而，在罗蒂与史克拉尔的说法之间也存在着不同，罗蒂在"避免残酷"之外又加了"避免侮辱"。

盖尔纳与我们

1989年，苏联解体，东欧剧变。世界范围内，自由化、民主化势不可挡。"冷战"结束。在这种背景下，福山欢呼"历史的终结"，宣称自由民主取得了决定性的胜利。"历史终结"一说是否恰当，要看如何界定历史、如何界定终结。其说之提出是否有意义，亦值得探讨。但是，西人对自由民主政体的信心，由此不难看到。然而，福山"历史终结论"所流露出的这种自信很快受到动摇。"9·11"恐怖袭击，提醒世上还有一批宗教狂人。共产主义运动的退潮也没有清除"邪恶国家""流氓国家"的存在。伊斯兰宗教社会的复兴运动，给自由民主带来了巨大冲击。西方自近代以来自由民主政

---

① ［美］理查德·罗蒂：《偶然、反讽与团结》，徐文瑞译，商务印书馆2003年版，第4页。
② ［美］理查德·罗蒂：《后形而上学希望——新实用主义社会、政治和法律哲学》，黄勇编，张国清译，上海译文出版社2003年版，第121页。

体所崇尚的政教分离、宗教宽容原则开始面临挑战。当代美国学者马克·里拉写道：

> 如今，我们已经发展到了这样一个阶段，我们又在打响那些 16 世纪的战役——关于启示与理性、教义的纯正和宽容、感召和同意、神圣职责和普通习俗。我们心神不宁，感到困惑，我们觉得不可思议，神学的观念还会让人们头脑发热，激起那种令社会成为一片瓦砾的弥赛亚的激情。我们原以为这种情况不再可能，人类已经学会把宗教问题从政治问题中分离出来，宗教狂热已成为过去。我们错了。[①]

马克·里拉的话，表达了当代人对宗教力量重回政治领域的忧虑，它提醒人们对现代西方社会的宗教与政治关系进行再思考，对西方近代以来"宗教与政治的大分离"进行再思考。这种思考，旨在回应 21 世纪以来世界范围内宗教激情乃至宗教狂热的复活以及与之相伴的传统主义、权威主义的回潮。这种趋势中，有基督教原教旨主义的复兴，有儒教（学）在中国的复兴，更为引人注目的，当然是传统伊斯兰主义的复兴。当这些宗教复兴运动与政治权力结合，或表现出明显的、公开的政治诉求时，政治神学问题便产生了。它对于以自由化、世俗化为特点的西方现代文明构成了实际的（而非观念上的）冲击。它不是当代西方唯一的政治问题，却是一个至为突出、事关重大的政治问题。在此一背景下，我们需要对不同的宗教与社会进行深度了解，需要对宗教、传统与现代性的关系进行仔细辨析，需要对化解冲突之道进行探索。

20 世纪社会政治理论家恩斯特·盖尔纳的著作，正可作为我们思考当今世界上述问题的基础。在本书的最后部分，我们将对盖尔纳其人其著进行介绍。在此过程中，笔者将结合对盖尔纳社会政治思想的阐发，对 21 世纪西方政治理论面临的新问题以及表现出的新趋势做出尝试性探讨。

来自布拉格的思想家

恩斯特·盖尔纳（Ernest Gellner，1925—1995）1925 年出生于巴黎一个

[①] [美] 马克·里拉：《夭折的上帝》，萧易译，新星出版社 2010 年版，第 1 页。

来自捷克斯洛伐克的犹太人家庭。他的父亲是一个具有很高知识修养的人，曾经在柏林做过研究，并且非常崇拜马克斯·韦伯（当他去柏林时，马克斯·韦伯已经去世），还研究过法国革命时期保守派政治思想家梅斯特尔。他的父亲后来准备读博士，但是因为盖尔纳的出生，使他没有条件完成学业。传记作家告诉我们，这一点还导致他的父亲对盖尔纳一直不是很满意，因为他觉得盖尔纳的出生阻碍了他成为一名学者。盖尔纳的家庭跟中欧有密切的联系，他年轻时在布拉格的英文学校接受教育。他的家庭说德语，其父自称是德国人，同时对俄国文化感兴趣。盖尔纳也会说俄语，特别是在晚年时，盖尔纳对苏联社会和俄国文化有过密切关注。盖尔纳的家庭自称在情感上忠于维也纳的哈布斯堡王朝，与哈布斯堡王朝有密切联系。1939 年，为躲避纳粹对犹太人的迫害，盖尔纳全家搬家去了英国。盖尔纳在英国读完中学之后，入牛津大学巴利埃尔学院学习。大学期间他应征入伍，参加反纳粹的战斗，在军中生活了若干年，直到战争结束，重返牛津，最终获得博士学位。"二战"结束之后，盖尔纳曾在 1945 年回到布拉格。1949 年，他出于对共产主义的逃避再次离开布拉格。盖尔纳去爱丁堡大学任教，不久又到伦敦政治经济学院工作，先后在社会学系和哲学系长期任教，总共达三十余年。离开伦敦政治经济学院以后，他又去剑桥大学担任社会人类学教授。1992 年，盖尔纳退休。退休以后，盖尔纳重返布拉格，他被聘为布拉格的中东欧大学民族主义研究中心主任。

  盖尔纳学术兴趣多样，研究领域甚广，涉及哲学、社会学、人类学、心理学、政治学多个方面。盖尔纳最初在牛津大学学习哲学，但他对牛津大学流行的语言哲学甚为不满。他于 1959 年出版的《词与物》（*Words and Things*）对维特根斯坦的语言哲学进行了批判。该书出版时哲学家罗素曾为其作序。1974 年，他发表《信念的合法性》，捍卫经验论哲学。

  同时代的思想家中，雷蒙·阿隆和卡尔·波普尔对盖尔纳都有极深的影响。雷蒙·阿隆的《知识分子的鸦片》是盖尔纳经常阅读的书。盖尔纳关于工业社会的理论很大程度上源自雷蒙·阿隆，其源头则可以追溯到圣西门和孔德。卡尔·波普尔是盖尔纳的朋友，二人多有交流。盖尔纳所著《思想与变革》，被称作卡尔·波普尔《开放社会及其敌人》的续篇。[①] 盖尔纳在这本书中自称要提供一种关于现代社会的哲学，一方面要避开形形

[①] John Hall, *Ernest Gellner: An Intellectual Biography*, London: Verso, 2010, p. 132.

色色的千禧年主义的观点——这种观点相信存在着绝对真理，相信人可以变得无限完美——另一方面要避免虚无主义与道德相对主义的诱惑。他认为有意义的思想仍然是非常重要的，一元标准仍需要坚持，但同时要具有一种批判精神。① 在根本性的立场上，可以看到盖尔纳与波普尔思想之一致。尽管如此，波普尔还是批评盖尔纳的不少著作具有明显的历史决定论色彩。②

盖尔纳的社会学及人类学著作，更为丰富，以致盖尔纳通常被视为一名社会学家或人类学家。他不仅关注历史中的社会，更关注现实中的社会，并曾做过长期的田野调查。他在这方面的著作有《犁、剑、书：人类历史的结构》《穆斯林社会》《阿特拉斯的圣人们》（Saints of the Atlas），后者是关于摩洛哥柏柏尔（Berber）部落社会的"人类学"研究。他的政治学著作有《自由的条件》《民族与民族主义》；心理学方面的著作有《精神分析运动》，其中他抨击精神分析的谬误，认为精神分析没有给心理学提供新的知识，其成功奥秘在于它许诺能治疗各种精神疾病。

在学术分工高度细化的今天，盖尔纳如此丰富的知识结构，为他观察、分析社会政治问题提供了独特的理论视角。而盖尔纳著作中某种核心的关怀，亦不难发现。我们可以将其概括为对现时代自由之社会条件的思考。

"市民社会"口号的诞生

在《自由的条件》开篇，盖尔纳写道：

> 一个新理念诞生了，或者说复生了，就在最近若干年。这理念就是：市民社会。以前，一个对市民社会概念感兴趣的人可能被认为是观念史家，他关心的应该是洛克或黑格尔。"市民社会"一语并不能引起鲜活的意象。而且它明显被灰尘覆盖。现在，突乎其然，它被翻了出来，拭擦一新，已成一个闪亮的徽章。③

---

① John Hall, *Ernest Gellner: An Intellectual Biography*, London: Verso, 2010, p. 131.
② "Karl Popper to Gellner", 15 January, 1965, see John Hall, *Ernest Gellner: An Intellectual Biography*, London: Verso, 2010, p. 159.
③ Ernest Gellner, *Conditions of Liberty: Civil Society and its Rivals*, New York: The Penguin Press, 1994, p. 1.

盖尔纳此论写于20世纪90年代初，正是在东欧剧变之后。而市民社会口号的诞生或复生，正是与20世纪80年代的政治转型有关。在他看来，市民社会代表了一种与全能国家相抗衡的力量。东欧的马克思主义知识分子原本沿用马克思的观点，视市民社会（资产阶级社会）为一种骗局，说它与国家相配合，延续着剥削、压迫无产阶级的体制。然而共产主义国家政治、经济、意识形态全面融合的体制，不给个人及社会以自主性，反令那里的人们对马克思批判的市民社会心向往之。"东欧的马克思主义者以批判魔鬼的方式令人们保存了对魔鬼的记忆"（爱德华·希尔斯语）。"市民社会"一语对东欧的马克思主义知识分子而言，并不陌生。但仅仅在黑格尔—马克思式的国家与市民社会二元论的意义上，把市民社会界定为体现"特殊性"的团体（满足特殊而非普遍的需求与利益），并不妥当。盖尔纳论市民社会时，沿袭了17—18世纪英国思想家特别是苏格兰启蒙运动思想家亚当·弗格森的用法。在这一思想传统中，市民社会是指一种具有近代性质的商业、文明的社会，也可叫作具有良好政府的政治社会。在一定意义上，它也有文明社会的意思，正如近代曾将它与野蛮社会相较使用一样。在市民社会秩序中，政府是其不可或缺的一部分。盖尔纳所说的市民社会，即是此种意义上的自由社会。这一社会特征何在？它是否是现代社会的唯一形式？其未来又是如何？盖尔纳基于全球比较的视野，发表了他的看法。

盖尔纳认为，市民社会是对现代西方自由社会基本秩序的概括。古代无所谓"市民社会"，尚未世俗化的伊斯兰世界与意识形态支配的共产主义社会，也不能叫市民社会。依盖尔纳的描述，市民社会的特征及本质，可由如下诸点去看：（1）它是一个自由社会，它要保障贡斯当所说的现代人珍视的自由。它是一个以自由个体为基础的社会，其中个体的身份可以自由选择，而非由小共同体或宗族亲缘关系去决定。盖尔纳指出，多中心、分权、多元，并不能说是市民社会的特征。传统社会里中央政府往往不能很好地集权，古代大帝国常常不干预次级共同体的认同、信仰及道德。在那里，由于通讯交通及军事技术的局限，天高皇帝远，个人或许不受专断权力的侵害，却时时受到宗族社会或部落团体的控制，生活在一种"表亲共和国"（republic of cousins）之中。[①] 在此情境下，不存在个人自由；此一秩序，不能叫市民秩序。（2）它是一个法治社会，是一个规则社会。市民社会中，法律面

[①] John Hall, *Ernest Gellner: An Intellectual Biography*, London: Verso, 2010, p. 291.

前人人平等，不存在逍遥于法律之外享有特权的阶层或个人，人们生活在同一个法律体系中。（3）存在拥有强制力的政府，以保证法治的落实。

不过，需要注意的是，在市民社会秩序中，政治与宗教、经济、文教，处于功能分化的状态，政府并不包揽一切。特别是，市民社会中政教分离，宗教事务私人化，人人是自己的牧师。而与之相对立的，则是盖尔纳所说的乌玛（Umma）。乌玛是这样一种体制，其中央政府垄断了宗教、道德与真理，整个社会形成了一个等级制的、有着宗教与道德目的或意识形态目的之闭合结构。确立唯一的道德、宗教或意识形态，且以中央政府强制推行，对坚持个人见解的人予以镇压或消灭，即造成一个成功的乌玛。在盖尔纳看来，传统的小共同体、部落社会，凭借现代科技手段进行统治的极权主义国家，伊斯兰政教合一的穆斯林社会，都是不同形式的乌玛。乌玛中，没有自由。市民社会，正是乌玛之反题。

盖尔纳认为，作为一种自由、文明的社会，市民社会并非内在于人的境况，并非必然会出现，环大西洋的社会是市民社会，它们是幸运儿。市民社会的经验并不能普遍化为人类社会必然的经验。从历史上看，西方市民社会的诞生得益于他们古已有之的法治传统。盖尔纳指出，在西方，即使是绝对主义王权时期的君主，哪怕是集权程度最高的沙俄君主，皆尊重法律和程序。在东方专制主义国家，情况则截然不同，那里统治者按武断的意志进行统治，市民社会的产生缺乏条件。在现代非西方社会，对市民社会的吁求，也是有的强烈、有的微弱。市民社会必定是工商业社会，但现代工业的发展、工业化的进行，并不必定带来市民社会。在伊斯兰世界，工业化反而巩固、强化了原来的政教合一政体。盖尔纳认为，已有工业化国家的经验表明，工业化并不必然带来一个自由社会。

认识工业社会

盖尔纳于20世纪80年代写作《犁、剑、书：人类历史的结构》，系统阐发了他的历史理论。基于他的人类学知识，盖尔纳概括出历史上的三种社会形态，即狩猎采集社会（原始社会）、农耕—文字社会（农业社会，过渡、中间阶段的社会）、工业社会。此种概括，明显继承自苏格兰启蒙思想家如亚当·斯密、亚当·弗格森；他的工业社会概念，亦与圣西门、孔德、雷蒙·阿隆，大体一致。盖尔纳的具体分析，包括特定社会的社会结构与思想结构两个方面。他以犁、剑、书分别代表社会中的三种要素，即生产、强制、合法性。他认为，每个社会都同时具备这三种要素，当然其中各自的地位及表现形式，是极不相同的。

按盖尔纳的分析，原始社会无论在思想还是社会结构上，皆为浑然一体而未有分殊的状态，人与人之间绝对平等，不存在分工，不存在等级制，亦无书面文字。至农耕—文字阶段，则出现了不平等，出现了一定程度的劳动分工，有了专门的统治阶层及祭祀人员（宗教阶层）。此时，国家的权力尚不能有效地集中于中央政府。在精神认知领域，则出现了"超越"。由于文字的出现，出现了高级文化（high culture）与民间文化（folk culture）的区分。而工业社会，即现代社会，则是一个进一步分化的社会。其中职业的专业化、劳动分工与统一集中的国家权力，结合在了一起。

盖尔纳的社会历史研究，旨在提醒人们，现代人处在工业社会之中，这是一个基本的事实，是历史演化的结果，甚至可以说是社会进化、优胜劣汰使然。脱离这一条件去谈论社会政治问题，必将流于幻想与荒谬。

盖尔纳认为，工业社会首先与现代科学的发展相联系。在工业社会中，人们持有乐观的进步主义观念，相信经济能持续增长，而其存在，也确实严重依赖经济的增长。盖尔纳写道："迄今为止，工业社会是唯一依赖持续和永恒的增长、依赖连续不断的改进而生存的社会。毫不奇怪，它是第一个发明进步和不断改善的观念和理想的社会。它最喜欢的社会控制模式就是普遍实行的丹麦金制度（Danegeld），即通过物质的吸引力来收买社会的侵犯行为；它的最大弱点是，一旦社会贿赂基金减少，哪怕是临时性的减少，它便无法生存；财富的流动一旦出现阻滞，工业社会便会丧失合法地位。"[1]

盖尔纳指出，工业社会带来的经济增长具有道德意义，它大大改善了穷人的生活条件，并为普通公民获得自由创造了条件。在农业社会，也可能出现经济增长，但工业社会之特点在于它能提供一种持续的经济增长。在经济富足的前提下，人们可以有一定的选择自由而不必受制于必然性的束缚。在资源极为匮乏的前工业社会，一个人的生存要以另一个人的死亡为代价。奥斯维辛集中营里的生存法则是，你要活下来，就要加入灭绝同胞者的行列。

---

[1] ［英］恩斯特·盖尔纳：《民族与民族主义》，韩红译，中央编译出版社2002年版，第30—31页。

第十五章 自由主义的复兴

在经济发达的情况下，则不必如此。有人责边沁式功利主义为"猪的哲学"，盖尔纳说，这些指责者才是"猪"，须知社会福利的增加，将给个人的生存、自由与尊严创造必要的前提。[1] 盖尔纳写道，持续的经济增长在消除人类社会中的痛苦方面，比过去世代所有的道德模范做的善事之总和还要多。[2]

盖尔纳论工业社会时强调的另一点，是工业社会中教育的普及。盖尔纳指出，教育的普及消除了从前高级文化与民间文化的区别，促进了同质文化的形成。它在提供工业社会所需要的合格技工人员的同时，带来了巨大的社会流动性。盖尔纳称工业社会中的人为铸件化的人（modular man），这种个体在技能、道德方面的差别不大，只需稍加培训，就可以轻松地胜任现代社会的多种工作，好比标准化生产的组合式家具，不同的家具随意搭配在一起，均可保持风格的一致。

工业社会文化上的同质性，在语言中明显地体现出来。盖尔纳写道："在传统的社会秩序里，狩猎、收获、各种宗教仪式、会堂、厨房或者闺阁里使用的语言，都会形成自主的体系：要想把从这些不同的领域里抽取出来的说法结合在一起，探究它们之间的差异，把它们全都统一起来，这从社会的角度来看是不恰当的，或者更糟，是一种亵渎或者不敬，是令人不可思议的。相比之下，在我们的社会里，人们假定所有作为参照的用语最终指的是一个连贯的世界，可以把它们归结为一种统一的习惯用语。"[3]

盖尔纳指出，工业社会前所未有的流动性，带来了某种平等主义。在工业社会中，一个人的地位、财富，都不再是固定不变的。盖尔纳写道："一个注定要不断玩抢椅子游戏的社会，不可能在它所拥有的各种椅子之间设立起等级和阶层的深刻障碍。"[4] 传统社会靠习俗维持的具有神圣性的不平等，无从生根。因为在高度流动的社会，没有时间使任何事物变得神圣。滚石不生苔，神圣性的获得与习俗的形成，皆需要时间。

社会的流动性要求一种清晰表达的语言，以利于陌生人之间的交流。这种语言，传统的共同体无法提供。国家正是此种统一教育的提供者。在更高层次上实现文化上的统一，是现代社会秩序的一个核心特征。盖尔纳说：

---

[1] John A. Hall, *Ernest Gellner: An Intellectual Biography*, London: Verso, 2010, p. 137.
[2] Ernest Gellner, *Thought and Change*, London: Weidenfeld and Nicolson, 1964, p. 219.
[3] [英]恩斯特·盖尔纳：《民族与民族主义》，韩红译，中央编译出版社2002年版，第29—30页。
[4] 同上书，第34页。

"现代社会秩序的根基不是刽子手,而是教授。国家权力的主要工具和象征,不是断头台,而是名副其实的国家博士。如今,对合法教育的垄断,比对合法暴力的垄断更重要,更具核心意义。"[①] 无论是从可行性(成本较大),还是着眼于教育品质的保证,这种国民基本教育皆须由国家来提供,而且它不再仅仅是统治合法化的手段,更重要的,它现在是工业社会维持之"必需"。盖尔纳说:"曾几何时,教育还是一种村舍产业活动,乡村或者氏族就可以造就人,那个时代已经一去不复返了。"[②]

关于民族主义的理论

盖尔纳晚年最重要的著作是《民族主义》,盖尔纳对这本书甚为满意,自认此书凝结了他毕生科研的心血。它虽处理民族主义这一具体的政治现象,其解释、分析所用理论以及得出的结论,皆与他从前的研究密不可分。他的哲学、人类学、心理学、社会学、政治学、语言学造诣,在这本颇为畅销的小书中熔铸为一个整体。

关于民族主义,歧见迭出,人们对之似十分熟悉,却不知其为何发生,又将去往何方。而近代以来特别是20世纪,极重要的一个现象即为民族主义。自由主义展望的基于抽象人权、普遍理性、共同人性基础上的和平世界,马克思主义依据历史唯物主义的经典论式预测的全球范围内的无产阶级革命,均未实现。在战争的硝烟中,20世纪堪称民族主义的世纪。如何看待这一问题?民族国家的制度本质是什么?全球化浪潮会终结民族主义时代吗?盖尔纳希望基于对历史经验的分析,提出他自己的解释。

盖尔纳首先清晰地界定了民族主义的含义:

> 民族主义首先是一条政治原则,它认为政治的和民族的单位应该相等(同一)。民族主义作为一种情绪或者一种运动,可以用这个原则做最恰当的界定。民族主义情绪是这一原则被违反时引起的愤怒感,或者是实现这一原则带来的满足感。民族主义运动,是这种情绪推动的一场运动。[③]

---

① [英]恩斯特·盖尔纳:《民族与民族主义》,韩红译,中央编译出版社2002年版,第46页。
② 同上书,第51页。
③ 同上书,第1页。

第十五章 自由主义的复兴

简言之，标准的民族主义的信条是"一个民族，一个国家"。由此，探讨民族主义，核心便是探讨人们为何要追求民族与国家的同一，其后果又是如何。盖尔纳认为，这一探讨如果只是局限于对鼓吹民族主义的思想家著作的研读，不仅不得其法，反而误入歧途。因为这些民族主义者的宣言与史上实际发生的事件，并不相符。虚假意识为何物，在民族主义者的言论中表现得甚为明显。而之前若干对民族主义的解释，亦大谬不堪，缺乏经验依据。例如，视民族主义为自然的、不言自明的、自发的现象，如未发生，必是由于受到强大的压制（或可概括为民族主义自然生成论）；视民族主义为一些思想家（例如德国的知识分子）创造出来的极糟糕的理论；视民族主义为历史发展中人们犯的一个错误，这是马克思主义者的观点，他们认为革命本该针对世界范围内的资产阶级，现在把革命的目标、对象搞错了。放弃阶级斗争，争取民族解放，这是一个"错误"；视民族主义为代表鲜血和土地的"原始力量"的再现，这从纳粹主义的口号可以看出。或者，视民族主义是某个阳光灿烂的清晨被浪漫一"吻"唤醒的产物，这一观点从颇为流行的"民族觉醒"一语即可看出。我们还可以想到伯林关于"压弯的树枝"的比喻，他认为民族主义是受欺凌的弱小民族"反弹"的结果。盖尔纳说，这些理论都是虚假的民族主义理论。[①] 盖尔纳认为，必须从社会形态的变迁中去考虑民族主义的起源，理解民族主义现象存在的理据。

盖尔纳的基本观点是，民族主义是工业社会特有的现象，是工业化（现代化）之必然后果。工业化带来了民族主义，民族主义创造了民族。民族国家体制的确立，根源是工业社会。在政治与文化互动中追求民族单位与政治单元同一，根源于工业经济边界与国家边界的同一。因为工业化并非同时来到每个国家，故而它有赖于国家的保护。民族主义运动中的动荡、暴力、战争，不过是农业社会向工业社会过渡带来的后果。在后发（追赶型）工业国家与第一批工业化国家中，民族主义皆存在着，但它们有着不同的表现形式。而从工业主义到民族主义，最根本的理论环节，是同质的文化。这就是说，现代国家要求文化上的同质性。这种同质的文化，正是"民族"的中心含义。"国家垄断着合法的文化，就像它垄断着合法的暴力一样，甚至是有过之而无不及。"[②] 然而，现代国家文化上的同质，主要不是出自统治者的野

---

① [英]恩斯特·盖尔纳：《民族与民族主义》，韩红译，中央编译出版社2002年版，第169页。
② 同上书，第183页。

心或巩固统一帝国的抱负,而是工业社会的客观需要。

盖尔纳认为,工业社会催生且必定催生民族主义。其理论基础,是诸苏格兰启蒙思想家的社会历史理论。盖尔纳将社会分为原始社会、农业社会与工业社会三个阶段。这一划分的依据是基本生活资料特别是食物的供给以及经济发展的状况。他认为,马克思的五阶段划分过于烦琐,而且马克思主义断言人类社会在每个阶段都以相同的方式处理着类似的问题,经济力量在每个阶段都起着决定性的作用,这些断言得不到人类学、社会学经验的证明。如前所述,盖尔纳认为,犁、剑、书在人类历史上不同形态的社会中所处的地位、所起作用以及发挥作用的方式并不相同。对分析民族主义现象来说,工业社会最关键的是在如下一点与之前的社会截然不同。这就是工业社会要求的分工、流动性迫切要求一种标准化的、规范而清晰的书面语言,它是陌生人之间快速便捷沟通的手段,也是个体作为可互换的标准件在工业社会中"游泳"的依据。凭着这种统一、同质的文化,个体可以被现代社会接纳。而这种大范围内的文化教育,耗资巨大,只能由国家来组织。①

盖尔纳指出,这种统一的文化,虽号为"民族文化",却与原初的民族文化不是一回事。按语言、宗教、人种等标准划分出的人类共同体,在全球有数千个,但并非每个团体都表现出民族主义的诉求。而民族国家中统一的文化也只是从某一群体(相对于国家来说,它是次级群体)中借鉴一些因素。这种统一的文化,不再区分高级文化与民间文化。此为区别于农业社会的一个根本特点,即使在现代伊斯兰国家,也可发现对统一的、抽象的、经文主义文化之诉求,它对立于各种凭借中间人实现神人沟通的做法。盖尔纳还将现代工业社会中普及的文化视为"花园文化"而非"野生文化",因为它由国家提供,因教育而形成的,并非天成,它创造了一个类似于水族箱的氛围,工业人好比人工养的金鱼,可以在其中呼吸、游泳。②受过教育的工业社会的成员来到城市,可以找到工作,可以获得尊重,而他原来由于历史偶然性所属的次级文化群体所赋予他的信念及行为模式,在此毫无用处。民族主义运动追求民族与国家在边界上的重合,正出于人们与异族统治者沟通的不便以及由此产生的卑屈感,另外也出于对社会晋升的渴望。无疑,一个与政府官员说不同语言的人在面对痛苦时极易将它归结为其呼声没有被政府

---

① [英]恩斯特·盖尔纳:《民族与民族主义》,韩红译,中央编译出版社2002年版,第51页。
② 同上书,第68页。

听到，在官员面前也有一种天然的卑下感。他们相信，如果国家公职人员由与自己语言相同的人担任，情况会大有改善。他本人及其子女，也将有机会成为统治者，上升到社会的高级序列。

盖尔纳指出，与民族主义意识形态宣称的相反，民族主义根本没有承担起捍卫本土民间文化的任务，"民族主义声称保卫和复兴的文化，往往是它自己杜撰的东西，或者是被它修改得面目全非的东西"①。盖尔纳暗指，民族主义实为工业化扩展导致的新现象。以均一的、标准化的、基于国家教育而产生的新文化为标准，工业社会中的人固定起他们的政治边界。真正的民族文化，如今只有在歌剧院、戏台上才可以看到，而购票入场的观众则是工业社会中铸件式的工人、职业白领或企业家。这些观众，才是滋生民族主义的人群。盖尔纳写道：

> 民族主义意识形态受到普遍存在的虚假意识的影响，它的神话颠倒了事实：它声称保护着一个古老的民间社会，而事实上，却在为建立一个没有个性特征的大众社会推波助澜。……它宣传和捍卫延续性，但是，它之所以能够存在，确实因为人类历史出现的一个极其深刻的、决定性的断裂。它宣传和捍卫文化多样性，而事实上，却在政治单位内部，并且在较小的程度上在政治单位之间推行同质性。②

民族主义在全球化背景下会从我们的世界消失吗？盖尔纳认为至少在可以预见的将来不会。因为工业人的教育由各个国家分别提供这一局面未变，工业社会的格局未变。但是，全球范围内交流的发展，文化与政治单位相匹配这一调整的基本完成，尊重文化差异的共识，皆使我们"可以期望晚期工业社会成为一个民族主义仅以一种淡化的、毒害程度较轻的形式存在于其中的社会"③。

伊斯兰与现代性

当代英国学者莱斯诺夫（Michael Lessnoff）如此写道："1960年代的学

---

① ［英］恩斯特·盖尔纳：《民族与民族主义》，韩红译，中央编译出版社2002年版，第74页。
② 同上书，第163页。
③ 同上书，第160页。

生革命，如它最终表明的那样，对市民社会并不是一个太严重的挑战。但福山的乐观主义却过了头。如果说纳粹主义、布尔什维克主义与西方社会内部左翼的抗议已完结，至少目前如此，那么依然有一个对立的社会形式存活着，它确实生机勃勃，经常被视为充满敌意，这个社会形式，就是伊斯兰社会。"① 莱斯诺夫的描述，揭示了我们关注穆斯林社会的现实意义，也给出了我们理解盖尔纳的穆斯林社会研究之背景。

盖尔纳自 20 世纪 60 年代起，即开始研究穆斯林社会，并持续关注，投入大量精力。他曾是西部非洲马格里布（Maghreb）社团的总负责人。关于穆斯林社会这一主题，盖尔纳写过两部著作、三十多篇论文、五十多篇书评以及其他各种序言短论。他做过田野调查，曾去摩洛哥、阿尔及利亚、突尼斯、土耳其、黎巴嫩、西非、埃及、约旦、哈萨克斯坦等国考察穆斯林社会。② 这种经验考察，辅以他深厚的哲学与社会理论功底，使他的穆斯林社会研究别开生面。他的研究，颇有弥补韦伯宗教社会学中未能展开的伊斯兰研究之意，而它并不止于文献研究。与韦伯相类，盖尔纳同样在宗教与现代资本主义（盖尔纳喜用"工业主义"）关系辨析的框架中，考察伊斯兰教的特点，并试图揭示伊斯兰与现代性的关联。

伊斯兰社会的特点，是政教合一、世俗与宗教不分，教会法就是市民法，律法家与神学家是同一类人，他们被叫作 ulama。这些都是老生常谈。盖尔纳要指出的是，在传统伊斯兰社会，存在着高级伊斯兰（High Islam）与民间伊斯兰（Folk Islam）的区别。前者主体为伊斯兰社会的城市精英，后者则为乡村民众以及城市的底层人。就传统伊斯兰帝国来说，国家的统治者常苦于不能控制乡间部落，而乡间伊斯兰部落首领带领武装起来的群众攻入城市，即完成帝国统治精英的更替，这些胜利的统治者，以后也遭同样的命运，被其他乡间部落取代。是为中古北非伊斯兰哲人—政治家易卜·卡登（Ibn Khaldum, 1332—1406）所讲的"精英循环"。③

盖尔纳认为，就宗教信仰本身来说，伊斯兰教与基督教不同，它虽然也分清教派与非清教派，但传统基督教，视清教为非正统，而在伊斯兰教，则视清教为正统。处于中心地位的高级伊斯兰文化，正是此种一神论的、清教的、经文主义的传统，而在乡村部落，则存在民众与神沟通的中间人——苏

---

① Michael Lessnoff, *Ernest Gellner and Modernity*, Cardiff: University of Wales Press, 2002, p. 24.
② John A. Hall, *Ernest Gellner: An Intellectual Biography*, London: Verso, 2010, p. 275.
③ Michael Lessnoff, *Ernest Gellner and Modernity*, Cardiff: University of Wales Press, 2002, p. 77.

第十五章 自由主义的复兴

菲（sufi），存在"活着的圣人"，乡村伊斯兰与巫术、仪式、具有卡理斯玛的部落领袖联系在一起，若以韦伯的术语言之，便是其尚未祛除魔力，理性化程度较低。韦伯指出，以个人主义、禁欲主义为中心的清教伦理为西方现代资本主义的兴起提供了强大的精神动力，取得了巨大的经济成就。盖尔纳指出，伊斯兰教的高级文化，同样有此功能。所以，对穆斯林社会来说，它们不必完全放弃其宗教，即能适应工业化的要求。

盖尔纳指出，现代社会中的两个因素为传统伊斯兰社会政治结构带来了根本的变化：其一是军事与交通技术的发展使得中央政府对散布在广袤乡村的部落之控制成为可能，国家权力得以覆盖全国，并渗透到最基层，与之相联系，传统部落首领的公共功能也日渐衰退。其二为观念方面的因素。由"清教的"ulama 推动的针对传统主义的伊斯兰改革，崇尚经文主义，造就了工业社会必需的同质文化。当然，在伊斯兰社会转型中，在"书"（经文）与个人卡理斯玛（传统部落的圣人）之间，存在多个过渡类型。并且，转型过程中清教派的胜利并非必然。① 但是，盖尔纳认为，正是这种高级伊斯兰自身的"清教"特点，使得伊斯兰社会可以在工业化过程中不必世俗化，反而从工业化过程中获得养料，其代价则是民间伊斯兰的衰败。伊斯兰世界的保守逆流所捍卫的，正是那被牺牲的部落主义的民间伊斯兰。盖尔纳写道："教义的讲究、质朴、细腻；严格的唯一神教派；没有讨厌的装腔作势；这一切有助于伊斯兰教比其他教义上更奢华的信仰更好地在现代世界里生存。……那些政治魔术师们可以根据严格的神学编写自己的顺口溜，同时根据自己的偏好，悄悄地洗手中的牌，应付政治道德方面的问题。"②

在论伊斯兰教与现代性二者间的关系时，盖尔纳亦论及儒教中国的问题。盖尔纳说，中国很早即完成政治及文化上的统一（盖尔纳此一观点，与韦伯一致）。然而，它们在工业化过程中，并未体现为明显的有利条件，而儒家文化这一传统社会的高级文化，在现代化过程中全面衰落以至不能存活，正在于它作为农业社会的意识形态，所提倡的伦理与道德对于现代工业人来说过于恭敬、缺乏平等精神。换言之，它不可能提供一种工业社会需要的同质文化。儒家不能放弃它对人的"礼"的要求，不能放弃它对等级制的维护。这些即足以使儒教在现代社会难以存活，"至少很难以同样的名称、

---

① John A. Hall, *Ernest Gellner: An Intellectual Biography*, London: Verso, 2010, p. 281.
② ［英］恩斯特·盖尔纳：《民族与民族主义》，韩红译，中央编译出版社2002年版，第106—107页。

同样的管理机构存活"①。

　　盖尔纳是自由主义者,与卡尔·波普尔一样,皆为苏格兰启蒙精神的捍卫者。盖尔纳政治思想的特点,是把对自由理想的捍卫牢牢建立在社会经验的基础之上。他以工业社会为历史发展之必然,认为从农业社会向工业社会过渡,是一个无法逆转的过程。落后的农业社会,必须迎头赶上,才能在现代世界获得生存。他是20世纪西方政治思想家中少有的关注欠发达社会、非西方社会的思想家,并且,他对这些社会,持高度"同情"理解的态度。他的学说中,"追赶"(rattrapage/catching up)一语甚为突出,盖尔纳提醒人们,任何宗教、任何文明都要面对工业化的挑战,工业社会不相信任何感伤主义的泪水。而在工业化同时是否能维持个人的自由,则是一个严肃的问题。作为一种自由秩序的西方市民社会,绝非必然出现。而穆斯林社会成功现代化却拒绝世俗化,一方面体现了农业社会向工业社会过渡的共性,如宗教与伦理的理性化,文化上的均质统一,国家之建构;另一方面,也体现出多元现代性的可能。

---

① [英]恩斯特·盖尔纳:《民族与民族主义》,韩红译,中央编译出版社2002年版,第107页。

结 束 语

作为一部西方政治思想通史，本书包括了分别属于不同传统、流派的思想家。在写作过程中，笔者大体遵循抓住关键节点、准确再现、同情理解、多角度诠释、批判性思考、政治理论意义阐发的原则。政治思想史的写作，如成一门职业，常以方法论特色而著称。然而，在笔者看来，西方政治思想史研究不应致力于抽象出思想演变的通则、固定的解释范式，尤其要避免理传统、找线索、构建其实并不存在的谱系之历史主义冲动。笔者主张追随思想家的关注点及思路，移步换景，深入彼时思想家的精神世界，在理论层面与思想家进行深度交流，从而辨析出思想家的中心关怀、基本意图及思想特点。为此，文本的研读、语言环境的适当考量与历史背景的梳理，必须同时兼顾。当然，思想家的创造性、独特性，始终是笔者关注的重点。每一个思想家的著作，都是一个相对独立的精神王国、一个以思想家为中心的意义世界，它处于过去与未来之间，直面当时实际的、迫切的社会政治问题，而又保持着对灿烂星空的向往、对理想秩序的憧憬。政治思想史研习的关键，在于我们对那个精神王国、意义世界的理解与熟悉。

在当今高度分化的学科体系中，在科学主义泛滥的时代，对于具有综合性、跨学科特点的政治思想史的研习，本身即为国民教育的一部分。游走于传统与现代、世俗与神圣、自我与世界之间，西方政治思想史展示了它独特的魅力。在阅读西方政治思想著作的过程中，我们受到的教育是无声地、悄然进行的。我们的政治判断力，或可在此过程中得以形成；我们的政治思考能力，也可望因此得到"锻炼"。

西方政治思想史，犹如一幅长长的卷轴画。人物无疑是这幅图画中最引人注目之处。他们的肉体早已化为黄土，但其思想却依然保持着生命力。他们有意向后人提供教诲、忠告，同样也保存着各自对自己所处时代与政治社会的理解及批判。掩卷沉思，我们能悟出哪些道理？政治理论是否只是一套

结束语

说辞，用来为某种政治行动提供合法化证明？抑或政治理论本身具有自身的独立性，它是思想家对存在的参与、对实在的探询？从政治思考的内容及知识成果来看，对政治思想史的把握，实为人们思考诸多重大问题的基础。

一个民族的政治成熟，必定意味着政治意识的觉醒、政治人格的健全、政治制度的发达、政治心灵的开放。它不是指对权谋与欺诈的娴熟应用，更不是指刀与剑、血与火。无论是利益政治、认同政治、宗教政治，只要不经意地展示出其暴力本质，便从根本上背离了政治存在的基本准则，从而徒具政治之名。反过来，完全无视现实世界的暴力与斗争，放弃世界政治中的对外战争法权，通过自动缴械来寻求和平，则无异于政治上的幼童。

人与普通动物之重大不同之一，便在于人每做一件事，总要"瞻前顾后"，考虑其来龙去脉。政治世界充满了偶然性，这源于人自由的禀赋，源于人类行动后果之不可预期、不可控制。政治根源于鲜活的人性，根源于人类社会的分裂，根源于有缺陷的人却总是想象着进步、提升与完善。在处理自身面临的政治问题时，人类是否能够"吃一堑，长一智"，不再重蹈覆辙？自甘堕落的民族是可悲的，缺乏抱负的民族是可鄙的，夜郎自大的民族是可笑的，敌视人类普遍利益、共同命运的民族则是狭隘的。而政治组织技术，则不论理想与抱负，实为某种中立的、工具性的东西，其有效性，在实践中即可得到检验。政治关乎众人，亦由众人推动。世界的创造与维持，生活的深度展开，伟大成就的获得，取决于你、我、他。

斗转星移，物是人非。除了人类种族自身的繁衍之外，一代人似乎承担着一代人独特的任务，承受着独特的罪孽与痛苦，一代人亦有一代人特定的关怀与追求。然而，在人类存在的最深处，共同的本质从未消失。人作为政治动物存在的意义，并不会因时间的推移而有所变化。它在根本上意味着政治社会的自我理解，自然也包含着对自由、尊严与荣誉的理解。离开了自由，便只有支配与管理，而不再有政治。在 21 世纪的今天，正如在人类历史上之前的各个时期一样，反政治的力量作为自由的敌人，从未消失，它们有时甚至变得异常强大。21 世纪继承了 20 世纪的暴力迷信。暴力不再是某种工具，它本身具有崇高的地位。谁掌握了暴力，谁就可以控制国家。煽动战争，往往比呼吁和平更容易。

当今世界，战争的阴影并未从人们生活中消失，暴力、血腥、酷刑依然存在。国际政治社会依然是一个多元的世界。一国之内的人间天堂从未实现，天下大同、四海一家，更是遥不可及。分裂和冲突，在各个层次展开，

结束语

政治改头换面,从未从这个世界消失。在全球化与反全球化的斗争中,人们重新界定着政治的边界。在尚未实现民主化的国家中,雷蒙·阿隆所说的政治的优先性、至上性,借助新的监控技术及组织管理技术,得以充分体现。人类自由正受到前所未有的威胁。反动的浪潮席卷全球,宗教极端主义,极右政治思潮,文明冲突话语掩盖下的狭隘文化心理,认同政治的偏执、病态与封闭,汇成了反现代、反文明的洪流,奏响了世界危机的序曲。在某些国家和地区,曾经造成大规模人道主义危机,具有反人类、野蛮主义性质的种族主义意识形态与宣扬团体仇恨的学说,再次浮出水面。人类作恶的潜能,相互杀戮的嗜好,难道是每隔多少年就要爆发一次?在精神世界,返老还童与回光返照,常常不易区分。就人类社会未来而言,一切皆有可能。在丰富而生动的社会政治现实面前,一切简单化的解释都将陷入谬误。在此背景之下,人的存在的政治之维再度得到彰显。政治没有在新经济、新技术条件下消失,相反,它比以往任何时候都更加深刻地影响到了每一个公民。

参考文献

一　中文参考文献

《马克思恩格斯选集》，人民出版社1974年版。

《马克思恩格斯全集》第23卷，人民出版社1972年版。

《列宁全集》第10卷，人民出版社1972年版。

《马克思主义经典作家论世界近代史》，福建人民出版社1986年版。

《论统一民法对于德意志的必要性：蒂堡与萨维尼论战文选》，朱虎译，中国法制出版社2009年版。

《资产阶级政治家关于人权、自由、平等、博爱言论选录》，世界知识出版社1963年版。

[阿] 法拉比：《论完美城邦——卓越城邦居民意见诸原则之书》，董修元译，华东师范大学出版社2016年版。

[奥] 汉斯·凯尔森：《纯粹法理论》，张书友译，中国法制出版社2008年版。

[奥] 汉斯·凯尔森：《法与国家的一般理论》，沈宗灵译，中国大百科全书出版社1996年版。

[澳] 奥尔佳·霍拉克：《从奥斯威辛集中营到澳大利亚——一位纳粹大屠杀幸存者的记忆》，高山译，人民邮电出版社2010年版。

[比] 雷蒙·特鲁松：《卢梭传》，李平沤、何三雅译，商务印书馆1998年版。

[丹] 努德·哈孔森：《自然法与道德哲学：从格劳秀斯到苏格兰启蒙运动》，马庆、刘科译，浙江大学出版社2010年版。

[德] 阿尔贝特·施佩尔：《第三帝国内幕——阿尔贝特·施佩尔回忆录》，邓蜀生等译，生活·读书·新知三联书店1982年版。

[德] 艾里克·沃尔夫编：《历史法学派的基本思想》，郑永流译，法律出版

社 2009 年版。

［德］奥斯瓦尔德·斯宾格勒：《西方的没落》，齐世荣等译，商务印书馆 1963 年版。

［德］奥托·冯·俾斯麦：《思考与回忆》，杨德友、同鸿印等译，生活·读书·新知三联书店 2006 年版。

［德］迪尔克·克斯勒：《马克斯·韦伯的生平、著述及影响》，郭锋译，法律出版社 2000 年版。

［德］迪特尔·拉甫：《德意志史：从古老帝国到第二共和国》，慕尼黑 Max Hueber 出版社 1987 年版。

［德］斐迪南·滕尼斯：《共同体与社会》，林荣远译，商务印书馆 1999 年版。

［德］费希特：《费希特著作选集》，梁志学主编，商务印书馆 2000 年版。

［德］费希特：《论法国革命》，李理译，贵州人民出版社 2001 年版。

［德］费希特：《论学者的使命》，梁志学、沈真译，商务印书馆 1984 年版。

［德］佛兰茨—米夏埃尔·康拉德：《洪堡传》，赵劲、张富馨译，同济大学出版社 2017 年版。

［德］弗·梅林：《德国社会民主党史》第一卷，青载繁译，生活·读书·新知三联书店 1963 年版。

［德］弗里德里希·梅内克：《马基雅维里主义》，时殷弘译，商务印书馆 2008 年版。

［德］格奥尔格·耶里内克：《〈人权与公民权利宣言〉——现代宪法史论》，李锦辉译，商务印书馆 2013 年版。

［德］海涅：《海涅选集》，张玉书编选，张玉书等译，人民文学出版社 1983 年版。

［德］汉斯·莫姆森：《希特勒与 20 世纪德国》，赵涟译，社会科学文献出版社 2013 年版。

［德］汉斯·维尔纳·格茨：《欧洲中世纪生活》，王亚平译，东方出版社 2002 年版。

［德］赫尔弗里德·明克勒：《帝国统治世界的逻辑：从古罗马到美国》，阎振江、孟翰译，中央编译出版社 2008 年版。

［德］黑格尔：《法哲学原理》，范扬、张企泰译，商务印书馆 1961 年版。

［德］黑格尔：《历史哲学》，王造时译，上海书店出版社 2001 年版。

参考文献

［德］卡岑巴赫：《赫尔德传》，任立译，商务印书馆1993年版。

［德］卡尔·考茨基：《莫尔及其乌托邦》，关其侗译，生活·读书·新知三联书店1963年版。

［德］卡尔·洛维特：《世界历史与救赎历史》，李秋零、田薇译，生活·读书·新知三联书店2002年版。

［德］卡尔·曼海姆：《保守主义》，李朝晖、牟建君译，译林出版社2002年版。

［德］卡尔·施米特：《霍布斯国家学说中的利维坦》，应星、朱雁冰译，华东师范大学出版社2008年版。

［德］卡尔·施米特：《陆地与海洋》，林国基、周敏译，华东师范大学出版社2006年版。

［德］卡尔·施米特：《论断与概念》，朱雁冰译，上海人民出版社2006年版。

［德］卡尔·施米特：《宪法的守护者》，李君韬、苏慧婕译，商务印书馆2008年版。

［德］卡尔·施米特：《宪法学说》，刘锋等译，上海人民出版社2005年版。

［德］卡尔·施米特：《政治的概念》，刘宗坤等译，上海人民出版社2003年版。

［德］卡尔·施米特：《政治的浪漫派》，冯克利、刘锋译，上海人民出版社2004年版。

［德］卡尔·雅思培：《论韦伯》，鲁燕萍译，桂冠图书公司1992年版。

［德］卡尔·雅斯贝尔斯：《大学之理念》，邱立波译，上海人民出版社2007年版。

［德］卡尔·雅斯贝尔斯：《大哲学家》，李雪涛主译，社会科学文献出版社2005年版。

［德］卡尔·雅斯贝尔斯：《尼采其人其说》，鲁路译，社会科学文献出版社2001年版。

［德］康德：《康德政治著作选》，［英］H. S. 赖斯编，金威中译，中国政法大学出版社2013年版。

［德］康德：《历史理性批判文集》，何兆武译，商务印书馆1990年版。

［德］克劳斯·费舍尔：《德国反犹史》，钱坤译，江苏人民出版社2007年版。

· 1218 ·

[德]克劳斯·费舍尔:《纳粹德国:一部新的历史》,萧韶工作室译,江苏人民出版社2005年版。

[德]罗伯特·米歇尔斯:《寡头统治铁律——现代民主制度中的政党社会学》,任军锋等译,天津人民出版社2003年版。

[德]马丁·路德:《路德文集》第一卷,雷雨田、刘行仕译,香港路德会文字部,2003年版。

[德]马丁·路德:《路德文集》第二卷,丘恩处等译,香港路德会文字部,2004年版。

[德]马丁·路德:《路德文集》第四卷,王子真等译,香港路德会文字部,2015年版。

[德]马克斯·韦伯:《经济与历史 支配的类型》,康乐等译,广西师范大学出版社2004年版。

[德]马克斯·韦伯:《伦理之业》,王容芬译,广西师范大学出版社2008年版。

[德]马克斯·韦伯:《民族国家与经济政策》,甘阳译,生活·读书·新知三联书店1997年版。

[德]马克斯·韦伯:《儒教与道教》,洪天富译,江苏人民出版社1997年版。

[德]马克斯·韦伯:《新教伦理与资本主义精神》,于晓等译,生活·读书·新知三联书店1987年版。

[德]马克斯·韦伯:《印度的宗教——印度教与佛教》,康乐、简惠美译,广西师范大学出版社2005年版。

[德]马克斯·韦伯:《支配社会学》,简惠美译,广西师范大学出版社2004年版。

[德]马克斯·韦伯:《宗教社会学》,康乐、简惠美译,广西师范大学出版社2005年版。

[德]玛丽安妮·韦伯:《马克斯·韦伯传》,阎克文等译,江苏人民出版社2002年版。

[德]迈尔:《隐匿的对话——施米特与施特劳斯》,朱雁冰等译,华夏出版社2002年版。

[德]摩西·门德尔松:《耶路撒冷:论宗教权利与犹太教》,刘新利译,山东大学出版社2007年版。

参考文献

［德］尼采：《查拉图斯特拉如是说》，钱春绮译，生活·读书·新知三联书店2014年版。

［德］尼采：《尼采全集》第3卷，杨恒达等译，中国人民大学出版社2016年版。

［德］诺贝特·埃利亚斯：《文明的进程》，王佩莉译，生活·读书·新知三联书店1998年版。

［德］帕普克主编：《知识、自由与秩序：哈耶克思想论集》，黄冰源等译，中国社会科学出版社2001年版。

［德］萨维尼：《当代罗马法体系》卷1，朱虎译，中国法制出版社2010年版。

［德］萨维尼：《法律冲突与法律规则的地域和时间范围》，李双元等译，武汉大学出版社2016年版。

［德］萨维尼：《论立法与法学的当代使命》，许章润译，中国法制出版社2001年版。

［德］萨维尼：《论占有》，朱虎、刘智慧译，法律出版社2007年版。

［德］萨维尼、雅各布·格林：《萨维尼法学方法论讲义与格林笔记》，杨代雄译，法律出版社2008年版。

［德］施勒格尔：《浪漫派风格》，李伯杰译，华夏出版社2005年版。

［德］缇尔曼·波尔舍：《洪堡哲学思想评述》，赵劲、陈嵘译，同济大学出版社2017年版。

［德］托尔斯腾·克尔讷：《纳粹德国的兴亡》，李工真译，湖南人民出版社2005年版。

［德］威廉·冯·洪堡：《论国家的作用》，林荣远、冯兴元译，中国社会科学出版社1998年版。

［德］维尔纳·桑巴特：《奢侈与资本主义》，王燕平、侯小河译，上海人民出版社2005年版。

［德］维克多·克莱普勒：《第三帝国的语言》，印芝虹译，商务印书馆2013年版。

［德］维纳·洛赫：《德国史》，北京大学历史系世界近代现代史教研室译，生活·读书·新知三联书店1959年版。

［德］魏尔纳·桑巴特：《犹太人与现代资本主义》，安佳译，上海人民出版社2015年版。

[德] 沃尔夫冈·蒙森：《马克斯·韦伯与德国政治》，阎克文译，中信出版社 2016 年版。

[德] 乌韦·卡斯滕斯：《滕尼斯传》，林荣远译，北京大学出版社 2010 年版。

[德] 约翰·哥特弗雷德·赫尔德：《反纯粹理性——论宗教、语言和历史文选》，张晓梅译，商务印书馆 2010 年版。

[法] 埃利·哈列维：《哲学激进主义的兴起——从苏格兰启蒙运动到功利主义》，曹海军等译，吉林人民出版社 2006 年版。

[法] 艾黎·福尔：《拿破仑》，伍光建译，时代文艺出版社 2013 年版。

[法] 奥古斯特·孔德：《论实证精神》，黄建华译，商务印书馆 1996 年版。

[法] 邦雅曼·贡斯当：《古代人的自由与现代人的自由》，阎克文、刘满贵译，商务印书馆 1999 年版。

[法] 邦雅曼·贡斯当：《阿道尔夫》，王聿蔚译，上海译文出版社 1985 年版。

[法] 丹尼尔·哈列维：《尼采传》，谈蓓芳译，业强出版社 1991 年版。

[法] 德·斯塔尔夫人：《德国的文学与艺术》，丁世中译，人民文学出版社 1981 年版。

[法] 德尼茨·加亚尔等：《欧洲史》，蔡鸿洹等译，海南出版社 2002 年版。

[法] 菲·邦纳罗蒂：《为平等而密谋》（上），陈叔平译，商务印书馆 1989 年版。

[法] 菲·邦纳罗蒂：《为平等而密谋》（下），陈叔平、端木美译，商务印书馆 1989 年版。

[法] 菲利普·内莫：《教会法与神圣帝国的兴衰》，张竝译，华东师范大学出版社 2011 年版。

[法] 菲利普·尼摩：《什么是西方》，阎雪梅译，广西师范大学出版社 2009 年版。

[法] 弗朗索瓦·基佐：《一六四○年英国革命史》，伍光建译，商务印书馆 1986 年版。

[法] 弗朗索瓦·基佐：《欧洲代议制政府的历史起源》，张清津、袁淑娟译，复旦大学出版社 2008 年版。

[法] 傅立叶：《傅立叶选集》第一卷，汪耀三译，商务印书馆 1959 年版。

[法] 傅立叶：《傅立叶选集》第三卷，冀甫译，商务印书馆 1964 年版。

参考文献

［法］古斯塔夫·勒庞：《乌合之众：大众心理研究》，冯克利译，中央编译出版社 2004 年版。

［法］古斯塔夫·勒庞：《心理学统治世界》卷 1，文刃译，金城出版社 2013 年版。

［法］古斯塔夫·勒庞：《心理学统治世界》卷 2，高永译，金城出版社 2013 年版。

［法］克洛得·达维德：《希特勒与纳粹主义》，徐岚译，商务印书馆 1997 年版。

［法］库朗热：《古代城邦——古希腊罗马祭祀、权利和政制研究》，谭立铸等译，华东师范大学出版社 2006 年版。

［法］勒内·达维德：《当代主要法律体系》，漆竹生译，上海译文出版社 1984 年版。

［法］雷蒙·阿隆：《介入的旁观者：雷蒙·阿隆访谈录》，杨祖功、海鹰译，吉林出版集团有限责任公司 2013 年版。

［法］雷蒙·阿隆：《雷蒙·阿隆回忆录：五十年的政治反思》，杨祖功等译，新星出版社 2006 年版。

［法］雷蒙·阿隆：《历史意识的维度》，董子云译，华东师范大学出版社 2017 年版。

［法］雷蒙·阿隆：《论自由》，姜志辉译，上海世纪出版集团 2007 年版。

［法］雷蒙·阿隆：《社会学主要思潮》，葛智强等译，华夏出版社 2000 年版。

［法］雷蒙·阿隆：《和平与战争：一种国际关系理论》，朱孔彦译，中央编译出版社 2013 年版。

［法］雷蒙·阿隆等：《托克维尔与民主精神》，陆家淦、金烨译，社会科学文献出版社 2008 年版。

［法］雷蒙·布东：《为何知识分子不热衷自由主义》，田晶译，生活·读书·新知三联书店 2012 年版。

［法］卢梭：《爱弥儿》，李平沤译，商务印书馆 1978 年版。

［法］卢梭：《卢梭全集》第 1 卷，李平沤译，商务印书馆 2012 年版。

［法］卢梭：《论人类不平等的起源和基础》，李常山译，商务印书馆 1962 年版。

［法］卢梭：《社会契约论》，何兆武译，商务印书馆 1980 年版。

［法］路易·戴格拉夫：《孟德斯鸠传》，许明龙、赵克非译，浙江大学出版社 2016 年版。

［法］路易·马德林：《法国大革命史》，伍光建译，时代文艺出版社 2014 年版。

［法］吕西安·若姆：《托克维尔：自由的贵族源泉》，马洁宁译，漓江出版社 2017 年版。

［法］马雷：《西方大历史》，胡祖庆译，海南出版社 2008 年版。

［法］梅斯特尔：《论法国》，鲁仁译，上海人民出版社 2005 年版。

［法］蒙田：《蒙田随笔集》，马振骋译，上海译文出版社 2014 年版。

［法］蒙田：《蒙田随笔全集》上卷，潘丽珍等译，译林出版社 1996 年版。

［法］蒙田：《蒙田随笔全集》中卷，马振骋等译，译林出版社 1996 年版。

［法］蒙田：《蒙田随笔全集》下卷，陆秉慧等译，译林出版社 1996 年版。

［法］孟德斯鸠：《论法的精神》，张雁深译，商务印书馆 1961 年版。

［法］米涅：《法国革命史》，北京编译社译，商务印书馆 1977 年版。

［法］米歇尔·维诺克：《法国知识分子的世纪·纪德时代》，孙桂荣、逸风译，江苏教育出版社 2006 年版。

［法］米歇尔·维诺克：《自由之声》，吕一民等译，中国人民大学出版社 2006 年版。

［法］帕累托：《普通社会学纲要》，田时纲译，东方出版社 2007 年版。

［法］皮埃尔·格里马尔：《西塞罗》，董茂永译，商务印书馆 1998 年版。

［法］乔治·索雷尔：《进步的幻象》，吕文江译，上海人民出版社 2003 年版。

［法］乔治·索雷尔：《论暴力》，乐启良译，上海人民出版社 2005 年版。

［法］让·博丹：《主权论》，李卫海、钱俊文译，北京大学出版社 2008 年版。

［法］热拉尔·瓦尔特：《巴贝夫》，刘汉玉译，商务印书馆 1992 年版。

［法］热拉尔·瓦尔特：《罗伯斯庇尔》，姜靖藩等译，商务印书馆 1983 年版。

［法］托克维尔：《旧制度与大革命》，冯棠译，商务印书馆 1992 年版。

［法］托克维尔：《论美国的民主》，董果良译，商务印书馆 1988 年版。

［法］夏多布里昂：《墓畔回忆录》，程依荣等译，东方出版社 2005 年版。

［法］雅克利娜·德·罗米伊：《探求自由的古希腊》，张竝译，华东师范大

学出版社 2015 年版。

［法］伊波利特·泰纳：《现代法国的起源：大革命之大混乱》，黄艳红译，吉林出版集团有限责任公司 2015 年版。

［法］约瑟夫·德·迈斯特：《信仰与传统》，冯克利、杨日鹏译，商务印书馆 2010 年版。

［芬兰］凯瑞·帕罗内：《昆廷·斯金纳思想研究：历史，政治，修辞》，李宏图、胡传胜译，华东师范大学出版社 2005 年版。

［古罗马］奥古斯丁：《忏悔录》，周士良译，商务印书馆 1963 年版。

［古罗马］奥古斯丁：《上帝之城》，王晓朝译，人民出版社 2006 年版。

［古罗马］波里比阿：《罗马帝国的崛起》，翁嘉声译，社会科学文献出版社 2013 年版。

［古罗马］撒路斯提乌斯：《朱古达战争》，王以铸、崔妙因译，商务印书馆 1995 年版。

［古罗马］塞涅卡：《道德和政治论文集》，袁瑜琤译，北京大学出版社 2010 年版。

［古罗马］塞涅卡：《强者的温柔：塞涅卡伦理文选》，包利民等译，中国社会科学出版社 2005 年版。

［古罗马］苏维托尼乌斯：《罗马十二帝王传》，张竹明、王乃新、蒋平等译，商务印书馆 1995 年版。

［古罗马］西塞罗：《国家篇 法律篇》，沈叔平、苏力译，商务印书馆 1999 年版。

［古罗马］西塞罗：《西塞罗三论》，徐奕春译，商务印书馆 1998 年版。

［古希腊］柏拉图：《柏拉图全集》，王晓朝译，人民出版社 2003 年版。

［古希腊］柏拉图：《理想国》，郭斌和、张竹明译，商务印书馆 1986 年版。

［古希腊］柏拉图：《法律篇》，张智仁译，上海人民出版社 2001 年版。

［古希腊］第欧根尼·拉尔修：《名哲言行录》，马永翔等译，吉林人民出版社 2003 年版。

［古希腊］普鲁塔克：《希腊罗马名人传》（上），陈永庭等译，商务印书馆 1990 年版。

［古希腊］色诺芬：《回忆苏格拉底》，吴永泉译，商务印书馆 1984 年版。

［古希腊］修昔底德：《伯罗奔尼撒战争史》，谢德风译，商务印书馆 1960 年版。

参考文献

[古希腊] 亚里士多德：《尼各马可伦理学》，廖申白译，商务印书馆 2003 年版。

[古希腊] 亚里士多德：《政治学》，吴寿彭译，商务印书馆 1965 年版。

[荷] 伯纳德·曼德维尔：《蜜蜂的寓言》，肖聿译，中国社会科学出版社 2002 年版。

[荷] 格劳秀斯：《捕获法》，张乃根等译，上海人民出版社 2006 年版。

[荷] 斯宾诺莎：《神学政治论》，温锡增译，商务印书馆 1963 年版。

[荷] 斯宾诺莎：《政治论》，冯炳坤译，商务印书馆 1999 年版。

[荷] 维姆·布洛克曼、彼得·霍彭布劳沃：《中世纪欧洲史》，乔修峰、卢伟译，花城出版社 2012 年版。

[荷兰] 约翰·赫伊津哈：《伊拉斯谟传》，何道宽译，广西师范大学出版社 2008 年版。

[加] 马丁·基钦：《剑桥插图德国史》，赵辉、徐芳译，世界知识出版社 2005 年版。

[加] 莎迪亚·B. 德鲁里：《列奥·施特劳斯与美国右派》，刘华等译，华东师范大学出版社 2006 年版。

[美] A. P. 马蒂尼奇：《霍布斯传》，陈玉明译，上海人民出版社 2007 年版。

[美] C. E. 布莱克、E. C. 赫尔姆赖克：《二十世纪欧洲史》，山东大学外文系英语翻译组译，人民出版社 1984 年版。

[美] H. 斯图尔特·休斯：《欧洲现代史》，陈少衡等译，商务印书馆 1984 年版。

[美] S. E. 佛罗斯特：《西方教育的历史和哲学基础》，吴元训等译，华夏出版社 1987 年版。

[美] 阿·鲁·约安尼相：《傅立叶传》，汪裕荪译，商务印书馆 1961 年版。

[美] 阿马蒂亚·森：《伦理学与经济学》，王宇、王文玉译，商务印书馆 2000 年版。

[美] 埃里克·霍弗：《狂热分子》，梁永安译，广西师范大学出版社 2011 年版。

[美] 埃里克·纳尔逊：《罗马帝国》，邢锡范等译，辽宁教育出版社 2006 年版。

[美] 埃里克·沃格林：《没有约束的现代性》，张新樟、刘景联译，华东师

范大学出版社 2007 年版。

[美] 埃里克·沃格林：《希特勒与德国人》，张新樟译，上海三联书店 2015 年版。

[美] 埃里克·沃格林：《政治观念史稿》卷一，谢华育译，华东师范大学出版社 2007 年版。

[美] 埃里克·沃格林：《政治观念史稿》卷二，叶颖译，华东师范大学出版社 2009 年版。

[美] 埃里克·沃格林：《政治观念史稿》卷三，段保良译，华东师范大学出版社 2009 年版。

[美] 埃里克·沃格林：《政治观念史稿》卷五，霍伟岸译，华东师范大学出版社 2009 年版。

[美] 埃里克·沃格林：《政治观念史稿》卷六，谢华育译，华东师范大学出版社 2009 年版。

[美] 埃里克·沃格林：《秩序与历史》卷一，霍伟岸、叶颖译，译林出版社 2010 年版。

[美] 埃里克·沃格林：《秩序与历史》卷三，刘曙辉译，译林出版社 2014 年版。

[美] 埃里克·沃格林：《秩序与历史》卷四，叶颖译，译林出版社 2018 年版。

[美] 埃里克·沃格林：《自传性反思》，徐志跃译，华夏出版社 2009 年版。

[美] 艾伦·布鲁姆：《走向封闭的美国精神》，缪青等译，中国社会科学出版社 1994 年版。

[美] 艾伦·布鲁姆：《巨人与侏儒》，秦露等译，华夏出版社 2003 年版。

[美] 爱德华·麦克诺尔·伯恩斯、菲利普·李·拉尔夫：《世界文明史》，罗经国等译，商务印书馆 1987 年版。

[美] 保罗·奥斯卡·克里斯特勒：《文艺复兴时期的思想与艺术》，邵宏译，东方出版社 2008 年版。

[美] 保罗·蒂利希：《基督教思想史》，尹大贻译，东方出版社 2008 年版。

[美] 保罗·佛朗哥：《欧克肖特导论》，殷莹、刘擎译，商务印书馆 2014 年版。

[美] 彼得·S. 奥鲁夫：《杰斐逊的帝国：美国国家的语言》，余华川译，华东师范大学出版社 2011 年版。

［美］戴维·伍顿编：《共和主义、自由与商业社会》，盛文沁、左敏译，人民出版社 2014 年版。

［美］丹尼尔·乔纳·戈德哈根：《希特勒的志愿行刑者》，贾宗谊译，新华出版社 1998 年版。

［美］弗里德里希·沃特金斯：《西方政治传统——现代自由主义发展研究》，黄辉、杨健译，吉林人民出版社 2001 年版。

［美］戈登·伍德：《美利坚共和国的缔造》，朱妍兰译，译林出版社 2016 年版。

［美］格莱夫斯：《中世教育史》，吴康译，华东师范大学出版社 2005 年版。

［美］格林斯坦、波尔斯比编：《政治学手册精选》，竺乾威等译，商务印书馆 1996 年版。

［美］哈罗德·J. 伯尔曼：《法律与革命》，贺卫方等译，中国大百科全书出版社 1993 年版。

［美］哈特穆特·莱曼、京特·罗特编：《韦伯的新教伦理》，阎克文译，辽宁教育出版社 2001 年版。

［美］哈维·曼斯菲尔德、乔治·凯利：《政治哲学　美国政治思想》，朱晓宇译，浙江大学出版社 2015 年版。

［美］海斯：《现代民族主义演进史》，帕米尔等译，华东师范大学出版社 2005 年版。

［美］汉密尔顿、杰伊、麦迪逊：《联邦党人文集》，程逢如、在汉、舒逊译，商务印书馆 1980 年版。

［美］汉娜·阿伦特：《共和的危机》，郑辟瑞译，上海人民出版社 2013 年版。

［美］汉娜·阿伦特：《极权主义的起源》，林骧华译，生活·读书·新知三联书店 2008 年版。

［美］汉娜·阿伦特：《论革命》，陈周旺译，译林出版社 2007 年版。

［美］汉娜·阿伦特：《政治的应许》，张琳译，上海人民出版社 2016 年版。

［美］汉娜·阿伦特编：《启迪：本雅明文选》，张旭东、王斑译，生活·读书·新知三联书店 2008 年版。

［美］汉斯·斯鲁格：《海德格尔的危机——纳粹德国的哲学与政治》，赵剑等译，北京出版社 2015 年版。

［美］赫伯特·J. 斯托林：《反联邦党人赞成什么——宪法反对者的政治思

参考文献

想》，汪庆华译，北京大学出版社 2006 年版。

[美] 杰斐逊：《杰斐逊集》，刘祚昌、邓红风译，生活·读书·新知三联书店 1993 年版。

[美] 杰克·N. 雷克夫：《宪法的原始含义：美国制宪中的政治与理念》，王晔、柏亚琴等译，江苏人民出版社 2008 年版。

[美] 杰里·马勒：《保守主义》，刘曙辉、张容南译，译林出版社 2010 年版。

[美] 卡尔顿·海斯：《近代欧洲政治社会史》，黄慎之译，中国政法大学出版社 2007 年版。

[美] 卡罗尔·布拉姆：《卢梭与美德共和国》，启蒙编译所译，商务印书馆 2015 年版。

[美] 克罗普西：《国体与经体——对亚当·斯密原理的进一步思考》，邓文正译，上海人民出版社 2005 年版。

[美] 肯尼斯·W. 汤普森编：《宪法的政治理论》，张志铭译，生活·读书·新知三联书店 1997 年版。

[美] 理查德·霍夫斯塔特：《美国政治传统及其缔造者》，崔永禄、王忠和译，商务印书馆 2010 年版。

[美] 理查德·罗蒂：《后形而上学希望——新实用主义社会、政治和法律哲学》，黄勇编，张国清译，上海译文出版社 2003 年版。

[美] 理查德·罗蒂：《后哲学文化》，黄勇编译，上海译文出版社 2004 年版。

[美] 理查德·罗蒂：《偶然、反讽与团结》，徐文瑞译，商务印书馆 2003 年版。

[美] 列奥·施特劳斯：《关于马基雅维里的思考》，申彤译，译林出版社 2003 年版。

[美] 列奥·施特劳斯：《什么是政治哲学》，李世祥等译，华夏出版社 2011 年版。

[美] 列奥·施特劳斯：《自然权利与历史》，彭刚译，生活·读书·新知三联书店 2003 年版。

[美] 列奥·施特劳斯、约瑟夫·克罗波西主编：《政治哲学史》，李天然等译，河北人民出版社 1993 年版。

[美] 刘易斯·A. 科瑟：《社会学思想名家》，石人译，中国社会科学出版

社 1990 年版。

［美］罗伯特·E. 勒纳、斯坦迪什·米查姆、爱德华·麦克纳尔·伯恩斯：《西方文明史》卷 1，王觉非等译，中国青年出版社 2003 年版。

［美］罗伯特·宾厄姆·唐斯：《塑造文明和心灵的巨人及其思想》，王宏方等译，华夏出版社 2006 年版。

［美］罗伯特·卡根：《天堂与权力：世界新秩序中的美国与欧洲》，刘坤译，社会科学文献出版社 2013 年版。

［美］罗伦培登：《这是我的立场：改教先导马丁·路德记》，陆中石、古乐人译，译林出版社 1993 年版。

［美］马克·里拉：《当知识分子遇到政治》，邓晓菁、王笑红译，新星出版社 2005 年版。

［美］马克·里拉：《维柯：反现代的创生》，张小勇译，新星出版社 2008 年版。

［美］马克·里拉：《夭折的上帝》，萧易译，新星出版社 2010 年版。

［美］马克斯·法仑德：《设计宪法》，董成美译，上海三联书店 2006 年版。

［美］迈克尔·加加林、保罗·伍德拉夫编译：《早期希腊政治思想：从荷马到智者》，蒋栋元译，中国政法大学出版社 2013 年版。

［美］麦迪逊：《辩论：美国制宪会议记录》下册，尹宣译，辽宁教育出版社 2003 年版。

［美］梅里亚姆：《美国政治学说史》，朱曾汶译，商务印书馆 1988 年版。

［美］米歇尔·艾伦·吉莱斯皮：《现代性的神学起源》，张卜天译，湖南科学技术出版社 2012 年版。

［美］乔治·H. 米德：《十九世纪的思想运动》，陈虎平、刘芳念译，中国城市出版社 2003 年版。

［美］乔治·华盛顿：《华盛顿文集》，吴承义等译，辽宁教育出版社 2005 年版。

［美］乔治·华盛顿：《华盛顿选集》，聂崇信等译，商务印书馆 1983 年版。

［美］乔治·霍兰·萨拜因：《政治学说史》，盛葵阳、崔妙因译，商务印书馆 1986 年版。

［美］萨拉·B. 波默罗伊等：《古希腊政治、社会和文化史》，傅洁莹、龚萍、周平译，上海三联书店 2010 年版。

［美］塞缪尔·埃利奥特·莫里森等：《美利坚共和国的成长》，南开大学历

史系美国史研究室译，纪琨校，天津人民出版社 1980 年版。

［美］塞缪尔·弗莱施哈克尔：《分配正义简史》，吴万伟译，译林出版社 2010 年版。

［美］沙伦·M. 凯、保罗·汤姆森：《奥古斯丁》，周伟驰译，中华书局 2002 年版。

［美］斯蒂芬·霍尔姆斯：《反自由主义剖析》，曦中等译，中国社会科学出版社 2002 年版。

［美］斯塔夫里阿诺斯：《全球通史：1500 年以前的世界》，吴象婴、梁赤民译，上海社会科学院出版社 1988 年版。

［美］唐纳德·坦嫩鲍姆、戴维·舒尔茨：《观念的发明者》，叶颖译，北京大学出版社 2008 年版。

［美］托德·G. 巴克霍尔兹：《已故西方经济学家思想的新解读：现代经济思想导论》，杜丽群等译，中国社会科学出版社 2004 年版。

［美］托马斯·潘恩：《美国危机》，柯岚编译，上海三联书店 2007 年版。

［美］威尔·杜兰：《世界文明史·文艺复兴》，幼狮文化公司译，东方出版社 1999 年版。

［美］威廉·邓宁：《政治学说史》，谢义伟译，吉林出版集团有限责任公司 2009 年版。

［美］西德尼·霍华德·盖伊：《詹姆斯·麦迪逊》，欧亚戈译，北京大学出版社 2014 年版。

［美］谢尔登·S. 沃林：《政治与构想：西方政治思想的延续与创新》，辛亨复译，上海人民出版社 2009 年版。

［美］依迪丝·汉密尔顿：《罗马精神》，王昆译，华夏出版社 2008 年版。

［美］约翰·罗尔斯：《正义论》，何怀宏、何包钢、廖申白译，中国社会科学出版社 1988 年版。

［美］约翰·麦考米克：《施米特对自由主义的批判》，徐志跃译，华夏出版社 2005 年版。

［美］约瑟夫·本德斯基：《卡尔·施米特：德意志国家的理论家》，陈伟、赵晨译，上海人民出版社 2015 年版。

［美］约瑟夫·斯托里：《美国宪法评注》，毛国权译，上海三联书店 2006 年版。

［美］约瑟夫·熊彼特：《十位伟大的经济学家》，贾拥民译，中国人民大学

出版社 2017 年版。

［美］约瑟夫·熊彼特：《资本主义、社会主义与民主》，吴良健译，商务印书馆 1999 年版。

［美］詹姆斯·罗德之：《柏拉图的政治理论》，张新刚译，上海三联书店 2012 年版。

［美］珍妮弗·皮茨：《转向帝国：英法帝国自由主义的兴起》，金毅、许鸿艳译，江苏人民出版社 2012 年版。

［美］茱迪·史珂拉：《政治与政治思想家》，左高山译，上海世纪出版集团 2009 年版。

［日］福泽谕吉：《文明论概略》，北京编译社译，商务印书馆 1959 年版。

［日］植村邦彦：《何谓"市民社会"——基本概念的变迁史》，赵平等译，南京大学出版社 2014 年版。

［日］佐佐木毅、［韩］金泰昌主编：《欧美的公与私》，林美茂、徐滔译，人民出版社 2009 年版。

［瑞典］理查德·斯威德伯格：《熊彼特》，安佳译，江苏人民出版社 2005 年版。

［瑞士］边凯玛里亚·冯塔纳：《蒙田的政治学》，陈咏熙、陈莉译，北京大学出版社 2010 年版。

［瑞士］雅各布·布克哈特：《意大利文艺复兴时期的文化》，何新译，商务印书馆 1979 年版。

［苏］阿尔森·古留加：《赫尔德》，侯鸿勋译，上海人民出版社 1985 年版。

［苏］阿尔森·古留加：《黑格尔小传》，刘半九、伯幼等译，商务印书馆 1978 年版。

［苏］奥·符·特拉赫坦贝尔：《西欧中世纪哲学史纲》，于汤山译，上海人民出版社 1960 年版。

［苏］奥西诺夫斯基：《托马斯·莫尔传》，杨家荣、李兴汉译，商务印书馆 1995 年版。

［苏］格拉齐安斯基等：《世界著名思想家评传》，颜品忠等译，商务印书馆 1993 年版。

［苏］凯切江、费季金主编：《政治学说史》（中册），巩安等译，法律出版社 1960 年版。

［苏］科瓦略夫：《古罗马史》，王以铸译，生活·读书·新知三联书店 1957

参考文献

年版。

［苏］莫洛克、奥尔洛夫编：《世界近代史教学资料选辑》第一辑，何清新译，生活·读书·新知三联书店1963年版。

［苏］塔塔里诺娃：《英国史纲》，何清新译，生活·读书·新知三联书店1962年版。

［苏］维·姆·达林等：《论巴贝夫主义》，陈林、谷鸣译，商务印书馆1983年版。

［苏］约·拉甫列茨基：《梵蒂冈：宗教、财政与政治》，柔水译，世界知识出版社1959年版。

［西班牙］奥尔特加·加塞特：《大众的反叛》，刘训练、佟德志译，吉林人民出版社2004年版。

［西班牙］奥尔特加·加塞特：《没有主心骨的西班牙》，赵德明译，漓江出版社2015年版。

［匈］伊什特万·洪特、［加］米凯尔·伊格纳季耶夫编：《财富与德性：苏格兰启蒙运动中政治经济学的发展》，李大军等译，浙江大学出版社2013年版。

［以］阿巴·埃班：《犹太史》，闫瑞松译，中国社会科学出版社1986年版。

［以］艾森斯塔得：《帝国的政治体系》，阎步克译，贵州人民出版社1992年版。

［意］阿尔贝蒂：《论家庭》，梁禾译，西安出版社1998年版。

［意］圭恰迪尼：《格言集》，周施廷译，广西师范大学出版社2013年版。

［意］圭恰迪尼：《意大利史》，辛岩译，广西师范大学出版社2014年版。

［意］加林：《意大利人文主义》，李玉成译，生活·读书·新知三联书店1998年版。

［意］加塔诺·莫斯卡：《统治阶级》，贾鹤鹏译，译林出版社2002年版。

［意］坚尼·布鲁克尔：《文艺复兴时期的佛罗伦萨》，朱龙华译，生活·读书·新知三联书店1985年版。

［意］马基雅维里：《论李维》，冯克利译，上海人民出版社2005年版。

［意］马基雅维里：《书信集》，段保良译，吉林人民出版社2013年版。

［意］莫瑞兹奥·维罗里：《从善的政治到国家理由》，郑红译，吉林人民出版社2011年版。

［意］尼科洛·马基雅维里：《君主论》，潘汉典译，商务印书馆1985年版。

参考文献

［意］帕多瓦的马西利乌斯：《和平的保卫者（小卷）》，殷冬水等译，吉林人民出版社 2004 年版。

［意］萨尔沃·马斯泰罗内：《欧洲民主史：从孟德斯鸠到凯尔森》，黄华光译，社会科学文献出版社 1998 年版。

［意］萨尔沃·马斯泰罗内：《欧洲政治思想史》，黄华光译，社会科学文献出版社 1998 年版。

［意］托马斯·阿奎那：《阿奎那政治著作选》，马清槐译，商务印书馆 1963 年版。

［意］维柯：《新科学》，朱光潜译，人民文学出版社 1986 年版。

［英］A. L. 勒·凯内：《卡莱尔》，段忠桥译，中国社会科学出版社 1987 年版。

［英］George Myerson：《尼采与查拉图斯特拉如是说》，沈春花译，大连理工大学出版社 2008 年版。

［英］G. D. H. 柯尔：《社会主义思想史（社会主义和法西斯主义）》第五卷，何光莱译，商务印书馆 1997 年版。

［英］J. C. 斯托巴特：《伟大属于罗马》，王三义译，上海三联书店 2011 年版。

［英］J. G. A. 波考克：《古代宪法与封建法：英格兰 17 世纪历史思想研究》，翟小波译，译林出版社 2014 年版。

［英］J. O. 林赛编：《新编剑桥世界近代史》第 7 卷，中国社会科学出版社 1999 年版。

［英］L. T. 霍布豪斯：《形而上学的国家论》，汪淑钧译，商务印书馆 1997 年版。

［英］Martin Cohen：《亚当·斯密与国富论》，王华丹、徐敏译，大连理工大学出版社 2008 年版。

［英］M. J. 卡里、T. J. 哈阿霍夫：《希腊罗马世界的生活与思想》，郭子林、曹彩霞译，大象出版社 2012 年版。

［英］W. D. 罗斯：《亚里士多德》，王路译，商务印书馆 1997 年版。

［英］阿克顿：《近代史讲稿》，朱爱青译，上海世纪出版社 2007 年版。

［英］阿利斯特·麦格拉思：《宗教改革运动思潮》，蔡锦图、陈佐人译，中国社会科学出版社 2009 年版。

［英］阿伦·布洛克：《西方人文主义传统》，董乐山译，生活·读书·新知

参考文献

三联书店1997年版。

［英］埃里克·霍布斯鲍姆：《民族与民族主义》，李金梅译，上海世纪出版集团2006年版。

［英］爱德华·吉本：《罗马帝国衰亡史》，下册，黄宜思、黄雨石译，商务印书馆1997年版。

［英］爱德蒙·柏克：《法国革命论》，何兆武等译，商务印书馆1998年版。

［英］爱德蒙·柏克：《美洲三书》，缪哲译，商务印书馆2003年版。

［英］爱德蒙·柏克：《自由与传统：柏克政治论文选》，蒋庆、王瑞昌、王天成译，商务印书馆2001年版。

［英］安东尼·阿巴拉斯特：《西方自由主义的兴衰》，曹海军译，吉林人民出版社2004年版。

［英］安东尼·肯尼：《阿奎那》，黄勇译，中国社会科学出版社1987年版。

［英］安东尼·帕戈登：《启蒙运动》，王丽慧等，上海交通大学出版社2017年版。

［英］安东尼·派格登：《西方帝国简史》，徐鹏博译，天津人民出版社2007年版。

［英］班加明·法灵顿：《弗兰西斯·培根》，张景明译，生活·读书·新知三联书店1958年版。

［英］彼得·伯克：《蒙田》，孙乃修译，工人出版社1985年版。

［英］彼得·伯克：《意大利文艺复兴时期的文化与社会》，刘君译，东方出版社2007年版。

［英］彼得·拉斯莱特：《洛克〈政府论〉导论》，冯克利译，生活·读书·新知三联书店2007年版。

［英］彼得·沃森：《人类思想史——冲击权威：从阿奎那到杰斐逊》，姜倩等译，中央编译出版社2011年版。

［英］边沁：《道德与立法原理导论》，时殷弘译，商务印书馆2000年版。

［英］边沁：《论一般法律》，毛国权译，上海三联书店2008年版。

［英］边沁：《政府片论》，沈叔平等译，商务印书馆1995年版。

［英］大卫·瑙尔斯：《中世纪思想的演化》，杨选译，商务印书馆2012年版。

［英］大卫·休谟：《论政治与经济》，张正萍译，浙江大学出版社2011年版。

参考文献

［英］大卫·休谟：《人类理解研究》，吕大吉译，商务印书馆1999年版。

［英］大卫·休谟：《人性论》，关文运译，商务印书馆1980年版。

［英］大卫·休谟：《宗教的自然史》，曾晓平译，商务印书馆2014年版。

［英］戴维·比瑟姆：《马克斯·韦伯与现代政治理论》，徐鸿宾、徐京辉、康立伟译，浙江人民出版社1989年版。

［英］蒂姆·莫尔根：《理解功利主义》，谭志福译，山东人民出版社2012年版。

［英］杜格尔德·斯图尔特：《亚当·斯密的生平和著作》，蒋自强、朱钟棣、钦北愚译，商务印书馆1983年版。

［英］厄奈斯特·巴克：《希腊政治理论：柏拉图及其前人》，卢华萍译，吉林人民出版社2003年版。

［英］恩斯特·盖尔纳：《民族与民族主义》，韩红译，中央编译出版社2002年版。

［英］芬利主编：《希腊的遗产》，张强等译，上海人民出版社2004年版。

［英］弗格森：《文明社会史论》，林本椿、王绍祥译，辽宁教育出版社1999年版。

［英］哈耶克：《法律、立法与自由》，邓正来等译，中国大百科全书出版社2000年版。

［英］哈耶克：《经济、科学与政治》，冯克利译，江苏人民出版社2000年版。

［英］哈耶克：《通往奴役之路》，王明毅、冯兴元译，中国社会科学出版社1997年版。

［英］哈耶克：《自由秩序原理》，邓正来译，生活·读书·新知三联书店1997年版。

［英］汉默顿编：《西方名著提要》，何宁译，中国青年出版社1957年版。

［英］赫·赫德、德·普·韦利编：《意大利简史》，罗念生、朱海观译，商务印书馆1975年版。

［英］赫伯特·斯宾塞：《个人自由与国家权力》，谭小勤等译，华夏出版社2000年版。

［英］亨利·梅因：《古代法》，沈景一译，商务印书馆1959年版。

［英］亨利·梅因：《民众政府》，潘建雷、何雯雯译，上海三联书店2012年版。

参考文献

［英］加文·肯尼迪：《亚当·斯密》，苏军译，华夏出版社2009年版。

［英］简·艾伦·赫丽生：《古希腊宗教的社会起源》，谢世坚译，广西师范大学出版社2004年版。

［英］简·艾伦·赫丽生：《希腊宗教研究导论》，谢世坚译，广西师范大学出版社2006年版。

［英］杰西·诺曼：《埃德蒙·柏克：现代保守政治教父》，田飞龙译，北京大学出版社2015年版。

［英］卡尔·波普尔：《二十世纪的教训：卡尔·波普尔访谈演讲录》，王凌霄译，广西师范大学出版社2004年版。

［英］卡尔·波普尔：《开放社会及其敌人》第二卷，郑一明、李惠斌等译，中国社会科学出版社1999年版。

［英］卡尔·波普尔：《历史主义贫困论》，何林、赵平译，中国社会科学出版社1998年版。

［英］科林·琼斯：《剑桥插图法国史》，杨保筠、刘雪红译，世界知识出版社2004年版。

［英］克里斯·桑希尔：《德国政治哲学：法的形而上学》，陈江进译，人民出版社2009年版。

［英］克里斯托弗·罗、马尔科姆·斯科菲尔德主编：《剑桥希腊罗马政治思想史》，晁绍祥译，商务印书馆2016年版。

［英］肯尼斯·米诺格：《政治学》，龚人译，辽宁教育出版社1998年版。

［英］昆廷·斯金纳：《霍布斯与共和主义自由》，管可秾译，上海三联书店2011年版。

［英］昆廷·斯金纳：《近代政治思想的基础》，奚瑞森、亚方译，商务印书馆2002年版。

［英］昆廷·斯金纳：《自由主义之前的自由》，上海三联书店2003年版。

［英］拉里·西登托普：《托克维尔传》，林猛译，商务印书馆2013年版。

［英］理查德·塔克：《哲学与治术》，韩潮译，译林出版社2013年版。

［英］露丝·斯科尔：《罗伯斯庇尔与法国大革命》，张雅楠译，商务印书馆2015年版。

［英］罗素：《西方哲学史》，何兆武、李约瑟译，商务印书馆1963年版。

［英］马尔萨斯：《人口论》，郭大力译，北京大学出版社2008年版。

［英］迈克尔·奥克肖特：《政治思想史》，特里·纳尔丁、卢克·奥沙利文

编，秦传安译，上海财经大学出版社 2012 年版。

[英] 迈克尔·奥克肖特：《政治中的理性主义》，张汝伦译，上海译文出版社 2004 年版。

[英] 迈克尔·怀特：《马基雅维里——一个被误解的人》，周春生译，东北师范大学出版社 2008 年版。

[英] 迈克尔·莱斯诺夫：《二十世纪的政治哲学家》，冯克利译，商务印书馆 2001 年版。

[英] 迈克尔·坦纳：《尼采》，于洋译，译林出版社 2013 年版。

[英] 麦克雷：《社会思想的冠冕——韦伯》，周伯戡译，上海书店 1987 年版。

[英] 欧内斯特·巴克：《英国政治思想》，黄维新、胡待岗等译，商务印书馆 1987 年版。

[英] 乔治·奥威尔：《奥威尔文集》，董乐山编，董乐山等译，中国广播电视出版社 1997 年版。

[英] 乔治·奥威尔：《一九八四》，董乐山译，辽宁教育出版社 1998 年版。

[英] 屈勒味林：《英国史》，钱端升译，中国社会科学出版社 2008 年版。

[英] 史蒂文·纳德勒：《斯宾诺莎传》，冯炳昆译，商务印书馆 2011 年版。

[英] 斯蒂芬·梅森：《自然科学史》，周煦良等译，上海译文出版社 1980 年版。

[英] 汤因比：《历史研究》，曹未风等译，上海人民出版社 1997 年版。

[英] 托马斯·霍布斯：《利维坦》，黎思复、黎廷弼译，商务印书馆 1985 年版。

[英] 托马斯·霍布斯：《论公民》，应星、冯克利译，贵州人民出版社 2003 年版。

[英] 托马斯·卡莱尔：《文明的忧思》，郭凤彩译，金城出版社 2011 年版。

[英] 托马斯·卡莱尔：《英雄和英雄崇拜》，张峰、吕霞译，上海三联书店 1988 年版。

[英] 托马斯·莫尔：《乌托邦》，戴镏龄译，商务印书馆 1959 年版。

[英] 威廉·多伊尔：《牛津法国大革命史》，张弛等译，北京师范大学出版社 2015 年版。

[英] 韦恩·莫里森：《法理学：从古希腊到后现代》，李桂林等译，武汉大学出版社 2003 年版。

参考文献

［英］维克托·基尔南：《人类的主人》，陈正国译，商务印书馆2006年版。

［英］温斯坦莱：《温斯坦莱文选》，任国栋译，商务印书馆1979年版。

［英］沃尔特·厄尔曼：《中世纪政治思想史》，夏洞奇译，译林出版社2011年版。

［英］雪莱：《雪莱诗选》，江枫译，湖南人民出版社1980年版。

［英］亚当·斯密：《道德情操论》，蒋自强等译，商务印书馆1997年版。

［英］亚当·斯密：《国民财富的性质和原因研究》，郭大力、王亚南译，商务印书馆1997年版。

［英］亚当·斯密：《亚当·斯密关于法律、警察、岁入及军备的演讲》，［英］坎南编，陈福生、陈振骅译，商务印书馆1962年版。

［英］亚历山大·布罗迪编：《剑桥指南：苏格兰启蒙运功》，贾宁译，浙江大学出版社2010年版。

［英］伊斯特凡·洪特：《贸易的猜忌》，霍伟岸等译，译林出版社2016年版。

［英］以赛亚·伯林：《反潮流：观念史论文集》，冯克利译，译林出版社2002年版。

［英］以赛亚·伯林：《扭曲的人性之材》，岳秀坤译，译林出版社2009年版。

［英］以赛亚·伯林：《启蒙的三个批评者》，马寅卯、郑燕译，译林出版社2014年版。

［英］以赛亚·伯林：《自由论》，胡传胜译，译林出版社2003年版。

［英］以赛亚·伯林、［波兰］贝阿塔·波兰诺夫斯卡—塞古尔斯卡：《未完的对话》，杨德友译，译林出版社2014年版。

［英］约翰·博德曼等编，《牛津古罗马史》，郭小凌等译，北京师范大学出版社2015年版。

［英］约翰·福蒂斯丘：《论英格兰的法律与政制》，袁瑜琤译，北京大学出版社2008年版。

［英］约翰·格雷：《自由主义的两张面孔》，顾爱彬、李瑞华译，江苏人民出版社2002年版。

［英］约翰·洛克：《政府论》，叶启芳、瞿菊农译，商务印书馆1964年版。

［英］约翰·马仁邦主编：《中世纪哲学》，孙毅等译，中国人民大学出版社2009年版。

［英］约翰·麦克里兰：《西方政治思想史》，彭淮栋译，海南出版社 2003 年版。

［英］约翰·麦克米兰：《群众与暴民：从柏拉图到卡内蒂》，何道宽译，复旦大学出版社 2014 年版。

［英］约翰·弥尔顿：《建设自由共和国的简易办法》，殷宝书译，商务印书馆 1964 年版。

［英］约翰·弥尔顿：《为英国人民声辩》，何宁译，商务印书馆 1964 年版。

［英］约翰·密尔：《论自由》，程崇华译，商务印书馆 1959 年版。

［英］约翰·穆勒：《功利主义》，徐大建译，商务印书馆 2014 年版。

［英］约翰·穆勒：《约翰·穆勒自传》，吴良健、吴衡康译，商务印书馆 1987 年版。

［英］约翰·瓦歇尔：《罗马帝国》，袁波、薄海昆译，青海人民出版社 2010 年版。

［英］詹姆士·哈林顿：《大洋国》，何新译，商务印书馆 1963 年版。

［英］詹姆斯·马歇尔—康沃尔：《拿破仑》，赵汉生、彭光谦译，解放军出版社 1989 年版。

［英］詹姆斯·塔利：《论财产权：约翰·洛克和他的对手》，王涛译，商务印书馆 2014 年版。

［英］詹姆斯·塔利：《语境中的洛克》，梅雪芹等译，华东师范大学出版社 2005 年版。

梁启超：《先秦政治思想史》，东方出版社 1996 年版。

车铭洲：《西欧中世纪哲学概论》，天津人民出版社 1982 年版。

陈同燮编著：《希腊罗马简史》，山东教育出版社 1982 年版。

陈伟：《阿伦特与政治的复归》，法律出版社 2008 年版。

陈伟：《施米特与政治的逻辑》，生活·读书·新知三联书店 2015 年版。

高崧等编：《马克思主义来源研究论丛》第七辑，商务印书馆 1986 年版。

顾准：《顾准文集》，贵州人民出版社 1994 年版。

郭华榕：《法国政治思想史》，人民出版社 2010 年版。

郭守田主编：《世界通史资料选辑》（中古部分），商务印书馆 1974 年版。

韩承文、徐云霞主编：《世界近代政治思想史》，河南大学出版社 1991 年版。

贺璋瑢：《中世纪政教演义》，成都出版社 1993 年版。

黄卉选编：《德国魏玛时期国家法政文献选编》，黄卉等译，清华大学出版社

参考文献

2016 年版。

蒋相泽编：《世界通史资料选辑》（近代部分），商务印书馆 1964 年版。

金岳霖：《道、自然与人》，生活·读书·新知三联书店 2005 年版。

金志霖：《英国国王列传》，东方出版社 1998 年版。

王礼锡、陆晶清编：《中国社会史的论战》，神州国光社 1932 年版。

李季：《马克思传》，神州国光社 1949 年版。

李强：《群己论识》，中国法制出版社 2008 年版。

李强：《自由主义》，中国社会科学出版社 1998 年版。

李强主编：《民主与现代社会》，北京大学出版社 2014 年版。

李宗正：《马尔萨斯主义》，商务印书馆 1962 年版。

刘小枫、陈少明主编：《苏格拉底问题》，华夏出版社 2005 年版。

刘小枫、陈少明主编：《回想托克维尔》，华夏出版社 2006 年版。

刘小枫编：《夜颂中的革命和宗教》，林克等译，华夏出版社 2007 年版。

刘祚昌：《英国资产阶级革命史》，新知识出版社 1956 年版。

孟云桥编著：《西洋政治思想史》，河南人民出版社 2016 年版。

欧力同：《孔德及其实证主义》，上海社会科学院出版社 1987 年版。

钱仁康等编：《欧美革命历史歌曲选释》，文化艺术出版社 1989 年版。

渠敬东编：《现代政治与自然》，上海人民出版社 2003 年版。

陶笑虹：《英国革命演义》，成都出版社 1993 年版。

王养冲：《西方近代社会学思想的演进》，华东师范大学出版社 1996 年版。

吴泽义等编：《文艺复兴时代的巨人》，人民出版社 1988 年版。

陶希圣：《中国政治思想史》，中国大百科全书出版社 2009 年版。

萧公权：《迹园文录》，中国人民大学出版社 2014 年版。

萧公权：《中国政治思想史》，新星出版社 2010 年版。

许章润、翟志勇编：《国家理性与现代国家》，清华大学出版社 2012 年版。

许章润主编：《萨维尼与历史法学派》，广西师范大学出版社 2004 年版。

叶秀山、傅乐安编：《西方著名哲学家评传》，山东人民出版社 1984 年版。

张龑编译：《法治国作为中道：汉斯·凯尔森法哲学与公法学论集》，中国法制出版社 2017 年版。

赵敦华：《赵敦华讲波普尔》，北京大学出版社 2006 年版。

郑军：《文艺复兴时代杰出哲学家及其代表作》，中国青年出版社 2015 年版。

郑永流主编：《法哲学与法社会学论丛》，北京大学出版社 2007 年版。

二 英文参考文献

A Companion to Greek Democracy and the Roman Republic, edited by Dean Hammer, M. A. : John Wiley & Sons Ltd. , 2015.

Adam Ferguson, *An Essay on the History of Civil Society*, edited by Fania Ozsalzberger, 中国政法大学出版社 2003 年版。

Adam Smith, *Lectures on Jurisprudence*, edited by R. L. Meek, D. D. Raphael, P. G. Stein, Indiana: Liberty Press, 1982.

Alan Ryan, *On Politics: A History of Political Thought*, New York: Liveright Publishing Corporation, 2012.

Alan Swingewood, *A Short History of Sociological Thought*, New York: St. Martin's Press, 1991.

Alexis De Tocqueville, *Democracy in America*, translated, edited and with an introduction by Harvey C. Mansfield and Delba Winthrop, Chicago and London: The University of Chicago Press, 2000.

Algernon Sidney, *Court Maxim*, 中国政法大学出版社 2003 年版。

Algernon Sidney, *Discourses Concerning Government*, Indianapolis: Liberty Fund, 1996.

Aloys Winterling, *Politics and Society in Imperial Rome*, translated by Kathrin Lüddecke, Chichester: John Wiley & Sons Ltd. , 2009.

American Historical Documents, edited by Charles W. Eliot, 万卷出版公司 2006 年版。

Averroes, *Averroes on Plato's Republic*, translated with an Introduction and Notes by Ralph Lerner, Ithaca and London: Cornell University Press, 1974.

Barry Cooper, *Eric Voegelin and the Foundations of Modern Political Science*, Columbia and London: University of Missouri Press, 1999.

Basil Willey, *The Eighteenth Century Background*, *Studies on the Idea of Nature in the Thought of the Period*, Boston: Beacon Press, 1961.

Basil Willey, *The Seventeenth Century Background: studies in the thought of the age in relation to poetry and religion*, New York: Doubleday & Company, Inc. , 1953.

Bill Brugger, *Republican Theory in Political Thought: Virtuous or Virtual?*,

参考文献

Hampshire and London: Macmillan Press Ltd. , 1999.

Blair Worden, *Literature and Politics in Cromwellian England*, Oxford: Oxford University Press, 2007.

Carl Schmitt, *Four Articles*, edited, translated and with a Preface by Simona Draghici, Washington D. C. : Plutarch Press, 1999.

Carl Schmitt, *The Crisis of Parliamentary Democracy*, translated by Ellen Kennedy, Cambridge, Massachusetts and London: The MIT Press, 1985.

Carl Schmitt, *The Nomos of the Earth in the International Law of the Jus Publicum Europaeum*, New York: Telos Press Publishing, 2006.

Charles R. McCann, Jr. , *Individualism and the Social Order: The Social Element in Liberal Thought*, London and New York: Routledge, 2004.

Christopher Hill, *The Century of Revolution*, London and New York: Routledge, 1980.

C. B. Macpherson, *The Political Theory of Possessive Individualism: From Hobbes to Locke*, Oxford: Oxford University Press, 1962.

David J. Siemers, *Ratifying the Republic: Antifederalists and Federalists in Constitutional Time*, Stanford, Calif. : Stanford University Press, 2002.

D. Weinstein, *Equal Freedom and Utility: Herbert Spencer's Liberal Utilitarianism*, Cambridge: Cambridge University Press, 1998.

Epicurus and the Epicurean Tradition, edited by Jeffrey and Kirk R. Sanders, Cambridge: Cambridge University Press, 2011.

Eric Voegelin, *The Collected Works of Eric Voegelin*, Vol. 17, Columbia and London: University of Missouri Press, 2000.

Eric Voegelin, *The Collected Works of Eric Voegelin*, Vol. 33, edited by William Petropulos and Gilbert Weiss, Columbia and London: University of Missouri Press, 2004.

Eric Voegelin, *The Collected Works of Eric Voegelin*, Vol. 5, Columbia and London: University of Missouri Press, 2000.

Eric Voegelin, *The New Order and Last Orientation*, History of Political Ideas, volume vii, edited with an introduction by Jürgen Gebhardt and Thomas A. Hollweck, Columbia: University of Missouri Press, 1999.

Ernest Gellner, *Conditions of Liberty*, New York: The Penguin Press, 1994.

Francesco Guicciardini, *Francesco Guicciardini Selected Writings*, edited and introduced by Cecil Grayson, translated by Margaret Grayson, London: Oxford University Press, 1965.

Francis P. Canavan, S. J., *The Political Reason of Edmund Burke*, Durham, The Duke University Press, 1960.

Frederick C. Beiser, *Enlightenment, Revolution, and Romanticism: The Genesis of Modern German Political Thought*, 1790 – 1800, Cambridge, Massachusetts: Harvard University Press, 1992.

Frederick C. Beiser, *The German Historicist Tradition*, Oxford: Oxford University Press, 2011.

French Liberalism from Montesquieu to the Present Day, edited by Raf Geenens, Helena Rosenblatt, Cambridge: Cambridge University Press, 2012.

F. Rosen, Bentham, *Byron and Greece: Constitutionalsim, Nationalism, and Early Liberal Political Thought*, Oxford: Clarendon Press, 1992.

F. W. Walbank, *Polybius*, Berkeley, Los Angeles, London: University of California Press, 1972.

George Macaulay Trevelan, *England under the Stuarts*, London: Methuen and Company, 1933.

Great Political Thinkers, Oxford: Oxford University Press, 1992.

Guicciardini, *Dialogue on the Government of Florence*, edited and translated by Alison Brown, 中国政法大学出版社2003年版。

Hannah Arendt Karl Jaspers Correspondence, 1926 – 1969, edited by Lotte Kohler and Hans Saner, translated by Robert and Rita Kimber, New York: Harcourt Brace Jovanovich, Publishers, 1992.

Hannah Arendt, *Between Past and Future: Eight Exercises in Political Thought*, New York: The Viking Press, 1968.

Hannah Arendt, *Crises of the Republic*, San Diego, New York, London: Harcourt Brace Jovanovich, Publishers, 1972.

Hannah Arendt, *Essays in Understanding (1930 – 1954)*, edited by Jerome Kohn, New York, San Diego, London: Harcourt Brace & Company, 1994.

Hannah Arendt, *On Revolution*, New York: Penguin Books, 2006.

Hannah Arendt, *The Human Condition*, Chicago and London: The University of

参考文献

Chicago Press, 1998.

Hannah Arendt, *The Origins of Totalitarianism*, San Diego, New York, London: Harcourt Brace Jovanovich, Publishers, 1975.

Hans Baron, *In Search of Florentine Civic Humanism*, Vol. I, Princeton: Princeton University Press, 1988.

Herbert J. Storing, *The Complete Anti-Federalist*, University of Chicago Press, 1981.

Herbert Spencer: Legacies, edited by Mark Francis and Michael W. Taylor, London and New York: Routledge, 2015.

Herbert Spncer, *Political Writings*, edited by John Offer, 中国政法大学出版社 2003 年版。

Hugo Grotius, *On the Law of War and Peace*, edited and annotated by Stephen C. Neff, Cambridge: Cambridge University Press, 2012.

Iain Mcdaniel, *Adam Ferguson in the Scottish Enlightenment: The Roman Past and Europe's Future*, Cambridge, Massachusetts and London: Harvard University Press, 2013.

Ian Kershaw, *The Nazi Dictatorship: Problems and Perspectives of Interpretation*, London: Edward Arnold, 1993.

Ian Simpson Ross, *Lord Kames and the Scotland of His Day*, Oxford: The Clarendon Press, 1972.

Interpretations of Marx, edited by Tom Bottomore, New York: Basil Blackwell, 1988.

Jacques-BenigneBossuet, *Politics Drawn from Holy Scripture*, 中国政法大学出版社 2003 年版。

James Hankins, *Plato in the Italian Renaissance*, Leiden, New York, Köln: E. J. Brill, 1994.

James Mill, *Political Writings*, 中国政法大学出版社 2003 年版。

Jean Bodin, *On Sovereignty*, edited by Julian H. Franklin, 中国政法大学出版社 2003 年版。

Jeffrey C. Isaac, *Arendt, Camus, and Modern Rebellion*, New Haven & London: Yale University Press, 1992.

Jerry Day, *Voeglin, Schelling, and the Philosophy of Historical Existence*, Columbia and London: University of Missouri Press, 2003.

John A. Hall, *Ernest Gellner: An Intellectual Biography*, London: Verso, 2010.

John Millar, *An Historical View of the English Government*, Vol. 4, Indianapolis: Liberty Fund.

John Milton, *Political Writings*, edited by Martin Dzelzainis, 中国政法大学出版社 2003 年版。

Jonathan H. Turner, *Herbert Spencer: A Renewed Appreciation*, Beverly Hills, CA: Sage Publications, 1985.

Jonathan Scott, *Algernon Sidney and the English Republic, 1623 – 1677*, Cambridge: Cambridge University Press, 1988.

Jonathan Scott, *Algernon Sidney and the Restoration Crisis, 1677 – 1683*, Cambridge: Cambridge University Press, 1991.

Joseph de Maistre's Life, Thought and Influence, edited by Richard A. Lebrun, Montreal & Kingston: McGill-Queen's University Press, 2001.

Julius Guttmann, *Philosophies of Judaism: the History of Jewish philosophy from Biblical times to Franz Rosenzweig*, translated by David W. Silverman, introduced by R. J. Zwi Werblowski, New York: Doubleday & Company, INC, 1966.

J. G. A. Pocock, *The Machiavellian Moment: Florentine Political Thought and the Atlantic Republican Tradition*, Princeton and Oxford: Princeton University Press, 1975.

Kenneth Keulman, *The Balance of Consciousness: Eric Voegelin's Political Theory*, University Park and London: The Pennsylvania State University Press, 1990.

Leon P. Baradat, *Political Ideologies: Their Origins and Impact*, New Jersey: Prentice-Hall, Inc. , 2000.

Lewis S. Feuer, *Spinoza and the Rise of Liberalism*, New Brunswick and Oxford: Transaction Books, 1987.

Locke on Toleration, edited by Richard Vernon, Cambridge: Cambridge University Press, 2010.

Lord Kames, *Sketches of the History of Man*, Indianapolis: Liberty Fund, 2007.

Machiavelli, Vol. 1, edited by John Dunn and Ian Harris, Cheltenham: Edward Elgar Publishing Limited, 1997.

Marchamont Nedham, *The Excellencie of a Free-State, Or, The Right Constitution of* a Commonwealth, Indianapolis: Liberty Fund, 2011.

Margaret Canovan, *Hannah Arendt: A Reinterpretation of Her Political Thought*, Cambridge: Cambridge University Press, 1992.

Marjorie Hope Nicolson, *A Reader's Guide to John Milton*, Syracuse University Press, 1998.

Mary Nyquist, *Arbitrary Rule: Slavery, Tyranny, and the Power of Life and Death*, Chicago and London: The University of Chicago Press, 2013.

Michael Franz, *Eric Voeglin and the Politics of Spiritual Revolt*, Baton Rouge and London: Louisiana State University Press, 1992.

Michael Haren, *Medieval Thought: The Western Intellectual Tradition from Antiquity to the Thirteenth Century*, London: The Macmillan Press, 1992.

Michael Lessnoff, *Ernest Gellner and Modernity*, Cardiff: University of Wales Press, 2002.

Michael Mendle, *Henry Parker and The English Civil War: The Political Thought of the Public's "Privado"*, Cambridge: Cambridge University Press, 1995.

Michael Oakeshott, *Rationalism in Politics and Other Essays*, Indianapolis: Liberty Fund, 1991.

Montesquieu, *The Spirit of the Laws*, translated and edited by Anne M. Cohler, Basia Carolyn Miller and Harold Samuel Stone, Cambridge: Cambridge University Press, 1989.

Montesquieu, *The Spirit of the Laws*, 中国政法大学出版社2003年版。

M. W. Taylor, *Men Versus the State: Herbert Spencer and Late Victorian Individualism*, Oxford: Oxford University Press, 1992.

Nader Saiedi, *The Birth of Social Theory: Social Thought in the Enlightenment and Romanticism*, Maryland: University Press of America, 1993.

Norman Davies, *Europe: A History*, New York: HarperCollins Publishers, 1998.

Paul A. Rahe, *Against Throne and Altar: Machiavelli and Political Theory under the English Republic*, Cambridge: Cambridge University Press, 2008.

Peter Levi, *Eden Renewed: The Public and Private Life of John Milton*, New York: St. Martin's Press, 1996.

Peter Stacey, *Roman Monarchy and the Renaissance Prince*, Cambridge: Cambridge University Press, 2007.

Political Thinkers: *From Socrates to the Present*, edited by David Boucher and Paul Kelly, Oxford: Oxford University Press, 2003.

Quentin Skinner, *Liberty Before Liberalism*, Cambridge: Cambridge University Press, 1998.

Raymond Aron, *The Dawn of Universal History*: *Selected Essays from a Witness of The Twentieth Century*, translated by Barbara Bray, edited by Yair Reiner, New York: Basic Books, 2002.

Renaissance Civic Humanism, edited by James Hankins, Cambridge: Cambridge University Press, 2000.

Republicanism: *A Shared European Heritage*, Vol. II, edited by Martin Van Gelderen and Quentin Skinner, Cambridge: Cambridge Press, 2002.

Richard Rorty, Derek Nystrom and Kent Puckett, *Against Bosses*, *Against Oligarchies*: *A Conversation with Richard Rorty*, Chicago: Prickly Paradigm Press, 2002.

Richard Schacht, *Nietzsche*, London and New York: Routledge, 1983.

Robert L. Heilbroner, *The Worldly Philosophers*: *The Lives*, *Times and Ideas of the Great Economic Thinkers*, New York: Simon & Schuster, 1999.

Roderick Stackelberg, *Hitler's Germany*: *Origins*, *Interpretations*, *Legacies*, London and New York: Routledge, 2009.

Ryan Balot, *Greek Political Thought*, M. A.: Blackwell Publishing, 2006.

Sir Robert Filmer, *Patriarcha and Other Writings*, edited by Johann P. Sommerville, 中国政法大学出版社2003年版。

Spinoza: *Eighteenth and Nineteenth Century Discussions*, Vol. 5, edited and introduced by Wayne I. Boucher, Sterling: Thoemmes Press, 1999.

The Anti-Federalist Papers and the Constitutional Convention Debates, edited and with an Introduction by Ralph Ketcham, Penguin Books Ltd., 2003.

The Cambridge Companion to Ancient Greek Political Thought, edited by Stephen Salkever, Cambridge: Cambridge University Press, 2009.

The Cambridge Companion to Epicureanism, edited by James Warren, Cambridge: Cambridge University Press, 2009.

The Cambridge Companion to Maimonides, edited by Kenneth Seeskin, Cambridge: Cambridge University Press, 2005.

The Cambridge Companion to the Stoics, edited by Brad Inwood, Cambridge: Cambridge University Press, 2003.

The Cambridge History of Hellenistic Philosophy, edited by Keimpe Algra, Jonathan Barnes, Jaap Mansfeld, Malcolm Schofield, Cambridge: Cambridge University Press, 1999.

The Challenge of Carl Schmitt, edited by Chanted Mouffe, London and New York: Verso, 1999.

The Early Political Writings of The German Romantics, 中国政法大学出版社 2003 年版。

The Earthly Republic: Italian Humanists on Government and Society, edited by Benjamin G. Kohl & Ronald G. Witt with Elizabeth B. Welles, Pennsylvania: University of Pennsylvania Press, 1978.

The Enlightenment, edited by Harold Maltz and Miriam Maltz, Detroit and New York: Greenhaven Press, 2005.

The Enlightenment, edited by Harold Maltz and Miriam Maltz, Detroit and New York: Greenhaven Press, 2005.

The Great Political Theories, Vol. 1, edited by Michael Curtis, New York: Avon Books, 1961.

The Nature of the Republic: Political Writings of Alexander Hamilton, edited by Bower Aly, New York: Pryamid Publicationgs, Inc.

The Oxford Handbook of Milton, edited by Nicholas McDowell and Nigel Smith, Oxford University Press, 2009.

The Poetic Character of Human Activity: Collected Essays on the Thought of Michael Oakeshott, edited by Wendell John Coats, Jr. and Chor-yung Cheung, Lanham: Lexington Books, 2012.

The Selected Political Writings of John Locke, edited by Paul E. Sigmund, New York: W. W. Norton & Company, 2005.

The Social & Political Ideas of Some Representative Thinkers of the Victorian age, a series of lecture delivered at King's College University of London During the Session 1931 – 32, Edited by F. J. C. Hearnshaw, London: George G. Harrap & Company Ltd. , 1933.

T. M. Rudavsky, *Maimonides*, West Sussex: John & Sons Ltd. , 2010.

Thomas Smith, *De Republica Anglorum*, edited by Mary Dewar, Cambridge: Cambridge University Press, 1982.

Vickie B. Sullivan, *Machiavelli, Hobbes and the Formation of A Liberal Republicanism in England*, Cambridge: Cambridge University Press, 2004.

Weimar: A Jurisprudence of Crisis, Arhtur J. Jacobson and Bernhard Schlink edited, Berkeley: University of California Press, 2000.

W. J. Mander, *British Idealism: A History*, Oxford: Oxford University Press, 2011.

后　　记

　　艳阳照大地，盛世谱华章。一项浩大工程，终于竣工。本书各章节陆续完成于不同时期，前后跨度有十余年。其增删修改，不知凡几，尤其构成笔者近年来科研之重心，堪称笔者生活的一个重要支柱。多少个日日夜夜，我独自面对着书稿，反复翻阅，静静地思考。如今，又是一年秋来到，黄叶飘飞，时光匆匆，不免令人唏嘘。

　　本书名为"西方政治思想史"。在此，我想对"西方"这一概念略作说明。西方不仅是一个地理方位上的概念，它还标示出某种具有特性的文明类型。欧美是现代西方文明的中心。"西方"这一概念，即使对于西方人来说，也是近代的产物，它尤其成型于20世纪"一战"以后。民族国家势力均衡各自发展的四百年结束之后，"西方"概念，具有了政治意义。在东西方对峙的"冷战"时代，"西方"概念的政治意涵更加明显。在今日新的交通技术、通信技术、战争技术条件下，在全球化背景下，"西方"概念实际上有待被超越。中国与西方，并非政治上对立的两极。当今世界，国界虽然依然清晰，但各国的交流、联系与相互依赖，无疑得到了空前加强，当然，各种摩擦也时有发生。人类的理性事业，尚未完成；文明的进程，尚未终结；公共世界的范围，早已不再以国界为限；基于启蒙精神提出的伟大构想——人类命运共同体的构建，正当其时。在此过程中，政治理论家，不能缺席；中国的政治理论家，不能无所作为。

　　究天人之际，穷古今之变，上穷碧落下黄泉，无非以求真的态度，探索人类存在之奥秘，寻求社会政治之章法，追问良善生活之可能，展望自由秩序之前景。特别是，政治理论家作为专门研究政治问题的人，有责任向时人指明，在何种情况下，人类将误入歧途，陷入深渊。在某种意义上，西方政治思想史的研习，实为每个公民的必修课。本书既是一部史学著作，又是一部政治理论著作。全书不仅包括了笔者对思想史、学术史的梳理，还包括了

后 记

笔者对社会政治理论基本问题的理解。好曲只为知音唱，相信细心的读者不难领会。

定稿之余，我要感谢业师北京大学的李强教授。本书为笔者独立完成，"自主研发"。尽管如此，本书仍在很多方面受到李老师的影响。对经验、制度与思想的整体考察，在跨文明、多学科的视野中探讨政治思想，对社会学、法学和史学理论的兼顾，西学研究背后的中国关怀，这些方面，皆受惠于李老师。要感谢德国埃朗根—纽伦堡大学的于尔根·格布哈特（Jürgen Gebhardt）教授，老教授是沃格林的弟子，已经八十多岁，大师风范，令人景仰。笔者在德国访学期间，他是笔者的指导老师。在埃朗根的访学经历，实为我人生中的美好回忆之一。感谢中国人民大学的杨光斌教授，本书得以顺利出版，杨教授功不可没。感谢青年画家程帅亿，书中插图悉由其手绘，这些插图为本书增色甚多。

感谢父母及家人，他们一如既往地给予我关爱与支持。感谢其他所有以不同的方式为本书的完成做出贡献的师长、学生和朋友。这里仅列举名字若干：墨子刻（Thomas A. Metzger）、艾恺（Guy Salvatore Alitto）、朗宓榭（Michael Lackner）、詹姆斯·罗德之（James Rhodes）、蔡英文、张楚勇、谢庆奎、王琪、蔡廷建、魏春蕾、王意超、田晨阳、赏一卿、刘沐恩、王宁、梁文雨、桂丛路、裴越、孙正阳、邢昌新、刘浩波、安昭君、坝德清、梁万艺、刘娟凤、郑雨晨、王孙旺、刘健、庞康、李松平、赵澄澄、辛宇亮、江旭、朱泽林、李朝、邵哲栋、陈映蓉、陈静。

本书出版受到 2019 年中央高校建设世界一流大学（学科）和特色发展引导专项资金的资助。由于作者水平有限，书中错误之处在所难免，敬请广大读者不吝指正。

陈　伟

2018 年 10 月 21 日

于北京南城永兴河畔